Kohlhammer

Grundlagen und Fälle zum Verwaltungsrecht

Gutachten und Bescheid

von

Dr. jur. Bernd Brenndörfer
Professor an der Hochschule
für öffentliche Verwaltung Kehl

Dr. jur. Thorsten Hesselbarth
Professor an der Hochschule
für öffentliche Verwaltung Kehl

Verlag W. Kohlhammer

1. Auflage 2023

Alle Rechte vorbehalten
© W. Kohlhammer GmbH, Stuttgart
Gesamtherstellung: W. Kohlhammer GmbH, Heßbrühlstr. 69, 70565 Stuttgart
produktsicherheit@kohlhammer.de

Print:
ISBN 978-3-17-033988-0

E-Book-Formate:
pdf: ISBN 978-3-17-033989-7
epub: ISBN 978-3-17-033990-3

Dieses Werk einschließlich aller seiner Teile ist urheberrechtlich geschützt. Jede Verwendung außerhalb der engen Grenzen des Urheberrechts ist ohne Zustimmung des Verlags unzulässig und strafbar. Das gilt insbesondere für Vervielfältigungen, Übersetzungen, Mikroverfilmungen und für die Einspeicherung und Verarbeitung in elektronischen Systemen. Für den Inhalt abgedruckter oder verlinkter Websites ist ausschließlich der jeweilige Betreiber verantwortlich. Die W. Kohlhammer GmbH hat keinen Einfluss auf die verknüpften Seiten und übernimmt hierfür keinerlei Haftung.

Vorwort zur ersten Auflage

Es gibt zahlreiche Lehrbücher zum Allgemeinen Verwaltungsrecht. Nur wenige gehen aber speziell auf die Anforderungen der Studierenden an Hochschulen für öffentliche Verwaltung und damit auf die Bedürfnisse der (künftigen) Verwaltungspraktiker ein. Meist richtet sich das Augenmerk fast ausschließlich auf die gutachterliche Fallbearbeitung und die rechtliche Überprüfung einer bereits ausgeführten Verwaltungsmaßnahme. Die Frage, wie man einen Bescheid verfasst, wird – wenn überhaupt – nur kurz angesprochen, obwohl dieser in der Praxis zum Alltagsgeschäft gehört. Das vorliegende Buch möchte genau hier ansetzen und essenzielle verwaltungsrechtliche Grundkenntnisse mit der praktischen und klausurrelevanten Fallbearbeitung verbinden – und zwar sowohl bei der gutachterlichen Fallbearbeitung als auch beim Abfassen eines Bescheids.

In einem Theorieteil werden zunächst das Basiswissen zum Verwaltungsrecht und die Grundlagen der Bescheidtechnik vermittelt. Bereits hier wird der Erlass von belastenden und begünstigenden Verwaltungsakten jeweils anhand eines ausführlichen Beispielsfalls erläutert und mit zahlreichen weiteren kleinen Beispielen, Prüfungsschemata, Tipps und praxisbezogenen Hinweisen veranschaulicht. Dieses Wissen kann der Leser anschließend in neun Fällen anwenden und vertiefen, jeweils in Form eines Gutachtens und eines Bescheids. Damit bietet dieses Buch auch Jurastudenten und Praktikern eine ausführliche Hilfestellung, zumal die Technik der Falllösung und das Ausformulieren von Bescheiden oft genauso schwer fallen wie die Aneignung juristischer Inhalte.

Die Fallbearbeitung basiert auf baden-württembergischem Landesrecht – die Grundstruktur der Falllösung (als Gutachten und Bescheid) lässt sich auch auf anderes Landesrecht übertragen.

Ganz herzlich möchten wir uns bei Herrn Prof. Dr. Gernot Joerger für seine Anregungen und Beiträge bedanken, die zu einer besseren Verständlichkeit des Werks geführt haben. Unserem Kollegen Herrn Prof. Dr. Gerold Haouache danken wir für seine wertvollen Tipps insbesondere zu den polizeirechtlichen Fällen. Weiter danken wir dem Kohlhammer Verlag und insbesondere Herrn Bahnert für die gute Zusammenarbeit und engagierte Unterstützung bei der Erstellung dieses Werks. Ein ganz besonderes Dankeschön gilt unserem ehemaligen Kollegen Herrn Prof. Dr. Heinz-Joachim Peters. Mit seiner Erfahrung und seinem scharfen Verstand hat er nicht nur unseren Vorlesungsstil geprägt, sondern auch einen wesentlichen Beitrag zur didaktischen Konzeption dieses Lehrbuchs geleistet. Danke, Heiner!

Über das Echo der Leser zu diesem Lehrbuch, gerade aus dem Kreis der Studierenden und Verwaltungspraktiker, würden wir uns sehr freuen. Lob, Kritik und Verbesserungsvorschläge können gerne per E-Mail an LehrbuchVerwaltungsrecht@gmx.de gesendet werden.

Wir hoffen auf gute Aufnahme des Buchs und wünschen viel Erfolg in Studium und Praxis.

Kehl im Februar 2023   Bernd Brenndörfer und Thorsten Hesselbarth

Inhaltsverzeichnis

Vorwort zur ersten Auflage		V
Abkürzungsverzeichnis		XV
Literaturverzeichnis		XIX

1. Teil	**Der Erlass von belastenden Verwaltungsakten**	**1**
1. Kapitel	**Grundlagen**	**5**
A.	Allgemeiner Ablauf des Verwaltungsverfahrens	5
B.	Methodik der Fallbearbeitung	6
I.	Allgemeine Vorüberlegungen	6
II.	Vorbereitung des rechtlichen Gutachtens – Anfertigen einer Lösungsskizze	8
2. Kapitel	**Fallbearbeitung**	**11**
A.	Hauptverwaltungsakt	12
I.	Rechtsgrundlage	12
II.	Materielle Voraussetzungen	16
1.	Tatbestandsvoraussetzungen	16
2.	Rechtsfolge	23
a)	Adressat	23
b)	Gebundene Entscheidung/Soll-Entscheidung/Ermessensentscheidung	27
c)	Keine Unmöglichkeit	37
d)	Bestimmtheit	39
3.	Zwischenergebnis zu den materiellen Voraussetzungen	42
III.	Formelle Voraussetzungen	42
1.	Zuständigkeit	42
a)	Sachliche Zuständigkeit	42
b)	Örtliche Zuständigkeit	45
2.	Verfahren	46
a)	Beteiligte, Beteiligtenfähigkeit, Handlungsfähigkeit	46
b)	Keine ausgeschlossene Person/Befangenheit	47
c)	Mitwirkung anderer Behörden/Stellen	48
d)	Rechte der Beteiligten	48
3.	Form	50
a)	Formzwang/Formwahl	50
b)	Begründung	50
c)	Rechtsbehelfsbelehrung	51
d)	Bekanntgabe	52

Inhaltsverzeichnis

		4.	Zwischenergebnis zu den formellen Voraussetzungen. ...	54
	IV.	Ergebnis Haupt-VA		54
B.	Anordnung der sofortigen Vollziehung			55
	I.	Rechtsgrundlage		56
	II.	Materielle Voraussetzungen		57
	III.	Formelle Voraussetzungen		60
		1.	Zuständigkeit	60
		2.	Verfahren	60
		3.	Form	60
	IV.	Ergebnis		61
C.	Androhung von Zwangsmitteln			62
	I.	Rechtsgrundlage		67
	II.	Materielle Voraussetzungen		67
		1.	Tatbestandsvoraussetzungen	67
			a) Wirksamer Haupt-VA mit vollstreckungsfähigem Inhalt	67
			b) Vollstreckbarkeit	68
			c) Keine Vollstreckungshindernisse	68
			d) Besondere Vollstreckungsvoraussetzungen	69
		2.	Rechtsfolge	70
			a) Adressat	70
			b) Ermessen	70
			c) Bestimmtheit	72
	III.	Formelle Voraussetzungen		74
		1.	Zuständigkeit	74
		2.	Verfahren	74
		3.	Form	74
	IV.	Ergebnis		75
D.	Gebührenentscheidung			75

3. Kapitel Durchführung der Vollstreckung, Kostenbescheid und unmittelbare Ausführung ... 77

A. Durchführung der Vollstreckung ... 77
B. Kostenbescheid ... 78
C. Unmittelbare Ausführung ... 79

2. Teil Der Erlass von begünstigenden Verwaltungsakten ... 81

1. Kapitel Grundlagen ... 86

A. Bedeutung und Rechtsgrundlagen von Nebenbestimmungen ... 86
B. Arten von Nebenbestimmungen: Legaldefinitionen in
  § 36 Abs. 2 LVwVfG ... 88
  I. Nebenbestimmungen nach Nr. 1 bis 3 ... 88

Inhaltsverzeichnis

	II. Nebenbestimmungen nach Nr. 4 und 5	91
C.	Hauptanwendungsfall: Auflage oder aufschiebende Bedingung?	93

2. Kapitel Fallbearbeitung ... 95

- A. Erlass eines begünstigenden Verwaltungsakts, auf den ein Anspruch besteht ... 95
  - I. Rechtsgrundlage ... 95
  - II. Materielle Voraussetzungen ... 96
    1. Tatbestandsvoraussetzungen (inkl. Prüfung Erlass von Nebenbestimmung) ... 96
    2. Rechtsfolge ... 101
       - a) Adressat ... 101
       - b) Gebundene Entscheidung/Soll-Entscheidung/Ermessen ... 101
       - c) Bestimmtheit ... 101
    3. Zwischenergebnis zu den materiellen Voraussetzungen ... 102
  - III. Formelle Voraussetzungen ... 103
- B. Anordnung der sofortigen Vollziehung ... 105
- C. Androhung von Zwangsmitteln ... 106
- D. Erlass eines begünstigenden Verwaltungsaktes, der im Ermessen der Behörde liegt ... 107

3. Teil Die Aufhebung von Verwaltungsakten durch die Ausgangsbehörde: Rücknahme und Widerruf ... 109

1. Kapitel Grundlagen ... 111

- A. Wirksamkeit von VA ... 111
- B. Allgemeines zur Aufhebung durch Rücknahme und Widerruf durch die Ausgangsbehörde ... 112

2. Kapitel Fallbearbeitung ... 115

- A. Rücknahme rechtswidriger belastender VA ... 115
- B. Rücknahme rechtswidriger begünstigender VA, die auf eine Geldleistung/teilbare Sachleistung gerichtet sind ... 118
- C. Rücknahme rechtswidriger begünstigender VA in sonstigen Fällen ... 122
- D. Widerruf rechtmäßiger belastender VA ... 124
- E. Widerruf (rechtmäßiger) begünstigender VA ... 126
- F. Widerruf (rechtmäßiger) begünstigender VA auf Geldleistung/teilbare Sachleistung auch mit Wirkung für die Vergangenheit ... 131
- G. Anordnung der sofortigen Vollziehung, keine Vollstreckung ... 134
  - I. Anordnung der sofortigen Vollziehung ... 134
  - II. Keine Vollstreckung ... 134

Inhaltsverzeichnis

3. Kapitel	Rückforderungs-VA nach § 49a LVwVfG	136
A.	Überblick	136
B.	Fallbearbeitung	136
4. Kapitel	Wiederaufgreifen des Verfahrens nach § 51 LVwVfG	139

4. Teil Der Erlass von Widerspruchsentscheidungen 141

1. Kapitel Grundlagen 144
- A. Bedeutung des Widerspruchsverfahrens. 144
- B. Überblick über den Ablauf des Widerspruchsverfahrens 145
- C. Prüfungskompetenz der Widerspruchsbehörde 147

2. Kapitel Fallbearbeitung Anfechtungswiderspruch 148
- A. Zuständige Widerspruchsbehörde 148
- B. Zulässigkeit des Widerspruchs 151
  - I. Eröffnung des Verwaltungsrechtswegs 151
    1. Überblick 151
    2. Voraussetzungen 152
  - II. Statthaftigkeit. 153
    1. Überblick 153
    2. Voraussetzungen 154
       - a) VA 154
       - b) Ziel: Aufhebung des VA 155
       - c) Keine Ausnahme 156
  - III. Widerspruchsbefugnis 158
    1. Überblick 158
    2. Voraussetzung 159
  - IV. Frist 162
    1. Überblick 162
    2. Fristberechnung 162
       - a) Monats- oder Jahresfrist 162
       - b) Tag der Bekanntgabe 163
       - c) Berechnung des Fristendes. 164
  - V. Form. 165
  - VI. Sonstige Zulässigkeitsvoraussetzungen 167
- C. Begründetheit des Widerspruchs 167
  - I. Rechtswidrigkeit des/der VA. 168
    1. Rechtsgrundlage 168
    2. Materielle Voraussetzungen. 169
    3. Formelle Voraussetzungen 170
  - II. Verletzung subjektiver Rechte des Widersprechenden 172

Inhaltsverzeichnis

3. Kapitel Fallbearbeitung Verpflichtungswiderspruch 174
A. Zuständige Widerspruchsbehörde 174
B. Zulässigkeit des Widerspruchs 174
    I. Eröffnung des Verwaltungsrechtswegs 174
    II. Statthaftigkeit................................... 174
        1. Regelung des § 68 Abs. 2 VwGO 174
        2. Voraussetzungen 174
            a) VA.................................. 174
            b) Ziel: Erlass eines von der Behörde abgelehnten VA. . 175
            c) Keine Ausnahme 175
    III. Widerspruchsbefugnis 177
    IV. Frist 179
    V. Form... 180
    VI. Sonstige Zulässigkeitsvoraussetzungen 180
C. Begründetheit des Widerspruchs 180
    I. Rechtswidrige Ablehnung des beantragten VA 180
    II. Verletzung subjektiver Rechte des Widersprechenden 182

4. Kapitel Die Nebenentscheidungen: Kostengrundentscheidung und Gebührenentscheidung. 184
A. Kostengrundentscheidung............................. 184
    I. Verteilung der Kosten 184
    II. Hinzuziehung eines Bevollmächtigten – Rechtsanwaltskosten. . 186
B. Gebührenentscheidung............................... 186

5. Kapitel Anhörung und Form des Widerspruchsbescheids 188
A. Anhörung vor Erlass des Widerspruchsbescheids 188
B. Form des Widerspruchsbescheids....................... 188

5. Teil Bescheidtechnik 189

1. Kapitel (Erst-) Bescheide 191
A. Der Begriff „Bescheid" 191
B. Aufbau und Inhalt von (Erst-) Bescheiden.................. 191
    I. Gliederung..................................... 191
    II. Einleitung 192
    III. Tenor 193
        1. Tenorierung des Haupt-VA 194
        2. Tenorierung der Anordnung der sofortigen Vollziehung. . 195
        3. Tenorierung der Androhung von Zwangsmitteln........ 195
            a) Androhung von Zwangsgeld 196
            b) Androhung einer Ersatzvornahme 198
            c) Androhung von unmittelbarem Zwang.......... 199

Inhaltsverzeichnis

    4. Tenorierung von Nebenbestimmungen 199
        a) Befristung............................... 200
        b) Bedingung............................... 200
        c) Widerrufsvorbehalt....................... 202
        d) Auflage................................. 202
        e) Auflagenvorbehalt 203
    5. Gebührenentscheidung 203
    6. Hinreichende Bestimmtheit 204
        a) Behörde 204
        b) Inhalt.................................. 204
        c) Adressat 204
  IV. Begründung..................................... 205
    1. Allgemeine Überlegungen 205
        a) Begründungspflicht 205
        b) Selbstkontrolle der Verwaltung 206
        c) Bürgernahe Sprache....................... 206
        d) Formale Fehlerfreiheit..................... 207
    2. Der Sachverhalt.............................. 207
    3. Die rechtlichen Gründe 208
        a) Begründung des/der Haupt-VA................ 208
        b) Begründung der Anordnung der sofortigen Vollziehung 210
        c) Begründung der Androhung von Zwangsmitteln ... 210
        d) Begründung der Gebührenentscheidung......... 211
  V. Rechtsbehelfsbelehrung........................... 211
  VI. Grußformel und Unterschrift........................ 212
  VII. Interne Bearbeitungsvermerke 213

2. Kapitel Widerspruchsbescheide 214
A. Tenor.. 214
  I. Der Widerspruch hat keinen Erfolg.................. 214
  II. Der Widerspruch hat in vollem Umfang Erfolg 215
  III. Der Widerspruch hat teilweise Erfolg 216
B. Begründung 218

6. Teil: Übungsfälle................................... 221

Fall 1 Volle Punktzahl!................................ 223
  Grundlagen der Rechtsanwendung – Anwendung des Prüfungsschemas – Methodik der Fallbearbeitung mit Vorüberlegungen und Lösungsskizze – Erlass belastender VA
Lösung Fall 1 – Vorüberlegungen 224
Lösung Fall 1 – Lösungsskizze 232

Inhaltsverzeichnis

Lösung Fall 1 – Gutachten 234
Lösung Fall 1 – Bescheid 237

Fall 2 Giftige Kühlschränke 239
Methodik der Fallbearbeitung, insb. Subsumtionstechnik – Erlass belastender VA – Ermessens-/Verhältnismäßigkeitsprüfung – Anordnung der sofortigen Vollziehung – Androhung von Zwangsmitteln – Gutachten und Bescheid – Vorgehen der Behörde nach ergebnisloser Zwangsgeldandrohung
Lösung Fall 2 – Aufgabe 1 – Vorüberlegungen zur Aufgabenstellung und Lösungsskizze 242
Lösung Fall 2 – Aufgabe 1 – Gutachten 249
Lösung Fall 2 – Aufgabe 1 – Bescheid 259
Lösung Fall 2 – Aufgabe 2 264

Fall 3 Der uneinsichtige FC-Hooligan 265
Mehrere belastende Haupt-VA – gemeinsame und getrennte Prüfung bei Nebenentscheidungen – Zwangsmittelandrohung durch Polizeibehörde
Lösung Fall 3 – Gutachten 266
Lösung Fall 3 – Bescheid 281

Fall 4 Die gefährliche und laute Höhle 287
Erlass eines begünstigenden VA – Ausräumen von Versagungsgründen durch Nebenbestimmungen
Lösung Fall 4 – Gutachten 290
Lösung Fall 4 – Bescheid 301

Fall 5 Das „Große T" 306
Gutachten zum Erlass eines begünstigenden Ermessens-VA mit Nebenbestimmung – Gutachten und Bescheid zur nachträglichen Anordnung der sofortigen Vollziehung sowie Zwangsgeldandrohung bezüglich einer Auflage
Lösung Fall 5 – Aufgabe 1 – Gutachen 307
Lösung Fall 5 – Aufgabe 2 – Gutachten 311
Lösung Fall 5 – Aufgabe 2 – Bescheid 316

Fall 6 Der glückliche Tennisclub? 319
(Teil-)Rücknahme von VA auf Geldleistung – Rückforderung bereits erbrachter Leistungen
Lösung Fall 6 – Gutachten 321
Lösung Fall 6 – Bescheid 328

Fall 7 Die sitzende Blockade 331
Gutachten zum Erlass eines Kostenbescheids – Kostenbescheid
Lösung Fall 7 – Gutachten 332
Lösung Fall 7 – Bescheid 338

Inhaltsverzeichnis

Fall 8 Bitte keine volle Punktzahl! 342
Anfechtungswiderspruch: Grundsätzliches zu Zulässigkeit und Begründetheit – Gutachten und Widerspruchsbescheid
Lösung Fall 8 – Gutachten 345
Lösung Fall 8 – Widerspruchsbescheid 359

Fall 9 Keine Höhle 364
Verpflichtungswiderspruch – Gutachten und Widerspruchsbescheid
Lösung Fall 9 – Gutachten 365
Lösung Fall 9 – Widerspruchsbescheid 373

Stichwortverzeichnis 377

Verzeichnis der Prüfungsschemata
Prüfungsschema für den Erlass eines belastenden Verwaltungsakts 3
Prüfungsschema für den Erlass eines begünstigenden Verwaltungsakts ... 83
Prüfungsschema für den Erlass eines Widerspruchsbescheids 143

Abkürzungsverzeichnis

aA	anderer Ansicht
Abs.	Absatz
AEUV	Vertrag über die Arbeitsweise der Europäischen Union
aF	alte Fassung
AG	Aktiengesellschaft
AGVwGO	Gesetz zur Ausführung der Verwaltungsgerichtsordnung BW
Alt.	Alternative
Anm.	Anmerkung
AO	Abgabenordnung
Art.	Artikel
AufenthG	Aufenthaltsgesetz
Aufl.	Auflage
Az.	Aktenzeichen
BauGB	Baugesetzbuch
BauNVO	Baunutzungsverordnung
BayVBl	Bayerische Verwaltungsblätter
BayVGH	Bayerischer Verwaltungsgerichtshof
BayVersG	Bayerisches Versammlungsgesetz
BB	Betriebs-Berater (Z)
BBesG	Bundesbesoldungsgesetz
BBG	Bundesbeamtengesetz
Bd.	Band
BeamtStG	Beamtenstatusgesetz
BeckOK	Beck'scher Online-Kommentar
BeckRS	Beck online Rechtsprechung (elektronische Entscheidungsdatenbank in beck-online)
beg.	begünstigend
bel.	belastend
Beschl. v.	Beschluss
BFH	Bundesfinanzhof
BGB	Bürgerliches Gesetzbuch
BGBl.	Bundesgesetzblatt
BGebG	Bundesgebührengesetz
BGH	Bundesgerichtshof
BImSchG	Bundesimmissionsschutzgesetz
BImSchV	Bundesimmissionsschutzverordnung
BNatSchG	Bundesnaturschutzgesetz
BSG	Bundessozialgesetz
Bsp.	Beispiel
bspw.	beispielsweise
BT-Drs.	Bundestagsdrucksache
BVerfG	Bundesverfassungsgericht
BVerfGE	Entscheidungen des Bundesverfassungsgerichts
BVerwG	Bundesverwaltungsgericht
BVerwGE	Entscheidungen des Bundesverwaltungsgerichts
BW	Baden-Württemberg
bzw.	beziehungsweise
dh	das heißt

Abkürzungsverzeichnis

DÖV	Die Öffentliche Verwaltung (Z)
DSchG	Denkmalschutzgesetz BW
DVBl.	Deutsches Verwaltungsblatt (Z)
EGMR	Europäischer Gerichtshof für Menschenrechte
EGovG BW	E-Government-Gesetz BW
EL	Ergänzungslieferung
EMRK	Europäische Menschenrechtskonvention
Erl.	Erläuterungen
etc.	et cetera
EU	Europäische Union
EuGH	Europäischer Gerichtshof
EUV	EU-Vertrag
e.V.	eingetragener Verein
evtl.	eventuell
FeV	Fahrerlaubnisverordnung
ff.	folgende
Fn.	Fußnote
FStrG	Bundesfernstraßengesetz
FwG	Feuerwehrgesetz BW
GastG	Gaststättengesetz
GastVO	Gaststättenverordnung BW
GBl.	Gesetzblatt für Baden-Württemberg
gem.	gemäß
GemO	Gemeindeordnung BW
GewA	Gewerbearchiv (Z)
GewO	Gewerbeordnung
GG	Grundgesetz
ggf.	gegebenenfalls
ggü.	gegenüber
GK	Gemeinschaftskommentar
GmbH	Gesellschaft mit beschränkter Haftung
GrCH	Europäische Grundrechte Charta
grds.	grundsätzlich
GVG	Gerichtsverfassungsgesetz
Haupt-VA	Hauptverwaltungsakt
hM	herrschende Meinung
Hs.	Halbsatz
insb.	insbesondere
idF	in der Fassung
idR	in der Regel
ieS	im engeren Sinne
IfSG	Infektionsschutzgesetz
IHK	Industrie- und Handelskammer
inkl.	inklusive
insb.	insbesondere
iSd	im Sinne des
iSv	im Sinne von
iVm	in Verbindung mit
JA	Juristische Arbeitsblätter (Z)

Abkürzungsverzeichnis

Jura	Juristische Ausbildung (Z)
KAG	Kommunalabgabengesetz BW
KG	Kommanditgesellschaft
KrWG	Kreislaufwirtschaftsgesetz
LBO	Landesbauordnung BW
LDG	Landesdisziplinargesetz BW
LBOVVO	Verfahrensverordnung zur Landesbauordnung BW
LDSG	Landesdatenschutzgesetz BW
Lfg.	Lieferung
LG	Landgericht
LGastG	Landesgaststättengesetz BW
LGebG	Landesgebührengesetz BW
LHO	Landeshaushaltsordnung BW
LIFG	Landesinformationsfreiheitsgesetz BW
LKreiWiG	Landes-Kreislaufwirtschaftsgesetz BW
LKrO	Landkreisordnung BW
LS	Leitsatz
LVG	Landesverwaltungsgesetz BW
LVwVfG	Landesverwaltungsverfahrensgesetz BW
LVwVG	Landesverwaltungsvollstreckungsgesetz BW
LVwVGKO	Vollstreckungskostenordnung BW
LVwZG	Landesverwaltungszustellungsgesetz BW
m. w. N.	mit weiteren Nachweisen
MV	Mecklenburg-Vorpommern
NatSchG	Naturschutzgesetz BW
NB	Nebenbestimmung
nF	neue Fassung
NJW	Neue Juristische Wochenschrift (Z)
Nr.	Nummer
NRW	Nordrhein-Westfalen
NVwZ	Neue Zeitschrift für Verwaltungsrecht
oÄ	oder Ähnliche(s)
OB	Oberbürgermeister/in
OLG	Oberlandesgericht
OVG	Oberverwaltungsgericht
OWiG	Gesetz über Ordnungswidrigkeiten
PolG	Polizeigesetz BW
rm.	rechtmäßig
Rn.	Randnummer
ROG	Raumordnungsgesetz
RP	Regierungspräsidium, Rheinland-Pfalz (bei Gerichtsentscheidungen)
Rspr.	Rechtsprechung
rw.	rechtswidrig
s.	siehe
S.	Satz (bei Rechtsvorschriften); Seite (bei Literaturangaben)
s. a.	siehe auch

XVII

Abkürzungsverzeichnis

SächsVBL	Sächsische Verwaltungsblätter
SchG	Schulgesetz
SG	Sozialgericht
SGB I	Sozialgesetzbuch – Erstes Buch – Allgemeiner Teil
SGB X	Saozialgesetzbuch – Zehntes Buch – Verwaltungsverfahren
SGG	Sozialgerichtsgesetz
s. o.	siehe oben
sog.	sogenannt
StAG	Staatsangehörigkeitsgesetz
StGB	Strafgesetzbuch
StPO	Strafprozessordnung
str.	streitig
StrG	Straßengesetz BW
st. Rspr.	ständige Rechtsprechung
StVG	Straßenverkehrsgesetz
StVO	Straßenverkehrsordnung
StVZO	Straßenverkehrs-Zulassungs-Verordnung
s. u.	siehe unten
TÜV	Technischer Überwachungsverein
u. a.	unter anderem
UIG	Umweltinformationsgesetz
UPR	Umwelt- und Planungsrecht (Z)
Urt.	Urteil
usw	und so weiter
UVP	Umweltverträglichkeitsprüfung
UVwG	Umweltverwaltungsgesetz BW
v.	von, vom
VA	Verwaltungsakt
VBlBW	Verwaltungsblätter für Baden-Württemberg (Z)
VerfGH	Verfassungsgerichtshof
VersG	Versammlungsgesetz
Verw	Verwaltung (Z)
VG	Verwaltungsgericht
VGH	Verwaltungsgerichtshof
vgl.	vergleiche
VwGO	Verwaltungsgerichtsordnung
VwVfG	Verwaltungsverfahrensgesetz Bund
VwV	Verwaltungsvorschrift
VwZG	Verwaltungszustellungsgesetz Bund
WaffG	Waffengesetz
WG	Wassergesetz BW
WHG	Wasserhaushaltsgesetz
Z	Zeitschrift
zB	zum Beispiel
ZPO	Zivilprozessordnung
ZUR	Zeitschrift für Umweltrecht (Z)

Im Übrigen wird auf *Kirchner/Butz*, Abkürzungsverzeichnis der Rechtssprache, 10. Auflage 2021, verwiesen.

Literaturverzeichnis

Bader/Funke-Kaiser/Stuhlfauth/von Albedyll/*Bearbeiter*, Verwaltungsgerichtsordnung, 8. Aufl. 2021
BeckOK BauordnungsR BW/*Bearbeiter*, 21. Edition Stand 1.5.2022
BeckOK KommunalR BW/*Bearbeiter*, 18. Edition Stand 1.7.2022
BeckOK PolR BW/*Bearbeiter*, 25. Edition Stand 1.6.2022
BeckOK VwGO/*Bearbeiter*, 61. Edition Stand 1.4.2022
BeckOK VwVfG/*Bearbeiter*, 55. Edition Stand 1.4.2022
Bosch/Schmidt/Vondung, Einführung in die Praxis des verwaltungsgerichtlichen Verfahrens, 9. Auflage 2012
Bruckert/Frey, Staatsrecht aus Verwaltungsperspektive, 1. Auflage 2021
Bull/Mehde, Allgemeins Verwaltungsrecht mit Verwaltungslehre, 9. Auflage 2015
Burmann/Heß/Hühnermann/Jahnke/Bearbeiter, StVO, 26. Auflage 2020
Detterbeck, Allgemeines Verwaltungsrecht, 20. Auflage 2022
Enders, Der Verwaltungsakt als Titel für die Anforderung der Kosten seiner Vollstreckung, NVwZ 2009, 958–962
Engelhardt/App/Schlatmann/Bearbeiter, VwVG/VwZG, 12. Auflage 2021
Erbs/Kohlhaas/Bearbeiter, VersammlG, 240. EL April 2022
Fehling/Kastner/Störmer, Verwaltungsrecht, 5. Auflage 2021
Fetzer/Fischer, Europarecht, 12. Auflage 2021
Freymann/Wellner/Bearbeiter, jurisPK-Straßenverkehrsrecht, 2. Auflage Stand: 1.12.2021
Gassner, Kompendium Verwaltungsrecht, 2. Auflage 2019
GK-AufenthG/*Bearbeiter*, 110. EL 2021
Hesselbarth, Es lebe der Sport – aber was ist Sport? Eine Analyse zur Anwendbarkeit der 18. BImSchV, ZUR 2018, 451–457
Hesselbarth, Das Sachbescheidungsinteresse in der verwaltungsgerichtlichen Rechtsprechung, NVwZ 2016, 1532–1535
Kingreen/Poscher, Grundrechte. Staatsrecht II, 37. Auflage 2021
Kirchhoff, Polizeiliche Meldeauflagen zur Gefahrenabwehr, NVwZ 2020, 1617
Kopp/Ramsauer, VwVfG, 23. Auflage 2022
Kopp/Schenke, VwGO, 28. Auflage 2022
Maurer/Waldhoff, Allg. Verwaltungsrecht, 20. Auflage 2020
Peters, Grundzüge der Sachverhaltsermittlung im Verwaltungsverfahren, Verwaltungsrundschau 2020, 145–149
Peters/Hesselbarth/Peters, Umweltrecht, 5. Auflage 2015
Ruder/Pöltl, Polizeirecht Baden-Württemberg, 9. Auflage 2021
Sadler/Tillmans, VwVG/VwZG, 10. Auflage 2020
Sauter, Landesbauordnung für Baden-Württemberg, 60. Lfg. Dezember 2021
Schenke, Polizei- und Ordnungsrecht, 11. Auflage 2020
Schoch, Die Heilung von Anhörungsmängeln im Verwaltungsverfahren, Jura 2007, 28–32
Schoch/Schneider/Bearbeiter, VwGO, 42. EL 2022
Schoch/Schneider/Bearbeiter, VwVfG, 2. EL 2022
Stelkens/Bonk/Sachs/Bearbeiter, VwVfG, 8. Auflage 2018
Schweickhardt/Vondung/Zimmermann-Kreher, Allg. Verwaltungsrecht, 11. Auflage 2021
Würtenberger/Heckmann/Tanneberger, Polizeirecht in Baden-Württemberg, 7. Auflage 2017

1. Teil Der Erlass von belastenden Verwaltungsakten[1]

---

1 S. zu den allgemeinen Grundlagen des Verwaltungsrechts zB *Schweickhardt/Vondung/Zimmermann-Kreher*, Allg. Verwaltungsrecht, Rn. 1 ff., insb. Rn. 152 bis 160 zur Gesetzmäßigkeit der Verwaltung und Rn. 58 ff. zu den Rechtsquellen.

1. Teil Der Erlass von belastenden Verwaltungsakten

Die wichtigste Handlungsform der Verwaltung ist der **Verwaltungsakt (VA)**, der in § 35 LVwVfG definiert ist.[2] **Eine Art Leitfaden zum Erlass rechtmäßiger VA stellen Prüfungsschemata dar.**

Prüfungsschema für den Erlass eines belastenden VA[3]

A. **Hauptverwaltungsakt (Haupt-VA)**
   I. Rechtsgrundlage
   II. Materielle Voraussetzungen
     1. Tatbestandsvoraussetzungen
     2. Rechtsfolge
       a) Adressat
       b) Gebundene Entscheidung/Soll-Entscheidung/Ermessen
       c) (evtl.) keine Unmöglichkeit
       d) Bestimmtheit
     3. Zwischenergebnis materielle Voraussetzungen
   III. Formelle Voraussetzungen
     1. Zuständigkeit
     2. Verfahren
       a) Beteiligte
       b) (evtl.) keine ausgeschlossene Person/Befangenheit
       c) (evtl.) Mitwirkung anderer Behörden
       d) Rechte der Beteiligten
     3. Form
       a) Formzwang/Formwahl
       b) Begründung
       c) *Rechtsbehelfsbelehrung*[4]
       d) *Bekanntgabe*
     4. Zwischenergebnis formelle Voraussetzungen
   IV. Ergebnis Haupt-VA

B. **(evtl.) Anordnung der sofortigen Vollziehung**
   I. Rechtsgrundlage
   II. Materielle Voraussetzungen
   III. Formelle Voraussetzungen
     1. Zuständigkeit
     2. Verfahren
     3. Form

---

[2] Zu den einzelnen Begriffsmerkmalen eines VA nach § 35 LVwVfG s. zB *Schweickhardt/Vondung/Zimmermann-Kreher*, Allg. Verwaltungsrecht, Rn. 214 ff., *Detterbeck*, Allg. Verwaltungsrecht, Rn. 129 ff. oder *Bull/Mehde*, Allg. Verwaltungsrecht mit Verwaltungslehre, Rn. 294 ff.
[3] Der Aufbau dieses Prüfungsschemas entspricht gleichzeitig den einzelnen Gliederungspunkten des Kapitels „Fallbearbeitung".
[4] Die Prüfungspunkte „Rechtsbehelfsbelehrung" und „Bekanntgabe" sind keine Rechtmäßigkeitsvoraussetzungen und daher kursiv dargestellt, s. Rn. 111 (zur Rechtsbehelfsbelehrung) und Rn. 115 (zur Bekanntgabe).

C. (evtl.) Androhung von Zwangsmitteln
I. Rechtsgrundlage
II. Materielle Voraussetzungen
  1. Tatbestandsvoraussetzungen
     a) Wirksamer VA mit vollstreckungsfähigem Inhalt
     b) Vollstreckbarkeit
     c) Keine Vollstreckungshindernisse
     d) Besondere Voraussetzungen des jeweiligen Zwangsmittels
  2. Rechtsfolge
     a) Adressat
     b) Ermessen
     c) Bestimmtheit
III. Formelle Voraussetzungen
  1. Zuständigkeit
  2. Verfahren
  3. Form

D. Gebührenentscheidung

2 Das obige Prüfungsschema folgt einem anderen Aufbau als dies allgemein und insb. in der juristischen Ausbildung üblich ist: Die materiellen (inhaltlichen) Voraussetzungen werden vor den formellen Voraussetzungen geprüft. Dies beruht vor allem auf folgender für die Verwaltung ganz praktischen Überlegung: Erst nachdem die materiellen Voraussetzungen (Tatbestandsvoraussetzungen und Rechtsfolge) im jeweiligen Fall untersucht wurden und bekannt sind, ist klar, welche konkreten formellen Handlungen die Behörde vornehmen muss, zB erst nachdem die materiellen Voraussetzungen (insb. die Tatbestandsvoraussetzungen) feststehen, ist ersichtlich, welches die „für die Entscheidung erheblichen Tatsachen" sind, zu denen der Bürger nach § 28 Abs. 1 LVwVfG anzuhören ist. Auch die Frage, welche anderen Behörden am Erlass des VA mitzuwirken haben, ist erst nach Prüfung der materiellen Voraussetzungen möglich, da erst dann feststeht, welche Aufgabenbereiche anderer Behörden überhaupt betroffen sind. Besonders deutlich wird dies iRd § 36 BauGB bei der Mitwirkung der Gemeinde beim Erlass einer Baugenehmigung. Ob das Einvernehmen der Gemeinde erforderlich ist, entscheidet sich erst nach der Feststellung, welcher der §§ 30 ff. BauGB einschlägig ist. Dies ist bei den materiellen Voraussetzungen zu prüfen. Schließlich kann auch die Unbeachtlichkeit eines Fehlers nach § 46 LVwVfG erst geprüft werden, wenn feststeht, ob es sich beim Erlass des VA um eine gebundene Entscheidung oder um eine Ermessensentscheidung handelt bzw. ob evtl. eine Ermessensreduzierung auf Null vorliegt. Erst dann lässt sich prüfen, ob der Fehler die Entscheidung in der Sache „offensichtlich" nicht beeinflusst hat. Nicht zuletzt sprechen aus studentischer Sicht klausurstrategische Argumente für eine vorgezogene Prüfung der materiellen Voraussetzungen. Beim Suchen der Rechtsgrundlage hat sich der Studierende gedanklich bereits mit den Tatbestandsvoraussetzungen und der Rechtsfolge befasst und kann, nachdem er die (hoffentlich) richtige Rechtsgrundlage gefunden hat, nun nahtlos in die intensive Prüfung einsteigen.

1. Kapitel Grundlagen

A. Allgemeiner Ablauf des Verwaltungsverfahrens

Grundsätzlich entscheidet die Behörde selbst, ob und wann sie ein konkretes Verwaltungsverfahren[5] durchführt („eine Akte anlegt"), es sei denn sie ist aufgrund einer Regelung dazu verpflichtet oder dies wird durch den Bürger beantragt (§ 22 LVwVfG). Die Behörde hat dann den **Sachverhalt zu ermitteln** (§ 24 ff. LVwVfG)[6] und zu prüfen, ob die angedachte Maßnahme **in rechtmäßiger Weise** ergehen kann (Art. 20 Abs. 3 GG: Gesetzmäßigkeit der Verwaltung). Geht es um den Erlass eines VA, so endet das Verwaltungsverfahren mit seiner Bekanntgabe (§ 9 LVwVfG). **3**

Mit der Bekanntgabe wird der VA **wirksam** (§§ 41, 43 LVwVfG) und muss – **auch wenn er rechtswidrig**, dh mit einem Fehler behaftet ist – beachtet werden. Eine Ausnahme gilt lediglich in den Fällen, in denen der Fehler so gravierend ist, dass er nach § 44 LVwVfG zur Nichtigkeit führt; dann ist der VA nach § 43 Abs. 3 LVwVfG unwirksam. **4**

Ist der Bürger mit dem VA nicht einverstanden, weil er seiner Meinung nach rechtswidrig ist, kann er sich mit Rechtsbehelfen – idR zunächst mit einem **Widerspruch** (§§ 68 ff. VwGO) – dagegen wehren. Legt der Bürger gegen einen ihn belastenden VA Widerspruch ein (sog. Anfechtungswiderspruch), entfaltet dieser nach **§ 80 Abs. 1 VwGO grds. eine aufschiebende Wirkung.** Der Widerspruch schiebt die Wirkungen des VA auf, diese sind quasi „gehemmt", solange das Widerspruchsverfahren läuft.[7] Der Bürger muss den VA während dieser Zeit nicht beachten und die Behörde darf ihn nicht durchsetzen. Die **aufschiebende Wirkung entfällt nur in den Fällen des § 80 Abs. 2 VwGO**, insb. wenn die Behörde die sofortige Vollziehung nach § 80 Abs. 2 S. 1 Nr. 4 VwGO angeordnet hat. Entfällt die aufschiebende Wirkung, muss der Bürger den VA beachten und die Behörde kann einen VA, der einen vollstreckungsfähigen Inhalt hat und zu einem Handeln, Dulden oder Unterlassen verpflichtet, mit Zwangsmitteln durchsetzen, dh vollstrecken (vgl. § 2 Nr. 2 LVwVG) – und zwar trotz des laufenden Widerspruchs- oder Klageverfahrens. Gegen die Entscheidung der Widerspruchsbehörde kann der Bürger Klage erheben (grds. beim Verwaltungsgericht). Gegen das erstinstanzliche Urteil kann er evtl. Berufung (in Baden-Württemberg beim VGH Mannheim) und gegen das Berufungsurteil evtl. noch Revision einle- **5**

---

5 Nach § 9 LVwVfG ist ein Verwaltungsverfahren die nach außen wirkende Tätigkeit der Behörden, die auf die Prüfung der Voraussetzungen, die Vorbereitung und den **Erlass eines Verwaltungsaktes** oder auf den **Abschluss eines öffentlich-rechtlichen Vertrages** gerichtet ist; es schließt den Erlass des Verwaltungsaktes bzw. den Abschluss des öffentlich-rechtlichen Vertrages ein.

6 Dies ist eine Hauptaufgabe der Verwaltung – eine rechtmäßige rechtliche Bewertung kann nur auf Grundlage eines voll ausermittelten und korrekt festgestellten Geschehens erfolgen, s. hierzu insb. *Peters,* Grundzüge der Sachverhaltsermittlung im Verwaltungsverfahren, Verwaltungsrundschau 2020, 145 ff.

7 Die aufschiebende Wirkung bleibt bestehen, wenn der Bürger nach verlorenem Widerspruchsverfahren Anfechtungsklage erhebt, vgl. § 80 Abs. 1 VwGO.

gen (beim BVerwG in Leipzig). Kommt die Widerspruchsbehörde oder ein Gericht zu dem Ergebnis, dass der VA rechtswidrig ist, wird er aufgehoben, was zu seiner Unwirksamkeit führt (§ 43 Abs. 2 LVwVfG).

6 Ist der VA **unanfechtbar** (= **bestandkräftig**) geworden (zB weil eine Widerspruchs- oder Klagefrist abgelaufen ist oder das letztinstanzliche Urteil vorliegt), muss der Bürger ihn beachten – auch wenn er rechtswidrig ist. Wiederum gilt: Sofern der VA einen vollstreckungsfähigen Inhalt hat und zu einem Handeln, Dulden oder Unterlassen verpflichtet, kann die Behörde ihn vollstrecken (§ 2 Nr. 1 LVwVG).

B. Methodik der Fallbearbeitung

7 Bei der Fallbearbeitung ist es wichtig, zunächst den **Sachverhalt genau zu erfassen**. In der Verwaltungspraxis hat die Behörde den Sachverhalt gründlich und korrekt zu ermitteln; im Klausurfall muss der Studierende die Sachverhaltsdarstellung sorgfältig lesen und besonders auf die Aufgabenstellung sowie etwaige Bearbeitungshinweise achten! Viele Fehler entstehen oft nur dadurch, weil der Sachverhalt nicht richtig erfasst, so Manches überlesen oder als „unwichtig" eingeschätzt und deshalb in der Klausur nicht thematisiert wurde. Ist nach der Aufgabenstellung der Erlass eines VA zu untersuchen, ist konkret zu prüfen, ob ein VA **in rechtmäßiger Weise** ergehen kann.

8 Vor der eigentlichen gutachterlichen Prüfung bzw. dem Anfertigen eines Bescheids empfiehlt es sich, zunächst allgemeine Vorüberlegungen anzustellen und eine Lösungsskizze anzufertigen (s. hierzu auch Fall 1 Rn. 449 ff./474 und Fall 2 Rn. 497). Dies soll verhindern, dass sich der Fallbearbeiter zu früh und unüberlegt auf eine Vorgehensweise oder sogar ein Ergebnis festlegt (zB weil er hierzu viel gelernt hat und dieses Wissen in der Klausur unbedingt „unterbringen" will, obwohl es gar nicht passt und zu einem falschen Ergebnis führt).

I. Allgemeine Vorüberlegungen

9 Es ist zunächst in rein tatsächlicher Hinsicht zu überlegen, welchen genauen Inhalt der VA haben soll (s. hierzu auch Fall 1 Rn. 449 und Fall 2 Rn. 497 am Anfang). Was genau soll der VA bewirken? Was soll er konkret regeln? In der Klausurbearbeitung hilft ein Blick auf die dargestellte Situation in der Behörde: Was konkret muss oder möchte die Behörde erreichen? Ist ein Einschreiten gegen einen Bürger, also der **Erlass eines belastenden VA** erforderlich, ist aufgrund des Sachverhalts exakt herauszufiltern, **was der momentane Missstand ist** und **durch welche konkrete Maßnahme er sich beseitigen lässt**. Kommen hierfür mehrere Maßnahmen in Betracht, ist bereits in die Vorüberlegungen gedanklich die Verhältnismäßigkeitsprüfung einzubeziehen. Es ist insb. diejenige Maßnahme zu wählen, die für den Adressaten die mildeste aller gleich gut geeigneten Maßnahmen ist (Element der „Erforderlichkeit" des Verhältnismäßigkeitsgrundsatzes). Die so angedachte Maßnahme ist nun in dem Gutachten ausführlich zu prüfen, was in einem einleitenden Satz als Vorüberlegung kurz festgehalten werden kann.

Beispiel:
Ein Hund hat bereits mehrere Personen aggressiv angesprungen und eine Person nun gebissen. Laut Aufgabenstellung ist zu prüfen, welche konkrete(n) Maßnahme(n) die zuständige Behörde ergreifen kann, soll oder muss.
Der **festgestellte Missstand** ist, dass von einem anspringenden und bissigen Hund Gefahren für Menschen und andere Tiere ausgehen. Zum einen besteht eine „Bissgefahr", zum anderen eine „Anspringgefahr", da ein anspringender Hund andere ängstigen, umstoßen und mit seinen Krallen verletzen kann.
Als **konkrete Maßnahmen** sind denkbar: eine Wegnahme des Hundes (Beschlagnahme), eine Leinenpflicht, ein Maulkorbzwang und theoretisch sogar das Einschläfern des Hundes. Da mehrere Maßnahmen in Betracht kommen, ist bereits in die Vorüberlegungen der Verhältnismäßigkeitsgrundsatz einzubeziehen. Es ist diejenige Maßnahme zu wählen, die den Adressaten – hier den Hundehalter – am wenigsten beeinträchtigt, aber dennoch gleich gut geeignet ist, die Gefahr abzuwenden.
- Abwenden der „Bissgefahr": Eine Leinenpflicht ist weniger gut geeignet vor der „Bissgefahr" zu schützen als ein Maulkorbzwang, ein Einschläfern oder die Wegnahme des Hundes. Das Einschläfern sowie die Wegnahme sind zwar geeignet, die „Bissgefahr" abzuwenden, aber im Regelfall nicht besser, sondern nur gleich gut wie ein Maulkorbzwang. Von diesen *gleich gut* geeigneten Maßnahmen „Einschläfern", „Wegnahme" und „Maulkorbzwang" ist nun die für den Adressaten mildeste zu wählen und das ist eindeutig der Maulkorbzwang.
- Abwenden der „Anspringgefahr": Durch einen anspringenden Hund können – trotz eines Maulkorbs – Verletzungen entstehen, sodass zur Abwendung dieser „Anspringgefahr" zusätzlich die Leinenpflicht in Betracht kommt. Die Wegnahme sowie das Einschläfern des Hundes sind zwar *gleich gut* geeignet, die Anspringgefahr abzuwenden, aber für den Adressaten keinesfalls milder.[8]

Aufgrund dieser Vorüberlegungen ist folglich zu prüfen, ob die beiden VA „Maulkorbzwang" und „Leinenpflicht" in rechtmäßiger Weise angeordnet werden können. Es ist jedoch klarstellend zu betonen: Ergibt die Prüfung, dass diese Maßnahmen im konkreten Fall rechtlich nicht möglich sind, kann selbstverständlich eine weitere Maßnahme geprüft werden. Die Vorüberlegungen sollen nicht das Ergebnis vorwegnehmen, sondern nur dabei helfen, die (rechtlich) naheliegendste(n) Maßnahme(n) zuerst zu prüfen.

Stets ist genau auf die **konkrete Aufgabenstellung** zu achten. Aufgabe kann bspw. das **Ausformulieren eines Bescheids** sein, also eines Schreibens, das als

---

8 Anmerkung: In Baden-Württemberg gilt nach § 4 Abs. 3 und 4 PolVOgH (Polizeiverordnung des Innenministeriums und des Ministeriums Ländlicher Raum über das Halten gefährlicher Hunde vom 3.8.2000) für Kampfhunde, die älter als sechs Monate sind, sowie für gefährliche Hunde sowohl eine Leinenpflicht als auch ein Maulkorbzwang.

schriftlicher VA an den Adressaten gesendet werden soll. In vielen Fällen ist jedoch ein **rechtliches Gutachten** (= Rechtsgutachten) zu fertigen, welches den Erlass des Bescheids vorbereitet; es ist hier gutachterlich zu prüfen, ob der VA/ Bescheid in rechtmäßiger Wiese erlassen werden kann.[9] Die folgenden Ausführungen beziehen sich zunächst auf das rechtliche Gutachten, sind aber im Wesentlichen auch auf das Anfertigen eines Bescheids übertragbar (zum Bescheid s. ausführlich Rn. 381 ff.).

II. Vorbereitung des rechtlichen Gutachtens – Anfertigen einer Lösungsskizze

11 Bei einem rechtlichen Gutachten ist zu prüfen, ob die konkret angedachte Maßnahme (der VA/Bescheid) aufgrund des vorliegenden Sachverhalts rechtmäßig (dh im Einklang mit dem Recht) erlassen werden kann. Hierfür empfiehlt es sich, zunächst eine **Lösungsskizze** anzufertigen, bei der das Prüfungsschema „Punkt für Punkt" auf den konkreten Fall angewendet und dies stichwortartig festgehalten wird. Der konkrete Sachverhalt ist sorgfältig den einzelnen Prüfungspunkten zuzuordnen.[10] Dies erfordert neben dem Wissen, was bei den einzelnen Punkten denn nun konkret zu prüfen ist, auch ein gewisses „rechtliches Gespür" für typische Konstellationen, aber auch für typische Fehler, was nur Erfahrung und Übung mit sich bringen. An dieser Stelle ist auf die **Fälle 1 und 2** zu verweisen, die vor der eigentlichen Lösung **beispielhaft** eine **Lösungsskizze** (Prüfungspunkt für Prüfungspunkt) enthalten (siehe Fall 1 Rn. 474 und Fall 2 Rn. 497).

12 Ist die Lösungsskizze erstellt, folgt darauf aufbauend das **rechtliche Gutachten**, das in der Praxis grds. intern als Arbeitsgrundlage für das weitere Vorgehen dient. Es besteht aus der Zusammenfassung des Sachverhalts[11] (was hier nicht weiter behandelt wird, da insofern das Gleiche gilt wie beim Bescheid, s. Rn. 418 f., und in einer Klausur bei einem Gutachten regelmäßig nicht verlangt wird) sowie der rechtlichen Würdigung. Die **rechtliche Würdigung** folgt den allgemeinen Regeln der Rechtsanwendung und **entspricht dem obigen Prüfungsschema** (s. Rn. 1). Es führt den Leser **Prüfungspunkt für Prüfungspunkt** zum Ergebnis, beginnend mit der Rechtsgrundlage, den materiellen Voraussetzungen (Tatbestandsvoraussetzungen und Rechtsfolge) sowie den formellen Voraussetzungen (Zuständigkeit, Verfahren, Form).

---

9 In den Beispielsfällen dieses Buches – **Fälle 1 bis 9** – wird in der Aufgabenstellung *sowohl* ein Gutachten *als auch* ein Bescheid verlangt. Dies entspricht nicht der typischen Klausursituation. Die Intention ist, für jeden dieser Fälle beide Varianten (Gutachten und Bescheid) „abzudecken" und jeweils einen Lösungsvorschlag anzubieten.
10 Dieses Vorgehen ist ebenso angezeigt, wenn ohne vorheriges Gutachten ein Bescheid angefertigt wird. Die sich am Prüfungsschema orientierende Lösungsskizze bildet auch hier die Grundlage.
11 In einer Klausur wird oft die Zeit dafür fehlen, den Sachverhalt ausführlich zusammenzufassen. Umso wichtiger ist es, mit dem Sachverhaltstext zu arbeiten, dh wichtige Passagen hervorzuheben und auf diese Weise zu ordnen. Kurze Anmerkungen helfen, einzelne Teile des Sachverhalts gleich den Prüfungspunkten zuzuordnen. Auch hier ist Übung sehr wichtig.

In einem **Gutachten** ist zu untersuchen, ob die jeweiligen Prüfungspunkte er- **13**
füllt sind oder nicht. Hierbei müssen Fragen aufgeworfen bzw. Hypothesen aufgestellt werden, die es zu beantworten gilt (sog. **Gutachtenstil**). In einem **rechtlichen Gutachten** ist zu fragen, ob die gesetzlichen Voraussetzungen erfüllt sind oder nicht, also ob der zu untersuchende Sachverhalt die gesetzlichen Voraussetzungen erfüllt und somit „passt" oder nicht. Dieser Weg von der Frage/Hypothese zum Ergebnis wird „**Subsumtionstechnik**" genannt. „Subsumtion" ist die Unterordnung eines Sachverhalts(teils) unter eine Tatbestandsvoraussetzung. Eine solche Subsumtion gliedert sich grds. in vier Schritte:
(1) **Einleitungssatz** (auch Hypothese genannt) = Benennung der gesetzlichen Voraussetzung und des jeweiligen Sachverhalts(teils) im Konjunktiv oder als indirekter Fragesatz,
(2) **Definition** = genauere Beschreibung der gesetzlichen Voraussetzung, also was sie bedeutet,
(3) **Subsumtion** = Prüfung, ob der Sachverhalt die definierte/erläuterte Voraussetzung erfüllt und somit „passt",
(4) **Ergebnis** = Beantwortung des Einleitungssatzes.

Beispiel:
Wer mit einem Fahrrad fährt, hat nach § 2 Abs. 4 S. 2 StVO Radwege in der jeweiligen Fahrtrichtung zu benutzen, wenn dies durch entsprechende Beschilderung vorgeschrieben ist. A wendet ein, sein Liegerad sei kein „Fahrrad" in diesem Sinne. Schließlich habe es im Gegensatz zu herkömmlichen Fahrrädern eine nach hinten geneigte Liegeposition und statt eines Sattels einen Schalensitz. Auch seien Tretlager und Pedale vorne angebracht. Über einen Elektroantrieb verfüge das Liegerad nicht. In einem Rechtsgutachten ist die Voraussetzung „Fahrrad" mithilfe der **Subsumtionstechnik** wie folgt zu prüfen:
(1) **Einleitungssatz:** Bei dem Liegerad des A müsste es sich um ein Fahrrad iSv § 2 Abs. 4 S. 2 StVO handeln.
(2) **Definition:** Ein Fahrrad ist nach § 63a Abs. 1 StVZO ein Fahrzeug mit mindestens zwei Rädern, das ausschließlich durch die Muskelkraft auf ihm befindlicher Personen mit Hilfe von Pedalen oder Handkurbeln angetrieben wird.[12]
(3) **Subsumtion:** Das Liegerad des A ist ein Fahrzeug mit mindestens zwei Rädern, das ausschließlich durch die Muskelkraft des Fahrers und mit Hilfe von Pedalen angetrieben wird.
(4) **Ergebnis:** Bei dem Liegerad des A handelt es sich somit um ein Fahrrad iSv § 2 Abs. 4 S. 2 StVO.

Ein **Bescheid** – vor dessen Ausformulierung sich in gleicher Weise das Anferti- **14**
gen einer Lösungsskizze empfiehlt – hat eine andere Aufgabe und Zielrichtung als ein Gutachten. Ein Bescheid trifft gegenüber dem Adressaten eine Regelung (VA) und stellt verbindlich Tatsachen und rechtliche Gründe fest. In einem Be-

---

12 Vgl. auch BVerwG, Beschl. v. 31.5.2001, Az. 3 B 183/00, juris Rn. 3. Zu den Fahrrädern zählen auch Räder mit elektromotorischer Unterstützung bis 25 km/h, die durch Muskelkraft fortbewegt werden, s. *Burmann/Heß/Hühnermann/Jahnke/Heß*, StVO § 2 Rn. 55, und im Einzelnen § 63a Abs. 2 StVZO.

scheid werden keine Fragen gestellt und anschließend beantwortet wie in einem Gutachten. Gegenüber dem Bürger würde dies nur den Eindruck erwecken, die Behörde ist sich bei ihrer Entscheidung nicht ganz sicher. Ein Bescheid ist im sog. **Bescheidstil** zu verfassen (ähnlich dem Urteilsstil eines Gerichtsurteils). Danach entfällt der fragende Einleitungssatz, sodass es sich insgesamt nur um drei Schritte handelt, und das Ergebnis wird vorangestellt:
(1) **Ergebnis** mit Nennung der erfüllten Voraussetzung
(2) **Definition**
(3) **Subsumtion**

> Im **Beispiel** von soeben:
> (1) **Ergebnis:** Bei dem Liegerad des A handelt es sich um ein Fahrrad iSv § 2 Abs. 4 S. 2 StVO.
> (2) **Definition:** Ein Fahrrad ist nach § 63a Abs. 1 StVZO ein Fahrzeug mit mindestens zwei Rädern, das ausschließlich durch die Muskelkraft auf ihm befindlicher Personen mit Hilfe von Pedalen oder Handkurbeln angetrieben wird.
> (3) **Subsumtion:** Dies trifft auf das Liegerad von A zu. Es ist ein Fahrzeug mit mindestens zwei Rädern, das ausschließlich durch die Muskelkraft des Fahrers und mit Hilfe von Pedalen angetrieben wird.

2. Kapitel   Fallbearbeitung[13]

Das obige Prüfungsschema soll nun auf einen Beispielsfall angewendet werden. Nach den theoretischen Überlegungen findet sich bei jedem Prüfungspunkt hierzu ein Formulierungsvorschlag zur Erstellung eines Gutachtens.[14]

15

> **Beispielsfall „häusliche Gewalt":**
> Martin Meier (M) lebt zusammen mit seiner Ehefrau Stefanie Meier und ihrer gemeinsamen 13-jährigen Tochter Lena in einer angemieteten Wohnung in der Hauptstraße 99 in 12345 Musterstadt. Als er am 22.8.2021 von einer Geburtstagsparty nach Hause kam, warf er seiner Frau vor, sie würde fremdgehen. Seine Frau widersprach dem entschieden, was ihn von dem Gedanken jedoch nicht abbringen konnte. Daraufhin entwickelte sich ein Streit, in dessen Verlauf M gegen 22.00 Uhr ein Küchenmesser mit einer Klingenlänge von ca. 15 cm holte und seine Frau damit bedrohte, u. a. mit den Worten „Ich mach dich fertig, du Schlampe".
> Die gemeinsame Tochter Lena rief um 22.05 Uhr die Polizei, da sie befürchtete, ihr Vater würde ihrer Mutter etwas antun. Als die Polizeibeamten um 22.15 Uhr eintrafen, hatte sich die Lage kaum beruhigt. M war sehr aufgebracht und schrie, hatte das Messer aber mittlerweile aus der Hand gelegt. Im Beisein der Polizei wiederholte er den Vorwurf, seine Frau würde fremdgehen, und er beschimpfte sie sowie die Polizeibeamten mehrfach, u. a. mit „Schlampe" und „Bullenschweine".
> Die Polizeibeamten sprachen daraufhin einen Wohnungsverweis aus und nahmen M vorübergehend in Gewahrsam auf das Polizeirevier Musterstadt. Ein um 22.50 Uhr durchgeführter Alkoholtest ergab einen Alkoholwert von 1,6 Promille. Frau Meier stellte gegenüber den Polizeibeamten einen Antrag auf Erlass eines Rückkehrverbots.
> Am Morgen des 23.8.2021 wurde M auf dem Polizeirevier die Gelegenheit gegeben, sich zu dem Vorfall zu äußern. Hiervon machte er keinen Gebrauch. Nach Angaben der Polizei kam es bereits am 24.7.2021 zu einem ähnlichen Vorfall. In alkoholisiertem Zustand bedrohte M seine Frau und schlug mehrfach mit der flachen Hand auf sie ein. Die eintreffende Polizei sprach damals einen Wohnungsverweis und ein Rückkehrverbot für zwei Tage aus.
>
> **Aufgabe:**
> Sie sind stellvertretende/r Leiter/in der Abteilung öffentliche Sicherheit und Ordnung der Großen Kreisstadt Musterstadt. Prüfen Sie gutachtlich, ob M die Rückkehr in die eheliche Wohnung untersagt werden kann. Um die Ehefrau umfassend zu schützen, ist auch zu prüfen, ob die aufschiebende Wirkung möglicher Rechtsbehelfe beseitigt und inwiefern auf M in zulässiger Weise

---

13 S. zum Erlass von belastenden VA speziell die **Fälle 1 bis 3**, aber auch die **Fälle 6 und 7**, da die Rücknahme eines begünstigenden VA sowie der Kostenbescheid ebenfalls belastende VA sind.
14 Ein Beispielsbescheid „häusliche Gewalt" findet sich in *Schweickhardt/Vondung/Zimmermann-Kreher*, Allg. Verwaltungsrecht, Rn. 575.

> Druck ausgeübt werden kann, um ihn zur Einhaltung des Verbots zu bewegen.
>
> **Bearbeitungshinweis:**
> – Die Rechtmäßigkeit eines Annäherungsverbotes ist nicht zu prüfen.
> – Auszug aus der Satzung von Musterstadt über die Erhebung von Verwaltungsgebühren (Verwaltungsgebührensatzung) vom 18.5.2020:
>
> **§ 1 Gebührenpflicht**
>
> (1) Für öffentliche Leistungen, die auf Veranlassung oder im Interesse Einzelner vorgenommen werden, sind Gebühren zu erheben. (…)
>
> **Auszug aus dem Gebührenverzeichnis als Anlage zur Verwaltungsgebührensatzung:**
>
> 2.6 Maßnahmen der Ortspolizeibehörde
> (…)
> 2.6.4. Anordnung Aufenthaltsverbot, Wohnungsverweis, Rückkehrverbot und Annäherungsverbot nach dem PolG: 20–250 Euro.
> (…)

A. Hauptverwaltungsakt[15]

I. Rechtsgrundlage

16 Nach dem **Grundsatz vom Vorbehalt des Gesetzes** (abgeleitet aus Art. 20 Abs. 3 GG, „kein Handeln ohne Gesetz"[16]) ist bei belastenden Maßnahmen stets und bei begünstigenden Maßnahmen grds. eine gesetzliche Grundlage erforderlich, die der Verwaltung erlaubt, gegenüber dem Bürger zu handeln – die sog. Rechtsgrundlage.

17 Es gibt **Rechtsgrundlagen**, die die Behörde zum Erlass **eines belastenden VA** ermächtigen (**sog. Ermächtigungsgrundlagen**, zB § 20 Abs. 2 S. 1 BImSchG, § 3 Abs. 2 BNatSchG, § 53 Abs. 1 AufenthG, § 100 Abs. 1 S. 2 WHG, § 3 PolG, § 65 Abs. 1 S. 1 LBO, § 65 Abs. 1 S. 2 LBO, § 16 Abs. 8 S. 1 StrG). Ein belastender VA ist auch die Rücknahme und der Widerruf eines begünstigenden VA. Rechtsgrundlagen, auf die die Behörde **einen begünstigen VA** stützen kann, nennt man auch **Anspruchsgrundlagen** (s. u. 2. Teil „Erlass von begünstigenden VA").

18 Für die Fallbearbeitung ist es ganz entscheidend, den Aufbau einer Rechtsgrundlage zu verstehen. Rechtsgrundlagen müssen die **Verwaltung ausdrücklich zum Handeln ermächtigen.** Sie müssen sich ausdrücklich an eine Behörde richten und ihr ein Handeln vorschreiben oder ermöglichen ein Handeln, das eine Pri-

---

15 Um diesen VA von den Nebenentscheidungen wie der Anordnung der sofortigen Vollziehung, der Androhung von Zwangsmitteln und der Gebührenentscheidung abzugrenzen, wird er klarstellend Hauptverwaltungsakt (Haupt-VA) genannt.
16 S. hierzu *Schweickhardt/Vondung/Zimmermann-Kreher*, Allg. Verwaltungsrecht, Rn. 155 ff.

vatperson gerade nicht kann bzw. darf). Der Wortlaut der Rechtsgrundlage muss sich zumindest gedanklich dahingehend ergänzen lassen, dass „die Behörde gegenüber dem Bürger" „durch VA" die jeweils genannte Rechtsfolge treffen kann.

Beispiel:
§ 65 Abs. 1 S. 2 LBO lautet: „Werden Anlagen im Widerspruch zu öffentlich-rechtlichen Vorschriften genutzt, so kann diese Nutzung untersagt werden". Diese Norm richtet sich eindeutig an die Verwaltung und ermächtigt die zuständige Behörde, eine bauliche Nutzung zu untersagen. Eine Privatperson kann und darf dies nicht. Gedanklich ließe sich der Wortlaut daher ergänzen: …, „so kann diese Nutzung *durch die Behörde gegenüber dem Bürger durch VA* untersagt werden".

Diese Erkenntnis ist jedoch nur der erste Schritt, ein „Einstieg". Die Rechtsgrundlage ist jetzt genauer zu untersuchen, wobei sorgfältig **zwischen Tatbestandsvoraussetzungen und Rechtsfolge** zu unterscheiden ist. Rechtsgrundlagen enthalten für die Verwaltung die **Ermächtigung** (Befugnis), beim Vorliegen bestimmter **Tatbestandsvoraussetzungen** (*„Wenn …"*) gegenüber dem Bürger eine bestimmte **Rechtsfolge** (*„dann …"*) zu setzen.

Die **Tatbestandsvoraussetzungen** bestimmen, unter welchen Voraussetzungen (*„Wenn …"*) die Behörde handeln kann, soll oder muss. Die Tatbestandsvoraussetzungen sind aus der Rechtsgrundlage einzeln herauszuarbeiten und von der Rechtsfolge zu trennen. Erst *wenn* die Tatbestandsvoraussetzungen erfüllt sind, *„dann"* ist die Behörde berechtigt, entsprechend der Rechtsfolge zu handeln (s. zu den Tatbestandsvoraussetzungen ausführlich unten Rn. 28 ff.).

Die **Rechtsfolge** gibt zum einen vor, ob die Behörde bei Vorliegen der Tatbestandsvoraussetzungen einen **Ermessensspielraum hat oder nicht**, dh den VA erlassen kann, soll oder muss (entsprechende *Signalwörter* sind hier „*muss*", „*ist*", „*soll*", „*kann*" oder ausdrücklich „*Ermessen*"). Zum anderen enthält sie einen **sachlichen Inhalt**, dh sie regelt, was konkret angeordnet werden kann, soll oder muss (zB *„stilllegen oder beseitigen"* in § 20 Abs. 2 S. 1 BImSchG, *„Abbruch anordnen"* in § 65 Abs. 1 S. 1 LBO oder allgemein *„Maßnahmen"* anordnen bzw. treffen in § 100 Abs. 1 S. 2 WHG oder § 47 Abs. 1 S. 2 LBO). Die Rechtsfolge richtet sich so direkt an die Behörde und nennt die Maßnahmen, die die Behörde ergreifen kann, soll oder muss (s. zur Rechtsfolge ausführlich unten Rn. 40 ff.).

Jede Rechtsgrundlage lässt sich daher in einen „Wenn – Dann – Satz" umformulieren.

Beispiele für umformulierte Rechtsgrundlagen:
– § 65 Abs. 1 S. 2 LBO lautet: „Werden Anlagen im Widerspruch zu öffentlich-rechtlichen Vorschriften genutzt, so kann diese Nutzung untersagt werden". Umformuliert: **Wenn** eine Anlage im Widerspruch zu öffentlich-rechtlichen Vorschriften genutzt wird (Tatbestandsvoraussetzung), **dann** kann die Behörde diese Nutzung untersagen (Rechtsfolge).
– § 62 KrWG lautet: „Die zuständige Behörde kann im Einzelfall die erforderlichen Anordnungen zur Durchführung dieses Gesetzes und der aufgrund dieses Gesetzes erlassenen Rechtsverordnungen treffen." Umfor-

muliert: **Wenn** es um die Durchführung dieses Gesetzes oder der aufgrund dieses Gesetzes erlassenen Rechtsverordnungen geht (Tatbestandsvoraussetzung), **dann** kann die zuständige Behörde im Einzelfall die erforderlichen Anordnungen treffen (Rechtsfolge).
- § 20 Abs. 2 Satz 1 BImSchG lautet: „Die zuständige Behörde soll anordnen, dass eine Anlage, die ohne die erforderliche Genehmigung errichtet, betrieben oder wesentlich geändert wird, stillzulegen oder zu beseitigen ist. Umformuliert: **Wenn** eine Anlage ohne die erforderliche Genehmigung errichtet, betrieben oder wesentlich geändert wird (Tatbestandsvoraussetzungen), **dann** soll die zuständige Behörde anordnen, sie stillzulegen oder zu beseitigen (Rechtsfolge).

23 Rechtsgrundlagen sind insb. von reinen Zuständigkeitsnormen (wie zB § 48 Abs. 1 LBO), reinen Aufgabenzuweisungen an die Behörde (wie zB § 100 Abs. 1 S. 1 WHG oder § 1 PolG), gesetzlichen Verboten oder Pflichten für den Bürger (wie zB § 30 Abs. 2 BNatSchG oder § 5 BImSchG) oder Legaldefinitionen (wie zB § 3 Abs. 1 BImSchG) abzugrenzen. All diese Normen haben häufig auch (Tatbestands-)Voraussetzungen und eine (Rechts-)Folge, enthalten aber **keine Ermächtigung**, ggü. dem Bürger hoheitliche Maßnahmen zu treffen.

Beispiele:
- § 3 Abs. 1 BImSchG lautet: „Schädliche Umwelteinwirkungen im Sinne dieses Gesetzes sind Immissionen, die nach Art, Ausmaß oder Dauer geeignet sind, Gefahren, erhebliche Nachteile oder erhebliche Belästigungen für die Allgemeinheit oder die Nachbarschaft herbeizuführen." Auch hier gibt es Voraussetzungen (umformuliert: **Wenn** Immissionen nach Art, Ausmaß oder Dauer geeignet sind, Gefahren, erhebliche Nachteile oder erhebliche Belästigungen für die Allgemeinheit oder die Nachbarschaft herbeizuführen) und eine Folge (**dann** handelt es sich um schädliche Umwelteinwirkungen). Es **fehlt aber die konkrete Ermächtigung der Behörde zum Handeln**, auch wenn eine schädliche Immission vorliegt.
- § 30 Abs. 2 BNatSchG verkürzt: Handlungen, die zu einer Zerstörung oder einer sonstigen erheblichen Beeinträchtigung der in Nummer 1 bis 6 aufgeführten Biotope führen können (Voraussetzungen), sind verboten (Folge). Selbst wenn die Behörde eine solche verbotene Handlung feststellt, darf sie diese nicht auf Grundlage von § 30 Abs. 2 BNatSchG untersagen. § 30 Abs. 2 BNatSchG **ermächtigt die Behörde nicht zu einem Handeln** gegenüber dem Bürger, sondern enthält ein gesetzliches Verbot, das sich an jedermann richtet. Für eine Untersagungsanordnung bedarf es einer Rechtsgrundlage, die die Behörde zu einem Einschreiten ermächtigt, wenn auf Tatbestandsseite eine verbotene Handlung iSd § 30 Abs. 2 BNatSchG vorliegt. Eine solche Rechtsgrundlage findet sich in § 3 Abs. 2 BNatSchG: Durch den Verstoß gegen § 30 Abs. 2 BNatSchG wird eine Vorschrift des BNatSchG nicht eingehalten, sodass die Tatbestandsvoraussetzung „um deren Einhaltung [also aller Vorschriften des BNatSchG] sicherzustellen" erfüllt ist. Die Rechtsfolge ist, dass die Behörde nach pflichtgemäßem Ermessen die im Einzelfall erforderlichen Maßnahmen treffen kann, um die Einhaltung der Vorschrift sicherzustellen.

In einigen Fällen ist der sachliche **Inhalt der Rechtsfolge** konkret benannt (vgl. § 20 Abs. 2 S. 1 BImSchG „Beseitigung anordnen", „Stilllegung anordnen"), in anderen Fällen ermächtigt die Rechtsfolge allgemein zum Erlass von Anordnungen bzw. Maßnahmen (vgl. § 62 KrWG „Anordnungen treffen" bzw. §§ 3, 1 PolG oder § 47 Abs. 1 S. 2 LBO „Maßnahmen treffen" – diese Rechtsgrundlagen nennt man auch „Generalklauseln").

24

Kommen inhaltlich mehrere Rechtsgrundlagen in Betracht, so ist die **speziellere Rechtsgrundlage** anzuwenden (lex specialis vor lex generalis). Eine Rechtsgrundlage ist spezieller, wenn ihr Regelungsinhalt den konkreten Fall/Sachverhalt genauer erfasst als eine andere Vorschrift oder wenn die Rechtsfolge inhaltlich konkreter ist als bei einer anderen Vorschrift. Kurz gesagt: Es ist die Rechtsgrundlage anzuwenden, die den konkreten Fall am speziellsten regelt. Insbesondere vor der Anwendung einer Generalklausel ist zu überprüfen, ob nicht eine speziellere Rechtsgrundlage auf den Fall passt.

25

Beispiele:
- § 47 Abs. 1 S. 2 LBO ist spezieller als §§ 3, 1 PolG. Während §§ 3, 1 PolG allgemein dazu ermächtigt, Gefahren für die öffentliche Sicherheit oder Ordnung abzuwehren, bezieht sich § 47 Abs. 1 S. 2 LBO auf baurechtliche Gefahren bzw. die Einhaltung der baurechtlichen Vorschriften. § 65 Abs. 1 S. 1 LBO ist wiederum spezieller als § 47 Abs. 1 S. 2 LBO (sog. „baurechtliche Generalklausel" wegen der allgemeinen Rechtsfolge „Maßnahmen treffen"), da § 65 Abs. 1 S. 1 LBO die konkrete Rechtsfolge „Abbruch" regelt. Für eine Abbruchsanordnung ist daher § 65 Abs. 1 S. 1 LBO als die speziellere Rechtsgrundlage anzuwenden. § 47 Abs. 1 S. 2 LBO und §§ 3, 1 PolG werden durch diese speziellere Rechtsgrundlage verdrängt und dürfen nicht herangezogen werden, wenn inhaltlich ein Abbruch angeordnet werden soll.
- § 4 Abs. 5 S. 1 Nr. 3 StVG „Ergeben sich acht oder mehr Punkte, gilt der Inhaber einer Fahrerlaubnis als ungeeignet zum Führen von Kraftfahrzeugen und die Fahrerlaubnis ist zu entziehen" ist spezieller als § 3 Abs. 1 S. 1 StVG „Erweist sich jemand als ungeeignet oder nicht befähigt zum Führen von Kraftfahrzeugen, so hat ihm die Fahrerlaubnisbehörde die Fahrerlaubnis zu entziehen". Bei acht Punkten und mehr im Fahreignungsregister ist § 4 Abs. 5 S. 1 Nr. 3 StVG als speziellere Rechtsgrundlage anzuwenden und nicht § 3 Abs. 1 S. 1 StVG.

Anwendung am Beispielsfall „häusliche Gewalt":
Beim Suchen der Rechtsgrundlage ist zu überlegen, welchen genauen Inhalt der VA haben soll. Welcher Missstand soll durch welche konkrete Maßnahme beseitigt werden (Vorüberlegung, s. o. Rn. 9 f.)? Hier soll M die Rückkehr in seine Wohnung untersagt werden, um die dortigen Mitbewohner – seine Frau und seine Tochter – zu schützen. Zu suchen ist also eine Rechtsgrundlage, die ihm die Rückkehr aus Gründen der Gefahrenabwehr (Schutz von anderen) verbietet. Eine solche Rechtsgrundlage findet sich in § 30 Abs. 3 S. 2 PolG, der diesen Fall am speziellsten regelt. Er geht insb. §§ 3, 1 PolG als lex specialis vor. Gerade bei Rechtsgrundlagen sind Absatz und Satz des Paragrafen

26

genau zu nennen, zumal § 30 Abs. 1 bis 3 mehrere Rechtsgrundlagen enthalten, die unterschiedliche polizeiliche Maßnahmen ermöglichen (Platzverweis, Aufenthaltsverbot, Wohnungsverweis, Rückkehr- und Annäherungsverbot). § 30 Abs. 3 S. 2 PolG lautet wie folgt, wobei die *Tatbestandsvoraussetzungen kursiv* und die **Rechtsfolge fett** hervorgehoben sind: „*Rechtfertigen Tatsachen die Annahme, dass die erhebliche Gefahr nach Verlassen der Wohnung fortbesteht,* **kann die Polizei der der Wohnung verwiesenen Person verbieten, in die Wohnung oder den unmittelbar angrenzenden Bereich zurückzukehren** (Rückkehrverbot).

Klausurtipp:
Achten Sie genau auf die Bearbeitungshinweise! Vorliegend ist laut Bearbeitungshinweis ein Annäherungsverbot, welches ebenfalls in § 30 Abs. 3 S. 2 PolG geregelt ist, nicht zu prüfen. Es wäre Verschwendung wichtiger Bearbeitungszeit, es dennoch zu prüfen.

Formulierungsvorschlag im Beispielsfall „häusliche Gewalt":
I. Rechtsgrundlage
Als Rechtsgrundlage kommt § 30 Abs. 3 S. 2 PolG in Betracht.

II. Materielle Voraussetzungen

27 Weil die Rechtsgrundlage in **Tatbestandsvoraussetzungen und Rechtsfolge** aufgebaut ist, gliedern sich die materiellen Voraussetzungen ebenfalls in „Tatbestandsvoraussetzungen" und „Rechtsfolge". Bei diesen materiellen Voraussetzungen ist zu prüfen, ob der VA **inhaltlich** mit dem geltenden Recht in Einklang steht.

1. Tatbestandsvoraussetzungen

28 Die **Tatbestandsvoraussetzungen** (auch Tatbestandsmerkmale oder Handlungsvoraussetzungen genannt) bestimmen, unter welchen Voraussetzungen die Behörde handeln kann, soll oder muss. Sie sind aus der Rechtsgrundlage einzeln herauszuarbeiten und von der Rechtsfolge zu trennen (s. bereits die Beispiele oben Rn. 22 f.).

Beispiel:
§ 65 Abs. 1 S. 2 LBO lautet: „Werden Anlagen im Widerspruch zu öffentlich-rechtlichen Vorschriften genutzt, so kann diese Nutzung untersagt werden." Tatbestand ist hier „Werden Anlagen im Widerspruch zu öffentlich-rechtlichen Vorschriften genutzt". Liegen diese Voraussetzungen vor, dann kann die Behörde diese Nutzung untersagen (Rechtsfolge). Die einzelnen Tatbestandsvoraussetzungen sind somit „Anlage" und „im Widerspruch zu öffentlich-rechtlichen Vorschriften genutzt".

Es ist darauf zu achten, ob bestimmte Voraussetzungen kumulativ oder alternativ vorliegen müssen. Bei einer kumulativen Anwendung müssen mehrere Tatbestandsvoraussetzungen gemeinsam vorliegen, damit die Behörde einschreiten darf; bei einer alternativen Anwendung genügt es, wenn nur eine/einige von mehreren Tatbestandsvoraussetzungen erfüllt ist/sind.

Beispiele:
- In § 65 Abs. 1 S. 2 LBO muss tatbestandlich eine Anlage vorliegen *und* diese muss im Widerspruch zu öffentlich-rechtlichen Vorschriften genutzt werden.
- Nach § 62 KrWG kann die Behörde die erforderlichen Anordnungen treffen *entweder* zur „Durchführung dieses Gesetzes" (also zur Einhaltung der im KrWG geregelten Pflichten) *oder* zur Durchführung „der aufgrund des KrWG erlassenen Rechtsverordnungen" (also zur Einhaltung der in den Rechtsverordnungen geregelten Pflichten). In § 62 KrWG steht zwar das Wort „und", dies bedeutet aber, dass tatbestandlich für eine Anordnung sowohl ein Verstoß gegen das KrWG als auch ein Verstoß gegen eine Rechtsverordnung ausreicht (es muss also nicht gegen das KrWG und zusätzlich gegen eine Rechtsverordnung verstoßen werden).

Tatbestandsvoraussetzungen sind abstrakte Gesetzesbegriffe[17], die oft erst erklärt werden müssen und zwar grds. durch eine **Definition**, die im Zweifel mithilfe der **Auslegung** des Begriffs zu ermitteln ist. Anschließend ist zu prüfen, ob der konkrete Sachverhalt zu dem definierten Gesetzesbegriff passt und ihn ausfüllt (= sog. **Subsumtion**). Um die **Subsumtion** vornehmen zu können, müssen die gesetzlichen Regelungen evtl. so lange definiert und die Definitionen wieder in einzelne evtl. weiter zu definierende Teilelemente zerlegt werden, bis beurteilt werden kann, ob die einzelnen Teile des Sachverhalts zu den (Teil-)Definitionen passen oder nicht.

Beispiel (s. auch Fall 2):
„Abfall" ist in § 3 Abs. 1 KrWG definiert. Diese Definition enthält aber wiederum eigene Voraussetzungen, dh eigene Begriffe, wie hier „Stoffe oder Gegenstände" und „entledigen, entledigen will oder entledigen muss". Kann der jeweilige Sachverhalt noch nicht unter diese Begriffe subsumiert werden, da noch unklar ist, ob er „passt", müssen die fraglichen Begriffe ihrerseits definiert und in ihre Teilbegriffe zerlegt werden. Im Bsp. soeben ist „entledigen" in § 3 Abs. 2 KrWG definiert; des Weiteren ist zu klären, ob ein „Stoff" vorliegt etc. Erst wenn eindeutig feststeht, dass der Sachverhalt unter alle (Teil-)Begriffe subsumiert werden kann (und damit „passt"), ist die Tatbestandsvoraussetzung „Abfall" erfüllt.

Nicht als Tatbestandsvoraussetzung zu prüfen sind die Elemente der Rechtsgrundlage, die an anderer Stelle des Prüfungsschemas zu untersuchen sind (zB in § 3 Abs. 2 BNatSchG oder § 62 KrWG die „zuständige Behörde", die beim Punkt Zuständigkeit zu prüfen ist) oder die keine eigenständige Bedeutung haben (zB in § 62 KrWG „im Einzelfall", was lediglich ein Hinweis auf den VA als Handlungsform ist).

---

[17] Zu der Unterscheidung „bestimmte" und „unbestimmte Rechtsbegriffe" s. *Schweickhardt/Vondung/Zimmermann-Kreher*, Allg. Verwaltungsrecht, Rn. 152 ff.

30 Für jede Tatbestandsvoraussetzung ist gesondert zu prüfen, ob sie aufgrund des konkreten Sachverhalts erfüllt ist. Dies geschieht bei einem **Rechtsgutachten** mithilfe der sog. **Subsumtionstechnik** grds. in vier Schritten (s. hierzu bereits Rn. 13):
(1) **Einleitungssatz** = Benennung der Tatbestandsvoraussetzung und des Sachverhalts(teils) im Konjunktiv oder als indirekter Fragesatz,
(2) **Definition** = genauere Beschreibung der Tatbestandsvoraussetzung, also was sie bedeutet,
(3) **Subsumtion** = Prüfung, ob der Sachverhalt die definierte/erläuterte Tatbestandsvoraussetzung erfüllt und somit „passt",
(4) **Ergebnis** = Beantwortung des Einleitungssatzes.

Beispiel:
A hat auf seinem Grundstück einen größeren Erdhügel aufschütten lassen, was gegen öffentlich-rechtliche Vorschriften verstößt. Eine Beseitigungsanordnung könnte auf § 65 Abs. 1 S. 1 LBO gestützt werden. Dessen Tatbestandsvoraussetzungen sind „Anlage", „im Widerspruch zu öffentlich-rechtlichen Vorschriften errichtet" und „wenn nicht auf andere Weise rechtmäßige Zustände hergestellt werden können".
Die **Tatbestandsvoraussetzung „Anlage"** ist nun mit Hilfe der **Subsumtionstechnik** wie folgt zu prüfen:
(1) Bei dem Erdhügel müsste es sich nach § 65 Abs. 1 S. 1 LBO um eine Anlage handeln (**Einleitungssatz**).
(2) Nach § 2 Abs. 1 S. 3 Nr. 1 LBO zählen zu den baulichen Anlagen und damit allgemein zu Anlagen unter anderem Aufschüttungen (**Definition**).
(3) Der Erdhügel ist eine solche (auf Dauer angelegte) Aufschüttung (**Subsumtion**).
(4) Bei dem Erdhügel handelt es sich somit um eine Anlage iSv § 65 Abs. 1 S. 1 LBO (**Ergebnis**).

31 Ein **Bescheid** soll den Adressaten überzeugen. Hypothesen im Konjunktiv („könnte", „müsste" etc.) haben hier nichts verloren, sondern würden zu Verunsicherung beitragen und den Eindruck erwecken, die Behörde ist sich bei ihrer Entscheidung nicht ganz sicher (s. hierzu bereits Rn. 14). In einem Bescheid entfällt daher der Einleitungssatz und das Ergebnis wird vorangestellt:
(1) **Ergebnis** mit Nennung der erfüllten Tatbestandsvoraussetzung
(2) **Definition**
(3) **Subsumtion**

Im Beispiel soeben:
(1) Bei dem Erdhügel handelt es sich um eine Anlage iSv § 65 Abs. 1 S. 1 LBO (**Ergebnis**).
(2) Nach § 2 Abs. 1 S. 3 Nr. 1 LBO zählen zu den baulichen Anlagen und damit allgemein zu Anlagen unter anderem Aufschüttungen (**Definition**).
(3) Der Erdhügel ist eine solche (auf Dauer angelegte) Aufschüttung (**Subsumtion**).

32 Sowohl für ein Gutachten als auch für einen Bescheid gilt, dass **Tatbestandsvoraussetzungen**, die **offensichtlich erfüllt sind**, nicht in dieser Ausführlichkeit (also nicht mithilfe aller dieser Schritte) geprüft werden müssen. Hier genügt die kurze

Feststellung, dass der Sachverhalt die Tatbestandsvoraussetzung erfüllt, wobei die Definitionsnorm – sofern vorhanden – anzugeben ist („Kurzsubsumtion").

Beispiele:
- „Das Zweifamilienhaus ist eine bauliche Anlage im Sinne von § 2 Abs. 1 S. 1 LBO." Die ausführliche Subsumtion, dass ein Zweifamilienhaus aus Bauprodukten hergestellt und mit dem Erdboden fest verbunden ist (vgl. den Wortlaut des § 2 Abs. 1 S. 1 LBO), wäre überflüssig und praxisfremd.
- Im Beispiel von Rn. 31 ist die Tatbestandsvoraussetzung ebenfalls recht klar erfüllt, sodass auch folgende Formulierung vertretbar ist: „Da der Erdhügel eine (auf Dauer angelegte) Aufschüttung iSd § 2 Abs. 1 S. 3 Nr. 1 LBO ist, handelt es sich dabei um eine bauliche Anlage und damit auch allgemein um eine Anlage im Sinne von § 65 Abs. 1 S. 1 LBO." Der erste Satzteil enthält mit der Paragrafenangabe die Definition und die Subsumtion (welche im Gutachten voranzustellen sind – daher empfiehlt es sich oft, den Satz mit „Da" zu beginnen). Im zweiten Satzteil findet sich das Ergebnis.

Exkurs: Auslegung und Analogie

Die Auslegung[18]

Tatbestandsvoraussetzungen müssen – wie soeben ausgeführt – definiert bzw. näher beschrieben werden. Zuerst ist immer zu überprüfen, ob das Gesetz selbst eine Definition der Tatbestandsvoraussetzung enthält, eine sog. **Legaldefinition** (zB in § 2 Abs. 1 LBO „bauliche Anlage", in § 2 Abs. 3 AufenthG „Erwerbstätigkeit" oder in § 3 Abs. 1 KrWG „Abfall"). Legaldefinitionen finden sich meist zu Beginn eines Gesetzes (s. insgesamt § 2 LBO, § 2 AufenthG und § 3 KrWG).

33

Enthält das Gesetz keine Legaldefinition, sind die Tatbestandsvoraussetzungen **auszulegen**. Hier ist in der Praxis zuerst zu prüfen, ob das auszulegende Tatbestandsmerkmal in der Rechtsprechung und juristischen Literatur bereits eine „Definition" erfahren hat, dh in ständiger Praxis in einer bestimmten Weise ausgelegt wird (mithilfe eines Blicks in einen Kommentar, einer Rechtsprechungsrecherche etc.). So wird zB der Begriff „Versammlung" im VersG nicht gesetzlich definiert. Nach der h. M. ist eine „Versammlung" jede örtliche Zusammenkunft von mindestens drei Personen[19] zur gemeinschaftlichen Erörterung oder Kundgebung, die auf die Teilhabe an der öffentlichen Meinungsbildung gerichtet ist.[20]

34

Sofern eine Konkretisierung durch die Rechtsprechung und Literatur nicht eindeutig ist oder fehlt, was insb. bei neueren Gesetzen (meist) der Fall sein wird,

35

---

18 S. beispielhaft zur Auslegung des Sportbegriffs *Hesselbarth*, Es lebe der Sport – aber was ist Sport? Eine Analyse zur Anwendbarkeit der 18. BImSchV, ZUR 2018, 451, 452 ff.
19 *Erbs/Kohlhaas/Wache*, VersammlG § 1 Rn. 23. In Bayern und Sachsen genügen zB nach den dortigen Landesversammlungsgesetzen bereits zwei Teilnehmer, s. Art. 2 Abs. 1 BayVersG sowie § 1 Abs. 3 SächsVersG.
20 BVerfG, Beschl. v. 10.12.2010, Az. 1 BvR 1402/06, NVwZ 2011, 422; *Erbs/Kohlhaas/Wache*, VersammlG § 1 Rn. 20.

sind die Tatbestandsvoraussetzungen selbstständig mithilfe von Auslegungsmethoden auszulegen. Zu den „klassischen" **Auslegungsmethoden**[21] gehören:
- Die Auslegung **nach dem Wortlaut** (grammatikalische Auslegungsmethode) orientiert sich an dem allgemeinen Sprachgebrauch oder an einer bestehenden Fachterminologie.
- Die Auslegung **nach der Stellung im Gesetz** (systematische Auslegungsmethode) orientiert sich an der Stellung der Norm im Gesetz oder ihrem Bezug zu anderen Gesetzen.
- Die Auslegung **nach Sinn und Zweck der Norm** (teleologische Auslegungsmethode) orientiert sich am Sinn und Zweck der Norm (von griech. „telos" = Ziel, Zweck).
- Die Auslegung **nach der Entstehungsgeschichte** (historische Auslegungsmethode) zieht die Entstehungsgeschichte einer Norm als Auslegungshilfe heran.

36 Die Auslegungsmethoden stehen in keinem Rangverhältnis zueinander. Sie können nebeneinander zur Anwendung kommen und sich ergänzen oder ggf. sogar zu unterschiedlichen Ergebnissen führen. Im Rahmen einer Gesamtbewertung ist im Einzelfall zu klären, welche Auslegung den Vorzug verdient.

Beispiel:
Die zuständige Behörde möchte eine Versammlung iSd VersG in der örtlichen Stadthalle auflösen. Da es sich um eine Versammlung iSd VersG handelt (nämlich um eine örtliche Zusammenkunft von mindestens 3 Personen zur gemeinschaftlichen Erörterung oder Kundgebung, die auf die Teilhabe an der öffentlichen Meinungsbildung gerichtet ist, s. o. Rn. 34), wäre als Rechtsgrundlage § 15 Abs. 3 VersG vom **Wortlaut** her einschlägig. Es ist dort nur von einer „Versammlung" die Rede. Die Auslegung nach **der Stellung im Gesetz** führt jedoch zu dem Ergebnis, dass es sich bei § 15 Abs. 3 VersG um eine „öffentliche Versammlung unter freiem Himmel" handeln muss, da § 15 Abs. 3 VersG in dem Abschnitt III „öffentliche Versammlungen unter freiem Himmel und Aufzüge" steht. Aufgrund dieser **systematischen** Betrachtung ist daher nicht § 15 Abs. 3 VersG, sondern § 13 Abs. 1 VersG einschlägig, der aufgrund seiner Stellung in Abschnitt II für „öffentliche Versammlungen in geschlossenen Räumen" gilt.

37 Der Wortlaut bildet die Grenze der Auslegung (ein Überschreiten der Wortlautgrenze ist allerdings im Wege der Analogie in wenigen Ausnahmefällen zulässig, s. hierzu sogleich).

Im **Beispielsfall „häusliche Gewalt"** muss nach § 30 Abs. 3 S. 2 PolG die Gefahr nach Verlassen der Wohnung fortbestehen. Aus dem **Wort** *fort*bestehen und dem **systematischen** Zusammenhang mit Satz 1 ergibt sich, dass die Gefahr für eine/n andere/n Bewohner/in dieser Wohnung fortbestehen muss. Nicht mehr vom Wortsinn erfasst wäre ein Rückkehrverbot nur zum Schutze der Nachbarn, da der **Wortlaut** eindeutig nur von dem Schutz einer/s anderen Bewohnerin/Bewohners dieser Wohnung spricht.

---

21 S. hierzu *Schweickhardt/Vondung/Zimmermann-Kreher*, Allg. Verwaltungsrecht, Rn. 168 ff.

Die Analogie

Behörden sind grds. an den Wortlaut des Gesetzes gebunden. Die Verwaltung **38** darf sich nicht über den Gesetzgeber hinwegsetzen (Art. 20 Abs. 3 GG) und die Gewaltenteilung missachten. Es ist grds. unzulässig, weitere Tatbestandsmerkmale in eine Norm hineinzulesen oder umgekehrt einfach zu ignorieren. In diesen Fällen würden sich die Verwaltung oder die Gerichte als Gesetzgeber aufspielen und selbst Recht schaffen, anstatt es „nur" anzuwenden. Lediglich in **wenigen Ausnahmefällen** (!) ist es zulässig, bestehende Regelungslücken zu schließen. Eine Methode hierzu ist die Analogie, die so eine Form der Rechtsfortbildung ist. Bei einer **Analogie** wird der Tatbestand einer Norm über den Wortlaut hinaus erweitert. Es wird eine Tatbestandsvoraussetzung in den Tatbestand hineingelesen, die dort nicht steht. Analoge Anwendung einer Norm bedeutet also, diese auf einen Sachverhalt anzuwenden, auf den sie nach dem Wortlaut eigentlich keine Anwendung finden dürfte. Um eine Norm analog anwenden zu können, müssen folgende **Voraussetzungen** erfüllt sein:
- Es muss eine vom Gesetzgeber nicht gewollte (planwidrige) Regelungslücke und
- eine vergleichbare Interessenlage bestehen.

Vorsicht:
Es wäre sowohl für eine Klausur als auch für die praktische Anwendung fatal, großzügig Analogien zu bejahen und so „Gesetzgeber zu spielen". Die analoge Anwendung einer Norm ist und bleibt eine sehr seltene Ausnahme. Sie sollte grds. nur in den von der Rechtsprechung und Literatur anerkannten Fällen angenommen werden.

Beispiel:
Dem A ist die Ampel an der Kreuzung vor seinem Haus schon lange ein Dorn im Auge. Nachdem er sich rechtlich schlau gemacht hat, legt er schriftlich bei der zuständigen Behörde Widerspruch gegen die Ampel ein. Am nächsten Morgen fährt er guten Gewissens bei Rot über die Ampel, da er glaubt, die Ampel entfalte für ihn aufgrund seines Widerspruchs keine Rechtswirkungen mehr. Im Krankenhaus überlegt er, ob dem wirklich so ist. Die Ampel (eine Wechsellichtzeichenanlage im Sinne der StVO) ist ein VA in Form einer Allgemeinverfügung (konkret-generelle Regelung). Der Widerspruch gegen einen VA hat nach § 80 Abs. 1 VwGO aufschiebende Wirkung, dh der Pflichtige braucht den VA vorerst nicht zu beachten. Die aufschiebende Wirkung entfällt nur in den Fällen des § 80 Abs. 2 VwGO. Nach dem **Wortlaut** ist kein Fall von § 80 Abs. 2 VwGO einschlägig und es existiert auch keine spezialgesetzliche Regelung. Da nach dem Gesetz keine Ausnahme von der aufschiebenden Wirkung besteht, dürfte A nach seinem Widerspruch eigentlich über die rote Ampel fahren – ein sinnwidriges Ergebnis! Hier wird nun § 80 Abs. 2 S. 1 Nr. 2 VwGO auf Ampeln (sowie auf andere Verkehrseinrichtungen und Verkehrszeichen) **analog angewendet**.[22] Die Voraussetzungen hierfür liegen vor:

---

22 BeckOK VwGO/*Gersdorf*, § 80 Rn. 57.

- Dass ein Verkehrsteilnehmer nach einem eingelegten Widerspruch eine Ampel nicht mehr zu beachten braucht, ist eine vom Gesetzgeber sicherlich **nicht gewollte Regelungslücke**.
- Außerdem besteht eine **vergleichbare Interessenlage**, da Ampeln mit unaufschiebbaren Maßnahmen von Polizeivollzugsbeamten (zB Verkehrsregelungen per Handzeichen) vergleichbar sind.

Das Beispiel verdeutlicht, dass eine analoge Anwendung in der Klausur wie in der Praxis nur in **wenigen Ausnahmefällen** angenommen werden darf!

Ende des Exkurses

39 Abschließend ist nun im **Beispielsfall häusliche Gewalt** zu prüfen, ob die Tatbestandvoraussetzungen vorliegen. Die in Klammer gesetzten kursiven Erläuterungen sind in einem Gutachten bzw. einer Klausur nicht zu erwähnen. Sie dienen hier nur dem besseren Verständnis.

> **Formulierungsvorschlag im Beispielsfall „häusliche Gewalt" – Gutachtenstil:**
> **II. Materielle Voraussetzungen**
> **1. Tatbestandsvoraussetzungen**
> Nach § 30 Abs. 3 S. 2 PolG müsste das Verhalten des M die Annahme rechtfertigen, dass die erhebliche Gefahr nach Verlassen der Wohnung fortbesteht *(Einleitungssatz)*.
> Eine Gefahr besteht, wenn hinreichend wahrscheinlich ist, dass bei ungehindertem Geschehensablauf ein Schaden an dem geschützten Rechtsgut eintreten wird. Die Gefahr ist erheblich, wenn ein Schaden an einem wichtigen Rechtsgut wie Leben oder Gesundheit droht *(Definition – hier keine Legaldefinition; die Begriffe „Gefahr"[23] bzw. „erhebliche Gefahr"[24] werden in Rspr. und Lit. üblicherweise so ausgelegt)*. § 30 Abs. 3 S. 2 PolG steht im Zusammenhang mit Abs. 3 S. 1 und geht davon aus, dass die in Abs. 3 S. 1 genannte erhebliche Gefahr fortbestehen muss. Daraus folgt, dass die erhebliche Gefahr für eine andere Bewohnerin oder einen anderen Bewohner dieser Wohnung fortbestehen muss *(Auslegung nach dem Wortlaut „fortbestehen" und der Stellung im Gesetz)*.
> M hat seine Ehefrau im Beisein seiner Tochter mit einem Messer (Klingenlänge ca. 15 cm) bedroht und ihre Gesundheit unmittelbar gefährdet. Vor ca. einem Monat kam es bereits zu einem ähnlichen Vorfall, sodass ein Wohnungsverweis ausgesprochen werden musste. M hat so wiederholt gezeigt, dass er nicht gewillt oder in der Lage ist, in jeder Situation die Gesundheit seiner Ehefrau zu wahren. Sein wiederholt besonders aggressives Verhalten, dieses Mal sogar mit einem Messer und vor den Augen seiner minderjährigen Tochter, spricht für eine bereits niedrige Hemmschwelle und macht es wahrscheinlich, dass M nach Rückkehr in die Wohnung erneut gegenüber seiner Ehefrau, mit der er zusammen in einer angemieteten Wohnung in Musterstadt lebt, gewalttätig werden wird *(Subsumtion)*.

---

23 Vgl. BeckOK PolR BW/*Trurnit*, § 1 Rn. 17.
24 Vgl. BeckOK PolR BW/*Trurnit*, § 1 Rn. 53.

Es ist davon auszugehen, dass die erhebliche Gefahr für die Gesundheit seiner Ehefrau auch nach Verlassen der Wohnung fortbesteht (*Ergebnis*).

2. Rechtsfolge

Nur wenn die Tatbestandsvoraussetzungen vorliegen, darf die Behörde von der gesetzlich vorgesehenen Rechtsfolge Gebrauch machen. In der Rechtsfolge ist nun zu klären, gegenüber wem die Behörde den VA erlassen kann bzw. muss (**Adressat**, s. u. Rn. 41 ff.), ob sie einen Spielraum hat, den VA überhaupt und mit welchem Inhalt zu erlassen (**Gebundene Entscheidung, Soll-Entscheidung, Ermessensentscheidung**, s. u. Rn. 51 ff.), ob die im VA enthaltene Regelung tatsächlich und rechtlich umsetzbar ist (**keine Unmöglichkeit**, s. u. Rn. 70 ff.) und dass der Inhalt/die Regelung des VA klar bestimmt und verständlich zu vermitteln ist (**Bestimmtheit**, s. u. Rn. 78 ff.). **40**

a) Adressat. An dieser Stelle ist zu untersuchen, an wen der VA zu richten ist – nur wenn der VA gegenüber der richtigen Person erlassen wird, ist er rechtmäßig. Insbesondere wenn am Geschehen mehrere Personen beteiligt sind (im Sachverhalt werden mehrere Personen genannt), muss an dieser Stelle eine sorgfältige Prüfung erfolgen. Beim Erlass belastender VA wird der Adressat auch „Pflichtiger" oder „Störer" genannt. Zunächst sind die möglichen Adressaten zu ermitteln, um anschließend einen davon auszuwählen. **41**

aa) Ermittlung möglicher Adressaten (Störer). Für jede nach dem Sachverhalt als Adressat in Betracht kommende Person ist zu prüfen, ob und nach welcher Vorschrift sich der VA überhaupt an sie richten darf. Solche Regelungen lassen sich teilweise bereits dem Spezialgesetz (dem Gesetz der Rechtsgrundlage) entnehmen. **42**

Beispiel:
Bei der Rechtsgrundlage § 10 Abs. 1 S. 1 BBodSchG finden sich hinsichtlich der Sanierungspflicht in § 4 Abs. 3 und Abs. 6 BBodSchG spezielle (erweiternde) Regelungen zum Adressaten.

Sind (wie häufig) keine spezialgesetzlichen Vorschriften zum Adressaten vorhanden, kommen die allgemeinen Regelungen des PolG – die **§§ 6, 7 PolG** – zur Anwendung (handelt es sich nicht um den Bereich der Gefahrenabwehr, dann zumindest analog).
Erst wenn weder nach dem Spezialgesetz noch nach §§ 6, 7 PolG ein Adressat in Betracht kommt, darf die Behörde auf § 9 PolG zurückgreifen und einen Nichtstörer als Adressaten heranziehen.

(1) § 6 PolG: Verursacher (Verhaltensstörer). Nach **§ 6 Abs. 1 PolG** ist Verursacher (Verhaltensstörer) derjenige, der durch sein **Verhalten** die öffentliche Sicherheit oder Ordnung bedroht oder stört. „Verhalten" ist sowohl ein **positives Tun** als auch ein **Unterlassen**. Verhaltensstörer durch Unterlassen ist derjenige, der zum Handeln rechtlich verpflichtet ist bzw. war (zB nach § 6 DSchG), und, weil er dieser Pflicht nicht nachgekommen ist, die Störung unmittelbar verursacht hat. In § 6 Abs. 1 PolG ist das Verhalten einer Person der Anknüpfungs- **43**

punkt dafür, dass sich der VA an sie richtet. Das Verhalten ist ursächlich für die Bedrohung oder Störung, der Adressat ist **Verursacher.**

Beispiel:
Wer auf einem öffentlichen Platz randaliert, kommt als Adressat eines Platzverweises (§ 30 Abs. 1 PolG) in Betracht.

Neben[25] dem Verursacher nach § 6 Abs. 1 PolG können
- nach **§ 6 Abs. 2 PolG** *auch* die Personen, denen die „Sorge für eine Person obliegt" (zB Eltern nach §§ 1626 ff. BGB oder bei volljährigen Personen Betreuer nach §§ 1896 ff. BGB) und
- nach **§ 6 Abs. 3 PolG** *auch* der „andere", dh der Geschäftsherr des Verrichtungsgehilfen[26] (zB der Arbeitgeber bei vom Arbeitnehmer im Zusammenhang mit dem Arbeitsverhältnis verursachten Gefahren) herangezogen werden.

Es ist aber nur derjenige Störer, der die Gefahr **unmittelbar verursacht** und dabei eine **polizeiliche Gefahrenschwelle überschritten** hat.[27] Im obigen Beispiel mit dem Randalierer ist nicht bereits der Verkäufer eines Baseballschlägers, mit dem der Randalierer um sich schlägt, Verhaltensstörer. Zwar hat auch der Verkauf des Schlägers die Störung letztlich verursacht, aber keinesfalls unmittelbar. Der Verkäufer hat sich rechtmäßig verhalten und keine polizeiliche Gefahrenschwelle hin zum rechtswidrigen Verhalten überschritten. **Anders liegt der Fall**, wenn jemand durch sein Verhalten bezweckt bzw. billigend in Kauf nimmt, dass andere die Gefahrenschwelle überschreiten. In diesen Fällen gilt **auch** diese Person als Verursacher (**sog. Zweckveranlasser**) und kann als Verhaltensstörer Adressat des VA sein.[28]

Beispiele:
- Ein Ladenbesitzer macht eine aufreizende Schaufensterwerbung, was grds. erlaubt ist und an sich die polizeiliche Gefahrenschwelle nicht überschreitet. Die Werbung führt jedoch dazu, dass Passanten vor dem Laden stehen bleiben, und zwar über den Gehweg hinweg bis auf eine stark befahrene Straße. Die Passanten gefährden die Sicherheit des Straßenverkehrs unmittelbar, da sie auf der Straße stehen – sie sind Verhaltensstörer. Mit seiner aufreizenden Schaufensterwerbung hat der Ladenbesitzer aber gerade bezweckt, dass möglichst viele Passanten auf sein Geschäft aufmerksam werden und stehen bleiben, und dies bewusst in Kauf aufgenommen. Die Polizei kann daher nicht nur gegen die Passanten vorgehen, die auf der Straße stehen, sondern auch gegen den Ladenbesitzer und ihm diese Art der Schaufensterwerbung untersagen.
- Der Veranstalter von Sportereignissen ist auch dann kein Verhaltensstörer nach § 6 PolG, wenn es am Rande des Ereignisses regelmäßig zu Ausschreitungen kommt, da er nur mittelbar die Ursache für die Ausschreitungen setzt und rechtmäßig handelt. Bezweckt er hingegen die Aus-

---

25 S. jeweils den Wortlaut „*auch* gegenüber".
26 Verrichtungsgehilfe ist derjenige, der den Weisungen des Geschäftsherrn, wie zB in einem Arbeitsverhältnis, unterworfen ist, BeckOK PolR BW/*Trurnit*, § 6 Rn. 22.
27 S. *Ruder/Pöltl*, Polizeirecht BW, § 5 Rn. 6.
28 Ausführlich zum Zweckveranlasser, *Ruder/Pöltl*, Polizeirecht BW, § 5 Rn. 7 ff.

schreitungen oder nimmt sie billigend in Kauf, zB indem er im Vorfeld auf seiner Homepage zu Gewalt aufruft, kann auch er als Zweckveranlasser herangezogen werden.

(2) § 7 PolG: Eigentümer oder Inhaber der tasächlichen Gewalt (Zustandsstörer). Wird die öffentliche Sicherheit oder Ordnung durch den **Zustand einer Sache** (zB Grundstück oder Auto) bedroht oder gestört, kann Adressat der Eigentümer oder derjenige sein, der die Sachherrschaft bzw. die tatsächliche Einwirkungsmöglichkeit auf die Sache hat (Besitzer wie Mieter, Pächter eines Grundstücks, Fahrer eines Autos etc.). Anknüpfungspunkt ist hier der Zustand einer Sache, Adressat ist der **Eigentümer oder Besitzer.**

44

Beispiel:
Ein Auto steht in einer engen Kurve und behindert den Verkehr. Die Behörde kann die Anordnung, das Auto wegzufahren, gegenüber dem Fahrer (Verursacher nach § 6 PolG und Besitzer nach § 7 Alt. 2 PolG) oder gegenüber dem Eigentümer (§ 7 Alt. 1 PolG) treffen (zur Adressatenauswahl s. u. Rn. 47 f.).

(3) § 9 PolG: Unbeteiligte (Nichtstörer). Eine **unbeteiligte Person** (sog. Nichtstörer) kann nur dann Adressat sein, wenn weder gegen einen Verhaltens- noch einen Zustandsstörer (erfolgversprechend) vorgegangen werden kann (zB weil diese nicht bekannt oder erreichbar sind) und auch die Verwaltung mit ihren eigenen Mitteln eine unmittelbar bevorstehende Gefahr nicht verhindern bzw. eine bereits eingetretene Störung nicht beseitigen kann. Die Inanspruchnahme einer unbeteiligten Person ist daher **das letzte Mittel.**

45

Beispiele:
- Die Beschlagnahme einer Wohnung nach § 38 Abs. 1 Nr. 1 PolG zur Einweisung eines Obdachlosen (hier ist die unmittelbar drohende unfreiwillige Obdachlosigkeit die „unmittelbar bevorstehende Störung" iSd § 38 Abs. 1 Nr. 1 PolG) ist gegenüber dem unbeteiligten Eigentümer der Wohnung nur zulässig, wenn die Polizei keine sonstigen Möglichkeiten sieht, den Obdachlosen unterzubringen (Obdachlosenwohnheim überfüllt, alle Hotels, die die Polizei selbst anmieten könnte, sind ausgebucht etc.; der Obdachlose ist zwar Verursacher nach § 6 PolG, er kann die unfreiwillige Obdachlosigkeit aber nicht selbst beseitigen, sodass ihm gegenüber nicht erfolgversprechend vorgegangen werden kann).
- Im obigen Beispiel Rn. 43 kann gegenüber dem Sportveranstalter als unbeteiligter Person iSd § 9 PolG nur dann ein VA mit der Aufforderung zu einer Spielabsage erlassen werden, wenn die Polizei keine andere Möglichkeit sieht, die Öffentlichkeit vor den Ausschreitenden zu schützen (die vorhandenen Einsatzkräfte sehen keine Chance, gegen die Randalierer erfolgversprechend vorzugehen, es besteht eine unmittelbar bevorstehende Gefahr für Sachwerte und/oder die körperliche Unversehrtheit der Besucher und weitere Einsatzkräfte stehen nicht zur Verfügung, da ein anderes Großereignis in der Nähe stattfindet).

46 **Beachte:**
Alle, die nach § 11 LVwVfG befähigt sind, am Verfahren beteiligt zu sein (s. u. Rn. 93), können Adressat eines VA sein. So kann (und muss) sich ein VA zB an eine juristische Personen richten (§ 11 Nr. 1 LVwVfG, zB an eine GmbH gem. § 13 GmbHG oder an einen eingetragener Verein nach § 21 BGB) und nicht etwa an den gesetzlichen Vertreter. Dieser wird in dem Bescheid zwar persönlich angeschrieben, er ist aber nicht der Adressat des VA. Der Inhalt des VA, das Recht oder die Pflicht, richtet sich nicht an ihn, sondern an die juristische Person.

47 bb) **Adressatenauswahl.** Sind im ersten Schritt mehrere potenzielle Adressaten ermittelt worden, ist nun im zweiten Schritt einer davon auszuwählen. Andernfalls wäre der VA in vielen Fällen zu unbestimmt und es wäre unklar, wer von mehreren Personen den VA (die Pflicht) den nun umsetzen soll.[29] Auch im Rahmen einer möglichen Ersatzvornahme kann es Probleme geben, da unklar bliebe, gegenüber welchem von mehreren Adressaten die Ersatzvornahme tatsächlich durchgeführt worden ist und von wem nach § 31 Abs. 1, 2 LVwVG die Kosten zurückzufordern sind.

48 Die Auswahl des Adressaten richtet sich nach der **Effektivität der Gefahrenabwehr**.[30] Es ist zu fragen: **Wer** von den möglichen Adressaten **kann die Gefahr/Störung am effektivsten beseitigen** (also am schnellsten und wirksamsten handeln)? Auswahlkriterien können dabei insb. sein:
- Erreichbarkeit (Wer ist vor Ort?)
- Leistungsfähigkeit – materielle Möglichkeiten (Wer ist finanziell dazu besser in der Lage oder hat die nötigen Gerätschaften, wie zB einen Bagger bei einer Anordnung zur Bodensanierung?)
- Sach- und Fachkunde (Wer hat Ahnung?)

Beachte:
Erst als letztes Kriterium darf hier ein etwaiges Verschulden des Verursachers eine Rolle spielen – ausschlaggebend ist vorrangig, wer den VA am wirksamsten/effektivsten ausführen kann.

Beispiel:
Im obigen Beispiel, in dem ein Auto in einer engen Kurve steht und den Verkehr behindert, ist der vor Ort anwesende Fahrer zum Wegfahren aufzufordern, da er das Auto am schnellsten aus der Gefahrenzone bringen kann. Ist der Fahrer nicht vor Ort, kann über das Nummernschild der Halter/Eigentümer ermittelt werden und falls dieser zeitnah vor Ort sein kann, wird die Anordnung gegenüber ihm erlassen (auch wenn diesen an der gefährlichen Situation kein Verschulden trifft).

---

29 Anders liegt der Fall natürlich, wenn die Pflicht des VA mehrere Personen gleichermaßen trifft, wenn also zB ein Platzverweis an mehrere Personen ergeht, damit sich jeder von ihnen von dem Ort entfernt.
30 Vgl. nur VGH BW, Urt. v. 24.1.2012, Az. 10 S 1476/11, juris Rn. 22 ff. und allgemein zur Adressatenauswahl *Ruder/Pöltl*, Polizeirecht BW, § 5 Rn. 41 ff.

Das Verschulden ist grds. erst entscheidend, wenn es um die Frage geht, inwiefern ein Kostenausgleich zwischen mehreren Störern stattfindet, was sich nach dem Zivilrecht richtet.

Anmerkung zum Aufbau: Die Behörde hat bei der Adressatenauswahl einen Entscheidungsspielraum. Konsequenterweise wäre diese Frage daher im Rahmen des Ermessens zu prüfen (beim Auswahlermessen neben der Frage, welches von mehreren Mitteln zur Zielerreichung auszuwählen ist, s. sogleich Rn. 54). Eine solche Trennung würde den Prüfungspunkt „Adressat" auseinanderreißen, den Aufbau komplizierter gestalten und die Fallbearbeitung unnötig erschweren. Außerdem folgt die sonstige Ermessensprüfung anderen Regeln. So sind als gesetzliche Grenzen des Ermessens (§ 40 LVwVfG) insb. der Grundsatz der Verhältnismäßigkeit und die Grundrechte zu prüfen, während bei der Adressatenauswahl (wie oben ausgeführt) die Effektivität der Gefahrenabwehr im Vordergrund steht und die wesentliche Ermessensgrenze bildet (wer die Gefahr nicht effektiv beseitigen kann, darf nicht als Adressat ausgewählt werden). Aus diesen Gründen wird die Adressatenauswahl vor den Prüfungspunkt Ermessen gezogen. **49**

Im **Beispielsfall „häusliche Gewalt"** kommt nur M als Adressat in Betracht. An wen sich ein Rückkehrverbot zu richten hat, ist hier spezialgesetzlich direkt der Rechtsgrundlage des § 30 Abs. 3 S. 2 PolG zu entnehmen; es bedarf keines Rückgriffs auf § 6 Abs. 1 PolG. **50**

Formulierungsvorschlag im Beispielsfall „häusliche Gewalt":
2. Rechtsfolge
a) Adressat
Adressat des Rückkehrverbots ist nach der Rechtsgrundlage des § 30 Abs. 3 S. 2 PolG die aus „der Wohnung verwiesene Person", hier also M.

b) Gebundene Entscheidung/Soll-Entscheidung/Ermessensentscheidung. Aus der Rechtsfolge der Rechtsgrundlage ist herauszulesen, ob die Behörde handeln muss (**gebundene Entscheidung**), soll (**Soll-Entscheidung**) oder kann (**Ermessensentscheidung**). **51**

aa) Gebundene Entscheidung. Wenn in der Rechtsgrundlage als Signalwort „muss", „hat", „ist" etc. steht, dann ist die Behörde bei Vorliegen der Tatbestandsvoraussetzungen **verpflichtet, den VA zu erlassen**. Es liegt eine sog. gebundene Entscheidung der Behörde vor (zB § 35 Abs. 1 S. 1 GewO, § 20 Abs. 1 S. 2 BImSchG), ihr steht kein Ermessensspielraum zu. Im Gutachten und im Bescheid ist hierzu in einem Satz festzustellen, dass es sich um eine gebundene Entscheidung handelt, bei welcher der Behörde kein Ermessensspielraum eingeräumt ist, und sie verpflichtet ist, den VA zu erlassen. **52**

bb) Soll-Entscheidung (Regelentscheidung). Finden sich in der Rechtsgrundlage Signalworte wie „soll" oder „in der Regel" (zB § 17 Abs. 1 S. 2 BImSchG, § 20 Abs. 2 S. 1 BImSchG), handelt es sich grds. um eine **gebundene Entschei- 53**

dung, außer es liegt ein atypischer **Ausnahmefall** vor, bei dem der Behörde dann Ermessen eröffnet ist.[31] Das bedeutet: Im Regel- bzw. Normalfall muss die Behörde handeln, im atypischen Ausnahmefall hat sie Ermessen und kann handeln. Liegt ein Regel-/Normalfall vor, ist dies im Gutachten und Bescheid kurz festzustellen und zu erklären, dass es sich um eine gebundene Entscheidung handelt. Liegt ein atypischer Ausnahmefall vor, so ist dies ausführlich zu begründen und anschließend eine Ermessensentscheidung zu treffen.

Beispiel:
Es liegt eine immissionsschutzrechtliche Genehmigung zum Abwracken von sechs Autos pro Tag vor. Nach einer Massenkarambolage auf der nahe gelegenen Autobahn kommt der Anlagenbetreiber an die Lagerkapazitätsgrenze und verschrottet an zwei Tagen jeweils acht Autos. Die Tatbestandsvoraussetzungen des § 20 Abs. 2 S. 1 BImSchG liegen vor (der Anlagenbetreiber hat keine Genehmigung zum Abwracken von acht Autos/Tag und damit nicht die „erforderliche" Genehmigung) – aufgrund der besonderen Umstände der Massenkarambolage, der nur geringfügigen Überschreitung der maximalen Durchlaufmenge sowie der zeitlichen Begrenztheit auf zwei Tage kann hier ein atypischer Ausnahmefall angenommen werden.

54 cc) **Ermessensentscheidung.** Wenn die Behörde nach der Rechtsgrundlage handeln „kann", „darf" etc. oder ihr sogar ausdrücklich „Ermessen" zusteht, hat sie einen **Ermessensspielraum** (zB § 17 Abs. 1 S. 1 BImSchG, § 20 Abs. 1 S. 1 BImSchG, § 62 KrWG, § 65 Abs. 1 S. 1 und S. 2 LBO, § 3 PolG, § 49 Abs. 2 LVwVfG). Die Ausübung des Ermessens ist sorgfältig zu prüfen und zu begründen (s. a. § 39 Abs. 1 S. 3 LVwVfG). Der Verwaltung kann ein Ermessensspielraum eingeräumt sein, „ob" sie handelt (**Entschließungsermessen**) und/oder „wie" sie handelt (**Auswahlermessen**).

Beispiele:
- Nach § 3 PolG kann die Polizei zur Wahrnehmung ihrer Aufgaben Maßnahmen treffen, die ihr nach pflichtgemäßem Ermessen erforderlich erscheinen. Die Polizei hat einen Entscheidungsspielraum, „ob" sie überhaupt handelt (Entschließungsermessen) und „wie" sie handelt (Auswahlermessen).
- Nach § 17 Abs. 1 S. 1 BImSchG können bei Vorliegen der Tatbestandsvoraussetzungen nachträglich Anordnungen getroffen werden. Die Immissionsschutzbehörde hat Entschließungsermessen, ob sie eine Anordnung erlässt oder nicht (evtl. da Emissionsrichtwerte nur geringfügig überschritten wurden), und Auswahlermessen, wie sie im Falle des Erlasses die Anordnung inhaltlich ausgestaltet (mit welchen Mitteln sie die Emissionen verringert, zB durch die Verpflichtung zum Einbau eines neuen Filters und dann evtl. mit der Vorgabe eines konkreten Filters oder durch betriebsbezogene Maßnahmen wie Beschränkungen hinsichtlich des zeitlichen Umfangs des Betriebs).
- Nach § 65 Abs. 1 S. 1 LBO kann bei Vorliegen der Tatbestandsvoraussetzungen der Abbruch angeordnet werden. Die Baurechtsbehörde hat ei-

---

31 Zu § 20 Abs. 2 S. 1 BImSchG s. zB *Peters/Hesselbarth/Peters*, Umweltrecht, Rn. 716.

nen Entscheidungsspielraum, „ob" sie den Abbruch überhaupt anordnet oder nicht (evtl. da es sich nur um einen kleinen Holzschuppen handelt, der nicht stört und auch keine Nachahmungseffekte zu erwarten sind) und „wie" sie die Anordnung ausgestaltet (zB hinsichtlich des Umfangs, evtl. nur teilweiser Abbruch).
- Werden Gesundheitsschädlinge festgestellt und besteht die Gefahr, dass durch sie Krankheitserreger verbreitet werden, so hat nach § 17 Abs. 2 IfSG die zuständige Behörde die zu ihrer Bekämpfung erforderlichen Maßnahmen anzuordnen. Hier muss die Behörde handeln (bzgl. des „ob" liegt eine gebundene Entscheidung vor, wie sich aus dem Wortlaut „hat" ergibt), sie hat kein Entschließungsermessen. Aufgrund der allgemeinen Formulierung „Maßnahmen" (hier kommen grds. mehrere in Betracht) ist ihr ist jedoch ein Auswahlermessen dahingehend eingeräumt, „wie" sie die Gefahr bekämpft, also welche Maßnahmen sie anordnet.

Besteht wie in den meisten Fällen Entschließungs- und Auswahlermessen, muss im Gutachten und Bescheid grds. nicht mehr ausdrücklich zwischen Entschließungs- und Auswahlermessen unterschieden werden. Das Auswahlermessen („wie") enthält logischerweise zwingend auch die Entscheidung, „ob" gehandelt wird. Es handelt sich letztlich um eine einheitliche Ermessensentscheidung, die sich auf die konkrete Frage nach dem „Wie" des Handelns konzentriert. Besteht hingegen nur Entschließungs- oder nur Auswahlermessen, ist dies bei der Ermessensprüfung/-begründung deutlich zum Ausdruck zu bringen.

Beispiele:
- Im Fall von § 3 PolG ist eine einheitliche Ermessensentscheidung vorzunehmen. Es muss nicht zwischen Entschließungs- und Auswahlermessen unterschieden werden.
- Im Fall von § 17 Abs. 2 IfSG ist deutlich zum Ausdruck zu bringen, dass die Behörde handeln muss und sie kein Entschließungsermessen hat. Das Auswahlermessen ist dann nach den allgemeinen Regeln (s. sogleich Rn. 55 ff.) sorgfältig zu prüfen und zu begründen.

Ermessen bedeutet zwar, dass die Behörde einen „Spielraum" hat – sie ist bei der Ausübung des Ermessens aber nicht völlig frei. Vielmehr regelt § 40 LVwVfG, wie sie das Ermessen auszuüben hat (sog. **pflichtgemäßes Ermessen**). Verstößt sie gegen die Vorgaben des § 40 LVwVfG, liegt ein Ermessensfehler vor und der VA ist rechtswidrig. Nach § 40 LVwVfG muss die Behörde das ihr eingeräumte Ermessen
- aktiv ausüben (vgl. den Wortlaut „hat ... auszuüben"),
- „entsprechend dem Zweck der Ermächtigung" und
- dabei die „gesetzlichen Grenzen des Ermessens" einhalten.

(1) Die Behörde „hat" Ermessen aktiv auszuüben (§ 40 LVwVfG). Die Behörde muss ihr Ermessen aktiv und nach außen erkennbar ausüben (also im Bescheid ausdrücklich begründen, s. § 39 Abs. 1 S. 3 LVwVfG). Geht die Behörde irrtümlich davon aus, dass sie kein Ermessen hat und stellt folglich keine Ermessenserwägungen an, begeht sie einen Fehler. Diesen Fehler nennt man **Ermessensnichtgebrauch**.

Beispiele:
- Die Behörde schreibt in ihrem Bescheid, dass sie aufgrund der rechtswidrigen Errichtung und Nutzung des Gartenhäuschens gezwungen ist, dessen Abbruch anzuordnen. Die auf § 65 Abs. 1 S. 1 LBO gestützte Abbruchsanordnung steht jedoch im Ermessen der Behörde („kann angeordnet werden"). Es muss in dem Bescheid zum Ausdruck kommen, dass die Behörde ihr Ermessen erkannt und ausgeübt hat; andernfalls liegt ein Ermessensfehler in Form des Ermessensnichtgebrauchs vor.
- Die Behörde erlässt eine rechtswidrige Erlaubnis und geht irrtümlich davon aus, dass sie diese zurücknehmen muss, obwohl § 48 Abs. 1 LVwVfG Ermessen einräumt.

57 (2) „entsprechend dem Zweck der Ermächtigung" (§ 40 LVwVfG). Die Behörde darf sich bei der Ermessensausübung nur an dem Zweck der Ermächtigung orientieren, also am Zweck der Rechtsgrundlage bzw. des anzuwendenden Gesetzes. Bei der Entscheidungsfindung („ob" und „wie") dürfen keine Erwägungen Einfluss haben, die dem Zweck der Rechtsgrundlage bzw. des Gesetzes nicht entsprechen. Stützt die Behörde ihre Entscheidung auf solche **sachfremden Erwägungen**, begeht sie einen Fehler. Diesen Fehler nennt man **Ermessensfehlgebrauch**. Der Fehler liegt hier in der Art und Weise, wie die Ermessensentscheidung zustande kommt, dh der Weg zum – möglicherweise sogar richtigen – Ergebnis ist falsch. Welche Erwägungen sachgemäß sind, ergibt sich insb. aus dem Zweck des jeweiligen Gesetzes (systematische Auslegung), der häufig in den ersten Paragrafen des Gesetzes zu finden ist (s. zB § 1 KrWG oder § 1 AufenthG).

Beispiele für sachfremde Erwägungen:
- Persönliche Motive wie Abneigung oder Freundschaft sind niemals sachgerecht.
- Die Behörde lehnt den Antrag des A auf Erteilung einer straßenrechtlichen Sondernutzungserlaubnis für einen Stand in der Fußgängerzone mit der Begründung ab, A weigere sich, Mehrweggeschirr zu verwenden. Diese Erwägung ist ermessensfehlerhaft; es liegt ein Ermessensfehler in Form des Ermessensfehlgebrauchs vor. Die Entscheidung orientiert sich nicht am Zweck des Straßengesetzes, das die Sicherheit und Leichtigkeit des Verkehrs schützen will. Zweck des Straßengesetzes ist nicht der Umweltschutz und die Abfallvermeidung.[32] Etwas anders gilt, wenn ein Bezug zur Straßennutzung besteht, zB wenn die Erlaubnis mit der Begründung abgelehnt wurde, dass es in der Vergangenheit am Stand des A stets zu einem erhöhten Müllaufkommen und dadurch zu einer Verschmutzung der Straße kam.

Eine sachfremde Erwägung liegt auch vor, wenn die Behörde im Rahmen ihrer Pflicht zur umfassenden Amtsermittlung (§ 24 ff. LVwVfG) von unzutreffenden Tatsachen ausgeht oder zu viele bzw. nicht alle Tatsachen in die Ermessensentscheidung einbezieht (Tatsachenfehler/Heranziehungsdefizit).

Beispiel:
Die Behörde geht im obigen Beispielsfall fälschlicherweise davon aus, dass es am Stand des A stets zu Verschmutzungen der Straße kam, während dies in Wirklichkeit nie der Fall war.

---

[32] Vgl. VGH BW, Beschl. v. 14. 10.1996, Az. 5 S 1775/96, juris Rn. 14, 16 (= VBlBW 1997, 107).

In einem Gutachten oder Bescheid ist hierzu nur dann ausnahmsweise etwas zu sagen, wenn der Sachverhalt diesbezügliche Anhaltspunkte enthält. Das bedeutet: Der Zweck der Rechtsgrundlage und dass der konkrete VA diesem Zweck dient, muss idR nicht ausdrücklich festgestellt werden.

(3) Beachtung der „gesetzlichen Grenzen" des Ermessens (§ 40 LVwVfG). 58
Nach § 40 LVwVfG hat die Behörde bei ihrer Ermessenentscheidung „die gesetzlichen Grenzen des Ermessens" einzuhalten. Überschreitet sie die gesetzlichen Grenzen, spricht man von einem Ermessensfehler in Form der **Ermessensüberschreitung**. Der Fehler liegt hier im Ergebnis der Ermessensausübung, der konkret (durch VA) getroffenen Regelung/Entscheidung. Die von der Behörde getroffene Regelung/Entscheidung („ob" und „wie") steht nicht im Einklang mit dem geltenden Recht, entweder weil sie bereits gegen das angewendete Gesetz selbst verstößt (a), oder weil sie gegen höherrangiges Recht verstößt, insb. gegen die Grundrechte (b), gegen EU-Recht (c) oder gegen den Grundsatz der Verhältnismäßigkeit (d).

(a) Gesetzliche Ermessensgrenze im angewendeten Gesetz (der Rechts- 59
grundlage). Aus dem anzuwendenden Gesetz insb. aus der einschlägigen Rechtsgrundlage selbst können sich Grenzen ergeben, die die Behörde bei ihrer Ermessensentscheidung nicht überschreiten darf.

Beispiel
- Die Gebührensatzung sieht für die vorzunehmende Behördentätigkeit einen Gebührenrahmen von 100 bis 500 Euro vor. Es wäre ermessensfehlerhaft und rechtswidrig, hier eine Gebühr von 600 Euro festzusetzen.
- Die Anordnung der Beseitigung einer immissionsschutzrechtlichen Anlage aufgrund von § 20 Abs. 1 S. 1 BImSchG ist ermessensfehlerhaft und rechtswidrig, da diese Rechtsgrundlage inhaltlich nur zu einer Untersagung des Betriebs berechtigt.
- Ein von der Polizeibehörde nach § 30 Abs. 3 S. 2 PolG erlassenes Rückkehrverbot für drei Wochen ist ermessensfehlerhaft und rechtswidrig, da ein solches nach § 30 Abs. 4 S. 1 PolG (zunächst) nur für max. zwei Wochen angeordnet werden kann.

(b) Grundrechte als gesetzliche Ermessensgrenze. Die Grundrechte können 60
ebenfalls eine rote Linie darstellen, welche die Behörde bei ihrer Ermessensentscheidung nicht überschreiten darf. Greift der VA in verfassungsrechtlich nicht gerechtfertigter Weise in den Schutzbereich eines oder mehrerer Grundrechte (Art. 1 bis 19 GG) ein, verstößt er gegen diese „gesetzliche Grenze". Bei entsprechenden Anhaltspunkten im Sachverhalt ist an dieser Stelle eine ausführliche Grundrechtsprüfung (Schutzbereich – Eingriff – verfassungsrechtliche Rechtfertigung) durchzuführen.[33]

(c) EU-Recht als gesetzliche Ermessensgrenze. Gesetzliche Grenzen aus dem 61
EU-Recht können sich bei grenzüberschreitenden Sachverhalten aus EU-Grundfreiheiten ergeben (zB Warenverkehrsfreiheit nach Art. 28 ff. AEUV, Arbeitneh-

---

[33] S. zur Grundrechtsprüfung und entsprechenden Fallbeispielen ausführlich *Bruckert/Frey*, Staatsrecht aus Verwaltungsperspektive.

merfreizügigkeit nach Art. 45 ff. AEUV, Niederlassungsfreiheit nach Art. 49 ff. AEUV, Dienstleistungsfreiheit nach Art. 56 ff. AEUV – der Aufbau der Prüfung kann hier ähnlich wie bei den Grundrechten erfolgen: Schutzbereich – Eingriff – vertragliche Rechtfertigung mit Schranke und Schranke-Schranke) und zumindest beim auf EU-Recht beruhenden Rechtsgrundlagen (insb. einer EU-Verordnung iSd § 288 Abs. 1, Abs. 2 AEUV) aus der Charta der Grundrechte der EU.[34]

62 (d) **Grundsatz der Verhältnismäßigkeit als gesetzliche Ermessensgrenze.** Der Grundsatz der Verhältnismäßigkeit wird aus dem Rechtsstaatsprinzip nach Art. 20 Abs. 3 GG abgeleitet (die „gesetzliche Grenze" ist Art. 20 Abs. 3 GG). Teilweise finden sich spezialgesetzliche (Teil-)Ausprägungen (zB in § 5 PolG, § 19 Abs. 2, 3 LVwVG, § 17 Abs. 2 BImSchG), die inhaltlich keine entscheidenden Ergänzungen oder Änderungen enthalten. Der Grundsatz der Verhältnismäßigkeit besagt allgemein, dass staatliches Handeln den Betroffenen nicht übermäßig belasten darf („nicht mit Kanonen auf Spatzen schießen").

63 Beachte zum Verhältnis der gesetzlichen Grenzen untereinander:
Die sich aus der Rechtsgrundlage selbst ergebenden Ermessensgrenzen sind nur anzusprechen, wenn es hier Besonderheiten gibt (zB wenn eine Befristung der Maßnahme gesetzlich vorgesehen ist). Ansonsten ist der gesetzlich vorgesehene Inhalt schlicht zu beachten (zB der vorgegebene Gebührenrahmen). Hinsichtlich der drei aus übergesetzlichem Recht stammenden Ermessensgrenzen (Grundrechte, EU-Recht, Verhältnismäßigkeitsgrundsatz) ist zu beachten, dass bei der ausführlichen Prüfung der Grundrechte und/oder EU-Grundfreiheiten im Rahmen der verfassungsrechtlichen Rechtfertigung immer auch der Grundsatz der Verhältnismäßigkeit zu beachten ist (Schranke-Schranke). Umgekehrt ist bei der Prüfung der Verhältnismäßigkeit im Rahmen der Angemessenheit auf die Grundrechte und/oder die EU-Grundfreiheiten einzugehen (s. u. Rn. 67). Es sind daher klare Schwerpunkte zu setzen. In der Praxis erfolgt die Prüfung regelmäßig über den Grundsatz der Verhältnismäßigkeit.

64 Konkret gilt für die Verhältnismäßigkeit: Die staatliche Maßnahme (hier der Erlass des VA) muss zur Erreichung eines legitimen Zwecks **geeignet, erforderlich und angemessen** sein. Teilweise wird der „legitime Zweck" als eigenständiger Punkt vorab geprüft. Er spielt jedoch bei jedem weiteren Element des Verhältnismäßigkeitsgrundsatzes eine Rolle: Die Maßnahme muss zur Erreichung des legitimen Zwecks geeignet und auch erforderlich sein. Außerdem dürfen im Rahmen der Angemessenheit die Nachteile für den Betroffenen nicht erkennbar außer Verhältnis zu den bezweckten Vorteilen stehen. Kurzum: In jedem Fall sollte man sich über den (legitimen) Zweck des VA im Klaren sein. Er ist bereits bei Prüfung der Geeignetheit deutlich zu benennen.
Die Bestandteile des Verhältnismäßigkeitsgrundsatzes „geeignet", „erforderlich" und „angemessen" sind jeweils zu definieren und auf den konkreten Fall anzuwenden, dh zu subsumieren.

---

34 S. hierzu ausführlich BVerfG, Beschl. v. 6.11.2019, Az. 1 BvR 16/13 und 1 BvR 276/17, juris; *Fischer/Fetzer*, Europarecht, Rn. 395 ff.; *Kingreen/Poscher*, Grundrechte. Staatsrecht II, Rn. 76 ff.

Geeignetheit

Eine Maßnahme ist **geeignet**, wenn sie tauglich ist, den angestrebten Zweck zumindest zu fördern (Definition). Hier ist der (legitime) Zweck der Maßnahme zu erwähnen und zu zeigen, dass dieser durch den VA zumindest gefördert oder sogar erreicht werden kann (Subsumtion). **65**

Beispiel:
Der kleine Hund von A hat bereits mehrere Personen aggressiv angebellt und eine Person nun gebissen (s. bereits Rn. 9). A soll dem Hund nun jedes Mal, wenn er mit ihm das eingezäunte Grundstück verlässt, einen Maulkorb anlegen. Legitimer Zweck der Maßnahme ist, Gefahren für Menschen und andere Tiere abzuwehren, die von dem Hund des A ausgehen. Es soll verhindert werden, dass er andere Personen oder Tiere angreift und beißt. Durch den Maulkorbzwang wird dieser Zweck erreicht, auf jeden Fall gefördert. Er ist daher geeignet, das Beißen des Hundes zu verhindern.

Erforderlichkeit

Erforderlich ist eine Maßnahme, wenn sie von mehreren gleich gut geeigneten Mitteln das mildeste ist (Definition). Es empfiehlt sich ein Vorgehen in drei Schritten (Subsumtion): **66**
- Mögliche geeignete Handlungsalternativen aufzeigen.
- Überprüfen, ob Handlungsalternativen milder sind als die angedachte Maßnahme.
- Überprüfen, ob die milderen Handlungsalternativen auch *gleich geeignet* sind. Die Behörde muss sich nur auf die milderen Alternativen verweisen lassen, die den Zweck der Maßnahme mindestens gleich gut erreichen können wie die konkret angedachte Maßnahme.

Beispiel:
Im obigen Beispielsfall mit dem kleinen bissigen Hund kommen als **geeignete Handlungsalternativen** neben dem Maulkorbzwang noch eine Leinenpflicht, eine Wegnahme (Beschlagnahme) sowie ein Einschläfern des Hundes in Betracht. Wegnahme und Einschläfern sind ebenfalls geeignet, die Bissgefahr abzuwenden, haben aber gravierendere Folgen für A und sind härtere Mittel. Sie sind im Regelfall auch nicht besser, sondern nur gleich gut geeignet wie ein Maulkorbzwang. Die Leinenpflicht ist gegenüber dem Maulkorbzwang die **mildere Maßnahme**, da sie mit weniger Aufwand und Einschränkungen für A verbunden ist. Sie ist aber **nicht gleich gut geeignet**. Der Leinenzwang bietet im Vergleich zum Maulkorbzwang nicht die gleiche fast 100-prozentige Sicherheit, das Beißen zu verhindern. Der Maulkorbzwang ist daher erforderlich.[35]

---

35 Die Frage, ob die Leinenpflicht gegenüber dem Maulkorbzwang das mildere gleich geeignete Mittel ist, stellt sich in der Praxis in Baden-Württemberg grds. nicht, da gefährliche (also auch bissige) Hunde nach § 4 Abs. 3 und 4 PolVOgH sowohl an der Leine zu führen sind als auch einen das Beißen verhindernden Maulkorb tragen müssen. So sollen neben dem Beißen das Anspringen und Angreifen verhindert werden.

Angemessenheit

67 Hier werden nicht mehr wie bei der Erforderlichkeit Handlungsalternativen miteinander verglichen, sondern es kommt die *eine* ausgewählte Maßnahme für sich genommen auf den Prüfstand. Eine Maßnahme ist **angemessen**, wenn sie für den Adressaten keine Nachteile herbeiführt, die erkennbar außer Verhältnis zu den bezweckten Vorteilen für die Allgemeinheit stehen (Definition). Auch für die Prüfung der Angemessenheit empfiehlt sich ein Vorgehen in drei Schritten (Subsumtion):

- **Aufzählen** der Nachteile für den Betroffenen und der Vorteile für die Allgemeinheit.

  Beispiel:
  Der Kauf und das ständige Anlegen des Maulkorbs sind die Nachteile des A – keine Gesundheitsgefahren und Schäden durch den bissigen Hund sind die Vorteile für die Allgemeinheit.

- **Gewichten** der Nach- und Vorteile, und zwar sowohl rechtlich als auch tatsächlich:
  - **Rechtlich:** Der Nachteils- und der Vorteilsposition ist ein Recht aus der Verfassung (insb. ein Grundrecht oder eine Staatszielbestimmung) und/oder aus den EU-Verträgen (insb. EU-Grundfreiheiten) zuzuordnen, welches den jeweiligen Stellenwert der Position aufzeigt. Für den Adressaten stellen belastende VA insb. Eingriffe in seine Grundrechte dar. Die Nachteilsposition des Adressaten erfährt so ihr Gewicht durch ein spezielles Grundrecht oder subsidiär zumindest durch die allgemeine Handlungsfreiheit nach Art. 2 Abs. 1 GG (der Bürger kann nicht mehr „tun und lassen, was er will"). Auf Seiten der Vorteilsposition ist zu beachten, dass der Staat zum einen die Pflicht hat, für das Allgemeinwohl einzutreten und sich schützend vor die Grundrechte jedes Einzelnen zu stellen. Zum anderen geben Staatszielbestimmungen wie bspw. Art. 20a GG verfassungsrechtlich vor, was der Staat zu erreichen sucht.

    Beispiel:
    Beim Maulkorbzwang erhält die Nachteilsposition ihr Gewicht aus der Eigentumsfreiheit nach Art. 14 GG[36], die Vorteilsposition aus Art. 2 Abs. 2 S. 1 GG (Schutz der körperlichen Unversehrtheit).

  - **Tatsächlich:** Auf Seiten der Nachteilsposition ist zu berücksichtigen, wie hochwertig die durch den VA eingeschränkten Grundrechte sind und wie stark der VA in die Grundrechte eingreift bzw. wie hart die sozialen Auswirkungen für den Betroffenen insgesamt sind. Auf Seiten der Vorteilsposition ist auszuführen, wie hochwertig die vom Staat zu schützenden Grundrechte der Allgemeinheit sind und wie stark sie bedroht werden bzw. wie die (möglichen) Auswirkungen für die Allgemeinheit insgesamt zu bewerten sind.

---

36 Nach § 90a BGB sind Tiere zwar keine Sachen, auf sie sind aber die für Sachen geltenden Vorschriften entsprechend anzuwenden, soweit nicht etwas anderes bestimmt ist.

Beispiel:
Nachteilsposition: Das Anlegen des Maulkorbs geht schnell und ist für den Hund bei fachgerechter Handhabung mit keinen gesundheitsbedrohlichen oder sonstigen gravierenden Einschränkungen verbunden. Auch die Kosten für den Maulkorb sind eher gering. A ist damit in seinem Recht auf freien Umgang mit seinem Eigentum nicht übermäßig betroffen. Die Auswirkungen des VA für den Betroffenen sind so insgesamt nicht allzu hoch zu bewerten. Vorteilsposition: Die körperliche Unversehrtheit ist ein hohes Rechtsgut, Hundebisse können dieses Rechtsgut stark beeinträchtigen (hier ist bei jeder Fallkonstellation zu differenzieren). Ein Biss hat damit schwerwiegende Auswirkungen für die Allgemeinheit.

– **Abwägung:** Vergleichen der Nachteile für den Betroffenen mit den Vorteilen für die Allgemeinheit („Auf die Waage legen und schauen, wohin sie ausschlägt"). Je größer die zu bekämpfende Gefahr für die Allgemeinheit, umso stärker können die Nachteile sein, die der Betroffene in Kauf nehmen muss. Eine Maßnahme ist nur dann unangemessen und somit unverhältnismäßig, wenn die Nachteile für den Betroffenen die Vorteile für die Allgemeinheit *erkennbar*[37], also mehr als nur unerheblich überwiegen (s. das Wort „erkennbar" in der Definition der Angemessenheit).

Beispiel:
Aufgrund der unter Umständen schweren Verletzungen, die durch Hundebisse entstehen könne, und des damit bedrohten hohen Rechtsguts der körperlichen Unversehrtheit stehen die Nachteile des betroffenen A keinesfalls erkennbar außer Verhältnis zu den bezweckten Vorteilen für die Allgemeinheit. Vielmehr überwiegen hier sogar die Vorteile der Allgemeinheit. Die mit dem Anlegen und der Anschaffung des Maulkorbs verbundenen Nachteile für A treten dahinter zurück. Es ist A zuzumuten, seinem Hund außerhalb seines Grundstücks einen Maulkorb anzulegen.

Beachte:
Falls im konkreten Fall nur eine einzige richtige Entscheidung denkbar ist, liegt eine sog. **Ermessensreduzierung auf Null** vor. Dies ist insb. dann gegeben, wenn für oder gegen eine Entscheidung eine ganz starke Grundrechtsposition spricht (zB wenn ein so hohes Rechtsgut gefährdet ist, dass nur ein Eingreifen mit einem bestimmten Mittel verhältnismäßig und damit rechtmäßig ist), bspw. wenn es im konkreten Fall bereits zu lebensbedrohlichen Hundebissen kam.

---

37 Ob auf die „Erkennbarkeit" abzustellen ist, wird allerdings nicht ganz einheitlich beantwortet, so aber zB BVerwG, Urt. v. 23.8.1996, Az. 4 A 29/95, juris Leitsatz, Rn. 28; BVerwG, Beschl. v. 11.11.2008, Az. 9 A 52/07, juris Rn. 6; VG Leipzig, Urt. v. 13.10.2021, Az. 1 K 1108/20, juris Rn. 53, 61.

69 Abschließend sind diese Ermessensgrundsätze auf den Beispielsfall häusliche Gewalt anzuwenden.

> **Formulierungsvorschlag im Beispielsfall „häusliche Gewalt":**
> **b) Ermessen**
> § 30 Abs. 3 S. 2 PolG räumt der Behörde Ermessen ein, welches sie nach § 40 LVwVfG aktiv entsprechend dem Zweck der Ermächtigung auszuüben hat. Dazu muss sie insb.[38] die gesetzlichen Grenzen einhalten.
> Eine gesetzliche Ermessensgrenze findet sich in § 30 Abs. 4 S. 1 PolG, wonach das Rückkehrverbot höchstens für zwei Wochen ausgesprochen werden kann. Daneben hat die Behörde als weitere gesetzliche Grenze stets den **Verhältnismäßigkeitsgrundsatz** zu beachten, welcher auch in § 5 PolG zum Ausdruck kommt. Das Rückkehrverbot ist verhältnismäßig, wenn es zur Erreichung des legitimen Zwecks geeignet, erforderlich und angemessen ist. Legitimer Zweck des Rückkehrverbotes ist es, die Gesundheit der ebenfalls in der Wohnung lebenden Ehefrau zu schützen.
> Das Rückkehrverbot müsste zur Erreichung dieses Zwecks **geeignet** sein. Geeignet ist eine Maßnahme, wenn sie tauglich ist, den von ihr erstrebten Zweck zumindest zu fördern. Zweck des Rückkehrverbots ist, die von M ausgehende Gefahr für seine Ehefrau abzuwenden und seine Ehefrau zu schützen. Diesen Zweck fördert ein Rückkehrverbot von zwei Wochen, sodass es eine geeignete Maßnahme ist.
> Das Rückkehrverbot müsste ferner **erforderlich** sein. Erforderlich ist eine Maßnahme, wenn sie von mehreren gleich geeigneten Mitteln das mildeste darstellt. Milder, da für M weniger belastend, wäre ein Rückkehrverbot mit einer kürzeren Frist als zwei Wochen. Angesichts des Vorfalls vor ca. einem Monat sowie der massiven Bedrohung mit einem Messer erscheint ein Rückkehrverbot von unter zwei Wochen nicht gleich gut geeignet, die Ehefrau von M zu schützen (und damit den Zweck der Maßnahme zu erreichen). Dies zeigt sich auch daran, dass der bereits ausgesprochene Wohnungsverweis mit kürzerem Rückkehrverbot den M nicht von der erneuten Bedrohung abgehalten hat. Es ist daher erforderlich, die gesetzliche Frist von zwei Wochen auszuschöpfen.
> Das Rückkehrverbot müsste schließlich **angemessen** sein. Eine Maßnahme ist angemessen, wenn sie für den Adressaten keine Nachteile herbeiführt, die erkennbar außer Verhältnis zu den bezweckten Vorteilen für die Allgemeinheit stehen.
> Nachteil für M ist, dass er für den Zeitraum von zwei Wochen nicht in seine Wohnung zurückkehren darf. Die Vorteile für die Allgemeinheit wie für seine Ehefrau bestehen darin, Straftaten zu verhindern und die Gesundheit der Ehefrau zu schützen. Die Nachteilsposition erfährt ihr Gewicht durch das Besitzrecht an der Wohnung (Art. 14 GG) sowie das Recht, an jedem Ort wohnen zu dürfen (Recht auf Freizügigkeit nach Art. 11 GG). Die Vorteilsposition erhält ihr Gewicht durch das Recht auf körperliche Unversehrtheit

---

[38] Für sachfremde Erwägungen bestehen im Sachverhalt keine Anhaltspunkte, sodass sie unerwähnt bleiben.

(Art. 2 Abs. 2 GG). Der Eingriff in die Rechte des M wiegt schwer, da er für einen gewissen Zeitraum nicht in seine Wohnung, den Ort seines Lebensmittelpunkts und seiner Privatsphäre, zurückkehren kann. Die Gesundheit ist ebenfalls ein sehr hohes Schutzgut und vom Staat besonders zu schützen. Bei Abwägung dieser gegensätzlichen Positionen wiegt der Schutz der Gesundheit von Ms Ehefrau sowie das Interesse der Allgemeinheit, Straftaten zu verhindern, schwerer. Angesichts des hohen Schutzguts der körperlichen Unversehrtheit und der bestehenden erheblichen Gefahr für die Ehefrau erscheint die Position von M weniger schützenswert. Von M geht eine erhebliche Gefahr für seine Ehefrau aus, was sich gerade darin zeigt, dass ein bereits ausgesprochenes Rückkehrverbot mit kürzerer Frist ihn nicht vor der erneuten Bedrohung abgehalten hat. Es ist daher M zuzumuten, vorübergehend an einem anderen Ort, etwa bei Bekannten, Verwandten, in einem Fremdenzimmer oder in der Obdachlosenunterkunft zu wohnen. Die Maßnahme ist somit auch angemessen.

c) Keine Unmöglichkeit[39] Es muss dem Adressaten **tatsächlich und rechtlich möglich sein, den Inhalt des VA auszuführen.** Es ist dabei genau zu ermitteln, ob Unmöglichkeit besteht und welche Art der Unmöglichkeit vorliegt. Grundsätzlich führt die Unmöglichkeit wie jeder Fehler beim Erlass des VA zu dessen Rechtswidrigkeit. Bestimmte Arten der Unmöglichkeit werden vom Gesetzgeber aber als besonders schwerwiegend angesehen, sodass er ausnahmsweise ausdrücklich die Rechtsfolge „Nichtigkeit" angeordnet hat (zB in § 44 Abs. 2 Nr. 4 und Nr. 5 LVwVfG mit der Folge, dass der VA nach § 43 Abs. 3 LVwVfG als von Anfang an unwirksam anzusehen ist). Andere Arten der Unmöglichkeit führen gar nicht zu einem Fehler beim Erlass des VA bzw. berühren die Rechtmäßigkeit des VA nicht. Streng genommen fallen sie gar nicht unter den Begriff der „Unmöglichkeit". Es sind **folgende Arten der Unmöglichkeit zu unterscheiden:**

aa) Tatsächliche Unmöglichkeit. Dem Adressaten ist es aus tatsächlichen (faktischen) Gründen nicht möglich, den VA auszuführen.

(1) Objektiv tatsächliche Unmöglichkeit. Es ist niemandem (auch keinem Dritten) möglich, die Maßnahme ausführen.

Beispiele:
- Anordnung, einen Laubbläser geräuschlos zu betreiben (technische Unmöglichkeit).
- Anordnung ein Haus abzureißen, das gar nicht mehr existiert.

Rechtsfolge: Der VA ist nach § 44 Abs. 2 Nr. 4 LVwVfG **nichtig** und nach § 43 Abs. 3 LVwVfG von vornherein unwirksam.

(2) Subjektiv tatsächliche Unmöglichkeit (Unvermögen). Es wird von dem Adressaten die Ausführung einer Maßnahme verlangt, die *er selbst* nicht ausführen kann. Hier ist weiter zu unterscheiden:

---

[39] S. hierzu auch das Schaubild in *Schweickhardt/Vondung/Zimmermann-Kreher*, Allg. Verwaltungsrecht, Rn. 200.

Wird eine **vertretbare Handlung** gefordert, dh kann auch ein Dritter den VA ausführen, ist die Rechtsfolge: Der VA bleibt **rechtmäßig**. Es besteht hier keine Pflicht, den VA persönlich auszuführen, der Adressat kann sich der Hilfe Dritter bedienen (daher „vertretbare" Handlung). Es liegt daher gar keine Unmöglichkeit vor, der VA ist ausführbar.

Beispiel:
Die Behörde ordnet den Abbruch eines Einfamilienhauses an. Der Adressat wendet ein, dass er hierfür nicht die notwendigen Gerätschaften hat. Er kann einen Abbruchunternehmer beauftragen, der den VA für ihn ausführt.

Wird hingegen keine vertretbare, sondern eine **höchstpersönliche Handlung** von dem Adressaten verlangt, muss er den VA auch selbst ausführen. Kann er den VA nicht selbst ausführen, ist die **Rechtsfolge**: Der VA ist **rechtswidrig** (oder unter den hohen Voraussetzungen des § 44 Abs. 1 LVwVfG sogar nichtig).

Beispiel:
Anordnung eines Platzverweises, der Adressat ist aber so schwer verletzt, dass er sich nicht bewegen kann.

74 bb) **Rechtliche Unmöglichkeit.** Dem Adressaten ist es aus rechtlichen Gründen nicht möglich, den VA auszuführen, weil der Ausführung des VA eine Rechtsvorschrift entgegensteht. Hier ist weiter zu differenzieren:

75 (1) **Strafrechtliche/Bußgeldrechtliche Unmöglichkeit.** Bei der Ausführung des VA würde der Adressat gegen ein Strafgesetz oder eine Bußgeldvorschrift verstoßen.

Beispiel:
Bei der Befolgung der Anordnung, Abfall auf einem Grundstück zu verbrennen, würde der Adressat eine Ordnungswidrigkeit nach § 69 Abs. 1 Nr. 2 KrWG begehen, da dies keine ordnungsgemäße Abfallbeseitigung iSd § 28 Abs. 1 KrWG darstellt.

Rechtsfolge: Der VA ist nach § 44 Abs. 2 Nr. 5 LVwVfG **nichtig** und nach § 43 Abs. 3 LVwVfG unwirksam.

76 (2) **Zivilrechtliche Unmöglichkeit.** Der Ausführung des VA steht eine zivilrechtliche (privatrechtliche) Norm entgegen. Ein Dritter kann sich auf eine zivilrechtliche Norm berufen, die es dem Adressaten rechtlich unmöglich macht, den VA auszuführen. Willigt der Dritte nicht in die Ausführung der Maßnahme ein, so fehlt es dem Adressaten an der zivilrechtlichen Verfügungsbefugnis.

Beispiel:
Einer von drei Eigentümern eines vermieteten Hauses bekommt eine Abbruchsanordnung. Den anderen beiden Eigentümern steht ebenfalls ein zivilrechtliches (Eigentums-)Recht aus § 903 S. 1 BGB zu. Willigen diese nicht in den Abbruch ein, ist der Adressat hinsichtlich des Hauses nicht (allein) verfügungsbefugt und darf die Maßnahme allein gar nicht ausführen. Bei einem Abbruch würde sich der Adressat nach § 823 Abs. 1 BGB schadensersatzpflichtig machen. Zusätzlich beruft sich ein Mieter des Hauses auf sein Recht aus § 535 Abs. 1 BGB (nach einem Abbruch kann die Mietsache nicht mehr in einem „zum vertragsgemäßen Gebrauch geeigneten Zustand" überlassen werden) und willigt nicht ein. Dem Adressaten ist es somit aus (hier

sogar zwei verschiedenen) zivilrechtlichen Gründen unmöglich, den VA auszuführen, dh das Haus abzureißen.
Rechtsfolge: Der VA ist trotzdem **rechtmäßig**! Die fehlende zivilrechtliche Verfügungsbefugnis hindert die Behörde nicht daran, öffentlich-rechtlich zu handeln und einen VA rechtmäßig zu erlassen. Allerdings kann es Probleme bei der Vollstreckung geben: Wenn der Adressat den VA nicht ausführt und die Behörde (nach erfolgter Androhung) den VA im Wege der Ersatzvornahme vollstrecken möchte, sieht sie sich den gleichen zivilrechtlichen Problemen ausgesetzt wie der Adressat – die Eigentümer/Mieter können ihnen gegenüber ihre privaten Rechte nun der Behörde entgegenhalten. Die Behörde hat ihnen gegenüber auch keinerlei Verfügungsbefugnis und würde sich bei einem Abbruch iRd Ersatzvornahme selbst nach § 823 Abs. 1 BGB schadensersatzpflichtig machen. Die zivilrechtlichen Normen stellen so ein **Vollstreckungshindernis** dar. Die Behörde kann ein solches Vollstreckungshindernis aber durch Erlass einer öffentlich-rechtlichen **Duldungsverfügung** (Duldungs-VA) an jeden der zivilrechtlich berechtigten Dritten beseitigen. Adressat und Behörde sind nun berechtigt, den VA auszuführen, und es liegt keine „Widerrechtlichkeit" iSd § 823 Abs. 1 BGB mehr vor. Die Duldungsverfügung ist ein eigenständiger VA. Ihre Rechtsgrundlage kann die Generalklausel (allgemeine Ermächtigung) aus dem jeweiligen Spezialgesetz sein. Existiert eine solche nicht, lässt sie sich auf die Rechtsgrundlage stützen, nach der bereits der VA an den Adressaten erlassen wurde. Die Duldung einer Maßnahme stellt ein „Minus" zu ihrer Ausführung dar. Gestattet eine Rechtsgrundlage die Ausführung einer Maßnahme anzuordnen, so gestattet sie „erst-recht" die Duldung einer Maßnahme anzuordnen. Die Behörde sollte die Duldungsverfügungen den Dritten zweckmäßigerweise zeitgleich mit dem an den Adressaten zu richtenden VA bekannt gegeben (und je nach konkreter Fallkonstellation ebenfalls mit Anordnung der sofortigen Vollziehung und Androhung eines Zwangsmittels). Vorab sollte die Behörde aber versuchen, von den berechtigten Dritten die Einwilligung zur Ausführung des VA zu erhalten, da sich hieraus die Verfügungsberechtigung ergibt und eine Duldungsverfügung erübrigt.

Beispiel:
Im obigen Beispiel mit der Abbruchsanordnung lassen sich die Duldungsverfügungen an die anderen Miteigentümer und den Mieter auf die baurechtliche Generalklausel in § 47 Abs. 1 S. 1 LBO stützen; ein Rückgriff auf § 65 Abs. 1 S. 1 LBO ist nicht notwendig.

Im Beispielsfall „häusliche Gewalt" gibt es keinerlei Anhaltspunkte für eine Unmöglichkeit, sodass zu diesem Prüfungspunkt auch nichts zu schreiben ist.

d) Bestimmtheit. Der Bestimmtheitsgrundsatz ist Teil des Rechtsstaatsprinzips aus Art. 20 Abs. 3 GG und nach **§ 37 Abs. 1** LVwVfG stets bei Erlass eines VA zu beachten. In Spezialgesetzen wird er teilweise konkretisiert und für konkrete Maßnahme bestimmte Angaben/Regelungen gefordert (zB ist für die Androhung von Zwangsmitteln nach § 20 Abs. 1 LVwVG eine „Frist zu bestimmen", nach Abs. 3 ein „bestimmtes Zwangsmittel" zu wählen und nach Abs. 4 Zwangsgeld in einer „bestimmten Höhe" anzudrohen). Teilweise ist auch vorgegeben, welchen bestimmten Inhalt und Umfang der belastende VA haben soll (zB für das Aufenthalts- und Betretungsverbot nach § 30 Abs. 2 PolG ein „bestimmter Ort" bzw. „bestimmtes Gebiet", s. **Fall 3**). All diese Vorgaben sind insb. im **Tenor eines Bescheids** zu beachten. Im **Gutachten** ist zumindest darauf hinzuweisen, dass der VA nach § 37 Abs. 1 LVwVfG inhaltlich hinreichend bestimmt formuliert sein muss.

79 | **Formulierungsvorschlag im Beispielsfall „häusliche Gewalt":**
c) **Bestimmtheit**
Das Rückkehrverbot muss in dem zu erlassenden Bescheid hinreichend bestimmt formuliert sein, § 37 Abs. 1 LVwVfG. Im Tenor des Bescheids ist insb. darauf zu achten, die Wohnung und die Frist von zwei Wochen unmissverständlich anzugeben.

80 Praktisch relevant werden die inhaltlichen Anforderungen an die Bestimmtheit bei der Abfassung des **Bescheids**, insb. bei der Formulierung des Tenors (der Entscheidungsformel zu Beginn des Bescheids). Es muss – idealerweise direkt aus dem Briefkopf und dem Tenor, zumindest aber in Verbindung mit der Begründung des VA – **eindeutig erkennbar sein, wer was von wem verlangt**, dh welche Verwaltungsbehörde von welchem Adressat die Ausführung/Beachtung welcher inhaltlichen Maßnahme fordert:

81 aa) **Die erlassende Behörde („wer")**. Es muss klar erkennbar sein, welche Behörde den VA erlassen hat. Andernfalls führt dies bei einem schriftlichen oder elektronischen (E-Mail etc.) VA nicht nur zur Rechtswidrigkeit, sondern gem. § 44 Abs. 2 Nr. 1 LVwVfG zur Nichtigkeit und damit nach § 43 Abs. 3 LVwVfG zur Unwirksamkeit des VA.

82 bb) **Der genaue Inhalt der Maßnahme („was")**. Der Bürger muss genau wissen, was von ihm wo verlangt wird – jegliche Zweifel gehen zu Lasten der Behörde (wie soll der Bürger den VA auch ausführen, wenn er gar nicht genau weiß, was zu tun ist?). Oder anders ausgedrückt: Ein Dritter (zB ein Vollstreckungsbeamter oder der Abbruchunternehmer, der zur Vollstreckung einer Abbruchsanordnung im Wege der Ersatzvornahme von der Behörde beauftragt wurde) muss grds. nur durch das Lesen des Tenors – die Begründung kann im Zweifel hinzugezogen werden – genau erkennen können, was zu tun ist. Der herbeizuführende Erfolg muss erkennbar sein. Hierzu gehört insb. eine genaue Bezeichnung der Örtlichkeiten (zB bei der Abbruchsanordnung Adresse, Flurstücknummer etc.) ebenso wie Zeitangaben (v. a. bei der Androhung von Zwangsmitteln). Zur Unbestimmtheit führen häufig auch Begriffe im Tenor, die etwas so vage beschreiben, dass dem keine exakte Bedeutung beigemessen werden kann (zB „ausreichende Reduzierung des Lärms", „unverzüglich", „nahe Verwandte").

Beispiele für Unbestimmtheit:
– „Sie haben das Haus unverzüglich abzureißen" – welches Haus ist gemeint, wo steht es? Was bedeutet unverzüglich?[40]

---

[40] OVG Sachsen, Urt. v. 27.1.2009, Az. 4 B 809/06, juris Rn. 51 (=SächsVBl 2009, 165, 169) kritisch im Hinblick auf das in § 121 Abs. 1 S. 1 BGB enthaltene Verschuldenselement.

- „Sie haben Ihren Hund innerhalb der geschlossenen Ortslage an der Leine zu führen" – welchen Hund (evtl. gibt es mehrere)? Wo endet eine geschlossene Ortslage (zB wenn nur eine Seite der Straße bebaut ist)?[41]
- Auflage zu einer Baugenehmigung, „die Außenwände in einem landschaftlich unauffälligen Farbton zu gestalten" – wann ist ein Farbton auffällig und wann nicht, dh welcher Farbton ist nicht oder gerade noch zulässig?[42]
- Anordnung einen Ventilator „geräuscharm" zu betreiben.[43]

cc) **Der Adressat der Maßnahme („von wem").** Der Adressat des VA muss bestimmbar sein. Probleme bereitet dies insb. bei **personenbezogenen Allgemeinverfügungen**, da diese einen nach allgemeinen Merkmalen bestimmten oder bestimmbaren Personenkreis voraussetzen (§ 35 S. 2 Alt. 1 LVwVfG). Ist der von der Allgemeinverfügung betroffene Personenkreis nicht bestimmbar, weil er nicht deutlich abgrenzbar ist, dann ist die Allgemeinverfügung rechtswidrig.

Beispiel:
- Zu unbestimmt ist ein pauschales Aufenthaltsverbot (Rechtsgrundlage: § 30 Abs. 2 PolG) für „alle Personen der Punkerszene" oder „alle Anhänger/Fans von Eintracht Frankfurt (erkennbar durch Fanbekleidung, Skandierung von Parolen und sonstigem Auftreten)" – wer genau gehört zur Punkerszene und wer ist Anhänger/Fan?[44]
- Ein Platzverweis (Rechtsgrundlage: § 30 Abs. 1 PolG) nach Auflösung einer Versammlung (Rechtsgrundlage: § 15 Abs. 3 VersG) gegenüber „allen Versammlungsteilnehmern" ist hingegen ausreichend; wer zur Versammlung gehört ist nach allgemeinen Merkmalen bestimmbar.[45]
- Eine allgemeine Ausgangsbeschränkung im öffentlichen Raum (Rechtsgrundlage § 28 Abs. 1 S. 1, § 28a Abs. 1 Nr. 3 IfSG) ist hinreichend bestimmt – es betrifft jede Person, die den privaten Wohnbereich und damit ein konkret abgrenzbares Gebiet verlassen will.[46]

---

41 OVG NRW, Urt. v. 26.1.1987, Az. 7 A 605/85, NVwZ 1988, 659; *Schoch/Schneider/Schröder*, VwVfG § 37 Rn. 40.
42 VGH BW, Urt. v. 10.1.2013, Az. 8 S 2919/11, juris Rn. 22 ff.
43 OVG NRW, Urt. v. 22.3.1961, Az. IV A 398/60, DÖV 1962, 147, 148.
44 VGH BW, Beschl. v. 4.10.2002, Az. 1 S 1963/02, juris Rn. 5 ff. (= NVwZ 2003, 115), der das Problem aber eher bei der Verhältnismäßigkeit sieht; so auch VG Darmstadt, Beschl. v. 28.4.2016, Az. 3 L 642/16.DA, juris Rn. 11 ff. (= NVwZ 2016, 1344) – werden die pauschalen Bezeichnungen aber mit weiteren konkreten äußeren Merkmalen genauer beschrieben, kann dies hinreichend bestimmt sein (nicht ausreichend aber „sonstiges Auftreten" wie bei den Anhängern/Fans).
45 S. hierzu auch VGH BW, Urt. v. 6.11.2013, Az. 1 S 1640/12, juris Rn. 47 (= VBlBW 2014, 147).
46 Unproblematisch hinsichtlich Bestimmtheit vom Adressatenkreis und räumlichem Geltungsbereich zB Bayer. VGH, Beschl. v. 4.3.2021, Az. 20 NE 21/524, juris Rn. 17; zu unbestimmt zwar nicht im Hinblick auf den Adressatenkreis, aber bzgl. des Inhalts ist jedoch folgende Regelung: *„Der Bewegungsradius für tagestouristische Ausflüge wird auf den Umkreis von 15 Kilometern des Wohnorts (politische Gemeinde) beschränkt"* – von welchem Punkt aus werden die 15 km gemessen und was genau sind „tagestoristische Ausflüge"?; VG Wiesbaden, Beschl. v. 15.1.2021, Az. 7 L 31/21.WI, juris Rn. 35 ff.; s. a. Bayer. VGH, Beschl. v. 26.1.2021, Az. 20 NE 21/162, juris Rn. 17 ff.

3. Zwischenergebnis zu den materiellen Voraussetzungen[47]

84 Hier genügt der abschließende Satz: Der VA ... *genaue Bezeichnung* ... ist materiell rechtmäßig/rechtswidrig.

> **Formulierungsvorschlag im Beispielsfall „häusliche Gewalt":**
> **3. Zwischenergebnis materielle Voraussetzungen**
> Das Rückkehrverbot ist materiell rechtmäßig.

III. Formelle Voraussetzungen

85 Der VA ist formell rechtmäßig, wenn ihn die zuständige Behörde nach ordnungsgemäßem Verfahren in der richtigen Form erlässt.

1. Zuständigkeit

86 Hier ist zu prüfen, welche Behörde sachlich und örtlich zuständig ist. Die Zuständigkeit einer Behörde ergibt sich immer aus diesen beiden „Koordinaten".[48]

87 **a) Sachliche Zuständigkeit.** Die sachliche Zuständigkeit bestimmt, welche Verwaltungsbehörde auf welcher Verwaltungsebene für die jeweilige Aufgabe zuständig ist. Dies ist grds. in einer **landesrechtlichen** Vorschrift (Verwaltungskompetenz der Länder, Art. 30, 83, 84 ff. GG) geregelt, und zwar immer in **einem Fachgesetz oder einer Rechtsverordnung**. Stammt die Rechtsgrundlage aus einem Landesgesetz, findet sich dort meist auch eine Regelung der sachlichen Zuständigkeit (in einigen Fällen aber auch in einer gesonderten Rechtsverordnung). Stammt die Rechtsgrundlage aus einem Bundesgesetz, so muss es zu diesem Sachgebiet auch eine landesrechtliche Vorschrift geben, in der die sachliche Zuständigkeit geregelt ist (zum WHG bspw. das WG), und sei es lediglich eine Zuständigkeitsverordnung (zum BImSchG bspw. die ImSchZuVO). Die sachliche Zuständigkeit ergibt sich oft erst aus der Anwendung mehrerer Normen, die zum Teil auch nur von „Zuständigkeit" und nicht ausdrücklich von „sachlicher Zuständigkeit" sprechen. Es handelt sich jedoch stets um eine Regelung der sachlichen Zuständigkeit, wenn eine Behörde – wie grundsätzlich – allgemein benannt wird (zB als „Gemeinde" oder als „Regierungspräsidium").

Beispiele:
- Für polizeiliche Maßnahmen ist nach § 111 Abs. 2 PolG, soweit nichts anderes bestimmt ist, die Ortspolizeibehörde sachlich zuständig. Nach § 107 Abs. 4 S. 1 PolG sind die Ortspolizeibehörden die Gemeinden.
- Nach § 35 Bestattungsgesetz BW dürfen Verstorbene nur mit Erlaubnis der zuständigen Behörde feuerbestattet werden. Nach § 36 Abs. 4 BestattungsVO ist die sachlich zuständige Behörde die Ortspolizeibehörde, welche nach § 107 Abs. 4 S. 1 PolG die Gemeinde ist.

---

47 Inwiefern Zwischenergebnisse im Gutachten als eigener Gliederungspunkt angeführt werden, ist (Geschmack)Sache des Bearbeiters. Zumindest bei umfangreichen Prüfungen kann dies die Darstellungen übersichtlicher gestalten.
48 Zur besseren Veranschaulichung sind hier auch Beispiele für begünstigende VA mit aufgeführt.

- Für eine gewerberechtliche Erlaubnis zum Aufstellen von Spielgeräten mit Gewinnmöglichkeit (§ 33c Abs. 1 GewO – ein Bundesgesetz) sind nach § 8 Abs. 1 Nr. 2 GewOZuVO (Rechtsverordnung des Landes BW) die Gemeinden sachlich zuständig.

Ein für die Praxis und Klausur wichtiger Fall ist die **sachliche Zuständigkeit der unteren Verwaltungsbehörde.** Zu den Aufgaben der unteren Verwaltungsbehörde gehören zahlreiche Aufgaben wie die Anwendung des Gewerberechts, des Gaststättenrechts, des Baurechts, des Straßenverkehrsrechts, des Waffenrechts, des Immissionsschutzrechts, des Wasserrechts etc. Auch hier ist im landesrechtlichen Fachgesetz bzw. in einer Rechtsverordnung die sachliche Zuständigkeit der unteren Verwaltungsbehörde geregelt.

88

Beispiele:
- Für die Erteilung einer gaststättenrechtlichen Erlaubnis ist nach § 1 Abs. 1 GaststättenVO grds. die untere Verwaltungsbehörde zuständig.
- Für die Erteilung einer wasserrechtlichen Erlaubnis ist nach § 82 Abs. 1 WG die untere Wasserbehörde sachlich zuständig, sofern nichts anderes bestimmt ist.[49] Nach 80 Abs. 2 Nr. 3 WG ist untere Wasserbehörde die untere Verwaltungsbehörde.
- Für Anordnungen nach § 62 KrWG sind gem. § 23 Abs. 3 S. 1 LKreiWiG idR die unteren Abfallrechtsbehörden sachlich zuständig. Gem. § 23 Abs. 2 Nr. 3 LKreiWiG sind dies die unteren Verwaltungsbehörden.
- Nach § 44 Abs. 1 StVO (Rechtsverordnung des Bundes) sind für die Ausführung der StVO die Straßenverkehrsbehörden zuständig, nach § 1 des (Landes)Gesetzes über Zuständigkeiten nach der StVO sind dies die unteren Verwaltungsbehörden.

Welche Behörden untere Verwaltungsbehörden sind, regelt **§ 15 Abs. 1 LVG.** Hier ist zunächst zu unterscheiden, ob der Sachverhalt in einem Stadtkreis[50] oder in einem Landkreis handelt.
- Spielt das Geschehen in einem **Stadtkreis**, ist nach § 15 Abs. 1 Nr. 2 LVG die Gemeinde, also der Stadtkreis selbst, untere Verwaltungsbehörde.
- Spielt das Geschehen in einem **Landkreis**, nennt § 15 Abs. 1 Nr. 1 LVG drei mögliche untere Verwaltungsbehörden: das Landratsamt, eine Große Kreis-

---

49 Eine solche auf dem Subsidiaritätsprinzip beruhende Zuständigkeitsvermutung für die unteren Fachbehörden („Soweit nichts anders bestimmt ist, sind die unteren ...behörden sachlich zuständig") findet sich in vielen Regelungen zur sachlichen Zuständigkeit – bevor daher die Zuständigkeit der unteren Fachbehörde angenommen wird, muss überprüft werden, ob für die konkrete Fallkonstellation „etwas anderes bestimmt ist". Solche ausdrücklichen Bestimmungen finden sich häufig in den folgenden Absätzen oder Paragrafen, s. zB § 82 Abs. 2 bis 4 WG.
50 Es gibt in BW 9 Stadtkreise, vgl. § 12 LVG: Stuttgart, Mannheim, Karlsruhe, Heidelberg, Freiburg, Ulm, Heilbronn, Pforzheim und Baden-Baden (und 35 Landkreise).

stadt[51] und eine Verwaltungsgemeinschaft iSv 17 LVG[52]. Hier ist wie folgt weiter zu differenzieren:
- Handelt der Fall auf dem Gebiet einer **Großen Kreisstadt** oder einer **Verwaltungsgemeinschaft iSv § 17 LVG**, sind grds. diese als untere Verwaltungsbehörde zuständig, **außer es greift der Ausschluss von bestimmten Sachgebieten nach § 19 LVG**. Ist ein Sachgebiet von § 19 LVG betroffen, sind die Großen Kreisstädte und Verwaltungsgemeinschaften **von der Zuständigkeit ausgeschlossen**. Für die in § 19 LVG genannten Sachgebiete ist das Landratsamt als untere Verwaltungsbehörde zuständig.
- Handelt der Fall in einer **sonstigen kreisangehörigen Gemeinde**, die weder Große Kreisstadt noch Teil einer Verwaltungsgemeinschaft iSv § 17 LVG ist, ist stets das Landratsamt als untere Verwaltungsbehörde zuständig.

Beispiele von soeben:
- Für die Erteilung einer gaststättenrechtlichen Erlaubnis ist nach § 1 Abs. 1 GaststättenVO die untere Verwaltungsbehörde sachlich zuständig.
- Wenn A eine Gaststätte in einem Stadtkreis (zB Mannheim) eröffnen möchte, ist nach § 15 Abs. 1 Nr. 2 LVG die Gemeinde (also die Stadt Mannheim) als untere Verwaltungsbehörde sachlich zuständig.
- Möchte A die Gaststätte in einer kleinen Gemeinde mit 5.000 Einwohnern eröffnen, die nicht Teil einer Verwaltungsgemeinschaft iSv § 17 LVG ist (und aufgrund der Einwohnerzahl natürlich auch keine Große Kreisstadt), ist nach § 15 Abs. 1 Nr. 1 LVG das Landratsamt als untere Verwaltungsbehörde sachlich zuständig.
- Möchte A die Gaststätte in einer Großen Kreisstadt eröffnen, könnte nach § 15 Abs. 1 Nr. 1 LVG das Landratsamt oder die Große Kreisstadt untere Verwaltungsbehörde sein. Dies entscheidet § 19 LVG. Da das Gaststättenrecht dort nicht genannt ist, ist die Große Kreisstadt von der Zuständigkeit nicht ausgeschlossen und somit als untere Verwaltungsbehörde sachlich zuständig.
- Für die Erteilung einer wasserrechtlichen Erlaubnis ist nach § 82 Abs. 1 WG grds. die untere Wasserbehörde sachlich zuständig, welche nach 80 Abs. 2 Nr. 3 WG die untere Verwaltungsbehörde ist. Beantragt B für eine Anlage in einer Großen Kreisstadt eine wasserrechtliche Erlaubnis, ist nach § 15 Abs. 1 Nr. 1, § 19 Abs. 1 Nr. 5 b) LVG die Große Kreisstadt von der Zuständigkeit ausgeschlossen und somit das Landratsamt als untere Verwaltungsbehörde sachlich zuständig.
- Für die Anordnung nach § 62 KrWG ist nach § 23 Abs. 3 S. 1 LKreiWiG die untere Abfallrechtsbehörde sachlich zuständig, welche nach § 23

---

51 Eine Große Kreisstadt ist nach § 3 Abs. 2 GemO eine Gemeinde mit mehr als 20.000 Einwohnern, die auf Antrag von der Landesregierung zur Großen Kreisstadt erklärt wurde. Derzeit gibt es in BW 95 Große Kreisstädte.
52 Nach § 17 Abs. 1 S. 1 LVG können Verwaltungsgemeinschaften mit mehr als 20.000 Einwohnern auf Antrag von der Landesregierung zu unteren Verwaltungsbehörden erklärt werden. Um einen Gleichlauf mit den Großen Kreisstädten herzustellen, können also nicht alle Verwaltungsgemeinschaften, sondern nur solche mit mehr als 20.000 Einwohnern zur unteren Verwaltungsbehörde erklärt werden.

Abs. 2 Nr. 3 LKreiWiG die untere Verwaltungsbehörde ist. Geht es um eine Anordnung auf dem Gebiet einer Großen Kreisstadt, ist diese nach § 15 Abs. 1 Nr. 1, § 19 Abs. 1 Nr. 5 a) LVG von der Zuständigkeit ausgeschlossen und das Landratsamt als untere Verwaltungsbehörde sachlich zuständig.
- Da das Straßenverkehrsrecht nicht in § 19 LVG aufgezählt ist, verbleibt es in diesem Bereich für Anordnungen auf dem Gebiet einer Großen Kreisstadt bei ihrer sachlichen Zuständigkeit.

b) Örtliche Zuständigkeit. Die örtliche Zuständigkeit ist zwingend nach der sachlichen Zuständigkeit zu prüfen. Es muss zunächst klar sein, ob *eine* Gemeinde, *ein* Landratsamt, *ein* Regierungspräsidium etc. sachlich zuständig ist, bevor örtlich die konkrete Gemeinde, das konkrete Landratsamt oder das konkrete Regierungspräsidium bestimmt werden kann. Die örtliche Zuständigkeit betrifft den **räumlichen Tätigkeitsbereich** der sachlich zuständigen Behörde (also welche der 1.101 Gemeinden in BW, welches der 35 Landratsämter, welches der vier Regierungspräsidium etc. zuständig ist – dies wird in vielen Fällen nahe liegen, was auch obige Beispiele verdeutlichen). Zunächst ist zu klären, ob örtliche Zuständigkeit in einem Spezialgesetz/Fachgesetz geregelt ist, zB § 113 PolG, § 3 AAZuVO (in den Fachgesetzen finden sich insgesamt aber eher selten Regelungen zur örtlichen Zuständigkeit). Ansonsten greift die allgemeine Regelung des § 3 Abs. 1 LVwVfG.

Beispiele:
- Für die Erteilung einer gaststättenrechtlichen Erlaubnis richtet sich die örtliche Zuständigkeit nach § 3 Abs. 1 Nr. 1 LVwVfG (ortsgebundenes Recht, auf einem bestimmten Grundstück ein Gewerbe auszuüben). Befindet sich die Gaststätte in Kehl, ist die Große Kreisstadt Kehl zuständig.[53]
- Die örtliche Zuständigkeit für die wasserrechtliche Erlaubnis ergibt sich aus § 3 Abs. 1 Nr. 1 LVwVfG (ortsgebundenes Recht). Ist die wasserrechtliche Erlaubnis einem Unternehmen in Kehl wegen einer dortigen Gewässernutzung zu erteilen, ist das Landratsamt Ortenaukreis zuständig.
- Für die Anordnung nach § 62 KrWG greift der Auffangtatbestand des § 3 Abs. 1 Nr. 4 LVwVfG. Für eine Anordnung, Abfälle von einem Grundstück in Kehl zu beseitigen und fachgerecht zu entsorgen, ist das Landratsamt Ortenaukreis zuständig.

Im Gutachten kann die sachliche und örtliche Zuständigkeit mit Nennung aller entscheidenden Paragrafen in einem Satz festgehalten werden.

Formulierungsvorschlag im Beispielsfall „häusliche Gewalt":
III. Formelle Voraussetzungen
1. Zuständigkeit
Die Große Kreisstadt Musterstadt ist nach §§ 111 Abs. 2 iVm § 107 Abs. 4 S. 1 PolG sachlich und nach § 113 Abs. 1 PolG örtlich zuständig.

---

[53] Vertretbar erscheint unter Hervorhebung des Personenbezugs der Erlaubnis beim Betrieb eines Unternehmens auch ein Abstellen auf die Nr. 2 des § 3 Abs. 1 LVwVfG.

2. Verfahren

91 Hier ist zu prüfen, welche Verfahrensschritte und -handlungen in dem Verwaltungsverfahren vor Erlass des VA besonders zu beachten sind. Zunächst ist zu untersuchen, ob das **sog. nicht-förmliche Verwaltungsverfahren** nach §§ 9 ff. LVwVfG **oder ein spezielles Verfahren** durchzuführen ist. Auf diese Weise wird klar, welche Verfahrensregeln in dem konkreten Fall anzuwenden sind. Nach § 2 LVwVfG gilt das LVwVfG für bestimmte Rechtsgebiete zunächst gar nicht (zB nach Absatz 2 Nr. 3 gilt es nicht für sozialrechtliche Verfahren, hier gilt das SGB X). Auch sonst muss immer überprüft werden, ob nicht durch spezialgesetzliche Regelungen besondere Verfahren oder einzelne besondere Verfahrensschritte angeordnet sind. So kann über eine spezialgesetzliche Regelung das förmliche Verfahren (dann gelten die §§ 63 ff. LVwVfG; in Baden-Württemberg allerdings nicht existent) oder das Planfeststellungsverfahren (dann gelten die Verfahrensschritte nach §§ 72 ff. LVwVfG) angeordnet sein (zB in § 68 Abs. 1 WHG für den Gewässerausbau oder in § 37 StrG BW für den Bau von Landestraßen). Teilweise finden sich im Spezialgesetz konkrete Verfahrensvorschriften, die das Verfahren nach dem LVwVfG nahezu vollständig verdrängen (so zB für das förmliche Genehmigungsverfahren nach dem BImSchG über § 10 BImSchG iVm der 9. BImSchV) oder zumindest ergänzen (so zB in den §§ 49 ff. LBO).

Gibt es keine speziellen Regelungen, gelten die Regelungen über das **nicht-förmliche Verwaltungsverfahren** nach den §§ 9 ff. LVwVfG. Der Beginn des Verfahrens ergibt sich aus § 22 LVwVfG; es endet grds. mit dem Erlass eines VA oder dem Abschluss eines öffentlich-rechtlichen Vertrages, vgl. § 9 LVwVfG.

92 a) **Beteiligte, Beteiligtenfähigkeit, Handlungsfähigkeit.** § 13 Abs. 1 Nr. 1 bis 3 LVwVfG regeln, wer **kraft Gesetzes automatisch Beteiligter** ist, so zB nach Nr. 2 der Adressat eines belastenden VA. § 13 Abs. 1 Nr. 4, Abs. 2 LVwVfG bestimmen, dass **die Behörde zusätzlich Beteiligte heranziehen kann** (Abs. 2 S. 1) oder **muss** (Abs. 2 S. 2). Es ist wichtig zu klären, wer „Beteiligter" ist, weil hiervon Verfahrensrechte abhängen, wie zB das Recht auf Anhörung nach § 28 Abs. 1 LVwVfG oder auf Akteneinsicht nach § 29 LVwVfG (s. u. Rn. 103 ff.).

93 Die **Beteiligtenfähigkeit** ist die Fähigkeit, selbst als Subjekt an einem Verfahren teilnehmen zu können. Sie ergibt sich aus § 11 LVwVfG (zB nach Nr. 1 auch Kleinkinder als natürliche Personen, eine GmbH als juristische Person oder eine OHG als eine der juristischen Person gleichgestellte Organisationsform – daher sind diese auch mögliche Adressaten eines VA, s. o. Rn. 46).

94 Die **Handlungsfähigkeit** ist die Fähigkeit, selbst Verfahrenshandlungen vornehmen zu können. Sie ergibt sich aus § 12 LVwVfG. Wer nicht handlungsfähig ist, kann selbst keine Verfahrenshandlungen vornehmen. Für ihn handeln seine gesetzlichen Vertreter (zB die Eltern für ihre minderjährigen Kinder nach §§ 1626, 1629 BGB oder der Geschäftsführer für die GmbH nach § 35 GmbHG).

95 In einem Gutachten ist grds. nur kurz zu erwähnen, wer nach § 13 LVwVfG kraft Gesetzes Beteiligter ist und wer hinzugezogen wurde oder noch werden sollte. Die §§ 11 und 12 LVwVfG sind nur in besonderen Fällen zu erwähnen, zB bei Minderjährigen oder juristischen Personen.

> Formulierungsvorschlag im Beispielsfall „häusliche Gewalt":
> **2. Verfahren**
> **a) Beteiligte**
> M ist als Adressat des VA nach § 13 Abs. 1 Nr. 2 LVwVfG Beteiligter des Verwaltungsverfahrens.

b) Keine ausgeschlossene Person/Befangenheit. Jeder Sachbearbeiter muss sein Amt **objektiv und unvoreingenommen ausüben**. Die §§ 20, 21 LVwVfG wollen eine solche sachliche Amtsführung sicherstellen und Interessenskonflikte vermeiden. **96**

Nach **§ 20 Abs. 1 LVwVfG** werden Behördenbedienstete **kraft Gesetzes** von der Bearbeitung eines Falles **ausgeschlossen**. Einen wichtigen Fall bildet § 20 Abs. 1 Nr. 2 LVwVfG. Der Behördenbedienstete ist danach von der Bearbeitung eines Falles ausgeschlossen, wenn **er** Angehöriger eines Beteiligten ist. Die Angehörigeneigenschaft regelt § 20 Abs. 5 LVwVfG. Da der **Behördenbedienstete der „Angehörige" ist**, sind die Verwandtschaftsverhältnisse des § 20 Abs. 5 LVwVfG aus seiner Sicht zu betrachten.[54] **97**

> **Beispiel:**
> Ein Sachbearbeiter hat zu prüfen, ob er gegenüber dem Bruder seines Vaters (Onkel) einen belastenden VA erteilen kann. Der Onkel ist als geplanter Adressat Beteiligter nach § 13 Abs. 1 Nr. 2 LVwVfG. Der Sachbearbeiter könnte nach § 20 Abs. 1 Nr. 2 LVwVfG vom Verwaltungsverfahren kraft Gesetzes ausgeschlossen sein, wenn er Angehöriger eines Beteiligten ist. Die Angehörigeneigenschaft regelt § 20 Abs. 5 LVwVfG, der aus Sicht des Sachbearbeiters anzuwenden ist. **Der Sachbearbeiter ist** im Verhältnis zu seinem Onkel **ein Kind dessen Bruders** und somit ein „ein Kind der Geschwister". Er ist daher nach § 20 Abs. 5 Nr. 5 LVwVfG (und nicht nach Abs. 5 Nr. 7) Angehöriger und so nach § 20 Abs. 1 Nr. 2 LVwVfG vom Verfahren ausgeschlossen (in der Konstellation des Abs. 5 Nr. 7 wäre der Sachbearbeiter der Onkel).

Besteht die **Besorgnis der Befangenheit**, ist der Behördenbedienstete nach § 21 LVwVfG nicht automatisch von der weiteren Fallbearbeitung ausgeschlossen. Er hat vielmehr den **Behördenleiter oder einen von diesem Beauftragten zu informieren**, wenn er selbst oder ein Dritter seine Objektivität anzweifelt. Anhaltspunkte hierfür können bspw. die Mitgliedschaft im gleichen Verein, Nachbarschaft oder schlicht Freund- oder Feindschaft zwischen dem Sachbearbeiter und dem potenziellen Adressaten des VA sein. Der Behördenleiter bzw. der von ihm Beauftragte hat dann zu entscheiden, ob der Sachbearbeiter den konkreten Fall bearbeiten darf oder nicht.[55] **98**

---

54 Ein Verstoß gegen § 20 Abs. 1 Nr. 2 bis 6 LVwVfG allein führt nach § 44 Abs. 3 Nr. 2 LVwVfG nicht zur Nichtigkeit des VA.
55 Zu der insoweit ganz anderen Regelung der Befangenheit im Kommunalrecht s. nur § 18 GemO und BeckOK KommunalR BW/*Fleckenstein*, GemO § 18 Rn. 1 ff.

99 In einem Gutachten ist dieser Punkt nur bei konkreten Anhaltspunkten zu erwähnen, zB bei möglichen Interessenskonflikten.

> In dem **Beispielsfall „häusliche Gewalt"** fehlen Anhaltspunkte zu einem Interessenskonflikt, sodass hierzu auch nichts auszuführen ist.

100 c) **Mitwirkung anderer Behörden/Stellen.** Vor dem Erlass des VA ist zu prüfen, ob **andere öffentliche Stellen zu beteiligen** sind. Ob und in welcher Form dies geschehen muss, ergibt sich immer aus einem **Spezialgesetz** und nicht direkt aus dem LVwVfG. Je intensiver der geplante VA den Aufgabenbereich einer anderen Behörde betrifft, desto wahrscheinlicher ist es, dass deren Beteiligung vorgeschrieben ist. Es gibt im Wesentlichen **zwei Formen** der Mitwirkung[56]:
- Die Entscheidungsbehörde ist **an** die Erklärung der **Mitwirkungsbehörde gebunden**, dh ist diese gegen den Erlass des VA, darf die zuständige Entscheidungsbehörde den VA nicht erlassen. Eine solche bindende Mitwirkungshandlung besteht immer dann, wenn das Gesetz von „*Zustimmung*", „*Genehmigung*" oder „*Einvernehmen*" spricht (zB § 3 Abs. 5 DSchG).
- Die Entscheidungsbehörde ist **an** die Erklärung der **Mitwirkungsbehörde nicht gebunden**, dh sie kann den VA auch erlassen, wenn die Mitwirkungsbehörde gegen den Erlass des VA ist. Die zuständige Entscheidungsbehörde hat sich mit den Argumenten der Mitwirkungsbehörde aber zumindest in der Begründung des VA auseinanderzusetzen. Eine solche nicht bindende Mitwirkungshandlung besteht immer dann, wenn im Gesetz bspw. „Anhörung", „unter Mitwirkung", „nach Stellungnahme" oÄ steht (zB § 3 Abs. 4 DSchG oder § 35 Abs. 4 GewO).

101 Im Gutachten ist dieser Punkt nur zu erwähnen, wenn eine Mitwirkungsvorschrift einschlägig ist.

> In dem **Beispielsfall „häusliche Gewalt"** ist hierzu wiederum nichts zu schreiben, da die Mitwirkung einer anderen Behörde nicht vorgeschrieben ist.

102 d) **Rechte der Beteiligten.** Es ist wichtig, zu Beginn des Prüfungspunktes „Verfahren" zu klären, wer Beteiligter ist (s. o. Rn. 92), weil von dieser Stellung Verfahrensrechte abhängen. Nach dem LVwVfG sind insb. folgende Rechte relevant:

Akteneinsichtsrecht, § 29 LVwVfG

103 Ein Anspruch auf Akteneinsicht haben nur die Beteiligten, ansonsten steht die Gewährung der Akteneinsicht – die an keine Form gebunden ist – im Ermessen der Behörde (es sei denn aus speziellen Vorschriften wie bspw. dem UVwG oder den allgemeinen Regelungen im LIFG ergeben sich weitergehende Rechte).

---

56 Nach § 44 Abs. 3 Nr. 4 LVwVfG führt ein Verstoß hiergegen niemals allein zur Nichtigkeit des VA und es besteht zusätzlich nach § 45 Abs. 1 Nr. 5 LVwVfG eine Heilungsmöglichkeit.

Auskunftsrecht, § 25 Abs. 1 S. 2 LVwVfG
Das Auskunftsrecht nach dem LVwVfG bezieht sich nur auf die Rechte und Pflichten im Verfahren. In Spezialgesetzen wie dem UVwG und dem LIFG sind aber weitere und deutlich umfangreichere behördliche Auskunftspflichten enthalten.

104

Anhörungsrecht, § 28 LVwVfG
Die Anhörung ist **an keine Form gebunden**, dh sie kann auch mündlich, telefonisch, elektronisch etc. durchgeführt werden. Dem Betroffenen sind aber stets die wesentlichen Tatsachen mitzuteilen. Aus Beweisgründen sollte die Anhörung möglichst schriftlich erfolgen, bei mündlicher Anhörung empfiehlt sich ein schriftlicher Vermerk über die Anhörung, der zu den Akten genommen wird. Die Anhörung ist von der Behörde durchzuführen, die den VA erlassen will. Anzuhören sind **Beteiligte** iSd § 13 LVwVfG, ggü. denen ein **VA** erlassen werden soll, der **in ihre Rechte eingreift**. Eine Anhörung ist nach der Rspr. daher zwingend nur vor dem Erlass von belastenden VA erforderlich.[57]

105

Die **Anhörung entfällt**
- ohne Ermessensspielraum der Behörde nach Absatz 3 beim Vorliegen eines zwingenden öffentliches Interesses (zB bei höherwertigen Geheimhaltungsinteressen) oder
- mit Ermessensspielraum („kann") nach Absatz 2. Insbesondere dessen Nummer 1 ist dabei eng auslegen, „Gefahr in Verzug" besteht nicht bei jedem „Eilfall", sondern nur wenn bspw. selbst eine telefonische Anhörung aufgrund des damit verbundenen Zweitaufwandes den Zweck des VA vereiteln würde, dh der VA zur Beseitigung des Missstandes „zu spät" kommen würde.[58]

Im Gutachten ist bei belastenden VA kurz festzustellen, dass eine Anhörung (in welcher Form und zu welchem Zeitpunkt) stattgefunden hat bzw. noch durchzuführen ist. Zumindest bei entsprechenden Anhaltspunkten ist zu erläutern, ob ein Fall des Absatzes 2 oder Absatzes 3 vorliegt.

106

> **Formulierungsvorschlag im Beispielsfall „häusliche Gewalt":**
> **2. Verfahren**
> M ist als Beteiligter vor Erlass des Rückkehrverbots, welches in seine Rechte eingreift, nach § 28 Abs. 1 LVwVfG anzuhören. Laut Sachverhalt ist dies am Morgen des 23.8.2021 dadurch geschehen, dass ihm Gelegenheit zur Äußerung gegeben wurde.

---

57 Nach der Rspr. ist eine Anhörung somit entbehrlich bei der Ablehnung eines Antrags auf Erlass eines begünstigenden VA oder der Erteilung eines begünstigenden VA mit belastenden Nebenbestimmungen, da sich an der Rechtsposition des Adressaten nichts geändert hat bzw. sich diese sogar verbessert hat, s.u. Rn. 234 und *Stelkens/Bonk/Sachs/Kallerhoff/Mayen*, VwVfG § 28 Rn. 30 sowie Rn. 31 f. mit Nachweisen für die a. A.
58 *Stelkens/Bonk/Sachs/Kallerhoff/Mayen*, VwVfG § 28 Rn. 51.

3. Form

107 **a) Formzwang/Formwahl.** Vor Erlass des VA ist zu überlegen, ob dieser schriftlich, mündlich, elektronisch (zB E-Mail) oder in sonstiger Weise ergehen muss bzw. kann. In einigen Fällen schreibt eine **Spezialvorschrift** eine besondere Form vor (zB § 77 Abs. 1 Nr. 2 AufenthG die Schriftform für die Ausweisung eines Ausländers). Wenn der Adressat gegenüber der Behörde ausdrücklich erklärt hat, dass er elektronische Dokumente entgegennimmt, insb. (auch) für behördliche Mitteilungen einen E-Mail-Account eröffnet hat (§ 3a Abs. 1 LVwVfG), dann kann die Schriftform, sofern nicht durch eine spezialgesetzliche Regelung ausgeschlossen, durch eine der in § 3a Abs. 2 LVwVfG genannten elektronischen Formen ersetzt werden.

108 Sofern keine Spezialvorschrift eingreift, ist der Erlass des VA nach der allgemeinen Regelung des **§ 37 Abs. 2 LVwVfG an keine besondere Form** gebunden. Zweckmäßigerweise sollte er aber schriftlich ergehen (Beweisfunktion), was in einem Gutachten auch so erläutert werden sollte.

> **Formulierungsvorschlag im Beispielsfall „häusliche Gewalt":**
> **3. Form**
> **a) Formwahl**
> Für den Erlass eines Rückkehrverbots nach § 30 Abs. 3 S. 2 PolG ist keine bestimmte Form vorgeschrieben, sodass es nach § 37 Abs. 2 LVwVfG formfrei ergehen kann. Aus Beweisgründen empfiehlt sich die Schriftform.

109 **b) Begründung.** Nach § 39 Abs. 1 S. 1 LVwVfG sind schriftliche und elektronische VA zu begründen (gleiches gilt für mündliche VA, die auf Verlangen des Adressaten gem. § 37 Abs. 2 S. 2, S. 3 LVwVfG schriftlich oder elektronisch bestätigt werden). Nach § 39 Abs. 1 S. 2 und S. 3 sind dabei die **wesentlichen tatsächlichen** (Sachverhalt) **und rechtlichen** (rechtliche Würdigung mit Rechtsgrundlage, Tatbestandsvoraussetzungen, Ermessenserwägungen etc.) **Gründe zu nennen.** In den Fällen des § 39 Abs. 2 LVwVfG kann eine Begründung entfallen (Ermessen).

> **Beachte:**
> Entscheidend ist hier nur, ob eine Begründung mit den aus Sicht der Entscheidungsbehörde **wesentlichen** Gesichtspunkten **vorhanden ist.** Ob die Begründung inhaltlich richtig ist, ist eine Frage der materiellen Rechtmäßigkeit.

110 In einem Gutachten ist, falls kein Fall des Absatzes 2 vorliegt, in einem Satz festzuhalten, dass der VA (zumindest aus Beweisgründen) nach § 39 Abs. 1 LVwVfG schriftlich zu begründen ist.

Formulierungsvorschlag im Beispielsfall „häusliche Gewalt":
b) Begründung
Als schriftlicher VA ist das Rückkehrverbot nach § 39 Abs. 1 LVwVfG zu begründen. Eine Ausnahme nach § 39 Abs. 2 LVwVfG liegt hier nicht vor.

c) Rechtsbehelfsbelehrung. Dieser Prüfungspunkt ist keine „echte" Rechtmäßigkeitsvoraussetzung. Im Prüfungsschema ist er daher kursiv dargestellt. Nach § 37 Abs. 6 LVwVfG ist ein schriftlicher VA zwar zwingend mit einer Rechtsbehelfsbelehrung zu versehen. Eine fehlende oder falsche Rechtsbehelfsbelehrung führt aber **nicht dazu, dass der VA (formell) rechtswidrig wird.**[59] Nach § 58 Abs. 2 VwGO verlängert sich lediglich die Frist zur Einlegung eines Rechtsbehelfs von zB einem Monat (§ 70 Abs. 1 oder § 74 Abs. 1 VwGO) auf ein Jahr. Der VA wird erst nach einem Jahr bestandskräftig und unanfechtbar und kann – sofern kein Fall des § 2 Nr. 1 LVwVG vorliegt – nach § 2 Nr. 1 LVwVG erst ab diesem Zeitpunkt von der Behörde zwangsweise durchgesetzt werden.

Beachte:
Eine **fehlende oder falsche Rechtsbehelfsbelehrung** führt **nicht zur Rechtswidrigkeit des VA** – es verlängert sich lediglich die Frist zur Einlegung eines Rechtsbehelfs auf ein Jahr, § 58 Abs. 2 VwGO.

Eine korrekte Rechtsbehelfsbelehrung muss die folgenden **vier Mindestangaben** des **§ 37 Abs. 6 LVwVfG** bzw. **§ 58 Abs. 1 VwGO** enthalten (beide sind bzgl. des Inhalts der Rechtsbehelfsbelehrung wortgleich):
- **Art des Rechtsbehelfs**, zB Widerspruch (so grds. nach § 68 Abs. 1 S. 1 bzw. Abs. 2 VwGO) oder Klage (zB gegen den Widerspruchsbescheid oder gegen den Ausgangsbescheid in den Fällen des § 68 Abs. 1 S. 2 VwGO).
- **Behörde**, bei der der Widerspruch einzulegen ist (zB Stadt Heilbronn, Landratsamt Breisgau-Hochschwarzwald, Regierungspräsidium Karlsruhe etc.; nach § 70 Abs. 1 S. 1 VwGO ist der Widerspruch bei der Ausgangsbehörde einzulegen, die lediglich fristwahrende Möglichkeit des § 70 Abs. 1 S. 2 VwGO muss nicht erwähnt werden), **oder** (Verwaltungs-)**Gericht**, bei dem die Klage zu erheben ist (s. hierzu die §§ 45 ff. VwGO).
- **Sitz** der Behörde bzw. des Gerichts (der Ort, zB Offenburg – nicht ausreichend ist die Angabe des Kreises wie zB Ortenaukreis; eine Adresse ist nicht zwingend anzugeben, aber bürgerfreundlich – die Adresse muss dann aber korrekt sein, s. sogleich Rn. 113).

---

[59] Dies ist seit dem – zusätzlich zu § 58 Abs. 1 VwGO – im Jahre 2015 eingefügten § 37 Abs. 6 LVwVfG nicht mehr ganz unumstritten. Durch diese Regelung könnte die Rechtsbehelfsbelehrung nun eine „echte" formelle Voraussetzung sein. Dagegen ist einzuwenden, dass die Gesetzesbegründung hierzu nichts erwähnt und in § 58 Abs. 2 VwGO der Bundesgesetzgeber eine spezielle Rechtsfolge dafür vorgesehen hat, wenn die Rechtsbehelfsbelehrung unterbleibt, vgl. auch *Schoch/Schneider/Schröder*, VwVfG § 37 Rn. 124.

- **Frist** zur Einlegung des Rechtsbehelfs (zB ein Monat nach Bekanntgabe, s. § 70 Abs. 1 S. 1 VwGO bzw. § 74 VwGO – der Zusatz „nach Bekanntgabe" ist dabei nicht zwingend erforderlich[60]).

113 Enthält die Rechtsbehelfsbelehrung über diese Mindestangaben hinaus **zusätzliche Angaben, müssen** diese **richtig und vollständig sein**. Eine falsche Angabe in diesem Sinne ist zB eine falsche Adresse der Behörde, eine unvollständige Angabe ist zB der Zusatz, dass der Widerspruch „schriftlich" einzulegen ist, obwohl nach § 70 Abs. 1 VwGO ein Widerspruch „schriftlich, in elektronischer Form nach § 3a Absatz 2 des Verwaltungsverfahrensgesetzes oder zur Niederschrift bei der Behörde" eingelegt werden kann. Solche falschen und unvollständigen Zusätze bewirken ebenfalls, dass die Rechtsbehelfsbelehrung fehlerhaft ist und sich die Rechtsbehelfsfrist auf ein Jahr verlängert.

> **Beispiel für eine (kurz gehaltene) Rechtsbehelfsbelehrung:**
> „Gegen diesen Bescheid kann innerhalb eines Monats ab Bekanntgabe[61] Widerspruch bei der Stadt Freiburg eingelegt werden".

114 In einem Gutachten sollte zumindest der Satz enthalten sein: „Dem VA ist eine Rechtsbehelfsbelehrung mit den Mindestangaben nach § 37 Abs. 6 LVwVfG, § 58 Abs. 1 VwGO anzufügen." Im Bescheid ist die Rechtsbehelfsbelehrung nach der rechtlichen Würdigung korrekt auszuformulieren.

> **Formulierungsvorschlag im Beispielsfall „häusliche Gewalt":**
> c) Rechtsbehelfsbelehrung
> Dem VA ist eine Rechtsbehelfsbelehrung mit den Mindestangaben nach § 37 Abs. 6 LVwVfG, § 58 Abs. 1 VwGO anzufügen.

115 **d) Bekanntgabe.** Hier geht es um die Frage, auf welche Art und Weise der (schriftliche) VA dem Adressaten „überbracht" wird.

> **Beachte:**
> Die Bekanntgabe ist **keine Frage der Rechtmäßigkeit, sondern der Wirksamkeit des VA.** Ein VA wird gem. § 43 Abs. 1 S. 1 LVwVfG nur gegenüber denjenigen Personen wirksam, denen er bekannt gegeben wurde. Bei fehlender oder fehlerhafter Bekanntgabe entfaltet der VA keine Rechtswirkung (es läuft auch überhaupt keine Rechtsbehelfsfrist und der VA wird gegenüber diesen Personen nicht bestandskräftig/nicht unanfechtbar).[62]

Obwohl es sich bei der Bekanntgabe um keine Rechtmäßigkeitsvoraussetzung handelt, empfiehlt es sich dennoch, diesen Punkt im Rahmen der formellen

---

60 BVerwG, Urt. v. 9.5.2019, Az. 4 C 2/18, juris Rn. 14 ff.
61 Der Zusatz "ab Bekanntgabe" ist zwar rechtlich nicht (mehr) zwingend erforderlich, aber bürgerfreundlicher und für alle Beteiligten deutlicher.
62 Es ist daher zu beachten, dass der VA allen Personen, die von ihm betroffen sind und daher grds. auch Rechtsbehelfe einlegen können, bekannt gegeben wird.

Voraussetzungen zu prüfen. Vor Erlass des VA sollte sich der Sachbearbeiter im Klaren darüber sein, auf welche Weise er den VA bekannt geben will. Aufgrund der thematischen Nähe zu den formellen Voraussetzungen bietet sich eine Prüfung hier an. Da die Bekanntgabe aber wie gesagt keine Rechtmäßigkeitsvoraussetzung ist, ist dieser Pnukt im Prüfungsschema ebenfalls kursiv hervorgehoben.

Hinsichtlich der Art und Weise der Bekanntgabe ist **zwischen formloser** (zB einfacher Brief) **und förmlicher Bekanntgabe zu unterscheiden.** Die **förmliche Bekanntgabe** ist die **Zustellung**, die sich **nach dem LVwZG** richtet (vgl. § 41 Abs. 5 LVwVfG). Eine Zustellung nach dem LVwZG ist zwingend, wenn eine spezielle Vorschrift für einen bestimmten VA die „Zustellung" ausdrücklich vorschreibt (zB § 58 Abs. 1 S. 5 LBO, § 10 Abs. 7 BImSchG oder für den Widerspruchsbescheid § 73 Abs. 3 VwGO). Ansonsten kann die Behörde die Form der Bekanntgabe frei wählen. **116**

Bei ihrer Entscheidung wird sich die Behörde insb. von folgender **Nachweis-Problematik** leiten lassen: Bei einer formlosen Bekanntgabe hat die Behörde nach § 41 Abs. 2 S. 3 LVwVfG den Zugang des VA bzw. des Bescheids zu beweisen. Dies wird ihr bei einer Übermittlung durch die Post mit einfachem Brief kaum gelingen. Kann die Behörde diesen Nachweis nicht führen, gilt der VA als nicht bekannt gegeben und wird damit gar nicht wirksam (da nur bekannt gegebene VA wirksam werden, § 43 Abs. 1 LVwVfG). Mit einer förmlichen Bekanntgabe (= Zustellung) kann die Behörde den Zugang (besser) nachweisen. Bei der **Postzustellungsurkunde nach § 3 LVwZG** – kurz: PZU – gilt der VA nach § 3 Abs. 2 LVwVfG iVm § 180 S. 2 ZPO mit der Einlegung in den Briefkasten als zugestellt, die Beweislast dreht sich also um. Der Adressat muss nun beweisen, dass er den VA nicht bekommen hat (was ihm kaum gelingen wird). Bei der Zustellung durch die Post mittels **Einschreiben mit Rückschein nach § 4 LVwZG** sowie bei der **Zustellung durch die Behörde nach § 5 LVwZG** muss der Adressat bzw. ein Empfangsberechtigter den Empfang des VA mit Unterschrift bestätigen.[63] **117**

Der Adressat eines **begünstigenden VA** wird dessen Zugang kaum abstreiten (er möchte von der Erlaubnis idR möglichst bald Gebrauch machen), sodass sich hier die kostengünstigere **formlose Bekanntgabe** anbietet. **Belastende VA** sollte die Behörde aus Beweisgründen hingegen **förmlich bekannt geben** und damit zustellen. **118**

Die Behörde kann selbst entscheiden, welche konkrete **Zustellungsform des LVwZG** sie wählt. Grundsätzlich empfiehlt sich die PZU nach § 3 LVwZG. Speziell gegenüber Rechtsanwälten kann sich aus Kostengründen die vereinfachte förmliche Zustellung nach § 5 Abs. 4 LVwZG anbieten, zB durch Fax gegen Empfangsbekenntnis. Liegt die schriftliche Bevollmächtigung eines Rechtsanwalts vor, so **ist** die Zustellung zwingend an diesen zu richten (§ 7 Abs. 1 S. 2 **119**

---

63 Bei einer Zustellung durch die Behörde mittels **Einschreiben durch Übergabe nach § 4 LVwZG** stellt sich hingegen dasselbe Beweisproblem wie bei einem einfachen Brief, dh die Behörde muss den Zugang nachweisen, § 4 Abs. 2 S. 2, 3 LVwZG. Ein Einwurf-Einschreiben kennt das LVwZG hingegen nicht; dem entspricht letztlich die PZU.

LVwZG – ansonsten ist die Zustellung fehlerhaft und es kann keine Bekanntgabe und Wirksamkeit bis zu einer möglichen Heilung nach § 9 LVwZG eintreten). Eine formlose Bekanntgabe hingegen *kann* an den Rechtsanwalt erfolgen (§ 41 Abs. 1 S. 2 LVwVfG). Für die nur ausnahmsweise mögliche öffentliche Bekanntgabe finden sich Regelungen in § 41 Abs. 3, Abs. 4 LVwVfG.[64]

120 Im Gutachten empfiehlt sich an dieser Stelle – falls keine Spezialregelungen einschlägig sind – der Hinweis, dass beim belastenden VA aus Beweisgründen zugestellt werden sollte, zB per PZU nach § 3 LVwZG, wohingegen beim begünstigenden VA die Bekanntgabe durch einfachen Brief ausreicht. Es ist jedoch stets auf den Einzelfall zu achten, wie der Beispielsfall verdeutlicht.

Formulierungsvorschlag im Beispielsfall „häusliche Gewalt":
d) Bekanntgabe
Aus Beweisgründen sollte der VA nach dem LVwZG zugestellt werden. Hier ist zu beachten, dass M nicht nach Hause zurückkehren darf und so eine Übermittlung an die gemeinsame Wohnung ausscheidet. Da er sich noch in Polizeigewahrsam befindet, bietet sich eine Zustellung auf dem Polizeirevier mittels Aushändigung durch die Behörde gegen Empfangsbekenntnis nach § 5 LVwZG an.

---

4. Zwischenergebnis zu den formellen Voraussetzungen

121 Am Ende der formellen Voraussetzungen kann kurz festgestellt werden: Die formellen Voraussetzungen liegen (nicht) vor.

Formulierungsvorschlag im Beispielsfall „häusliche Gewalt":
4. Zwischenergebnis
Die formellen Voraussetzungen für den Erlass des Rückkehrverbots sind gegeben.

Beachte:
In einem **Bescheid** ist auf formelle Voraussetzungen nur dann einzugehen, wenn der konkrete Fall irgendwelche Besonderheiten aufweist, zB wenn das Vorliegen einer formellen Voraussetzung zwischen der Behörde und dem Bürger umstritten ist (s. a. Rn. 421).

IV. Ergebnis Haupt-VA

122 Abschließend ist als Fazit festzuhalten: Der VA ... *genaue Bezeichnung* ... kann (nicht) rechtmäßig erlassen werden.

---

[64] Hiervon zu unterscheiden ist die öffentliche Zustellung nach § 11 LVwZG, die andere Voraussetzungen als die öffentliche Bekanntgabe nach § 41 Abs. 3 und 4 LVwVfG hat.

> Formulierungsvorschlag im Beispielsfall „häusliche Gewalt":
> **IV. Ergebnis Haupt-VA**
> Das Rückkehrverbot kann rechtmäßig erlassen werden.

B. Anordnung der sofortigen Vollziehung[65]

Vorab: Grundlagen

Ein **VA** wird nach § 43 Abs. 1 LVwVfG mit Bekanntgabe (rechts)wirksam, unabhängig davon, ob er rechtmäßig oder rechtswidrig ist (Ausnahmen bestehen lediglich bei schwerwiegenden Fehlern iSv § 44 LVwVfG, die zur Nichtigkeit und damit Unwirksamkeit führen, § 43 Abs. 3 LVwVfG). Ein VA muss daher – auch wenn er rechtswidrig ist – von dem Adressaten beachtet werden. Es liegt nun an betroffenen Adressaten, gegen den (aus seiner Sicht) rechtswidrigen VA vorzugehen und so zu verhindern, dass er ihn beachten muss. Legt der Adressat gegen einen ihn belastenden VA Anfechtungswiderspruch und eventuell anschließend Anfechtungsklage ein, so haben diese Rechtsbehelfe nach § 80 Abs. 1 VwGO grds. **aufschiebende Wirkung**. Dies bedeutet, dass der Betroffene den VA **zunächst nicht beachten muss** und die Behörde einen VA, der auf ein Handeln, Dulden oder Unterlassen gerichtet ist, **zunächst nicht vollstrecken kann**.[66] Die aufschiebende Wirkung kann lange dauern. Die Wirkungen des VA werden im Zweifel so lange aufgeschoben, bis alle Rechtsbehelfsverfahren durchlaufen sind und der VA, sollten die Gerichte seine Rechtmäßigkeit bestätigen, unanfechtbar geworden ist. Ein Widerspruchsverfahren kann sich über Monate, ein Klageverfahren über Jahre erstrecken (Anhaltspunkt mind. 1 bis 2 Jahre, wenn der Adressat mit seiner Anfechtungsklage vor dem VG unterliegt, vgl. § 80b Abs. 1 S. 1 Hs. 2 VwGO)[67]. Es kann daher Jahre dauern, bis der VA beachtet werden muss und ggf. von der Behörde zwangsweise durchgesetzt werden kann.

Ein solcher Zustand ist in vielen Fällen der Gefahrenabwehr nicht hinnehmbar und würde zu schweren Schäden führen. § 80 Abs. 2 VwGO regelt daher **Ausnahmen von der aufschiebenden Wirkung** der Rechtsbehelfe. In den Fällen des § 80 Abs. 2 VwGO entfällt die aufschiebende Wirkung von Anfechtungswiderspruch und Anfechtungsklage gegen belastende VA. Der belastende VA ist zu beachten, auch wenn der Adressat dagegen Anfechtungswiderspruch bzw. Anfechtungsklage einlegt. VA, die den Adressaten zu einer Handlung, Duldung

---

65 S. hierzu insb. die **Fälle 2 und 3**, aber auch die **Aufgabe 2 zu Fall 5**.
66 Die allgemeinen Vollstreckungsvoraussetzungen des § 2 LVwVG liegen im Regelfall nicht vor: Der VA ist noch nicht unanfechtbar gem. § 2 Nr. 1 LVwVG (eine solche Unanfechtbarkeit = Bestandskraft tritt erst nach Ablauf der Rechtsbehelfsfrist oder mit dem letztinstanzlichen Urteil ein) und die aufschiebende Wirkung ist grds. nicht gem. § 2 Nr. 2 LVwVG entfallen, es sei denn es liegt ausnahmsweise ein Fall des § 80 Abs. 2 VwGO vor.
67 Dann entfällt die aufschiebende Wirkung drei Monate nach Ablauf der zweimonatigen Begründungsfrist für den Rechtsbehelf gegen das erstinstanzliche Urteil und damit grds. fünf Monate nach Zustellung des erstinstanzlichen Urteils, s. insb. § 124a Abs. 3 S. 1 bzw. Abs. 4 S. 4 VwGO. Zu beachten sind aber auch § 80b Abs. 1 S. 2 und Abs. 2 VwGO.

oder Unterlassung verpflichten und so einen vollstreckungsfähigen Inhalt haben, sind zudem gem. § 2 Nr. 2 LVwVG vollstreckbar und können von der Behörde ggf. sofort zwangsweise durchgesetzt werden.

125 Nach § 80 Abs. 2 S. 1 Nr. 1–3a VwGO haben Anfechtungswiderspruch und Anfechtungsklage bereits **kraft Gesetzes** keine aufschiebende Wirkung (nach Nr. 1 zB bei Gebührenforderungen; nach Nr. 2 zB bei unaufschiebbaren Anordnungen und Maßnahmen von Polizeivollzugsbeamten; nach Nr. 3 bei spezialgesetzlichen Regelungen für bestimmte VA wie zB bei § 64 Abs. 1 S. 3 LBO oder § 51 Abs. 3 S. 2 JWMG; nach Nr. 3a bei Zulassungsverwaltungsakten zu Bundesverkehrswegen oder Mobilfunknetzen). Nach § 80 Abs. 2 S. 2 VwGO iVm § 12 LVwVG haben zudem bspw. in Baden-Württemberg Rechtsbehelfe gegen Maßnahmen der Verwaltungsvollstreckung keine aufschiebende Wirkung (zB ein Widerspruch gegen die Androhung eines Zwangsmittels gem. § 20 Abs. 1, § 2 LVwVG). Ob eine dieser **gesetzlichen Varianten einschlägig ist, ist vorrangig zu untersuchen.**

126 In allen anderen Fällen muss die Behörde prüfen, ob sie ein monate- bis jahrelanges Widerspruchs-/Klageverfahren abwarten kann oder ob sie die aufschiebende Wirkung eines möglichen Rechtsbehelfs mit der **Anordnung der sofortigen Vollziehung** nach § 80 Abs. 2 S. 1 Nr. 4 VwGO beseitigt. Die Anordnung der sofortigen Vollziehung ist **kein VA**, da sie lediglich prozessuale Folgen hat, aber keine inhaltliche Regelung iSd § 35 S. 1 LVwVfG trifft (sie wird daher oft als „Annexentscheidung" bezeichnet). Dennoch kann sich eine Prüfung, ob die sofortige Vollziehung rechtmäßig angeordnet werden kann, am Prüfungsschema zum Erlass eines VA orientieren.

Fallbearbeitung: Anordnung der sofortigen Vollziehung

127 Es ist zunächst zu klären, ob ein Fall des § 80 Abs. 2 S. 1 Nr. 1–3a VwGO vorliegt, wonach die aufschiebende Wirkung bereits kraft Gesetzes entfällt. Ist dies nicht der Fall – so wie im Beispielsfall „häusliche Gewalt" –, bleibt der Behörde die Möglichkeit, die sofortige Vollziehung nach § 80 Abs. 2 S. 1 Nr. 4 VwGO anzuordnen.

I. Rechtsgrundlage

128 Als Rechtsgrundlage für die Anordnung der sofortigen Vollziehung kommt einzig § 80 Abs. 2 S. 1 Nr. 4 VwGO in Betracht.

Formulierungsvorschlag im Beispielsfall „häusliche Gewalt":
I. Rechtsgrundlage
Rechtsgrundlage für die Anordnung der sofortigen Vollziehung ist § 80 Abs. 2 S. 1 Nr. 4 VwGO.

II. Materielle Voraussetzungen

Nach § 80 Abs. 2 S. 1 Nr. 4 VwGO muss ein „öffentliches Interesse" oder „überwiegendes Interesse eines Beteiligten"[68] vorliegen. Ein „öffentliches Interesse" ist aber eine Mindestvoraussetzung von vielen Verwaltungsentscheidungen – eine Behörde hat grds. im öffentlichen Interesse zu handeln. Die Voraussetzung „öffentliches Interesse" kann so keinesfalls ausreichen, um die gesetzliche Regel der aufschiebenden Wirkung nach § 80 Abs. 1 VwGO außer Kraft zu setzen. Etwas konkreter wird die Formvorschrift des § 80 Abs. 3 S. 1 VwGO, nach der das „besondere Interesse" an der sofortigen Vollziehung schriftlich begründet werden muss. Daraus ist abzuleiten, dass ein **„besonderes öffentliches Interesse" an der sofortigen Vollziehung** bestehen muss (oder anders ausgedrückt, ein besonderes öffentliches Interesse am Entfallen der aufschiebenden Wirkung des Rechtsbehelfs). Bei belastenden VA kann zu dem besonderen öffentlichen Interesse das Interesse eines Beteiligten (insb. des Nachbarn) hinzutreten, bei begünstigenden VA kann speziell das private Interesse des Begünstigten an der sofortigen Vollziehung auch eine eigenständige Bedeutung erlangen.[69]

129

Dieses besondere öffentliche Interesse an der sofortigen Vollziehung (kurz: Vollzugsinteresse) muss über das bloße Interesse am Erlass des belastenden VA hinausgehen. Es würde sonst keinen Sinn machen, zusätzlich zum belastenden VA eine weitere Anordnung treffen zu müssen, wenn diese doch sowieso nur die Gründe des belastenden VA wiederholt. Um die in § 80 Abs. 1 VwGO als Regelfall ausgestaltete aufschiebende Wirkung zu überwinden, muss eine **Interessenabwägung** stattfinden: **Das besondere öffentliche Interesse an der sofortigen Vollziehung (= Vollzugsinteresse) muss das private Interesse des Adressaten an der aufschiebenden Wirkung eines von ihm eingelegten Rechtsbehelfs (= sog. Suspensivinteresse) übersteigen.** Es ist also abzuwägen, ob das Vollzugsinteresse der Behörde (VA soll umgehend/bald beachtet werden) oder das Suspensivinteresse des Adressaten (Rechtsbehelfsverfahren sollen erst abgewartet werden, bevor der VA beachtet werden muss) im konkreten Einzelfall von größerer Bedeutung ist. Diese Interessenabwägung ähnelt der Prüfung der Angemessenheit im Rahmen des Verhältnismäßigkeitsgrundsatzes als gesetzlicher Ermes-

130

---

68 Die Anordnung der sofortigen Vollziehung „im überwiegenden Interesse eines Beteiligten" setzt natürlich voraus, dass an dem Verfahren neben dem Adressaten noch eine weitere Person (ein sog. Dritter) beteiligt ist (zur Stellung als Beteiligter s. Rn. 92 f.). Diese Voraussetzung wird daher bei VA mit Drittwirkung relevant, s. *Schoch/Schneider/Schoch*, VwGO § 80 Rn. 221 sowie auch die folgende Fußnote.

69 Im Folgenden geht es um die für dieses Kapitel relevante Situation, dass der Adressat eines belastenden VA (zB einer Abbruchsanordnung) dagegen Anfechtungswiderspruch/-klage erhebt. Hiervon zu unterscheiden ist diejenige Situation, in der bspw. der Nachbar die Gaststättenerlaubnis eines Gastwirts anficht und so gen. § 80 Abs. 1 VwGO bewirkt, dass der Gastwirt seine Gaststätte zunächst nicht eröffnen darf, da auch die Anfechtung durch einen Dritten die aufschiebende Wirkung auslöst. Möchte der Gastwirt seine Gaststätte sofort eröffnen, muss er – zusätzlich zu einem evtl. bestehenden öffentlichen Interesse – ein privates Interesse an der sofortigen Vollziehung/Beachtung seines begünstigenden VA darlegen, welches das Suspensivinteresse des Nachbarn überwiegt (also ein „überwiegendes Interesse eines Beteiligten"). Beide Interessen sind dabei dem Grunde nach gleichwertig, s. hierzu VGH BW, Beschl. v. 23.2.2016, Az. 3 S 2225/15, juris Rn. 12; VGH BW, Beschl. v. 25.1.2018, Az. 10 S 1681/17, juris Rn. 9.

sensgrenze und erfasst alle Belange, die in die Ermessensprüfung eingestellt werden müssten. Nach der hier vertretenen Auffassung ist daher das Ermessen neben der Interessenabwägung nicht mehr gesondert zu prüfen.[70] Im Gegensatz zur Angemessenheitsprüfung hat die Interessenabwägung allerdings andere Vorzeichen: **Das Vollzugsinteresse muss höherwertiger sein als das Suspensivinteresse** (bei der Angemessenheit, s. o. Rn. 67, müssen die Vorteile für die Allgemeinheit keineswegs die Nachteile für den Betroffenen überwiegen; es reicht aus, wenn die Nachteile für den Betroffenen nicht „erkennbar außer Verhältnis" zu den Vorteilen der Allgemeinheit stehen). Die Anforderungen an die Anordnung der sofortigen Vollziehung sind daher recht hoch, da der gesetzliche Regelfall des § 80 Abs. 1 VwGO überwunden werden muss.

131 Bei der Abwägung ist zunächst **genau herauszuarbeiten**, welche Gründe für das Vollzugsinteresse (VA soll umgehend/bald beachtet werden) und welche für das Suspensivinteresse des Betroffenen (Rechtsbehelfsverfahren sollen erst abgewartet werden, bis VA beachtet werden muss) sprechen. Es ist zu fragen: Welche **Nachteile entstehen** einerseits **für die Allgemeinheit oder Dritte**, wenn der VA zunächst nicht beachtet werden muss (ggf. für mehrere Jahre)? Welche – evtl. schwerwiegenden und andauernden – **Nachteile entstehen** andererseits **für den Betroffenen/Adressaten**, wenn der VA umgehend beachtet werden muss und sich später im Rechtsbehelfsverfahren herausstellt, dass der VA rechtswidrig war und gar nicht hätte erlassen werden dürfen?

132 **Auf Seiten des Vollzugsinteresses** ist stets ein **zeitlicher Aspekt**, der die **Dringlichkeit** betont, entscheidend: Soll der VA umgehend beachtet oder können Rechtsbehelfsverfahren abgewartet werden? Was geschieht, wenn der Betroffene den VA ggf. mehrere Jahre bis zum Abschluss eines möglichen Rechtsbehelfsverfahrens nicht beachtet? Wie schwerwiegend sind die in dieser Zeit entstehenden **weiteren Folgen** für die betroffenen Rechtsgüter (rechtliche und tatsächliche Gewichtung)? Diese Fragen machen deutlich, dass es **keinesfalls ausreichend** ist, lediglich die Begründung zum Erlass des VA zu wiederholen und sich mit den dortigen Argumenten zu begnügen. **Hier ist** nämlich nicht der Erlass des VA, sondern **die umgehende/baldige Beachtung des VA zu begründen.** Es ist darzulegen, dass nicht nur ein Bedürfnis für den Erlass des VA besteht, sondern **darüber hinaus auch** für seine umgehende/baldige Beachtung (Dringlichkeit). Deshalb sind insb. die nachteiligen Folgen für den Fall, dass der VA in den nächsten Monaten/Jahren nicht beachtet werden muss, sorgfältig herauszuarbeiten (zB das sich bereits im Boden befindliche Öl droht in den Grundwasserbereich vorzudringen, wenn der Boden nicht in den nächsten Wochen saniert wird – dies kann zu weiteren schwerwiegenden Umweltgefahren führen, deren rechtliche Wertigkeit Art. 20a GG unterstreicht). Nochmals zur Klarstellung: Die Anordnung der „sofortigen Vollziehung" setzt nicht voraus, dass „sofort" etwas passieren muss. Sie soll vielmehr verhindern, dass nach Einlegung eines Anfech-

---

70 Hierfür spricht zum einen, dass die Anordnung der sofortigen Vollziehung kein VA ist, sodass § 40 LVwVfG keine unmittelbare Anwendung finden kann. Zum anderen lässt die sorgfältige Abwägung (Vorteile für die Allgemeinheit – Nachteile für den Betroffenen) keinen Raum für eine zusätzliche Ermessensprüfung, s. für die a. A. nur *Schoch/Schneider/Schoch*, VwGO § 80 Rn. 202, 203 sowie *Gassner*, Kompendium Verwaltungsrecht, Rn. 432 sowie 433 mit entsprechendem Prüfungsschema.

tungswiderspruchs oder einer Anfechtungsklage der Adressat für die Dauer von monate- bis jahrelangen Rechtsbehelfsverfahren den VA ignorieren darf und die Behörde ihn in dieser Zeit nicht durchsetzen kann.

Auf Seiten des Suspensivinteresses ist insb. zu fragen, wie schwer die Vollzugsfolgen eines bereits ausgeführten VA den Betroffenen beeinträchtigen und ob sie (leicht, schwer oder gar nicht) wieder rückgängig gemacht werden können, falls der VA in einem Rechtsbehelfsverfahren aufgehoben wird (eine vollzogene Abbruchsanordnung ist bspw. nur schwer reversibel). **133**

> **Merke:** **134**
> Es empfiehlt sich folgende „Definition", welche die materiellen Voraussetzungen für die Anordnung der sofortigen Vollziehung zusammenfasst:
> Nach § 80 Abs. 2 S. 1 Nr. 4 VwGO kann die sofortige Vollziehung eines VA angeordnet werden, wenn ein besonderes öffentliches Interesse an der sofortigen Vollziehung, dh an der umgehenden/baldigen Beachtung des VA besteht *(Vollzugsinteresse)*, welches das Interesse des Adressaten an der aufschiebenden Wirkung seines möglichen Rechtsbehelfs *(Suspensivinteresse)* übersteigt.

Bei Anwendung auf den konkreten Fall („Subsumtion") ist dann einzelfallbezogen zu begründen, weshalb die umgehende Beachtung des VA dringlich (schwerwiegende weitere Folgen) und im Vergleich zum Suspensivinteresse des Betroffenen höherwertiger ist.

> **Formulierungsvorschlag im Beispielsfall „häusliche Gewalt":** **135**
> **II. Materielle Voraussetzungen**
> Nach § 80 Abs. 2 S. 1 Nr. 4 VwGO kann die sofortige Vollziehung eines VA angeordnet werden, wenn ein besonderes öffentliches Interesse an der sofortigen Vollziehung, dh der umgehenden/baldigen Beachtung des VA besteht *(Vollzugsinteresse)*, welches das Interesse des Adressaten an der aufschiebenden Wirkung seines möglichen Rechtsbehelfs *(Suspensivinteresse)* übersteigt.
> Bis zum Abschluss eines möglichen Rechtsbehelfsverfahrens kann es zu weiteren Gewalthandlungen von M an seiner Ehefrau kommen und damit zu erheblichen Verletzungen an den wichtigen Rechtsgütern Leib und Leben (Art. 2 Abs. 2 GG). Ein zweiwöchiges Rückkehrverbot liefe zudem ins Leere, wenn es erst nach einem monate- bis jahrelangen Rechtsbehelfsverfahren beachtet werden müsste. Demgegenüber ist es M ohne gravierende Einschränkungen zuzumuten, das auf zwei Wochen befristete Rückkehrverbot sofort zu befolgen und eine rechtliche Prüfung nachträglich vornehmen zu lassen, auch wenn das Verbot für diese zwei Wochen nicht mehr rückgängig gemacht werden kann. Aufgrund der drohenden erheblichen Gefahr für die Ehefrau kann es nicht hingenommen werden, zunächst den Ausgang eines möglicherweise lang andauernden Rechtsbehelfsverfahrens abzuwarten, sodass das öffentliche Vollzugsinteresse das Interesse von M an der aufschiebenden Wirkung seines Rechtsbehelfs übersteigt.

III. Formelle Voraussetzungen

1. Zuständigkeit

136 Nach § 80 Abs. 2 S. 1 Nr. 4 VwGO ist zunächst die Behörde sachlich und örtlich zuständig, die für den Erlass des Haupt-VA zuständig ist (Ausgangsbehörde). Die Widerspruchsbehörde kann die sofortige Vollziehung aber ebenfalls anordnen.

> **Formulierungsvorschlag im Beispielsfall „häusliche Gewalt":**
> **III. Formelle Voraussetzungen**
> **1. Zuständigkeit**
> Nach § 80 Abs. 2 S. 1 Nr. 4 VwGO ist die Behörde sachlich und örtlich zuständig, die auch für den Erlass des VA zuständig ist, hier also die Große Kreisstadt Musterstadt.

2. Verfahren

137 Die Anordnung der sofortigen Vollziehung setzt inhaltlich keine eigene Rechtsfolge, sondern bewirkt „nur", dass die Regelung des Haupt-VA umgehend zu beachten ist. Die Anordnung der sofortigen Vollziehung enthält damit keine Regelung iSd § 35 S. 1 LVwVfG und ist kein VA, sondern ist lediglich eine prozessuale Handlung. Eine **Anhörung** nach § 28 Abs. 1 LVwVfG, der nur für VA gilt, ist daher **nicht erforderlich**.

> **Formulierungsvorschlag im Beispielsfall „häusliche Gewalt":**
> **2. Verfahren**
> Da es sich bei der Anordnung der sofortigen Vollziehung mangels einer Regelung nicht um einen VA iSd § 35 LVwVfG handelt, findet § 28 Abs. 1 LVwVfG keine Anwendung. Eine Anhörung kann somit unterbleiben.

3. Form

138 Nach § 80 Abs. 3 S. 1 VwGO ist die Anordnung der sofortigen Vollziehung **schriftlich zu begründen**, weshalb es sich in den meisten Fällen empfiehlt, sie auch **schriftlich anzuordnen**.

139 Es sollte eine **Rechtsbehelfsbelehrung über den Antrag nach § 80 Abs. 5 VwGO**[71] angehängt werden (Antrag beim Verwaltungsgericht auf **Wiederherstellung** der aufschiebenden Wirkung). Da die Anordnung der sofortigen Voll-

---

[71] Alternativ oder parallel hierzu ist auch ein Antrag bei der Ausgangs- oder Widerspruchsbehörde auf Aussetzung der Vollziehung nach § 80 Abs. 4 VwGO zulässig. Da ein gerichtliches Verfahren nach § 80 Abs. 5 VwGO für den Bürger grds. effektiver ist, spielt ein behördliches Verfahren nach § 80 Abs. 4 VwGO in der Praxis kaum eine Rolle, sodass eine diesbezügliche Belehrung üblicherweise unterbleibt. Eine Ausnahme besteht allerdings bei Abgaben- und Kostenbescheiden iSv § 80 Abs. 2 Nr. 1 VwGO (Steuer-/Gebührenbescheide). Nach § 80 Abs. 6 VwGO ist in diesen Fällen ein Antrag bei Gericht nach § 80 Abs. 5 VwGO erst zulässig, wenn die Behörde zuvor einen Antrag nach § 80 Abs. 4 VwGO auf Aussetzung der Vollziehung abgelehnt hat. Hier muss also grds. zuerst ein Antrag nach § 80 Abs. 4 VwGO bei der Behörde gestellt und abgelehnt worden sein, bevor ein Antrag nach § 80 Abs. 5 VwGO eingelegt werden darf. Bei der Belehrung ist hierauf zu achten.

ziehung kein VA ist, findet § 37 Abs. 6 LVwVfG keine Anwendung. Eine Rechtsbehelfsbelehrung ist hier anders als beim Haupt-VA gesetzlich nicht vorgeschrieben. Das bedeutet: Eine fehlende oder fehlerhafte Rechtsbehelfsbelehrung über den Antrag nach § 80 Abs. 5 VwGO hat keinerlei rechtliche Folgen. Da dieser Rechtsbehelf an keine Frist geknüpft ist, kann sich eine solche auch nicht nach § 58 Abs. 2 VwGO verlängern. Aus Gründen der Bürgerfreundlichkeit sollte dennoch hierüber belehrt werden.

Beachte:
Aus Gründen der Bürgerfreundlichkeit sollte auch dann über den Rechtsbehelf nach § 80 Abs. 5 VwGO belehrt werden, wenn die aufschiebende Wirkung in den Fällen des § 80 Abs. 2 S. 1 Nr. 1–3a VwGO bereits kraft Gesetzes entfällt. Eine Anordnung nach § 80 Abs. 2 S. 1 Nr. 4 VwGO ist hier gar nicht nötig, weil das Gesetz bereits allgemein geregelt hat, dass die aufschiebende Wirkung entfällt. In diesen Fällen handelt es sich um einen Antrag auf **Anordnung** der aufschiebenden Wirkung (und nicht auf Wiederherstellung!), weil eine aufschiebende Wirkung kraft Gesetzes nie bestanden hat und durch das Verwaltungsgericht erstmals angeordnet werden soll.[72]

Die **Bekanntgabe** erfolgt oft zusammen mit dem Haupt-VA, dessen sofortige Vollziehung angeordnet werden soll, in einem Bescheid. Die sofortige Vollziehung kann jedoch auch noch zeitlich nach dem Haupt-VA separat angeordnet werden; dann empfiehlt sich zweckmäßigerweise eine Zustellung.

Formulierungsvorschlag im Beispielfall „häusliche Gewalt":
3. Form
Die Anordnung der sofortigen Vollziehung ist nach § 80 Abs. 3 S. 1 VwGO schriftlich zu begründen und sollte auch schriftlich angeordnet werden. Ferner sollte über den Rechtsbehelf nach § 80 Abs. 5 VwGO (Antrag auf Wiederherstellung der aufschiebenden Wirkung) belehrt werden. Die Bekanntgabe erfolgt hier mit dem Haupt-VA in einem Bescheid.

IV. Ergebnis

Die sofortige Vollziehung kann (nicht) in rechtmäßiger Weise angeordnet werden.

Formulierungsvorschlag im Beispielsfall „häusliche Gewalt":
IV. Ergebnis
Die sofortige Vollziehung des Rückkehrverbots kann rechtmäßig angeordnet werden.

---

[72] Im Falle von § 80 Abs. 2 S. 1 Nr. 4 VwGO bestand kraft Gesetzes nach § 80 Abs. 1 VwGO die aufschiebende Wirkung, die Behörde hat sie durch die Anordnung nach § 80 Abs. 2 S. 1 Nr. 4 VwGO beseitigt und das Gericht soll sie auf Antrag *wiederherstellen*.

C. Androhung von Zwangsmitteln[73]

Vorab: Grundlagen der Vollstreckung

Gegenstand und Arten der Vollstreckung

142 Nach § 1 LVwVG können VA, die zu einer Geldleistung oder einer sonstigen Handlung, Duldung oder Unterlassung verpflichten, von der Behörde vollstreckt, dh zwangsweise durchgesetzt werden. Da Vollstreckungsmaßnahmen teilweise selbst VA sind (zB die Festsetzung von Zwangsgeld oder allgemein die Androhung eines Zwangsmittels) wird der zu vollstreckenden VA klarstellend Haupt-VA genannt (meistens wird er auch Grund-VA oder Grundverfügung genannt). Für alle Vollstreckungshandlungen gelten die §§ 1 bis 12 LVwVG (gemeinsame Vorschriften). Für VA, die zu einer Geldleistung verpflichten, sind zusätzlich die §§ 13 bis 17 LVwVG und für VA, die zu einer sonstigen Handlung (dh außer Geldleistung), Duldung oder Unterlassung verpflichten, sind zusätzlich die §§ 18 bis 28 LVwVG anzuwenden.

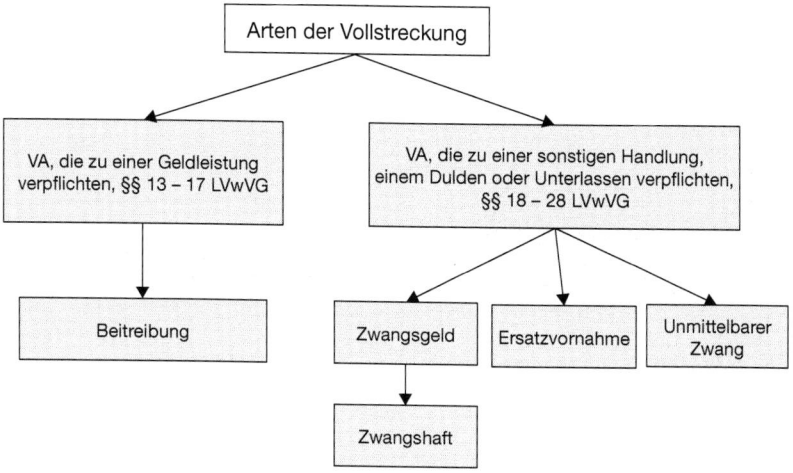

Für alle Arten der Vollstreckung gelten die §§ 1 – 12 LVwVG sowie die §§ 29 – 35 LVwVG.

Im Folgenden wird nur auf die Vollstreckung von den VA eingegangen, die zu einer sonstigen Handlung, Duldung oder Unterlassung verpflichten.[74]

---

73 S. hierzu insb. die **Fälle 2 und 3**, aber auch die **Aufgabe 2 zu Fall 5**.
74 VA, die zu einer Geldleistung verpflichten (zB Gebührenbescheid, Zwangsgeldbescheid), werden mit dem Zwangsmittel der **Beitreibung** vollstreckt (§ 13 Abs. 1 LVwVG). Vor der Beitreibung ist der Betroffene zu mahnen (§ 14 LVwVG). Nach § 15 Abs. 1 LVwVG richtet sich die Durchführung der Beitreibung grds. nach der Abgabenordnung (zB Pfändung nach §§ 281 ff. AO).

Zweck der Vollstreckung
Die Vollstreckung ist die zwangsweise Durchsetzung eines vom Pflichtigen nicht freiwillig befolgten Ge- oder Verbots, welches durch den Haupt-VA konkretisiert ist. Das Vollstreckungsverfahren ist ein dem Verfahren zum Erlass des Haupt-VA nachgeschaltetes **eigenständiges Verfahren** mit dem Ziel, die Pflicht aus dem Haupt-VA durchzusetzen. Mit dieser Funktion **unterscheidet es sich deutlich vom Ordnungswidrigkeitsverfahren** (Bußgeldverfahren). Es will den pflichtigen Adressaten nicht bestrafen, sondern ihn dazu bringen, den Haupt-VA zu befolgen. Die Zwangsmittel nach § 19 Abs. 1 LVwVG sind daher **Beugemittel**. Die Vollstreckung ist zukunftsgerichtet und verfolgt das Ziel, **den Pflichtigen zur Befolgung des im Haupt-VA enthaltenen Ge- oder Verbots zu bewegen** (zB mit der Androhung eines Zwangsgeldes soll auf den Pflichtigen dahingehend Druck ausgeübt werden, die im Haupt-VA enthaltene Gewerbeuntersagung zu befolgen). Zwangsmittel dürfen daher **wiederholt** und so lange angedroht und angewendet werden, bis der VA vollzogen oder auf andere Weise erledigt ist, § 19 Abs. 4 LVwVG. Dagegen hat die Verhängung eines Bußgelds Strafcharakter. Das **Bußgeld** soll den Pflichtigen nicht dazu bringen, eine bestimmte Handlung vorzunehmen oder zu unterlassen, sondern es geht schlicht um die **Ahndung eines begangenen Verstoßes** gegen eine Ordnungswidrigkeitsvorschrift. Das Ordnungswidrigkeitsverfahren ist ein eigenständiges Verfahren und vom Vollstreckungsverfahren strikt zu trennen. Beide Verfahren können aber parallel durchgeführt werden, wenn ein durch VA konkretisiertes Handeln, Dulden oder Unterlassen erzwungen werden soll (Vollstreckungsverfahren) *und* bereits ein Ordnungswidrigkeitentatbestand verwirklicht wurde (Ordnungswidrigkeitsverfahren).

Beispiel:
Der Bauherr baut ein genehmigungspflichtiges Vorhaben ohne die erforderliche Baugenehmigung – folgende Reaktionen der Behörde sind denkbar bzw. angezeigt:
- Mit Blick auf die Zukunft: Erlass des belastenden VA „Einstellen von Arbeiten" (§ 64 Abs. 1 S. 1 LBO) mit Androhung eines Zwangsgeldes, falls die Arbeiten nicht sofort eingestellt werden.[75] Baut der Bauherr trotzdem weiter, kann das Zwangsgeld festgesetzt (Zwangsgeldbescheid, § 23 LVwVG)[76] und gleichzeitig ein neues, höheres Zwangsgeld angedroht werden, da das Ziel der Vollstreckung, die Befolgung des VA, noch nicht erreicht ist. Erscheint die erneute Androhung eines Zwangsgeldes nicht erfolgsversprechend und damit ungeeignet, kann ein anderes Zwangsmittel angedroht und ggf. durchgesetzt werden, hier zB der unmittelbare Zwang durch Versiegelung der Baustelle.
- Mit Blick auf die Vergangenheit: Verhängung eines Bußgeldes nach § 75 Abs. 1 Nr. 8 LBO aufgrund des nicht genehmigten Bauens als „Strafe".

---

75 Nach § 64 Abs. 1 S. 3 LBO, § 80 Abs. 2 S. 1 Nr. 3 VwGO entfällt die aufschiebende Wirkung bereits kraft Gesetzes, sodass die sofortige Vollziehung nicht angeordnet werden muss.
76 Wird dieses nicht bezahlt, kann die Behörde den Zwangsgeldbescheid (VA) durch Beitreibung nach §§ 13 ff. LVwVG vollstrecken.

Zwangsmittel nach § 19 LVwVG

144 Die Aufzählung der **Vollstreckungsmittel in § 19 Abs. 1 LVwVG ist abschließend**. Die Behörde kann zwar noch auf andere Weise Druck ausüben, um den Betroffenen dazu zu bewegen, den VA zu befolgen. So können insb. weitere Verhaltensweisen im Haupt-VA „angedroht" werden, die keine Vollstreckungshandlung isd LVwVG sind (zB die Androhung eines weiteren belastenden Haupt-VA).

Beispiel:
Nachträgliche Anordnung nach § 17 Abs. 1 BImSchG und gleichzeitige „Androhung" der Untersagung nach § 20 Abs. 1 BImSchG bei Nichtbefolgung – dies ist nur die Ankündigung eines möglichen weiteren belastenden VA.

Spezialvorschriften

145 Einzelne Zwangsmittel können in Spezialvorschriften geregelt sein, die den allgemeinen Regelungen des LVwVG vorgehen. Ein wichtiges Beispiel sind die **§ 63 Abs. 2 iVm §§ 64 ff. PolG**, die hinsichtlich des unmittelbaren Zwangs – ein bedeutendes Zwangsmittel für die Polizei – einige Besonderheiten regeln (hinsichtlich der Zwangsmittel Zwangsgeld, Zwangshaft und Ersatzvornahme verweist § 63 Abs. 1 PolG auf das LVwVG). Ein weiteres Beispiel stellen §§ 58 ff. AufenthG dar (Abschiebung als spezielle Ausprägung des unmittelbaren Zwangs zur Durchsetzung der Ausreisepflicht).

Zwangsgeld

146 Das Zwangsgeld ist in § 23 LVwVG geregelt. Es ist als Vollstreckungsmaßnahme immer anwendbar. Die Behörde kann es androhen und festsetzen, sowohl wenn der Haupt-VA zu einer vertretbaren Handlungen verpflichtet (auch ein Dritter kann die Pflicht des Haupt-VA ausführen) als auch wenn er zu einer unvertretbaren Handlung, einem Dulden oder Unterlassen verpflichtet (nur der Pflichtige kann die Pflicht des Haupt-VA ausführen – sog. höchstpersönliche Handlung – bzw. etwas dulden oder unterlassen). Zwangsgeld kann wiederholt und so lange (gesteigert) angedroht und festgesetzt werden, bis der Pflichtige seiner Verpflichtung aus dem Haupt-VA nachkommt (§ 19 Abs. 4 LVwVG). Nach § 23 LVwVG können im Einzelfall 10 bis 50.000 Euro festgesetzt werden. Als einzige Vollstreckungsmaßnahme ist das Zwangsgeld durch einen VA und zwar durch einen **Zwangsgeldbescheid festzusetzen** (vgl. § 23 LVwVG „schriftlich festgesetzt"). Mit der Festsetzung (und Bezahlung) des Zwangsgeldes ist das Ziel der Vollstreckung, nämlich die Pflicht des Haupt-VA zu befolgen, aber noch nicht erreicht. Daneben kann die Behörde daher entweder ein neues, höheres Zwangsgeld (die bisherige Höhe war ja ungeeignet zur Druckausübung) oder, wenn dies im konkreten Fall erfolgversprechender erscheint, die Ersatzvornahme (bei vertretbaren Handlungen) oder den unmittelbaren Zwang androhen (s. auch das Bsp. oben Rn. 143).

Beachte:
Die Zwangshaft ist kein eigenständiges Zwangsmittel. Erst wenn das Zwangsgeld uneinbringlich[77] ist, kann das Verwaltungsgericht auf Antrag der Behörde die Zwangshaft anordnen (§ 24 LVwVG).

Ersatzvornahme
Die Ersatzvornahme ist gem. § 25 LVwVG die Ausführung einer vertretbaren Handlung, zu welcher der Haupt-VA verpflichtet. Sie ist **nur bei vertretbaren Handlungen** möglich, also wenn auch Dritte die Handlung ausführen können (zB Abbruch einer Hütte, Fällen eines Baumes). Es scheidet naturgemäß aus bei höchstpersönlichen Handlungen (also unvertretbaren Handlungen wie zB Platzverweis), Unterlassungen (zB das Verbot an einer Versammlung teilzunehmen, Baueinstellung) und Duldungen (zB Duldungsverfügung an Miteigentümer). Die Durchführung der Ersatzvornahme ist die tatsächliche Ausführung des Haupt-VA (zB der Abbruch einer Hütte). Sie enthält keine Regelung iSv § 35 LVwVfG und ist damit **kein VA, sondern ein Realakt**. Die Ersatzvornahme kann durch die Behörde selbst als **Selbstvornahme** (zB Bauhof der Gemeinde reißt die Hütte ab) **oder** durch einen von der Behörde beauftragten Dritten **als Fremdvornahme** (zB ein durch Werkvertrag beauftragter Abbruchunternehmer reißt die Hütte ab) durchgeführt werden. In beiden Fällen kann die Behörde die entstandenen Kosten vom Pflichtigen mit einem Kostenbescheid (zurück)fordern, § 31 LVwVG iVm §§ 6, 8 LVwVGKO (s. a. unten Rn. 183 ff.).

147

Unmittelbarer Zwang
Unmittelbarer Zwang ist nach § 26 Abs. 1 LVwVG jeder Einsatz von körperlicher Gewalt, Hilfsmittel der körperlichen Gewalt oder Waffengebrauch gegen Personen (zB Vertreiben der Demonstranten durch Wasserwerfer nach Auflösung der Versammlung und Platzverweis; Pistolenschuss) oder Sachen (zB Versiegelung einer Baustelle nach Baueinstellung). Die Anwendung des unmittelbaren Zwangs ist erst zulässig, wenn Zwangsgeld und Ersatzvornahme nicht zum Erfolg geführt haben oder deren Anwendung untunlich ist, § 26 Abs. 2 LVwVG. „Untunlich" meint, dass die Anwendung von Zwangsgeld und Ersatzvornahme im konkreten Einzelfall nicht gleich geeignet, also nicht gleich wirksam ist, die Verpflichtung durchzusetzen.[78]

148

Beispiel:
Für die Vollstreckung eines mündlich von der Polizei ausgesprochenen Platzverweises ist das **Zwangsgeld** völlig ungeeignet. Es könnte in der Kürze der Zeit (der Pflichtige soll den Platz umgehend verlassen) gar nicht schriftlich festgesetzt werden. Die **Ersatzvornahme** ist bereits unzulässig und damit ebenfalls ungeeignet, da der Inhalt des Platzverweises, das „Sich-Entfernen", von keinem Dritten, sondern nur vom Pflichtigen selbst ausgeführt werden

---

77 Zwangsgeld ist uneinbringlich, wenn der Pflichtige offenkundig vermögenslos ist oder mindestens einmal fruchtlos versucht wurde, das festgesetzte Zwangsgeld beizutreiben, *Schweickhardt/Vondung/Zimmermann-Kreher*, Allg. Verwaltungsrecht, Rn. 948a m. w. N.
78 VG Karlsruhe, Beschl. v. 28.4.2021, Az. 3 K 3559/20, juris Rn. 62; *Engelhardt/App/Schlatmann/Mosbacher*, VwVG/VwZG § 12 Rn. 9 zur vergleichbaren Regelung des Bundes-VwVG.

kann (= unvertretbare Handlung). Sofern der Pflichtige den Platzverweis nicht befolgt, kommt als einzige Vollstreckungsmaßnahme der **unmittelbare Zwang** zB durch Wegtragen in Betracht.
Der unmittelbare Zwang ist stets nachrangig anzuwenden und **das letzte geeignete Mittel** („ultima ratio"). Für die **Polizei** gelten – wie bereits erwähnt – die **wichtigen Spezialvorschriften des** § **63 Abs. 2 PolG iVm** §§ **64 ff. PolG**, innerhalb derer das Stufenverhältnis nach §§ 66 ff. PolG zu beachten ist, welches auch in § 26 Abs. 3 S. 1 LVwVG zum Ausdruck kommt (erst andere Zwangsmittel, dann unmittelbarer Zwang gegen Sachen, dann unmittelbarer Zwang gegen Personen, dann Schusswaffengebrauch). Unmittelbarer Zwang ist stets von der Behörde selbst anzuwenden (was auch eine Abgrenzung zur Ersatzvornahme ermöglicht). Besondere Fälle der Anwendung unmittelbaren Zwangs sind die Zwangsräumung (§ 27 LVwVG) und die Wegnahme (§ 28 LVwVG). Mangels einer Regelung iSd § 35 LVwVfG ist auch die Anwendung des unmittelbaren Zwangs ein **Realakt**.

Androhung von Zwangsmitteln

149 Die Anwendung eines Zwangsmittels ist vorher schriftlich anzudrohen, § 20 Abs. 1 LVwVG. Diese Androhung kann (muss aber nicht) nach § 20 Abs. 2 LVwVG mit dem Haupt-VA verbunden werden.[79] Es empfiehlt sich **häufig**, die Androhung des Zwangsmittels gleich **zusammen mit dem Haupt-VA** zu erlassen: Falls von dem Pflichtigen ein Handeln gefordert wird, ist ihm zu dessen Umsetzung eine angemessene Frist einzuräumen, § 20 Abs. 1 S. 2 Hs. 1 LVwVG. Es wird daher in jedem Fall eine gewisse Zeit verstreichen, bis der VA umgesetzt wird. Um diese Zeitspanne nicht noch weiter auszudehnen – etwa durch ein Abwarten, ob der Haupt-VA nicht doch ohne Androhung eines Zwangsmittels freiwillig ausgeführt wird – empfiehlt sich eine Androhung des Zwangsmittels meist gleich zusammen mit dem Haupt-VA. Wird vom Pflichtigen ein Dulden oder Unterlassen verlangt, kann er dies grds. ab sofort. Eine Frist ist hier entbehrlich, § 20 Abs. 1 S. 2 Hs. 2 LVwVG. Es ist jedem Pflichtigen idR ab sofort möglich, etwas zu dulden oder zu unterlassen. Aus diesem Grund sollte auch hier bereits mit Erlass des Haupt-VA der entsprechende Druck ausgeübt werden. Klarstellend ist nochmals zu betonen, dass die Behörde die Androhung natürlich auch noch nach dem Haupt-VA in einem gesonderten Bescheid erlassen kann (s. **Fall 5**).

150 Die **Androhung** eines Zwangsmittels ist **selbst ein belastender VA**. Die Regelung iSd § 35 LVwVfG liegt in der Auswahl des angedrohten Zwangsmittels. Das Prüfungsschema gleicht im Wesentlichen dem zur Prüfung des Haupt-VA. Es bestehen aber auch ein paar Besonderheiten. So sind im Tatbestand allgemeine Vollstreckungsvoraussetzungen zu prüfen, die stets gelten – siehe sogleich die Tatbestandsvoraussetzungen von a) bis c) –, und besondere Vollstreckungsvoraussetzungen, die nur bei einem bestimmten Zwangsmittel zu beachten sind.
Wie bereits oben beim Haupt-VA sollen die einzelnen Prüfungspunkte im Folgenden wieder anhand des Prüfungsschemas erläutert werden, an einigen Stellen

---

[79] Die Anordnung der sofortigen Vollziehung ist idR eine Voraussetzung für die Androhung eines Zwangsmittels, s. u. Rn. 157. Daher ist zuerst die Anordnung der sofortigen Vollziehung und erst anschließend – als weitere Nebenbestimmung – die Androhung eines Zwangsmittels zu prüfen.

nur recht kurz, um unnötige Wiederholungen zu vermeiden. Nach jedem Prüfungsschritt folgt auch hier ein **Formulierungsvorschlag für den Beispielsfall „häusliche Gewalt".**

Fallbearbeitung: Androhung von Zwangsmitteln

I. Rechtsgrundlage

Die Rechtsgrundlage ergibt sich entweder aus einer spezialgesetzlichen Norm (zB § 63 Abs. 2 iVm § 66 Abs. 2 PolG oder § 59 AufenthG) oder andernfalls aus dem LVwVG. Im LVwVG ist Rechtsgrundlage der Androhung zunächst § 20 Abs. 1 LVwVG. Daneben empfiehlt es sich die **Norm des Zwangsmittels** zu zitieren, dessen Anwendung angedroht wird (also bei Zwangsgeld § 23 LVwVG, bei der Ersatzvornahme § 25 LVwVG und beim unmittelbaren Zwang zB § 26 LVwVG). Schließlich sollte noch § 2 LVwVG genannt werden, da er das Ermessen eröffnet. Wenn nach § 2 LVwVG bereits die Anwendung von Zwangsmitteln im Ermessen der Behörde steht (vgl. Wortlaut „können vollstreckt werden"), dann gilt dies erst recht für ihre Androhung.

151

> **Formulierungsvorschlag im Beispielsfall „häusliche Gewalt":**
> **I. Rechtsgrundlage**
> Als Rechtsgrundlage kommt § 20 Abs. 1, §§ 23, 2 LVwVG in Betracht.

152

II. Materielle Voraussetzungen

1. Tatbestandsvoraussetzungen

a) Wirksamer Haupt-VA mit vollstreckungsfähigem Inhalt. Nach dem LVwVG können **nur VA** iSd § 35 LVwVfG vollstreckt werden (vgl. bereits §§ 1, 2 LVwVG). Ein VA ist damit auch ein sog. „Vollstreckungstitel". Ein VA entfaltet nur dann Rechtswirkungen, wenn er **wirksam** nach **§ 43 LVwVfG** ist. Er muss also bekannt gegeben worden sein (§ 41 LVwVfG ggf. iVm LVwZG) und es darf kein Fall der Nichtigkeit nach § 44 LVwVfG vorliegen, § 43 Abs. 3 LVwVfG. Außerdem darf sich der VA bzw. sein Inhalt **noch nicht erledigt** haben iSv § 43 Abs. 2 LVwVfG. Erledigung tritt zB ein, wenn der VA aufgehoben wurde (durch Rücknahme, Widerruf oder im Widerspruchsverfahren) oder der Zeitraum, für den er gelten soll, abgelaufen ist.

153

> **Beachte:**
> **Die Rechtmäßigkeit des Haupt-VA ist keine Voraussetzung für eine rechtmäßige Vollstreckung.** Nach dem vollstreckungsrechtlichen Trennungsprinzip ist zwischen Primärebene (Rechtmäßigkeit des Haupt-VA) und Sekundärebene (Rechtmäßigkeit der Vollstreckungsmaßnahme) zu unterscheiden. Die Rechtmäßigkeit der Vollstreckungsmaßnahme hängt nicht von der Rechtmä-

ßigkeit des zu vollstreckenden Haupt-VA (Grundverfügung) ab.[80] So kann ein Platzverweis der Polizei rechtmäßig vollstreckt werden, auch wenn er rechtswidrig – aber nicht nichtig – ist. Dieses Trennungsprinzip gilt auch bezogen auf die Kostenebene (Tertiärebene). Auch für die Rechtmäßigkeit eines Kostenbescheids ist es irrelevant, ob der vollstreckte Haupt-VA rechtmäßig oder rechtswidrig war.[81]

154 Es können nur wirksame **VA** vollstreckt werden, **die zu einem Handeln, Dulden oder Unterlassen verpflichten.** Nur diese VA enthalten **Ge- oder Verbote** und somit einen **vollstreckungsfähigen Inhalt** (zB Leinenzwang, Abbruchsanordnung, Nutzungsuntersagung, Baueinstellung). Ein solcher vollstreckungsfähiger Inhalt fehlt hingegen feststellenden VA (zB Feststellung der Staatsangehörigkeit, Nichtmitgliedschaft in einer juristischen Person des öffentlichen Rechts) oder rechtsgestaltenden VA (zB Widerruf oder Rücknahme einer Erlaubnis nach §§ 48, 49 LVwVfG). Feststellende und rechtsgestaltende VA können daher nicht vollstreckt werden, was sich bereits aus der Natur der Sache ergibt: Sie regeln kein Ge- oder Verbot, was es durchzusetzen gilt (mit dem Widerruf einer Erlaubnis erlischt das dadurch gewährte Recht und der Betroffene kann sich nicht mehr darauf berufen; ein Ge- oder Verbot muss hier nicht durchgesetzt werden, s. auch **Fall 1**). Mit den Zwangsmitteln des § 19 LVwVG können ferner **keine VA auf Geldleistung** vollstreckt werden, § 18 LVwVG. Hier ist die Beitreibung nach §§ 13 ff. LVwVG durchzuführen.

155 b) **Vollstreckbarkeit.** VA können nur vollstreckt und eine Vollstreckung demnach angedroht werden,

156 – nach § 2 Nr. 1 LVwVG wenn sie unanfechtbar (bestandskräftig) geworden sind, weil gegen sie keine Rechtsbehelfe mehr eingelegt werden können (zB weil die Widerspruchsfrist/Klagefrist nach § 70 Abs. 1/§ 74 VwGO abgelaufen oder ein letztinstanzliches Urteil ergangen ist) oder

157 – nach § 2 Nr. 2 LVwVG wenn die aufschiebende Wirkung eines Rechtsbehelfs entfällt, wenn also ein Fall des § 80 Abs. 2 VwGO vorliegt (entweder ein gesetzlicher Fall nach § 80 Abs. 2 S. 1 Nr. 1 bis 3a VwGO oder eine behördliche Anordnung der sofortigen Vollziehung nach § 80 Abs. 2 S. 1 Nr. 4 VwGO).[82]

158 c) **Keine Vollstreckungshindernisse.** Schließlich dürfen keine Vollstreckungshindernisse vorliegen. Im Gutachten und im Bescheid ist dieser Punkt nur bei entsprechenden Anhaltspunkten anzusprechen. Vollstreckungshindernisse beste-

---

80 Ständige Rechtsprechung, BVerfG, Beschl. v. 7.12.1998, Az. 1 BvR 831/89, juris Rn. 30; BVerwG, Beschl. v. 21.4.2015, Az. 7 B 8.14, juris Rn. 4; BVerwG, Urt. v. 25.9.2008, Az. 7 C 5.08, juris Rn. 12; VGH BW, Urt. v. 3.5.2021, Az. 1 S 512/19, juris Rn. 36 ff. m. w. N.; s. auch *Schenke*, Polizei- und Ordnungsrecht, Rn. 540.
81 Eingehend VGH BW, Urt. v. 3.5.2021, Az. 1 S 512/19, juris Rn. 40 ff.; s. auch **Fall 7**.
82 Liegt weder Bestandskraft nach § 2 Nr. 1 LVwVG noch eine gesetzliche Norm zum Entfallen der aufschiebenden Wirkung nach § 80 Abs. 2 S. 1 Nr. 1 bis 3a VwGO noch eine behördliche Anordnung der sofortigen Vollziehung nach § 80 Abs. 2 S. 1 Nr. 4 VwGO vor, ist die Androhung des Zwangsmittels rechtswidrig; hierzu oben Rn. 156 f. und **Fall 8**.

hen zum einen in den **Fällen des § 11 LVwVG**, wenn der Zweck der Vollstreckung erreicht ist oder nicht mehr erreicht werden kann, zB weil das abzubrechende Haus inzwischen abgebrannt ist. Zum anderen schafft die **zivilrechtliche Unmöglichkeit** ein (ungeschriebenes) Vollstreckungshindernis. Der Ausführung des VA steht ein privates Recht eines Dritten entgegen, sodass der Adressat über das, was durch den VA von ihm gefordert wird, nicht allein verfügen kann. Dieses Vollstreckungshindernis kann aber durch eine Duldungsverfügung gegenüber dem Dritten ausgeräumt werden (s. o. Rn. 76).

d) Besondere Vollstreckungsvoraussetzungen. Neben diesen allgemeinen Vollstreckungsvoraussetzungen, die stets gelten, sind noch die konkreten Voraussetzungen des jeweiligen Zwangsmittels zu prüfen, die sog. besonderen Vollstreckungsvoraussetzungen. So ist die **Ersatzvornahme nach § 25 LVwVG** nur **bei vertretbaren Handlungen** möglich, also nur bei Handlungen, bei denen sich der Pflichtige „vertreten" lassen kann, die also auch von einer anderen Person ausgeführt werden können (eine Ersatzvornahme kommt daher bei höchstpersönlichen Handlungen wie bspw. einem Platzverweis, der nur vom Adressaten selbst umgesetzt werden kann, nicht in Betracht; sie scheidet ebenfalls bei einem geforderten Dulden oder Unterlassen aus, was ebenfalls nur der Pflichtige selbst befolgen kann). Der **unmittelbare Zwang** setzt nach § 26 LVwVfG **Gewalt gegen Personen oder Sachen** voraus (s. a. oben Rn. 148). Lediglich das Zwangsgeld ist nach § 23 LVwVG an keine besonderen Voraussetzungen geknüpft.

159

Formulierungsvorschlag im Beispielsfall „häusliche Gewalt":
II. Materielle Voraussetzungen
1. Tatbestandsvoraussetzungen
a) Wirksamer Haupt-VA mit vollstreckungsfähigem Inhalt
Es müsste zunächst ein wirksamer Haupt-VA vorliegen, der zu einem Handeln, Dulden oder Unterlassen verpflichtet, vgl. § 18 LVwVG. Das Rückkehrverbot ist ein solcher VA, der mit seiner Bekanntgabe wirksam wird (§ 43 Abs. 1 LVwVfG, s. o. unter A). Er verpflichtet zu einem Unterlassen und hat so einen vollstreckungsfähigen Inhalt.
b) Vollstreckbarkeit
Das Rückkehrverbot müsste nach § 2 LVwVG vollstreckbar sein. Mit Anordnung der sofortigen Vollziehung nach § 80 Abs. 2 S. 1 Nr. 4 VwGO (s. o. unter B) entfällt die aufschiebende Wirkung eines Rechtsbehelfs nach § 2 Nr. 2 LVwVG, sodass das Rückkehrverbot vollstreckbar ist.[83]

160

---

[83] Da hier keinerlei Anhaltspunkte für ein Vollstreckungshindernis bestehen und Zwangsgeld an keine besonderen Vollstreckungsvoraussetzungen geknüpft ist, entfallen Ausführungen hierzu.

2. Rechtsfolge

161 a) **Adressat.** Adressat der Androhung ist derselbe wie beim Haupt-VA.[84]

> Formulierungsvorschlag im Beispielsfall „häusliche Gewalt":
> 2. Rechtsfolge
> a) Adressat
> Die Zwangsgeldandrohung richtet sich an M als Adressat des Haupt-VA.

162 b) **Ermessen.** § 2 LVwVG stellt die Vollstreckung und damit auch ihre Androhung in das Ermessen der Behörde („Verwaltungsakte können vollstreckt werden"). § 2 LVwVG räumt der Behörde Ermessen ein, **ob und mit welchen Zwangsmitteln** sie vollstreckt bzw. eine Vollstreckung androht. Nach § 20 Abs. 1 LVwVG besteht zudem Ermessen hinsichtlich der Frist. Die Ausübung des Ermessens richtet sich nach § 40 LVwVfG. Als gesetzliche Grenze ist wiederum der **Grundsatz der Verhältnismäßigkeit** zu beachten, der in **§ 19 Abs. 2 und 3 LVwVG** zum Teil auch einfachgesetzlich geregelt ist. Bei der **Geeignetheit** ist zu prüfen, ob das ausgewählte Zwangsmittel den nötigen Druck erzeugen kann, um den Pflichtigen (zeitnah) zur Befolgung des Haupt-VA zu bewegen. Hierbei kann bereits auf die Frist zur Pflichterfüllung (bzw. dessen Entbehrlichkeit, § 20 Abs. 1 S. 2 LVwVfG) und beim Zwangsgeld auf dessen Höhe eingegangen werden (die Höhe des Zwangsgeldes muss so bemessen sein, dass tatsächlich Druck ausgeübt wird; ein Anhaltspunkt kann bspw. sein, was die Durchführung der Maßnahme kosten wird). Die **Erforderlichkeit** ist in § 19 Abs. 2 LVwVG geregelt und besagt, dass das mildeste aller gleich geeigneten Zwangsmittel auszuwählen ist. Wie stets bei Prüfung der Erforderlichkeit (s. o. Rn. 66) sind auch hier alle geeigneten Zwangsmittel zu nennen und davon das mildeste aller gleich geeigneten auszuwählen. Zu beachten ist, dass der unmittelbare Zwang nur angewendet werden darf, wenn Zwangsgeld und Ersatzvornahme nicht zum Erfolg geführt haben oder deren Anwendung untunlich (nicht gleich wirksam) ist.

> **Beachte:**
> Bei vertretbaren Handlungen kennt das LVwVG kein Rangverhältnis zwischen Zwangsgeld und Ersatzvornahme. **Die Androhung von Zwangsgeld wird aber oft milder sein als die Androhung einer Ersatzvornahme.** Ein angedrohtes Zwangsgeld beeinträchtigt die Entscheidungsfreiheit des Pflichtigen idR weniger. Er hat selbst im Falle der Zwangsgeldfestsetzung weiter die Wahl, ob er den VA selbst ausführt oder einen Dritten damit beauftragt bzw. welchen. Seine freie Willensbetätigung bleibt bezüglich des „Wie" der Ausführung unangetastet. Die (angedrohte) Ersatzvornahme stellt demgegenüber einen gewichtigeren Eingriff in die allgemeine Handlungsfreiheit nach Art. 2

---

[84] Zu beachten ist auch § 3 LVwVG, wonach unter bestimmten Voraussetzungen eine Vollstreckung gegenüber dem Rechtsnachfolger möglich ist.

Abs. 1 GG dar.[85] Vor allem in besonders eilbedürftigen Fällen wird aber ein Zwangsgeld nicht mehr gleich geeignet sein.[86]

§ 19 Abs. 3 LVwVG regelt die **Angemessenheit.** Die mit einem Zwangsmittel verbundenen Nachteile für den Betroffenen dürfen nicht erkennbar außer Verhältnis zum Zweck der Vollstreckung und damit zu den Vorteilen für die Allgemeinheit stehen (bei der Anwendung unmittelbaren Zwangs ist zusätzlich §§ 66 ff. PolG bzw. § 26 Abs. 3 S. 2 LVwVG zu beachten). Da es hier „lediglich" um die Androhung eines Zwangsmittels geht, die zu keinen unmittelbaren Nachteilen für den Betroffenen führt, ist die Belastung eher gering und wird kaum eine Unangemessenheit begründen. Die Prüfung kann daher kurz ausfallen. Spätestens hier ist auf die Frist zur Pflichterfüllung, die nach § 20 Abs. 1 S. 2 LVwVG angemessen sein muss, bzw. auf ihre Entbehrlichkeit einzugehen. Auch die Höhe des Zwangsgelds sollte spätestens hier angesprochen werden (dessen Angemessenheit richtet sich u. a. danach, wie hochwertig das bedrohte Rechtsgut ist oder was die Durchführung des VA kostet, aber auch nach den Vermögensverhältnissen des Pflichtigen).

Formulierungsvorschlag im Beispielsfall „häusliche Gewalt":
b) Ermessen
§ 2 LVwVG räumt der Behörde Ermessen ein, ob und mit welchen Zwangsmitteln sie vollstreckt. Die Behörde hat das Ermessen nach § 40 LVwVfG entsprechend dem Zweck der Ermächtigung auszuüben und dabei die gesetzlichen Grenzen einzuhalten. Nach § 23 LVwVG kann ein Zwangsgeld von 10 bis 50.000 Euro angedroht werden.
Als Ermessensgrenze ist insb. der Verhältnismäßigkeitsgrundsatz zu beachten, welcher in § 19 Abs. 2 und Abs. 3 LVwVG auch einfachgesetzlich geregelt ist. Die Androhung eines Zwangsgeldes in Höhe von 1.000,- Euro ist geeignet, den M zur Beachtung des Rückkehrverbots zu bewegen und so den Zweck des VA, Schutz seiner Ehefrau, durchzusetzen. Nach § 19 Abs. 2 LVwVG muss die Androhung des Zwangsgeldes auch erforderlich, dh das mildeste aller gleich geeigneten Mittel sein. Die Androhung einer Ersatzvornahme scheidet von vorneherein aus, da die Behörde den M zu einem Unterlassen und zu keiner vertretbaren Handlung verpflichten will. Die Androhung von unmittelbarem Zwang ist gegenüber der Androhung von Zwangsgeld nicht milder.

---

85 Vgl. *Schweickhardt/Vondung/Zimmermann-Kreher*, Allg. Verwaltungsrecht, Rn. 957 und zu Regelungen in anderen Gesetzen, die ein spezielles Rangverhältnis vorsehen *Engelhardt/App/Schlatmann/Troidl*, VwVG/VwZG § 9 Rn. 1. Gegen ein milderes Zwangsgeld ließe sich einwenden, dass mit einer Ersatzvornahme die Pflichterfüllung (zB Abbruch) entfällt, während ein festgesetztes Zwangsgeld zu der Pflichterfüllung noch dazukommt (Zwangsgeldzahlung und Durchführung des Abbruchs). Dennoch sollte im Hinblick auf Art. 2 Abs. 1 GG der Druck zur Ausführung des VA zunächst einmal mittels Androhung eines Zwangsgelds ausgeübt werden. In einzelnen Fällen kann dies natürlich nicht gleich geeignet/nicht gleich wirksam sein, bspw. wenn eine sehr zeitnahe Durchführung des VA angezeigt ist.

86 Auch eine wiederholte Zwangsgeldandrohung kann im Vergleich zu einer angedrohten Ersatzvornahme unverhältnismäßig sein; zur rechtswidrigen Androhung eines dritten Zwangsgeldes VGH BW, Urt. v. 4.12.2003, Az. 5 S 2781/02, juris Rn. 21 ff.

> Die Androhung eines Zwangsgeldes ist somit das mildeste aller gleich geeigneten Zwangsmittel. Auch der Betrag von 1.000,- Euro ist erforderlich, um bei M den nötigen Druck zu erzeugen, das Rückkehrverbot zu befolgen. Eine geringere Zwangsgeldhöhe wäre zwar denkbar, aber angesichts der erheblichen Gefahr für Ms Ehefrau weniger gut zur Willensbeugung geeignet. Die Androhung eines Zwangsgeldes in Höhe von 1.000,- Euro ist schließlich angemessen nach § 19 Abs. 3 LVwVG. Vor dem Hintergrund der zu schützenden Rechtsgüter Gesundheit und Leben und der finanziellen Verhältnisse führt die Androhung für M keine Nachteile herbei, die erkennbar außer Verhältnis zum Zweck der Vollstreckung stehen. Auf eine Frist konnte nach § 20 Abs. 1 S. 2 LVwVfG verzichtet werden. Es ist M zuzumuten, ab sofort nicht mehr in die Wohnung zurückzukehren.

164 c) **Bestimmtheit.** Die Androhung eines Zwangsmittels muss hinreichend bestimmt sein, § 37 Abs. 1 LVwVfG. Insbesondere muss bei mehreren Haupt-VA klar erkennbar sein, auf welchen bzw. auf welche Ziffer im Tenor sich die Androhung bezieht. Außerdem enthält **§ 20 LVwVG noch folgende spezielle Anforderungen:**

165 – **Bestimmte Frist** (§ 20 Abs. 1 S. 2 Hs. 1 LVwVG, bei einem Dulden oder Unterlassen ist eine Frist entbehrlich, § 20 Abs. 1 S. 2 Hs. 2 LVwVG).

166 – **Bestimmtes Zwangsmittel** (§ 20 Abs. 3 LVwVG): Es ist **unzulässig**, mehrere Zwangsmittel **alternativ anzudrohen** („... drohen wir Ihnen ein Zwangsgeld von 300,- Euro oder die Ersatzvorname an"). Die Androhung muss sich nach § 20 Abs. 3 S. 1 LVwVG auf **ein** bestimmtes Zwangsmittel beziehen. Möglich ist allerdings **Zwangsmittel gestaffelt anzudrohen**, wenn die Reihenfolge ihrer Anwendung erkennbar ist, § 20 Abs. 3 S. 2 LVwVG. Die Reihenfolge ist insb. dann gut erkennbar, wenn die Behörde die Zwangsmittel erkennbar gestaffelt mit unterschiedlichen Fristen androht.
Beispiel:
1. ... Haupt-VA ...
2. Die sofortige Vollziehung der in Ziff. 1 bezeichneten Maßnahme wird angeordnet.
3. Für den Fall, dass die in Ziff. 1 bezeichnete Maßnahme nicht bis zum 17.2.2022 ausgeführt wird, drohen wir ein Zwangsgeld in Höhe von 1.500,- Euro an.
4. Für den Fall, dass trotz der Androhung des Zwangsgeldes die in Ziff. 1 bezeichnete Maßnahme nicht bis zum 28.2.2022 ausgeführt wird, drohen wir Ihnen die Ausführung der Maßnahme durch ein von uns beauftragtes Unternehmen auf Ihre Kosten an. Die Kosten einschließlich Gebühren werden in diesem Fall voraussichtlich 10.000,- Euro betragen.
5. ...

- **Bestimmte Höhe** des Zwangsgeldes (§ 20 Abs. 4 LVwVG) bzw. voraussichtliche Kosten der Ersatzvornahme (§ 20 Abs. 5 LVwVG).[87]

Exkurs: Androhung „für jeden Fall der Zuwiderhandlung"
Bei einem **Dulden oder Unterlassen** ist eine Androhung für jeden Fall der Zuwiderhandlung nach dem BVerwG unzulässig. Eine Androhung für jeden Fall der Zuwiderhandlung hätte zur Folge, dass eine Androhung ausreicht, um letztlich unbegrenzt viele Zwangsgelder festzusetzen. Es würde sich damit um eine unzulässige Androhung „auf Vorrat" handeln. Das BVerwG argumentiert auch damit, dass die Rechtsordnung in mehreren Vorschriften ausdrücklich vorsieht, dass eine Androhung „für jeden Fall der Zuwiderhandlung" erfolgen kann (vgl. § 332 Abs. 3 S. 2 AO, § 890 Abs. 1 ZPO); im LVwVG fehlt eine solche Regelung gerade.[88] Etwas anderes muss allerdings dann gelten, wenn nicht Zwangsgeld, sondern unmittelbarer Zwang angedroht wird. Hier muss es insb. der Polizei möglich sein, bei mehrfachen Verstößen jedes Mal mit unmittelbarem Zwang zu reagieren und zB eine Person mehrfach von einem Ort zu entfernen, wenn sie nach dem ersten Mal wieder an den Ort zurückkehrt. In der Androhung ist dies dann mit der Formulierung „Für jeden Fall der Zuwiderhandlung" deutlich zu machen (s. hierzu Fall 3 sowie auch Rn. 399 f.).

Soll der Pflichtige **mehrere selbstständige Handlungen** erbringen, die bereits zum Zeitpunkt des Erlasses **konkret feststehen** bzw. konkretisierbar sind (zB das Leeren einer Abwassergrube einmal monatlich, das Reinigen eines Filters einmal im Quartal oder das Ablesen eines Wertes wöchentlich), kann die Behörde mit einer Androhung auch mehrere Zwangsgelder androhen, also „für jeden Fall der Zuwiderhandlung gegen ...". Es handelt sich hier um einzelne konkretisierte Handlungspflichten, die bereits bei Erlass des Bescheids/VA feststehen. Die Androhung ist hier so zu verstehen, dass jeweils ein Zwangsgeld droht, wenn der Pflichtige seiner konkreten Handlungspflicht zu dem jeweiligen Zeitpunkt nicht nachkommt. Man kann hier nicht von einer unzulässigen Androhung „auf Vorrat" sprechen; auch können dadurch nicht unbegrenzt viele Zwangsgelder festgesetzt werden.[89]

Sind im Bescheid (**mehrere**) **Handlungen** gefordert, die im Zeitpunkt des Erlasses **nicht konkret feststehen**, sondern **auf einer Dauerpflicht beruhen**, gleicht der Fall dem Unterlassen. Bei Letzterem hat der Pflichtige eine Handlung dauerhaft zu unterlassen, hier eine Pflicht/eine Handlung dauerhaft zu befolgen (zB das Anleinen des Hundes und Anlegen eines Maulkorbs beim Verlassen des befriedeten Besitztums). Eine Androhung „für jeden Fall der Zuwiderhandlung" wäre hier eine „Androhung auf Vorrat", die zu einer Festsetzung unzählig vieler Zwangsgelder führen könnte (im Bsp. mit dem Hund von soeben: Androhung

---

87 Die voraussichtlichen Kosten „sollen" nach § 20 Abs. 5 LVwVG angegeben werden, dh es ist nicht zwingend. Dabei ist der Wortlaut „sollen" nicht wie iRd Rechtsfolge (dh nicht „müssen, außer es liegt ein atypischer Sonderfall vor"), sondern als allgemeine gesetzgeberische Aufforderung an die Verwaltung zu verstehen. Ein Unterbleiben führt jedoch nicht zur Fehlerhaftigkeit der Androhung, *Engelhardt/App/Schlatmann/Troidl*, VwVG/VwZG § 13 Rn. 6.
88 BVerwG, Gerichtsbescheid v. 26.6.1997, Az. 1 A 10/95, juris Rn. 33 (= NVwZ 1998, 393).
89 Vgl. auch VGH BW, Beschl. v. 16.9.1994, Az. 8 S 1764/94, juris Rn. 3 ff.

von Zwangsgeld für jeden Fall der Zuwiderhandlung in Höhe von 1.500,- Euro bei Verstoß gegen die Leinenpflicht sowie in Höhe von 1.500,- Euro bei Verstoß gegen Maulkorbpflicht. Bei drei Mal „Gassi-Gehen" täglich ohne Leine und Maulkorb könnten so für einen Tag 9.000,- Euro, für eine Woche 63.000,- Euro, für einen Monat ca. 270.000,- Euro festgesetzt werden – dies wäre eine unzulässige Rechtsfolge von nur *einer* Androhung).

Ende des Exkurses

171 | Formulierungsvorschlag im Beispielsfall „häusliche Gewalt":
c) **Bestimmtheit**
Die Androhung ist nach § 37 Abs. 1 LVwVfG hinreichend bestimmt zu formulieren. Sie muss sich auf einen bestimmten VA beziehen und nach § 20 Abs. 3 LVwVG ein bestimmtes Zwangsmittel, hier Zwangsgeld, klar benennen. Nach § 20 Abs. 4 LVwVG ist Zwangsgeld in einer bestimmten Höhe anzudrohen, hier 1.000,- Euro.

Die materiellen Voraussetzungen für die Androhung des Zwangsgeldes liegen im Beispielsfall „häusliche Gewalt" vor, was wiederum in einem eigenen Punkt als Ergebnis festgehalten werden könnte.

III. Formelle Voraussetzungen

1. Zuständigkeit

172 Die sachliche und örtliche Zuständigkeit für die Androhung ergibt sich aus § 4 LVwVG. Nach § 4 Abs. 1 LVwVG sind Ausgangs- und Vollstreckungsbehörde grds. identisch. Es ist also die Behörde, die den Haupt-VA erlassen hat, idR auch für die Vollstreckung zuständig.

2. Verfahren

173 Die **Androhung** eines Zwangsmittels ist **ein VA**. Indem die Behörde ein bestimmtes Zwangsmittel androht, legt sie sich auf dieses Zwangsmittel fest und trifft so eine Regelung iSd § 35 LVwVfG. Die Behörde kann sich anschließend noch für ein anderes Zwangsmittel entscheiden, muss dieses dann aber ebenfalls vorher androhen und so eine neue Regelung schaffen. Da die Androhung ein VA ist, wäre § 28 Abs. 1 LVwVfG dem Grunde nach anwendbar. Da es sich hierbei aber um eine Maßnahme der Verwaltungsvollstreckung handelt, ist eine Anhörung **nach § 28 Abs. 2 Nr. 5 LVwVfG entbehrlich**.

3. Form

174 Nach § 20 Abs. 1 S. 1 LVwVG ist das Zwangsmittel schriftlich anzudrohen und daher nach § 39 Abs. 1 LVwVfG auch schriftlich zu begründen. Die Rechtsbehelfsbelehrung (§ 37 Abs. 6 LVwVfG – auch gegen die Zwangsmittelandrohung ist der Widerspruch der richtige Rechtsbehelf, da es sich um einen eigenständigen VA handelt) und die Bekanntgabe (§ 41 LVwVfG – Wahl zwischen einfacher Bekanntgabe und Zustellung, zweckmäßigerweise Zustellung, da belastender VA) erfolgen wie beim Haupt-VA bzw. zusammen mit diesem.

> Formulierungsvorschlag im Beispielsfall „häusliche Gewalt":
> **III. Formelle Voraussetzungen**
> **1. Zuständigkeit**
> Nach § 4 Abs. 1 LVwVG ist als Vollstreckungsbehörde die Behörde zuständig, die auch den Haupt-VA erlassen hat, hier also die Große Kreisstadt Musterstadt.
> **2. Verfahren**
> Eine Anhörung kann nach § 28 Abs. 2 Nr. 5 LVwVfG unterbleiben.
> **3. Form**
> Nach § 20 Abs. 1 LVwVG ist die Androhung schriftlich zu erlassen und nach § 39 Abs. 1 LVwVfG zu begründen. Rechtbehelfsbelehrung und Bekanntgabe erfolgen zusammen mit dem Haupt-VA.

IV. Ergebnis

Abschließend ist festzustellen, dass ein Zwangsgeld rechtmäßig bzw. nicht rechtmäßig angedroht werden kann.

> Formulierungsvorschlag im Beispielsfall „häusliche Gewalt":
> **IV. Ergebnis**
> Ein Zwangsgeld in Höhe von 1.000,- Euro kann rechtmäßig angedroht werden.

D. Gebührenentscheidung

Für den Erlass eines VA/Bescheides ist grds. eine Gebühr zu erheben. Die Entscheidung hierüber betrifft Gebühren (§ 2 Abs. 4 LGebG/§ 11 Abs. 1 KAG) und Auslagen (§ 2 Abs. 5 LGebG/§ 11 Abs. 4 KAG). Die Auslagen sind dabei grds. in den Gebühren enthalten (§ 14 Abs. 1 LGebG/§ 11 Abs. 4 KAG), sodass idR nur eine Entscheidung zur Höhe der Gebühr ergeht (VA iSd § 35 LVwVfG, grds. die letzte Ziffer im Tenor des Bescheids). Die **Höhe der festgesetzten Gebühr** orientiert sich grds. an den Vorschriften der jeweiligen Behörde. Nach § 4 Abs. 2 LGebG setzen die **obersten Landesbehörden (Ministerien) für ihren Geschäftsbereich** die gebührenpflichtigen Tatbestände und die Höhe der Gebühren durch Rechtsverordnung fest, welche dann auch für die Regierungspräsidien gelten (zB die Gebührenverordnung des Innenministeriums – GebVO IM). Die **Gemeinden und Landkreise erheben im Bereich ihrer Selbstverwaltung** für öffentliche Leistungen Gebühren auf der Grundlage von Satzungen. Die Ministerien haben bei Festsetzung und Erhebung der Gebühren das Landesgebührengesetz BW (LGebG), die Gemeinden und Landkreise das Kommunalabgabengesetz BW (KAG) zu beachten.

Sofern Gemeinden und Landkreise **Weisungsaufgaben** übernehmen, gelten spezialgesetzliche Vorschriften und ansonsten das LGebG, vgl. § 4 Abs. 1 LGebG. Insbesondere bei **Aufgaben der unteren Verwaltungsbehörde bzw. der unte-**

ren **Baurechtsbehörde**[90] gilt Folgendes: Landratsämter, Verwaltungsgemeinschaften und Gemeinden setzen die gebührenpflichtigen Tatbestände und die Höhe der Gebühren selbst fest. Landratsämter erlassen (insoweit als staatliche Behörde des Landes) eine Rechtsverordnung, Verwaltungsgemeinschaften und Gemeinden eine Satzung, § 4 Abs. 3 LGebG. Die Landratsämter haben dabei das LGebG, die Verwaltungsgemeinschaften und Gemeinden das KAG zu beachten, insb. §§ 1, 2, 11 KAG. Bei der konkreten Gebührenbemessung sind die Verwaltungskosten sowie die wirtschaftliche und sonstige Bedeutung der öffentlichen Leistung zu berücksichtigen, § 7 LGebG und § 11 Abs. 2 KAG.

178 Die Rechtsgrundlage mit den Tatbestandsvoraussetzungen für die Festsetzung der Gebühr findet sich somit in der jeweiligen **Gebührenverordnung** bzw. **Gebührensatzung** der einzelnen Verwaltungsträger (§ 4 Abs. 2, Abs. 3 LGebG bzw. §§ 1, 2, 11 KAG). Die einzelnen Gebührentatbestände sind idR in einem der Rechtsverordnung bzw. der Satzung angehängten **Gebührenverzeichnis** aufgeführt. Handelt es sich um eine Rahmengebühr ist Ermessen auszuüben (§ 40 LVwVfG), welches sich insb. an § 7 LGebG bzw. § 11 Abs. 2 KAG auszurichten hat. In einem Bescheid ist stets der konkrete Betrag festzusetzen.

179 | **Formulierungsvorschlag im Beispielsfall „häusliche Gewalt":**
D. Gebührenentscheidung
Nach § 11 Abs. 1 Kommunalabgabengesetz Baden-Württemberg in Verbindung mit § 1 der Satzung von Musterstadt über die Erhebung von Verwaltungsgebühren (Verwaltungsgebührensatzung) vom 18.5.2020 werden für öffentliche Leistungen, die auf Veranlassung oder im Interesse Einzelner vorgenommen werden, Gebühren erhoben. Nach Ziffer 2.6.4. des Gebührenverzeichnisses als Anlage zur Verwaltungsgebührensatzung können für ein Rückkehrverbot nach dem PolG Gebühren von 20 – 250 Euro erhoben werden. Unter Berücksichtigung der mit Erlass des Rückkehrverbots verbundenen Verwaltungskosten sowie seiner Bedeutung ist eine Gebühr in Höhe von 150,- Euro angemessen (vgl. § 11 Abs. 2 KAG).

---

90 Die Unterscheidung „untere Verwaltungsbehörde" und „untere Baurechtsbehörde" ist deshalb bedeutsam, weil nach § 46 Abs. 2 LBO auch Gemeinden und Verwaltungsgemeinschaften zur unteren Baurechtsbehörde erklärt werden können, die keine untere Verwaltungsbehörde iSv § 15 Abs. 1 LVG sind (also keine Große Kreisstadt und keine Verwaltungsgemeinschaft iSv § 17 LVG mit mehr als 20.000 Einwohnern).

3. Kapitel Durchführung der Vollstreckung, Kostenbescheid und unmittelbare Ausführung

A. Durchführung der Vollstreckung[91]

Wenn der Bürger den **Haupt-VA** innerhalb der in der Androhung gesetzten Frist (§ 20 Abs. 1 S. 2 LVwVG) **nicht ausführt und damit der Zweck der Vollstreckung noch nicht erreicht ist**, muss die Behörde prüfen, ob sie das angedrohte **Zwangsmittel anwendet**. Bei dem **unmittelbaren Zwang** (§ 26 LVwVG) ist dies die Anwendung von Gewalt gegen Personen oder Sachen (zB das Wegtragen eines Demonstranten) und bei der **Ersatzvornahme** (§ 25 LVwVG) wird der VA von der Behörde selbst (sog. Selbstvornahme, zB Abschleppen eines Autos durch die Straßenmeisterei) oder von einem von der Behörde beauftragten Dritten ausgeführt (sog. Fremdvornahme, zB Abschleppen eines Autos durch einen beauftragten Unternehmer). **Zwangsgeld** (§ 23 LVwVG) wird in einem gesonderten Zwangsgeldbescheid, der ein eigenständiger VA iSd § 35 LVwVfG ist, schriftlich festgesetzt. Da ein Zwangsgeldbescheid den Inhalt des Haupt-VA nicht umsetzt, muss das Vollstreckungsverfahren weiter betrieben werden, indem ein weiteres Zwangsmittel angedroht wird, je nach Fallkonstellation durch Androhung eines nun höheren Zwangsgelds (um den Druck zur Ausführung des VA zu erhöhen) oder, falls dies nicht erfolgversprechend und damit ungeeignet erscheint, durch Androhung der Ersatzvornahme. Falls das festgesetzte Zwangsgeld aus dem Zwangsgeldbescheid nicht gezahlt wird, ist dieses zusätzlich mittels Beitreibung nach den §§ 13 ff. LVwVG zu vollstrecken. **180**

Die Prüfung, ob die Anwendung eines Zwangsmittels rechtmäßig ist, orientiert sich am **Prüfungsschema zum Erlass eines belastenden VA**, auch wenn es sich bei der Ersatzvornahme und der Anwendung des unmittelbaren Zwangs mangels Regelung iSd § 35 LVwVfG nicht um VA, sondern um Realakte handelt.[92] Es gelten im Wesentlichen die gleichen Voraussetzungen wie für die Androhung eines Zwangsmittels.[93] **Zusätzliche Voraussetzung ist die ordnungsgemäße Androhung nach § 20 LVwVG**. Bei der Ersatzvornahme und beim unmittelbaren Zwang entfallen, da sie Realakte sind, einige formelle Voraussetzungen.[94] **181**

---
91 S. hierzu auch **Aufgabe 3 zu Fall 2**.
92 Es handelt sich hierbei dennoch um belastende Maßnahmen, sodass der Grundsatz vom Vorbehalt des Gesetzes gilt, der eine Rechtsgrundlage erfordert. Die Rechtsgrundlage hat ihrerseits Tatbestandsvoraussetzungen sowie eine Rechtsfolge (materielle Voraussetzungen) und schließlich gelten auch hier formelle Voraussetzungen. Zu beachten ist aber, dass das LVwVfG zumindest unmittelbar keine Anwendung auf Realakte findet.
93 Bereits bei der Androhung müssen grds. schon alle Vollstreckungsvoraussetzungen vorliegen, die dann auch bei der eigentlichen Vollstreckungshandlung erfüllt sein müssen.
94 Insb. entfällt der Prüfungspunkt „Form"; ob § 28 LVwVfG auf Realakte analog anzuwenden ist, hängt vom jeweiligen Einzelfall ab, s. hierzu zB *Schoch/Schneider/Schneider*, VwVfG § 28 Rn. 27 ff.

182 **Beachte:**
Möglichkeit der Eilvollstreckung[95]**, § 21 LVwVG**
Die Vollstreckung nimmt nicht zuletzt wegen der nötigen Androhung (§ 20 LVwVG) eine gewisse Zeit in Anspruch. Nach § 21 LVwVG kann bei **Gefahr im Verzug** auf die Androhung verzichtet und auch von weiteren Voraussetzungen abgewichen werden. Gefahr im Verzug liegt nur dann vor, wenn die Maßnahme unaufschiebbar ist, dh ihr Erfolg ohne sofortiges Eingreifen beeinträchtigt oder vereitelt würde.[96]

B. Kostenbescheid[97]

183 Nach § 31 Abs. 1 LVwVG hat die Behörde für Amtshandlungen nach dem LVwVG von dem Adressaten des Haupt-VA (dem Pflichtigen iSd § 31 Abs. 2 LVwVG) Kosten zu erheben. Dies geschieht durch einen sog. **Kostenbescheid** (= ein belastender VA). Als Amtshandlungen kommen vor allem die Ersatzvornahme und die Anwendung des unmittelbaren Zwangs in Betracht. Ein Kostenbescheid ist nur dann rechtmäßig, wenn die Amtshandlung nach dem LVwVG – die Ersatzvornahme oder der unmittelbare Zwang – selbst rechtmäßig ist.[98] Die Behörde darf Unrecht nicht verstärken, indem sie für eine rechtswidrige Vollstreckung auch noch Geld verlangt.

184 Die **Rechtmäßigkeit der Amtshandlung** ist **als ungeschriebene Tatbestandsvoraussetzung** des § 31 Abs. 1 LVwVG **zu prüfen**. Dies bedeutet konkret: Bei § 31 Abs. 1 LVwVG ist nicht nur die Tatbestandsvoraussetzung „Amtshandlung", sondern zusätzlich auch deren Rechtmäßigkeit zu prüfen. Als „Prüfung in der Prüfung" („inzidente Prüfung" oder „Schachtelprüfung") sind Rechtsgrundlage, materielle sowie formelle Voraussetzungen des Zwangsmittels innerhalb dieser Tatbestandsvoraussetzung „rechtmäßige Amtshandlung" zu prüfen. Liegt eine rechtmäßige Amtshandlung vor, muss die Behörde (s. Wortlaut „werden") vom Pflichtigen die Kosten erheben (kein Entschließungsermessen).[99]

185 Die **Rechtmäßigkeit des Haupt-VA** ist hingegen **irrelevant**. Sie ist weder eine Voraussetzung für eine rechtmäßige Vollstreckung (s. hierzu bereits Rn. 153) noch für einen Kostenbescheid. Es gilt das vollstreckungsrechtliche Trennungsprinzip, wonach die Rechtmäßigkeit der Vollstreckungsmaßnahme nicht von der

---

95 Auch abgekürztes oder einfaches Vollstreckungsverfahren genannt.
96 VGH BW, Beschl. v. 1.6.2005, Az. 1 S 499/05, juris Rn. 12.
97 S. auch **Fall 7**.
98 VGH BW, Urt. v. 3.5.2021, Az. 1 S 512/19, juris Rn. 31 m. w. N.
99 *Sadler/Tillmans*, VwVG § 19 Rn. 31 zum nahezu wortgleichen § 19 Abs. 1 S. 1 VwVG des Bundes; *Schenke*, Polizei- und Ordnungsrecht, Rn. 698 zu Ersatzansprüchen bei Ersatzvornahme nach § 30 MEPolG; offen gelassen in VGH BW, Urt. v. 3.5.2021, Az. 1 S 512/19, juris Rn. 82 ff.; ein Entschließungsermessen bejahend VGH BW, Urt. v. 13.2.2007, Az. 1 S 822/05, juris Rn. 20 ff. Sind – ausnahmsweise – mehrere Personen durch den Haupt-VA zur Ausführung einer vertretbaren Handlung verpflichtet worden, sind auch mehrere Kostenpflichtige vorhanden. Die Behörde hat hier Auswahlermessen, welchen Kostenpflichtigen sie mit Kostenbescheid heranzieht, VGH BW, Urt. v. 24.1.2012, Az. 10 S 1476/11, juris Rn. 18.

Rechtmäßigkeit des zu vollstreckenden Haupt-VA abhängt, was sich auch auf die Kostenebene auswirkt.[100]

186 Bei der **Höhe der Kosten** kann ein Ermessensspielraum bestehen. Zum einen kann die einschlägige Norm Ermessen einräumen (zB § 8 LVwVGKO „Als Auslagen können erhoben werden"), zum anderen ermöglicht § 22 LGebG über den Verweis in § 31 Abs. 6 LVwVG die Niederschlagung und den Erlass einer Kostenforderung. Bei der Ermessensausübung ist stets zu beachten, dass die Behörde zur sparsamen Verwendung von Haushaltsmitteln verpflichtet ist. Sie darf grds. nicht auf Kosten sitzen bleiben. „Kosten" sind nach § 31 Abs. 1 LVwVG **Gebühren und Auslagen**. Die Vollstreckungskostenordnungen der Bundesländer (in Baden-Württemberg die LVwVGKO) konkretisieren diese Begriffe. Gebühren entstehen für das Tätigwerden der Behördenmitarbeiter, vgl. §§ 6, 7 LVwVGKO. Auslagen sind Ausgaben oder Aufwendungen, die die Behörde im Zuge der Vollstreckung erbringt, zB nach § 8 Abs. 1 Nr. 6 LVwVGKO Sachkosten, die einer Behörde durch eine selbst durchgeführte Ersatzvornahme entstehen (Selbstvornahme), oder nach § 8 Abs. 1 Nr. 8 LVwVGKO Beträge, die sie an einen Dritten (zB Abschleppunternehmer) aufgrund einer durchgeführten Ersatzvornahme (Fremdvornahme) zu zahlen hat.

187 Da der Kostenbescheid ein belastender VA ist, gilt hier vollumfänglich das **Prüfungsschema zum Erlass eines belastenden VA**.

C. Unmittelbare Ausführung

188 Liegt **kein VA** vor, scheidet eine Vollstreckung aus. Eine Vollstreckung nach dem LVwVG setzt stets einen wirksamen vollstreckbaren VA voraus, vgl. §§ 1, 2, 18 LVwVG (s. a. oben Rn. 153). Ein VA wird erst wirksam, wenn er dem Adressaten bekannt gegeben ist, § 43 Abs. 1 LVwVfG. Oft ist es gar **nicht möglich, einen Adressaten (rechtzeitig) zu ermitteln und diesem gegenüber einen VA bekannt zu geben**. In diesen Fällen muss es der Behörde dennoch möglich sein, zu handeln und Gefahren abzuwehren. In diesen Fällen besteht für die Verwaltung die Möglichkeit, eine **Maßnahme unmittelbar auszuführen**. Wie bei jedem Handeln der Eingriffsverwaltung ist auch hierfür eine Rechtsgrundlage erforderlich, die in Baden-Württemberg zentral in § **8 Abs. 1 PolG** geregelt ist. Sofern keine Maßnahmen nach dem PolG umgesetzt werden sollen (zB bei einem Handeln der unteren Baurechtsbehörde nach der LBO), ist § 8 Abs. 1 PolG bei vergleichbarer Interessenlage aufgrund der bestehenden systemwidrigen Regelungslücke analog anzuwenden. Die unmittelbare Ausführung ist nicht zu verwechseln mit der Eilvollstreckung nach § 21 LVwVG. Bei Letzterer wird ein Haupt-VA vollstreckt, es kann aber auf einzelne Vollstreckungsaussetzungen verzichtet werden (s. o. Rn. 182).

> **Beispiel für eine unmittelbare Ausführung:**
> Ein Auto parkt in einer unübersichtlichen scharfen Kurve, wodurch andere Straßenteilnehmer gefährdet werden. Ein Verkehrszeichen nach der StVO

---

100 Eingehend VGH BW, Urt. v. 3.5.2021, Az. 1 S 512/19, juris Rn. 40 ff.

wie etwa ein Halteverbot – und damit ein vollstreckbarer und wirksamer Haupt-VA – ist nicht vorhanden. Es liegt jedoch ein Verstoß gegen § 12 Abs. 1 Nr. 2 StVO vor. Weder Fahrer noch Eigentümer des Autos sind vor Ort erreichbar. Ein Abschleppen des Autos ist hier nur im Wege der unmittelbaren Ausführung nach § 8 Abs. 1 PolG möglich.

189 Die **Voraussetzungen** für die unmittelbare Ausführung lassen sich dem Wortlaut des § 8 Abs. 1 PolG nur teilweise entnehmen: Ein Adressat/Störer ist nicht oder nicht rechtzeitig greifbar („gegen die in den §§ 6 und 7 bezeichneten Personen nicht oder nicht rechtzeitig ...") und die Ausführung eilt („Zweck ... nicht oder nicht rechtzeitig erreicht werden kann"). Es ist allerdings noch zusätzlich zu prüfen, ob ein VA rechtmäßig erlassen werden *könnte* (**sog. hypothetischer VA**). Der Umstand, dass ein Adressat nicht greifbar ist, darf nicht dazu führen, dass die Behörde mehr Befugnisse hat. Für die Behörde müssen die gleichen Eingriffsvoraussetzungen gelten, unabhängig davon, ob ein VA bekannt gegeben werden kann oder nicht. Ungeschriebene Tatbestandsvoraussetzung ist daher die Rechtmäßigkeit eines sog. hypothetischen Haupt-VA, was dann inzident („Schachtelprüfung") anhand des Prüfungsschemas zum Erlass eines VA zu prüfen ist.

Im Beispiel von soeben:
Ein Adressat/Störer ist nicht oder nicht rechtzeitig erreichbar, um die Gefahr zeitnah zu beseitigen. Zusätzlich ist die Rechtmäßigkeit eines hypothetischen Haupt-VA zu prüfen, hier also die Rechtmäßigkeit einer Aufforderung an den Störer, das Auto wegzufahren, gestützt auf §§ 3, 1 PolG (was inzident zu prüfen und hier kein Problem ist, da durch Verstoß gegen § 12 Abs. 1 Nr. 2 StVO eine Störung der öffentlichen Sicherheit und damit die Tatbestandvoraussetzungen von §§ 3, 1 PolG vorliegen).

190 Nach **§ 8 Abs. 2 PolG** hat im Anschluss an die unmittelbare Ausführung ein **Kostenbescheid** zu ergehen.

2. Teil Der Erlass von begünstigenden Verwaltungsakten

2. Teil Der Erlass von begünstigenden Verwaltungsakten

Prüfungsschema für den Erlass eines begünstigenden VA
Es gilt grundsätzlich das gleiche Prüfungsschema wie für den Erlass eines belastenden VA – beim begünstigenden VA sind allerdings ein paar Besonderheiten zu beachten:[101]

A. Hauptverwaltungsakt (Haupt-VA)
I. Rechtsgrundlage
  → Diese wird hier auch Anspruchsgrundlage genannt.
II. Materielle Voraussetzungen
  1. Tatbestandsvoraussetzungen
     a) Erlaubnis-/Genehmigungspflicht
     b) Erlaubnis-/Genehmigungsfähigkeit
        aa) Tatbestandsvoraussetzung/kein Versagungsgrund
           → Wird festgestellt, dass eine Tatbestandsvoraussetzung nicht vorliegt bzw. ein Versagungsgrund besteht, ist zu prüfen, ob durch eine Nebenbestimmung (= NB) die Tatbestandsvoraussetzung erfüllt bzw. der Versagungsgrund ausgeräumt werden kann:
           (1) Rechtsgrundlage NB
           (2) Tatbestandsvoraussetzungen NB
           (3) Rechtsfolge NB
           (4) Ergebnis NB
        bb) (evtl.) weitere Tatbestandsvoraussetzung/kein weiterer Versagungsgrund (evtl. wiederum mit Erlass NB)
        ...
  2. Rechtsfolge
     a) Adressat
        → Adressat ist hier regelmäßig der Antragsteller.
     b) Ermessen
        ... bei beg. VA, auf die ein Anspruch besteht:
        → Eigentl. besteht hier kein Ermessen – da aber einzelne NB im Ermessen der Behörde stehen, muss auch eine Gesamtschau möglich sein, ob der VA mit allen NB erlassen werden kann.
        ... bei beg. Ermessens-VA:
        → Es sind die Vorgaben des § 40 LVwVfG, insbesondere die gesetzlichen Grenzen zu beachten.
        aa) Sprechen Gründe für die Ablehnung? Wenn ja, ist bei der Verhältnismäßigkeit der Ablehnung iRd Erforderlichkeit zu fragen: Ist Erlass mit einer NB milder und gleich geeignet?
           (1) Rechtsgrundlage NB: § 36 Abs. 2 LVwVfG
           (2) Tatbestandsvoraussetzungen NB

---

101 Hinzu kommen noch weitere Besonderheiten, die aber nur vereinzelt praktisch relevant werden wie bspw. speziell im bau- und umweltrechtlichen Bereich die Frage des Sachbescheidungsinteresses, s. hierzu *Hesselbarth*, Das Sachbescheidungsinteresse in der verwaltungsgerichtlichen Rechtsprechung, NVwZ 2016, 1532 ff.

        (3) Rechtsfolge NB
        (4) Ergebnis NB
    bb) Sind sonstige Ermessensgrenzen nach § 40 LVwVfG zu beachten?
    zB durch Vorgabe aus der Anspruchsgrundlage, dass zwingend NB beizufügen sind
    cc) Sind weitere NB zweckmäßigerweise angezeigt?
  c) Bestimmtheit
    → Insbesondere: Inhalt und Umfang der Erlaubnis/Genehmigung sind klar zu bezeichnen.
    NB sind so formulieren, dass Art und Inhalt deutlich werden.
  3. Zwischenergebnis materielle Voraussetzungen

III. Formelle Voraussetzungen
  1. Zuständigkeit
  2. Verfahren
    a) Ordnungsgemäßer Antrag
    b) Beteiligte
        → Antragsteller nach § 13 Abs. 1 Nr. 1 LVwVfG
    c) (evtl.) Keine ausgeschlossene Person/Befangenheit
    d) (evtl.) Mitwirkung anderer Behörden/Stellen
    e) Rechte der Beteiligten
        → Anhörung ist entbehrlich, auch bei Ablehnung und Erteilung mit NB (str.).
  3. Form
    a) Formzwang/Formwahl
        → Oft ist eine bestimmte Form vorgeschrieben.
    b) Begründung
        → Diese ist entbehrlich, soweit dem Antrag entsprochen wird, § 39 Abs. 2 Nr. 1 LVwVfG.
    c) *Rechtsbehelfsbelehrung*
    d) *Bekanntgabe*
  4. Zwischenergebnis formelle Voraussetzungen

IV. Ergebnis Haupt-VA

B. (evtl.) Anordnung der sofortigen Vollziehung

→ Die Anordnung der sofortigen Vollziehung des beg. VA kommt in Betracht, wenn dieser von einem Dritten angefochten wird und Widerspruch/Anfechtungsklage aufschiebende Wirkung haben (diese entfällt zB kraft Gesetzes bei Anfechtung einer Baugenehmigung nach § 212a BauGB).

→ Die Anordnung der sofortigen Vollziehung der NB kommt in Betracht, wenn diese vom Adressaten (isoliert) angefochten werden, da Widerspruch/Anfechtungsklage aufschiebende Wirkung haben.

2. Teil Der Erlass von begünstigenden Verwaltungsakten

C. (evtl.) Androhung von Zwangsmitteln
→ Hinsichtlich des beg. VA ist die Androhung nicht möglich, da der beg. VA grds. zu nichts verpflichtet.
→ Hinsichtlich der NB ist die Androhung von Zwangsmitteln nur bei einer Auflage möglich, da nur diese ein eigenständiger VA ist und einen vollstreckungsfähigen Inhalt nach § 18 LVwVG hat, der zu einer Handlung, einem Dulden oder Unterlassen verpflichtet.

D. Gebührenentscheidung

1. Kapitel Grundlagen

192 Begünstigende VA – in **§ 48 Abs. 1 S. 2 LVwVfG legaldefiniert** als ein „Verwaltungsakt, der ein Recht oder einen rechtlich erheblichen Vorteil begründet oder bestätigt" – haben in den einzelnen Rechtsvorschriften verschiedene Bezeichnungen („Namen"), die teilweise auch unterschiedliche Bedeutungen haben. So gibt es „Erlaubnisse" und „Bewilligungen" (zB die wasserrechtliche Erlaubnis und wasserrechtliche Bewilligung nach §§ 8, 10 WHG, wobei die Bewilligung dem Inhaber eine bessere Rechtsposition verleiht), „Genehmigungen" (zB die Baugenehmigung nach § 58 Abs. 1 S. 1 LBO), „Gestattungen" (zB § 12 Abs. 1 GastG) etc. Beim Erlass eines begünstigenden VA gelten **grds. die gleichen Regeln wie beim Erlass eines belastenden VA**. Es bestehen allerdings **auch ein paar Besonderheiten**.

A. Bedeutung und Rechtsgrundlagen von Nebenbestimmungen

193 Der wichtigste Unterschied besteht darin, dass **beim Erlass eines begünstigenden VA** die Behörde **den VA auch dann erteilen darf, wenn eine gesetzliche Tatbestandsvoraussetzung nicht erfüllt ist**. Liegt hingegen bei einem belastenden VA eine Tatbestandsvoraussetzung nicht vor, darf der VA nicht erlassen werden (da der Tatbestand nicht erfüllt ist). Der Unterschied beruht auf der anderen Stellung des Adressaten. Mit einem begünstigenden VA greift die Behörde nicht in bestehende Rechte des Adressaten ein, sondern will ihm auf seinen Antrag hin weitere Rechte gewähren. Insbesondere zugunsten des Adressaten (= Antragstellers) muss es der Behörde möglich sein, nicht nur ein striktes „Ja, der VA wird erteilt" oder ein striktes „Nein, der VA wird nicht erteilt" auszusprechen, sondern einen Mittelweg zu gehen und ein „Ja, aber…" auszusprechen. Mit diesem „Aber" ist der **Erlass von Nebenbestimmungen** gemeint. Nebenbestimmungen ergänzen oder beschränken einen VA, indem sie entweder bestimmen, wann der VA wirksam wird oder seine Wirksamkeit verliert (Bedingung, Befristung, Widerrufsvorbehalt) oder zusätzlich ein Tun, Dulden oder Unterlassen vorschreiben (Auflage) oder in Aussicht stellen (Auflagenvorbehalt). Da einige Nebenbestimmungen – die Auflage und der Auflagenvorbehalt – selbst VA sind, wird der begünstigende VA (die Genehmigung, Erlaubnis etc.) auch hier klarstellend Haupt-VA genannt.

194 Es ist zwischen begünstigenden Haupt-VA, auf die ein gebundener Anspruch besteht, und solchen, die im Ermessen der Behörde liegen, zu unterscheiden.
- **Besteht auf den begünstigenden Haupt-VA ein gebundener Anspruch** (zB auf die gaststättenrechtliche Erlaubnis nach § 4 Abs. 1 GastG), darf die Behörde eine Nebenbestimmung nach § 36 Abs. 1 LVwVfG nur beifügen, wenn dies **ausdrücklich durch eine Spezialvorschrift gestattet** ist oder **um die Rechtmäßigkeit des Haupt-VA sicherzustellen**, weil andernfalls ohne die Nebenbestimmung der begünstigende Haupt-VA gar nicht erlassen werden dürfte.

– Liegt der begünstigende Haupt-VA im Ermessen der Behörde (zB die straßenrechtliche Sondernutzugserlaubnis nach § 16 Abs. 2 StrG), kann die Behörde eine Nebenbestimmung **nach § 36 Abs. 2 LVwVfG** bereits dann beifügen, wenn sie sie **für zweckmäßig hält**, wobei natürlich auch hier das Ermessen pflichtgemäß nach § 40 LVwVfG auszuüben und insb. der Grundsatz der Verhältnismäßigkeit als Ermessensgrenze zu beachten ist.

Besteht auf den begünstigenden Haupt-VA ein Anspruch, ist daher immer zu prüfen, ob eine **fehlende Tatbestandsvoraussetzung nicht durch den Erlass einer Nebenbestimmung „kompensiert"** werden kann. Die Nebenbestimmung stellt dann zumindest für die Zukunft sicher, dass die Tatbestandsvoraussetzung erfüllt wird. Dies ist bei jeder fehlenden Tatbestandsvoraussetzung zu prüfen, da ein Erlass mit Nebenbestimmungen oft gleich geeignet und milder ist als die Ablehnung des Haupt-VA (Erforderlichkeit). **Liegt der begünstigende Haupt-VA im Ermessen der Behörde**, dient der Einsatz von Nebenbestimmungen auch der **Absicherung bzw. Konkretisierung der behördlichen Ermessenserwägungen.**

195 Da Nebenbestimmungen ein Recht beschränken und aus Sicht des Adressaten (= Antragstellers) belastend wirken, bedürfen auch sie einer **Rechtsgrundlage**. Eine solche kann in einer **Spezialvorschrift** zu finden sein (zB in § 12 BImSchG für Nebenbestimmungen zu einer immissionsschutzrechtlichen Genehmigung, in § 13 WHG für Nebenbestimmungen zu einer wasserrechtlichen Erlaubnis bzw. Bewilligung, in § 12 Abs. 2 S. 1 AufenthG für Bedingungen zu einer Aufenthaltserlaubnis oder in § 5 Abs. 1 GastG für Auflagen zu einer Gaststättenerlaubnis).[102] Solche Spezialvorschriften gehen den allgemeinen Rechtsgrundlagen in § 36 Abs. 1 und Abs. 2 LVwVfG vor, was sich bereits aus der Formulierung in § 36 Abs. 1 Alt. 1 LVwVfG ergibt: „wenn sie durch Rechtsvorschrift zugelassen ist"[103].

196 Fehlt eine Spezialvorschrift, gelten die **allgemeinen Rechtsgrundlagen des § 36 LVwVfG**.[104] Innerhalb des § 36 LVwVfG ist wie folgt zu differenzieren:
– **Besteht auf den begünstigenden Haupt-VA ein gebundener Anspruch**, ist die **Rechtsgrundlage** für beizufügende Nebenbestimmungen **§ 36 Abs. 1 Alt. 2 LVwVfG**. Danach ist – wie bereits erwähnt – eine Nebenbestimmung nur zulässig, „wenn sie sicherstellen soll, dass die gesetzlichen Voraussetzungen des Verwaltungsakts erfüllt werden".
– **Liegt der begünstigende Haupt-VA im Ermessen der Behörde**, ist die **Rechtsgrundlage** für beizufügende Nebenbestimmungen **§ 36 Abs. 2 LVwVfG**. § 36 Abs. 2 LVwVfG enthält keine weiteren Tatbestandsvorausset-

---

102 Wenn Nebenbestimmungen nach dem Wortlaut „nachträglich" oder „jederzeit" erlassen werden können (zB § 13 WHG oder § 5 Abs. 1 GastG), handelt es sich sowohl um eine *Rechtsgrundlage für Nebenbestimmungen*, die nur *zusammen mit dem Haupt-VA* erlassen werden können, als auch **zugleich** um eine *Rechtsgrundlage für* den Erlass eines *eigenständigen* belastenden VA, der auch die Bezeichnung „Auflage" etc. trägt.
103 Diese Formulierung ist somit lediglich ein Verweis auf vorrangige spezialgesetzliche Regelungen und hat keine eigenständige Bedeutung.
104 Zur Frage, ob § 36 LVwVfG eine eigene Rechtsgrundlage für Nebenbestimmungen darstellt, s. *Schoch/Schneider/Schröder*, VwVfG § 36 Rn. 89.

zungen. Auf der Rechtsfolgenseite sind selbstverständlich auch hier die Vorgaben des § 40 LVwVfG und insb. der Grundsatz der Verhältnismäßigkeit zu beachten.

> **Vorsicht:**
> § 36 Abs. 2 LVwVfG enthält **zugleich** auch Legaldefinitionen der fünf Arten von Nebenbestimmungen, die stets gelten, also auch dann, wenn sich die Rechtsgrundlage einer Nebenbestimmung aus dem Spezialgesetz oder aus § 36 Abs. 1 Alt. 2 LVwVfG ergeben!

197
> **Beachte:**
> Bestimmte VA sind zwingend mit Nebenbestimmungen zu versehen (so zB die Aufenthaltserlaubnis, die nach § 7 Abs. 1 S. 1, Abs. 2 AufenthG zwingend zu befristen ist).

B. Arten von Nebenbestimmungen: Legaldefinitionen in § 36 Abs. 2 LVwVfG

I. Nebenbestimmungen nach Nr. 1 bis 3

198 Die Nebenbestimmungen nach Nr. 1 bis 3 sind keine eigenständigen VA, sondern **unselbstständige Teile des begünstigenden Haupt-VA**. Dies ergibt sich bereits aus dem Wortlaut des Einleitungssatzes in § 36 Abs. 2 LVwVfG, wonach die Nebenbestimmungen nach Nr. 1 bis 3 **zusammen mit dem Haupt-VA erlassen werden**, was auf eine enge Bindung zwischen Nebenbestimmung und Haupt-VA hinweist. Die Nebenbestimmungen in Nr. 1 bis 3 haben **Einfluss auf die innere Wirksamkeit des begünstigenden Haupt-VA**, dh seinen zeitlichen Geltungsbereich. Sie regeln, ab wann bzw. bis wann der begünstigende Haupt-VA wirksam ist. Da die Nebenbestimmungen nach Nr. 1 bis 3 keine eigenständigen VA sind, sind sie **nicht selbstständig mit den Zwangsmitteln des LVwVG durchsetzbar**. Nach dem LVwVG können nur eigenständige VA vollstreckt werden, vgl. §§ 1, 2 LVwVG.[105]

Nr. 1 Befristung

199 Der Beginn (aufschiebend[106]) oder das Ende (auflösend) der inneren Wirksamkeit des VA wird von einem **„bestimmten Zeitpunkt"** abhängig gemacht. Sind Beginn und Ende der inneren Wirksamkeit an bestimmte Zeitpunkte geknüpft, gilt der Haupt-VA für einen „bestimmten Zeitraum". Zeitpunkt und Zeitraum sind bereits dann bestimmt, wenn sie ohne Weiteres ausrechenbar bzw. terminlich bestimmbar sind.

---

105 Obwohl es sich bei diesen Nebenbestimmungen nicht um VA handelt, kann bei Vorliegen der Voraussetzungen aber dennoch die sofortige Vollziehung gem. § 80 Abs. 2 S. 1 Nr. 4 VwGO angeordnet werden, s. a. unten Rn. 238.
106 Zu den Begriffen „aufschiebende" und „auflösende" Befristung, s. folgende Fußnote.

1. Kapitel Grundlagen **200, 201**

Beispiele:
- Genehmigung einer Veranstaltung für Sonntag, 07. August 2022, bis 3.00 Uhr.
- Sondernutzungserlaubnis nach § 16 Abs. 2 StrG zum Aufstellen von Tischen und Stühlen auf dem Gehweg vor dem Restaurant von März bis Oktober eines Jahres.
- Sondernutzungserlaubnis für einen Stand auf dem Marktplatz in den Monaten Mai bis August jeweils für den letzten Mittwoch eines Monats von 9.00 bis 14.00 Uhr.

Nr. 2 Bedingung

Der Beginn (aufschiebend) und/oder das Ende (auflösend) der inneren Wirksamkeit des VA wird vom Einritt eines **ungewissen Ereignisses** abhängig gemacht. Ungewiss kann nicht nur sein, wann das Ereignis eintritt, sondern auch, ob es überhaupt eintritt. Der Eintritt des Ereignisses kann vom Willen und Verhalten des Adressaten/Begünstigten abhängen, wenn die Bedingung von ihm ein Tun oder Unterlassen fordert. Es ist dann ungewiss, ob er das mit der Bedingung geforderte Verhalten tatsächlich umsetzt bzw. das untersagte Verhalten unterlässt. **200**

Beispiele:
- Erteilung einer Gaststättenerlaubnis unter der aufschiebenden Bedingung, dass eine Brandschutztür eingebaut wird – von der Gaststättenerlaubnis darf erst Gebrauch gemacht werden (dh die Gaststätte darf erst eröffnet werden), wenn die Brandschutztür eingebaut ist („Ja, die Gaststättenerlaubnis wird erteilt, aber sie wird innerlich erst wirksam und die Gaststätte darf erst eröffnet werden, wenn eine Brandschutztür eingebaut wurde").
- Erteilung einer Baugenehmigung unter der aufschiebenden Bedingung, dass noch drei Kfz-Stellplätze nachgewiesen werden – vorher darf von der Baugenehmigung nicht Gebrauch gemacht werden (dh nicht mit dem Bau begonnen werden).
- Erteilung einer Sondernutzungserlaubnis unter der auflösenden Bedingung, dass die Verkehrsführung auf der angrenzenden Straße geändert wird.

Eine **aufschiebende Bedingung** bewirkt, dass die Behörde den begünstigenden Haupt-VA sofort erlassen kann (er wird bekannt gegeben und erlangt nach § 43 Abs. 1 LVwVfG äußere Wirksamkeit, dh „der Antragsteller bekommt sofort den Bescheid mit dem VA"). Der Haupt-VA wird aber erst mit Eintritt der Bedingung innerlich wirksam und darf erst ab dann vom Begünstigten genutzt werden. Vor dem Eintritt der aufschiebenden Bedingung darf er von dem begünstigenden Haupt-VA keinen Gebrauch machen (dessen innere Wirksamkeit wird aufgeschoben). Eine **auflösende Bedingung** führt dazu, dass der begünstigende Haupt-VA mit Eintritt der Bedingung seine innere und äußere Wirksamkeit verliert. **201**

Nach dem Eintritt der auflösenden Bedingung wird der begünstigende Haupt-VA unwirksam.[107]

Nr. 3 Widerrufsvorbehalt

202 Der Widerrufsvorbehalt kann als **Unterfall der auflösenden Bedingung** bezeichnet werden. Das ungewisse Ereignis, das die Wirksamkeit des Haupt-VA auflöst, ist der von der Behörde erlassene Widerruf des Haupt-VA. Es ist grds. zulässig, den VA **„jederzeit widerruflich"** zu erteilen und an keinen bestimmten Widerrufsgrund zu knüpfen.[108] Es reicht aus, wenn aus den Begleitumständen auf die Reichweite und Zielsetzung des Widerrufs geschlossen werden kann. Darüber hinaus ist die Ausübung des Widerrufs nach § 49 Abs. 2 LVwVfG eine Ermessensentscheidung, die die Vorgaben des § 40 LVwVfG zu beachten hat.[109] Auch ein Widerrufsvorbehalt, der einen „jederzeitigen Widerruf" vorsieht, begründet damit keine freie Widerruflichkeit. Die tatsächliche Widerrufsmöglichkeit besteht nur, wenn und soweit der Widerruf zur Wahrung der Belange erforderlich ist, die durch das Gesetz geschützt sind, das die Behörde zum Erlass des unter Widerrufsvorbehalt gestellten VA ermächtigt. Der konkrete Widerrufsgrund ist in der tatsächlichen Widerrufsentscheidung zu nennen (§ 39 LVwVfG). Teilweise sind die Widerrufgründe auch im Spezialgesetz vorgegeben (zB in § 12 Abs. 2 S. 2 BImSchG bei zu Erprobungszwecken dienenden genehmigungsbedürftigen Anlagen). Besteht keine spezialgesetzliche Ermächtigung, ist bei gebundenen Haupt-VA das Beifügen eines Widerrufsvorbehalts – wie bei allen Nebenbestimmungen – nach § 36 Abs. 1 Alt. 2 LVwVfG nur zulässig, um die gesetzlichen Vorgaben zur Erteilung der Genehmigung/Erlaubnis sicherzustellen (zB indem durch den Widerrufsvorbehalt ein Versagungsgrund ausgeräumt wird). Hier muss klar zum Ausdruck kommen, welche gesetzlichen Vorgaben der Widerrufsvorbehalt sicherstellen will. Hält sich der Begünstigte nicht hieran, tritt der Widerrufsgrund ein und die Behörde kann den begünstigenden Haupt-VA widerrufen.

Beispiel:
Genehmigung einer Veranstaltung unter dem Vorbehalt des Widerrufs für den Fall, dass ein Lärmpegel von … dB(A) überschritten wird – Ermächtigungsgrundlage für den möglicherweise folgenden Widerruf ist dann § 49 Abs. 2 LVwVfG und der Widerrufsgrund ist über § 49 Abs. 2 Nr. 1 Alt. 2 LVwVfG iVm der konkreten Regelung im VA gegeben.

---

107 Die Begriffe „aufschiebend" und „auflösend" lassen sich auch auf die Befristung übertragen: Bei einer **aufschiebenden Befristung** wird der begünstigende Haupt-VA zu dem bestimmten Zeitpunkt innerlich wirksam, bei einer **auflösenden Befristung** zu einem bestimmten Zeitpunkt (innerlich und äußerlich) unwirksam. In diesem Zusammenhang werden die Begriffe „aufschiebend" und „auflösend" jedoch seltener verwendet, auch weil aufschiebende und auflösende Befristung oft zugleich erlassen werden und es sich dann um einen „bestimmten Zeitraum" handelt.
108 So zumindest die hM, s. zB VG Stuttgart, Urt. v. 10.3.2017, Az. 8 K 3106/15, juris Rn. 21 ff; Stelkens/Bonk/Sachs/Stelkens, VwVfG § 36 Rn. 79.
109 VG Stuttgart, Urt. v. 10.3.2017, Az. 8 K 3106/15, juris Rn. 23.

II. Nebenbestimmungen nach Nr. 4 und 5

Die Nebenbestimmungen nach Nr. 4 und 5 hängen zwar vom Bestand des Haupt-VA ab, sind aber **eigenständige VA.** Sie können daher selbstständig **mit den Zwangsmitteln nach dem LVwVG durchgesetzt werden.** Anders als die Nebenbestimmungen nach Nr. 1 bis 3 haben sie **keinen direkten Einfluss auf die innere Wirksamkeit des Haupt-VA,** dh seinen zeitlichen Geltungsbereich. Diese lockerere Verbindung ergibt sich schon aus dem Wortlaut des Einleitungssatzes, wonach die Nebenbestimmungen nach Nr. 4 und 5 mit dem Haupt-VA (nur) **„verbunden werden".** 203

Nr. 4 Auflage

Die Auflage enthält eine eigene Sachregelung, ein **zusätzliches Tun, Dulden oder Unterlassen** („Ja, aber"). Der Haupt-VA wird unabhängig von der Erfüllung der Auflage sofort (auch innerlich) wirksam und der Adressat/Begünstigte kann von der Begünstigung sofort Gebrauch machen. 204

Beispiele:
- Erteilung einer Gaststättenerlaubnis mit der Auflage, schalldichte Fenster einzubauen („Ja, die Gaststättenerlaubnis wird erteilt, aber es sind noch schalldichte Fenster einzubauen").
- Erteilung einer Sondernutzungserlaubnis mit der Auflage, maximal vier Tische und acht Stühle auf den Gehweg zu stellen.
- Erteilung einer Baugenehmigung mit der Auflage, dass noch drei Kfz-Stellplätze nachgewiesen und geschaffen werden. Es darf von der Baugenehmigung – anders als im obigen Beispiel mit der aufschiebenden Bedingung – sofort Gebrauch gemacht werden; die drei Kfz-Stellplätze sind während des Gebrauchs (der Bauarbeiten) nachzuweisen und zu schaffen.

Die Auflage ist ein **eigenständiger VA,** der – bei Vorliegen der Voraussetzungen – mit einer Anordnung der sofortigen Vollziehung nach § 80 Abs. 2 S. 1 Nr. 4 LVwVfG versehen und **eigenständig mit den Zwangsmitteln nach dem LVwVG vollstreckt werden** kann. Die Auflage kann so direkt mit der Androhung eines Zwangsmittels für den Fall verbunden werden, dass sie nicht befolgt wird. 205

Beachte:
Befolgt der Adressat die Auflage nicht oder nicht innerhalb der gesetzten Frist, besteht zusätzlich die Möglichkeit, den **Haupt-VA** nach § 49 Abs. 2 Nr. 2 oder Abs. 3 Nr. 2 LVwVfG **zu widerrufen** (mit der Folge, dass er unwirksam wird). Die Behörde hat Ermessen, ob sie die Auflage vollstreckt oder den Haupt-VA widerruft. Aber: Als Ermessensgrenze gilt hier wiederum der Grundsatz der Verhältnismäßigkeit. Die Vollstreckung der Auflage ist im Vergleich zum Widerruf grds. das mildere gleich geeignete Mittel (Erforderlichkeit), da der begünstigende Haupt-VA wirksam bleibt. Ein Widerruf wird daher idR erst nach erfolglosen Vollstreckungsandrohungen/-versuchen verhältnismäßig sein (s. hierzu auch Rn. 261).

Nr. 5 Auflagenvorbehalt

206 Der Auflagenvorbehalt ist die Ankündigung, dass beim Eintritt bestimmter, genau zu bezeichnender Voraussetzungen eventuell später noch eine Auflage erlassen werden kann. Ohne Auflagenvorbehalt benötigt die Behörde für die nachträgliche Anordnung einer Auflage eine spezielle Ermächtigungsgrundlage, die dies gestattet (zB § 5 Abs. 1 GastG „jederzeit" oder § 13 WHG „nachträglich"). Eine solche ist nicht in jedem Rechtsgebiet/Spezialgesetz zu finden. Der Auflagenvorbehalt eignet sich vor allem dann, wenn zum Zeitpunkt des Erlasses des begünstigenden Haupt-VA unsicher ist, ob ein Tatbestandmerkmal erfüllt ist. Der Auflagenvorbehalt ist milder als der Widerrufsvorbehalt, da bei einer nachträglichen Auflage der Haupt-VA wirksam bleibt. Der Inhalt der zukünftigen Auflage braucht noch nicht präzisiert zu werden.[110]

Beispiel:
Erteilung einer Sondernutzungserlaubnis unter dem Vorbehalt weiterer Auflagen, falls es aufgrund der auf dem Gehweg befindlichen Tische und Stühle zu Gefährdungen der Fußgänger oder der Sicherheit des Straßenverkehrs kommt.

207 Bildlich lassen sich die Wirkungen der einzelnen Nebenbestimmungen wie folgt darstellen:

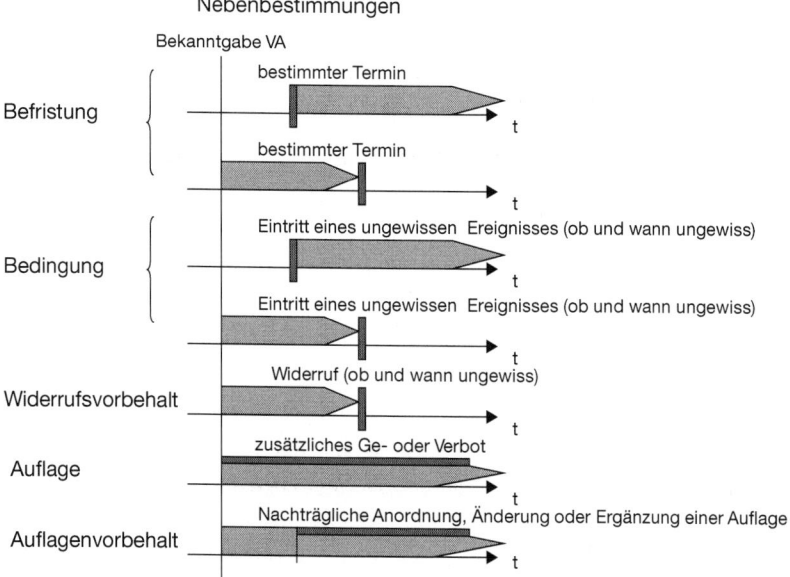

---

110 *Stelkens/Bonk/Sachs/Stelkens*, VwVfG § 36 Rn. 90.

Beachte: 208
Keine Nebenbestimmungen sind
- **Inhaltsbestimmungen:** Diese konkretisieren den Haupt-VA, indem sie dessen typischen Regelungsinhalt bestimmen (zB Anzahl der Stockwerke bei einer Baugenehmigung; Betriebsart und Räume bei einer gaststättenrechtlichen Erlaubnis, vgl. § 3 GastG; Zweck, Art und Maß ein Gewässer zu nutzen bei einer wasserrechtlichen Erlaubnis oder Bewilligung, vgl. § 10 Abs. 1 WHG).
- **Rechtliche Hinweise:** Diese beinhalten keine eigenständige neue Regelung, sondern sind lediglich einen Verweis auf bestehende rechtliche Regelungen (zB wasserrechtliche Erlaubnis mit dem Hinweis, dass die Trinkwasserverordnung zu beachten ist, was auch ohne den Hinweis geschehen müsste).

C. Hauptanwendungsfall: Auflage oder aufschiebende Bedingung?

In der Praxis wie auch in der Klausur stellt sich häufig die Frage, ob eine Auflage 209 oder eine aufschiebende Bedingung die richtige bzw. verhältnismäßige Nebenbestimmung ist. Es ist daher wichtig, sich die unterschiedlichen Wirkungen dieser beiden Nebenbestimmungen nochmals zu verdeutlichen: Die **Auflage** zwingt (sie kann selbstständig vollstreckt werden), suspendiert aber nicht (sie schiebt die innere Wirksamkeit nicht auf); die **Bedingung** hingegen suspendiert, zwingt aber nicht. Insbesondere wenn der Inhalt der Nebenbestimmung mit einem zukünftigen Handeln des Begünstigten verknüpft ist, kommen sowohl Auflage als auch aufschiebende Bedingung in Betracht. Das Handeln des Begünstigten ist dann entweder als Auflage ein zusätzliches Tun oder als aufschiebende Bedingung das ungewisse Ereignis, das die innere Wirksamkeit des Haupt-VA auslöst.

Beispiel:
- Bei der Erteilung einer Gaststättenerlaubnis kann die Pflicht zum Einbau schalldichter Fenster als Auflage (vom Gastwirt wird ein Tun gefordert) oder als aufschiebende Bedingung (es ist ein ungewisses Ereignis, ob der Gastwirt die Fenster tatsächlich einbaut) geregelt sein.
- Bei der Erteilung einer Baugenehmigung kann die Pflicht zur Schaffung zusätzlicher Stellplätze mittels Auflage oder aufschiebender Bedingung erfolgen (s. die Beispiele oben).

Die Behörde hat Ermessen, ob sie im konkreten Fall eine Pflicht als Auflage oder als aufschiebende Bedingung ausgestaltet und dem Haupt-VA beifügt. Dieses Ermessen hat sie nach § 40 LVwVfG auszuüben und dabei den Grundsatz der Verhältnismäßigkeit als Ermessensgrenze zu beachten. Danach muss sie iRd Erforderlichkeit die mildeste aller gleich geeigneten Nebenbestimmungen wählen. Die Auflage ist grds. milder als die aufschiebende Bedingung, da sie die (innere) Wirksamkeit des Haupt-VA unberührt lässt. Im Falle einer Auflage kann von der Begünstigung sofort mit Erlass des Haupt-VA Gebrauch gemacht werden, bei einer aufschiebenden Bedingung ist dies erst mit Eintritt des ungewissen Ereignisses zulässig. Die **Auflage** ist somit grds. als **das mildere Mittel** zu wählen, **außer** wenn sie im Einzelfall **nicht gleich geeignet** ist, weil das geforderte Handeln so wichtig ist, dass es bereits beim erstmaligen Gebrauchmachen vom Haupt-VA umgesetzt sein muss. Im Prüfungsschema ist diese Abgrenzung bei Prüfung der Rechtmäßigkeit der Nebenbestimmung im Ermessen vorzunehmen, und zwar konkret bei der Geeignetheit und Erforderlichkeit des Verhältnismäßigkeitsgrundsatzes als Ermessensgrenze.

Im Beispiel soeben:
Ist der Einbau schalldichter Fenster so wichtig (zur Erfüllung der gesetzlichen Vorgaben), dass er bereits bei Eröffnung der Gastwirtschaft umgesetzt sein muss, ist er als aufschiebende Bedingung auszugestalten und der Gaststättenerlaubnis beizufügen. Kann der Einbau hingegen während des Betriebs der Gastwirtschaft (innerhalb einer gesetzten Frist) erfolgen – wofür bspw. nur geringfügige und kurzfristige Immissionswertüberschreitungen sprechen können –, ist er als Auflage zu regeln.

2. Kapitel   Fallbearbeitung

A. Erlass eines begünstigenden Verwaltungsakts, auf den ein Anspruch besteht[111]

Beim Erlass eines begünstigenden VA gelten **grds. die gleichen Regeln wie beim Erlass eines belastenden VA.** Daher kann das gleiche Prüfungsschema angewendet werden wie beim belastenden VA, allerdings mit **ein paar Besonderheiten** (s. o. Rn. 191). Um die Prüfung zum Erlass von Nebenbestimmungen besser zu verstehen, wird sie im Folgenden ebenfalls anhand eines Beispielsfalles erläutert. Auszugehen ist von der häufigen **Fallkonstellation, dass auf den Erlass des begünstigenden Haupt-VA** (Genehmigung, Erlaubnis etc.) **ein gebundener Anspruch besteht,** er also nicht im Ermessen der Behörde steht, sondern zu erteilen ist, wenn die gesetzlichen Voraussetzungen zum Erlass vorliegen (zB Baugenehmigung § 58 Abs. 1 S. 1 LBO „ist zu erteilen, wenn"). Da die Prüfung zahlreiche Parallelen zur Prüfung eines belastenden VA aufweist, kann zunächst auf die obigen Ausführungen zum belastenden VA (in 1. Teil, 2. Kapitel) verwiesen werden. Nachfolgend liegt der Schwerpunkt bei den (wenigen) Besonderheiten.

210

Beispielsfall „Kfz-Stellplatz":

Heiner P. hat ein kleines unbebautes Grundstück an einer engen, beidseitig bebauten Straße in Freiburg (Helmut-H-Straße 33; Flst. Nr. 4/1333). Aufgrund des starken Verkehrsaufkommens wollte er bisher dort nicht wohnen, hat es sich jetzt aber anders überlegt und beantragt eine „klassische" Baugenehmigung (Vollgenehmigung) für ein dreistöckiges Einfamilienhaus. Bei der Überprüfung der Unterlagen stellen Sie fest, dass das Vorhaben grds. genehmigungsfähig ist, es insb. den für das Grundstück geltenden Festsetzungen des qualifizierten Bebauungsplans entspricht – was in den Antragsunterlagen allerdings fehlt, ist die Ausweisung eines Kfz-Stellplatzes. Ein solcher wäre aufgrund der Verkehrssituation (enge Straße mit hohem Verkehrsaufkommen, sodass ein Parken am Straßenrand den Verkehr stark beinträchtigen würde) aber gerade an dieser Stelle von großer Bedeutung. Da Heiner P. die Baugenehmigung zur Vorlage bei seiner Hausbank jedoch dringend benötigt, ist zu prüfen, ob die Baugenehmigung trotz des fehlenden Stellplatzes bereits jetzt in rechtmäßiger Weise erteilt werden kann.

211

I. Rechtsgrundlage

Der Erlass eines begünstigenden VA bedarf wie der Erlass eines belastenden VA grds. einer **Rechtsgrundlage** (bei begünstigenden VA oft auch **Anspruchsgrundlage** genannt). Genehmigungen, Erlaubnisse, Zulassungen etc. wirken

212

---

111   S. hierzu auch **Fall 4.**

sich meist wesentlich auf die Grundrechte des Bürgers aus, sodass es Sache des Gesetzgebers ist (Vorbehalt des Gesetzes), die Tatbestandsvoraussetzungen und Rahmenbedingungen für ihren Erlass zu regeln.[112] Die Rechtsgrundlage berechtigt oder verpflichtet die Behörde, den beantragten begünstigenden VA (die Genehmigung, Erlaubnis etc.) zu erteilen. Es gilt im Wesentlichen das Gleiche wie beim Erlass eines belastenden VA. Die Rechtsgrundlagen sind in „Tatbestandsvoraussetzungen" und „Rechtsfolge" aufgebaut. Auf Rechtsfolgenseite können sie ebenfalls eine Ermessensentscheidung (zB § 16 Abs. 2 StrG oder § 25 Abs. 5 AufenthG), eine Soll-Entscheidung (zB § 25 Abs. 3 AufenthG) oder eine gebundene Entscheidung vorsehen. Auf Letztere hat der Antragsteller dann einen gebundenen Anspruch.

Beispiele für eine gebundene Entscheidung:
- Baugenehmigung nach § 58 Abs. 1 S. 1 LBO „ist zu erteilen, wenn ...",
- immissionsschutzrechtliche Genehmigung nach § 6 Abs. 1 BImSchG „ist zu erteilen, wenn ...";
- Gaststättenerlaubnis nach § 4 Abs. 1 GastG „ist zu versagen, wenn ...", was nach systematischer Auslegung aufgrund des Art. 12 GG positiv formuliert bedeutet „ist zu erteilen, wenn nicht ..."
- Aufenthaltserlaubnis nach § 25 Abs. 1 AufenthG „ist ... zu erteilen".

213 | **Formulierungsvorschlag im Beispielsfall „Kfz-Stellplatz":**
I. Rechtsgrundlage
Als Rechtsgrundlage kommt § 58 Abs. 1 S. 1 LBO in Betracht.

II. Materielle Voraussetzungen

1. Tatbestandsvoraussetzungen (inkl. Prüfung Erlass von Nebenbestimmung)

214 Beim begünstigenden VA lassen sich die Tatbestandsvoraussetzungen – neben der evtl. vorab zu klärenden Frage, ob der **Anwendungsbereich** des Gesetzes überhaupt eröffnet ist – idR in die Fragen unterteilen:
- Ist ein begünstigender VA überhaupt erforderlich (**Erlaubnis-/Genehmigungspflicht**)? und
- Liegen die Voraussetzungen für dessen Erteilung vor (**Erlaubnis-/Genehmigungsfähigkeit**)[113]?

215 Wie schon beim belastenden VA kann als erster Prüfungspunkt separat der **Anwendungsbereich des Gesetzes** geprüft werden (zB bei einer Rechtsgrundlage aus dem Gaststättengesetz, ob ein Gaststättengewerbe nach § 1 GastG vorliegt oder bei einer Rechtsgrundlage aus dem KrWG, ob der Geltungsbereich nach § 3 KrWG – nach dessen Absatz 1 in positiver und dessen Absatz 2 in negativer

---

112 Zum „Vorbehalt des Gesetzes" und zur Wesentlichkeitstheorie des BVerfG s. *Schweickhardt/Vondung/Zimmermann-Kreher*, Allg. Verwaltungsrecht, Rn. 155 ff. Ausnahmen gibt es insb. bei freiwilligen Leistungen im Bereich der Daseinsvorsorge oder bei der Vergabe von Subventionen.
113 „Erlaubnis", „Genehmigung" oder auch „Bewilligung" oder allgemein „Zulassung" sind verschiedene Bezeichnungen für begünstigende VA entsprechend des jeweiligen Fachrechts.

Hinsicht – eröffnet ist). Dieser Prüfungspunkt muss aber nicht immer eigenständig sein, er kann auch mit einer anderen Tatbestandsvoraussetzung zusammenfallen, wie bspw. sogleich unten im Fall „KfZ-Stellplatz" („bauliche Anlage" eröffnet nach § 1 LBO auch den Anwendungsbereich).

Ein eigenständiger Prüfungspunkt bei Erlass begünstigender VA ist **die Erlaubnis-/Genehmigungspflicht**. Es ist zu fragen, ob für das beantragte Verhalten/Vorhaben ein begünstigender VA, dh eine Genehmigung, Erlaubnis oder sonstige Zulassung **überhaupt** erforderlich ist (zB im Gaststättenrecht nach § 2 GastG nicht, wenn in dem Gaststättengewerbe lediglich alkoholfreie Getränke ausgeschenkt werden, oder im Wasserrecht, wenn eine ausnahmsweise erlaubnisfreie Benutzung nach § 8 Abs. 2 WHG vorliegt). **216**

Anschließend ist zu untersuchen, ob das beantragte Verhalten/Vorhaben zulassungsfähig ist (**Erlaubnis-/Genehmigungsfähigkeit**). Hier werden nun die „eigentlichen" Tatbestandsvoraussetzungen der Rechtsgrundlage geprüft. Teilweise werden diese Voraussetzungen positiv (zB in § 6 Abs. 1 Nr. 1 BImSchG), teilweise als sog. Versagungsgründe negativ (zB in § 4 Abs. 1 GastG) geregelt. **217**

> **Formulierungsvorschlag im Beispielsfall „Kfz-Stellplatz":** **218**
> **II. Materielle Voraussetzungen**
>   **1. Tatbestandsvoraussetzungen**
>   **a) Genehmigungspflicht**
>   Die Genehmigungspflicht ergibt sich aus § 49 LBO. Heiner P. möchte ein Einfamilienhaus bauen und damit errichten. Das Einfamilienhaus ist eine bauliche Anlage nach § 2 Abs. 1 S. 1 LBO. Es ist zudem nicht genehmigungsfrei nach §§ 50, 51, 69 oder 70 LBO, insb. scheidet ein Kenntnisgabeverfahren aus, da Heiner P. einen Antrag auf Baugenehmigung gestellt hat (§ 51 Abs. 5 Hs. 1 LBO).
>   **b) Genehmigungsfähigkeit: Keine entgegenstehenden öffentlich-rechtlichen Vorschriften**
>   Nach § 58 Abs. 1 S. 1 LBO dürfen diesem genehmigungspflichtigen Vorhaben keine öffentlich-rechtlichen Vorschriften entgegenstehen. Vorliegend sind dies bauplanungsrechtliche und bauordnungsrechtliche Vorschriften, sonstige öffentlich-rechtliche Vorschriften stehen nicht in Rede.
>   **Bauplanungsrechtliche Vorschriften:** Das Vorhaben hat die Errichtung einer baulichen Anlage iSd § 29 BauGB zum Inhalt (es hat planungsrechtliche Relevanz), sodass der Anwendungsbereich der §§ 30 ff. BauGB eröffnet ist. Da das Haus im Geltungsbereich eines qualifizierten Bebauungsplans errichtet werden soll,[114] richtet sich die bauplanungsrechtliche Zulässigkeit nach § 30 Abs. 1 BauGB. Laut Sachverhalt entspricht das Vorhaben den Festsetzungen des

---

114 Ein „qualifizierter Bebauungsplan" ist ein Bebauungsplan, der die vier Mindestfestsetzungen Art und Maß der baulichen Nutzung, überbaubare Grundstücksfläche und örtliche Verkehrsflächen enthält.

> Bebauungsplans und aufgrund der Lage an einer bereits beidseitig bebauten Straße ist von einer gesicherten Erschließung auszugehen. Die Voraussetzungen des § 30 Abs. 1 BauGB sind somit erfüllt. Das Vorhaben ist bauplanungsrechtlich zulässig.
> **Bauordnungsrechtliche Vorschriften:** Fraglich ist, ob das geplante Einfamilienhaus von Heiner P. auch den bauordnungsrechtlichen Vorschriften der LBO entspricht, da in den Antragsunterlagen kein Kfz-Stellplatz ausgewiesen ist. Nach § 37 Abs. 1 S. 1 LBO ist pro Wohnung ein Kfz-Stellplatz herzustellen und nach § 4 Abs. 4 Nr. 2, 5 und 8 LBOVVO im zeichnerischen Teil des Lageplans darzustellen.[115] Dies ist vorliegend nicht geschehen. Dem Vorhaben steht damit eine öffentlich-rechtliche Vorschrift iSd § 58 Abs. 1 S. 1 LBO entgegen, sodass die Baugenehmigung eigentlich nicht erteilt werden darf und abzulehnen ist.

219 Liegen nicht alle (der „eigentlichen") Tatbestandsvoraussetzungen vor, um den begünstigenden VA erteilen zu können, stellt sich oft die Frage, ob seine Ablehnung nicht eine zu „harte" und unverhältnismäßige Reaktion ist, weil eine mildere andere Möglichkeit in Betracht kommt, die gleich geeignet und damit erforderlich ist. Eine solche Möglichkeit ist insb. der Erlass von Nebenbestimmungen. Es stellt sich also konkret die Frage, **ob eine fehlende Tatbestandsvoraussetzung nicht mithilfe einer Nebenbestimmung „kompensiert"** oder anders formuliert, **ob ein festgestellter Ablehnungs-/Versagungsgrund nicht mithilfe einer Nebenbestimmung ausgeräumt werden kann.** Die Nebenbestimmungen dienen so dem Begünstigten, indem sie den Erlass des begünstigenden VA überhaupt ermöglichen.

220 Für die Prüfung eines begünstigenden Haupt-VA, auf den ein Anspruch besteht, gilt daher: Wird festgestellt, dass eine Tatbestandsvoraussetzung nicht vorliegt und der Haupt-VA deswegen nicht erteilt werden könnte, ist nun zu prüfen, ob der Ablehnungs-/Versagungsgrund nicht durch eine Nebenbestimmung ausgeräumt werden kann. Die Prüfung zum Erlass einer Nebenbestimmung folgt ihrerseits dem bekannten Aufbau[116]:
aa) **Rechtsgrundlage der Nebenbestimmung**
bb) **Tatbestandsvoraussetzungen der Nebenbestimmung**
cc) **Rechtsfolge der Nebenbestimmung**
dd) **Ergebnis zur Nebenbestimmung**

---

[115] Die nach § 37 Abs. 1 erforderlichen Stellplätze sind „bei der Errichtung" baulicher und anderer Anlagen herzustellen, dh müssen spätestens bis zur Nutzung der Anlage zur Verfügung stehen, es sei denn es wurde ein zeitlicher Aufschub gewährt (§ 37 Abs. 4 LBO). Dieser Aufschub steht vorliegend aber gar nicht in Rede und würde auch nur die Herstellungsverpflichtung betreffen – im zeichnerischen Teil des Lageplans sind die Stellplätze gleichzeitig mit den anderen Angaben darzustellen.

[116] Da hier keine formellen Voraussetzungen zu prüfen sind, kann die Überschrift „Materielle Voraussetzungen" entfallen. Es sind nur die beiden dort angesiedelten Punkte „Tatbestandsvoraussetzungen" und „Rechtsfolge" zu prüfen.

221 Der rechtmäßige Erlass einer Nebenbestimmung ist so in den Tatbestandsvoraussetzungen des Haupt-VA zu prüfen (inzident als „Prüfung in der Prüfung"), und zwar grds. **bei jeder Tatbestandsvoraussetzung, die nicht erfüllt ist** (oder anders formuliert, bei jedem Ablehnungs-/Versagungsgrund, der festgestellt wird). Nach einer gedanklichen Vorprüfung sollte man jeweils diejenige Nebenbestimmung wählen, die am ehesten in Betracht kommt und sich als verhältnismäßig erweist.

Formulierungsvorschlag im Beispielsfall „Kfz-Stellplatz": **222**
Zu prüfen ist, ob der fehlende Nachweis eines Kfz-Stellplatzes nicht durch eine Nebenbestimmung für die Zukunft sichergestellt und der Versagungsgrund so ausgeräumt werden kann. In Betracht kommt eine aufschiebende Bedingung (§ 36 Abs. 2 Nr. 2 LVwVfG) mit dem Inhalt, dass für das neu zu errichtende Einfamilienhaus ein Kfz-Stellplatz nachzuweisen, dh in den Bauvorlagen auszuweisen ist. Ob Heiner P. tatsächlich einen Kfz-Stellplatz nachweist, ist nicht gesichert. Es liegt daher ein ungewisses Ereignis iSd § 36 Abs. 2 Nr. 2 LVwVfG vor, sodass eine aufschiebende Bedingung grds. möglich ist.

aa) **Rechtsgrundlage der Nebenbestimmung**
Als Rechtsgrundlage für die aufschiebende Bedingung kommt mangels einer spezialgesetzlichen Regelung § 36 Abs. 1 Alt. 2 LVwVfG in Betracht.

bb) **Tatbestandsvoraussetzungen der Nebenbestimmung**
Bei der Baugenehmigung handelt es sich um einen gebundenen „Verwaltungsakt, auf den ein Anspruch besteht" iSd § 36 Abs. 1 LVwVfG. Wie oben ausgeführt, liegt eine gesetzliche Voraussetzung zum Erlass des Haupt-VA, nämlich der Nachweis eines Kfz-Stellplatzes, nicht vor. Die aufschiebende Bedingung soll sicherstellen, dass diese gesetzliche Voraussetzung zur Herstellung eines Stellplatzes in Zukunft erfüllt wird (§ 36 Abs. 1 Alt. 2 LVwVfG).

cc) **Rechtsfolge der Nebenbestimmung**
§ 36 Abs. 1 LVwVfG räumt der Behörde Ermessen ein („darf"). Das Ermessen ist nach § 40 LVwVfG aktiv entsprechend dem Zweck der Ermächtigung und innerhalb der gesetzlichen Grenzen auszuüben. Als gesetzliche Grenze ist hier der aus Art. 20 Abs. 3 GG abgeleitete Grundsatz der Verhältnismäßigkeit zu beachten. Die aufschiebende Bedingung muss danach geeignet, erforderlich und angemessen sein.
Geeignet ist sie, wenn sie tauglich ist, den angestrebten Zweck zu erreichen oder zumindest zu fördern. Zweck der aufschiebenden Bedingung ist, dass Heiner P. von der Baugenehmigung erst dann Gebrauch machen und insb. erst dann mit der Errichtung des Hauses beginnen darf, wenn er die Bedingung erfüllt und einen Stellplatz nachgewiesen hat. Es ist das Wesen einer Bedingung, dass der mit ihr verbundene Haupt-VA erst mit Bedingungseintritt innerlich wirksam wird. Mit der aufschiebenden Bedingung wird darauf hingewirkt, dass Heiner P. die Schaffung eines Kfz-Stellplatzes vor Baubeginn ausweist und somit die bauordnungsrechtlichen Vorschriften bereits zu diesem Zeitpunkt erfüllt.

Erforderlich ist die aufschiebende Bedingung, wenn sie von allen gleich geeigneten Mitteln das mildeste darstellt. In Betracht käme auch der Erlass einer Auflage, den Kfz-Stellplatz innerhalb eines bestimmten Zeitraums nachzuweisen. Eine Auflage wäre auch milder, da die Erlaubnis hier – anders als bei einer aufschiebenden Bedingung – sofort innerlich wirksam wird. Heiner P. könnte sofort (bzw. mit Baufreigabe, § 59 Abs. 1 LBO) mit dem Bau des Einfamilienhauses beginnen und erst nachträglich den Stellplatz nachweisen. Das Vorhandensein eines Kfz-Stellplatzes ist hier aber aufgrund der konkreten Verkehrssituation (enge Straße mit hohem Verkehrsaufkommen, sodass ein Parken am Straßenrand den Verkehr stark beinträchtigen würde) im Hinblick auf die Sicherheit und Leichtigkeit des Straßenverkehrs eine grundlegende Voraussetzung, auf die schon während der Bauphase, spätestens aber mit der tatsächlichen Nutzung des Hauses nicht verzichtet werden kann. Die innere Wirksamkeit der Baugenehmigung soll vom Nachweis eines Kfz-Stellplatzes abhängig sein. Der Kfz-Stellplatz ist daher vor Baubeginn nachzuweisen. Dies kann mit dem Erlass einer Auflage nicht erreicht werden, weshalb diese nicht gleich geeignet ist. Die aufschiebende Bedingung ist somit erforderlich.

Die aufschiebende Bedingung ist auch angemessen, da mit ihr keine Nachteile verbunden sind, die erkennbar außer Verhältnis zu den bezweckten Vorteilen für die Allgemeinheit stehen. Im Gegenteil: Ohne die aufschiebende Bedingung müsste die Baugenehmigung abgelehnt werden.

dd) Ergebnis zur Nebenbestimmung

Eine aufschiebende Bedingung mit dem Inhalt, vor Baubeginn einen Kfz-Stellplatz nachzuweisen, kann in rechtmäßiger Weise ergehen. Somit wird sichergestellt, dass die bauordnungsrechtlichen Vorschriften eingehalten werden.

223 Auch Nebenbestimmungen müssen inhaltlich so klar und **bestimmt formuliert** sein, dass der Begünstigte genau weiß, was von ihm verlangt wird (§ 37 Abs. 1 LVwVfG). Im Gutachten kann dies zusammen mit der Bestimmtheit des Haupt-VA (der Genehmigung) kurz festgestellt werden, s. u. im Beispielsfall „KfZ-Stellplatz" Rn. 231.

Beachte:
Formelle Voraussetzungen sind bei den Nebenbestimmungen hingegen nicht zu prüfen, da diese denen des Haupt-VA entsprechen.

224 **Merke:**
Häufig fehlen mehrere Tatbestandsvoraussetzungen, um einen begünstigenden Haupt-VA erlassen zu können. Es ist dann **für jede fehlende Tatbestandsvoraussetzung gesondert zu prüfen** (jeweils inzident, dh als neue „Prüfung in der Prüfung"), **ob diese nicht durch eine Nebenbestimmung abgesichert werden kann** (s. hierzu auch **Fall 4**).

Liegen alle Tatbestandsvoraussetzungen vor bzw. kann deren Vorliegen durch den Erlass einer Nebenbestimmung sichergestellt werden, so ist entsprechend des Prüfungsschemas zum Erlass eines VA weiter zu prüfen.

2. Rechtsfolge

a) Adressat. Bei begünstigenden VA ist Adressat generell der Antragsteller, was kurz festgestellt werden kann.

b) Gebundene Entscheidung/Soll-Entscheidung/Ermessen. Hier besteht eine weitere Besonderheit: Wenn auch nur **eine Tatbestandsvoraussetzung des Haupt-VA** durch den Erlass einer Nebenbestimmung „gerettet" wurde, steht der **Erlass des Haupt-VA immer im Ermessen der Behörde**, auch wenn es sich dabei eigentlich um eine gebundene Entscheidung oder eine Soll-Entscheidung handelt und die Rechtsgrundlage somit kein Ermessen vorsieht. Dies hängt mit dem Erlass der Nebenbestimmung(en) zusammen. Die Behörde hat nämlich Ermessen, ob sie eine Nebenbestimmung beifügt und den Haupt-VA dadurch „rettet" oder ob sie die Nebenbestimmung nicht beifügt und den Erlass des Haupt-VA ablehnt.[117] Dieses Ermessen muss sie wie immer pflichtgemäß nach § 40 LVwVfG ausüben. Gerade **bei mehreren Nebenbestimmungen** hat die Behörde im Rahmen einer **Gesamtschau** festzustellen, ob der sofortige Erlass des Haupt-VA mit **allen** Nebenbestimmungen noch verhältnismäßig ist. Mögen eine oder mehrere Nebenbestimmungen für sich genommen noch verhältnismäßig sein, so kann sich das Beifügen von allen Nebenbestimmungen als unverhältnismäßig erweisen, weil es einfach „zu viele" sind. Dies ist vor allem bei sog. **substanzlosen Anträgen** der Fall, wenn im Zeitpunkt des Erlasses fast keine Tatbestandsvoraussetzung des Haupt-VA vorliegt; sein Erlass mit Nebenbestimmungen ist dann nicht mehr geeignet. Die Behörde hat folglich **Ermessen, ob sie den Haupt-VA versagt oder mit einer, mit mehreren oder mit allen Nebenbestimmungen erlässt.** In vielen Fällen wird sich auch der Erlass zahlreicher Nebenbestimmungen noch als erforderlich erweisen, da er milder als die Ablehnung und dennoch gleich geeignet ist, die gesetzlichen Voraussetzungen sicherzustellen. Zu beachten ist schließlich, dass der Erlass von Nebenbestimmungen teilweise gesetzlich vorgeschrieben ist und die Behörde hinsichtlich des „Ob" kein Ermessen hat.[118]

Beachte:
Die Unmöglichkeit spielt bei einem begünstigenden VA nur eine untergeordnete Rolle (etwa bei der Baugenehmigung für ein nicht existierendes Grundstück) und ist deshalb idR nicht als eigener Prüfungspunkt aufzuführen.

c) Bestimmtheit. Begünstigende VA müssen wie belastende VA inhaltlich bestimmt genug formuliert sein. Speziell bei begünstigenden VA finden sich spezi-

---

117 Vgl. nur den Wortlaut in § 36 Abs. 1 LVwVfG „darf ... versehen werden", § 12 Abs. 1 S. 1 BImSchG „kann unter Bedingungen erteilt und mit Auflagen verbunden werden" sowie § 5 GastG „können ... Auflagen ... erteilt werden".
118 So ist zB die Baugenehmigung für Behelfsbauten nach § 58 Abs. 4 LBO zwingend zu befristen oder widerruflich zu erteilen.

algesetzliche Vorschriften, die Inhalt und Umfang des VA und so die hinreichende Bestimmtheit seines Tenors vorgeben (zB für die Gaststättenerlaubnis nach § 3 Abs. 1 GastG „bestimmte Räume" und „bestimmte Betriebsart" und für die wasserrechtliche Erlaubnis und Bewilligung nach § 10 Abs. 1 WHG die Benutzung eines Gewässers „zu einem bestimmten Zweck in einer nach Art und Maß bestimmten Weise").

3. Zwischenergebnis zu den materiellen Voraussetzungen

230 Auch beim Erlass begünstigender VA können Zwischenergebnisse in einem Satz kurz festgehalten werden.

231 Formulierungsvorschlag im Beispielsfall „Kfz-Stellplatz":
2. Rechtsfolge
   a) Adressat
   Adressat der Baugenehmigung ist Heiner P. als Antragsteller.
   b) Gebundene Entscheidung/Ermessen
   Bei der Baugenehmigung handelt es sich grds. um eine gebundene Entscheidung, sie „ist zu erteilen, wenn" (s. o.). Da aber schon der Erlass der einzelnen Nebenbestimmung im Ermessen der Behörde steht, muss nach herrschender Meinung auch der Erlass des gesamten Haupt-VA in ihrem im Ermessen stehen. Im Rahmen einer Gesamtschau muss die Behörde entscheiden, ob sie die Baugenehmigung versagt oder mit einer, mit mehreren oder mit allen Nebenbestimmungen sofort erlässt. Dieses Ermessen hat sie unter Beachtung des Grundsatzes der Verhältnismäßigkeit als gesetzliche Ermessensgrenze nach § 40 LVwVfG auszuüben, was insb. von Art, Inhalt und Anzahl der Nebenbestimmungen sowie vom Interesse des Antragstellers an frühzeitiger Erteilung abhängt. Es ist daher zu klären, ob der Haupt-VA mit den oben für sich genommen verhältnismäßigen Nebenbestimmungen insgesamt noch verhältnismäßig ist.
   Da hier lediglich eine – wenn auch im konkreten Fall grundlegende – Tatbestandsvoraussetzung nicht gegeben ist, und insb. auch kein substanzloser Antrag vorliegt, ist die sofortige Erteilung der Baugenehmigung mit der Nebenbestimmung geeignet. Alternativen wären ein Zuwarten mit der Erteilung bis zur Erfüllung der Voraussetzungen oder die Ablehnung der beantragten Erlaubnis. Diese Möglichkeiten sind jedoch nicht milder als die sofortige Erteilung mit einer Nebenbestimmung, weshalb diese erforderlich ist. Da Heiner P. die Baugenehmigung möglichst bald zur Vorlage bei der Hausbank benötigt, ist die sofortige Erteilung auch angemessen.[119]
   c) Bestimmtheit
   Die Baugenehmigung sowie die aufschiebende Bedingung müssen inhaltlich bestimmt genug formuliert sein, § 37 Abs. 1 LVwVfG.

---

119 Da hier lediglich eine Nebenbestimmung beigefügt wird und insoweit bereits eine Ermessensprüfung stattfand, könnte man sich vorliegend auch deutlich kürzer fassen.

> 3. Zwischenergebnis
> Die materiellen Voraussetzungen für die Erteilung der Baugenehmigung liegen vor.

III. Formelle Voraussetzungen

Auch bei Prüfung der formellen Voraussetzungen eines begünstigenden Haupt-VA gilt in vielen Fällen das Gleiche wie bei Erlass eines belastenden VA, sodass auf oben Rn. 85 ff. verwiesen werden kann, insb. bzgl. **Zuständigkeit** (s. hierzu die Beispiele Rn. 87 ff.), **Ausschluss/Befangenheit von Behördenbediensteten, Beteiligung anderer Behörden/Stellen** (zB gebundene Mitwirkung nach § 36 BauGB oder nicht gebundene Mitwirkung nach § 10 Abs. 5 BImSchG oder § 17 Abs. 1 BNatSchG), **Form** (zB zwingende Schriftform nach § 58 Abs. 1 S. 3 LBO oder Urkunde nach § 16 S. 1 StAG) und **Bekanntgabe** (speziell bei begünstigenden VA ist darauf zu achten, dass der VA allen Personen, die von ihm betroffen sein und daher grds. Rechtsbehelfe einlegen können, bekannt gegeben wird, zB die Gaststättenerlaubnis nicht nur dem Antragsteller, sondern auch den Nachbarn).

Es bestehen auch hier ein paar **Besonderheiten**, insbesondere ...

beim **Verfahren:**
- Begünstigende VA werden grds. auf **Antrag des Begünstigten** erlassen, was systematisch beim Prüfungspunkt „Verfahren" anzusprechen ist. Häufig werden an den Antrag spezialgesetzlich bestimmte Anforderungen gestellt (zB bei der Gaststättenerlaubnis schriftform, zeitliche Vorgaben und Mindestangaben wie bspw. nach § 3 Abs. 1, Abs. 2 GastVO).
- Der Antragsteller ist nach § 13 Abs. 1 Nr. 1 LVwVfG kraft Gesetzes **Beteiligter**.[120]
- Teilweise sind spezialgesetzlich **verschiedene Verfahrensarten** zum Erlass des VA vorgesehen (oft abhängig vom Umfang oder den Auswirkungen des Vorhabens), sodass iRd Prüfungspunktes „Verfahren" auch hierzu Stellung bezogen werden sollte. So gibt es zB im Baurecht neben dem „normalen" Baugenehmigungsverfahren noch das vereinfachte Baugenehmigungsverfahren nach § 52 LBO und das Kenntnisgabeverfahren nach § 51 LBO (bei welchem dann allerdings gar kein Verfahren durchgeführt wird, sondern das Vorhaben nur angezeigt werden muss) oder im Immissionsschutzrecht das förmliche (§ 10 BImSchG) und das vereinfachte (§ 19 BImSchG) Verfahren.
- **Vor der Ablehnung** eines begünstigenden VA ist die **Behörde nicht verpflichtet, den Antragsteller nach § 28 Abs. 1 LVwVfG anzuhören.** Die Ablehnung eines begünstigenden VA stellt nach der Rechtsprechung keinen Rechtseingriff iSd § 28 Abs. 1 LVwVfG dar (der Antragsteller hat nicht weni-

---

120   Beachte: Antragsgegner i. S. v. § 13 Abs. 1 Nr. 1 LVwVfG ist nicht die Behörde, sondern die Person, in dessen Rechte der beantragte VA eingreifen bzw. dessen Rechtsstellung er verändern soll (sog. VA mit Drittwirkung – Bsp.: Antragsteller beantragt bei der Behörde, gegenüber seinem Nachbarn eine Abbruchsanordnung zu erlassen. Hier ist der Nachbar Antragsgegner).

ger Rechte als vor der Ablehnung, seine Rechtsstellung hat sich nicht geändert – bspw. durfte er weder vor noch nach der Ablehnung des Antrags auf Baugenehmigung das Gebäude errichten).[121] Dies gilt erst recht bei Erteilung des VA mit (wenn auch belastenden) Nebenbestimmungen.[122] Da mit dem Erlass des begünstigenden Haupt-VA hier sogar insgesamt eine Begünstigung vorliegt, ist mangels Rechtseingriff iSd § 28 Abs. 1 LVwVfG eine **Anhörung auch im Hinblick auf die (belastenden) Nebenbestimmungen nicht zwingend notwendig.** In der Praxis empfiehlt es sich aber oftmals, auch in diesen beiden Konstellationen eine „freiwillige" Anhörung durchzuführen, um an möglicherweise entscheidungserhebliche Informationen zu gelangen. Im Fall der Ablehnung wie auch bei Erlass mit Nebenbestimmungen ist im Gutachten dennoch festzustellen, dass eine Anhörung mangels Rechtseingriff nicht zwingend erforderlich ist.

235 bei der **Form:**
- Gem. § 39 Abs. 2 Nr. 1 LVwVfG ist eine **Begründung** nicht erforderlich, **soweit** die Behörde dem Antrag entsprochen hat. Da die Behörde **nur hinsichtlich der Nebenbestimmungen** dem Antrag nicht entsprochen hat, ist sie auch nur insoweit zu einer Begründung verpflichtet.
- Eine **Rechtsbehelfsbelehrung** ist nur dann sinnvoll, wenn der begünstigende VA (teilweise) abgelehnt oder mit Nebenbestimmungen (die isoliert angefochten werden können) versehen wird oder ein Dritter (zB Nachbar) hiergegen vorgehen kann.

Formulierungsvorschlag im Beispielsfall „Kfz-Stellplatz":
III. Formelle Voraussetzungen
  1. Zuständigkeit
  Die Stadt Freiburg ist nach § 48 Abs. 1, § 46 Abs. 1 Nr. 3 LBO, § 15 Abs. 1 Nr. 2 LVG sachlich und nach § 3 Abs. 1 Nr. 1 LVwVfG örtlich zuständig.
  2. Verfahren
  Heiner P. hat einen Bauantrag gestellt (§ 53 Abs. 1 LBO) und ist als Antragsteller Beteiligter nach § 13 Abs. 1 Nr. 1 LVwVfG. Gem. seinem Antrag ist ein „klassisches" bzw. „normales" und kein vereinfachtes (§ 52 LBO) Baugenehmigungsverfahren durchzuführen.[123]

---

121 Für die Rspr. zB BVerwG, Urt. v. 14.10.1982, Az. 3 C 46/81, juris Rn. 35 (= BVerwGE 66, 184); OVG MV, Beschl. v. 23.6.2014, Az. 3 M 58/14, juris Rn. 6; VGH BW, Beschl. v. 26.19.1993, Az. 14 S 2085/93, juris Rn. 2; differenzierter die Lit., zB *Stelkens/Bonk/Sachs/Kallerhoff/Mayen*, VwVfG § 36 Rn. 25, § 28 Rn. 31 ff.; BeckOK VwVfG/*Tiedemann*, VwVfG § 36 Rn. 19 f., § 28 Rn. 13 – eine andere Auffassung ist daher durchaus vertretbar.
122 S. hierzu auch *Schoch/Schneider/Schröder*, VwVfG § 36 Rn. 107.
123 Bei dem Einfamilienhaus handelt es sich nach den Angaben im Sachverhalt um ein dreistöckiges Gebäude, sodass die Höhe über 7 m liegen wird und es sich somit nicht um ein Wohngebäude der Gebäudeklasse 1 bis 3 handelt (§ 2 Abs. 4 LBO). Nach § 51 Abs. 5 Hs. 2 LBO ist daher ein vereinfachtes Baugenehmigungsverfahren nach § 52 LBO nicht verpflichtend durchzuführen. Im Verhältnis zum „klassischen" bzw. „normalen" Baugenehmigungsverfahren (Vollgenehmigung) besteht daher ein Wahlrecht des Bauherrn, da nach § 52 Abs. 1 LBO das vereinfachte Baugenehmigungsverfahren durchgeführt werden „kann", also nicht zwingend durchzuführen „ist", BeckOK BauordnungsR BW/*Krämer* § 52 Rn. 6; *Sauter*, LBO BW, § 52

Da Heiner P. durch die Baugenehmigung insgesamt begünstigt wird, ist mangels Rechtseingriff iSd § 28 Abs. 1 LVwVfG eine Anhörung vor Erlass der Baugenehmigung auch im Hinblick auf die Nebenbestimmung nicht zwingend notwendig.

3. **Form**
Die Baugenehmigung bedarf nach § 58 Abs. 1 S. 3 LBO der Schriftform, ist unter Beachtung von § 58 Abs. 1 S. 5 LBO zu begründen und nach § 58 Abs. 1 S. 6 LBO zwingend zuzustellen (zB per PZU nach § 3 LVwZG). Es sollte eine Rechtsbehelfsbelehrung mit dem Mindestinhalt nach § 37 Abs. 6 LVwVfG, § 58 Abs. 1 VwGO angefügt werden.

4. **Zwischenergebnis zu den formellen Voraussetzungen**
Die formellen Voraussetzungen zum Erlass der Baugenehmigung liegen vor.

IV. **Ergebnis**
Die Baugenehmigung kann in rechtmäßiger Weise bereits zum jetzigen Zeitpunkt mit der aufschiebenden Bedingung, einen Kfz-Stellplatz nachzuweisen, erteilt werden.

B. Anordnung der sofortigen Vollziehung

Bei einem begünstigenden Haupt-VA mit Nebenbestimmungen ist die **Anordnung der sofortigen Vollziehung** in **zwei Konstellationen** denkbar:

Hinsichtlich des begünstigenden Haupt-VA:
Legt ein Dritter (zB Nachbar) gegen einen begünstigenden Haupt-VA Anfechtungswiderspruch ein, hat dieser grds. aufschiebende Wirkung (§ 80 Abs. 1 VwGO; eine wichtige Ausnahme besteht bspw. nach § 80 Abs. 2 S. 1 Nr. 3 VwGO, § 212a Abs. 1 BauGB bei der Baugenehmigung). Die aufschiebende Wirkung hat zur Folge, dass der Begünstigte von dem Haupt-VA noch keinen Gebrauch machen darf (und zB die Gaststätte noch nicht eröffnen kann). Mit Anordnung der sofortigen Vollziehung entfällt die aufschiebende Wirkung nach § 80 Abs. 2 S. 1 Nr. 4 Alt. 2 VwGO. Der Begünstigte muss hierzu ein „überwiegendes Interesse eines Beteiligten" darlegen. Daneben kann auch ein begünstigenden VA das „besondere öffentliche Interesse" an der sofortigen Vollziehung eine Rolle spielen, etwa bei einer immissionsschutzrechtlichen Genehmigung für eine Windenergieanlage aufgrund des erwünschten umgehenden Einsatzes erneuerbarer Energien.

Hinsichtlich der Nebenbestimmungen:
Nach der Rechtsprechung des BVerwG können alle Nebenbestimmungen grds. mittels Anfechtungswiderspruch/Anfechtungsklage isoliert angefochten wer-

---

Rn. 6. In einem vereinfachten Baugenehmigungsverfahren würde nach § 52 Abs. 2 Nr. 2 LBO der § 37 LBO nicht geprüft werden.

den.[124] Diese Rechtsbehelfe entfalten nach § 80 Abs. 1 VwGO nur gegenüber der angefochtenen Nebenbestimmung aufschiebende Wirkung. Das bedeutet, der Begünstigte braucht die Nebenbestimmung noch nicht zu beachten, kann aber – auch bei einer aufschiebenden Bedingung – von dem Haupt-VA sofort Gebrauch machen. Die Behörde kann nach der hier vertretenen Auffassung ihrerseits nun reagieren und, sofern die Voraussetzungen vorliegen, bei jeder Art von Nebenbestimmung – auch wenn diese kein VA ist, so wie die Nebenbestimmungen nach § 36 Abs. 2 Nr. 1 bis 3 LVwVfG – die sofortige Vollziehung gem. § 80 Abs. 2 S. 1 Nr. 4 VwGO anordnen.

C. Androhung von Zwangsmitteln

239 Es ist auch hier zwischen dem begünstigenden Haupt-VA und den Nebenbestimmungen zu unterscheiden:

Hinsichtlich des begünstigenden Haupt-VA:

240 Da der begünstigende Haupt-VA zu nichts verpflichtet (zB muss der Adressat auch nach Erteilung einer Gaststättenerlaubnis die Gaststätte nicht eröffnen) ist die Androhung von Zwangsmitteln hier mangels eines vollstreckungsfähigen Inhalts (§ 18 LVwVG) nicht möglich (und auch nicht notwendig).

Hinsichtlich der Nebenbestimmungen:

241 Die **Auflage** verpflichtet schon kraft Definition in § 36 Abs. 2 Nr. 4 LVwVfG zu einem Tun, Dulden oder Unterlassen und **hat einen vollstreckungsfähigen Inhalt** (§ 18 LVwVG). Liegen alle weiteren Voraussetzungen vor, kann ein Zwangsmittel nach den allgemeinen Regeln angedroht (s. Rn. 151 ff.) und im Anschluss vollstreckt werden (s. Rn. 180 ff.). Bei einer **Befristung oder Bedingung** (§ 36 Abs. 2 Nr. 1 und Nr. 2 LVwVfG) ist dies nicht möglich. Diese haben **keinen vollstreckungsfähigen Inhalt**, sondern direkt Einfluss auf die Wirksamkeit des Haupt-VA (s. Rn. 198). Macht der Adressat etwa bereits vor Eintritt einer aufschiebenden Bedingung von der Begünstigung Gebrauch, so muss die Behörde hierauf mit dem Erlass eines belastenden VA reagieren.

Beispiel:
Der Gastwirt erhält die gaststättenrechtliche Erlaubnis mit der aufschiebenden Bedingung, vor Eröffnung die Bescheinigung der IHK nach § 4 Abs. 1 Nr. 4 GastG vorzulegen. Betreibt er nun seine Gaststätte, bevor er die Bescheinigung vorgelegt und die aufschiebende Bedingung erfüllt hat, handelt er ohne wirksame Erlaubnis. Die Behörde kann eine Schließungsanordnung nach § 15 Abs. 1 GewO erlassen und *hinsichtlich dieser* evtl. die sofortige Vollziehung anordnen und ein Vollstreckungsmittel androhen.

---

[124] BVerwG, Urt. v. 22.11.2000, Az. 11 C 2/00, juris Rn. 25 (= BVerwGE 112, 221); BVerwG, Urt. v. 17. 10.2012, Az. 4 C 5/11, juris Rn. 5 (= BVerwGE 144, 341); ebenso VGH BW, Beschl. v. 11.12.2013, Az. 11 S 2077/13, BeckRS 2014, 46012; *Fehling/Kastner/Störmer*, Verwaltungsrecht § 42 VwGO Rn. 33.

D. Erlass eines begünstigenden Verwaltungsaktes, der im Ermessen der Behörde liegt[125]

Der Erlass eines begünstigenden VA, der im Ermessen der Behörde liegt (kurz: Ermessens-VA), folgt im Wesentlichen den gleichen Regeln wie der Erlass eines begünstigenden VA, auf den ein Anspruch besteht. Ein **wichtiger Unterschied besteht hinsichtlich der Nebenbestimmungen.** Bei begünstigenden Ermessens-VA (zB eine Aufenthaltserlaubnis nach § 25 Abs. 5 AufenthG oder eine Sondernutzungserlaubnis nach § 16 Abs. 2 StrG) können Nebenbestimmungen **nicht nur** erlassen werden, **um sicherzustellen, dass die gesetzlichen Tatbestandsvoraussetzungen vorliegen, sondern sie können auch dazu dienen, die Ermessenserwägungen der Behörde abzusichern oder zu konkretisieren.** Bei der Fallbearbeitung ist ihr Erlass dementsprechend innerhalb der Ermessensentscheidung des Haupt-VA zu prüfen. Eine Nebenbestimmung ist hier bereits zulässig, wenn sie **aus Sicht der Behörde zweckmäßig** ist. Die Behörde wird sich beim Erlass von Nebenbestimmungen überwiegend von Zweckmäßigkeitserwägungen leiten lassen. Den Rahmen des Ermessens gibt natürlich wieder § 40 LVwVfG vor, dass sich die Ermessensentscheidung am Zweck der Rechtsgrundlage zu orientieren und die gesetzlichen Grenzen zu beachten hat. Gesetzliche Grenzen können sich bereits **direkt aus der Rechtsgrundlage ergeben,** wie etwa dass gewisse Nebenbestimmungen zwingend beizufügen sind (s. zB § 7 AufenthG oder § 16 Abs. 1 S. 2 StrG). Des Weiteren bildet der Grundsatz der Verhältnismäßigkeit wie stets eine gesetzliche Ermessensgrenze. Dieser wird vor allem bei der Frage relevant, **ob eine Ablehnung des VA verhältnismäßig,** dh geeignet, erforderlich und angemessen ist. Im Rahmen der **Erforderlichkeit ist zu fragen, ob als milderes Mittel zur Ablehnung nicht der Erlass einer Nebenbestimmung –** und wenn ja welcher – in Betracht kommt.

Rechtsgrundlage der Nebenbestimmung ist hier nicht § 36 Abs. 1 LVwVfG (es liegt ja kein „Verwaltungsakt, auf den ein Anspruch besteht" vor), sondern **§ 36 Abs. 2 LVwVfG,** sofern keine spezialgesetzliche Norm einschlägig ist. Da die Behörde innerhalb der Ermessensgrenzen gerichtlich nicht überprüfbare Zweckmäßigkeitserwägungen anstellen kann (§ 114 S. 1 VwGO) und insoweit grds. „frei" ist, ist sie in diesen Fällen nach § 36 Abs. 2 LVwVfG an **keine Tatbestandsvoraussetzungen** gebunden; es muss sich beim Haupt-VA nur um einen Ermessens-VA handeln (anders ist dies bei gebundenen Haupt-VA, bei denen die Nebenbestimmung gem. § 36 Abs. 1 LVwVfG nur zulässig ist aufgrund einer Spezialvorschrift oder um sicherzustellen, „dass die gesetzlichen Voraussetzungen des Verwaltungsaktes erfüllt werden"). Auf Rechtsfolgenseite eröffnet § 36 Abs. 2 LVwVfG **Ermessen** (vgl. den Wortlaut „darf"), ob und ggf. welche Nebenbestimmung(en) die Behörde erlässt.

Hinsichtlich der Anordnung der sofortigen Vollziehung und der Androhung von Zwangsmitteln gelten die obigen Ausführungen zu den begünstigenden VA, auf die ein Anspruch besteht, entsprechend (Rn. 236 ff. sowie 239 ff.).

---

125 S. hierzu insgesamt **Fall 5.**

3. Teil Die Aufhebung von Verwaltungsakten durch die Ausgangsbehörde: Rücknahme und Widerruf

1. Kapitel Grundlagen

A. Wirksamkeit von VA

245 Ein VA wird nach § 43 Abs. 1 LVwVfG mit Bekanntgabe an die jeweilige Person wirksam. Mit Bekanntgabe hat ihn der Bürger – unabhängig davon, ob er rechtmäßig oder rechtswidrig ist – sofort zu beachten, soweit er ihn nicht mit Widerspruch bzw. Anfechtungklage angefochten hat (welche eine aufschiebende Wirkung erzeugen, § 80 Abs. 1 VwGO). **Nur in den Ausnahmefällen des § 44 LVwVfG ist ein VA nach § 44 LVwVfG nichtig und damit** nach § 43 Abs. 3 LVwVfG **von vornherein unwirksam.** Nichtigkeit ist nur gegeben, wenn ein explizit in § 44 Abs. 2 LVwVfG aufgeführter Fehler vorliegt oder die hohen Anforderungen des § 44 Abs. 1 LVwVfG, wonach der Fehler „besonders schwerwiegend" und „offenkundig" sein muss, erfüllt sind. Ein in § 44 Abs. 3 LVwVfG aufgeführter Fehler führt hingegen für sich genommen niemals zur Nichtigkeit. Ein VA **bleibt so lange wirksam** (dh muss so lange vom Bürger beachtet und kann ggf. unter den Voraussetzungen des § 2 LVwVG von der Behörde zwangsweise durchgesetzt werden), bis eine der in **§ 43 Abs. 2 LVwVfG** aufgeführten Varianten eintritt. Diese lassen sich in zwei Gruppen einteilen, für die der Gesetzgeber jeweils einen Oberbegriff formuliert hat: Entweder wird der VA „aufgehoben" oder er „erledigt" sich. Im Falle der Aufhebung endet die Wirksamkeit des VA durch einen Rechtsakt der Behörde oder des Gerichts, im Falle der Erledigung endet die Wirksamkeit faktisch, also aus tatsächlichen Gründen.

246 – Die faktische **Erledigung** eines VA tritt unabhängig von einer (erneuten) Entscheidung einer Behörde ein, und zwar gem. § 43 Abs. 2 LVwVfG entweder durch Zeitablauf (zB Ablauf einer Befristung) oder „auf andere Weise". Eine „andere Weise" liegt zum einen vor, wenn das Regelungsobjekt wegfällt und der VA damit sinnlos wird (zB ein Termin, an welchem die untersagte Demonstration stattfinden sollte, läuft ab; ein Gastwirt gibt seine Gastwirtschaft krankheitsbedingt auf, nachdem deren Schließung angeordnet wurde). Zum anderen erledigt sich ein VA auf „andere Weise", nachdem er vollzogen, dh ausgeführt/umgesetzt/vollstreckt wurde (zB A verlässt nach Platzverweis den Platz; die verfügte Durchsuchung wurde durchgeführt); dies gilt aber nur, wenn der VA danach keinerlei rechtliche Wirkungen mehr entfaltet, auch nicht bzgl. etwaiger Kostenerstattungsansprüche.[126]

247 – Die **Aufhebung** tritt nach § 43 Abs. 2 LVwVfG durch Rücknahme, Widerruf oder „anderweitig" ein. Nach dem Wortlaut („soweit"), ist auch nur eine teilweise Aufhebung zulässig. „Rücknahme" und „Widerruf" beziehen sich auf die Fälle, in denen die Ausgangsbehörde (die Behörde, die den VA erlassen hat) den VA aufhebt (s. hierzu die folgenden Ausführungen in diesem Teil). Die „anderweitige Aufhebung" ist insb. die Aufhebung eines VA in einem vom Bürger eingeleiteten Rechtsbehelfsverfahren (Widerspruchs- oder

---

126 *Stelkens/Bonk/Sachs/Sachs*, VwVfG § 43 Rn. 215 m. w. N.

Klageverfahren), zB wenn die Widerspruchsbehörde nach Erhebung eines Anfechtungswiderspruchs oder das Verwaltungsgericht nach Erhebung einer sich anschließenden Anfechtungsklage die angefochtene Abbruchsanordnung aufhebt (s. zum Widerspruchsverfahren Rn. 274 ff.).

B. Allgemeines zur Aufhebung durch Rücknahme und Widerruf durch die Ausgangsbehörde

248 „Aufhebung" ist der **Oberbegriff** für jeden Rechtsakt, mit dem eine Behörde oder ein Gericht die Wirksamkeit eines VA beseitigt. Als Oberbegriff gilt er damit auch für die Rücknahme und den Widerruf eines VA durch die Ausgangsbehörde. Die **Rücknahme und der Widerruf** sind selbst **eigenständige VA** („aufhebender VA"), die einen anderen VA („aufzuhebender VA") aufheben. Für sie gelten folglich die gleichen Regelungen, die allgemein für VA gelten. Es ist zB das bekannte Prüfungsschema anzuwenden (Rücknahme/Widerruf sind rechtmäßig, wenn sie auf einer Rechtsgrundlage beruhen und die materiellen sowie formellen Voraussetzungen vorliegen). Ebenso kann gegen die Rücknahme und den Widerruf Widerspruch eingelegt und anschließend Klage erhoben werden.[127] Allerdings ist hier besonders darauf zu achten, strikt zwischen der Rechtmäßigkeit der Rücknahme- bzw. Widerrufsentscheidung (des „aufhebenden VA") und der evtl. inzident zu prüfenden Rechtmäßigkeit des „aufzuhebenden VA" zu unterscheiden.

249 Bevor man auf die allgemeinen Rechtsgrundlagen für die Rücknahme und den Widerruf in §§ 48, 49 LVwVfG zurückgreift, ist wie stets zu prüfen, ob nicht eine **Spezialregelung** anzuwenden ist. Teilweise gibt es spezielle Regelungen nur für die Rücknahme oder nur für den Widerruf, teilweise existieren Regelungen, die beide Alternativen umfassen. Dies lässt sich grds. dem ausdrücklichen Wortlaut der Spezialregelung entnehmen.

Beispiele:
– Spezialregelung für die Rücknahme: Bei einer ursprünglich rechtswidrigen gaststättenrechtlichen Erlaubnis (zB Antragsteller war schon im Zeitpunkt der Erlaubniserteilung unzuverlässig iSd § 4 Abs. 1 Nr. 1 GastG) gilt § 15 Abs. 1 GastG.
– Spezialregelung für den Widerruf: Bei einer ursprünglich rechtmäßigen gaststättenrechtlichen Erlaubnis (zB Antragsteller ist erst nach Erlaubniserteilung unzuverlässig iSd § 4 Abs. 1 Nr. 1 GastG geworden) greift § 15 Abs. 2 und Abs. 3 GastG; eine immissionsschutzrechtliche Genehmigung ist nach § 21 Abs. 1 BImSchG zu widerrufen; bestimmte Aufenthaltstitel nach § 52 AufenthG.

---

[127] Aus diesem Grund sind Rücknahme/Widerruf weitere Beispiele für belastende VA (wenn ein für den Adressaten begünstigender VA aufgehoben wird) bzw. für begünstigende VA (wenn ein für den Adressaten belastender VA aufgehoben wird), die man innerhalb des 1. Teils bzw. 2. Teils hätte aufführen können; aufgrund der etwas speziellen Systematik erscheint eine gesonderte Betrachtung in einem eigenen Teil jedoch sinnvoll.

- § 3 Abs. 1 S. 1 StVG (hier wäre anstelle des Begriffs „Entzug" die „Aufhebung" passender gewesen) gilt sowohl für ursprünglich rechtswidrige als auch für ursprünglich rechtmäßige Fahrerlaubnisse.

Soweit ein Fachgesetz nur eine Alternative (zB den Widerruf) spezialgesetzlich regelt, bleibt hinsichtlich der anderen Alternative (hier der Rücknahme) ein Rückgriff auf § 48 LVwVfG grds. möglich (wie bspw. für die Rücknahme einer ursprünglich rechtswidrigen immissionsschutzrechtlichen Genehmigung oder eines ursprünglich rechtswidrigen Aufenthaltstitels).

Die **allgemeinen Rechtsgrundlagen** für die Rücknahme und den Widerruf eines VA finden sich in **§ 48 und § 49 LVwVfG**. Bei beiden Paragrafen geht es um die **Aufhebung eines VA**, dh bei dem aufzuhebenden Verwaltungshandeln muss es sich um einen VA iSd § 35 LVwVfG handeln. Ob nun § 48 LVwVfG oder § 49 LVwVfG Anwendung findet, richtet sich danach, ob der aufzuhebende VA im Zeitpunkt seines Erlasses **rechtswidrig – dann § 48 LVwVfG – oder rechtmäßig – dann § 49 LVwVfG –** war (s. schon die jeweilige amtliche Überschrift sowie den sich in den verschiedenen Absätzen der Paragrafen stets wiederholenden Wortlaut). § 48 LVwVfG und § 49 LVwVfG beinhalten nicht nur eine, sondern **jeweils drei Rechtsgrundlagen**, je nachdem was für ein VA aufgeboben werden soll:

- § 48 LVwVfG – Rücknahme *rechtswidriger* VA:
  - **§ 48 Abs. 1 S. 1**: Rücknahme eines rechtswidrigen *belastenden* VA.
  - **§ 48 Abs. 1 S. 1**[128] **u. 2, Abs. 2**: Rücknahme eines rechtswidrigen begünstigenden VA, der auf eine *Geldleistung* (zB Subventionsbescheid) *oder teilbare Sachleistung* (zB die Überlassung von Wohnraum) gerichtet ist.
  - **§ 48 Abs. 1 S. 1 u. 2, Abs. 3**: Rücknahme eines rechtswidrigen begünstigenden VA, der auf *eine sonstige Leistung/Begünstigung* gerichtet ist (zB Baugenehmigung, Sondernutzungserlaubnis).

- § 49 LVwVfG – Widerruf *rechtmäßiger* VA:
  - **§ 49 Abs. 1**: Widerruf eines rechtmäßigen *belastenden* VA.[129]
  - **§ 49 Abs. 2**: Widerruf eines rechtmäßigen begünstigenden VA *mit Wirkung für die Zukunft* (Abs. 2 erfasst *alle rechtmäßigen begünstigenden VA*, unabhängig davon, welche Begünstigung sie gewähren, also auch VA, die auf Geldleistung/teilbare Sachleistung gerichtet sind).
  - **§ 49 Abs. 3**: Widerruf eines rechtmäßigen begünstigenden VA, der *auf eine Geldleistung/teilbare Sachleistung gerichtet* ist, *auch mit Wirkung für die Vergangenheit* (Abs. 3 ist eine ergänzende Spezialregelung zu Abs. 2 insb. für VA auf Geldleistung; mit seinen beiden speziellen Widerrufsgründen eröffnet er die im Vergleich zu Abs. 2 zusätzliche Möglichkeit, den VA auf Geldleistung/teilbare Sachleistung mit Wirkung für die Vergangenheit und/oder die Zukunft zu widerrufen, vgl. den Wortlaut „auch").

---

128 Satz 1 gilt ausweislich seines Wortlauts nicht nur für belastende VA.
129 § 49 Abs. 1 LVwVfG bezieht sich anders als § 48 Abs. 1 S. 1 LVwVfG ausdrücklich nur auf belastende VA.

253 Im Vorfeld (als „Vorüberlegung") ist somit genau zu prüfen, was für ein VA aufgehoben werden soll und welche Rechtsgrundlage einschlägig ist. Bei der ausführlichen Prüfung der Tatbestandsvoraussetzungen sind dann idR noch weitere Voraussetzungen zu beachten (s. die Übersichten im folgenden Kapitel). Ein überblicksartiger (summarischer) Vergleich der jeweiligen inhaltlichen Voraussetzungen zeigt, dass die Aufhebung eines belastenden VA unter geringeren Voraussetzungen möglich ist als die Aufhebung eines begünstigenden VA (was insb. auf Vertrauensschutzgesichtspunkten und der Verhältnismäßigkeit beruht). Zudem zeigt sich, dass die Rücknahme eines rechtswidrigen begünstigenden VA unter geringeren Voraussetzungen möglich ist als der Widerruf eines rechtmäßigen begünstigenden VA (Hintergrund: Gesetzmäßigkeit der Verwaltung). Daraus folgt ein für die Prüfung des § 49 LVwVfG wichtiger Punkt: Gestattet nun **§ 49 Abs. 2 und Abs. 3 LVwVfG** unter höheren Voraussetzungen die Aufhebung eines rechtmäßigen VA, muss diese strengere Regelung doch „erst recht" auch für die **Aufhebung eines rechtswidrigen VA** gelten. So kann folglich **bei der Prüfung von § 49 Abs. 2 und Abs. 3 LVwVfG offengelassen werden, ob der aufzuhebende VA rechtmäßig oder rechtswidrig war.** In beiden Fällen ist § 49 LVwVfG (analog) anwendbar.

> **Merke:**
> Bei der Prüfung von § 49 Abs. 2 und Abs. 3 LVwVfG kann offengelassen werden, ob der aufzuhebende VA rechtmäßig oder rechtswidrig war.

2. Kapitel Fallbearbeitung

Folgende Übersichten, die sich an dem aus Teil 1 bekannten Prüfungsschema orientieren und jeweils Anmerkungen enthalten, sollen veranschaulichen, wie die drei Fallgruppen zur Rücknahme sowie die drei Fallgruppen zum Widerruf eines VA geprüft werden können.[130]

254

A. Rücknahme rechtswidriger belastender VA

I. Rechtsgrundlage: § 48 Abs. 1 S. 1 LVwVfG[131]
II. Materielle Voraussetzungen
  1. Tatbestandsvoraussetzungen
  a) VA
   → Das aufzuhebende Verwaltungshandeln muss ein VA iSd § 35 LVwVfG sein.
  b) Rechtswidriger VA
   → Der aufzuhebende VA muss im Zeitpunkt seines Erlasses[132] rechtswidrig gewesen sein, was inzident („Prüfung in der Prüfung") zu prüfen ist:
   aa) Rechtsgrundlage des aufzuhebenden VA
   bb) Materielle Voraussetzungen des aufzuhebenden VA
    (1) Tatbestandsvoraussetzungen
    ...
    (2) Rechtfolge
    ...
   cc) Formelle Voraussetzungen des aufzuhebenden VA
    ...
  c) Belastender VA[133]
   → Der aufzuhebende VA muss den Adressat belasten (Adressat hat durch ihn eine Pflicht mehr oder ein Recht weniger).

255

---

130 S. hierzu auch **Fall 6**.
131 § 48 Abs. 1 S. 1 LVwVfG gilt darüber hinaus auch für die Rücknahme begünstigender VA (S. 1 differenziert diesbezüglich nicht), wobei dann nach S. 2 noch zusätzlich die Abs. 2 bis 4 Anwendung finden.
132 Etwaige spätere Rechtsänderungen oÄ bleiben außer Betracht. Bei nachträglichen Veränderungen der tatsächlichen oder rechtlichen Voraussetzungen eines VA ist gem. § 49 Abs. 2 Nr. 3, 4 LVwVfG der Widerruf oder das Wiederaufgreifen des Verfahrens gem. § 51 Abs. 1 Nr. 1 LVwVfG vorgesehen, s. auch *Stelkens/Bonk/Sachs/Kallerhoff/Mayen*, VwVfG § 48 Rn. 53.
133 Weitere Tatbestandsvoraussetzungen enthält § 48 Abs. 1 S. 1 LVwVfG nicht, was der Interessenlage entspricht: Der Adressat hat kein Interesse an einem belastenden VA, erst recht nicht an einem rechtswidrigen, sodass er aus Vertrauensschutzgesichtspunkten nicht geschützt zu werden braucht. Die Behörde hat ihrerseits ein Interesse, ihr rechtswidriges Handeln rückgängig zu machen. Mögliche Interessen dritter Personen am Bestand des VA (bspw. eines Nachbarn im Hinblick auf eine rechtswidrige Abbruchsanordnung gegenüber dem Bauherrn) sind im Rahmen der Ermessensausübung zu berücksichtigen.

255   3. Teil Die Aufhebung von Verwaltungsakten durch die Ausgangsbehörde

Beachte:
- Die Formulierung „**auch nachdem er unanfechtbar geworden ist**" enthält keine Tatbestandsvoraussetzung. Sie dient, wie schon das Wort „auch" verdeutlicht, lediglich der Klarstellung, dass die Behörde einen VA auch dann noch zurücknehmen kann, wenn der Bürger keine Anfechtungsmöglichkeit mehr hat und nicht mehr gegen den VA vorgehen kann (wegen Ablauf der Rechtsbehelfsfrist oder Abschluss eines Rechtsbehelfsverfahrens).
- Die Worte „**ganz oder teilweise**" sowie „**mit Wirkung für die Zukunft oder [auch] für die Vergangenheit**" konkretisieren den Ermessensspielraum und sind auf Rechtsfolgenseite im Rahmen der Verhältnismäßigkeit (bei der Erforderlichkeit) als gesetzlicher Ermessensgrenze iSd § 40 LVwVfG zu beachten (s. u.).

2. Rechtsfolge
 a) Adressat
   → Adressat der Rücknahmeentscheidung ist derjenige, der Adressat des aufzuhebenden VA ist.
 b) Ermessen
   → Die Behörde hat **Entschließungsermessen**, ob sie den rw. bel. VA aufhebt oder nicht (Grundsatz der Gesetzmäßigkeit der Verwaltung versus Grundsatz der Rechtssicherheit/Rechtsklarheit).
   → Beim **Auswahlermessen** ist zu beachten, dass § 48 Abs. 1 S. 1 LVwVfG den Ermessensspielraum durch die Worte „ganz oder teilweise" sowie „mit Wirkung für die Zukunft oder für die Vergangenheit" konkretisiert. Ansonsten richtet sich die Ermessensausübung nach den allgemeinen Regeln des § 40 LVwVfG, insb. muss sie verhältnismäßig sein:
   Geeignet: Zweck der Rücknahme ist, den rw. bel. VA „aus der Welt zu schaffen", was stets gelingen wird, da der VA mit seiner Rücknahme unwirksam wird (§ 43 Abs. 2 LVwVfG).
   Erforderlich: Rücknahme muss das mildeste aller gleich geeigneten Mittel sen. Hier ist nun zu entscheiden, ob der VA „*ganz oder teilweise*" und „*mit Wirkung für die Zukunft oder für die Vergangenheit*" zurückgenommen wird.[134]
   Angemessen: Bei der Aufhebung eines den Adressaten bel. (rw. oder rm.) VA ist zu beachten, dass er evtl. Drittwirkung haben kann. Begünstigte Dritte haben evtl. auf den Bestand

---

[134] Die Rücknahme eines belastenden VA *nur für die Zukunft* ist gegenüber dem Adressaten das härtere Mittel. So wird bspw. einem auf Ratenzahlung angelegten Gebührenbescheid der Rechtsgrund für die Zahlung der Gebühr nur für die zukünftigen Zahlungen entzogen, dh der Adressat muss ab sofort keine Gebühren mehr bezahlen – für die bereits getätigten Zahlungen bleibt der Rechtsgrund jedoch bestehen, sodass der Adressat das Geld nicht wieder zurückfordern kann. Wird dagegen der Gebührenbescheid *auch für die Vergangenheit* zurückgenommen, entfällt der Rechtsgrund auch für die bereits getätigten Zahlungen und der Adressat kann den bezahlten Betrag in einem nächsten Schritt von der Behörde zurückfordern.

dieses VA vertraut, was im Rahmen der Angemessenheit zu berücksichtigen ist.[135]
c) **Bestimmtheit**
III. **Formelle Voraussetzungen**
1. **Zuständigkeit**
   → Es ist grds. die Behörde sachlich und örtlich für die Rücknahme zuständig, die auch für den aufzuhebenden VA zuständig war.
   → § 48 Abs. 5 LVwVfG enthält für bestimmte Fallkonstellationen eine **Sonderregelung**: Ändert sich nach Unanfechtbarkeit die örtliche Zuständigkeit (bspw. weil der Adressat eines Gebührenbescheids umgezogen ist), so ist die seinerzeit für den Erlass des VA zuständige Behörde nicht auch für die Rücknahmeentscheidung zuständig. Für die Rücknahme ist nun die Behörde zuständig, die jetzt für den Erlass des aufzuhebenden VA örtlich zuständig wäre.
2. **Verfahren**
   → Es gelten die allgemeinen Regelungen für den Erlass eines VA. Da die Aufhebung eines bel. VA nicht in Rechte des Adressaten eingreift (sondern ihn begünstigt), muss er nicht nach § 28 Abs. 1 LVwVfG angehört werden.
3. **Form**
   → Hier geltem ebenfalls die allgemeinen Regelungen: Die Rücknahme ist gem. § 37 Abs. 2 LVwVfG an keine Form gebunden, sollte aber aus Beweisgründen schriftlich ergehen. Als schriftlicher VA ist sie gem. § 39 LVwVfG zu begründen. Da die Rücknahme eines bel. VA den Adressaten begünstigt, kann und wird er sie nicht anfechten, sodass eine Rechtsbehelfsbelehrung nach § 37 Abs. 6 LVwVfG unterbleibt. Anders liegt der Fall, wenn ein betroffener Dritter die Rücknahme anfechten kann. Aufgrund der begünstigenden Wirkung kann der Rücknahmebescheid mit einfachem Postbrief bekannt gegeben werden, einem betroffenen Dritten sollte er nach dem LVwZG zugestellt werden.

---

135 **Beispiel**: Die für den Adressaten belastende Abbruchsanordnung kann für einen Nachbarn begünstigend sein. Bei der Gewichtung sind der Grad der Belastung/Begünstigung rechtlich (sind Grundrechtspositionen betroffen?) und tatsächlich (schwerer oder geringer Eingriff?) zu berücksichtigen. Außerdem ist zu fragen, in welchem Ausmaß, dh mit welcher Schutzwürdigkeit, der Dritte auf die weitere Wirksamkeit des aufzuhebenden VA vertrauen durfte (zB hatte er Kenntnis von der Rechtswidrigkeit oder hätte er sie leicht erkennen können?).

B. Rücknahme rechtswidriger begünstigender VA, die auf eine Geldleistung/teilbare Sachleistung gerichtet sind[136]

256 I. **Rechtsgrundlage:** § 48 Abs. 1 und Abs. 2 LVwVfG[137]
II. **Materielle Voraussetzungen**
1. **Tatbestandsvoraussetzungen**
   a) VA
   b) Rechtswidriger VA (s. o. Rn. 255)
   c) Begünstigender VA auf Geldleistung/teilbare Sachleistung
      → Ein wichtiger Anwendungsfall der Geldleistung ist die Subvention, die nicht nur die Gewährung eines bezifferten Geldbetrags, sondern auch die Stundung einer Forderung, der Verzicht auf eine Forderung oder ein zinsloses Darlehen sein kann. Teilbare[138] Sachleistungen sind aufgrund ihrer Gleichstellung mit den Geldleistungen nur solche öffentlichen Leistungen, die in erster Linie finanzielle Bedeutung haben (zB die Lieferung von Gütern, das Überlassen einer Dienstwohnung oder die Zulassung zu öffentlichen Einrichtungen).[139]
   d) Kein schutzwürdiges Vertrauen[140]
      → § 48 Abs. 2 S. 3 LVwVfG zählt Fälle auf, die ein **Vertrauen ausschließen**, bspw. das Erwirken des VA durch arglistige Täuschung, falsche Angaben oder die (grob fahrlässige[141]) Unkenntnis der Rechtswidrigkeit. Entfällt bereits das Ver-

---

136 S. hierzu **Fall 6**.
137 § 48 Abs. 1 S. 1 LVwVfG gilt ausweislich seines Wortlauts allgemein für die Rücknahme rechtswidriger VA, unabhängig davon, ob sie belastend oder begünstigend sind. Abs. 1 S. 2 verweist für die Rücknahme rechtswidriger begünstigender VA zusätzlich auf die Abs. 2 bis 4, von denen Abs. 2 speziell für die Rücknahme von VA gilt, die eine einmalige oder laufende Geldleistung oder teilbare Sachleistung gewähren oder hierfür Voraussetzung sind.
138 Die Teilbarkeit kann tatsächlich (es werden zB nur einzelne Räume überlassen) oder zeitlich (es wird eine Wohnung zB nur zeitweise überlassen) begründet sein.
139 *Schoch/Schneider/Schoch*, VwVfG § 48 Rn. 128.
140 In § 48 Abs. 2 LVwVfG ist diese Tatbestandsvoraussetzung *negativ formuliert*: Eine Rücknahme ist *nicht zulässig*, wenn der Begünstigte auf den Bestand des VA vertraut hat und sein Vertrauen unter Abwägung mit dem öffentlichen Rücknahmeinteresse schutzwürdig war. Nur wenn beide Voraussetzungen vorliegen – das „Vertrauen" und die „Schutzwürdigkeit" – ist eine Rücknahme ausgeschlossen. Mit anderen Worten: Fehlt auch nur eine der beiden Voraussetzungen, ist eine Rücknahme nicht mehr ausgeschlossen und damit zulässig.
141 Grobe Fahrlässigkeit liegt vor, wenn der Begünstigte die erforderliche Sorgfalt in besonders schwerem Maße verletzt hat (s. a. die Legaldefinition in § 45 Abs. 2 S. 3 Nr. 3 SGB X). Dies ist zB dann der Fall, wenn der Adressat einfachste, ganz nahe liegende Überlegungen nicht anstellt, erkannten Unklarheiten bzw. bestehenden Zweifeln an der Richtigkeit eines Verwaltungsaktes nicht nachgeht oder wenn sich für ihn Zweifel nur deswegen nicht ergeben haben, weil er grob pflichtwidrig eine kritische Prüfung des Bescheids nicht vorgenommen hat. Individuelle Fähigkeiten des Betroffenen und persönliche Umstände sind dabei zu berücksichtigen (s. zB *Schoch/Schneider/Schoch*, VwVfG § 48 Rn. 182 ff.). Speziell bei der Vergabe von Subventionen sind an große Unternehmen mit eigener Rechtsabteilung höhere Anforderungen zu stellen als an kleine Vereine oder Privatpersonen.

trauen, ist nicht mehr zu prüfen, ob es schutzwürdig ist[142]; eine Rücknahme ist möglich.
→ Kann sich der Begünstigte auf Vertrauen berufen, ist weiter zu prüfen, ob dieses Vertrauen schutzwürdig ist. Nach Abs. 2 S. 1 ist die Schutzwürdigkeit nach einer Abwägung mit dem öffentlichen Rücknahmeinteresse zu bestimmen. **Abs. 2 S. 2** enthält jedoch die Vermutung, dass das Vertrauen **in der Regel schutzwürdig ist,** wenn der Begünstigte die (Geld-)Leistung verbraucht (ausgegeben) oder eine Vermögensdisposition getroffen hat, die er nicht mehr oder nur unter unzumutbaren Nachteilen rückgängig machen kann (er sich zB vertraglich schon so weit gebunden hat, dass er dies nicht mehr ohne unzumutbare Nachteile wie Schadensersatz etc. rückgängig machen kann). Die Formulierung „in der Regel" macht deutlich, dass das öffentliche Rücknahmeermessen dann nur noch in Ausnahmefällen überwiegen und zur Rücknahme führen kann.[143]

e) **Kein Ausschluss wegen Ablaufs der Jahresfrist**
→ Über § 48 Abs. 1 S. 2 LVwVfG ist die Jahresfrist nach § 48 Abs. 4 LVwVfG zu beachten. Sie beginnt nicht mit Bekanntgabe des aufzuhebenden VA, sondern erst mit „Kenntnis der Tatsachen, welche die Aufhebung rechtfertigen". Nach allgemeiner Auffassung ist hiermit die positive Kenntnisnahme des nach dem Geschäftsverteilungsplan der Behörde zuständigen Sachbearbeiters – nicht zwingend auch des Behördenleiters – gemeint. Die Frist ist zudem eine Entscheidungsfrist. Sie beginnt **erst zu laufen, wenn dem jeweils zuständigen Sachbearbeiter alle entscheidungserheblichen Tatsachen bekannt sind,** sodass er endgültig über die Aufhebung befinden kann.[144] Zu den entscheidungserheblichen Tatsachen gehören nicht nur die für die Subsumtion unter die Tatbestandsvoraussetzungen relevanten Tatsachen (bei der Rücknahme bspw. die Kenntnis von der Rechtswidrigkeit des aufzuhebenden VA), sondern auch alle die Ermessensentscheidung leitenden Tatsachen, dh auch die für die Zweckmäßigkeit relevanten Ereignisse.[145] Erst wenn so die volle Entscheidungsreife eingetreten ist, beginnt die Jahresfrist zu

---

142 Nach a. A. sind die Ausschlussgründe des § 48 Abs. 2 S. 3 Nr. 1–3 LVwVfG im Zusammenhang mit der „Schutzwürdigkeit" zu prüfen, s. *Schweickhardt/Vondung/Zimmermann-Kreher*, Allg. Verwaltungsrecht, Rn. 495.
143 Bei unionsrechtswidrigen VA (vor allem Beihilfen) erhält das öffentliche Rücknahmeinteresse ein besonderes Gewicht und das EU-Recht zwingt zu einer anderen Auslegung und Anwendung des § 48 LVwVfG, s. *Schoch/Schneider/Schoch* VwVfG § 48 Rn. 145–147.
144 BVerwG, Urt. v. 24.1.2001, Az. 8 C 8/00, juris Rn. 10 ff.
145 Zu den im Einzelnen streitigen Punkten im Zusammenhang mit § 48 Abs. 4 LVwVfG s. *Detterbeck*, Rn. 713.

laufen – sie spielt in der Praxis daher kaum eine Rolle.[146] Zu beachten ist, dass nach § 48 Abs. 4 S. 2 LVwVfG **in den Fällen des § 48 Abs. 2 S. 3 Nr. 1 LVwVfG keine Frist gilt**, dh die Rücknahme ist hier jederzeit möglich.

2. **Rechtsfolge**

a) **Adressat** ist derjenige, der Adressat des aufzuhebenden VA ist.

b) **Ermessen**

→ Über § 48 Abs. 1 S. 1 LVwVfG ist Ermessen eröffnet, insoweit kann zunächst auf die Ausführungen zur vorgerigen Rn. 255 verwiesen werden. Bei Prüfung der Verhältnismäßigkeit sind hier insb. folgende Aspekte zu beachten:

Geeignet: Die Rücknahme eines VA ist stets tauglich, den mit ihr verbundenen Zweck – die (teilweise) Unwirksamkeit des VA (§ 43 Abs. 2 LVwVfG) – zu erreichen. Eine Rücknahme *mit Wirkung für die Vergangenheit* verfolgt noch ein weiteres Ziel: Sie schafft zusätzlich die Voraussetzungen für die Rückforderung des rechtswidrig Geleisteten nach § 49a LVwVfG (s. u. Rn. 267 ff.) und dient damit zugleich der sparsamen und zielgerichteten Verwendung von Steuermitteln.

Erforderlich: Es ist genau zu prüfen, welche Maßnahme ausreichend ist, um den Zweck zu erfüllen, dh es sind wie gewöhnlich bei der Erforderlichkeit *Handlungsalternativen* zu suchen und dahingehend zu überprüfen, ob sie *milder* und *gleich geeignet* sind (s. o. Rn. 66). Insbesondere folgende Gesichtspunkte sind zu beachten:

– Wird der Zweck der Aufhebung bereits durch eine *teilweise* Aufhebung gleich gut erreicht, ist nur eine solche erforderlich (s. bereits den Wortlaut in § 48 Abs. 1 S. 1 LVwVfG „ganz oder teilweise")

– Eine rückwirkende Aufhebung *auch für die Vergangenheit* ist auch hier das härtere Mittel. So wird bspw. einer auf Ratenzahlung angelegten Subvention der Rechtsgrund nicht nur für zukünftige Zahlungen entzogen (dh der Begünstigte erhält ab sofort kein Geld mehr), sondern auch für bereits getätigte Zahlungen. Dies hat zur Folge, dass der Begünstigte Leistungen, die er aufgrund des VA erhalten hat, nach § 49a LVwVfG erstatten muss (s. u. Rn. 268). Hierbei ist die **Besonderheit aus § 48 Abs. 2 S. 4 LVwVfG zu beachten**, wonach in den Fällen des § 48 Abs. 2 S. 3 LVwVfG der VA idR (auch) mit Wirkung für die Vergangenheit zurückgenommen wird. § 48 Abs. 2 S. 4 LVwVfG ist eine ermessenslenkende Vorschrift, die die allgemeine Ermessensvorschrift des § 48 Abs. 1 S. 1 LVwVfG nicht ersetzt, sondern konkretisiert. Sie besagt, dass wenn die Be-

---

146 Bei unionsrechtswidrigen VA ist § 48 Abs. 4 LVwVfG bereits gar nicht anwendbar, *Schoch/Schneider/Schoch*, VwVfG § 48 Rn. 233–235.

hörde sich im Rahmen ihrer Ermessensentscheidung für die Rücknahme entscheidet, diese im Regelfall mit Wirkung für die Vergangenheit zu erfolgen hat.[147] Es bedarf daher besonderer Umstände des Einzelfalls, falls der Geld-/Sachleistungs-VA nur mit Wirkung für die Zukunft zurückgenommen werden soll.

Angemessen: Wie bei allen VA dürfen die Nachteile für den Betroffenen (insb. für den Adressaten eines begünstigenden VA, der nun aufgehoben werden soll) nicht erkennbar außer Verhältnis zu den Vorteilen für die Allgemeinheit/Dritte stehen. Es sind die Nach- und Vorteile *aufzuzählen*, rechtlich und tatsächlich zu *gewichten* sowie *abzuwägen* (s. o. Rn. 67). Je nach Einzelfall kann hier insb. Folgendes zu berücksichtigen sein:

- **Rechtswidrigkeit** des aufzuhebenden VA – für die Aufhebung eines rechtswidrigen VA spricht schon der Grundsatz der Gesetzmäßigkeit der Verwaltung (Rechtsstaatsprinzip, Art. 20 Abs. 3 GG), dh die Wiederherstellung rechtmäßiger Zustände.
- Speziell **bei Subventionen ist zu beachten,** dass diese aus Steuer-/Haushaltsmitteln idR zur Förderung eines bestimmten öffentlichen Zwecks gewährt werden. Aufgrund des haushaltswirtschaftlichen Grundsatzes der sparsamen und wirtschaftlichen Verwendung der öffentlichen Mittel (s. a. § 77 Abs. 2 GemO), dem ein starkes Gewicht beizumessen ist, kommt außer in besonders zu begründenden Sonderfällen ermessensfehlerfrei häufig nur eine Aufhebung des Subventionsbescheids in Betracht.
- **Vertrauensschutz** spielt in dieser Konstellation im Rahmen des Ermessens keine Rolle, da ein schutzwürdiges Vertrauen bereits auf Tatbestandsebene eine Rücknahme ausschließt (s. o.).

c) **Bestimmtheit**

III. **Formelle Voraussetzungen**
1. **Zuständigkeit** (s. o. Rn. 255)
2. **Verfahren**
   → Es gelten die allgemeinen Regelungen für den Erlass eines VA. Da hier die Rücknahme des beg. VA in die Rechte des Adressaten eingreift, ist er insb. nach § 28 Abs. 1 LVwVfG vorher anzuhören.
3. **Form**
   → Auch hier gelten mangels Spezialbestimmungen die allgemeinen Regelungen: Die Rücknahmeentscheidung kann gem. § 37 Abs. 2 LVwVfG formfrei ergehen, sollte aber aus Beweisgründen schrift-

---

147 Die Gesetzesformulierung „wird [...] zurückgenommen" meint, *falls* eine Rücknahme des Verwaltungsakts erfolgt, geschieht dies in der Regel mit Wirkung für die Vergangenheit, *Schoch/Schneider/Schoch*, VwVfG § 48 Rn. 190.

lich erfolgen. Als schriftlicher VA ist sie gem. § 39 LVwVfG zu begründen und mit einer Rechtsbehelfsbelehrung nach § 37 Abs. 6 LVwVfG zu versehen. Wegen der belastenden Wirkung sollte der Rücknahmebescheid zweckmäßigerweise nach dem LVwZG zugestellt werden.

257 **Sonderfall des § 50 LVwVfG:** Legt ein Dritter (zB ein Konkurrent) gegen den begünstigenden VA (zB Subvention) einen zulässigen[148] Anfechtungswiderspruch bzw. eine Anfechtungsklage ein, kann der VA während des laufenden Widerspruchs- oder Klageverfahrens unabhängig vom Vorliegen der inhaltlichen Voraussetzungen nach § 48 LVwVfG[149] zurückgenommen werden, wenn dadurch dem Rechtsschutzinteresse des Dritten entsprochen und dem Widerspruch bzw. der Klage abgeholfen wird. Hintergrund ist, dass der Begünstigte des VA aufgrund der Anfechtung durch den Dritten von vornherein nur sehr eingeschränkt auf den Bestand des VA vertrauen konnte. Gleiches gilt (zumindest analog), wenn nicht § 48 LVwVfG, sondern eine speziellere Norm die Rücknahme regelt.

C. Rücknahme rechtswidriger begünstigender VA in sonstigen Fällen

258 I. **Rechtsgrundlage: § 48 Abs. 1 und Abs. 3 LVwVfG**
II. **Materielle Voraussetzungen**
  1. **Tatbestandsvoraussetzungen**
     a) **VA**
     b) **Rechtswidriger VA** (s. o. Rn. 255)
     c) **Begünstigender VA, der nicht auf Geldleistung/teilbare Sachleistung gerichtet ist**
        → In Abgrenzung zu § 48 Abs. 2 LVwVfG darf es sich hier um keine Geld- oder teilbare Sachleistung handeln („nicht unter Absatz 2 fällt"). Die Begünstigung, die der VA begründet oder gewährt hat, kann jedes **sonstige Recht oder jeder sonstige Vorteil** sein, wie bspw. eine Sondernutzungserlaubnis, wasserrechtliche Erlaubnis oder Baugenehmigung.
     d) **Kein Ausschluss wegen Ablaufs der Jahresfrist** (s. o. Rn. 256)
     Beachte:
     – § 48 Abs. 3 LVwVfG enthält keine weiteren Tatbesdtandsvoraussetzungen. Anders als bei § 48 Abs. 2 LVwVfG **spielt insb. der Vertrauensschutz auf Tatbestandsebene keine Rolle.** Ob der Adressat auf den Bestand des beg. VA vertraut hat, ist allerdings im

---

148 Str. ist, ob der Widerspruch auch begründet bzw. zumindest nicht offensichtlich unbegründet sein muss, s. hierzu *Schoch/Schneider/Schoch*, VwVfG § 50 Rn. 25 ff.
149 Insb. unabhängig eines schutzwürdigen Vertrauens iSd § 48 Abs. 1, Abs. 2 LVwVfG.

Rahmen der Ermessensausübung zu berücksichtigen und gegen das öffentliche Rücknahmeinteresse abzuwägen[150] (s. sogleich).
- § 48 Abs. 3 LVwVfG regelt aber **zugleich** einen **Entschädigungsanspruch**, der auf Ausgleich eines etwaigen Vermögensnachteils abzielt, den der Betroffene durch die Rücknahme erleidet. § 48 Abs. 3 LVwVfG ist so einerseits *für die Behörde* zusammen mit Abs. 1 Rechtsgrundlage für die Rücknahmeentscheidung und andererseits *für den Bürger* Anspruchsgrundlage für einen Entschädigungsanspruch.[151]

2. **Rechtsfolge**
   a) **Adressat** ist derjenige, der Adressat des aufzuhebenden VA ist.
   b) **Ermessen:**
      → Hier kann auf die Ausführungen in Rn. 256 verwiesen werden. Klarstellend ist (nochmals) zu betonen:
      Geeignet: Mit der Rücknahme wird das Ziel der Unwirksamkeit des aufzuhebenden VA (§ 43 Abs. 2 LVwVfG) erreicht.
      Erforderlich: Die Behörde kann auch sonstige begünstigende VA *„ganz oder teilweise"* sowie *„mit Wirkung (nur) für die Zukunft oder (auch) für die Vergangenheit"* zurücknehmen. Die rückwirkende Aufhebung für die Vergangenheit ist für den Adressaten des begünstigenden VA das einschneidendere Mittel.
      Angemessen: Die Nachteile für den betroffenen Adressaten sind gegenüber den Vorteilen für die Allgemeinheit (öffentliches Rücknahmeinteresse) abzuwägen. Ein öffentliches Rücknahmeinteresse ist bei rechtswidrigen VA aufgrund des Grundsatzes der Gesetzmäßigkeit der Verwaltung (Rechtsstaatsprinzip, Art. 20 Abs. 3 GG) immer gegeben. Bei den Nachteilen für den Adressaten ist insb. der Schutz seines Vertrauens auf den Bestand des VA (Vertrauensschutz des Adressaten) zu berücksichtigen. Neben dem Grad seiner Schutzwürdigkeit spielt auch eine Rolle, dass ihm im Falle einer Rücknahme ein Entschädigungsanspruch nach § 48 Abs. 3 LVwVfG zustehen kann (was im Falle der Rücknahme in einem nächsten Schritt immer zu prüfen ist)[152].
   c) **Bestimmtheit**

III. **Formelle Voraussetzungen** (s. o. Rn. 256)

---

150 *Schoch/Schneider/Schoch*, VwVfG § 48 Rn. 197; *Detterbeck*, Allg. *Verwaltungsrecht*, Rn. 705 auch m. w. N. für die andere Auffassung, wonach Vertrauensschutzgesichtspunkte lediglich beim Entschädigungsanspruch eine Rolle spielen.
151 So ähnelt zwar der Wortlaut des Absatzes 3 dem des Absatzes 2, die tatbestandliche Voraussetzung des schutzwürdigen Vertrauens bezieht sich aber *nicht* auf die Rücknahme, sondern allein auf den Entschädigungsanspruch. Hier zeigt sich, wie wichtig es ist, zwischen Rücknahmevoraussetzungen und Entschädigungsregelung zu unterscheiden.
152 Vgl. hierzu *Detterbeck*, Allg. Verwaltungsrecht, Rn. 707 ff.

259 Auch hier greift § 50 LVwVfG: Beim Vorliegen der Voraussetzungen (s. o. Rn. 257) steht dem Begünstigten für entstandene Vermögensnachteile dann insb. kein Entschädigungsanspruch nach § 48 Abs. 3 LVwVfG zu.[153]

D. Widerruf rechtmäßiger belastender VA

260 I. **Rechtsgrundlage: § 49 Abs. 1 LVwVfG**
  II. **Materielle Voraussetzungen**
  1. **Tatbestandsvoraussetzungen**
   a) **VA**
    → Wie bei § 48 muss auch bei § 49 LVwVfG das aufzuhebende Verwaltungshandeln ein VA iSd § 35 LVwVfG sein.
   b) **Rechtmäßiger VA**
    → Der Widerruf setzt grds. einen rm. ergangenen VA voraus[154], weshalb an dieser Stelle im Zweifel der komplette aufzuhebenden VA anhand des Prüfungsschemas auf seine Rechtmäßigkeit hin zu untersuchen ist (Inzidentprüfung, s. o. Rn. 255). Die Rechtmäßigkeit bestimmt sich nach der Sach- und Rechtslage, die zum Zeitpunkt seines Erlasses gegolten hat.[155]
   c) **Belastender VA**
    → § 49 Abs. 1 LVwVfG setzt ausdrücklich einen „nicht begünstigenden" VA voraus, er gilt damit nur für belastende VA.[156]
   d) **Keine Pflicht, VA erneut zu erlassen, oder Unzulässigkeit des Widerrufs aus anderem Grund**
    → Der Widerruf eines rm. bel. VA ist ausgeschlossen, wenn direkt nach dem Widerruf eine rechtliche Pflicht zum Erlass eines VA mit demselben Inhalt bestehen würde. Ein VA darf also **nicht widerrufen werden, wenn er mit gleichem Inhalt sofort wieder erlassen werden müsste.** Dies ist insb. dann der Fall, wenn die Tatbestandsvoraussetzungen einer Rechtsgrundlage erfüllt sind, die eine gebundene Entscheidung vorsieht.[157]
    → Der Widerruf eines rm. bel. VA ist ferner ausgeschlossen, wenn ein Widerruf **aus anderen Gründen unzulässig** ist, zB aufgrund einer spezialgesetzlichen Regelung oder weil sich die Behörde durch eine wirksame Zusicherung nach § 38

---

153 *Schoch/Schneider/Schoch*, VwVfG § 50 Rn. 39.
154 § 49 Abs. 2 und Abs. 3 LVwVfG werden hingegen, wenn ein dort geregelter Widerrufsgrund einschlägig ist, auf rechtswidrige VA analog angewendet, s. sogleich.
155 BeckOK VwVfG/*Abel* § 49 Rn. 1.
156 Anders ist dies bei § 48 Abs. 1 S. 1 LVwVfG, der auch auf begünstigende VA anzuwenden ist.
157 **Beispiel:** Der Widerruf einer Betriebsuntersagung für eine immissionsschutzrechtlich genehmigungsbedürftige Anlage ist ausgeschlossen, wenn weiterhin gegen eine vollziehbare nachträgliche Anordnung verstoßen wird und es dadurch zu einer unmittelbaren Gesundheitsgefährdung kommt. Die Betriebsuntersagung müsste nach § 20 Abs. 1 S. 2 BImSchG sofort wieder ergehen, sodass die Voraussetzungen für einen Widerruf nach § 49 Abs. 1 LVwVfG nicht vorliegen.

LVwVfG oder einen öffentlich-rechtlichen Vertrag entsprechend verpflichtet hat.

Beachte:
- Die Formulierung „**auch nachdem er unanfechtbar geworden ist**" enthält keine Tatbestandsvoraussetzung, sondern dient lediglich der Klarstellung, dass die Behörde einen VA auch dann noch widerrufen kann, wenn der Bürger keine Anfechtungsmöglichkeit mehr hat und nicht mehr gegen den VA vorgehen kann (wegen Ablauf der Rechtsbehelfsfrist oder Abschluss eines Rechtsbehelfsverfahrens).
- Die Worte „**ganz oder teilweise**" konkretisieren den Ermessensspielraum und sind auf Rechtsfolgenseite im Rahmen der Verhältnismäßigkeit (bei der Erforderlichkeit) zu beachten (s. sogleich). Ebenfalls auf der Rechtsfolgenseite ist zu berücksichtigen, dass der VA hier **nur „mit Wirkung für die Zukunft"** widerrufen werden kann (für den Widerruf gestattet lediglich § 49 Abs. 3 LVwVfG bei VA auf Geldleistung/teilbare Sachleistung einen Widerruf „auch mit Wirkung für die Vergangenheit").

2. **Rechtsfolge**
   a) **Adressat** ist derjenige, der Adressat des aufzuhebenden VA ist.
   b) **Ermessen**
   → Es gelten, wie bei der Rücknahme rw. bel. VA ausgeführt (s. o. Rn. 255), grds. die allgemeinen Vorgaben des § 40 LVwVfG, insb. muss der Widerruf verhältnismäßig sein:
   Geeignet: Mit dem Widerruf wird das Ziel der Unwirksamkeit des aufzuhebenden VA (§ 43 Abs. 2 LVwVfG) erreicht.
   Erforderlich: Die Behörde kann einen rechtmäßigen belastenden VA kann ganz oder teilweise, aber *nur mit Wirkung für die Zukunft* widerrufen.
   Angemessen: Der Widerruf eines rm. bel. VA begünstigt den Adressaten. Er hat dadurch idR keine Nachteile. Je nach Einzelfall kann der aufzuhebende VA aber Drittwirkung entfalten und sich für einen Dritten (Nachbarn) begünstigend auswirken (bspw. kann eine Abbruchsanordnung für einen Nachbarn begünstigend sein). Es ist dann zu berücksichtigen, ob und inwieweit der Dritte in schutzwürdiger Weise auf den Bestand des VA vertrauen durfte. Allgemein ist zu beachten, dass der Grundsatz der Gesetzmäßigkeit der Verwaltung sowie der ebenfalls aus dem Rechtsstaatsprinzip abgeleitete Aspekt der Rechtssicherheit/Rechtsklarheit für die Aufrechterhaltung des *rechtmäßigen* VA sprechen.
   c) **Bestimmtheit**

III. **Formelle Voraussetzungen**
  1. **Zuständigkeit**
   → Es ist die Behörde sachlich und örtlich für den Widerruf zuständig, die auch für den aufzuhebenden VA zuständig war.

→ § 49 Abs. 5 LVwVfG enthält für die örtliche Zuständigkeit wieder eine Sonderregelung (s. hierzu Rn. 255).

2. Verfahren
→ Es gelten die allgemeinen Regelungen für den Erlass eines VA. Da die Aufhebung eines bel. VA nicht in Rechte des Adressaten eingreift (sondern ihn begünstigt), muss er nicht nach § 28 Abs. 1 LVwVfG angehört werden.

3. Form
→ Auch hier sind mangels Spezialbestimmungen in § 49 LVwVfG die **allgemeinen Regelungen** zu beachten: Die Aufhebungsentscheidung ist gem. § 37 Abs. 2 LVwVfG an keine bestimmte Form gebunden, sollte aber aus Beweisgründen schriftlich ergehen. Als schriftlicher VA ist sie gem. § 39 LVwVfG zu begründen. Da der Widerruf eines bel. VA den Adressaten begünstigt, kann und wird er ihn nicht anfechten, sodass eine Rechtsbehelfsbelehrung nach § 37 Abs. 6 LVwVfG nicht beizufügen ist. Anders liegt der Fall, wenn ein Dritter den Widerruf anfechten kann. Aufgrund der begünstigenden Wirkung kann der Widerrufsbescheid auch mit einfachem Postbrief bekannt gegeben werden, Dritten sollte er zugestellt werden.

E. Widerruf (rechtmäßiger) begünstigender VA

I. Rechtsgrundlage: § 49 Abs. 2 LVwVfG
Beachte:
§ 49 Abs. 2 LVwVfG ist allgemein die Rechtsgrundlage für den Widerruf beg. VA, unabhängig von ihrem Inhalt. Er gilt sowohl für VA, die auf eine Geldleistung/teilbare Sachleistung gerichtet sind, als auch für VA mit einem sonstigen beg. Inhalt wie zB einer Genehmigung. Die Abgrenzung zu § 49 Abs. 3 LVwVfG besteht hinsichtlich der Wirkungen, die der Widerruf auslöst:
- Nach **§ 49 Abs. 2 LVwVfG** erfolgt der Widerruf **stets nur mit Wirkung für die Zukunft**, dh das durch den VA begründete Rechtsverhältnis wird nur für die Zukunft aufgelöst, für die Vergangenheit bleibt es bestehen.
- Nach **§ 49 Abs. 3 LVwVfG** kann die Behörde VA, die auf eine Geldleistung/teilbare Sachleistung gerichtet sind, **auch mit Wirkung für die Vergangenheit** widerrufen. Das durch den VA begründete Rechtsverhältnis wird dann auch für die Vergangenheit aufgelöst und gewährte Leistungen sind nach § 49a LVwVfG zurückzuerstatten (s. u. Rn. 267 ff.).

II. Materielle Voraussetzungen
  1. Tatbestandsvoraussetzungen
    a) VA

Beachte:
Nach dem Wortlaut setzt der Widerruf nach § 49 Abs. 2 LVwVfG einen **rechtmäßigen VA** voraus. Er ist jedoch **auf rechtswidrige VA analog anzuwenden.** Da für den Widerruf eines rechtmäßigen VA nach § 49 Abs. 2 LVwVfG im Hinblick auf die Widerrufsgründe höhere Voraussetzungen gelten als für die Rücknahme eines rechtswidrigen VA, können diese „strengeren" Regelungen doch „erst recht" auch auf rechtswidrige VA angewendet werden (Erst-recht-Schluss). Ist also ein Fall des § 49 Abs. 2 LVwVfG einschlägig und gestattet er mit seinen strengen Voraussetzungen bereits den Widerruf eines rechtmäßigen VA, muss er erst recht den Widerruf eines rechtswidrigen VA ermöglichen, für den zusätzlich der Grundsatz der Gesetzmäßigkeit der Verwaltung spricht (Rechtsstaatsprinzip, Art. 20 Abs. 3 GG). Es kann bei Prüfung des § 49 Abs. 2 LVwVfG daher **offengelassen werden,** ob der aufzuhebende VA rechtmäßig oder rechtswidrig war. In beiden Fällen ist § 49 Abs. 2 LVwVfG als Rechtsgrundlage (analog) anwendbar.[158]

b) **Begünstigender VA**
 → vgl. § 48 Abs. 1 S. 2 LVwVfG: ein VA, der ein Recht oder einen rechtlich erheblichen Vorteil begründet oder bestätigt.

c) **Widerrufsgrund**
 → Nach § 49 Abs. 2 LVwVfG ist tatbestandlich ein Widerruf nur möglich, wenn einer der in **Nr. 1 bis 5 abschließend aufgezählten Widerrufsgründe** im konkreten Fall einschlägig ist:
 - **Nr. 1:** Der Widerruf ist **spezialgesetzlich** vorgesehen (zB nach § 18 Abs. 1 WHG für die wasserrechtliche Erlaubnis) oder der aufzuhebende VA ist mit einem **Widerrufsvorbehalt** iSd § 36 Abs. 2 Nr. 3 LVwVfG als Nebenbestimmung versehen und der Widerrufsgrund ist eingetreten (zB: „Für den Fall, dass bis zum 31.12. kein weiterer Stellplatz ausgewiesen wurde, behalten wir uns den Widerruf der Baugenehmigung vor").
 - **Nr. 2:** Der aufzuhebende VA war mit einer **Auflage** iSd § 36 Abs. 2 Nr. 4 LVwVfG versehen und der Begünstigte hat das dort geforderte Tun, Dulden oder Unterlassen nicht (rechtzeitig) befolgt.

Beachte:
Bei einem Verstoß gegen eine Auflage ist zwar der *Tatbestand* des Widerrufsgrundes erfüllt. Auf *Rechtsfolgenseite* ist bei der Ermes-

---

[158] Die Anwendung des § 49 LVwVfG analog auf rw. VA hat für die Behörde einen wesentlichen Vorteil, sie kann sich nämlich auf den Anspruch des Bürgers gegen die Behörde auf Ausgleich eines Vermögensnachteils auswirken: Bei einer Aufhebung nach § 48 Abs. 3 LVwVfG kann der Bürger unabhängig vom Aufhebungsgrund diesen Vermögensausgleich geltend machen, wenn er in schutzwürdiger Weise auf den Bestand des VA vertraut hat; bei einer Aufhebung nach § 49 Abs. 2 LVwVfG besteht nach dessen Abs. 6 ein solcher Anspruch nur in den Fällen des Absatz 2 Nr. 3 bis 5 LVwVfG und nicht in den Fällen des Absatz 2 Nr. 1 und 2 LVwVfG.

sensausübung allerdings besonders zu beachten, dass es grds. milder und gleich geeignet ist, zunächst die Auflage (die ein eigenständiger VA ist) zu vollstrecken bzw. deren Vollstreckung idR mind. einmal erfolglos anzudrohen, bevor der gesamte beg. Haupt-VA widerrufen wird (s. sogleich).

- **Nr. 3:** Nach Bekanntgabe des VA sind **Tatsachen eingetreten** (Änderung der Sachlage), aufgrund derer die **Behörde berechtigt wäre, den beg. VA nicht zu erlassen** (Tatbestandsvoraussetzungen liegen nicht mehr vor oder die neuen Tatsachen rechtfertigen eine abweichende Ermessensentscheidung), und ohne den Widerruf würde das **öffentliche Interesse gefährdet** (ohne Widerruf kommt es zu negativen Auswirkungen für die Allgemeinheit).[159]
- **Nr. 4:** Nach Bekanntgabe des VA hat sich die **Rechtslage geändert** (Änderung von Rechtsvorschriften wie Gesetzen, Verordnungen oder Satzungen – eine Änderung von Verwaltungsvorschriften oder lediglich eine Rechtsprechungsänderung ist nicht ausreichend), aufgrund derer die **Behörde berechtigt wäre, den beg. VA nicht zu erlassen.** Ein Widerruf ist aber nur zulässig, soweit der Begünstigte von der Begünstigung **noch keinen Gebrauch gemacht** oder noch keine Leistungen empfangen hat (die Begünstigung also noch nicht umgesetzt wurde), und wenn ohne den Widerruf das **öffentliche Interesse gefährdet** würde (s. o. bei Nr. 3).[160]
- **Nr. 5: Schwere Nachteile für das Gemeinwohl** liegen nur unter sehr hohen Voraussetzungen vor, zB bei ernsthaften Gesundheitsgefahren.

d) **Kein Ausschluss wegen Ablaufs der Jahresfrist**
→ Über den Verweis in § 49 Abs. 2 S. 2 LVwVfG gilt die Jahresfrist des § 48 Abs. 4 LVwVfG für den Widerruf beg. VA entsprechend. Die Frist stellt eine Entscheidungsfrist dar, sie be-

---

159 **Beispiele:**
Durch das baurechtlich genehmigte Sägewerk kommt es bei den Nachbarn, anders als es nach den Prognosen vorauszusehen war, zu einer Überschreitung der Immissionsrichtwerte (im Rahmen des Ermessens ist dann aber zu prüfen, ob nicht mildere Maßnahmen wie eine Eindämmung der Immissionen durch eine Anordnung nach § 24 BImSchG in Betracht kommen oder wie stark die Werte überschritten werden und ob der Widerruf somit angemessen ist).
Nachdem eine Ausnahmegenehmigung nach § 46 Abs. 1 Nr. 3 StVO für das Parken in zweiter Reihe erteilt wurde, nimmt der Verkehr an dieser Stelle, aufgrund einer veränderten Verkehrsführung deutlich zu und es kommt vermehrt zu gefährlichen Situationen.

160 **Beispiele:**
Nach Erteilung der Baugenehmigung wird der Bebauungsplan (nach § 10 BauGB eine Satzung) geändert, wodurch die Baugenehmigung jetzt nicht mehr erlassen werden dürfte und Nachbarn betroffen sind. Sofern der Bauherr noch nicht mit dem Bau begonnen hat (zB durch Erdaushub), liegen die Voraussetzungen dieses Widerrufsgrundes vor.
Nach Erteilung einer Gewerbeerlaubnis für eine Peep-Show (§ 33a GewO) kommt es zu einem gesetzlichen Verbot dieser Darstellungsform. Sofern bereits eine Peep-Show stattgefunden hat, ist der Widerruf nach Nr. 4 nicht mehr möglich.

ginnt erst zu laufen, wenn dem jeweils zuständigen Sachbearbeiter alle entscheidungserheblichen Tatsachen bekannt sind (s. o. Rn. 255).
Beachte:
Die Formulierung „**auch nachdem er unanfechtbar geworden ist**" enthält auch hier keine Tatbestandsvoraussetzung, sondern dient nur der Klarstellung; „**ganz oder teilweise**" und die Tatsache, dass der Widerruf nach § 49 Abs. 2 LVwVfG nur „**mit Wirkung für die Zukunft**" erfolgen kann, sind auf der Rechtsfolgenseite zu berücksichtigen (s. sogleich).

2. **Rechtfolge**
   a) **Adressat** ist derjenige, der Adressat des aufzuhebenden VA ist.
   b) **Ermessen**
   → § 49 Abs. 2 LVwVfG räumt der Behörde Ermessen ein. Die Ermessensausübung richtet sich nach den allgemeinen Vorgaben des § 40 LVwVfG. Bei der Verhältnismäßigkeit kann insb. Folgendes von Bedeutung sein:
   Geeignet: Der Widerruf eines VA ist stets tauglich, den mit ihm verbundenen Zweck – die (teilweise) Unwirksamkeit des VA (§ 43 Abs. 2 LVwVfG) – zu erreichen.
   Erforderlich: Der Widerruf eines beg. VA nach § 49 Abs. 2 LVwVfG kann ganz oder teilweise, aber *nur mit Wirkung für die Zukunft* erfolgen. Zudem **sind folgende Aspekte** zu berücksichtigen:
   – Speziell bei einem Widerruf wegen **nicht (rechtzeitiger) Erfüllung einer Auflage** ist zu beachten, dass eine Auflage als eigenständiger bel. VA nach dem LVwVG vollstreckt und insb. durch Androhung eines Zwangsgelds der nötige Druck zur Erfüllung der Auflage ausgeübt werden kann. Dies stellt im Vergleich zum Widerruf des beg. VA idR eine gleich geeignete, aber mildere Maßnahme dar.[161] Erst wenn jeglicher Zwangsmitteleinsatz nicht mehr erfolgsversprechend und damit nicht mehr geeignet erscheint, kommt als letztes Mittel die Aufhebung des begünstigenden VA in Betracht.
   – Ebenfalls milder als der Widerruf ist der **Erlass einer (vollziehbaren) nachträglichen Anordnung oder eines sonstigen bel. VA**, wenn dadurch rechtmäßige Zustände hergestellt werden können (zB im Hinblick auf ein baurechtlich genehmigtes Sägewerk, von dem anders als prognostiziert doch Immissionswertüberschreitungen ausgehen – verglichen mit einem Widerruf nach § 49 Abs. 2 Nr. 3 LVwVfG ist eine nachträgliche Anordnung zu schall-

---

161 Die Unwirksamkeit des gesamten VA ist für den Betroffenen schwerwiegender als die Vollstreckung der Auflage bei weiterhin wirksamem begünstigenden VA (s. a. Rn. 205).

dämmenden Maßnahmen das mildere gleich geeignete Mittel).[162]

Angemessen: Neben der Tatsache der Rechtmäßigkeit des aufzuhebenden VA sowie der Intensität der Belastung des Adressaten bzw. der Begünstigung eines Dritten durch den Widerruf können je nach Einzelfall insb. folgende Gesichtspunkte relevant werden:

- **Vertrauensschutz** (abgeleitet aus dem Rechtsstaatsprinzip, Art. 20 Abs. 3 GG): Wie sehr durften Adressat und Allgemeinheit/Dritte auf den Bestand des aufzuhebenden VA in schutzwürdiger Weise vertrauen? Daneben ist allgemein der ebenfalls aus dem Rechtsstaatsprinzip abgeleitete Aspekt der Rechtssicherheit/Rechtsklarheit zu beachten.
- **Verschuldensgesichtspunkte** bspw. im Hinblick auf die Nichterfüllung einer Auflage.
- Mögliche Gewährung von **Übergangsregelungen** nach § 49 Abs. 4 LVwVfG (die Behörde kann den genauen Termin festlegen, zu dem der VA unwirksam werden soll, zB um die Abwicklung aller Tätigkeiten bei einer Gewerbe- oder Sondernutzungserlaubnis zu ermöglichen).
- Mögliche Abmilderung der Nachteile für den Betroffenen durch eine **Entschädigung** über den Ausgleich von Vermögensnachteilen unter den Voraussetzungen des § 49 Abs. 6 LVwVfG.

Beachte:
Bei einem Widerruf nach § 49 Abs. 2 Nr. 3 bis 5 LVwVfG **gewährt § 49 Abs. 6 LVwVfG** in einem nächsten Schritt **einen Entschädigungsanspruch.** Die Behörde hat dem Betroffenen auf Antrag den Vermögensnachteil zu entschädigen, den dieser dadurch erleidet, dass er auf den Bestand des VA vertraut hat, soweit sein Vertrauen schutzwürdig ist. Insoweit können die Grundsätze von § 48 Abs. 2 und 3 LVwVfG entsprechend herangezogen werden (s. o. Rn. 256 sowie Rn. 258).[163]

c) **Bestimmtheit**

III. **Formelle Voraussetzungen**
1. **Zuständigkeit** (s. o. Rn. 260)
2. **Verfahren**

→ Es gelten die allgemeinen Verfahrensregelungen für den Erlass eines VA. Der Widerruf eines beg. VA greift in die Rechte des

---

162 Unproblematisch ist diese Vorgehensweise, wenn eine spezialgesetzliche Regelung für eine nachträgliche Anordnung, nachträgliche Auflage oÄ existiert (zB für das eben genannte Beispiel in § 24 BImSchG; Entsprechendes findet sich aber bspw. auch in § 5 Abs. 1 GastG oder § 58 Abs. 6 S. 1 LBO) – ansonsten wird eine solche Möglichkeit uneinheitlich beurteilt, s. zB VGH BW, Urt. v. 22.12.09, Az. 9 S 2890/08, juris Rn. 22; *Stelkens/Bonk/Sachs/Stelkens*, VwVfG § 36 Rn. 41; *Gassner*, Kompendium Verwaltungsrecht, Rn. 1029.
163 *Detterbeck*, Allg. Verwaltungsrecht, Rn. 724.

Adressaten ein, sodass er nach § 28 Abs. 1 LVwVfG vorher anzuhören ist.

3. **Form**
   → Mangels Spezialbestimmungen in § 49 LVwVfG kommen die **allgemeinen** Regelungen zur Anwendung: Die Widerrufsentscheidung ist an keine Form gebunden, sollte aber aus Beweisgründen schriftlich ergehen. Als schriftlicher VA ist sie gem. § 39 LVwVfG zu begründen und mit einer Rechtsbehelfsbelehrung nach § 37 Abs. 6 LVwVfG zu versehen. Da es hier um die Aufhebung eines beg. VA geht, sollte der Widerrufsbescheid zweckmäßigerweise nach dem LVwZG zugestellt werden.

Auch hier ist wieder die **Sonderregelung des § 50 LVwVfG** zu beachten. Beim Vorliegen der Voraussetzungen (s. o. Rn. 257) steht dem Begünstigten für entstandene Vermögensnachteile dann insb. kein Entschädigungsanspruch nach § 49 Abs. 6 LVwVfG zu.

F. Widerruf (rechtmäßiger) begünstigender VA auf Geldleistung/teilbare Sachleistung auch mit Wirkung für die Vergangenheit

I. Rechtsgrundlage: § 49 Abs. 3 LVwVfG
Beachte:
§ 49 Abs. 3 LVwVfG ist eine ergänzende Spezialregelung zu Abs. 2, der ebenfalls für VA auf Geldleistung/teilbare Sachleistung gilt. Abs. 3 regelt *zusätzliche* Widerrufsgründe und gestattet bei diesen sogar einen Widerruf *auch für die Vergangenheit*, was zur Folge hat, dass der Begünstigte Leistungen, die er aufgrund des VA erhalten hat, erstatten muss, § 49a LVwVfG (s. u. Rn. 267 ff.). Für die **konkrete Anwendung der Rechtsgrundlagen** bedeutet dies:
- Will die Behörde einen VA auf Geldleistung/teilbare Sachleistung zur Erfüllung eines bestimmten Zwecks **auch** mit Wirkung für die Vergangenheit widerrufen, so ist ausschließlich § 49 Abs. 3 LVwVfG die Rechtsgrundlage.
- Will die Behörde einen VA auf Geldleistung/teilbare Sachleistung zur Erfüllung eines bestimmten Zwecks **nur** für die Zukunft widerrufen (etwa weil es sich um eine Ratenzahlung handelt, die nun gestoppt werden soll), kann sie diese Entscheidung auf § 49 Abs. 2 und/oder Abs. 3 LVwVfG stützen (je nachdem welche Widerrufsgründe einschlägig sind). In diesem Fall gibt es keine strikte Abgrenzung zwischen § 49 Abs. 2 und Abs. 3 LVwVfG.[164]

---

164 Anders ist dies bei der Rücknahme nach § 48 LVwVfG – hier ist strikt zwischen § 48 Abs. 2 und Abs. 3 LVwVfG zu unterscheiden, vgl. den Wortlaut in § 48 Abs. 3 LVwVfG „Verwaltungsakt, der nicht unter Absatz 2 fällt".

II. Materielle Voraussetzungen
1. Tatbestandsvoraussetzungen
a) **VA**
   Beachte:
   § 49 Abs. 3 LVwVfG ist nach seinem Wortlaut nach zwar nur bei **rechtmäßigen VA** zulässig, er ist jedoch „**erst recht**" auch bei **rechtswidrigen VA** anwendbar (s. o. Rn. 261). Zusätzlich zu dem o. g. Vorteil (kein Ausgleich von Vermögensnachteilen) entfällt bei VA auf Geldleistung/teilbare Sachleistung die ggf. aufwendige Prüfung und Abwägung des schutzwürdigen Vertrauens nach § 48 Abs. 2 LVwVfG.

b) **Begünstigender VA auf Geldleistung/teilbare Sachleistung**
   → Die einmalige oder laufende Geldleistung oder teilbare Sachleistung muss **zur Erfüllung eines bestimmten Zwecks** gewährt werden oder hierfür Voraussetzung sein. Es sind vielfältige Zwecke denkbar, bspw. Zuschüsse zur Förderung umweltschützender Maßnahmen, Förderung gewerblicher Betriebe zur Schaffung dauerhafter Arbeitsplätze, Gewährleistung der Beförderung von Schülern, Zuwendungen an örtliche Vereine, Beseitigung von Hochwasserschäden nach einer Hochwasserkatastrophe etc. Wird eine Zuwendung/Subvention an keinen Zweck geknüpft, ist § 49 Abs. 3 LVwVfG nicht anwendbar. Dies gilt insb. für die kraft Gesetzes zu erbringenden Sozialleistungen oder die beamtenrechtlichen Bezüge (Besoldung, Versorgung).[165]

c) **Widerrufsgrund**
   → § 49 Abs. 3 LVwVfG regelt folgende Widerrufsgründe:
   - **Nr. 1:** Die Geldleistung/teilbare Sachleistung wird **nicht, nicht alsbald** nach der Erbringung (insb. wenn die Behörde einen Zeitraum vorgegeben hat) oder **nicht mehr für den im VA bestimmten Zweck** verwendet.[166]
   - **Nr. 2** enthält inhaltlich die gleiche Regelung wie Abs. 2 Nr. 2 (s. o. Rn. 261), nur eben mit der Zielrichtung, den VA (auch) mit Wirkung für die Vergangenheit zu widerrufen, um die Rückzahlungs- bzw. Erstattungspflicht des § 49a LVwVfG auszulösen (s. hierzu bereits Rn. 256).

d) **Kein Ausschluss wegen Ablaufs der Jahresfrist**
   → Über den Verweis in § 49 Abs. 3 S. 2 LVwVfG gilt die Jahresfrist des § 48 Abs. 4 LVwVfG (Entscheidungsfrist) auch hier (s. hierzu bereits Rn. 256).

---

165 *Schoch/Schneider/Schoch*, VwVfG § 49 Rn. 168–170.
166 Wird die gewährte Subvention zweckwidrig verwendet (die angedachte umweltschützende Maßnahme wird nicht ausgeführt; es werden weniger Arbeitsplätze als vereinbart geschaffen; die mit der Subvention angeschafften Busse werden als Reisebusse und nicht als Schulbusse eingesetzt), kann der Subventions-VA mit Wirkung für die Vergangenheit widerrufen und die Subvention nach § 49a LVwVfG zurückgefordert werden.

Beachte:
Die Formulierung „auch nachdem er unanfechtbar geworden ist" enthält wiederum keine Tatbestandsvoraussetzung, sondern dient der Klarstellung. Die Worte „ganz oder teilweise" sowie „auch mit Wirkung für die Vergangenheit" sind auf der Rechtsfolgenseite zu berücksichtigen.

2. **Rechtsfolge**
   a) **Adressat** ist derjenige, der Adressat des aufzuhebenden VA ist.
   b) **Ermessen**
   → Es ist kann zunächst umfassend auf die Ausführungen zum Ermessen beim Widerruf beg. VA nach § 49 Abs. 2 LVwVfG verwiesen werden (s. Rn. 261). Besonderheiten ergeben sich aus dem hier zulässigen Widerruf **mit Wirkung für die Vergangenheit:**
   Geeignet: Mit dem Widerruf wird das Ziel der Unwirksamkeit des aufzuhebenden VA (§ 43 Abs. 2 LVwVfG) erreicht. Zugleich werden bei einem Widerruf auch mit Wirkung für die Vergangenheit die Voraussetzungen für eine Rückforderung bereits geleisteter Geldzahlungen nach § 49a LVwVfG geschaffen.
   Erforderlich: Der Widerruf eines VA auf Geldleistung/teilbare Sachleistung auch mit Wirkung für die Vergangenheit ist das härtere Mittel gegenüber einem Widerruf nur für die Zukunft. Darüber hinaus ist speziell bei einem Widerruf wegen Nichterfüllung bzw. nicht rechtzeitiger Erfüllung einer Auflage wie iRd § 49 Abs. 2 LVwVfG zu beachten, dass eine **Auflage** als (eigenständiger belastender) VA **nach den Regelungen des LVwVG vollstreckt** und insb. durch Androhung eines Zwangsgelds der nötige Druck zur Erfüllung der Auflage ausgeübt werden kann, was grds. zunächst die mildere Maßnahme darstellt (s. a. Rn. 205).
   Angemessen: Neben den bereits bei § 49 Abs. 2 LVwVfG erwähnten Aspekten (Rn. 261) ist hier speziell zu beachten, dass die Subventionen/Zuwendungen aus Steuer-/Haushaltsmitteln **zur Förderung eines bestimmten öffentlichen Zwecks** gewährt werden. Wird dieser speziell geförderte Zweck nicht erreicht (insb. wegen zweckwidriger Verwendung der Mittel und/oder Nichterfüllung einer diesem Zweck dienenden Auflage), so ist der haushaltswirtschaftliche Grundsatz der sparsamen und wirtschaftlichen Verwendung der öffentlichen Mittel grds. von solchem Gewicht (s. a. § 77 Abs. 2 GemO), dass außer in besonders zu begründenden Sonderfällen ermessensfehlerfrei nur ein Widerruf in Betracht kommen kann.[167]

---

[167] Man spricht hier auch von sog. „intendiertem Ermessen", BVerwG, Urt. v. 16.6.1997, Az. 3 C 22/96, juris Rn. 14.

c) Bestimmtheit
III. Formelle Voraussetzungen (s. o. Rn. 261)

264 Auch in dieser Konstellation ist § 50 LVwVfG zu beachten (s. o. Rn. 257).

G. Anordnung der sofortigen Vollziehung, keine Vollstreckung
I. Anordnung der sofortigen Vollziehung

265 Unter den Voraussetzungen des § 80 Abs. 2 S. 1 Nr. 4 VwGO kann **wie bei allen VA** die sofortige Vollziehung angeordnet werden, was in jedem Einzelfall gesondert zu prüfen ist. Es muss ein besonderes öffentliches Interesse an der sofortigen Vollziehung bestehen (Vollzugsinteresse), welches das Interesse des Adressaten an der aufschiebenden Wirkung eines möglicherweise von ihm eingelegten Rechtsbehelfs (Suspensivinteresse) übersteigt. Das öffentliche Interesse an der sofortigen Vollziehung besteht darin, dass die Rücknahme/der Widerruf sofort zu beachten ist und der aufzuhebende VA sofort als unwirksam zu behandeln ist.

Beispiel:
Die Behörde widerruft eine Gaststättenerlaubnis (nach einer der speziellen Rechtsgrundlagen in § 15 GastG). Mit dem Widerruf wird die Gaststättenerlaubnis nach § 43 Abs. 2 LVwVfG unwirksam und der Gastwirt darf die Gaststätte nicht weiter betreiben. Legt er gegen den Widerruf Widerspruch ein, entfaltet dieser aufschiebende Wirkung, dh der Gastwirt braucht den Widerruf (noch) nicht zu beachten und kann von der Gaststättenerlaubnis weiterhin Gebrauch machen. Je nach Dringlichkeit kann es im konkreten Fall aber angezeigt sein, dass die Gaststättenerlaubnis sofort als unwirksam zu behandeln ist und der Gastwirt sie sofort nicht mehr weiter betreibt. Die Behörde kann dies nur dadurch erreichen, indem sie die sofortige Vollziehung des Widerrufs anordnet und der Gaststättenerlaubnis damit sofort ihre rechtliche Wirksamkeit entzieht (s. zu diesem Fallbeispiel auch sogleich Rn. 266).

II. Keine Vollstreckung

266 Rücknahme und Widerruf sind **rechtsgestaltende VA** und **können nicht vollstreckt werden**. Sie bewirken „nur", dass der aufzuhebende VA unwirksam wird (§ 43 Abs. 2 LVwVfG). Eine (zusätzliche) Pflicht zu einer Handlung, Duldung oder Unterlassung iSd §§ 1, 18 LVwVG geht von einer solchen Aufhebungsentscheidung nicht aus – **es fehlt damit die Vollstreckungsfähigkeit** (s. o. Rn. 154). Falls eine Handlung, Duldung oder Unterlassung im konkreten Fall zusätzlich gewollt ist, so ist diese durch einen gesonderten VA anzuordnen, was im gleichen Bescheid geschehen kann. Der Bescheid hat dann zwei Haupt-VA, unter Nr. 1 des Tenors wird der Widerruf/die Rücknahme angeordnet, unter Nr. 2 der verpflichtende VA.

Beispiele:
- Die Behörde widerruft eine Gaststättenerlaubnis (nach einer der speziellen Rechtsgrundlagen in § 15 GastG) und ordnet die sofortige Vollziehung des Widerrufs an (s. soeben). Der Widerruf hat zur Folge, dass die Gaststättenerlaubnis unwirksam wird und der Gastwirt die Gaststätte nicht weiter betreiben darf. Aufgrund der Anordnung der sofortigen Vollziehung gilt dies auch für den Fall, dass er hiergegen Widerspruch einlegt. Betreibt der Gastwirt die Gaststätte dennoch weiter (bzw. kündigt dies sogar von vornherein an), kann die Behörde allein aufgrund des Widerrufs die Unwirksamkeit der Gaststättenerlaubnis nicht durchsetzen – sie kann gegenüber dem Gastwirt nichts „vollstrecken". Der Widerruf verpflichtet nicht zu einer vollstreckbaren Handlung oder Unterlassung, hier also weder zur Schließung der Gaststätte noch zum Unterlassen des Betriebs. Möchte die Behörde gegen den Betrieb der Gaststätte ohne die erforderliche Erlaubnis vorgehen, muss sie neben dem Widerruf zusätzlich noch die Schließung bzw. Betriebsunterlassung anordnen (Rechtsgrundlage wäre § 31 GastG iVm § 15 Abs. 2 GewO, da die Gaststätte aufgrund des Widerrufs keine „Zulassung" mehr hat).[168]
- Der Entzug der Fahrerlaubnis umfasst nicht die Rückgabe des Führerscheins. Eine solche ist nach § 3 Abs. 2 S. 3 StVG gesondert anzuordnen.[169]
- Wird ein Subventionsbescheid nach Auszahlung der Subvention gem. § 48 Abs. 1, Abs. 2 LVwVfG oder § 49 Abs. 3 LVwVfG auch mit Wirkung für die Vergangenheit aufgehoben, gibt es für die getätigten Leistungen keinen Rechtsgrund mehr. Die Aufhebungsentscheidung allein verpflichtet aber nicht zugleich zur Rückzahlung des ausgezahlten Subventionsbetrags – hierfür ist ein gesonderter VA, ein Rückforderungsbescheid nach § 49a Abs. 1 LVwVfG, erforderlich (s. sogleich).

---

168 Eine Vollstreckung der Untersagung ist vorher anzudrohen; dabei ist zu beachten, dass eine Vollstreckbarkeit nach § 2 LVwVG (insb. durch Anordnung der sofortigen Vollziehung) vorliegt.
169 S. auch **Fall 8**.

# 3. Kapitel Rückforderungs-VA nach § 49a LVwVfG

A. Überblick

267 Wird ein VA, der eine **Geldleistung/teilbare Sachleistung gewährt, für die Vergangenheit aufgehoben**, entfällt rückwirkend für den Adressaten der Rechtsgrund für die getätigten Leistungen – mit anderen Worten: er darf das Geld/die Sachen nicht mehr behalten. Die Aufhebungsentscheidung allein verpflichtet aber nicht zugleich zur Rückzahlung/Rückforderung der erhaltenen Leistungen. Sie ist (lediglich) ein rechtsgestaltender VA, der ein Recht aufhebt, aber keine Rückgabepflicht begründet. Hierfür ist ein eigenständiger VA erforderlich.

B. Fallbearbeitung[170]

268 I. **Rechtsgrundlage: § 49a Abs. 1 S. 1 LVwVfG**
II. **Materielle Voraussetzungen**
  1. **Tatbestandsvoraussetzung**
    → Tatbestandsvoraussetzung ist die wirksame Rücknahme bzw. der wirksame Widerruf eines VA **mit Wirkung für die Vergangenheit**.[171] Mit der rückwirkenden Unwirksamkeit des aufzuhebenden VA entfällt der Rechtsgrund für die Leistung.[172]
  2. **Rechtsfolge**
    a) **Adressat** ist derjenige, der Adressat des Rücknahme-VA bzw. Widerrufs-VA ist.
    b) **Gebundene Entscheidung**
    → § 49a Abs. 1 S. 1 LVwVfG sieht eine **gebundene Entscheidung** vor (also weder Entschließungs- noch Auswahlermessen); die bereits erbrachten Leistungen sind zu erstatten. Gem. § 49a Abs. 3 LVwVfG ist der zu erstattende Betrag vom Eintritt der Unwirksamkeit des VA an zu **verzinsen**. Da der VA mit Wirkung für die Vergangenheit aufgehoben wird, wird er rückwirkend unwirksam und auch die Zinspflicht entsteht rückwirkend, frühestens jedoch mit Auszahlung des

---

170 S. hierzu auch **Fall 6**.
171 Daneben ist der Tatbestand ferner erfüllt, wenn der VA infolge Eintritts einer auflösenden Bedingung unwirksam geworden ist. Aus Gründen der Übersichtlichkeit wird diese Tatbestandsvariante im Folgenden ausgeblendet.
172 Werden die Rücknahme oder der Widerruf angefochten, so müssen sie aufgrund der aufschiebenden Wirkung bis zur Entscheidung über den Rechtsbehelf nicht beachtet werden; es gilt also wieder die „Rechtslage", die vor der Rücknahme/dem Widerruf galt, dh der aufgehobene VA ist weiterhin als wirksam zu behandeln. Will die Behörde dies verhindern, muss sie die sofortige Vollziehung der Rücknahme/des Widerrufs nach § 80 Abs. 2 S. 1 Nr. 4 VwGO anordnen.

bewilligten Betrages.[173] Von der Geltendmachung der Zinsen kann nach § 49a Abs. 3 S. 2 LVwVfG insb. dann abgesehen werden[174], wenn der Begünstigte die Umstände, die zur Rücknahme/zum Widerruf geführt haben, nicht zu vertreten hat und den erstattenden Betrag innerhalb der von der Behörde gesetzten Frist leistet. Weiter enthält § 49a Abs. 2 S. 1 LVwVfG einen Rechtsfolgenverweis auf die §§ 818 ff. BGB. Praktisch relevant ist insb. die Möglichkeit des § 818 Abs. 3 BGB, wonach sich der Adressat **auf den Wegfall der Bereicherung berufen** und geltend machen kann, dass er die gewährten Leistungen bereits verbraucht hat, ohne dass sich ein entsprechender Gegenwert in seinem Vermögen befindet. Der Rückforderungsanspruch läuft dann inhaltlich ins Leere. Auf den Wegfall der Bereicherung kann sich der Adressat nach § 49a Abs. 2 S. 2 LVwVfG aber nicht berufen, soweit er die Umstände, die zu der Rücknahme/dem Widerruf geführt haben (die Rechtswidrigkeit des VA, den Widerrufsgrund etc.), kannte oder infolge grober Fahrlässigkeit (s. o. Rn. 256) nicht kannte.

    c) **Bestimmtheit**

III. **Formelle Voraussetzungen**
1. **Zuständigkeit**: entspricht derjenigen des Rücknahme-VA bzw. des Widerrufs-VA.
2. **Verfahren**
  → Es gelten die gleichen Anforderungen wie beim Erlass anderer belastender VA. Insbesondere ist der Adressat des Rückforderungs-VA nach § 28 Abs. 1 LVwVfG anzuhören.
3. **Form**
  → Nach § 49a Abs. 1 S. 2 LVwVfG ist zwingend die Schriftform vorgeschrieben. Der Rückforderungs-VA ist daher nach § 39 Abs. 1 LVwVfG zu begründen. Zweckmäßigerweise ergeht der Rückforderungs-VA in einem Bescheid mit der Rücknahme bzw. dem Widerruf, sodass Rechtsbehelfsbelehrung und Zustellung gemeinsam erfolgen.

Beachte:
– Legt der Adressat gegen den Rückforderungs-VA Widerspruch ein, hat der Widerspruch nach § 80 Abs. 1 VwGO aufschiebende Wirkung. § 80 Abs. 2 S. 1 Nr. 1 VwGO ist nicht einschlägig, da es sich bei der Erstattung erbrachter Leistungen weder um eine „öffentliche Abgabe" noch um „öffentliche Kosten" handelt. Die aufschiebende Wirkung entfällt nur, wenn

---

173 *Detterbeck*, Allg. Verwaltungsrecht, Rn. 733.
174 Insoweit ist der Behörde dann doch Ermessen eingeräumt.

269

bei Vorliegen der Voraussetzungen die sofortige Vollziehung nach § 80 Abs. 2 S. 1 Nr. 4 VwGO angeordnet wird.[175]
- Die Vollstreckung des Geldbetrages erfolgt durch Beitreibung, §§ 13 ff. LVwVG.

---

175 Voraussetzung ist hier unter anderem, dass auch die Rücknahme- bzw. Widerrufsentscheidung bestandskräftig ist oder für sofort vollziehbar erklärt wurde, VGH München, Beschl. v. 15.5.1985, Az. 12 CS 84 A.2718, NVwZ 1985, 663, 663.

4. Kapitel Wiederaufgreifen des Verfahrens nach § 51 LVwVfG

270 Die Behörde kann ein Verfahren zur Rücknahme bzw. zum Widerruf eines VA von Amts wegen einleiten (Ermessen); hierfür bedarf es keines förmlichen Antrags. Der Anstoß kann natürlich vom Bürger kommen, indem er eine Rücknahme bzw. einen Widerruf anregt (formlos beantragt). Dies wird durch die Regelung in § 51 Abs. 5 LVwVfG lediglich klargestellt.

271 Gem. § 51 Abs. 1 LVwVfG hat der Betroffene alternativ die Möglichkeit, einen förmlichen **Antrag auf Aufhebung eines unanfechtbaren VA zu stellen**. Dies steht im Widerspruch zu dem zentralen Grundsatz der Bestandskraft von VA – und ist deshalb nur unter den hohen Voraussetzungen des § 51 Abs. 1 bis 3 LVwVfG erfolgversprechend:
- materieller Wiederaufgreifensgrund nach Abs. 1 Nr. 1 bis 3,
- kein grobes Verschulden an der Nichtgeltendmachung eines Rechtsbehelfs vor Ablauf der Anfechtbarkeit, dh insb. an der rechtzeitigen Einlegung eines Widerspruchs innerhalb der Monatsfrist des § 70 Abs. 1 VwGO,
- Stellung des Antrags innerhalb von drei Monaten ab Kenntniserlangung vom Wiederaufgreifensgrund.[176]

272 Liegen all diese Voraussetzungen vor, so muss die jetzt nach § 3 LVwVfG zuständige Behörde (§ 51 Abs. 4 LVwVfG) ein entsprechendes Verwaltungsverfahren einleiten und den Erlass einer Aufhebungsentscheidung nach der jeweiligen Rechtsgrundlage (Spezialregelung oder § 48 bzw. § 49 LVwVfG) prüfen.

---

176 S. hierzu bspw. BeckOK VwVfG/*Falkenbach*, § 51 Rn. 29 ff.

4. Teil Der Erlass von Widerspruchsentscheidungen

Prüfungsschema zum Erlass eines Widerspruchsbescheids

A. Zuständige Widerspruchsbehörde
B. Zulässigkeit des Widerspruchs
  I. Eröffnung des Verwaltungsrechtswegs
  II. Statthaftigkeit
  III. Widerspruchsbefugnis
  IV. Frist
  V. Form
  VI. (evtl.) Sonstige Zulässigkeitsvoraussetzungen
  VII. Ergebnis

C. Begründetheit des Widerspruchs
  I. Rechtswidrigkeit des VA bzw. seiner Ablehnung
   1. Rechtsgrundlage
   2. Materielle Voraussetzungen
      a) Tatbestandsvoraussetzungen
      b) Rechtsfolge
         aa) Adressat
         bb) Ermessen/Soll-Entscheidung/gebundene Entscheidung
         cc) keine Unmöglichkeit
         dd) Bestimmtheit
   3. Formelle Voraussetzungen
      a) Zuständigkeit
      b) Verfahren
         aa) Beteiligte
         bb) Ausgeschlossene Personen/Befangenheit
         cc) Mitwirkung anderer Behörden
         dd) Rechte der Beteiligten
      c) Form
         aa) Formwahl oder Formzwang
         bb) Begründung[177]
  II. Verletzung subjektiver Rechte des Widersprechenden
  III. Ergebnis

D. Kostengrundentscheidung
E. Gebührenentscheidung

---

[177] Im Gegensatz zu dem allgemeinen Prüfungsschema zum Erlass eines VA fehlen hier die Punkte „Rechtsbehelfsbelehrung" und „Bekanntgabe". Da es sich hierbei um keine Rechtmäßigkeitsvoraussetzungen handelt, hat die Widerspruchsbehörde sie auch nicht im Rahmen der „Rechtswidrigkeit" zu prüfen (zu den Rechtswirkungen bei Verstoß hiergegen s. Rn. 111 und Rn. 115).

1. Kapitel Grundlagen

A. Bedeutung des Widerspruchsverfahrens

274 Anders als in den vorherigen Teilen dieses Buches geht es im Widerspruchsverfahren nicht mehr um ein Verwaltungshandeln der Ausgangsbehörde, sondern um die Überprüfung eines vorangegangenen Verwaltungshandelns, konkret um **die Überprüfung der Rechtmäßigkeit eines erlassenen VA bzw. seiner Ablehnung.** Eine solche Überprüfung kann der Bürger einleiten, wenn er mit dem VA bzw. seiner (teilweisen) Ablehnung nicht einverstanden ist. Ein VA[178] wird nicht wie andere Formen des Verwaltungshandelns (zB eines Realakts, eines Anspruchs aus einem öffentlich-rechtlichen Vertrag oder einer Satzung) direkt durch die Gerichte überprüft, sondern es ist zuvor ein **Widerspruchsverfahren** bei einer **Widerspruchsbehörde** durchzuführen.

275 Das **Widerspruchsverfahren** ist **zum einen** ein eigenständiges **Verwaltungsverfahren**, in dem die Verwaltung quasi in Fortsetzung des Ausgangsverfahrens ihre eigene Entscheidung überprüft (Zweck: Selbstkontrolle der Verwaltung, zusätzliche Rechtsschutzmöglichkeit des Bürgers). **Zum anderen** ist die ordnungsgemäße Durchführung des Widerspruchsverfahrens zugleich eine zwingende (Zulässigkeits-)Voraussetzung für eine weitere Überprüfung (Anfechtungs- oder Verpflichtungsklage) bei Gericht (Zweck: Entlastung der Gerichte) und damit ein **sog. Vorverfahren.** Es ist ein Verfahren *vor* dem gerichtlichen Verfahren. Deshalb ist das Widerspruchsverfahren, obwohl es eine Verwaltungsbehörde durchführt, kaum im Landesverwaltungsverfahrensgesetz (§§ 79 f. LVwVfG), sondern überwiegend in der Verwaltungsgerichtsordnung (§§ 68 ff. VwGO) geregelt. Entsprechend seiner dortigen Funktion wird es nicht als Widerspruchsverfahren, sondern als Vorverfahren bezeichnet. Inhaltlich sind die Regelungen zum Vorverfahren nach §§ 68 ff. VwGO aus der gerichtlichen Perspektive geschrieben und müssen für die Perspektive der Verwaltung teilweise „übersetzt" werden. Zudem sind die inhaltlichen Regelungen in den §§ 68 ff. VwGO nicht ganz vollständig. Es müssen deshalb einige Regelungen der VwGO zum Klageverfahren entsprechend (analog) angewendet werden (dh es werden Paragrafen herangezogen, die vom Wortlaut her nicht auf das Widerspruchsverfahren passen, aber aufgrund einer planwidrigen Regelungslücke und der vergleichbaren Interessenslage von Widerspruchs- und Klageverfahren im Wege der Rechtsfortbildung analog angewendet werden können, s. zur Analogie Rn. 38).

276 Die Widerspruchsbehörde prüft, ob der Widerspruch „Aussicht auf Erfolg" hat. Diese Prüfung erfolgt im Wesentlichen in zwei Schritten: Zunächst wird im Rahmen der sog. **Zulässigkeit** geprüft, ob überhaupt die **formalen Anforderungen an die Überprüfung** der Rechtmäßigkeit des VA vorliegen, bspw. ob überhaupt gegen einen VA vorgegangen wird oder ob die Widerspruchsfrist eingehalten wurde. Erst in einem zweiten Schritt, der sog. **Begründetheit**, wird

---

178 In beamtenrechtlichen Streitigkeiten auch bei Realakten, § 54 Abs. 2 BeamtStG, § 126 Abs. 2 BBG.

gem. § 113 Abs. 1 S. 1 VwGO analog bzw. § 113 Abs. 5 VwGO analog überprüft, ob der angegriffene **VA in der Sache, also inhaltlich, rechtswidrig ist** (erste Voraussetzung der Begründetheit: „Rechtswidrigkeit des VA") **und** der Widersprechende dadurch in **seinen eigenen Rechten verletzt ist** (zweite Voraussetzung der Begründetheit: „Verletzung subjektiver Rechte").[179] Der Widerspruch hat somit „Aussicht auf Erfolg, wenn er zulässig und begründet ist".[180]

Es ist zwischen zwei Formen (oder „Arten") von Widersprüchen zu unterschieden:
- Der **Anfechtungswiderspruch** ist der richtige (sog. statthafte) Rechtsbehelf, wenn der Widersprechende die Aufhebung eines (ihn belastenden) VA erreichen will.
- Der **Verpflichtungswiderspruch** ist der richtige (sog. statthafte) Rechtsbehelf, wenn der Widersprechende den Erlass eines (ihn begünstigenden) VA erreichen will, den er zuvor beantragt, die Ausgangsbehörde jedoch abgelehnt hat.

B. Überblick über den Ablauf des Widerspruchsverfahrens

Das Widerspruchsverfahren beginnt nach § 69 VwGO, indem der Bürger **Widerspruch** erhebt. Der Widerspruch ist nach § 70 Abs. 1 S. 1 VwGO bei der Ausgangsbehörde einzulegen, er kann nach § 70 Abs. 1 S. 2 VwGO fristwahrend aber auch bei der Widerspruchsbehörde eingelegt werden. Bevor das eigentliche Widerspruchsverfahren durchgeführt wird, **überprüft die Ausgangsbehörde zunächst im sog. Abhilfeverfahren nochmals selbst die Rechtmäßigkeit des VA** bzw. seiner Ablehnung (zumindest angedeutet in § 72 VwGO – die Ausgangsbehörde prüft neben der dort genannten Begründetheit auch die Zulässigkeit des Widerspruchs, die zwingend einer Begründetheitsprüfung vorausgeht). Wurde der Widerspruch direkt bei der Widerspruchsbehörde eingelegt, hat diese den Widerspruch zunächst an die Ausgangsbehörde zu leiten, um ihr das Abhilfeverfahren zu ermöglichen.

Die Ausgangsbehörde kann je nach Ergebnis ihrer Prüfung zwei unterschiedliche Entscheidungen treffen: Hält sie den Widerspruch für zulässig und begründet (dh erkennt sie im Ergebnis an, dass ihre Ausgangsentscheidung rechtswidrig war und den Widersprechenden in seinen Rechten verletzt), so erlässt sie einen **Abhilfebescheid** (evtl. nach Anhörung dadurch benachteiligter Personen, § 71 VwGO). Hält sie den Widerspruch für unzulässig oder unbegründet, so legt sie den Widerspruch zusammen mit einer Stellungnahme und den Akten des Ausgangsverfahrens der Widerspruchsbehörde zur Entscheidung vor (sog. **Vorlagebericht**).

---

179 Daher nennt man die Zulässigkeitsvoraussetzungen auch Sachentscheidungsvoraussetzungen, da die Widerspruchsbehörde erst bei deren Vorliegen prüft, ob der VA in der Sache – also inhaltlich – rechtswidrig ist.
180 Die Zulässigkeit und Begründetheit werden eingerahmt durch die Prüfung der zuständigen Widerspruchsbehörde sowie die Prüfung der Nebenentscheidungen (Kostengrund- und Gebührenentscheidung), s. das Prüfungsschema Rn. 273.

280 Die Widerspruchsbehörde prüft nun im Rahmen ihrer umfassenden Prüfungskompetenz (s. hierzu sogleich), ob der Widerspruch zulässig und begründet ist. Unabhängig vom Ergebnis ihrer Überprüfung erlässt sie (evtl. nach Anhörung, § 71 VwGO) stets einen sog. **Widerspruchsbescheid** (§ 73 Abs. 1 S. 1 VwGO).[181]
Der Inhalt der Entscheidung (Tenor des Widerspruchsbescheids) ist je nach Ergebnis der Überprüfung unterschiedlich:
- Hält die Widerspruchsbehörde den **Widerspruch** für **zulässig und begründet**, hat also der Widersprechende mit seinem Widerspruch Erfolg, muss die Widerspruchsbehörde den Willen des Widersprechenden „umsetzen", das bedeutet konkret:
  - Beim Anfechtungswiderspruch hebt die Widerspruchsbehörde den VA auf.
  - Beim Verpflichtungswiderspruch erlässt die Widerspruchsbehörde den begehrten VA bzw. verpflichtet alternativ die Ausgangsbehörde, den VA zu erlassen.

Beachte:
Ist der Widerspruch zulässig und begründet, wird dem Widerspruch **nicht** „stattgegeben"! Es ist vielmehr das auszusprechen, was der Widersprechende mit seinem Widerspruch erreichen wollte, zB „Der Bescheid der Stadt ... vom ... wird aufgehoben."

- Hält die Widerspruchsbehörde den **Widerspruch** für **unzulässig und/oder unbegründet**, so weist sie ihn zurück.

Merke:
Anträge werden abgelehnt, Klagen abgewiesen und **Widersprüche zurückgewiesen.**

281 **Beachte:**
Hält die Widerspruchsbehörde den Widerspruch für unzulässig und/oder unbegründet, kann sie vor Erlass eines Widerspruchsbescheids dem Widersprechenden zunächst auch empfehlen, den Widerspruch zurückzunehmen. Eine Rücknahme erspart dem Widersprechenden Kosten, da eine ermäßigte Verwaltungsgebühr festgesetzt werden kann. Vor einer solchen Empfehlung bietet es sich an, die Rechtslage sowie die schlechten Erfolgsaussichten eingehend zu erläutern. Eine ausführliche Begründung wird den Widersprechenden (ggf. nach rechtlicher Beratung) eher zu einer Rücknahme bewegen als der pauschale Hinweis, der Widerspruch werde voraussichtlich keinen Erfolg haben.

---

181 Ist über einen Widerspruch nicht innerhalb einer angemessenen Frist – idR drei Monate seit Erhebung des Widerspruchs bzw. seit Antragstellung – entschieden worden, braucht der Betroffene den Erlass des Widerspruchsbescheids nicht abzuwarten und kann nach § 75 S. 1 und 2 VwGO direkt Untätigkeitsklage erheben.

C. Prüfungskompetenz der Widerspruchsbehörde

282 Die Widerspruchsbehörde prüft den Ausgangs-VA – soweit der Widersprechende seinen Widerspruch nicht auf Teile des Ausgangs-VA beschränkt hat – grds. vollumfänglich auf dessen Rechtmäßigkeit und bei Ermessensentscheidungen auch auf dessen Zweckmäßigkeit, § 68 Abs. 1 S. 1 VwGO.[182] Die Widerspruchsbehörde hat eine **volle eigene Entscheidungs- und Prüfungskompetenz**. Streng genommen „überprüft" sie nicht die Entscheidung der Ausgangsbehörde, sondern trifft eine eigene „neue" Entscheidung („Einheit der Verwaltung", „Selbstkontrolle der Verwaltung"). **Ausnahmen** bestehen **bei Widersprüchen gegen VA** von Selbstverwaltungskörperschaften **in Selbstverwaltungsangelegenheiten** (= weisungsfreien Angelegenheiten), sofern der Landesgesetzgeber gem. § 73 Abs. 1 S. 2 Nr. 3 VwGO dies bestimmt hat. In Baden-Württemberg regelt zB § 17 Abs. 1 AGVwGO, dass sich bei einem Widerspruch in Selbstverwaltungsangelegenheiten Ausgangs- und Widerspruchsbehörde die Prüfungskompetenz teilen; die Widerspruchsbehörde hat hier kein vollumfängliches Prüfungs- und Entscheidungsrecht. Die Nachprüfung des Verwaltungsakts unter dem Gesichtspunkt der Zweckmäßigkeit bleibt der selbstverwaltenden Ausgangsbehörde (der Gemeinde/dem Landkreis) vorbehalten.

283 Bei **VA mit belastender Drittwirkung** beschränkt sich bei einem Widerspruch des Dritten die Prüfungskompetenz der Widerspruchsbehörde auf die Verletzung von **drittschützenden Normen**.[183]

---

182 Mittelbar lässt sich dies auch § 79 Abs. 1 Nr. 1 VwGO entnehmen, wonach Gegenstand der Klage zwar der Ausgangs-VA ist, aber in der Gestalt – dh mit den Änderungen –, die er durch den Widerspruchsbescheid erhalten hat, was eine volle Entscheidungs- und damit auch Änderungskompetenz der Widerspruchsbehörde voraussetzt, s. hierzu insgesamt BVerwG, Urt. v. 23.8.2011, Az. 9 C 2.11, juris Rn. 20; Sächs. OVG, Urt. v. 16.3.2018, Az. 3 A 556/17, juris Rn. 24; *Kopp/Schenke*, VwGO, § 68 Rn. 9; *Schoch/Schneider/Dolde/Porsch*, VwGO § 68 Rn. 36.

183 Bader/Funke-Kaiser/Stuhlfauth/von Albedyll/*Funke-Kaiser*, VwGO, § 68 Rn. 9; s. u. Rn. 301, 314, 344, 349, 357, 369.

2. Kapitel Fallbearbeitung Anfechtungswiderspruch[184]

A. Zuständige Widerspruchsbehörde

284 An welcher Stelle der Punkt „Zuständige Widerspruchsbehörde" zu prüfen ist, wird unterschiedlich gehandhabt. Teilweise wird er vor der Zulässigkeit (so hier), teilweise innerhalb der Zulässigkeit, teilweise aber auch erst nach der Begründetheit geprüft. Entscheidet die falsche Widerspruchsbehörde, macht dies den Widerspruch allerdings nicht unzulässig, was gegen eine Prüfung innerhalb der Zulässigkeit spricht (die unzuständige Behörde wird den Widerspruch idR an die zuständige Widerspruchsbehörde weiterleiten, was dann allerdings zu einem Fristproblem führen kann, s. u. Rn. 322). Letztlich sind alle Aufbauvarianten möglich.

285 Die **Zuständigkeit der Widerspruchsbehörde** richtet sich, soweit kein Spezialgesetz einschlägig ist (wie zB für beamtenrechtliche Streitigkeiten nach § 126 Abs. 3 BBG, § 54 Abs. 3 BeamtStG), nach **§ 73 Abs. 1 S. 2 VwGO**. Danach gibt es drei Möglichkeiten, die zweckmäßigerweise in folgender Reihenfolge zu prüfen sind:

286 – Nr. 3: Betrifft der zu überprüfende Ausgangs-VA eine **Selbstverwaltungsangelegenheit**, ist **die Ausgangsbehörde selbst Widerspruchbehörde**. Selbstverwaltungsangelegenheiten sind „weisungsfreie Angelegenheiten" (vgl. auch § 17 Abs. 1 S. 1 AGVwGO), die sich aufteilen in
– **freiwillige Aufgaben**[185] (§ 2 Abs. 1 GemO) und
– **Pflichtaufgaben ohne Weisung**[186] (§ 2 Abs. 2 GemO).

Keine Selbstverwaltungsangelegenheiten sind die Weisungsaufgaben[187] (§ 2 Abs. 3 GemO). In diesen Fällen greifen Nr. 1 und Nr. 2 (dazu sogleich).

---

184 S. hierzu auch **Fall 8**.
185 Die Gemeinden entscheiden hier, „ob" und „wie" sie die Aufgaben erfüllen, zB Schaffung und Betrieb von kulturellen Einrichtungen (Theater, Museum, VHS, Musikschule ...), sportlichen Einrichtungen (Bäder, Sportplätze, Sporthallen ...), sozialen Einrichtungen (Altenheime, Jugendhäuser) und Verkehrseinrichtungen (ÖPNV, Flughäfen), aber auch Städtepartnerschaften, Wirtschaftsförderung etc.
186 „Ob" die Gemeinden diese Aufgaben wahrnehmen müssen, ist gesetzlich vorgeschrieben (daher „Pflichtaufgaben" – das „Ob" ist vorgeschrieben). Es steht den Gemeinden jedoch in gewisser Weise frei, „wie" sie diese Aufgaben erfüllen (daher Pflichtaufgabe „ohne Weisung"), zB Feuerwehr, Friedhöfe, Kinderbetreuung, Bauleitplanung, Verkehrssicherungspflicht auf Straßen, Schulen; bei Stadtkreisen zusätzlich Kinder- u. Jugendhilfe, Abfallentsorgung etc., wobei auch bei Pflichtaufgaben ohne Weisung immer mehr gesetzliche Vorgaben existieren.
187 Die Gemeinden entscheiden weder „ob" noch „wie" sie die Aufgaben erfüllen. Beides ist gesetzlich vorgeschrieben, zB Aufgaben der Ortspolizeibehörde (§ 107 Abs. 4 PolG), Personenstands-/Meldewesen, Mitwirkung bei Wahlen für Bund, Land, EU; bei Großen Kreisstädten und Stadtkreisen zusätzlich die Aufgaben der unteren Verwaltungsbehörde (§ 15 Abs. 2 LVG), zB Gewerberecht, Gaststättenrecht, Ausländerrecht, Waffenrecht, Straßenverkehrsrecht.

In Baden-Württemberg regelt § 17 AGVwGO eine **wichtige Ausnahme:** Untersteht eine Gemeinde der Rechtsaufsicht des Landratsamtes, ist die Gemeinde bei Selbstverwaltungsangelegenheiten nicht selbst Widerspruchsbehörde, sondern das Landratsamt.[188] Dies gilt für Gemeinden, die weder Stadtkreis noch Große Kreisstadt sind (also idR unter 20.000 Einwohner haben), da nur diese der Rechtsaufsicht des Landratsamtes unterstehen. Stadtkreise und Große Kreisstädte unterstehen der Rechtsaufsicht des Regierungspräsidiums, vgl. § 119 GemO. Für sie gilt die Ausnahme des § 17 AGVwGO nicht.

Beispiel:
- Eine Gemeinde (9.000 Einwohner) erlässt einen Kostenbescheid für einen Feuerwehreinsatz (vgl. § 34 FwG). Das Feuerwehrwesen ist nach § 1 Abs. 3 FwG eine Pflichtaufgabe ohne Weisung und damit eine Selbstverwaltungsangelegenheit. Im Falle eines Widerspruchs wäre nach § 73 Abs. 1 S. 2 Nr. 3 VwGO die Gemeinde selbst Widerspruchsbehörde. § 17 Abs. 1 AGVwGO bestimmt für einen solchen Fall aber abweichend, dass nicht die Gemeinde selbst, sondern das Landratsamt Widerspruchsbehörde ist. Die Gemeinde untersteht der Rechtsaufsicht des Landratsamtes, weil sie weder Große Kreisstadt noch Stadtkreis ist, § 119 GemO.
- Hätte die Gemeinde zB 22.000 Einwohner und wäre Große Kreisstadt, wäre sie selbst Widerspruchsbehörde – § 17 Abs. 1 AGVwGO greift in einem solchen Fall nicht.

- **Nr. 2:** Diese Variante hat **in Baden-Württemberg einen kleinen Anwendungsbereich.** Eine oberste Bundesbehörde kommt als nächsthöhere Behörde nur in Betracht, wenn der Ausgangs-VA von einer Bundesbehörde stammt, was wegen der grundsätzlichen Verwaltungskompetenz der Länder (Art. 30, 83 GG) selten ist. Eine oberste Landesbehörde (§ 7 LVG, insb. die Ministerien) kann nach dem Verwaltungsaufbau in Baden-Württemberg nur dann die nächsthöhere Behörde sein, wenn
  - Ausgangsbehörde ein Regierungspräsidium ist (§§ 10 ff. LVG) – erlässt ein Regierungspräsidium einen VA, findet in Baden-Württemberg aber nach § 15 Abs. 1 S. 1 AGVwGO grds. bereits kein Widerspruchsverfahren statt, es sei denn, es liegt ein Fall des § 15 Abs. 1 S. 2 AGVwGO vor (zB nach Nr. 3 in beamtenrechtlichen Streitigkeiten),
  - Ausgangsbehörde ausnahmsweise eine Behörde ist, die direkt einer obersten Landesbehörde untersteht, wie zB die Polizeidienststellen des Polizeivollzugsdienstes (§ 115 Abs. 1 PolG), die direkt dem Innenministerium unterstehen (§ 118 Abs. 1 PolG). Aber auch hier besteht eine Spezialregelung in § 16 AGVwGO.[189]

---

188 Aber auch in diesen Fällen haben die Gemeinden wegen ihres Selbstverwaltungsrechts die „Zweckmäßigkeit" ihrer Entscheidung selbst zu überprüfen, also die sachliche/inhaltliche Richtigkeit ihrer Ermessensentscheidung, § 17 Abs. 1 S. 2 AGVwGO.
189 Diese Ausnahme in § 16 AGVwGO gilt allerdings nur für die VA, die der Polizeivollzugsdienst im Rahmen seiner Eilzuständigkeit nach § 105 Abs. 2 PolG erlässt. Bei den übrigen VA (zB iSv § 105 Abs. 3 PolG) bleibt es bei der Regelung des § 73 Abs. 1 S. 2 Nr. 2 VwGO und die Polizeidienststelle ist selbst Widerspruchsbehörde.

288 – Nr. 1 ist anzuwenden, wenn weder Nr. 2 noch Nr. 3 einschlägig sind. In Abgrenzung zu Nr. 3 gilt Nr. 1 insb. bei **Weisungsaufgaben**. Widerspruchsbehörde ist die **nächsthöhere Behörde**, soweit nicht durch Gesetz eine andere höhere Behörde bestimmt wird. In Baden-Württemberg bestimmt zB der soeben genannte § 16 AGVwGO, dass bei einem VA, den der Polizeivollzugsdienst im Rahmen seiner Eilzuständigkeit nach § 105 Abs. 2 PolG erlässt, die Kreispolizeibehörde (dies ist „die unterste nach § 118 PolG zur Fachaufsicht zuständige allgemeine Polizeibehörde") Widerspruchsbehörde ist.

Ob es sich um eine Weisungsaufgabe handelt, ergibt sich grds. aus den Regelungen zur sachlichen Zuständigkeit der Ausgangsbehörde,[190] zB aufgrund einer **ausdrücklichen Regelung** in § 107 Abs. 4 S. 2 PolG für Aufgaben der Ortspolizeibehörde oder in § 15 Abs. 2 LVG für Aufgaben der unteren Verwaltungsbehörde bei Stadtkreisen und Großen Kreisstädten. Fehlt eine ausdrückliche Regelung, ist immer dann von einer Weisungsaufgabe auszugehen, wenn **Fachaufsicht** (und nicht nur Rechtsaufsicht) besteht. Nur die Fachaufsicht berechtigt, umfassend Weisungen zu erteilen (vgl. zB § 21 Abs. 3 LVG), sodass eine *Weisungs*aufgabe vorliegt.

Beispielsfälle:
- A legt gegen die Ablehnung einer wasserrechtlichen Erlaubnis für ein Vorhaben in Freiburg Widerspruch ein. Für die Erteilung einer wasserrechtlichen Erlaubnis sind nach § 82 Abs. 1, § 80 Abs. 2 Nr. 3 WG iVm § 15 Abs. 1 Nr. 2 LVG in den Stadtkreisen die Gemeinden sachlich zuständig, hier also die Stadt Freiburg. Es handelt sich um eine Aufgabe der unteren Verwaltungsbehörde nach § 15 Abs. 1 LVG, die **nach § 15 Abs. 2 LVG** eine **Weisungsaufgabe** ist. Die **zuständige Widerspruchsbehörde** bestimmt sich somit nach § 73 Abs. 1 S. 2 **Nr. 1** VwGO.
- A legt gegen die Ablehnung einer wasserrechtlichen Erlaubnis für ein Vorhaben in der Großen Kreisstadt Kehl Widerspruch ein. Für die Erteilung einer wasserrechtlichen Erlaubnis sind nach § 82 Abs. 1, § 80 Abs. 2 Nr. 3 WG iVm § 15 Abs. 1 Nr. 1, § 19 Abs. 1 Nr. 5 b) LVG in den Landkreisen die Landratsämter sachlich zuständig. Diese Aufgabe fällt nach § 19 Abs. 1 Nr. 5 b) LVG nicht in die Zuständigkeit einer Großen Kreisstadt. Es handelt sich auch hier um eine **Weisungsaufgabe**, obwohl § 15 Abs. 2 LVG hier nicht einschlägig ist (Landratsämter sind dort nicht genannt). Die Landratsämter unterliegen als untere Verwaltungsbehörden aber der **Fachaufsicht**[191] nach § 20 Abs. 2 LVG, sodass sie eine Weisungsaufgabe ausführen. Die **zuständige Widerspruchsbehörde** bestimmt sich nach § 73 Abs. 1 S. 2 **Nr. 1** VwGO.
- Für eine Beschlagnahme nach § 38 PolG ist in der kreisangehörigen Gemeinde Mauer (4.000 Einwohner) nach § 111 Abs. 2, § 107 Abs. 4 S. 1

---

190 S. hierzu oben Rn. 87 f.
191 Bei Landratsämtern besteht die Besonderheit, dass sie eine Doppelstellung haben, s. § 1 Abs. 3 LKrO. Sie sind zum einen Behörde des Landkreises; zum anderen sind sie „staatliche Behörde", also Behörde des Landes Baden-Württemberg, wenn sie Aufgaben der unteren Verwaltungsbehörde wahrnehmen. Als staatliche Behörde übernehmen sie typischerweise Weisungsaufgaben, weshalb nach § 20 Abs. 2 LVG Fachaufsicht besteht.

PolG die Gemeinde zuständig. Die Aufgabe erledigt der Bürgermeister gem. § 107 Abs. 4 S. 2 PolG als **Weisungsaufgabe**. Legt der Betroffene hiergegen Widerspruch ein, bestimmt sich die **zuständige Widerspruchsbehörde** nach § 73 Abs. 1 S. 2 **Nr. 1** VwGO.
Welche Behörde die „nächsthöhere" ist, ergibt sich ebenfalls aus dem jeweiligen landesrechtlichen Fachgesetz, das grds. auch den Behördenaufbau in diesem Rechtsbereich regelt.

Beispiele von soeben:
- Nach dem Wassergesetz ist nach § 80 Abs. 2 Nr. 2 WG die nächsthöhere Behörde das Regierungspräsidium als höhere Wasserbehörde. Nach § 12 Abs. 3 LVG ist hier somit in beiden Fällen das Regierungspräsidium Freiburg die zuständige Widerspruchbehörde.
- Nach dem Polizeigesetz ist gem. § 107 Abs. 3 PolG die nächsthöhere Behörde die Kreispolizeibehörde als untere Verwaltungsbehörde. Nach § 15 Abs. 1 Nr. 1 LVG ist dies vorliegend das Landratsamt, das folglich die zuständige Widerspruchsbehörde ist. Gem. § 113 PolG ist örtlich das Landratsamt des Rhein-Neckar-Kreises zuständig.

B. Zulässigkeit des Widerspruchs

Beachte: 289
In einem Gutachten empfiehlt es sich, in der Zulässigkeitsprüfung klare Schwerpunkte zu setzen – dennoch sollten zu jedem Prüfungspunkt aber zumindest kurze Ausführungen erfolgen (s. hierzu auch die Anmerkungen beim jeweiligen Prüfungspunkt).

I. Eröffnung des Verwaltungsrechtswegs

1. Überblick

Es bestehen mehrere „Gerichtszweige" – sog. „Gerichtsbarkeiten": die Verwaltungs-, die Finanz-, die Arbeits-, die Sozial- und die ordentliche Gerichtsbarkeit (Art. 95 Abs. 1 GG). Für jede Gerichtsbarkeit ist eine eigene „Art von Gerichten" zuständig (Verwaltungsgerichte, Finanzgerichte, Arbeitsgerichte, Sozialgerichte, „ordentliche Gerichte"[192]) mit jeweils obersten Gerichtshöfen (s. Art. 95 Abs. 1 GG). In dem Prüfungspunkt „Verwaltungsrechtsweg" ist nun zu klären, ob der Rechtsweg zu den Verwaltungsgerichten eröffnet ist. Da das Widerspruchsverfahren ein Vorverfahren vor einer verwaltungsrechtlichen Anfechtungs- oder Verpflichtungsklage ist, muss der Verwaltungsrechtsweg auch hier geprüft werden. 290

---

192 Vor den sog. „ordentlichen Gerichten" (Amtsgerichte, Landgerichte, Oberlandesgerichte, Bundesgerichtshof) werden im Wesentlichen die privatrechtlichen Rechtsstreitigkeiten, Familien- sowie Strafsachen verhandelt, vgl. § 13 GVG.

2. Voraussetzungen

291 Der Verwaltungsrechtsweg ist eröffnet, wenn eine sog. **aufdrängende Sonderzuweisung** einschlägig ist **oder** die Voraussetzungen des § 40 Abs. 1 VwGO analog[193] vorliegen.

292 – Im Fall einer **aufdrängenden Sonderzuweisung** bestimmt eine spezialgesetzliche Regelung, dass der Verwaltungsrechtsweg eröffnet ist (unabhängig von § 40 Abs. 1 VwGO analog und seinen Voraussetzungen). Die Spezialregelung geht vor (lex specialis), § 40 Abs. 1 VwGO analog ist nicht mehr zu prüfen.

Beispiele:
- § 54 BAföG für öffentlich-rechtliche Streitigkeiten nach dem BAföG.
- § 54 Abs. 1 BeamtStG, § 126 Abs. 1 BBG für beamtenrechtliche Streitigkeiten.

293 – Besteht keine aufdrängende Sonderzuweisung, ist **§ 40 Abs. 1 VwGO analog** anzuwenden.

294 – Hiernach muss es sich zunächst um eine **öffentlich-rechtliche Streitigkeit** handeln. Nach der herrschenden modifizierten Subjektstheorie liegt eine öffentlich-rechtliche Streitigkeit vor, wenn die **streitentscheidenden Normen zum öffentlichen Recht gehören**.[194] Dies ist dann der Fall, wenn sich die Norm(en) zwingend an einen Träger hoheitlicher Gewalt richten und ihn zum Verwaltungshandeln berechtigen oder verpflichten. Die streitentscheidende Norm ist insb. die dem konkreten Fall zugrunde liegende Rechtsgrundlage. Es ist vorrangig zu untersuchen, ob sie zum öffentlichen Recht gehört.

Beispiele:
- Die Baugenehmigung nach § 58 Abs. 1 S. 1 LBO erteilt eine (Baurechts-)Behörde und damit ein Hoheitsträger.
- Eine Stilllegungsanordnung nach § 20 Abs. 2 S. 1 BImSchG ergeht zwingend von einer (Immissionsschutz-)Behörde.
- Vollstreckungshandlungen, wie bspw. auch die Androhung eines Zwangsmittels nach § 20 iVm § 2 LVwVG, sind hoheitliche Maßnahmen.
- Der Abschluss eines Kaufvertrags ist keine öffentlich-rechtliche Streitigkeit. Hier kann, muss aber nicht zwingend, ein Träger hoheitlicher Gewalt beteiligt sein (Privatrecht ist „Jedermannsrecht").

295 – Die öffentlich-rechtliche Streitigkeit muss **nichtverfassungsrechtlicher Art**, dh eine verwaltungsrechtliche Streitigkeit sein. Eine Streitigkeit ist verfassungsrechtlicher Art, wenn Verfassungsorgane über Verfassungsrecht streiten

---

[193] § 40 Abs. 1 VwGO gilt unmittelbar nur für das gerichtliche Verfahren. Für das Widerspruchsverfahren existiert eine solche Regelung nicht. Da es aber ein zwingendes Vorverfahren für das gerichtliche Verfahren ist, besteht neben der planwidrigen Regelungslücke auch eine vergleichbare Interessenlage, sodass § 40 VwGO analog anzuwenden ist.

[194] Allgemein zu den Abgrenzungstheorien *Detterbeck*, Allg. Verwaltungsrecht, Rn. 1323 ff.; *Bosch/Schmidt/Vondung*, Einführung in die Praxis des verwaltungsgerichtlichen Verfahrens, Rn. 199 ff.

(sog. doppelte Verfassungsunmittelbarkeit[195]). Sofern keine Verfassungsorgane beteiligt sind oder diese nicht um in der Verfassung geregelte Rechte und Pflichten streiten, liegt eine nichtverfassungsrechtliche Streitigkeit vor. Das Verwaltungshandeln von Behörden wird praktisch immer eine Streitigkeit nichtverfassungsrechtlicher Art sein.

- Selbst wenn eine öffentlich-rechtliche Streitigkeit nichtverfassungsrechtlicher Art vorliegt, kann die Streitigkeit per bundesrechtlichem (§ 40 Abs. 1 S. 1 VwGO am Ende) oder landesrechtlichem (§ 40 Abs. 1 S. 2 VwGO) Spezialgesetz an eine andere Gerichtsbarkeit verwiesen werden (sog. **abdrängende Sonderzuweisung**).
  Beispiele für abdrängende Sonderzuweisungen:
  - § 40 Abs. 2 S. 1 VwGO (insb. Schadensersatzansprüche aus der Verletzung nichtvertraglicher öffentlich-rechtlicher Pflichten) an die ordentlichen Gerichte (Amtsgericht, Landgericht).
  - § 68 OWiG (Einsprüche gegen Bußgeldbescheide) an die Amtsgerichte.
  - § 51 SGG an die Sozialgerichte.

II. Statthaftigkeit

1. Überblick

Bei der „Statthaftigkeit" ist zu untersuchen, welches der **richtige Rechtsbehelf** gegen das (angefochtene oder abgelehnte) Verwaltungshandeln ist. Dies richtet sich in erster Linie nach dem, **was der Bürger mit seinem Rechtsbehelf erreichen will**, was also sein Ziel ist. Wie der Bürger seinen Rechtsbehelf bezeichnet, ist hingegen zweitrangig. Bei unklaren, mehrdeutigen oder auch unkorrekten Formulierungen gilt die Auslegungsregel des § 133 BGB entsprechend. Es ist nach dem objektiven Empfängerhorizont der wirkliche Wille zu erforschen und nicht am buchstäblichen Sinn des Ausdruckes zu haften.[196] **Ausreichend ist, wenn der Bürger erkennen lässt, dass er gegen die Entscheidung der Behörde vorgehen will**. Hat er dabei nicht ausdrücklich das Wort „Widerspruch" oder gar die Bezeichnung für einen anderen Rechtsbehelf verwendet, ist dies unschädlich. An Verfahrenshandlungen von einem Rechtsanwalt sind indes höhere Anforderungen zu stellen.[197]

In welchen Fällen **der Widerspruch der richtige (= statthafte) Rechtsbehelf** ist, ergibt sich – soweit nicht Spezialregelungen wie in § 54 Abs. 2 BeamtStG, § 126 Abs. 2 BBG für beamtenrechtliche Streitigkeiten bestehen – aus § 68 VwGO. Streitgegenstand muss zunächst ein **VA iSd § 35 LVwVfG** sein. Es ist zwischen Anfechtungs- und Verpflichtungswiderspruch zu unterscheiden. Entscheidend ist hierbei, was der Widersprechende „begehrt", was er mit seinem Widerspruch erreichen will:

---

195 Detterbeck, Allg. Verwaltungsrecht, Rn. 1327; *Bosch/Schmidt/Vondung,* Einführung in die Praxis des verwaltungsgerichtlichen Verfahrens, Rn. 259.
196 S. zB VG Augsburg, Gerichtsbescheid v. 6.6.2018, Az. Au 2 K 17.34883, juris Rn. 27.
197 S. zB OLG Dresden, Beschl. v. 27.4.2018, Az. 4 U 373/18, juris Rn. 6.

- Will der Widersprechende **die Aufhebung** eines oder mehrerer (ihn belastenden) **VA erreichen**, ist der **Anfechtungswiderspruch** nach § 68 Abs. 1 S. 1 VwGO der richtige Rechtsbehelf.
- Will der Widersprechende **den Erlass eines abgelehnten** (ihn begünstigenden) **VA erreichen**, ist der **Verpflichtungswiderspruch** nach § 68 Abs. 2 iVm Abs. 1 VwGO der richtige Rechtsbehelf (s. hierzu das 3. Kapitel).

Schließlich darf **keine Ausnahme nach 68 Abs. 1 S. 2 VwGO** vorliegen (s. hierzu Rn. 302 ff.).

2. Voraussetzungen

299 a) VA. Der **Anfechtungswiderspruch** ist nach § 68 Abs. 1 S. 1 VwGO der richtige und damit statthafte Rechtsbehelf, wenn der Widersprechende die **Aufhebung eines oder mehrerer VA** erreichen will. Nach § 68 Abs. 1 VwGO muss Streitgegenstand zunächst ein **VA iSd § 35 LVwVfG** sein, der sich noch nicht erledigt hat.[198] Es ist genau zu untersuchen, ob und wenn ja wie viele VA im Ausgangsbescheid enthalten sind. Hierfür ist der **komplette Tenor** des Ausgangsbescheids „durchzugehen" und Ziffer für Ziffer zu prüfen, ob jeweils alle Elemente des § 35 LVwVfG vorliegen und somit ein VA gegeben ist (aber Schwerpunktsetzung: Ein „typischer VA" kann im Gutachten ohne besondere Begründung bejaht werden). In einem Bescheid können zum einen mehrere Haupt-VA enthalten sein (s. Bsp. (1) sogleich). Zum anderen sind aber auch die „Nebenentscheidungen" auf ihre VA-Qualität zu untersuchen. Entscheidendes Merkmal aus § 35 LVwVfG ist hier oft die „Regelung": Es ist zu fragen, ob die Nebenentscheidung *unmittelbar* eine *inhaltliche* Rechtsfolge setzt (s. Bsp. (2) bis (4) sogleich).

Beispiele:
(1) Ausgangsbescheid mit einem Aufenthaltsverbot nach § 30 Abs. 2 PolG und einer Meldeauflage nach §§ 3, 1 PolG (s. **Fall 3**) – beides sind VA, bei welchen problemlos alle Elemente des § 35 LVwVfG vorliegen.
(2) Die Anordnung der sofortigen Vollziehung ist kein VA.[199] Sie enthält keine Regelung iSd § 35 LVwVfG, da sie keine inhaltliche, sondern lediglich eine *prozessuale* Rechtsfolge setzt (nämlich dass der Widerspruch keine aufschiebende Wirkung entfaltet – daher gibt es gegen die Anordnung der sofortigen Vollziehung die speziellen Rechtsbehelfe nach § 80 Abs. 4 und Abs. 5 VwGO, die zusätzlich zum Widerspruch eingelegt werden können).
(3) Die Androhung eines (bestimmten) Zwangsmittels ist hingegen ein VA.[200] Zwar scheint sich rechtlich zunächst nichts zu ändern, da ein Zwangsmittel „nur" angedroht wird. Man könnte daher an einer Regelung iSd § 35 LVwVfG zweifeln, weil die Androhung *unmittelbar* keine inhaltliche Rechtsfolge herbeizuführen scheint. Die Behörde legt sich mit der Androhung aber (zunächst) zwingend auf ein bestimmtes Zwangsmittel (§ 20 Abs. 3 LVwVG)

---

[198] Hat sich der VA vor Erhebung des Widerspruchs nach § 43 Abs. 2 LVwVfG erledigt, ist die Fortsetzungsfeststellungsklage nach § 113 Abs. 1 S. 4 VwGO analog der statthafte Rechtsbehelf.
[199] *Schweickhardt/Vondung/Zimmermann-Kreher*, Allg. Verwaltungsrecht, Rn. 1041.
[200] *Schweickhardt/Vondung/Zimmermann-Kreher*, Allg. Verwaltungsrecht, Rn. 982.

fest. Sie „regelt", dass sie das konkret angedrohte Zwangsmittel zum Einsatz bringen will und setzt so *unmittelbar* eine *inhaltliche* Rechtsfolge.[201]
(4) Die Gebührenentscheidung ist ein eigenständiger VA nach § 35 LVwVfG; sie setzt unmittelbar die inhaltliche Rechtsfolge, dass eine bestimmte Gebühr bezahlt werden muss.

Beachte:
Legt der Bürger **Widerspruch** gegen einen Ausgangsbescheid mit Haupt-VA, Anordnung der sofortigen Vollziehung, Androhung eines Zwangsgelds sowie Gebührenentscheidung ein, so **bezieht sich** sein Widerspruch – auch wenn der Bürger dies bei der Erhebung des Widerspruchs so nicht ausdrücklich formuliert hat – **im Zweifel auf alle im Ausgangsbescheid enthaltenen VA**, folglich sowohl auf den Haupt-VA als auch auf die Androhung des Zwangsgelds als auch auf die Gebührenentscheidung. Anders liegt der Fall natürlich, wenn der Widersprechende den Widerspruch ausdrücklich auf Teile des Ausgangsbescheids beschränkt.
Gegen die Anordnung der sofortigen Vollziehung muss der Bürger zusätzlich einen Antrag nach § 80 Abs. 4 VwGO und/oder § 80 Abs. 5 VwGO stellen – ansonsten hat er den VA mit Bekanntgabe (Wirksamkeit, § 43 Abs. 1 LVwVfG) auch während des laufenden Rechtsbehelfsverfahrens zu beachten, da sein Anfechtungswiderspruch und eine sich evtl. anschließende Anfechtungsklage keine aufschiebende Wirkung haben (§ 80 Abs. 2 S. 1 Nr. 4 VwGO).

Beachte:
Jeder VA, gegen den sich der Widerspruch richtet, ist später im Rahmen der Begründetheit einzeln auf seine Rechtmäßigkeit hin zu untersuchen (erste Voraussetzung der Begründetheit: „Rechtswidrigkeit des VA" – s. u. Rn. 330 ff.).[202]

b) Ziel: Aufhebung des VA. Der Widersprechende muss **die Aufhebung des VA** (bzw. der VA) wollen. Dies ergibt sich mittelbar aus § 68 Abs. 1 S. 1 VwGO. Der Anfechtungswiderspruch ist „vor Erhebung der Anfechtungsklage" zu erheben. Eine Anfechtungsklage setzt ihrerseits voraus, dass die „Aufhebung eines Verwaltungsaktes" begehrt wird, vgl. § 42 Abs. 1 Alt. 1 VwGO. Hier kann es zu unterschiedlichen Konstellationen kommen, je nachdem ob es sich um ein „Zwei-Personen-Verhältnis" (Behörde – Adressat des VA) oder um ein „Drei-Personen-Verhältnis" (Behörde – Adressat des VA – Dritter) handelt.

---

201 Die Behörde muss das angedrohte Zwangsmittel nicht einsetzen und kann sich auch anders entscheiden. Will sie aber ein anderes Zwangsmittel anwenden (zB die Ersatzvornahme statt des bereits angedrohten Zwangsgeldes), muss sie dieses Zwangsmittel (hier die Ersatzvornahme) ebenfalls vorher androhen und damit eine neue Regelung schaffen.
202 Für jeden VA ist grds. anhand des Prüfungsschemas zu untersuchen, ob er auf einer Rechtsgrundlage beruht und die materiellen sowie formellen Voraussetzungen gegeben sind.

> **Beachte:**
> Bei den „Drei-Personen-Verhältnissen" kann sich der VA nicht nur auf den Adressaten, sondern auch auf weitere Personen („Dritte") auswirken. Der VA hat in diesen Fällen sog. „Drittwirkung", auch „Doppelwirkung" genannt. Legt der Dritte Widerspruch ein, spricht man auch von „Drittwiderspruch" oder „Nachbarwiderspruch", da der Dritte häufig – aber nicht zwingend – ein Nachbar ist. Der „Dritte" ist neben dem Adressaten des VA und der Behörde eine weitere – dritte – Person.

- **Zwei-Personen-Verhältnis:** Der Widersprechende will die **Aufhebung eines an ihn gerichteten belastenden VA erreichen** (zB Widersprechender legt gegen eine an ihn gerichtete Abbruchsanordnung Anfechtungswiderspruch ein). Der Widersprechende ist hier Adressat eines belastenden VA, den er mit seinem Widerspruch „beseitigen" will.
- **Drei-Personen-Verhältnis:** Der Widersprechende ist ein **Dritter/Nachbar** und will die **Aufhebung eines VA erreichen, der einen anderen begünstigt** (zB Dritter/Nachbar legt gegen die dem Bauherrn erteilte Baugenehmigung Anfechtungswiderspruch ein). Es handelt sich hier zwar um einen begünstigenden VA. Entscheidend ist aber die Sicht des Widersprechenden und was er mit seinem Widerspruch erreichen will. Ein VA, der für den Adressaten begünstigend ist, kann sich auf den Widersprechenden belastend auswirken, sodass er mit dem Anfechtungswiderspruch die Aufhebung des VA erreichen will (im Bsp. soeben ist die Baugenehmigung für den Bauherrn begünstigend; für den widersprechenden Nachbarn wirkt sie sich aber belastend aus, sodass er mit seinem Anfechtungswiderspruch deren Aufhebung anstrebt).

302 c) **Keine Ausnahme.** In den **Ausnahmefällen des § 68 Abs. 1 S. 2 VwGO** ist kein Widerspruchsverfahren erforderlich und der Betroffene kann direkt Anfechtungsklage beim Verwaltungsgericht erheben. § 68 Abs. 1 S. 2 VwGO regelt folgende Konstellationen (die im Gutachten nur bei konkreten Anhaltspunkten im Sachverhalt anzusprechen sind). Eines Widerspruchsverfahrens bedarf es danach nicht:

303 – „wenn ein Gesetz dies bestimmt", § 68 Abs. 1 S. 2 Alt. 1 VwGO.

Beispiele:
- § 74 Abs. 1 S. 2 bzw. Abs. 6 S. 3 LVwVfG iVm § 70 LVwVfG: Gegen den in einem gesetzlich vorgeschriebenen (zB § 68 Abs. 1 WHG) Planfeststellungsverfahren ergangenen VA (Planfeststellungsbeschluss oder Plangenehmigung) ist der Widerspruch unstatthaft, der richtige Rechtsbehelf ist die Anfechtungsklage.
- § 15 Abs. 1 AGVwGO: Erlässt ein Regierungspräsidium einen VA, findet nach Satz 1 kein Widerspruchsverfahren (= Vorverfahren) statt, es sei denn, es liegt ein Fall des § 15 Abs. 1 S. 2 AGVwGO vor (zB nach Nr. 3 in beamtenrechtlichen Streitigkeiten; nach Abs. 2 ist wiederum als „Ausnahme von der Ausnahme" in disziplinarrechtlichen Angelegenheiten kein Vorverfahren durchzuführen).

– wenn der VA von einer obersten Bundes- oder Landesbehörde (zB einem Ministerium, vgl. § 7 LVG) erlassen worden ist, § 68 Abs. 1 S. 2 Nr. 1 VwGO. Eine Ausnahme besteht, wenn ein Gesetz die Nachprüfung vorschreibt, wie zB § 54 Abs. 2 S. 2 BeamtStG und § 126 Abs. 2 S. 2 BBG.

– wenn der Abhilfe- oder der Widerspruchsbescheid erstmalig eine Beschwer enthält, § 68 Abs. 1 S. 2 Nr. 2 VwGO. Dies ist der Fall, wenn der Abhilfe- oder der Widerspruchsbescheid erstmalig ein Recht/eine Rechtsstellung im Vergleich zum Ausgangs-VA nachteilig ändert. In einem Widerspruchsverfahren kann die Rechtsstellung des Adressaten eines VA oder eines Dritten nachteilig geändert und dieser erstmals „beschwert" (= belastet) werden. Dies kann mit Erlass des Abhilfebescheids oder des Widerspruchsbescheids geschehen. Gegen diese erstmalige Belastung könnte der Betroffene theoretisch Widerspruch einlegen. Da in der Sache aber bereits ein Abhilfe- oder Widerspruchsverfahren stattgefunden hat, muss ein solches nicht noch einmal durchgeführt werden. Es lassen sich vor allem folgende Fallgruppen unterscheiden[203]:

(1) Aufgrund des Widerspruchs eines Dritten (zB Nachbarn) kommt es durch den Abhilfe- oder Widerspruchsbescheid erstmalig zu einer **nachteiligen rechtlichen Änderung für den Adressaten.** Gegen den Abhilfe- oder Widerspruchsbescheid ist dann nicht (noch einmal) der Widerspruch der richtige Rechtsbehelf, sondern die Klage.

Beispiel:
Nach Verpflichtungswiderspruch des Nachbarn erlässt die Widerspruchsbehörde mit Widerspruchsbescheid die zuvor abgelehnte Abbruchsanordnung gegenüber dem Bauherrn. Der Bauherr ist erstmalig beschwert. Er muss hiergegen keinen Anfechtungswiderspruch einlegen, sondern kann direkt Anfechtungsklage gegen den Widerspruchsbescheid erheben (§ 79 Abs. 1 Nr. 2 VwGO). Entsprechendes gilt, wenn nicht die Widerspruchsbehörde mit Widerspruchsbescheid, sondern die Ausgangsbehörde mit Abhilfebescheid diese Entscheidung trifft.

(2) Aufgrund des Widerspruchs des Antragstellers (Adressaten) kommt es durch den Abhilfe- oder Widerspruchsbescheid erstmalig zu einer **nachteiligen rechtlichen Änderung für einen Dritten.** Gegen den Abhilfe- oder Widerspruchsbescheid ist dann nicht (noch einmal) der Widerspruch der richtige Rechtsbehelf, sondern die Klage.

Beispiel:
Nach Verpflichtungswiderspruch des Bauherrn erteilt die Widerspruchsbehörde mit Widerspruchsbescheid die zuvor abgelehnte Baugenehmigung. Der Nachbar ist dadurch erstmalig beschwert. Ein weiteres Widerspruchsverfahren ist nicht erforderlich. Der Nachbar kann direkt Anfechtungsklage gegen den Widerspruchsbescheid erheben (§ 79 Abs. 1 Nr. 2 VwGO). Entsprechendes gilt wiederum, wenn nicht die Widerspruchsbe-

---

203 Zu weiteren Fallkonstellationen s. *Bosch/Schmidt/Vondung*, Einführung in die Praxis des verwaltungsgerichtlichen Verfahrens, Rn. 670.

hörde mit Widerspruchsbescheid, sondern die Ausgangsbehörde mit Abhilfebescheid diese Entscheidung trifft.

308 (3) Fälle der sog. **reformatio in peius** (Verböserung im Widerspruchsverfahren): Ein VA wird im Widerspruchsbescheid zum Nachteil des Adressaten abgeändert (ein Dritter ist hier anders als in den beiden Fallgruppen oben nicht beteiligt). Auch hier ist gegen den Widerspruchsbescheid nicht (noch einmal) der Widerspruch der richtige Rechtsbehelf, sondern die Klage.

Beispiel:
Der Bauherr legt Anfechtungswiderspruch gegen einen Gebührenbescheid in Höhe von 800,- Euro für den Erlass einer Baugenehmigung ein. Im Widerspruchsverfahren merkt die Widerspruchsbehörde, dass die Gebühr nach der einschlägigen Gebührensatzung zu niedrig angesetzt wurde. Sie ändert im Widerspruchsbescheid den Ausgangs-VA dahingehend ab, dass eine Gebühr von 1.000,- Euro festgesetzt wird.

Die Zulässigkeit der „reformatio in peius" ist umstritten. Dagegen wird insb. der Zweck des Widerspruchsverfahrens angeführt, dem Bürger eine zusätzliche Rechtsschutzmöglichkeit zu schaffen. Andererseits ist Zweck des Widerspruchsverfahrens aber auch die Selbstkontrolle der Verwaltung. Außerdem zeigt die Regelung in § 68 VwGO, dass die Widerspruchsbehörde grds. eine umfassende eigene Entscheidungskompetenz hat.[204] Von der Rechtsprechung wird die „reformatio in peius" daher anerkannt.[205]

III. Widerspruchsbefugnis

1. Überblick

309 § 42 Abs. 2 VwGO bezieht sich nur auf die Klage und regelt die *Klage*befugnis. Da für das Widerspruchsverfahren keine entsprechende Regelung existiert und insoweit eine planwidrige Regelungslücke besteht, die Interessenlage aber mit der Anfechtungsklage vergleichbar ist, liegen die Voraussetzungen für eine Analogie vor. Auf den Widerspruch kann **§ 42 Abs. 2 VwGO** daher **analog**, dh entsprechend angewendet werden. Bei der „Widerspruchsbefugnis" ist zu prüfen, ob der Widersprechende überhaupt befugt ist, den angegriffenen VA in einem Widerspruchsverfahren überprüfen zu lassen. Sinn und Zweck dieses Prüfungs-

---

204 Eine umfassende eigene Entscheidungskompetenz hat die Widerspruchsbehörde aber nur, wenn sie Fachaufsichtsbehörde ist (vgl. § 3 Abs. 2 LVG). Eine „reformatio in peius" ist daher abzulehnen, wenn die Widerspruchsbehörde keine Fachaufsichtsbehörde ist und so keine umfassende Entscheidungs- bzw. Überprüfungskompetenz hat, wie zB in Selbstverwaltungsangelegenheiten. Hier ist sie nur Rechtsaufsichtsbehörde und überprüft nach § 17 Abs. 1 S. 2 AGVwGO nur die Rechtmäßigkeit, nicht aber die Zweckmäßigkeit der angegriffenen Entscheidung, s. Rn. 282.

205 BVerwG, Urt. v. 29.8.1986, Az. 7 C 51/84, NVwZ 87, 215, 216; allgemein zur „reformatio in peius" BeckOK VwGO/*Hüttenbrink* § 68 Rn. 11–14 sowie *Bosch/Schmidt/Vondung*, Einführung in die Praxis des verwaltungsgerichtlichen Verfahrens, Rn. 788 ff.

punkts ist es, sog. **Popularklagen bzw. hier Popularwidersprüche auszuschließen**. Es soll verhindert werden, dass jeder, ohne selbst betroffen zu sein, gegen einen VA vorgehen kann und so zu einer Überlastung der Verwaltungsbehörden und anschließend der Gerichte beiträgt.

2. Voraussetzung

Die Widerspruchsbefugnis kann sich in einigen wenigen Fällen aus einem Spezialgesetz ergeben (zB aus § 64 BNatSchG für anerkannte Naturschutzverbände), grds. ist jedoch § 42 Abs. 2 VwGO analog anzuwenden. Die Widerspruchsbefugnis setzt bei einem Anfechtungswiderspruch nach dem Wortlaut des § 42 Abs. 2 VwGO analog zunächst voraus, dass der Widersprechende „geltend macht", **durch einen VA** in seinen Rechten verletzt zu sein. Es ist hier noch nicht zu prüfen, ob der Widersprechende tatsächlich in seinen Rechten verletzt ist. Es genügt, wenn die **Verletzung eigener Rechte zumindest möglich erscheint** (sog. „Möglichkeitstheorie"[206]). Zur „Geltendmachung" ist es anders als im Klageverfahren (und entgegen des Wortlauts des § 42 Abs. 2 VwGO) nicht erforderlich, dass der Widersprechende aktiv Tatsachen vorträgt – er hat seinen Widerspruch nämlich nicht zwingend zu begründen.[207] Die Widerspruchsbehörde hat von sich aus zu prüfen, ob der Widersprechende in seinen Rechten verletzt sein kann. Es ist natürlich hilfreich, wenn der Widersprechende Tatsachen substantiiert vorträgt, die es möglich erscheinen lassen, dass er in einer eigenen Rechtsposition verletzt ist. Die Möglichkeit einer Rechtsverletzung darf die Behörde nur dann ausschließen und eine Widerspruchsbefugnis ablehnen, wenn offensichtlich nach keiner Betrachtungsweise subjektive Rechte des Widersprechenden verletzt sein können.[208] In einem solchen Fall kann der Widersprechende nicht verlangen, dass sich die Widerspruchsbehörde inhaltlich mit der Sache befasst und die Rechtmäßigkeit des VA überprüft. Es kann somit festgehalten werden: Die Widerspruchsbefugnis ist gegeben, wenn der Widersprechende **möglicherweise** durch den (für ihn belastenden) VA **in eigenen Rechten verletzt** sein kann.

Beachte:
Die Frage, ob ein VA **tatsächlich rechtswidrig** ist und den Widersprechenden **tatsächlich in eigenen Rechten verletzt**, wird **erst in der Begründetheit** geprüft (s. u. Rn. 341 ff.).

---

206   Vgl. auch *Schweickhardt/Vondung/Zimmermann-Kreher*, Allg. Verwaltungsrecht, Rn. 1018; *Bosch/Schmidt/Vondung*, Einführung in die Praxis des verwaltungsgerichtlichen Verfahrens, Rn. 574.
207   Eine Pflicht zu einem aktiven Vorbringen von inhaltlichen Einwendungen kann sich allenfalls aus einer spezialgesetzlichen Regelung ergeben. Eine solche findet sich zB in § 55 Abs. 2 S. 2 LBO, wonach vom Vorhaben benachrichtigte Angrenzer oder sonstige Nachbarn mit allen Einwendungen ausgeschlossen sind, die sie nicht innerhalb von vier Wochen vorgetragen haben. Wurden innerhalb dieser Frist keine Einwendungen geltend gemacht, können sie auch in einem Widerspruchsverfahren nicht mehr vorgetragen werden – die Widerspruchsbefugnis ist in einem solchen Fall nicht (mehr) gegeben (sog. materielle Präklusion).
208   Vgl. BVerwG, Urt. v. 5.8.2015, Az. 6 C 8/14, juris Rn. 11 (= BVerwGE 152, 355); BVerwG, Urt. v. 10.10.2002, Az. 6 C 8/01, juris Rn. 15 (= BVerwGE 117, 93).

312 Hier ist wieder zwischen einem „Zwei-Personen-Verhältnis" (Behörde – Adressat des VA) und einem „Drei-Personen-Verhältnis" (Behörde – Adressat des VA – Dritter) zu unterscheiden:

313 – **Zwei-Personen-Verhältnis:** Der Widersprechende ist **Adressat eines belastenden VA** und **legt gegen diesen Anfechtungswiderspruch ein** (zB Adressat geht gegen eine Abbruchsanordnung vor). Für den Adressat eines belastenden VA besteht **immer die Möglichkeit, zumindest in seinem Recht auf allgemeine Handlungsfreiheit nach Art. 2 Abs. 1 GG verletzt zu sein** (sog. „Adressatentheorie").[209] Auch wenn spezielle Grundrechtseingriffe vorgehen, ist letztlich immer ein Verstoß gegen das Auffanggrundrecht aus Art. 2 Abs. 1 GG denkbar. Erhält der Adressat einen belastenden VA, liegt darin stets ein Eingriff in den Schutzbereich der allgemeinen Handlungsfreiheit (der Adressat kann nicht mehr „tun und lassen, was er will", wodurch in den Schutzbereich des Art. 2 Abs. 1 GG eingegriffen wird). Ist dieser VA **rechtswidrig**, verletzt er den Adressaten zumindest in seinem Recht auf allgemeine Handlungsfreiheit nach Art 2 Abs. 1 GG.[210] Ob der VA tatsächlich rechtswidrig ist, spielt in der Zulässigkeit wie erwähnt noch keine Rolle – für die Widerspruchsbefugnis reicht die „mögliche" Rechtsverletzung. Die tatsächliche Rechtsverletzung ist in der Begründetheit zu prüfen.[211]

> **Merke – Formulierungsvorschlag:**
> Nach § 42 Abs. 2 VwGO analog ist widerspruchsbefugt, wer durch einen VA möglicherweise in seinen Rechten verletzt sein kann. Für den Adressat eines belastenden VA besteht immer die Möglichkeit, durch einen rechtswidrigen belastenden VA zumindest in seinem Recht auf allgemeine Handlungsfreiheit nach Art. 2 Abs. 1 GG verletzt zu sein („Adressatentheorie").

314 – **Drei-Personen-Verhältnis:** Der Widersprechende ist ein **Dritter/Nachbar** und **legt gegen einen den Adressaten begünstigenden VA Anfechtungswiderspruch ein** (zB Nachbar geht gegen die Baugenehmigung des Bauherrn vor). Legt ein Dritter Widerspruch ein, reicht es anders als im Zwei-Personen-Verhältnis nicht aus, dass der angegriffene VA möglicherweise rechtswidrig ist. Der widersprechende Dritte ist selbst nicht Adressat des VA. Der VA schreibt ihm nicht unmittelbar vor, was er zu „tun oder lassen" hat. Der Dritte kann sich daher nicht pauschal auf seine allgemeine Handlungsfreiheit nach Art. 2 Abs. 1 GG berufen.

---

209 *Schweickhardt/Vondung/Zimmermann-Kreher*, Allg. Verwaltungsrecht, Rn. 1018; *Bosch/Schmidt/Vondung*, Einführung in die Praxis des verwaltungsgerichtlichen Verfahrens, Rn. 582.
210 Nach dem BVerfG schützt Art. 2 Abs. 1 GG auch vor Nachteilen durch die Staatsgewalt, die nicht in der verfassungsmäßigen Ordnung begründet sind, BVerfG, Beschl. v. 10.3.1976, Az. 1 BvR 355/67, juris Rn. 38 (= NJW 1976, 1835), und damit vor einem rechtswidrigen Handeln; kritisch hierzu *Schoch/Schneider/Wahl/Schütz*, VwGO § 42 Rn. 48.
211 Ergibt die Prüfung, dass der VA rechtswidrig war, entspricht er nicht der verfassungsgemäßen Ordnung und verletzt den Widersprechenden in seinen Rechten. War er rechtmäßig, entspricht er der verfassungsgemäßen Ordnung und der Widersprechende ist nicht in seinen Rechten verletzt.

Es muss also aus anderen Gründen möglich erscheinen, dass der Dritte durch den VA in seinen Rechten verletzt sein kann. Dies ist der Fall, wenn der VA **möglicherweise gegen eine Norm verstößt, die** nicht nur die öffentlichen Interessen, sondern gerade **auch Individualinteressen schützen will und der Dritte zu dem geschützten Personenkreis gehört** (sog. „**Schutznormtheorie**"[212] – Bsp: Eine Norm will auch die Nachbarschaft schützen und der Dritte ist ein Nachbar). Solche Normen, die nicht nur öffentliche Interesse, sondern auch Individualinteressen schützen wollen, nennt man daher **drittschützende (nachbarschützende) Normen**. Es reicht also nicht aus, wenn irgendein Rechtsverstoß in Betracht kommt. Die Widerspruchsbehörde muss vielmehr prüfen,
- ob die Ausgangsbehörde möglicherweise **gegen eine drittschützende Norm verstoßen hat** (also gegen eine Norm, die nicht nur dem öffentlichen Interesse, sondern zumindest auch dem Schutz Einzelner, dh Individualinteressen zu dienen bestimmt ist) und
- ob der **Widersprechende dem geschützten Personenkreis angehört**.

Ob eine drittschützende Norm vorliegt, ist **durch Auslegung** zu ermitteln. Der Drittschutz kann sich insb. aus dem Wortlaut oder dem Sinn und Zweck der Norm ergeben. Kann sich der Widersprechende nicht auf eine drittschützende Norm berufen, ist der Widerspruch unzulässig. Dies gilt auch dann, wenn Rechtsverstöße in Betracht kommen, diese aber ausschließlich auf nicht drittschützenden Normen beruhen (also Normen, die die Individualinteressen nicht besonders schützen wollen). Der Widersprechende kann bei Verstoß gegen solche Normen nicht in *eigenen* Rechten verletzt sein (dies ist von vornherein offensichtlich und eindeutig ausgeschlossen).

Beispiele:
- Schon dem Wortlaut nach drittschützend ist bspw. § 3 Abs. 1 BImSchG, da dort ausdrücklich das Wort „Nachbar" enthalten ist.
- Nach dem Sinn und Zweck drittschützend ist bspw. § 5 LBO (mit der Festlegung der Abstandsflächen zum Nachbargrundstück).
- Nicht drittschützend ist bspw. § 34 Abs. 1 LBO: Ein Verstoß gegen die lichte Höhe der Aufenthaltsräume im Gebäude des Bauherrn kann den Nachbarn nicht in eigenen Rechten verletzen.[213]

> **Merke – Formulierungsvorschlag:**
> Nach § 42 Abs. 2 VwGO analog ist widerspruchsbefugt, wer durch einen VA möglicherweise in seinen Rechten verletzt sein kann. Ein Dritter kann durch einen VA nur dann in seinen Rechten verletzt sein, wenn der VA möglicherweise gegen eine Norm verstößt, die nicht nur die öffentlichen

---

212 *Schweickhardt/Vondung/Zimmermann-Kreher*, Allg. Verwaltungsrecht, Rn. 1018; *Bosch/Schmidt/Vondung*, Einführung in die Praxis des verwaltungsgerichtlichen Verfahrens, Rn. 559 und 587.
213 § 34 LBO dient ausschließlich dem öffentlichen Interesse an einer ordnungsgemäßen Nutzung durch Bewohner und Besucher, BeckOK BauordnungsR BW/*Landel*, § 34 Rn. 23. Gleiches gilt bspw. für die Stellplatzverpflichtung nach § 37 Abs. 1 LBO, da diese zugunsten der Sicherheit und Leichtigkeit des Straßenverkehrs dem öffentlichen Interesse an der Entlastung öffentlicher Verkehrsflächen vom ruhenden Verkehr und nicht dem Schutz der subjektiven Rechte der Nachbarn dient, *Sauter*, LBO BW, § 37 Rn. 1, 10.

> Interessen, sondern gerade auch Individualinteressen schützen will und der Dritte dem geschützten Personenkreis angehört.

IV. Frist

1. Überblick

315 Der Widerspruch ist **innerhalb eines Monats nach Bekanntgabe des VA** bei der Behörde zu erheben, die den VA erlassen (Ausgangsbehörde), § 70 Abs. 1 S. 1 VwGO. Die Frist wird auch gewahrt, wenn der Widerspruch bei der Widerspruchsbehörde eingelegt wird, § 70 Abs. 1 S. 2 VwGO.[214] Wird der Widerspruch nach Ablauf der Frist eingelegt, ist er unzulässig.[215] Mit Ablauf der Widerspruchsfrist wird der VA bestandskräftig und ist für den Bürger unanfechtbar. Spätestens ab diesem Zeitpunkt kann er von der Behörde mit Zwangsmitteln durchgesetzt werden (Vollstreckbarkeit, § 2 Nr. 1 LVwVG). Versäumt der Bürger die Frist, kann er die sog. „Wiedereinsetzung in den vorherigen Stand" nach § 60 VwGO beantragen. Er muss belegen können, dass er „ohne Verschulden" verhindert war", die Frist einzuhalten.[216]

2. Fristberechnung

316 Die Berechnung der Frist bzw. besser des Fristendes sollte **zweckmäßigerweise in drei Schritten** erfolgen:

317 a) **Monats- oder Jahresfrist.** Zunächst ist festzustellen, **welche Frist** überhaupt gilt – **die Monats- oder die Jahresfrist**:
Nach § 70 Abs. 1 VwGO beträgt die Frist grds. einen Monat (und nicht 4-Wochen!). Sie kann sich nach § 70 Abs. 2, § 58 Abs. 2 VwGO auf ein Jahr verlängern, wenn die Rechtsbehelfsbelehrung des Ausgangs-VA „unterblieben oder unrichtig" ist. Wurde dem Ausgangs-VA keine Rechtsbehelfsbelehrung beigefügt oder war sie fehlerhaft[217], kann der Widersprechende ein Jahr lang Widerspruch einlegen.

> **Beachte:**
> Um festzustellen, wie lang die Widerspruchsfrist im konkreten Fall ist, muss immer zuerst die Rechtsbehelfsbelehrung des Ausgangs-VA auf mögliche Fehler untersucht werden.

---

214 Die Widerspruchsbehörde wird den Widerspruch dann aber zunächst an die Ausgangsbehörde abgeben, um ihr die Möglichkeit der Abhilfe zu geben, s. o. Rn. 278.

215 Da die Widerspruchsbehörde „Herrin des Vorverfahrens" ist, kann sie nach ständiger Rechtsprechung dennoch über den Widerspruch entscheiden, zumindest soweit keine Dritten beteiligt sind, BVerwG, Urt. v. 27.2.1963, Az. V C 105/61, BVerwGE 15, 306, 310; BVerwG, Urt. v. 7.1.1972, Az. IV C 41.70, DVBl 1972, 423; s. insg. *Schoch/Schneider/Dolde/Porsch*, VwGO § 70 Rn. 37 ff.

216 „Ohne Verschulden" bedeutet, dass den Widersprechenden nach den Umständen des Einzelfalls kein Vorwurf bezüglich der Säumnis treffen darf, BVerwG, Urt. v. 27.2.1976, Az. IV C 74/74, juris Rn. 24 (= BVerwGE 50, 248, 254); *Schoch/Schneider/Bier/Steinbeiß-Winkelmann*, VwGO § 60 Rn. 18 ff.

217 Bspw. weil eine der vier Mindestvoraussetzungen nach § 37 Abs. 6 LVwVfG bzw. § 58 Abs. 1 VwGO (Rechtsbehelf, Behörde/Gericht, Sitz, Frist) fehlt oder freiwillige Angaben (wie zur Form oder genauen Adresse) falsch oder unvollständig sind, s. o. Rn. 111 ff.

b) Tag der Bekanntgabe. Steht die Länge der Frist fest, ist anschließend der **Tag 318 der Bekanntgabe** zu ermitteln (Bekanntgabe-Datum): Nach § 70 Abs. 1 VwGO beginnt die Widerspruchsfrist, „nachdem der Verwaltungsakt dem Beschwerten bekannt gegeben worden ist". Gleiches gilt für die Jahresfrist nach § 58 Abs. 2 VwGO, auch wenn dort von der speziellen Form der Bekanntgabe, der „Zustellung", die Rede ist. Zunächst muss eine **wirksame Bekanntgabe**[218] **gegenüber dem Widersprechenden**[219] vorliegen. Der genaue Zeitpunkt der Bekanntgabe – dieser ist für den Fristbeginn entscheidend – **hängt von der Form der Bekanntgabe ab.**

Beispiele:
- Bei **einfachem Postbrief** gilt nach § 41 Abs. 2 LVwVfG die 3-Tages-Fiktion („gilt als"). Der VA gilt am dritten Tag nach Aufgabe zur Post (was zweckmäßigerweise in den Akten zu vermerken ist) als bekannt gegeben (zB bei Einwurf in den öffentlichen Briefkasten am 05.09. ist Tag der Bekanntgabe der 08.09.). Der dritte Tag ist auch dann maßgeblich, wenn der Adressat den VA zu einem früheren Zeitpunkt erhält, zB schon am zweiten Tag. Ist der VA gar nicht oder erst später als drei Tage zugegangen, gilt die Bekanntgabefiktion nicht, § 41 Abs. 2 S. 3 Hs. 1 LVwVfG. Es kommt dann auf den tatsächlichen Zugang an. Bestehen Zweifel, ob bzw. wann der VA tatsächlich zugegangen ist (behauptet zB der Adressat, er habe den Brief gar nicht erhalten), muss die Behörde nachweisen, wann der VA tatsächlich zugegangen ist, § 41 Abs. 2 S. 3 Hs. 2 LVwVfG. Dies wird ihr bei einem einfachen Postbrief kaum gelingen, weshalb sich bei belastenden VA die förmliche Bekanntgabe mittels Zustellung empfiehlt.
- Für **elektronische VA** (zB E-Mail) gilt nach § 41 Abs. 2 S. 2 LVwVfG das Gleiche. Der VA gilt am dritten Tag nach der Absendung (der E-Mail) als bekannt gegeben.
- Bei **öffentlicher Bekanntgabe** gilt der VA gem. § 41 Abs. 4 S. 3 LVwVfG zwei Wochen nach der ortsüblichen Bekanntmachung als bekannt gegeben. Bei der ortüblichen Bekanntmachung wird der „verfügende Teil" des VA (= der Tenor) ortsüblich bekannt gemacht, § 41 Abs. 4 S. 1 LVwVfG, und zugleich angegeben, wo der gesamte VA mit Begründung eingesehen werden kann, § 41 Abs. 4 S. 2 LVwVfG.
- Bei **Zustellung per Postzustellungsurkunde (PZU)** ist der Tag der Zustellung der Tag der Bekanntgabe, § 3 Abs. 2 LVwZG iVm §§ 177 ff. ZPO. Der Tag der Zustellung ist nach § 182 Abs. 2 Nr. 7 ZPO auf der Zustellungsurkunde zu vermerken (zB bei Einwurf in den Briefkasten des Emp-

---

218 S. hierzu Rn. 115 – liegt bspw. die schriftliche Bevollmächtigung eines Rechtsanwalts vor, so ist die Zustellung nach § 7 Abs. 1 S. 2 LVwZG zwingend an diesen zu richten, ansonsten ist die Zustellung fehlerhaft und damit so lange keine Bekanntgabe und Wirksamkeit des VA gegeben, bis Heilung nach § 9 LVwZG eintritt.
219 Die Bekanntgabe an eine andere Person ist nicht ausreichend. Wird zB die Baugenehmigung nur dem Bauherrn, nicht aber dem Nachbarn bekannt gegeben, so läuft die Widerspruchsfrist nur gegenüber dem Bauherrn; für den Nachbarn läuft noch gar keine Frist, zumindest so lange nicht, bis er von der Baugenehmigung auf sonstige Weise sichere Kenntnis erlangt hat oder hätte erlangen können, s. hierzu VGH BW, Beschl. v. 6.2.2020, Az. 8 S 2204719, juris Rn. 31 ff.

fängers ist nach § 180 S. 2 ZPO dieser Tag der Tag der Bekanntgabe und in die Zustellungsurkunde einzutragen). Anders als beim einfachen Postbrief liegt die Beweislast für einen fehlenden oder verspäteten Zugang dann beim Widersprechenden. Zum Inhalt der Postzustellungsurkunde siehe § 182 ZPO.
- Für **Einschreiben** gilt § 4 LVwZG. Hier ist zwischen dem *Übergabe*-Einschreiben und dem Einschreiben *mit Rückschein* zu unterscheiden. Bei dem Einschreiben *mit Rückschein* ist das auf dem Rückschein eingetragene Datum entscheidend (§ 4 Abs. 2 S. 1 LVwZG), beim *Übergabe*-Einschreiben gilt wiederum eine 3-Tages-Fiktion (§ 4 Abs. 2 S. 2 LVwZG). Ein *Einwurf*-Einschreiben kennt das LVwZG nicht; eine solche Funktion erfüllt bereits die PZU.
- Bei **Zustellung durch die Behörde gegen Empfangsbekenntnis** ist nach § 5 LVwZG das auf dem unterschriebenen Empfangsbekenntnis eingetragene Datum entscheidend.
- Die **Zustellung im Ausland** richtet sich nach § 10 LVwZG, die **öffentliche Zustellung** nach § 11 LVwZG.
- Bei mündlichen VA erfolgt die Bekanntgabe sofort.

Beachte:
Es ist **unerheblich,** wenn der **Tag der Bekanntgabe** auf einen **Samstag, Sonntag oder Feiertag** fällt. Nur wenn **das Ende einer Frist** auf einen Samstag, Sonntag oder Feiertag fällt, verlängert sich die Frist auf den nächstfolgenden Werktag. § 31 Abs. 3 LVwVfG ebenso wie § 222 Abs. 2 ZPO oder § 193 BGB gelten nur für das Ende einer Frist.[220]

319 c) **Berechnung des Fristendes.** Schließlich ist das **Fristende** zu berechnen. Nach **§ 79 Hs. 2** LVwVfG (hiernach kann das LVwVfG angewendet werden, soweit die VwGO keine Regelungen enthält) iVm **§ 31 Abs. 1 LVwVfG** (hiernach kann das BGB angewendet werden, soweit das LVwVfG keine Regelungen enthält) gelten die **§§ 187 ff. BGB** entsprechend.[221] Für den *Fristbeginn* ist § 187 Abs. 1 BGB einschlägig, da der Tag der Bekanntgabe ein „Ereignis" darstellt. Der Tag des Ereignisses (= Tag der Bekanntgabe) ist danach nicht mitzurechnen, die Frist beginnt am darauffolgenden Tag. Diese Einordnung ist für die Berechnung des *Fristendes* wichtig, für das hier – da es sich um eine Monatsfrist handelt – § 188 Abs. 2 BGB gilt: In den Fällen des § 187 Abs. 1 BGB („Ereignis" = Bekanntgabe) **endet nach** § 188 Abs. 2 Alt. 1 BGB die Frist mit Ablauf des

---

220 Eine a. A. vertritt der Große Senat des Bundesfinanzhofs (BFH) hinsichtlich des vergleichbaren § 122 Abs. 2 Nr. 1 AO. Der BFH wertet die dortige 3-Tages-Fiktion als echte Frist. Fällt nun zB der dritte Tag der Fiktion auf einen Samstag, Sonntag oder Feiertag, verlängert sich die 3-Tages-Fiktion auf den nächstfolgenden Werktag, BFH, Beschl. v. 17.9.2002, Az. IX R 68/98, juris Rn. 10 ff.
221 Nach a. A. gelangt man über § 57 Abs. 2 VwGO iVm § 222 ZPO zu denselben Regelungen der §§ 187 ff. BGB, zum Streitstand s. *Schoch/Schneider/Dolde/Porsch,* VwGO § 70 Rn. 15.

Tages, welcher mit seiner Tageszahl dem Tag der Bekanntgabe (des Ereignisses) entspricht.[222]

Beispiel:
Ist Tag der Bekanntgabe der 08.09., endet die Frist mit Ablauf des 08.10.[223]

Fehlt bei einem Monat **der für den Fristablauf maßgebende Tag**, endet die Frist nach § 188 Abs. 3 BGB mit dem Ablauf des letzten Tages dieses Monats. **320**

Beispiel:
Ist Tag der Bekanntgabe der 31.03, existiert für das Fristende kein 31.04. Die Frist endet daher mit Ablauf des 30.04.

Fällt das **Ende einer Frist auf einen Samstag, Sonntag oder Feiertag**, so endet die Frist nach § 31 Abs. 3 LVwVfG mit Ablauf des nächsten Werktags. **321**

Beispiel:
Ist Tag der Bekanntgabe der 25.11., fällt das Fristende auf den 25.12 (einen Feiertag, ebenso wie der 26.12.). Die Frist endet erst mit Ablauf des 27.12., außer dies ist ein Samstag oder Sonntag, dann verschiebt sich das Fristende weiter auf den nächstfolgenden Werktag.

Beachte: **322**
Der Widerspruch muss **innerhalb der Frist** nach § 70 Abs. 1 S. 1 VwGO **bei der Ausgangsbehörde** erhoben werden, dh in ihren Machtbereich (Briefkasten etc.) gelangt sein. Nach § 70 Abs. 1 S. 2 VwGO hält der Widersprechende die Frist auch ein, wenn er den Widerspruch innerhalb der Frist **bei der Widerspruchsbehörde** einlegt. Wurde der Widerspruch hingegen bei einer anderen Behörde erhoben, ist entscheidend, ob diese den Widerspruch innerhalb der Frist an die zuständige Ausgangs- oder Widerspruchsbörde weiterleitet. Es bleibt bei dem Grundsatz: Geht der Widerspruch nicht innerhalb der Widerspruchsfrist bei Ausgangs- oder Widerspruchsbörde ein, wird die Frist nicht gewahrt und der Widerspruch ist unzulässig.

V. Form

Nach § 70 Abs. 1 VwGO ist der Widerspruch schriftlich, in elektronischer Form nach § 3a Abs. 2 VwVfG oder (mündlich) zur Niederschrift zu erheben. Zweck dieser Anforderungen ist: Es soll feststehen (Beweisfunktion), dass der Wider- **323**

---

222 Nochmals zur Klarstellung: Der Tag der Bekanntgabe und der Fristbeginn sind nicht identisch. § 187 Abs. 1 BGB („Fristbeginn") ist für die Berechnung des Fristendes von Bedeutung. Richtet sich der Fristbeginn nach § 187 Abs. 1 BGB, gilt für das Fristende § 188 Abs. 2 BGB *Alternative 1* („im Falle des § 187 Abs. 1", das Ereignis ist der Tag der Bekanntgabe) *und nicht Alternative 2* („im Falle des § 187 Abs. 2"). Auf diese Weise gelangt man zu der exakten Monatsfrist (vom 08.09. bis einschließlich 08.10. sind es streng genommen einen Monat und einen Tag; durch die Verlegung des Fristbeginns auf den 09.09. beträgt die Frist dann genau einen Monat).
223 Vgl. den Wortlaut des § 188 Abs. 2 BGB: „Eine Frist, die [...] nach Monaten [...] bestimmt ist, endigt im Falle des § 187 Abs. 1 mit dem Ablauf desjenigen Tages [...] des letzten Monats, welcher durch [...] seine Zahl dem Tage entspricht, in den das Ereignis [...] fällt."

spruch tatsächlich vom Widersprechenden selbst erhoben wurde (Urheberschaft) und dieser den Widerspruch auch tatsächlich in den Verkehr bringen wollte (Verkehrswille).

324 Die **Schriftform** ist gewahrt, wenn der Widerspruch schriftlich (handschriftlich oder maschinell) abgefasst und eigenhändig unterzeichnet ist. Fehlt die eigenhändige Unterschrift, wird die Schriftform dennoch eingehalten, wenn sich aus dem Widerspruchsschreiben, aus sonstigen Unterlagen oder sonstigen Umständen hinreichend sicher ergibt (Beweisfunktion), dass das Widerspruchsschreiben vom Widersprechenden stammt (Urheberschaft) und mit seinem Willen in Verkehr gebracht wurde (Verkehrswille).[224] Für die Schriftform gilt im Verwaltungsrecht die strenge Formvorschrift des § 126 BGB nicht, da im Vergleich zum Bürgerlichen Recht nicht so hohe Anforderungen an die Beweisfunktion gestellt werden. Es muss lediglich feststehen (was für die Beweisfunktion genügt), dass der Widerspruch vom Widersprechenden stammt (Urheberschaft) und mit dessen Willen an die Behörde versandt wurde (Verkehrswille). Anders als nach § 126 BGB sind daher weder die Originalunterschrift noch das Originalschriftstück zwingend erforderlich, wenn der Zweck des Schriftformerfordernisses gleichwohl erfüllt ist.

Beispiel:
Telefax und Computerfax erfüllen die Schriftform nach § 70 Abs. 1 VwGO[225], ebenso ein maschinell geschriebenes, nicht unterzeichnetes Widerspruchschreiben, das auf dem Briefumschlag im Absendervermerk den eigenhändigen Namenszug enthält.[226] Nicht ausreichend ist die einfache E-Mail (schon aus dem Umkehrschluss zu der im Jahre 2018 eingeführten Alternative der elektronischen Form nur unter den Voraussetzungen des § 3a Abs. 2 VwVfG). Bei der einfachen E-Mail lässt sich der Absender nicht hinreichend sicher identifizieren und es bestehen leichtere Fälschungsmöglichkeiten (die Beweisfunktion ist nicht erfüllt).

325 Elektronische Formen nach § 3a Abs. 2 VwVfG sind *insbesondere*
- nach § 3a Abs. 2 S. 2 VwVfG eine **E-Mail mit qualifizierter elektronischer Signatur** (die hierfür erforderliche Eröffnung eines elektronischen Zugangs gem. § 3a Abs. 1 VwVfG ergibt sich aus der entsprechenden Pflicht gem. § 1 Abs. 2, § 2 Abs. 1 EGovG des Bundes bei der Ausführung von Bundesrecht bzw. § 2 Abs. 1, Abs. 2 EGovG BW bei der Ausführung von Landesrecht),
- nach § 3a Abs. 2 S. 4 Nr. 1 VwVfG **die unmittelbare Abgabe einer Erklärung in einem elektronischen Formular**, welches von der Behörde über ein Eingabegerät (zu finden bspw. im Eingangsbereich einer Behörde) oder über das Internet (nach Feststellung der Identität gem. § 3a Abs. 2 S. 5 LVwVfG, s. a. § 2 Abs. 3 EGovG des Bundes bzw. § 2 Abs. 4 EGovG BW) zur Verfügung gestellt wird, oder

---

224 *Schoch/Schneider /Dolde/Porsch*, VwGO § 70 Rn. 4 f.
225 *Schoch/Schneider/Dolde/Porsch*, VwGO § 70 Rn. 6 ff. mit weiteren Beispielen.
226 BVerwG, Urt. v. 24. 10.1997, Az. 8 C 21/97, juris Rn. 9 (= NJW 1998, 1505).

- nach § 3a Abs. 2 S. 4 Nr. 2 VwVfG eine **De-Mail nach sicherer Anmeldung** gem. § 5 Abs. 5 De-Mail-Gesetz (einen solchen Zugang müssen die Behörden gem. § 2 Abs. 2 EGovG des Bundes bzw. § 2 Abs. 3 EGovG BW haben).

Zur **Niederschrift** bedeutet mündlich und vor Ort bei der Behörde. Erklärungen per Telefon o. ä. sind nicht zulässig. Erforderlich ist stets, dass der Widersprechende bei der (Ausgangs- oder Widerspruchs-)Behörde persönlich anwesend ist. **326**

VI. Sonstige Zulässigkeitsvoraussetzungen

Weitere Zulässigkeitsvoraussetzungen sind nur zu prüfen, wenn der jeweilige Sachverhalt bestimmte Besonderheiten aufweist. **327**

Beispiele:
- Der Widerspruch wird nicht von einer natürlichen, sondern von einer juristischen Person erhoben: Hier ist zusätzlich die **Beteiligtenfähigkeit** nach § 79 Hs. 2 iVm § 11 LVwVfG und die **Handlungsfähigkeit** nach § 79 Hs. 2 iVm § 12 LVwVfG zu prüfen (zB sind ein Verein und eine GmbH nach § 11 Nr. 1 LVwVfG beteiligtenfähig und nach § 12 Nr. 3 LVwVfG handlungsfähig, indem für den Verein nach § 26 BGB der Vorstand und für die GmbH nach § 35 GmbHG der Geschäftsführer als gesetzlicher Vertreter handelt).
- Handelt für den Widersprechenden ein Vertreter, ist dessen **ordnungsgemäße Bevollmächtigung** nach § 14 LVwVfG zu prüfen.

C. Begründetheit des Widerspruchs

Beachte: **328**
§ 113 Abs. 1 VwGO regelt die Begründetheit einer Anfechtungsklage. Für das Widerspruchsverfahren existiert keine entsprechende Regelung. Da das Widerspruchsverfahren ein dem Klageverfahren vorgelagertes Verfahren („Vorverfahren") ist und ebenfalls einen Anfechtungsfall kennt, besteht eine vergleichbare Interessenslage, sodass die Vorschrift **analog anzuwenden ist.**

Der Anfechtungswiderspruch ist nach § 113 Abs. 1 S. 1 VwGO analog begründet, soweit der/die **VA rechtswidrig** ist/sind (s. sogleich I.) **und** der **Widersprechende** dadurch **in seinen eigenen Rechten verletzt** ist (s. u. II.).[227] **329**

---

227 Bei Ermessensentscheidungen darf ein Gericht keine eigenen Ermessenserwägungen anstellen. Es hat nur eine eingeschränkte Überprüfungsbefugnis und darf nicht Ermessensentscheidung nur auf Ermessensfehler überprüfen, s. § 114 S. 1 VwGO (das Gericht wird dabei fragen: Wurde Ermessen aktiv ausgeübt? Wurde das Ermessen entsprechend dem Zweck der Rechtsgrundlage ausgeübt? Wurden die gesetzlichen Grenzen, insb. der Grundsatz der Verhältnismäßigkeit, eingehalten? s. a. Rn. 256 ff.). Bei der Widerspruchsbehörde ist dies anders. Sie prüft auch die Zweckmäßigkeit des VA, s. § 68 Abs. 1 S. 1 VwGO. Sie hat damit grds. eine volle Entscheidungskompetenz (eine Ausnahme besteht zB in den Fällen des § 17 Abs. 1 S. 2 AGVwGO, s. hierzu oben Rn. 282).

I. Rechtswidrigkeit des/der VA

330 Als erste Voraussetzung ist nach § 113 Abs. 1 S. 1 VwGO analog entsprechend des Prüfungsschemas für jeden mit dem Widerspruch angegriffenen VA einzeln (also zB für den Haupt-VA und die Androhung eines Zwangsmittels)[228] **Punkt für Punkt zu prüfen, ob er rechtswidrig** ist. Es empfiehlt sich wiederum, **Schwerpunkte** zu setzen und die problematischen Punkte ausführlicher zu untersuchen. Es ist insb. auf das einzugehen, was in den Akten/im Sachverhalt, zB in der Widerspruchsbegründung des Bürgers, ausdrücklich angesprochen wird.

331 Wird bei der Überprüfung der Rechtmäßigkeit eines VA **ein Fehler erkannt**, gilt Folgendes:

1. Rechtsgrundlage

332 Eine falsche Rechtsgrundlage führt nicht zwingend zur Rechtswidrigkeit des VA. Kann der VA auf eine andere (die richtige) Rechtsgrundlage gestützt werden, weil deren Tatbestandsvoraussetzungen (ebenfalls) erfüllt sind, ist der VA rechtmäßig. Die Widerspruchsbehörde kann die falsche Rechtsgrundlage durch die richtige Rechtsgrundlage austauschen und anschließend *deren* materielle Voraussetzungen prüfen bzw. begründen.[229]

Beispiele:
- Die Ausgangsbehörde stützt ein Aufenthaltsverbot fälschlicherweise auf §§ 3, 1 PolG. Richtige Rechtsgrundlage ist der speziellere § 30 Abs. 2 PolG (lex specialis). Liegen die Tatbestandsvoraussetzungen des § 30 Abs. 2 PolG ebenfalls vor (nämlich die Annahme, dass die Person dort eine Straftat begehen oder zu ihrer Begehung beitragen wird), kann die Widerspruchsbehörde die falsche Rechtsgrundlage §§ 3, 1 PolG durch die richtige § 30 Abs. 2 PolG austauschen und der VA ist rechtmäßig.[230]
- Die Ausgangsbehörde stützt eine Beschlagnahme fälschlicherweise auf §§ 3, 1 PolG. Richtige Rechtsgrundlage ist der speziellere § 38 Abs. 1 Nr. 1 PolG (lex specialis). Liegen die Tatbestandsvoraussetzungen des § 38 Abs. 1 Nr. 1 PolG nicht vor (weil keine *unmittelbar* bevorstehende bzw. bereits eingetretene Störung der öffentlichen Sicherheit oder Ordnung besteht), kann die Widerspruchsbehörde die falsche Rechtsgrundlage nicht durch eine richtige austauschen und der VA ist rechtswidrig (s. hierzu auch sogleich Rn. 333).

---

[228] Diese VA sind bereits in der Zulässigkeit beim Prüfungspunkt „Statthaftigkeit" herauszuarbeiten (s. o. Rn. 299).

[229] Hat die Ausgangsbehörde die Rechtsgrundlage in der rechtlichen Begründung des Ausgangsbescheids „nur" nicht genannt, liegt lediglich ein Begründungsmangel nach § 39 Abs. 1 LVwVfG vor, da die Begründung nicht alle wesentlichen rechtlichen Gründe enthält. Dieser Fehler kann nach § 45 Abs. 1 Nr. 2, Abs. 2 LVwVfG geheilt werden, indem die Behörde diese Begründung nachreicht.

[230] Die Widerspruchsbehörde ist auf Rechtsfolgenseite aber an den Inhalt der Maßnahme (den Verfahrensgegenstand) gebunden, hier an ein Aufenthaltsverbot. Sie darf den Rahmen, den das konkrete Verwaltungsrechtsverhältnis zieht, nicht überschreiten und inhaltlich etwas anderes anordnen, vgl. *Bosch/Schmidt/Vondung*, Einführung in die Praxis des verwaltungsgerichtlichen Verfahrens, Rn. 799.

2. Materielle Voraussetzungen

Fehler bei den materiellen Voraussetzungen führen grds. zur Rechtswidrigkeit des VA, in Fällen des § 44 Abs. 1 und Abs. 2 LVwVfG zu dessen Nichtigkeit. Die Widerspruchsbehörde kann aber auch hier Fehler der Ausgangsbehörde evtl. korrigieren, sofern diese nicht zur Nichtigkeit führen. **333**

Beispiele:
- Ist der VA nicht hinreichend bestimmt genug formuliert, wird zB nicht ersichtlich, welchen von mehreren Bäumen der Pflichtige fällen muss, ist der VA rechtswidrig.[231] Die Widerspruchsbehörde kann den VA aber korrigieren und aus einem zu unbestimmten einen ausreichend bestimmten VA machen, indem sie bspw. genau beschreibt, welche Bäume zu fällen sind.
- Ist eine Rechtsgrundlage nicht austauschbar und liegen deren Tatbestandsvoraussetzungen nicht vor (wie soeben im Fall der Beschlagnahme in Rn. 332), ist der VA rechtswidrig. Da hier ein rechtmäßiges Einschreiten gar nicht möglich ist, kann die Widerspruchsbehörde den Fehler der Ausgangsbehörde nicht korrigieren.
- Richtet die Behörde den VA an den falschen Adressaten, zB an einen Unbeteiligten/Nichtstörer, obwohl sie gegen einen Störer nach §§ 6, 7 PolG rechtmäßig vorgehen könnte, ist der VA rechtswidrig. Auch hier ist ein rechtmäßiges Einschreiten gegenüber dem fälschlicherweise ausgewählten Adressaten nicht möglich, sodass die Widerspruchsbehörde den Fehler ebenfalls nicht korrigieren kann. Ein VA gegenüber einem anderen, nämlich dem jetzt richtigen Adressaten, ist ein ganz anderer Fall (anderer Verfahrensgegenstand).

Bei der Ermessensausübung kann es zu folgenden **Ermessensfehlern** kommen[232]: **334**
- Die Ausgangsbehörde übt ersichtlich kein Ermessen aus, obwohl die Rechtsgrundlage ihr Ermessen einräumt (**Ermessensnichtgebrauch**).
- Die Ausgangsbehörde orientiert sich bei der Ausübung des Ermessens nicht am Zweck der Ermächtigung/Rechtsgrundlage (**Ermessensfehlgebrauch**).
- Die Ausgangsbehörde überschreitet ihre Ermessensgrenzen, indem sie zB gegen ein Gesetz oder den Verhältnismäßigkeitsgrundsatz verstößt (**Ermessensüberschreitung**).

Die Widerspruchsbehörde ist aber nicht wie ein Gericht nach § 114 S. 1 VwGO darauf beschränkt, die Ermessensentscheidung „nur" auf Ermessensfehler hin zu untersuchen. Als Teil der Exekutive ist die Widerspruchsbehörde befugt, eine **eigene Ermessensentscheidung** zu treffen und eigene Zweckmäßigkeitserwägungen anzustellen (nach § 68 Abs. 1 VwGO hat sie auch die Zweckmäßigkeit des VA zu überprüfen). Sie hat damit eine vollumfängliche eigenständige Entscheidungskompetenz.[233]

---

[231] In Fällen einer extremen Unbestimmtheit kann sogar Nichtigkeit nach § 44 Abs. 1 LVwVfG vorliegen, *Schoch/Schneider/Goldhammer*, VwVfG § 44 Rn. 58.
[232] S. bereits oben Rn. 256 ff.
[233] Eine Ausnahme besteht zB in den Fällen des § 17 Abs. 1 S. 2 AGVwGO (s. auch oben Rn. 282).

Beispiele:
- Ordnet die Ausgangsbehörde im Fall mit dem bissigen Hund die Beschlagnahme des Hundes und ein Verbringen in ein Tierheim an, obwohl der Maulkorbzwang ein milderes und gleich geeignetes Mittel darstellt, so kann die Widerspruchsbehörde diesen Ermessensfehler (unverhältnismäßig, da nicht erforderlich) korrigieren und den Maulkorbzwang anordnen.
- Ordnet die Ausgangsbehörde im Fall mit dem bissigen Hund lediglich ein zweitägiges Training in einer Hundeschule an, so kann die Widerspruchsbehörde, falls sie diese Maßnahme für nicht gleich geeignet hält, ebenfalls den Maulkorbzwang anordnen und den VA im Rahmen ihrer eigenen Entscheidungskompetenz „verbösern" (reformatio in peius, s. hierzu Rn. 308).

335 **Beachte:**
Die Widerspruchsbehörde hat eine volle eigene Entscheidungs- und Prüfungskompetenz – streng genommen „überprüft" sie nicht die Entscheidung der Ausgangsbehörde, sondern trifft eine eigene „neue" Entscheidung (s. o. Rn. 282). Die Widerspruchsbehörde kann kraft eigenständiger Entscheidungskompetenz „retten, was zu retten ist", insb. Fehler der Ausgangsbehörde korrigieren[234], aber bspw. auch auf Rechtsänderungen reagieren, die nach dem Erlass des Ausgangsbescheids eingetreten sind.
Kommt die Widerspruchsbehörde nach eigener Prüfung **zum gleichen Ergebnis** wie die Ausgangsbehörde und bestätigt deren Entscheidung, dann „verliert" der Widersprechende das Widerspruchsverfahren. Dies gilt selbst dann, wenn der Ausgangsbehörde Fehler unterlaufen sind – und diese daher rechtswidrig gehandelt hat –, die Widerspruchsbehörde die Fehler aber korrigieren konnte. Diese Fehler wirken sich allerdings auf der Kostenebene aus: Der Widersprechende kann in einem solchen Fall die Erstattung der ihm durch das Widerspruchverfahren entstandenen Kosten verlangen (s. u. Rn. 373).
Kommt die Widerspruchsbehörde (teilweise) **zu einem anderen Ergebnis** und ändert die Entscheidung zugunsten des Widersprechenden ab oder hebt sie ganz auf, dann „gewinnt" der Widersprechende (teilweise).

3. Formelle Voraussetzungen

336 Fehler bei den formellen Voraussetzungen sind – soweit sie nicht zur Nichtigkeit nach § 44 LVwVfG führen – **ggf. nach § 45 LVwVfG heilbar** oder nach **§ 46 LVwVfG unbeachtlich.** Hier empfiehlt sich eine **Prüfung in drei Schritten:**

337 – Es ist zunächst zu überprüfen, ob der VA aufgrund des Fehlers ausnahmsweise nicht nur rechtswidrig, sondern **nach § 44 LVwVfG nichtig** und somit

---

[234] Die Widerspruchsbehörde ist aber nicht verpflichtet, Fehler der Ausgangsbehörde zu korrigieren. Alternativ kann sie den VA aufheben. Es bleibt dann der Ausgangsbehörde überlassen, den Fehler selbst zu korrigieren und den VA noch einmal – nun in rechtmäßiger Weise – zu erlassen. Ob die Widerspruchsbehörde korrigiert oder nicht, ist ihre freie Entscheidung.

gem. § 43 Abs. 3 LVwVfG unwirksam ist. In den Fällen des **Absatzes 2** ist der VA **nichtig**, in den Fällen des **Absatzes 3 nicht nichtig**. Erst wenn weder Absatz 2 noch Absatz 3 greift, ist der allgemein gefasste **Absatz 1** zu prüfen, wonach der VA zur Nichtigkeit zwei hohe Voraussetzungen erfüllen muss: Er muss unter einem „**besonders schwerwiegenden Fehler**" leiden und dieser muss zudem „**offenkundig**" sein.

- Liegt keine Nichtigkeit vor, kommt eine **Heilung** nach **§ 45 LVwVfG** in Betracht. Eine Heilung ist nur bei den explizit in Absatz 1 aufgeführten Verfahrens- und Formfehlern möglich. Fehler bei der Zuständigkeit sind nicht heilbar. Eine Heilung tritt ein, wenn die unterbliebene (Mitwirkungs-)Handlung, zB eine fehlende Anhörung oder Begründung, durch die Ausgangs- oder Widerspruchsbehörde nachgeholt[235] wird, vgl. § 45 Abs. 2 LVwVfG.

338

> **Beachte:**
> Ist die Begründung zwar vorhanden, dh die Behörde hat ihre wesentlichen Beweggründe (§ 39 Abs. 1 S. 2, S. 3 LVwVfG) zum Erlass des VA dargelegt, ist sie aber *inhaltlich falsch*, liegt kein formeller Begründungsfehler, sondern ein materieller Fehler vor (zB wenn der VA auf eine falsche Rechtsgrundlage gestützt wurde oder auf Tatbestandsebene eine Tatbestandsvoraussetzung falsch geprüft wurde oder auf der Rechtsfolgenseite ein Ermessensfehler vorliegt).

- Ist eine Heilung nach § 45 LVwVfG nicht möglich, ist weiter zu prüfen, ob der Fehler nach **§ 46 LVwVfG unbeachtlich** ist. Dies kann ausweislich des eindeutigen Wortlauts bei allen formellen Fehlern mit Ausnahme der sachlichen Zuständigkeit der Fall sein (erste Voraussetzung). Es muss „offensichtlich" sein, dass der Fehler die Entscheidung der Ausgangsbehörde im Ergebnis nicht beeinflusst hat (zweite Voraussetzung). Dies ist der Fall, wenn die Ausgangsbehörde den VA mit dem gleichen Inhalt offensichtlich auch unabhängig von dem Fehler erlassen hätte. Liegen diese beiden Voraussetzungen vor, dann kann die „Aufhebung des Verwaltungsaktes ... nicht allein deshalb beansprucht werden" (Rechtsfolge). Hier gilt folgende „Faustregel": Ein formeller Fehler hat die Entscheidung der Ausgangsbehörde idR **dann offensichtlich nicht beeinflusst, wenn** bei Erlass des VA **kein Ermessen bestand**, es sich also um eine gebundene Entscheidung handelt. Der Sachbearbeiter musste den VA in diesem Fall bei Vorliegen der Tatbestandsvoraussetzungen erteilen. Eine Entscheidung durch zB die sachlich unzuständige Behörde kann hierauf offensichtlich keinen Einfluss gehabt haben. Jeder Sachbearbeiter hätte kraft Gesetzes diese Entscheidung so treffen müssen.

---

235 Im Falle einer unterbliebenen Anhörung muss diese bei Durchführung eines Widerspruchsverfahrens nicht aktiv nachgeholt werden, wenn die Ausgangsbehörde (im Abhilfeverfahren) und die Widerspruchsbehörde die mit der Einlegung des Widerspruchs (hierdurch wurde die Möglichkeit zur Äußerung wahrgenommen) vorgebrachten Argumente zur Kenntnis genommen und kritisch gewürdigt hat, s. zB BVerwG NVwZ 1983, 284; BVerwG, Urt. v. 17.12.2015, Az. 7 C 5/14, NVwZ-RR 2016, 449, 449; *Kopp/Ramsauer*, VwVfG § 45 Rn. 41; *Schoch*, Die Heilung von Anhörungsmängeln im Verwaltungverfahren, Jura 2007, 28, 30.

Bei Ermessens-VA scheidet eine Unbeachtlichkeit nach § 46 LVwVfG hingegen grds. aus, da nicht auszuschließen ist, dass ein anderer Sachbearbeiter das Ermessen anders ausgeübt und so anders entschieden hätte. Zweckmäßigkeitserwägungen werden ganz individuell vorgenommen.[236] § 46 LVwVfG bewirkt keine Heilung und macht den VA nicht rechtmäßig. Der VA bleibt rechtswidrig, er kann aber allein wegen dieses formellen Fehlers, der als unbeachtlich gilt, nicht aufgehoben werden. Ein Widerspruch bleibt trotz des Fehlers erfolglos, der Widersprechende kann sein Ziel, die Aufhebung des VA, nur wegen dieses formellen Fehlers nicht erreichen.

339 Beispiel:
Sachbearbeiter S entzieht seiner Ex-Frau die Fahrerlaubnis, weil sie 9 Punkte im Fahreignungsregister hat. Hier liegt ein Verfahrensfehler vor. S war nach § 20 Abs. 1 Nr. 2 LVwVfG eine vom Verfahren ausgeschlossene Person, da er Angehöriger eines Beteiligten nach § 20 Abs. 5 S. 1 Nr. 2 iVm S. 2 Nr. 1 LVwVfG ist. Er hätte den VA nicht erlassen dürfen. Dieser Verfahrensfehler macht den VA nach § 44 Abs. 3 Nr. 2 LVwVfG nicht nichtig; er ist aber auch nicht in § 45 Abs. 1 LVwVfG aufgeführt und somit nicht heilbar. Dieser Verfahrensfehler könnte aber nach § 46 LVwVfG unbeachtlich sein. Der Entzug der Fahrerlaubnis aufgrund von 9 Punkten ist eine gebundene Entscheidung nach § 4 Abs. 5 Nr. 3 StVG („die Fahrerlaubnis ist zu entziehen"), dh jeder andere Sachbearbeiter hätte die gleiche Entscheidung treffen *müssen*. Dieser Verfahrensfehler hat die Entscheidung in der Sache daher offensichtlich nicht beeinflusst, er ist unbeachtlich nach § 46 LVwVfG.

340 Beachte:
Ist der Widersprechende im Widerspruchsverfahren trotz Fehler im Ausgangsbescheid ausschließlich wegen einer Heilung nach § 45 LVwVfG, einer Unbeachtlichkeit nach § 46 LVwVfG oder einer sonstigen Fehlerkorrektur durch die Widerspruchsbehörde („eigene Prüfungskompetenz") unterlegen, dann ist dies bei der Entscheidung über die Kosten des Widerspruchsverfahrens nach § 80 Abs. 1 S. 2 LVwVfG (analog) zu berücksichtigen (s. u. Rn. 373).

II. Verletzung subjektiver Rechte des Widersprechenden

341 In der Zulässigkeit wurde bei dem Punkt „Widerspruchsbefugnis" bereits geprüft, ob der Widersprechende in seinen Rechten verletzt sein *kann*. In der Begründetheit ist nun (spiegelbildlich) festzustellen, dass dies so *ist* oder eben nicht (vgl. die zweite Voraussetzung des § 113 Abs. 1 S. 1 VwGO analog „und ... dadurch in seinen Rechten verletzt ist"). Für die Begründetheit des Widerspruchs reicht nicht mehr die bloße Möglichkeit einer Rechtsverletzung, **es muss tatsächlich eine subjektive Rechtsverletzung vorliegen.** Anders als bei der Widerspruchsbefugnis lässt sich jetzt nach der ausführlichen Prüfung der Rechtswidrigkeit des VA einfach feststellen, ob und wenn ja durch Verletzung welcher

---

[236] Ausführlich *Schweickhardt/Vondung/Zimmermann-Kreher*, Allg. Verwaltungsrecht, Rn. 436 ff.; *Schoch/Schneider/Schneider*, VwVfG § 46 Rn. 53 ff.

Norm(en) der Ausgangs-VA rechtswidrig ist. Ist neben der Rechtswidrigkeit des/ der VA auch die Rechtsverletzung zu bejahen, ist der Widerspruch begründet.

Die Prüfung der subjektiven Rechtsverletzung ist **spiegelbildlich** zur Prüfung der Widerspruchsbefugnis in der Zulässigkeit. Es ist hier wiederum zwischen einem Zwei-Personen-Verhältnis (Behörde und Adressat des VA) und einem Drei-Personen-Verhältnis (Behörde – Adressat des VA – Dritter, zB Nachbar) zu unterscheiden: **342**

- **Zwei-Personen-Verhältnis:** Der Widersprechende ist **Adressat eines belastenden VA** und **legt gegen diesen Anfechtungswiderspruch ein** (zB Adressat geht gegen die ihn belastende Abbruchsanordnung vor): Der Erlass eines rechtswidrigen belastenden VA greift zumindest in die **allgemeine Handlungsfreiheit nach Art. 2 Abs. 1 GG** ein, der Adressat kann nicht mehr „tun und lassen, was er will". **343**
  - Ergibt die Prüfung, dass der **Ausgangs-VA rechtswidrig** ist, ist dieser Eingriff verfassungsrechtlich nicht gerechtfertigt, da er nicht der verfassungsgemäßen Ordnung entspricht. Der widersprechende Adressat wird durch den rechtswidrigen VA in seinen Rechten verletzt, zumindest in seiner allgemeinen Handlungsfreiheit nach Art. 2 Abs. 1 GG.
  - Ergibt die Prüfung, dass der **Ausgangs-VA rechtmäßig** war, entspricht er der verfassungsgemäßen Ordnung und der Widersprechende ist nicht in seinen Rechten verletzt.

- **Drei-Personen-Verhältnis:** Der Widersprechende ist **ein Dritter** und **legt gegen einen den Adressaten begünstigenden VA Anfechtungswiderspruch ein** (zB Nachbar geht gegen die Baugenehmigung des Bauherrn vor): **344**
  - Ergibt die Prüfung, dass der **Ausgangs-VA gegen eine drittschützende Norm verstößt** (eine Norm, die nicht nur dem öffentlichen Interesse, sondern zumindest auch dem Schutz Einzelner, dh Individualinteressen zu dienen bestimmt ist) und gehört der Widersprechende dem geschützten Personenkreis an, dann ist er in eigenen Rechten verletzt (nämlich in dem aus der drittschützenden Norm vermittelten Recht).
  - Ergibt die Prüfung, dass der **Ausgangs-VA gegen keine drittschützende Norm verstößt** oder dass der Widersprechende dem geschützten Personenkreis nicht angehört, ist er nicht in eigenen Rechten verletzt.

3. Kapitel Fallbearbeitung Verpflichtungswiderspruch[237]

A. Zuständige Widerspruchsbehörde

345 Die Widerspruchsbehörde ist unabhängig davon zu bestimmen, ob der Widersprechende Anfechtungs- oder Verpflichtungswiderspruch erhebt. Es gelten hier die gleichen Regeln wie beim Anfechtungswiderspruch, s. o. Rn. 284 ff.

B. Zulässigkeit des Widerspruchs

I. Eröffnung des Verwaltungsrechtswegs

346 Auch hier kann auf die obigen Ausführungen verwiesen werden (s. o. Rn. 290 ff.).

II. Statthaftigkeit

1. Regelung des § 68 Abs. 2 VwGO

347 § 68 Abs. 2 VwGO ist etwas missverständlich formuliert – er lautet: „Für die Verpflichtungsklage gilt Absatz 1 entsprechend, wenn der Antrag auf Vornahme des Verwaltungsakts abgelehnt worden ist." Entscheidend ist der Verweis auf Absatz 1, der hier sinngemäß anzuwenden ist. § 68 Abs. 2 VwGO ist daher so zu lesen, dass **vor Erhebung einer Verpflichtungsklage** ebenfalls ein **Vorverfahren (= Widerspruchverfahren) durchzuführen** ist. Eine Verpflichtungsklage setzt voraus, dass der „Erlass eines abgelehnten ... Verwaltungsakts" begehrt wird, § 42 Abs. 1 Alt. 2 VwGO.[238] Der Verpflichtungswiderspruch ist somit nach § 68 Abs. 2 iVm Abs. 1 VwGO der richtige und damit statthafte Rechtsbehelf, wenn der Widersprechende den Erlass eines zuvor abgelehnten (oder mehrerer zuvor abgelehnter) VA erreichen will.

2. Voraussetzungen

348 a) **VA.** § Streitgegenstand ist auch hier ein **VA iSd § 35 LVwVfG**[239], dessen Erlass der Widersprechende mit seinem Widerspruch erreichen möchte.

---

237 S. hierzu auch **Fall 9**.
238 Die weitere in § 42 Abs. 1 Alt. 3 VwGO genannte Möglichkeit, dass die Behörde den Erlass eines VA schlicht unterlassen hat, berechtigt direkt zur Verpflichtungsklage und spielt im Widerspruchsverfahren keine Rolle. Hat die Behörde „ohne zureichenden Grund in angemessener Frist" (idR drei Monate) über den Antrag auf Erlass des VA nicht entschieden, so ist nach § 75 VwGO ein Widerspruchsverfahren entbehrlich und der Betroffene kann direkt Verpflichtungsklage in Form der Untätigkeitsklage (sog. Untätigkeitsverpflichtungsklage) erheben.
239 Streitgegenstand ist auch hier nie ein Realakt. Möchte der Bürger zB erreichen, dass ein Schlagloch in einer Straße ausgebessert wird, und lehnt die Behörde das ab, muss er direkt (Leistungs-)Klage vor dem VG erheben.

b) Ziel: Erlass eines von der Behörde abgelehnten VA. Der Widersprechende **349** muss **den Erlass eines VA** erstreben, den die **Behörde zuvor abgelehnt** hat. Nach § 68 Abs. 2 VwGO „gilt Absatz 1 entsprechend", sodass „vor Erhebung einer Verpflichtungsklage" ein Vorverfahren durchzuführen ist, mit dem – wie mit einer evtl. nachfolgenden Verpflichtungsklage nach § 42 Abs. 1 Alt. 2 VwGO. – der „Erlass eines abgelehnten ... Verwaltungsakts" begehrt wird. Auch beim Verpflichtungswiderspruch ist zwischen „Zwei-Personen-Verhältnis" (Behörde – Adressat des VA) und „Drei-Personen-Verhältnis" (Behörde – Adressat des VA – Dritter) zu unterscheiden:

- **Zwei-Personen-Verhältnis:** Der **Widersprechende will den Erlass eines ihn begünstigenden VA erreichen,** den die Behörde **abgelehnt** hat (zB der Bauherr hat eine Baugenehmigung beantragt, die von der Behörde abgelehnt wurde; hiergegen kann er Verpflichtungswiderspruch erheben).
- **Drei-Personen-Verhältnis:** Der Widersprechende ist **ein Dritter/Nachbar** und **will den Erlass eines VA erreichen, der den Adressaten belastet,** was die Behörde **abgelehnt** hat (zB der Nachbar hat den Erlass einer Abbruchsanordnung gegenüber dem Bauherrn beantragt, was die Behörde abgelehnt hat; hiergegen kann der Nachbar Verpflichtungswiderspruch erheben). Zwar handelt es sich hier um einen belastenden VA. Entscheidend ist aber die Sicht des Widersprechenden und was er mit seinem Widerspruch erreichen will. Ein VA, der den Adressaten belastet, kann sich auf den Widersprechenden begünstigend auswirken, sodass er mit dem Verpflichtungswiderspruch den Erlass des VA erreichen möchte (im Beispiel soeben ist die Abbruchsanordnung für den Bauherrn als Adressaten belastend; für den widersprechenden Nachbarn wirkt sie sich begünstigend aus, sodass er mit seinem Verpflichtungswiderspruch deren Erlass anstrebt).

> **Beachte:**
> Die Ablehnung eines begünstigenden VA ist ebenfalls ein eigenständiger VA, der den Adressaten belastet. Mit einem Anfechtungswiderspruch kann der Widersprechende aber sein Ziel – den Erlass des begünstigenden VA – nie erreichen. Würde er bspw. nur gegen die Ablehnung der Baugenehmigung vorgehen und das Verfahren gewinnen, würde lediglich die Ablehnung aufgehoben – er dürfte aber weiterhin nicht bauen, da ihm die dafür notwendige Baugenehmigung immer noch fehlt. Nur der Verpflichtungswiderspruch hilft ihm hier weiter. Gewinnt er das Widerspruchsverfahren, wird mit **Erlass des begünstigenden VA**[240] **zugleich die Ablehnung aufgehoben.** Im Widerspruchsbescheid ist dies zweckmäßigerweise **auch so zu tenorieren:** „Die Ablehnung des Landratsamtes ... vom ... wird aufgehoben. Ihnen wird die beantragte Baugenehmigung für ... erteilt.").

c) Keine Ausnahme. Über § 68 Abs. 2 VwGO sind auch hier die **Ausnahmefälle** **350** des § 68 Abs. 1 S. 2 VwGO zu beachten, in denen kein Widerspruchsverfahren erforderlich ist und der Betroffene direkt Verpflichtungsklage beim Verwaltungsgericht erheben kann (was im Gutachten nur bei konkreten Anhaltspunkten im

---

240 Bzw. mit der Verpflichtung zum Erlass.

Sachverhalt anzusprechen ist). Eines Widerspruchsverfahrens bedarf es danach nicht (s. hierzu bereits ausführlich oben Rn. 302 ff.):
- „wenn ein Gesetz dies bestimmt", § 68 Abs. 1 S. 2 Alt. 1 VwGO;
- wenn der VA von einer obersten Bundes- oder Landesbehörde (zB einem Ministerium, vgl. § 7 LVG) erlassen worden ist, § 68 Abs. 1 S. 2 Nr. 1 VwGO. Eine Ausnahme besteht, wenn ein Gesetz die Nachprüfung vorschreibt, wie zB § 54 Abs. 2 S. 2 BeamtStG und § 126 Abs. 2 S. 2 BBG;
- wenn der Abhilfe- oder der Widerspruchsbescheid erstmalig eine Beschwer enthält, § 68 Abs. 1 S. 2 Nr. 2 VwGO:

(1) Aufgrund des Widerspruchs eines Dritten (zB Nachbarn) kommt es durch den Abhilfe- oder Widerspruchsbescheid erstmalig zu einer **nachteiligen rechtlichen Änderung für den Adressaten**. Gegen den Abhilfe- oder Widerspruchsbescheid ist dann nicht (noch einmal) der Widerspruch der richtige Rechtsbehelf, sondern die Klage.

Beispiel:
Nach Anfechtungswiderspruch des Nachbarn hebt die Widerspruchsbehörde mit Widerspruchsbescheid die dem Bauherrn erteilte Baugenehmigung auf. Der Bauherr ist dadurch erstmalig beschwert. Er muss jedoch hiergegen keinen Verpflichtungswiderspruch einlegen, sondern kann direkt Verpflichtungsklage auf (erneuten) Erlass der Baugenehmigung erheben. Entsprechendes gilt, wenn nicht die Widerspruchsbehörde mit Widerspruchsbescheid, sondern die Ausgangsbehörde mit Abhilfebescheid diese Entscheidung trifft.

(2) Aufgrund des Widerspruchs des Antragstellers (Adressaten) kommt es durch den Abhilfe- oder Widerspruchsbescheid erstmalig zu einer **nachteiligen rechtlichen Änderung für einen Dritten**. Gegen den Abhilfe- oder Widerspruchsbescheid ist dann nicht (noch einmal) der Widerspruch der richtige Rechtsbehelf, sondern die Klage.

Beispiel:
Nach Anfechtungswiderspruch des Bauherrn hebt die Widerspruchsbehörde mit Widerspruchsbescheid die an den Bauherrn erteilte Abbruchsanordnung auf. Der Nachbar, der die Abbruchsanordnung beantragt hatte und durch sie begünstigt wurde, ist durch ihre Aufhebung erstmalig beschwert. Er muss jedoch nicht ein weiteres Widerspruchsverfahren durchführen, sondern kann direkt Verpflichtungsklage auf (erneuten) Erlass der Abbruchsanordnung erheben. Entsprechendes gilt wiederum, wenn nicht die Widerspruchsbehörde mit Widerspruchsbescheid, sondern die Ausgangsbehörde mit Abhilfebescheid diese Entscheidung trifft.

(3) Fälle der sog. **reformatio in peius** (Verböserung im Widerspruchsverfahren): Ein VA wird im Widerspruchsbescheid zum Nachteil des Adressaten abgeändert (ein Dritter ist hier nicht beteiligt). Auch hier ist gegen den Widerspruchsbescheid nicht (noch einmal) der Widerspruch der richtige Rechtsbehelf, sondern die Klage.[241]

---

[241] ZB wenn die Widerspruchsbehörde aus einer Teilablehnung nach Verpflichtungswiderspruch eine noch weitergehende Ablehnung macht, s. hierzu *Schoch/Dolde/Porsch*, VwGO § 68 Rn. 47.

Beachte: 351
Ist über einen Antrag auf Erlass eines VA nicht innerhalb einer angemessenen Frist – idR drei Monate nach Antragstellung – entschieden worden, kann der Betroffene ohne Durchführung eines Widerspruchverfahrens (= Vorverfahrens) gemäß § 75 S. 1 und 2 VwGO direkt **Untätigkeitsverpflichtungsklage nach § 42 Abs. 1 Alt. 3 VwGO** erheben.

III. Widerspruchsbefugnis

§ 42 Abs. 2 VwGO, der unmittelbar die *Klage*befugnis einer Anfechtungs- und Verpflichtungsklage regelt, ist auch auf den Verpflichtungswiderspruch **analog** anzuwenden. 352

Die Widerspruchsbefugnis setzt bei einem Verpflichtungswiderspruch nach § 42 Abs. 2 VwGO analog voraus, dass der Widersprechende „geltend macht", **durch die Ablehnung eines VA** in seinen Rechten verletzt zu sein. Es ist hier noch nicht zu prüfen, ob der Widersprechende tatsächlich in seinen Rechten verletzt ist. Es genügt, wenn die **Verletzung eigener Rechte muss zumindest möglich erscheint** (sog. „Möglichkeitstheorie"[242]). Zur „Geltendmachung" ist es anders als im Klageverfahren nicht erforderlich, dass der Widersprechende Tatsachen aktiv vorträgt – er hat seinen Widerspruch nämlich nicht zwingend zu begründen. Die Widerspruchsbehörde hat von sich aus zu prüfen, ob der Widersprechende in seinen Rechten verletzt sein kann. Es ist natürlich hilfreich, wenn der Widersprechende Tatsachen substantiiert vorträgt, die es möglich erscheinen lassen, dass er in einer eigenen Rechtsposition verletzt ist. Es lässt sich auch hier festhalten: Die Widerspruchsbefugnis ist gegeben, wenn der Widersprechende **möglicherweise** durch die Ablehnung des (für ihn begünstigenden) VA **in eigenen Rechten verletzt** sein kann. 353

Der Widersprechende kann jedoch nur dann **durch die Ablehnung** eines beantragten VA **in eigenen Rechten verletzt sein, wenn er** auf den VA einen **Anspruch haben kann.** Es genügt hier nicht, nur gegen die Ablehnung vorzugehen. Der Widersprechende darf zB nach Ablehnung einer Baugenehmigung zwar nicht bauen, das durfte er vor der Ablehnung aber auch nicht. Der Widersprechende möchte behördliches Handeln nicht abwehren, sondern erzwingen. Er möchte erreichen, dass die Behörde den beantragten VA erlässt. Der Widersprechende ist somit nur dann durch die Ablehnung eines VA in seinen Rechten verletzt, wenn er auf den VA einen Anspruch haben kann. Es kann sich hierbei **entweder** um einen **gebundenen Anspruch** (Rechtsgrundlage räumt der Behörde kein Ermessen ein) **oder** um einen **Anspruch auf ermessensfehlerfreie Neubescheidung** (Rechtsgrundlage räumt der Behörde Ermessen ein) handeln. Kann dem Widersprechenden aufgrund einer Rechtsgrundlage (Anspruchs- 354

---

242 Vgl. auch *Schweickhardt/Vondung/Zimmermann-Kreher*, Allg. Verwaltungsrecht, Rn. 1018; *Bosch/ Schmidt/Vondung*, Einführung in die Praxis des verwaltungsgerichtlichen Verfahrens, Rn. 574.

grundlage) ein solcher Anspruch zustehen[243] und lehnt die Behörde den beantragten VA ab, ist er durch diese Ablehnung möglicherweise in seinen Rechten verletzt. Nur wenn dem Widersprechenden offensichtlich und nach keiner Betrachtungsweise ein solcher Anspruch zustehen kann[244], verletzt die Ablehnung des VA ihn nicht in eigenen Rechten. Eine eigene Rechtsverletzung ist hier ausgeschlossen und eine Widerspruchsbefugnis abzulehnen. Ein dennoch eingelegter Widerspruch wäre mangels Widerspruchsbefugnis unzulässig.

Beachte:
Ob die **Ablehnung tatsächlich rechtswidrig** war, ist in der **Begründetheit** zu prüfen. Für die Widerspruchsbefugnis ist es ausreichend, wenn im konkreten Fall eine Rechtsgrundlage in Betracht kommt, die dem Widersprechenden einen Anspruch vermitteln kann.

355 Es ist wieder zwischen einem „Zwei-Personen-Verhältnis" (Behörde – Adressat des VA) und einem „Drei-Personen-Verhältnis" (Behörde – Adressat des VA – Dritter) zu unterscheiden:

356 – **Zwei-Personen-Verhältnis:** Der Widersprechende ist der **Antragsteller (Adressat)** und die Behörde hat seinen Antrag auf Erlass eines ihn begünstigenden VA abgelehnt (zB Bauherr hat Baugenehmigung beantragt, der Antrag wurde abgelehnt). Mit dem Verpflichtungswiderspruch will er nun den Erlass des ihn begünstigenden VA (hier der Baugenehmigung) erreichen. Nach § 42 Abs. 2 VwGO analog ist widerspruchsbefugt, wer durch die Ablehnung eines VA in eigenen Rechten verletzt sein kann. Dies ist dann der Fall, wenn der Widersprechende möglicherweise
– einen **Anspruch auf den abgelehnten VA** („sog. gebundener Anspruch", die Behörde hat kein Ermessen, zB Anspruch auf Baugenehmigung nach § 58 Abs. 1 S. 1 LBO) **oder** zumindest
– einen **Anspruch auf ermessensfehlerfreie Neubescheidung** haben kann (Erlass des VA steht im Ermessen der Behörde, zB Anspruch auf Sondernutzungserlaubnis nach § 16 Abs. 2 StrG).

Merke – Formulierungsvorschlag:
Nach § 42 Abs. 2 VwGO analog ist widerspruchsbefugt, wer durch die Ablehnung eines VA in seinen Rechten verletzt sein kann. Dies ist dann der Fall, wenn der Widersprechende möglicherweise einen Anspruch auf den abgelehnten VA oder zumindest einen Anspruch auf ermessensfehlerfreie Neubescheidung haben kann. Ein solcher Anspruch darf zumindest nicht von vornherein offensichtlich und eindeutig ausgeschlossen sein.

---

243 Ein Verweis auf die allgemeine Handlungsfreiheit nach Art. 2 Abs. 1 GG wie im Rahmen der Widerspruchsbefugnis beim Anfechtungswiderspruch (s. o. Rn. 313) hilft hier nicht weiter. Freiheitsgrundrechte sind prinzipiell Abwehrrechte gegen staatliches Handeln und begründen zu- mindest unmittelbar keine Ansprüche auf staatliches Handeln.
244 Vgl. BayVGH, Beschl. v. 11.05.2017, Az. 14 ZB 16.1775, juris Rn. 7; OVG RP, Beschl. v. 15.6.2018, Az. 7 A 11935/17, juris Rn. 5; vgl. ferner BVerwG, Urt. v. 28.11.2007, Az. 6 C 42/06, BVerwGE 130, 39, 52.

Vorliegend könnte der Widersprechende einen Anspruch aus § ... *(konkrete Anspruchsgrundlage benennen)* ... haben.

- **Drei-Personen-Verhältnis:** Der Widersprechende ist ein **Dritter/Nachbar** und die Behörde hat seinen Antrag auf Erlass eines den Adressaten belastenden VA abgelehnt (zB Nachbar begehrt die Abbruchsanordnung gegenüber dem Bauherrn, die Behörde lehnt den Antrag ab). Mit dem Verpflichtungswiderspruch will er nun den Erlass dieses ihn (mittelbar) begünstigenden VA erreichen. Nach § 42 Abs. 2 VwGO analog ist widerspruchsbefugt, wer durch die Ablehnung des VA in seinen Rechten verletzt sein kann. Dies ist dann der Fall, wenn der Widersprechende möglicherweise
  - einen **Anspruch auf den abgelehnten VA** („gebundener Anspruch") oder zumindest
  - einen **Anspruch auf ermessensfehlerfreie Neubescheidung** haben kann.

Da hier ein Dritter erreichen möchte, dass die Behörde einen belastenden VA gegenüber einer anderen Person erlässt, kommt wieder die „**Schutznormtheorie**" zu Anwendung (s. o. Rn. 314). Der **Anspruch** muss sich also möglicherweise aus dem **Verstoß gegen eine drittschützende Norm** ergeben (eine Norm, die nicht nur dem öffentlichen Interesse, sondern zumindest auch dem Schutz Einzelner, dh Individualinteressen zu dienen bestimmt ist) **und** der **Widersprechende** (der „Dritte") muss **dem geschützten Personenkreis angehören**. Nur in einem solchen Fall kann dem Widersprechenden ein Anspruch auf Einschreiten zustehen.[245]

357

> **Merke – Formulierungsvorschlag:**
> Nach § 42 Abs. 2 VwGO analog ist widerspruchsbefugt, wer durch die Ablehnung eines VA in seinen Rechten verletzt sein kann. Dies ist dann der Fall, wenn der Widersprechende möglicherweise einen Anspruch auf den abgelehnten VA oder zumindest einen Anspruch auf ermessensfehlerfreie Neubescheidung haben kann. Einem Dritten kann ein solcher Anspruch nur zustehen, wenn gegen eine Norm verstoßen wurde, die nicht nur die öffentlichen Interessen, sondern gerade auch Individualinteressen schützen will und der Dritte dem geschützten Personenkreis angehört. Ein solcher Anspruch darf zumindest nicht von vornherein offensichtlich und eindeutig ausgeschlossen sein. Vorliegend könnte der Widersprechende einen Anspruch aus § ... haben *(konkrete Anspruchsgrundlage benennen und darlegen, dass ein Verstoß gegen eine drittschützende Norm möglich erscheint und der Widersprechende dem geschützten Personenkreis angehört).*

IV. Frist

Es gilt das Gleiche wie beim Anfechtungswiderspruch (s. o. Rn. 315 ff.). Für die Länge der Frist ist die Rechtsbehelfsbelehrung des Ablehnungsschreibens maß-

358

---

245 Vgl. *Schoch/Schneider/Wahl/Schütz*, VwGO § 42 Abs. 2 Rn. 111.

geblich und für deren Berechnung, wie und an welchem Tag die Ablehnung dem Betroffenen bekannt gegeben wurde.

V. Form

359 Hier kann wiederum auf die Ausführungen beim Anfechtungswiderspruch verwiesen werden (s. o. Rn. 323 ff.).

VI. Sonstige Zulässigkeitsvoraussetzungen

360 Weitere Zulässigkeitsvoraussetzungen sind wie bei der Zulässigkeit des Anfechtungswiderspruchs zu prüfen, wenn der jeweilige Sachverhalt bestimmte Besonderheiten aufweist (s. o. Rn. 327).

C. Begründetheit des Widerspruchs

361 Beachte:
§ 113 Abs. 5 VwGO regelt die Begründetheit einer Verpflichtungsklage. Auf den Verpflichtungswiderspruch ist diese Vorschrift **analog anzuwenden**.

362 Der Verpflichtungswiderspruch ist nach § 113 Abs. 5 VwGO analog begründet, soweit **die Ablehnung**[246] **des/der VA rechtswidrig ist** (s. sogleich I.) **und** der **Widersprechende** dadurch **in seinen eigenen Rechten verletzt ist** (s. u. II.).[247]

I. Rechtswidrige Ablehnung des beantragten VA

363 Es ist zu prüfen, ob die *Ablehnung* rechtswidrig ist. Die Ablehnung eines beantragten VA ist rechtswidrig, wenn der Antragsteller

---

[246] Die in § 113 Abs. 5 VwGO erwähnte „Unterlassung" wird wiederum nur bei einer Untätigkeitsklage relevant, s. § 75 VwGO und Rn. 347.

[247] § 113 Abs. 5 VwGO sieht außerdem vor, dass die Sache „spruchreif" ist. **Spruchreife** bedeutet, dass eine abschließende Entscheidung getroffen werden kann. Sie spielt vor allem in dem eigentlichen Anwendungsfall des § 113 Abs. 5 VwGO, **der Verpflichtungsklage**, eine wichtige Rolle. Ein Gericht ist nicht berechtigt, gesetzlich eingeräumtes Ermessen auszuüben. Dies steht allein der Exekutive zu. Stellt ein Gericht fest, dass ein begünstigter Ermessens-VA zu Unrecht abgelehnt wurde, kann das Gericht das Ermessen nicht selbst ausüben und abschließend entscheiden. Es kann die Behörde lediglich dazu verpflichten, den Kläger neu zu bescheiden, dh in der Sache eine neue Ermessensentscheidung zu treffen. Die Sache ist damit für das Gericht nicht „spruchreif". Bei dieser neuen Ermessensentscheidung muss sich die Behörde natürlich an der „Rechtsauffassung des Gerichts" (vgl. den Wortlaut) orientieren und die Aspekte, die nach Auffassung des Gerichts zu einer rechtswidrigen Ablehnung geführt haben, unberücksichtigt lassen. Die Behörde muss ihr Ermessen nun fehlerfrei ausüben. Anders als ein Gericht hat die Widerspruchsbehörde aber grds. eine volle Prüfungs- und Entscheidungskompetenz. Sie kann so die Spruchreife auch bei Ermessensentscheidungen selbst herstellen und selbst das Ermessen ausüben, s. o. Rn. 282.

- einen **Anspruch auf Erlass des beantragten VA** hat[248] (da alle Voraussetzungen der Anspruchsgrundlage vorliegen und diese eine gebundene Entscheidung und kein Ermessen vorsieht) oder
- bei Ermessens-VA einen **Anspruch auf ermessensfehlerfreie Neubescheidung** hat und die Widerspruchsbehörde im Rahmen ihrer vollumfänglichen Prüfungskompetenz zu dem Ergebnis kommt, den beantragten Ermessens-VA zu erlassen.

Anders als beim Anfechtungswiderspruch ist es hier nicht ausreichend, einen (beachtlichen) Fehler im Ausgangs-VA zu finden. Der hier ergangene Ausgangs-VA enthält lediglich die Ablehnung (zB „Ihr Antrag auf Erlass einer gaststättenrechtlichen Erlaubnis wird abgelehnt"). Der Widersprechende möchte aber nicht nur gegen die Ablehnung vorgehen und dessen Aufhebung erreichen, sondern er möchte darüber hinaus den Erlass des beantragten VA erzwingen. Dies erreicht er nur, wenn ihm ein Anspruch auf Erlass des beantragten VA oder zumindest ein Anspruch auf ermessensfehlerfreie Neubescheidung zusteht. Ein solcher Anspruch besteht bspw. nicht, wenn der Ausgangsbescheid zwar wegen eines Fehlers rechtswidrig war, der beantragte VA aber aus einem anderen Grund nicht erlassen werden kann (zB weil eine Tatbestandsvoraussetzung nicht vorliegt). Die Widerspruchsbehörde **hat auch beim Verpflichtungswiderspruch die volle Prüfungs- und Entscheidungskompetenz** (s.o.).

364

Beispiel:
Die Ausgangsbehörde hat die gaststättenrechtliche Erlaubnis wegen mangelnder Ausstattung der Betriebsräume (Versagungsgrund nach § 4 Abs. 1 S. 1 Nr. 2 GastG) abgelehnt, obwohl die Räume tatsächlich den Anforderungen entsprachen. Im Rahmen der Prüfung fällt der Widerspruchsbehörde aber auf, dass der Antragsteller als unzuverlässig anzusehen ist und somit ein anderer, von der Ausgangsbehörde übersehener Versagungsgrund nach § 4 Abs. 1 S. 1 Nr. 1 GastG besteht. Trotz der rechtswidrigen Ablehnung (wegen des fälschlicherweise bejahten Versagungsgrundes) ist der Widerspruch unbegründet, weil der Widersprechende (wegen des „neu" erkannten Versagungsgrundes) keinen Anspruch auf die gaststättenrechtliche Erlaubnis hat.

Merke:
Es ist **nicht der Ablehnungs-VA** auf mögliche Fehler zu untersuchen, **sondern zu prüfen, ob der Widersprechende einen Anspruch hat.** Hier ist dementsprechend das Prüfungsschema für den Erlass eines begünstigenden VA (Rn. 191) anzuwenden.
Entscheidend sind daher auch nicht die formellen Fehler des Ablehnungs-VA. Es müssen vielmehr **alle formellen Voraussetzungen für den Erlass des begehrten VA** vorliegen, ansonsten hat der Bürger keinen Anspruch auf den begehrten VA.[249]

365

---

248 S. hierzu auch BeckOK VwGO/*Decker*, § 113 Rn. 69 ff.
249 Das bedeutet konkret: Es muss die zuständige Behörde den VA erteilen, es darf keine befangene Person mitwirken, die Behörde muss die vorgeschriebene Form einhalten etc.

II. Verletzung subjektiver Rechte des Widersprechenden

366 Die Prüfung der subjektiven Rechtsverletzung ist **spiegelbildlich** zur Prüfung der Widerspruchsbefugnis in der Zulässigkeit. Während bei der „Widerspruchsbefugnis" geprüft wurde, ob der Widersprechende in seinen Rechten verletzt sein *kann*, ist hier nun festzustellen, dass dies so ist oder eben nicht (vgl. § 113 Abs. 5 S. 1 VwGO analog „und ... dadurch in seinen Rechten verletzt ist"). Weil soeben ausführlich geprüft wurde, ob der Widersprechende einen Anspruch auf den abgelehnten VA hat und die Ablehnung dadurch rechtswidrig ist, lässt sich dies nun einfach feststellen.

367 Es ist wiederum zwischen einem Zwei-Personen-Verhältnis (Behörde und Adressat des VA) und einem Drei-Personen-Verhältnis (Behörde – Adressat des VA – Dritter, zB Nachbar) zu unterscheiden:

368 – **Zwei-Personen-Verhältnis:** Der Widersprechende ist der **Antragsteller (Adressat)** und die Behörde hat seinen Antrag auf Erlass eines ihn begünstigenden VA abgelehnt (zB Bauherr hat Baugenehmigung beantragt, der Antrag wurde abgelehnt). Hiergegen legt der Antragsteller Verpflichtungswiderspruch ein.
 – Hat der Widersprechende einen **gebundenen Anspruch** auf den abgelehnten VA (wie zB bei der Baugenehmigung nach § 58 Abs. 1 S. 1 LBO), ist dessen Ablehnung rechtswidrig und der Widersprechende dadurch in seinen Rechten verletzt. Steht dem Widersprechenden der Anspruch nicht zu (zB weil die Ausgangsbehörde zwar einen Fehler gemacht hat, aber nicht alle Tatbestandsvoraussetzungen erfüllt sind), ist die Ablehnung rechtmäßig und der Widersprechende dadurch nicht in seinen Rechten verletzt.
 – Hat der Widersprechende zumindest einen **Anspruch auf ermessensfehlerfreie Neubescheidung** (wie zB bei der straßenrechtlichen Sondernutzungserlaubnis nach § 16 Abs. 1, 2 StrG) und kommt die Widerspruchsbehörde im Rahmen ihrer Prüfungskompetenz, aufgrund derer sie das Ermessen vollumfänglich neu ausüben darf, zu dem Ergebnis, den beantragten Ermessens-VA zu erlassen, ist die Ablehnung rechtswidrig (oder zumindest zweckwidrig) und der Widersprechende dadurch in seinen Rechten verletzt. Kommt die Widerspruchsbehörde hingegen zu demselben Ergebnis wie die Ausgangsbehörde, ist die Ablehnung rechtmäßig und der Widersprechende nicht in seinen Rechten verletzt.

369 – **Drei-Personen-Verhältnis:** Der Widersprechende ist **ein Dritter** und die Behörde hat seinen Antrag auf Erlass eines den Adressaten belastenden VA abgelehnt (zB Nachbar begehrt die Abbruchsanordnung gegenüber dem Bauherrn, die Behörde lehnt den Antrag ab). Hiergegen legt der Dritte Verpflichtungswiderspruch ein.
 Liegen bei **Verletzung einer drittschützenden Norm** die Tatbestandsvoraussetzungen für den Erlass des beantragten VA vor, sodass der Widersprechende einen Anspruch auf Erlass des VA hat bzw. die Widerspruchsbehörde bei Ermessens-VA zu dem Ergebnis kommt, den beantragten Ermessens-VA

zu erlassen, ist die Ablehnung rechtswidrig und der Widersprechende in seinen Rechten verletzt.[250]

Soweit nach alledem die Ablehnung rechtswidrig und der Widersprechende dadurch in seinen Rechten verletzt ist, ist der Widerspruch begründet.

---

250 S. zB BeckOK VwGO/*Decker*, § 113 Rn. 72.

4. Kapitel Die Nebenentscheidungen: Kostengrundentscheidung und Gebührenentscheidung

A. Kostengrundentscheidung

I. Verteilung der Kosten

371 Nach § 73 Abs. 3 S. 3 VwGO hat die Widerspruchsbehörde auch zu entscheiden (und entsprechend im Widerspruchsbescheid zu tenorieren und zu begründen), wer die **Kosten des Widerspruchsverfahrens**[251] trägt. Hierbei handelt es sich um die sog. **Kostengrundentscheidung.** Die Widerspruchsbehörde setzt keine genauen Eurobeträge fest (dies erfolgt in einem gesonderten Kostenfestsetzungsbeschluss), sondern bestimmt nur, ob der Rechtsträger der Behörde oder der Widersprechende die Kosten zu tragen hat. Dies richtet sich in Baden-Württemberg nach **§ 80 LVwVfG**.

372 – Soweit der **Widerspruch erfolgreich ist**, gilt für die Kostentragung nach § 80 Abs. 1 S. 1 LVwVfG das **Rechtsträgerprinzip**. Die Kosten trägt nicht die Ausgangsbehörde (!), sondern deren Rechtsträger.
– Der Rechtsträger des Regierungspräsidiums ist stets das **Land Baden-Württemberg** (unmittelbare Landesverwaltung). Allerdings findet bei VA von Regierungspräsidien in Baden-Württemberg idR kein Widerspruchsverfahren statt, sondern es ist – mit Ausnahme insb. von beamtenrechtlichen Streitigkeiten – direkt Klage zu erheben (§ 68 Abs. 1 S. 2 VwGO, § 15 AGVwGO).
– **Städte und Gemeinden** sind stets selbst Rechtsträger ihrer Rathausverwaltungen.
– **Landkreise** sind nur insoweit Rechtsträger des Landratsamtes, als sie in Selbstverwaltungsangelegenheiten (freiwillige Aufgaben und Pflichtaufgaben ohne Weisung) tätig werden. Sofern Landratsämter Aufgaben der unteren Verwaltungsbehörde wahrnehmen, handeln sie als „staatliche Behörde" (§ 1 Abs. 3 LKrO, unmittelbare Landesverwaltung), sodass insoweit das Land Baden-Württemberg ihr Rechtsträger ist (Doppelnatur des Landratsamtes). Nach § 52 Abs. 2 LKrO trägt der Landkreis aber auch in diesen Fällen die Kosten des Landratsamtes als untere Verwaltungsbehörde. § 52 Abs. 2 LKrO ergänzt so als speziellere Norm den § 80 Abs. 1 S. 1 LVwVfG mit der Folge, dass auch hier der Landkreis als Kostenträger im Tenor zu benennen ist.[252]

---

251 Zu den Kosten des Widerspruchsverfahrens zählen die Kosten des Widersprechenden für die Zuziehung eines Bevollmächtigten, insb. eines Rechtsanwalts (hierzu sogleich), sowie evtl. Kosten für Gutachter und Sachverständige etc. Bleibt der Widerspruch erfolglos, sind auch die Aufwendungen, die die Behörde zur Rechtsverteidigung hatte (zB Arbeitsaufwand des Sachbearbeiters im Widerspruchsverfahren) erstattungsfähige Kosten, vgl. § 80 Abs. 1 S. 3 LVwVfG.

252 Nach a. A. ist in diesen Fällen das Land BW als Rechtsträger des Landratsamtes zu benennen, vgl. *Schweickhardt/Vondung/Zimmermann-Kreher*, Allg. Verwaltungsrecht, Rn. 1026.

4. Kapitel Kostengrundentscheidung und Gebührenentscheidung 373, 374

- Soweit der **Widerspruch erfolglos ist**, hat nach § 80 Abs. 1 S. 3 LVwVfG **373** der **Widersprechende** die Kosten des Widerspruchsverfahrens zu tragen. Das bedeutet, er hat nicht nur seine (Rechtsanwalts)Kosten selbst zu übernehmen, sondern muss der Behörde auch ihre Aufwendungen für die Rechtsverteidigung erstatten. Eine **Ausnahme** hiervon regelt § 80 Abs. 1 S. 2 LVwVfG: Soweit der Widerspruch *ausschließlich* deshalb keinen Erfolg hat, weil der Fehler des VA nach § 45 LVwVfG geheilt wurde, trägt nicht der Widersprechende, sondern der Rechtsträger der Behörde die Kosten (es gilt die Rechtsfolge des § 80 Abs. 1 S. 1 LVwVfG). Aufgrund einer planwidrigen Regelungslücke und einer vergleichbaren Interessenslage (Gerechtigkeitserwägungen) ist § 80 Abs. 1 S. 2 VwGO analog auf die Fälle anzuwenden, in denen die Erfolglosigkeit auf § 46 LVwVfG beruht oder die Widerspruchsbehörde Fehler der Ausgangsbehörde korrigiert hat und über ihre eigene Entscheidungskompetenz „gerettet hat, was zu retten ist".

- War der **Widerspruch teilweise erfolgreich und teilweise erfolglos**, sind **374** die Kosten aufzuteilen und es findet eine sog. Quotelung der Kosten statt. Die Quote richtet sich nach den „Anteilen", mit denen der Widersprechende Erfolg hatte bzw. unterlegen ist. Sofern kein teilbarer Geldbetrag festgesetzt ist, kann sich die Quote insb. an der Bedeutung der Angelegenheit orientieren.

Beispiele:
- Der Widersprechende wendet sich gegen einen VA, mit dem der Erschließungsbeitrag für sein Grundstück auf 12.000,- Euro festgesetzt wurde. Die Widerspruchsbehörde stellt fest, dass das Grundstück zwar beitragspflichtig ist, der Betrag jedoch falsch errechnet wurde. Die Ausgangsbehörde hätte nur 6.000,- Euro festsetzen dürfen. Der Widerspruch hat somit zur Hälfte Erfolg, zur Hälfte bleibt er erfolglos. Die Kosten des Widerspruchsverfahrens sind folglich hälftig zu teilen.
- Der Widersprechende wendet sich gegen eine Abbruchsanordnung mit Zwangsgeldandrohung. Die Widerspruchsbehörde stellt fest, dass die Abbruchsanordnung rechtmäßig und der Widerspruch *insoweit erfolglos* ist. Hinsichtlich der Zwangsgeldandrohung kommt die Widerspruchsbehörde hingegen zu dem Ergebnis, dass sie rechtswidrig ist (da die Abbruchsanordnung nicht vollstreckbar ist und es an der allgemeinen Vollstreckungsvoraussetzung nach § 2 LVwVG fehlt). Der Widerspruch hat *insoweit Erfolg*. Die Kostenquote kann sich hier an der Bedeutung der einzelnen Entscheidungen orientieren: Der Hauptentscheidung „Abbruchsanordnung" kommt eine größere Bedeutung zu als der Nebenentscheidung „Zwangsgeldandrohung". Die Kosten des Widerspruchsverfahrens können demnach wie folgt aufgeteilt werden: Der Widersprechende trägt zwei Drittel der Kosten (er verliert hinsichtlich der bedeutsameren Abbruchsanordnung) und der Rechtsträger der Ausgangsbehörde trägt ein Drittel (er verliert hinsichtlich der weniger gewichtigen Zwangsgeldandrohung).

II. Hinzuziehung eines Bevollmächtigten – Rechtsanwaltskosten

375 Hat sich der Widersprechende **von einem Rechtsanwalt oder sonstigen Bevollmächtigten vertreten lassen**, ist nach § 80 Abs. 2, Abs. 3 S. 2 LVwVfG im Hinblick auf die Kosten auch darüber zu entscheiden, ob **deren Hinzuziehung notwendig** war (und die Kosten des Widersprechenden für den Bevollmächtigten somit **erstattungsfähig** sind) oder nicht.

376 Bei der Frage der Erstattungsfähigkeit von Rechtsanwaltskosten ist immer danach zu differenzieren, in welchem **Stadium des (Rechtsbehelfs-)Verfahrens** sie entstanden sind: Sind die Kosten während des Ausgangsverfahrens entstanden, sind sie mangels Rechtsgrundlage nicht erstattungsfähig (hier wird die Hinzuziehung von vornherein nicht als notwendig angesehen). Sind die Kosten im Widerspruchsverfahren entstanden, ist eine Einzelfallentscheidung zu treffen (entscheidend ist die Notwendigkeit der Hinzuziehung, dazu gleich). Die Rechtsanwaltskosten im gerichtlichen Verfahren sind nach § 162 Abs. 2 VwGO „stets" erstattungsfähig (dh es wird kraft Gesetzes idR die Notwendigkeit der Hinzuziehung angenommen).

377 Die Hinzuziehung eines Rechtsanwalts (oder sonstigen Bevollmächtigten) im Widerspruchsverfahren ist nicht nur zweckmäßig, sondern **„notwendig"** iSv § 80 Abs. 2 LVwVfG, wenn es dem Widersprechenden nach seinen **persönlichen Verhältnissen und der Schwierigkeit der Sache** nicht zuzumuten ist, das Vorverfahren selbst zu führen. Maßgebend ist, ob sich ein vernünftiger Bürger mit gleichem Bildungs- und Erfahrungsstand bei der gegebenen Sachlage eines Bevollmächtigten bedient hätte.[253] Zu berücksichtigen sind neben dem Bildungs- und Kenntnisstand des Bürgers insb. die Schwierigkeit und der Bekanntheitsgrad der einschlägigen Rechtsmaterie, die Intensität der Rechtsbeziehung zwischen Bürger und Behörde sowie die Frage, ob der Schwerpunkt des Streits eher im rechtlichen oder im tatsächlichen Bereich liegt. Ist Letzteres der Fall, so wird die Notwendigkeit eher zu verneinen sein, als wenn es sich um Rechtsprobleme handelt.[254]

B. Gebührenentscheidung

378 Schließlich hat die Widerspruchsbehörde die **Gebühr für den Erlass des Widerspruchsbescheids** festzusetzen (und entsprechend im Widerspruchsbescheid zu tenorieren und zu begründen). Die Gebührenhöhe bestimmt sich bei Landesbehörden nach dem LGebG und bei Gemeinden und Landkreisen, sofern sie den Widerspruchsbescheid in Selbstverwaltungsangelegenheiten erlassen, nach § 11 KAG, jeweils iVm mit der dortigen Gebührenverordnung bzw. Gebührensatzung (zB der Gebührenverordnung des Innenministeriums – GebVO IM – oder der

---

253 BVerwG, Beschl. v. 27.2.2019, Az. 2 A 1/18, juris Rn. 5; Beschl. v. 14.1.1999, Az. 6 B 118/98, juris Rn. 9. Aufgrund dieser objektivierten Betrachtung kann auch dem „sich selbst vertretenden" Rechtsanwalt eine Kostenerstattung zustehen, wenn eine Hinzuziehung bejaht wird, vgl. *Schoch/Schneider/Olbertz*, VwGO § 162 Rn. 58.
254 *Schoch/Schneider/Olbertz*, VwGO § 162 Rn. 78.

Verwaltungsgebührensatzung einer Stadt). Es geht bei der Gebührenentscheidung nicht um die Kosten des Widerspruchsverfahrenserfahrens (hierfür gibt es die Kostengrundentscheidung), sondern um die Gebühren für den Erlass des Widerspruchsbescheids! Soweit der Rechtsträger der Ausgangsbehörde nach der Kostengrundentscheidung die Kosten des Widerspruchsverfahrens zu tragen hat, erscheint es grds. sachgerecht, dass der Widerspruchsbescheid gebührenfrei ergeht.

5. Kapitel Anhörung und Form des Widerspruchsbescheids

A. Anhörung vor Erlass des Widerspruchsbescheids

379 Vor Erlass des Widerspruchsbescheids hat die Widerspruchsbehörde nach § 71 VwGO eine **Anhörung** durchzuführen, wenn die Aufhebung oder Änderung des Ausgangs-VA erstmalig mit einer Beschwer verbunden ist, dh bei einer Person – dem Adressaten des VA oder einem Dritten – eine nachteilige Änderung ihrer Rechtsstellung zur Folge hat. Die betroffene Person soll dann angehört werden. Gleiches gilt für die Ausgangsbehörde vor Erlass eines Abhilfebescheids. § 71 VwGO spielt vor allem im Drei-Personen-Verhältnis eine Rolle (s. hierzu ausführlich Rn. 301, 314, 344, 349, 357, 369).

Beispiel:
Auf den Widerspruch des Nachbarn hebt die Widerspruchsbehörde die Baugenehmigung des Bauherrn auf oder ändert sie zu seinem Nachteil ab. Der Bauherr ist durch den Widerspruchsbescheid, mit dem seine Baugenehmigung aufgehoben oder nachteilig geändert wird, erstmals in seinen Rechten verletzt. Vor Erlass des Widerspruchsbescheids ist er deshalb anzuhören.

B. Form des Widerspruchsbescheids

380 Der Widerspruchsbescheid ist nach § 73 Abs. 3 S. 1, S. 2 VwGO
- **zwingend zu begründen** (Spezialregelung zu § 39 LVwVfG),
- **mit einer Rechtsbehelfsbelehrung zu versehen**, welche den Mindestinhalt nach § 58 Abs. 1 VwGO enthalten muss (Rechtsbehelf ist die Klage, § 42 Abs. 1 VwGO; Gericht ist grds. das Verwaltungsgericht, § 45 VwGO; deren Sitze befinden sich in Baden-Württemberg in Karlsruhe, Freiburg, Stuttgart und Sigmaringen, § 52 VwGO iVm § 1 Abs. 2 AGVwGO; die Frist beträgt einen Monat nach Zustellung des Widerspruchsbescheids, § 74 VwGO – bei fehlender oder unrichtiger Rechtsbehelfsbelehrung verlängert sich die Klagefrist von einem Monat auf ein Jahr, § 58 Abs. 2 VwGO) **und**
- **zwingend zuzustellen** (förmliche Bekanntgabe, dh einfacher Postbrief ist nicht ausreichend)[255] und zwar kraft des ausdrücklichen Verweises in § 73 Abs. 3 S. 2 VwGO nach den Vorschriften des VwZG des Bundes (nicht des LVwZG, inhaltlich stimmen beide aber weitgehend überein).

---

[255] Ohne Zustellung beginnt die Klagefrist gar nicht zu laufen und die Klage ist unbefristet möglich; es besteht eine Heilungsmöglichkeit nach § 8 VwZG, *Schoch/Schneider/Porsch*, VwGO § 73 Rn. 74.

5. Teil Bescheidtechnik

1. Kapitel (Erst-) Bescheide

A. Der Begriff „Bescheid"

Der Begriff „Bescheid" ist anders als der „Verwaltungsakt" nicht gesetzlich definiert. In der Regel ist mit einem „Bescheid" ein Schreiben gemeint, mit dem ein oder mehrere VA – meist mit Nebenentscheidungen – erlassen werden. Kurz gesagt: Ein „Bescheid" ist ein **schriftlicher VA** bzw. die Zusammenfassung mehrerer schriftlicher VA.

„Bescheid" ist ein Oberbegriff. Je nach Funktion und Rechtsgebiet werden Bescheide unterschiedlich bezeichnet, insb.
- **nach ihrem Inhalt** („Gebührenbescheid", „Kostenbescheid") oder nach einem **Teil ihres Inhalts**, oft nach der Hauptentscheidung („Abbruchsanordnung", auch wenn der Bescheid noch weitere VA enthält wie zB eine Baueinstellung) oder
- **nach ihrer Funktion:**
  - Ein **Änderungsbescheid** ändert einen bereits bestehenden Bescheid.
  - Erfolgt eine solche Änderung durch die erlassende Behörde infolge eines Widerspruchs, spricht man von einem **Abhilfebescheid**.
  - Nach Abschluss eines Widerspruchsverfahrens erlässt die Widerspruchsbehörde einen **Widerspruchsbescheid**.

Das folgende Kapitel stellt den grundlegenden Aufbau und Inhalt von Bescheiden vor. Ausgangspunkt sind belastende und begünstigende VA, die erstmals eine Pflicht oder ein Recht begründen (zB durch Erlass einer Abbruchsanordnung oder Erteilung einer Gewerbeerlaubnis). Insofern wird auch der Begriff „Erst-Bescheid" gebraucht. Legt der Adressat oder ein Dritter gegen diesen Bescheid Widerspruch ein, nennt man ihn auch „Ausgangsbescheid", da von ihm das Verfahren „ausgeht".

B. Aufbau und Inhalt von (Erst-) Bescheiden

I. Gliederung[256]

Bescheide sind idR **nach folgendem Schema** aufzubauen:
- Einleitung
- Tenor
- Begründung
- Rechtsbehelfsbelehrung
- Grußformel und Unterschrift

Zusätzlich können ergänzende Hinweise und Empfehlungen aufgenommen werden. Die in der Behördenakte verbleibende Abschrift des Bescheids enthält noch

---

[256] S. hierzu auch den Beispielsbescheid „häusliche Gewalt" in *Schweickhardt/Vondung/Zimmermann-Kreher*, Allg. Verwaltungsrecht, Rn. 575.

Bearbeitungsvermerke, wie den Wiedervorlagetermin, die Angabe der zu benachrichtigenden Personen und Behörden sowie die geplanten weiteren Schritte.

II. Einleitung

385 Die Einleitung besteht aus ...
- dem (grds. vorgedruckten) Briefkopf ergänzt um die individuellen Angaben: Adresse, Aktenzeichen, Durchwahltelefonnummer, Fax, E-Mail, evtl. Name des Sachbearbeiters, Betreff, Bezug, Anlagen. Aus dem Briefkopf muss deutlich hervorgehen, welche Behörde den Bescheid erlässt, andernfalls sind die im Bescheid enthaltenen VA nichtig (§ 44 Abs. 2 Nr. 1 LVwVfG) und damit unwirksam (§ 43 Abs. 3 LVwVfG),
- eventuell einem Hinweis auf eine besondere Zustellungsart (zB „gegen Postzustellungsurkunde"),
- einer freundlichen Anrede,
- der Kennzeichnung als Bescheid (rechtlich nicht unbedingt erforderlich, aber zur Klarstellung nützlich).

386 Im **Adressfeld** ist der Pflichtige/Adressat aufzuführen, der nach § 13 LVwVfG Beteiligter und nach § 11 LVwVfG beteiligtenfähig ist. Dies gilt auch für juristische Personen (§ 11 Nr. 1 LVwVfG) und Vereinigungen, denen ein Recht zustehen kann (§ 11 Nr. 2 LVwVfG). Die persönliche **Anrede** richtet sich in diesen Fällen idR an deren Vertreter, durch den die juristische Person oder Vereinigung überhaupt handlungsfähig ist (§ 12 Abs. 1 Nr. 3 LVwVfG). Der Vertreter sollte bereits im Adressfeld zusätzlich mit aufgeführt werden („vertreten durch ..."). Dasselbe empfiehlt sich bei Minderjährigen und sonstigen beschränkt Geschäftsfähigen, wenn sie keine Handlungsfähigkeit besitzen (was je nach Verfahrensgegenstand und Rechtsgebiet unterschiedlich sein kann, vgl. § 12 Abs. 1 Nr. 2 LVwVfG).

Pflichtiger/Adressat (Adressfeld)	Vertreter (persönliche Anrede)
GmbH	der/die Geschäftsführer, § 35 GmbHG
AG	der Vorstand, § 78 AktG (ggf. mehrere Personen, die nur gemeinschaftlich vertretungsberechtigt sind)
Verein	der (geschäftsführende) Vorstand, § 26 BGB (ggf. mehrere Personen, die nur gemeinschaftlich vertretungsberechtigt sind)
BGB-Gesellschaft (GbR)	ein/mehrere Gesellschafter
OHG	ein/mehrere Gesellschafter
KG	ein/mehrere persönlich haftende Gesellschafter (Komplementäre)
GmbH & Co. KG	der/die Geschäftsführer der GmbH, die hier persönlich haftender Gesellschafter (Komplementär) ist
Minderjährige	die Eltern, § 1629 BGB

Im Anschluss an die persönliche Anrede ist **im Tenor** aber darauf zu achten, dass der eigentliche Adressat (also die vertretene Person) deutlich bezeichnet wird (s. ausführlich unten Rn. 391 f.).

Beispiel:
Sehr geehrter Herr Schmidt,
es ergeht gegenüber der Weber-GmbH folgender Bescheid:
1. Die Weber-GmbH hat das Gebäude in der Hohenzollernstraße ... in Freiburg (FlSt-Nr. 12345) zu beseitigen.
2. ...

Bei einer **förmlichen Zustellung nach dem LVwZG** ist zu beachten, dass nach § 7 Abs. 1 S. 2 LVwZG der Bescheid **an den Bevollmächtigten** (zB Rechtsanwalt) **zugestellt werden muss** (!), wenn dieser eine **schriftliche Vollmacht** vorgelegt hat. Wird nicht förmlich zugestellt, sondern der Bescheid nach dem LVwVfG einfach bekannt gegeben, so **kann** dies nach § 41 Abs. 1 S. 2 LVwVfG gegenüber dem Bevollmächtigten geschehen.

387

III. Tenor

Der Tenor ist der **verfügende Teil des Bescheids**. Er enthält die zentralen Regelungen und Entscheidungen des Bescheids, die zu beachten sind und ggf. zwangsweise durchgesetzt (= vollstreckt) werden müssen. Der Tenor besteht idR aus mehreren Entscheidungen, die jeweils mit einer eigenen Ziffer versehen sind. Zuerst ist die **Hauptentscheidung – also der Haupt-VA –** zu formulieren. Dies ist der VA, der die Behörde zum Erlass des Bescheids überhaupt veranlasst hat (zB bei belastenden VA die Nutzungsuntersagung und bei begünstigenden VA die Erteilung einer gaststättenrechtlichen Erlaubnis). Natürlich kann ein Tenor **mehrere Haupt-VA** enthalten (zB eine Baueinstellung und eine Nutzungsuntersagung). Neben dem Haupt-VA trifft die Behörde meist noch Nebenentscheidungen, die sich auf den Haupt-VA beziehen bzw. von ihm abhängen. Die **Anordnung der sofortigen Vollziehung** erklärt den Haupt-VA für sofort vollzieh- bzw. vollstreckbar, auch für den Fall, dass der Adressat oder ein Dritter Widerspruch oder Klage erhebt. Mit der **Androhung eines Zwangsmittels** kann auf den Adressaten der nötige Druck ausgeübt werden, um ihn zur Befolgung eines belastenden Haupt-VA zu zwingen. Der Erlass des Bescheids ist in vielen Fällen gebührenpflichtig, sodass abschließend im Rahmen einer **Gebührenentscheidung** die Gebühr festzusetzen ist.

388

Der typische Aufbau eines Tenors mit belastendem Haupt-VA:
– Haupt-VA
– eventuell: Anordnung der sofortigen Vollziehung
– eventuell: Androhung eines Zwangsmittels
– Gebührenentscheidung

Bei **begünstigenden Haupt-VA** erhält der Adressat oft nicht nur die von ihm beantragte Genehmigung oder Erlaubnis, sondern auch belastende Einschränkungen, die sog. **Nebenbestimmungen**, die er zu befolgen hat. Die Behörde spricht quasi ein „Ja, aber ..." aus. Eine **Gebührenentscheidung** ist auch hier regelmäßig zu treffen.

Der typische Aufbau eines Tenors mit begünstigendem Haupt-VA:
- Haupt-VA
- eventuell: Nebenbestimmungen
- Gebührenentscheidung

389 Nach § 37 Abs. 1 LVwVfG muss ein VA **inhaltlich hinreichend bestimmt** sein. Das bedeutet vor allem, dass im Tenor alle Entscheidungen so klar und bestimmt formuliert sein müssen, dass Bürger und etwaige Vollstreckungsbeamte genau wissen, **wer** (welche Behörde) **was** (Inhalt) **von wem** (Adressat) verlangt (s. o. Rn. 78 ff. und unten Rn. 410 ff.).

1. Tenorierung des Haupt-VA

390 Der **Haupt-VA** (= die Hauptentscheidung) kann ein Ge- oder Verbot (bei befehlenden VA), die Begründung, Ablehnung, Änderung oder Aufhebung eines Rechtsverhältnisses (bei rechtsgestaltenden VA) oder eine Feststellung (bei feststellenden VA) enthalten. Insbesondere bei komplexeren Sachverhalten sind im Tenor **mehrere Haupt-VA** zu erlassen.

391 Bei **natürlichen Personen** empfiehlt sich die direkte Ansprache, zB „Sie haben ... zu ..." oder „Sie werden verpflichtet, ...". Ein Bescheid ist idR als Brief verfasst und beginnt mit einer persönlichen Anrede „Sehr geehrte/r ...". Im Tenor setzt sich die persönliche Ansprache so fort.

Beispiele:
für Ge- und Verbote (sie verpflichten zu einer Handlung, einem Dulden oder Unterlassen):
- Sie haben die Hütte auf dem Grundstück Flurstück-Nr. ..., ... *Adresse* ... zu beseitigen.
- Sie haben die Obdachlosenunterkunft in der ... *Adresse* ... zu räumen und das von Ihnen bewohnte Zimmer zu reinigen.
- Ihnen wird die Ausübung des Gewerbes „Handel mit Körperpflegeprodukten und Nahrungsergänzungsmitteln" untersagt.
- Sie werden verpflichtet, die Beseitigung der Hütte auf dem Grundstück Flurstück-Nr. ..., *Adresse* ... zu dulden.

für die Begründung, Ablehnung, Änderung oder Aufhebung eines Rechtsverhältnisses:
- Ihnen wird die Erlaubnis zum Betrieb einer Schank- und Speisewirtschaft in den Räumen ... des Anwesens ... *Adresse* ... erteilt.
- Ihr Antrag auf Erteilung einer gaststättenrechtlichen Erlaubnis wird abgelehnt.
- Auf Ihren Antrag vom ... wird die Ihnen am ... erteilte immissionsschutzrechtliche Genehmigung für den Betrieb der Gießerei auf der Gemarkung Mauer (FlSt-Nr. 12345) dahingehend geändert, dass anstelle des Zweischichtbetriebs ein Dreischichtbetrieb genehmigt wird.
- Die Ihnen mit Bescheid des Landratsamtes Ortenaukreis vom ... erteilte gaststättenrechtliche Erlaubnis wird zurückgenommen.

für feststellende VA:
- Es wird festgestellt, dass Sie die deutsche Staatsangehörigkeit besitzen.

Sofern **juristische Personen oder sonstige beteiligungsfähige Vereinigungen** **392**
(vgl. § 11 LVwVfG) Adressat des Bescheids sind, ist darauf zu achten, dass sich
der Tenor auch wirklich an sie richtet! Zwar sollte in der persönlichen Ansprache
der Vertreter mit „Sehr geehrte/r ..." angeschrieben werden – im Weiteren ist es
aber falsch in den Ziffern des Tenors „Sie haben ..." zu formulieren, wenn zB
eine GmbH Adressat des Bescheids ist. Auf diese Weise wird der Eindruck erweckt, der Geschäftsführer sei der Adressat und Pflichtige und nicht die GmbH.
Die juristische Person bzw. beteiligungsfähige Vereinigung ist nicht nur im Adressfeld, sondern auch im Tenor klar zu benennen, entweder vorab, indem gleich
nach der persönlichen Anrede formuliert wird „gegenüber der X-GmbH ergeht
folgender Bescheid" oder jeweils konkret in den einzelnen Ziffern des Tenors,
zB „Die X-GmbH hat ..." oder „Die X-GmbH wird verpflichtet, ...".

Beispiele:
- Die Fa. ... AG hat für das Grundstück Flurstück-Nr. ..., ... *Adresse* ... einen Erschließungsbeitrag von ... zu bezahlen.
- Die ... GmbH & Co. KG hat die auf dem Anwesen ... *Adresse* ... abgelagerten Abfallstoffe (Zeitungen, Kartonagen, Flaschen, Glasscherben, Kot u.a.) zu entfernen und fachgerecht zu entsorgen.

2. Tenorierung der Anordnung der sofortigen Vollziehung

Anfechtungswiderspruch und Anfechtungsklage haben nach § 80 Abs. 1 VwGO **393**
grds. aufschiebende Wirkung (s. hierzu Rn. 123). Dies bedeutet, der Bürger muss
den VA vorerst nicht beachten und die Behörde darf ihn nicht vollstrecken. Die
Wirkungen des VA sind „aufgeschoben", solange bis über den Widerspruch bzw.
die Anfechtungsklage rechtskräftig entschieden worden ist. Die Anordnung der
sofortigen Vollziehung nach § 80 Abs. 2 S. 1 Nr. 4 VwGO[257] bewirkt, dass die
aufschiebende Wirkung entfällt. Aufgrund der Anordnung der sofortigen Vollziehung ist der VA sofort zu beachten und nach § 2 Nr. 2 LVwVG vollstreckbar.
Die Anordnung der sofortigen Vollziehung ist selbst **kein VA** iSd § 35 LVwVfG.
Sie enthält keine eigene inhaltliche Regelung, sondern erklärt eine oder mehrere
andere Regelung/en – den/die Haupt-VA – für sofort vollziehbar. Sie wird daher
oft als Annexentscheidung bezeichnet.

Beispiel:
1. ... Haupt-VA ...
2. Die sofortige Vollziehung von Ziff. 1 dieses Bescheids wird angeordnet.
oder
2. Wir ordnen die sofortige Vollziehung der in Ziff. 1 bezeichneten Maßnahme an.
3. ...

3. Tenorierung der Androhung von Zwangsmitteln

Zwangsmittel sind vor ihrer Anwendung anzudrohen, § 20 LVwVG (s. hierzu **394**
ausführlich Rn. 142 ff.). Ausnahmen bestehen lediglich bei Gefahr im Verzug,
§ 21 LVwVG. Die Androhung kann mit dem VA, der vollstreckt werden soll, in

---

[257] Die gleiche Wirkung erzeugt § 80 Abs. 1 S. 2 Nr. 1–3a VwGO. Die Wirkung tritt in diesen Fällen bereits kraft Gesetzes ein und muss daher nicht gesondert angeordnet werden.

einem Bescheid verbunden werden, § 20 Abs. 2 LVwVG. VA, die zu einer Handlung (ausgenommen einer Geldleistung), einem Dulden oder Unterlassen verpflichten, können nur mit den in § 19 Abs. 1 LVwVG genannten **Zwangsmitteln** (Zwangsgeld, Ersatzvornahme, unmittelbarer Zwang, Zwangshaft) vollstreckt werden. Die Androhung muss sich auf ein bestimmtes Zwangsmittel beziehen, § 20 Abs. 3 LVwVG. Es ist unzulässig, mehrere Zwangsmittel alternativ anzudrohen. Schließlich muss klar erkennbar sein, auf welchen Haupt-VA bzw. auf welche Ziffer im Tenor sich die Androhung bezieht.

Beispiel:
1. ... Haupt-VA 1 ...
2. ... Haupt-VA 2 ...
3. Die sofortige Vollziehung der in Ziff. 1 bezeichneten Maßnahme wird angeordnet.
4. Für den Fall, dass die in Ziff. 1 bezeichnete Maßnahme nicht bis zum 17.2.2022 ausgeführt wird, drohen wir Ihnen ein Zwangsgeld in Höhe von 1.500,- Euro an.
5. ...

395 Es ist allerdings zulässig, **Zwangsmittel gestaffelt anzudrohen**, wenn die Reihenfolge ihrer Anwendung erkennbar ist, § 20 Abs. 3 S. 2 LVwVG. Die Reihenfolge ist insb. dann gut erkennbar, wenn die Behörde die Zwangsmittel erkennbar gestaffelt mit unterschiedlichen Fristen androht.

Beispiel:
1. ... Haupt-VA ...
2. Die sofortige Vollziehung der in Ziff. 1 bezeichneten Maßnahme wird angeordnet.
3. Für den Fall, dass die in Ziff. 1 bezeichnete Maßnahme nicht bis zum 17.2.2022 ausgeführt wird, drohen wir Ihnen ein Zwangsgeld in Höhe von 1.500,- Euro an.
4. Für den Fall, dass trotz der Androhung des Zwangsgeldes die in Ziff. 1 bezeichnete Maßnahme nicht bis zum 28.2.2022 ausgeführt wird, drohen wir Ihnen die Ausführung der Maßnahme durch ein von uns beauftragtes Unternehmen auf Ihre Kosten an. Die Kosten einschließlich Gebühren werden in diesem Fall voraussichtlich 10.000,- Euro betragen.
5. ...

396 Wird in dem Bescheid eine **Handlung** gefordert, ist dem Pflichtigen zu deren Ausführung nach § 20 Abs. 1 S. 1 Hs. 1 LVwVG eine **angemessene Frist** zu setzen. Bei einem **Dulden oder Unterlassen** ist eine **Frist entbehrlich**, § 20 Abs. 1 S. 2 Hs. 2 LVwVG.

397 Zwangsmittel dürfen **wiederholt** und so lange angedroht und angewendet werden, bis der VA vollzogen oder auf andere Weise erledigt ist, § 19 Abs. 4 LVwVG.

398 a) **Androhung von Zwangsgeld. Zwangsgeld** ist in einer **bestimmten Höhe** anzudrohen, § 20 Abs. 4 LVwVG. Unzulässig ist somit die Angabe eines Rahmens „von ... bis ... Euro". Es ist zu unterscheiden, ob Handlungen oder ein Dulden oder Unterlassen erzwungen werden sollen:

1. Kapitel (Erst-) Bescheide

Handlungen
Bei zu erzwingenden **Handlungen** ist dem Pflichtigen zu deren Ausführung **399**
eine **angemessene Frist** zu setzen, § 20 Abs. 1 S. 2 Hs. 1 LVwVG. Die Frist kann
mit Angabe eines Datums oder nach Tagen, Wochen, Monaten bestimmt sein;
in letzterem Fall ist der Beginn der Frist anzugeben, damit der Pflichtige die Frist
errechnen kann (also zB „drei Wochen nach Bekanntgabe dieses Bescheids").
Außerdem kann sich die Frist auf den **Beginn** oder das **Ende** (= Ausführung)
der geforderten Handlung beziehen.

Beispiele:
Frist zum **Beginn** einer Handlung:
- „Für den Fall, dass mit der in Ziff. 1 bezeichneten Maßnahme nicht innerhalb von vier Wochen nach Bekanntgabe dieses Bescheids begonnen wird, drohen wir Ihnen ein Zwangsgeld in Höhe von 1.500,- Euro an."

oder mit Datum:
- „Für den Fall, dass mit der in Ziff. 1 bezeichneten Maßnahme nicht bis zum 7.3.2022 begonnen wird, drohen wir Ihnen ein Zwangsgeld in Höhe von 1.500,- Euro an."

Frist zur **Ausführung** einer Handlung:
- „Für den Fall, dass die in Ziff. 1 bezeichnete Maßnahme nicht innerhalb von vier Wochen nach Bekanntgabe dieses Bescheids *(alternativ: nicht bis zum ...)* ausgeführt ist, drohen wir Ihnen ein Zwangsgeld in Höhe von 1.500,- Euro an."

Es ist **unzulässig**, mit *einer* Androhung *mehrere* Zwangsgelder anzudrohen, um *eine* Handlung zu erzwingen.

Beispiel:
Die Behörde erlässt gegenüber A die Anordnung, die sich auf seinem Grundstück zur Straße neigende Stützmauer standsicher zu befestigen (Ziff. 1 des Bescheids). **Unzulässig** wären hier zB folgende Zwangsgeldandrohungen:
- „Für jeden Tag, an dem Ziff. 1 des Bescheids nicht befolgt wird, drohen wir Ihnen ein Zwangsgeld in Höhe von 1.500,- Euro an."
- „Für den Fall, dass die in Ziff. 1 bezeichnete Maßnahme nicht innerhalb von vier Wochen nach Bekanntgabe dieses Bescheids ausgeführt wird, drohen wir Ihnen für jede angefangene Woche nach Fristüberschreitung ein Zwangsgeld in Höhe von 1.500,- Euro an."

Sind *mehrere* Handlungen gefordert, ist entscheidend, ob diese bei Erlass des Bescheids einzeln bereits konkret feststehen (zB das Leeren einer Abwassergrube einmal wöchentlich) oder auf einer Dauerpflicht beruhen (zB das Anlegen eines Maulkorbs bei Verlassen des befriedeten Besitztums). Nur wenn die **Handlungen bereits konkret feststehen**, ist eine Androhung „**für jeden Fall der Zuwiderhandlung**" zulässig. Eine Androhung kann hier dann *mehrere* Zwangsgelder auslösen. Die Androhung ist hier so zu verstehen, dass jeweils ein Zwangsgeld droht, wenn der Pflichtige seiner konkreten Handlungspflicht zu dem jeweiligen Zeitpunkt nicht nachkommt (s. hierzu ausführlich Rn. 168 ff. und sogleich die Ausführungen zum Dulden und Unterlassen).

Dulden und Unterlassen

400 Fordert die Behörde von dem Pflichtigen ein **Dulden oder Unterlassen**, ist eine **Frist entbehrlich**, § 20 Abs. 1 S. 2 Hs. 2 LVwVG, was nicht bedeutet, dass keine Frist gesetzt werden darf (je nach Fall ist sie evtl. sogar im Hinblick auf die Verhältnismäßigkeit wichtig). Anders als bei einer Handlung, die erst noch umgesetzt werden muss, ist ein Dulden und Unterlassen idR sofort möglich und dem Pflichtigen zuzumuten. Da sich das Zwangsgeld hier nicht auf den Beginn oder das Ende einer Handlung beziehen kann, ist es **für den Fall der Zuwiderhandlung** (gegen ein Dulden/Unterlassen) anzudrohen.

Beispiel:
„Für den Fall der Zuwiderhandlung gegen Ziff. 1 dieses Bescheids drohen wir Ihnen ein Zwangsgeld in Höhe von 1.500,- Euro an."

Bei einem Dulden oder Unterlassen ist eine Androhung **für jeden Fall der Zuwiderhandlung** allerdings **unzulässig**. Eine Androhung „auf Vorrat" scheidet aus.[258] Eine Androhung für jeden Fall der Zuwiderhandlung hätte zur Folge, dass eine Androhung ausreicht, um letztlich unbegrenzt viele Zwangsgelder festzusetzen. Außerdem sieht die Rechtsordnung in mehreren Vorschriften ausdrücklich vor, dass eine Androhung „für jeden Fall der Zuwiderhandlung" zulässig ist (vgl. § 332 Abs. 3 S. 2 AO, § 890 Abs. 1 ZPO; im LVwVG fehlt eine solche Regelung aber gerade.[259]

401 b) **Androhung einer Ersatzvornahme.** Eine Ersatzvornahme kommt nur bei **vertretbaren Handlungen** in Betracht, § 25 LVwVG. Nur eine vertretbare Handlung kann ersatzweise von einem anderen ausgeführt werden. Eine unvertretbare höchstpersönliche Handlung kann der Pflichtige nur selbst erfüllen (zB bei einem Platzverweis), ebenso ein Dulden oder Unterlassen.

Der Pflichtige hat die **Kosten** der Ersatzvornahme zu tragen, § 25 LVwVG. Bei Androhung einer Ersatzvornahme sollen[260] die voraussichtlichen Kosten angegeben werden, § 20 Abs. 5 LVwVG. Nach der LVwVGKO setzen sich diese aus den Gebühren für das Tätigwerden der Behörde (§ 6 LVwVGKO) und den Auslagen (§ 8 LVwVGKO) zusammen.

Dem Pflichtigen ist auch hier eine **angemessene Frist** zu setzen (§ 20 Abs. 1 S. 2 LVwVG), die sich auf den Beginn oder das Ende der geforderten Handlung beziehen kann.

Beispiele:
Frist zum **Beginn** einer Handlung:
- „Für den Fall, dass mit der in Ziff. 1 bezeichnete Maßnahme nicht innerhalb von vier Wochen nach Bekanntgabe dieses Bescheids *(alternativ: nicht bis zum ...)* begonnen wird, drohen wir Ihnen die Durchführung der Ersatzvornahme durch ein von uns beauftragtes Unternehmen auf Ihre Kosten an. Die Kosten einschließlich Gebühren werden in diesem Fall voraussichtlich 5.000,- Euro betragen."

---

258 Zur einer derartigen Androhung bei Handlungen s. o. Rn. 169 f.
259 Vgl. BVerwG, Gerichtsbescheid v. 26.6.1997, Az. 1 A 10/95, juris Rn. 34 ff. (= NVwZ 1998, 393) zu § 13 VwVG, auch mit zahlreichen Nachweisen für eine andere Auffassung.
260 S. hierzu oben Rn. 167.

Frist zur **Ausführung** einer Handlung:
- „Für den Fall, dass der in Ziff. 1 bezeichneten Maßnahme nicht innerhalb von vier Wochen nach Bekanntgabe dieses Bescheids *(alternativ: nicht bis zum ...)* ausgeführt ist, drohen wir Ihnen die Durchführung der Ersatzvornahme durch ein von uns beauftragtes Unternehmen auf Ihre Kosten an. Die Kosten einschließlich Gebühren werden in diesem Fall voraussichtlich 5.000,- Euro betragen.

Führt die Behörde die Ersatzvornahme selbst durch, entfällt selbstverständlich der Zusatz „durch ein von uns beauftragtes Unternehmen".

Beachte:
Ist der Pflichtige eine juristische Person oder Vereinigung, ist diese als Kostenschuldner klar zu benennen:
- „Für den Fall, dass der in Ziff. 1 bezeichneten Maßnahme nicht innerhalb von vier Wochen nach Bekanntgabe dieses Bescheids ausgeführt ist, drohen wir die Durchführung der Ersatzvornahme durch ein von uns beauftragtes Unternehmen auf Kosten der X-GmbH an. Die Kosten einschließlich Gebühren werden in diesem Fall voraussichtlich 5.000,- Euro betragen."

c) Androhung von unmittelbarem Zwang. Die Anwendung von unmittelbarem Zwang (Definition s. § 26 Abs. 1 LVwVG) ist erst zulässig, wenn Zwangsgeld und Ersatzvornahme nicht zum Erfolg geführt haben oder deren Anwendung untunlich ist, § 26 Abs. 2 LVwVG. „Untunlich" meint, dass die Anwendung von Zwangsgeld und Ersatzvornahme im konkreten Einzelfall nicht gleich geeignet, also nicht gleich wirksam ist, die Verpflichtung durchzusetzen.[261] Danach kommt eine Androhung von unmittelbarem Zwang idR nur in Betracht, wenn eine Ersatzvornahme ausscheidet (weil eine höchstpersönliche/unvertretbare Handlung, ein Dulden oder Unterlassen gefordert wird) und ein Zwangsgeld ungeeignet ist und nicht zum gewünschten Erfolg führen kann (weil der pflichtige Adressat über kein Einkommen/Vermögen verfügt oder schnell gehandelt werden muss).

Beispiel:
„Falls Sie der Anordnung in Ziff. 1 nicht innerhalb von fünf Tagen nach Zustellung dieses Bescheids freiwillig nachkommen, drohen wir die Anwendung von unmittelbarem Zwang an."

Die konkrete Art des unmittelbaren Zwangs muss nicht angedroht werden. Oft ist im Vorfeld auch noch gar nicht absehbar, welche konkrete Art der Gewalteinwirkung zur Anwendung kommen wird bzw. muss.

4. Tenorierung von Nebenbestimmungen

Sind Nebenbestimmungen sehr umfangreich (wie zB bei Baugenehmigungen), können sie dem eigentlichen Bescheid gesondert angefügt werden, wobei zu vermerken ist, dass sie Bestandteil des Bescheids (der Genehmigung, Erlaubnis) sind. Ist die Anzahl an Nebenbestimmungen überschaubar, empfiehlt es sich, sie

---

261 VG Karlsruhe, Beschl. v. 28.4.2021, Az. 3 K 3559/20, juris Rn. 62; *Engelhardt/App/Schlatmann/ Mosbacher*, VwVG/VwZG § 12 Rn. 9 zur vergleichbaren Regelung des Bundes-VwVG.

im Tenor nach Erteilung der Erlaubnis in einer eigenen Ziffer zusammenfassend aufzuführen. Zur Klarstellung empfiehlt es sich zumindest bei einer überschaubaren Anzahl an Nebenbestimmungen, am Ende (in Klammer gesetzt) die Art der jeweiligen Nebenbestimmung zu benennen.

Beispiel:
1. Ihnen wird die Erlaubnis zum Betrieb einer Schank- und Speisewirtschaft in den Räumen ... des Anwesens ... *Adresse* ... erteilt.
2. Hierzu ergehen folgende Nebenbestimmungen:
   a. Sie haben ab 22.00 Uhr die Fenster und Türen Ihrer Gaststätte geschlossen zu halten (Auflage).
   b. Die Schank- und Speisewirtschaft darf erst in Betrieb genommen werden, wenn Sie durch eine Bescheinigung der Industrie- und Handelskammer Freiburg den Nachweis erbracht haben, dass Sie über die Grundzüge der für Ihren Betrieb notwendigen lebensmittelrechtlichen Kenntnisse unterrichtet worden sind und mit ihnen als vertraut gelten (aufschiebende Bedingung).
   c. ...
3. Für diese Entscheidung wird eine Gebühr von 500,- Euro festgesetzt.

Nach § 36 Abs. 2 LVwVfG gibt es **fünf Arten von Nebenbestimmungen** (s. hierzu ausführlich Rn. 198 ff.): Befristung, Bedingung, Widerrufsvorbehalt, Auflage und Auflagenvorbehalt. Befristungen und Bedingungen können aufschiebend oder auflösend wirken. Die Auswirkungen der jeweiligen Nebenbestimmung müssen in der Tenorierung klar und deutlich zum Ausdruck kommen:

404 a) **Befristung.** Eine Befristung regelt, ab wann und/oder bis wann ein VA Rechtswirkung entfaltet. Sie bestimmt also seinen zeitlichen Geltungsbereich. Der Zeitpunkt muss bestimmt sein (zB durch konkretes Datum) oder zumindest bestimmbar sein (zB „am Ende des Quartals", „am Ostermontag", „am 15. des jeweiligen Monats"). Regelt die Befristung, ab wann ein VA Rechtswirkungen entfaltet, spricht man auch von „aufschiebender Befristung"; regelt sie das Ende der Wirksamkeit eines VA, spricht man von „auflösender Befristung". Natürlich kann auch beides gleichzeitig und damit ein konkreter Zeitraum bestimmt werden („vom 15. bis zum 17. März"). In einigen Fällen ist gesetzlich ausdrücklich vorgeschrieben, dass ein begünstigender VA (Genehmigung/Erlaubnis) nur befristet („auf Zeit") erteilt werden darf (vgl. § 16 Abs. 1 S. 2 StrG, § 58 Abs. 4 LBO, § 7 Abs. 1 S. 1 AufenthG).

Beispiele:
– Die in Ziff. 1 erteilte ...Erlaubnis gilt bis zum Ende des Jahres (Befristung).
– Die in Ziff. 1 erteilte ...Genehmigung gilt vom 17. bis zum 19. Mai 2022 (Befristung).

oder zusammen mit Erteilung der Erlaubnis:
– Ihnen wird die Sondernutzungserlaubnis für einen Stand auf dem Marktplatz auf der im beiliegenden Plan gekennzeichneten Fläche für die Samstage im Oktober 2022 von 9.00 bis 14.00 Uhr erteilt (Befristung).

405 b) **Bedingung.** Die Bedingung macht den Beginn oder das Ende der (inneren) Wirksamkeit des VA von einem Ereignis abhängig, dessen Eintritt ungewiss ist.

Ungewiss kann nicht nur sein, wann das Ereignis eintritt, sondern auch, ob es überhaupt eintritt. Es ist auch zulässig, die Herbeiführung des Ereignisses vom Willen und Verhalten des Begünstigten abhängig zu machen, zB von der Vorlage einer Bescheinigung. Eine **aufschiebende Bedingung** bewirkt, dass erst mit Eintritt des Ereignisses von dem begünstigenden VA (der Genehmigung, Erlaubnis etc.) Gebrauch gemacht werden darf (die innere Wirksamkeit der Genehmigung/ Erlaubnis wird bis zum Eintritt dieses Ereignisses „aufgeschoben").[262] Eine **auflösende Bedingung** bewirkt, dass der begünstigende VA mit Eintritt des Ereignisses seine Wirksamkeit verliert. Nach dem Ereignis existiert er rechtlich nicht mehr (die Wirksamkeit des VA wird „aufgelöst").[263]

Beispiele:
für eine aufschiebende Bedingung:
- Die Schank- und Speisewirtschaft darf erst in Betrieb genommen werden, wenn Sie durch eine Bescheinigung der Industrie- und Handelskammer Freiburg den Nachweis erbracht haben, dass Sie über die Grundzüge der für Ihren Betrieb notwendigen lebensmittelrechtlichen Kenntnisse unterrichtet worden sind und mit ihnen als vertraut gelten (aufschiebende Bedingung).
- Von der Änderungsgenehmigung darf erst Gebrauch gemacht werden *(alternativ: Die geänderte Anlage darf erst in Betrieb genommen werden)*, wenn die zugelassene Überwachungsstelle die Anlage geprüft und uns schriftlich nachgewiesen hat, dass die Änderungen der Anzeige entsprechen (aufschiebende Bedingung).

für eine aufschiebende Bedingung, die sich nur auf einzelne Teile der Genehmigung bezieht:
- Die Feuerstätten dürfen erst in Betrieb genommen werden, wenn der beauftragte Schornsteinfegermeister die Brandsicherheit und die sichere Abführung der Verbrennungsgase bescheinigt hat (aufschiebende Bedingung).
- Maschinen und Sicherheitsbauteile dürfen erstmals in Betrieb genommen werden, wenn sie den grundlegenden Sicherheits- und Gesundheitsanforderungen der Maschinenrichtlinie (98/37/EG) in ihrer neuesten Fassung entsprechen und ihre Übereinstimmung mit den Bestimmungen dieser Richtlinie durch eine EG-Konformitätserklärung und zusätzlich bei Maschinen die CE- Konformitätskennzeichnung nachgewiesen ist (aufschiebende Bedingung).

für eine auflösende Bedingung:
- Die Erlaubnis gilt bis zum Abschluss der Bauarbeiten (auflösende Bedingung).

---

262 Vor dem Ereignis entfaltet der begünstigende VA keine Rechtswirkungen (s. Rn. 201). Übt der Antragsteller die beantragte Handlung (zB Betrieb einer Anlage/eines Gewerbes) dennoch aus, handelt er ohne Genehmigung/Erlaubnis. Die Behörde kann bzw. muss einschreiten und die Ausübung untersagen.
263 Übt der Adressat die ehemals genehmigte Handlung (zB Betrieb einer Anlage/eines Gewerbes) weiterhin aus, handelt er ohne Genehmigung/Erlaubnis. Die Behörde kann bzw. muss auch hier einschreiten und die Ausübung durch gesonderten VA untersagen.

für einen Zeitraum (aufschiebende und auflösende Bedingung):
- Die Erlaubnis gilt für den Zeitraum der Bauarbeiten (Bedingung).

406 c) **Widerrufsvorbehalt.** Der Widerrufsvorbehalt ist letztlich ein besonderer Fall der auflösenden Bedingung. Das ungewisse Ereignis, das die Wirksamkeit des VA auflöst, ist der von der Behörde erklärte Widerruf. Der Widerrufsvorbehalt weist den Adressaten auf die Möglichkeit des späteren Widerrufs hin und schließt die Entstehung eines schutzwürdigen Vertrauens aus. Es ist grds. zulässig, den VA „jederzeit widerruflich" zu erteilen und an keinen bestimmten Widerrufgrund zu knüpfen – in der Widerrufsentscheidung selbst ist der konkrete Widerrufsgrund aber klar zu benennen (s. Rn. 202). Ein eingeschränkter Widerrufsvorbehalt, nach dem der Widerruf nur unter bestimmten Voraussetzungen zulässig ist, ist aber gegenüber einem uneingeschränkten Widerrufsvorbehalt idR das mildere gleich geeignete Mittel und damit eher verhältnismäßig. Teilweise sind die Widerrufsgründe im Spezialgesetz aber auch vorgegeben (zB in § 12 Abs. 2 S. 2 BImSchG bei zu Erprobungszwecken dienenden genehmigungsbedürftigen Anlagen). Bei gebundenen Haupt-VA ist das Beifügen eines Widerrufsvorbehalts – wie bei allen Nebenbestimmungen – nach § 36 Abs. 1 Alt. 2 LVwVfG nur zulässig, um die gesetzlichen Vorgaben zur Erteilung der Genehmigung/Erlaubnis sicherzustellen (zB indem durch den Widerrufsvorbehalt ein Versagungsgrund ausgeräumt wird). Im Bescheid muss damit klar zum Ausdruck kommen, welche gesetzlichen Vorgaben der Widerrufsvorbehalt sicherstellen will.

Beispiele:
ohne Widerrufsgrund:
- Die Sondernutzungserlaubnis wird widerruflich erteilt (Widerrufsvorbehalt).
- Die Baugenehmigung für das oben beschriebene Ausstellungsgebäude wird widerruflich erteilt (Widerrufsvorbehalt).

mit Widerrufsgrund:
- Für den Fall, dass ein Lärmpegel von ... dB(A) überschritten wird, behalten wir uns den Widerruf der Genehmigung vor (Widerrufsvorbehalt).
- Für den Fall, dass die soeben genannten Pflichten in Ziff. ... nicht eingehalten werden, behalten wir uns den Widerruf der Erlaubnis vor (Widerrufsvorbehalt).
- Für den Fall, dass die Grenzwerte von ... überschritten werden, behalten wir uns den Widerruf der Erlaubnis vor (Widerrufsvorbehalt).

407 d) **Auflage.** Die Auflage ergänzt den begünstigenden VA durch eine eigene Sachregelung. Sie verpflichtet den Begünstigten zu einem bestimmten Tun, Dulden oder Unterlassen, vgl. § 36 Abs. 2 Nr. 4 LVwVfG. Die Auflage enthält somit eine zusätzliche Pflicht (ein Ge- oder Verbot) und ist daher selbst ein VA. Als Nebenbestimmung hängt sie aber von der Wirksamkeit des begünstigenden Haupt-VA (der Genehmigung/Erlaubnis) ab. Macht der Begünstigte zB von der Genehmigung keinen Gebrauch, muss er auch die Auflage nicht befolgen. Die **Auflage** ist insb. **von der aufschiebenden Bedingung abzugrenzen:** Ergeht ein VA mit einer aufschiebenden Bedingung, darf erst mit Eintritt der Bedingung davon Gebrauch gemacht und zB eine Anlage errichtet oder ein Gewerbe ausgeübt werden. Der mit einer Auflage verbundene VA wird hingegen sofort rechtswirksam. Der Begünstigte darf sofort davon Gebrauch machen und zB die Anlage errichten oder das Gewerbe ausüben. Die Auflage hat er während des Betriebs zu beachten bzw. zu erfüllen (s. zur Abgrenzung ausführlich Rn. 209).

Beispiele:
- Sie haben als Lärmschutzvorrichtungen ... anzubringen, um Lärmbelästigungen für die Nachbarschaft zu vermeiden (Auflage).
- Bei der Anlage ist eine Nachtabschaltautomatik zu installieren (Auflage).
- Während des Betriebs müssen stets zwei Aufsichtspersonen in der Spielhalle anwesend sein (Auflage).
- Die Autowaschanlage ist so zu installieren, dass sie nur bei geschlossenem Hallentor in Betrieb genommen werden kann (Auflage).
- Beginn und Ende der Arbeiten zum Ausbau der Messstellen sind uns schriftlich anzuzeigen (Auflage).
- Das Lagern von und der Umgang mit wassergefährdenden Stoffen im Bereich der Bohrung ist verboten (Auflage).
- Ausgelaufene wassergefährdende Flüssigkeiten sind umgehend zu binden, restlos aufzunehmen und entsprechend der gesetzlichen Bestimmungen zu entsorgen. Hierzu ist Ölbindemittel in ausreichender Menge bereitzuhalten (Auflage).
- Zur Behandlung in der Anlage sind nur feste, edelmetallhaltige Abfälle ohne organische Bestandteile oder Anhaftungen zugelassen (Auflage).

Befolgt der Adressat die Auflage nicht, kann die Behörde sie im Wege der Verwaltungsvollstreckung durchsetzen oder die Erlaubnis nach § 49 Abs. 2 Nr. 2 bzw. Abs. 3 Nr. 2 LVwVfG widerrufen. Ersteres ist grds. das mildere gleich geeignete Mittel und daher eher verhältnismäßig.

e) **Auflagenvorbehalt.** Die Behörde darf nicht immer und in jedem Fall einen begünstigenden VA nachträglich mit Auflagen versehen. Nebenbestimmungen können nur zusammen mit dem Haupt-VA erlassen werden. Teilweise wird eine nachträgliche Erteilung spezialgesetzlich ausdrücklich gestattet, zB nach § 5 GastG „können jederzeit Auflagen [...] erteilt werden" – solche „Auflagen" sind dann selbst Haupt-VA. Sofern eine spezialgesetzliche Regelung hierfür fehlt, ermöglicht der Auflagenvorbehalt, dass nachträglich noch Auflagen als Nebenbestimmung erlassen werden können. Der Auflagenvorbehalt ist die rechtserhebliche Ankündigung, dass später ggf. noch Auflagen ergehen oder bestehende Auflagen geändert werden können. Der Inhalt der zukünftigen Auflage braucht noch nicht präzisiert zu werden.

Beispiele:
- Wir behalten uns den Erlass weiterer Auflagen vor (Auflagenvorbehalt).
- Für den Fall, dass die zulässigen Grenzwerte von ... überschritten werden, behalten wir uns den Erlass weiterer Auflagen vor (Auflagenvorbehalt).

5. Gebührenentscheidung

Die Rechtsgrundlage mit den Tatbestandsvoraussetzungen für die Festsetzung der Gebühr findet sich in den jeweiligen Gebührenverordnungen bzw. Gebührensatzungen der einzelnen Verwaltungsträger (§ 4 Abs. 2, Abs. 3 LGebG bzw. §§ 1, 2, 11 Abs. 1 KAG, s. o. Rn. 176 ff.). Handelt es sich um eine Rahmengebühr, ist Ermessen auszuüben (§ 40 LVwVfG), welches sich insb. an § 7 LGebG bzw. § 11 Abs. 2 KAG auszurichten hat. Im Tenor ist der konkrete Betrag festzusetzen.

Beispiel:
„Für diese Entscheidung wird eine Gebühr von 120,- Euro festgesetzt."

6. Hinreichende Bestimmtheit

410 Im Tenor müssen alle Entscheidungen so klar und bestimmt formuliert sein, dass klar ist, **wer** (welche Behörde) **was** (Inhalt) **von wem** (Adressat) verlangt (s. o. Rn. 389).

411 a) **Behörde.** Es muss klar erkennbar sein, welche Behörde den VA erlassen hat. Bei einem schriftlichen oder elektronischen (E-Mail etc.) VA führt dies andernfalls nicht nur zur Rechtswidrigkeit, sondern gem. § 44 Abs. 2 Nr. 1 LVwVfG zur Nichtigkeit und damit nach § 43 Abs. 3 LVwVfG zur Unwirksamkeit des VA.

412 b) **Inhalt.** Der Tenor muss inhaltlich so bestimmt formuliert sein, dass Bürger und etwaige Vollstreckungsbeamte genau wissen, was sie zu tun haben, vgl. § 37 Abs. 1 LVwVfG.

Beispiele (s. bereits die Beispiele unter Rn. 82 f.):
- Soweit Grundstücke, Wohnungen, Räume etc. betroffen sind, ist deren genaue Lage mit Flurstücknummer, Adresse, Stockwerk etc. anzugeben. Gleiches gilt natürlich für Zäune, Bäume oder bewegliche Sachen wie Autos, Gerüste. Auch bei Abfallstoffen sollten – soweit möglich – deren „Hauptbestandteile" benannt werden, zB Elektrogeräte, Reifen, Bauschutt etc.
- Bei einer Erlaubnis/Genehmigung ist genau darauf zu achten, was deren (Mindest-)Inhalt ist. Hier gibt es unter Umständen spezialgesetzliche Vorgaben. Die gaststättenrechtliche Erlaubnis ist zB nach § 3 GastG für eine bestimmte Betriebsart und für bestimmte Räume zu erteilen. Beides muss im Tenor hinreichend bestimmt zum Ausdruck kommen. Eine Baugenehmigung wird idR für eine bauliche Substanz und deren bauliche Nutzung erteilt, zB für ein zweigeschossiges Wohnhaus. Eine wasserrechtliche Erlaubnis gewährt die Befugnis, die wasserrechtliche Bewilligung das Recht, ein Gewässer zu einem bestimmten Zweck in einer nach Art und Maß bestimmten Weise zu benutzen, § 10 WHG. Zweck, Art und Maß sind hinreichend konkret anzugeben.
- Zur Unbestimmtheit führen häufig auch Begriffe im Tenor, denen keine exakte Bedeutung beigemessen werden kann (zB „ausreichende Reduzierung des Lärms", „geschlossene Ortslage", „nahe Verwandte").
- Im Hinblick auf Zwangsmittel sind die speziellen Anforderungen nach § 20 LVwVG zu beachten (s. o. Rn. 164 ff.).

413 c) **Adressat.** Schließlich muss der Adressat, an den sich der VA richtet, hinreichend bestimmt sein. Sind juristische Personen, Vereinigungen, denen ein Recht zustehen kann, Minderjährige etc. Adressat eines VA, ist besonders darauf zu achten, dass sie und nicht etwa ihre gesetzlichen Vertreter im Tenor als Adressaten benannt sind (s. hierzu bereits Rn. 386 und 392). Insbesondere bei personenbezogenen Allgemeinverfügungen muss der Personenkreis, an den sich die Allgemeinverfügung richtet, klar erkennbar sein. Nach § 35 S. 2 LVwVfG muss der Personenkreis nach allgemeinen Merkmalen bestimmt oder zumindest bestimmbar sein. Der Personenkreis ist so deutlich zu beschreiben, dass deren Mitglieder von anderen abgegrenzt werden können.

Beispiele:
Zu unbestimmt ist zB
- eine Allgemeinverfügung mit Aufenthaltsverbot in einem bestimmten Bereich des Stadtgebiets „für Anhänger/Fans von Eintracht Frankfurt a. M. (erkennbar durch Fanbekleidung, Skandierung von Parolen und sonstigem Auftreten) in der Zeit von …". Es ist bereits nicht eindeutig erkennbar, ob mit der Verfügung alle Eintracht-Fans angesprochen werden und der Zusatz in der Klammer nur ein Hinweis zur Identifizierung solcher Fans darstellt oder ob von vornherein nur solche Anhänger betroffen sein sollen, die in der beschriebenen Form nach außen hin erkennbar sind. Außerdem ist nicht hinreichend klar, was mit „sonstigem Auftreten" gemeint ist.[264]

Hinreichend bestimmt ist zB
- ein präventives Versammlungsverbot von „Versammlungen unter freiem Himmel und Aufzügen für den Zeitraum vom … *Datum/Uhrzeit* … bis zum … *Datum/Uhrzeit* … in dem Gebiet … *genaue Kennzeichnung*." Es ist ohne Weiteres erkennbar, dass sich die Verfügung an jede Person richtet, die innerhalb des Geltungsbereichs im besagten Zeitraum an einer Versammlung unter freiem Himmel oder einem Aufzug teilnehmen will;[265]
- die Auflösung einer Versammlung – wer zur Versammlung gehört, ist nach allgemeinen Merkmalen bestimmbar;
- ein allgemeines Badeverbot in einem eindeutig abgegrenzten Bereich (auch durch Kennzeichnung vor Ort mithilfe von Bojen) – es betrifft erkennbar jede Person, die in diesem Bereich den See betreten bzw. sich darin aufhalten möchte.

IV. Begründung

1. Allgemeine Überlegungen

a) Begründungspflicht. Ein belastender schriftlicher oder elektronischer VA ist grds. zu begründen; Ausnahmen finden sich in § 39 Abs. 2 LVwVfG. Soweit die

---

264 VG Darmstadt, Beschl. v. 28.4.2016, Az. 3 L 642/16.DA, juris Rn. 11 ff. (= NVwZ 2016, 1344). Ein Grenzfall liegt demnach vor, wenn sich die Verfügung an „die Anhänger/Fans von Eintracht Frankfurt a. M., erkennbar durch Fanbekleidung und Skandierung der Anhänger/Fans durch „sonstiges Auftreten". Ein weiterer Grenzfall ist ein Aufenthaltsverbot für „Personen, der sog. ‚Punk-Szene' zuzuordnen sind", wenn deren äußere Merkmale mit „auffällige Kleidung, besetzt mit einer Vielzahl von Symbolen, Aufschriften und Nieten", „typische farbige Punkfrisuren" näher beschrieben sind, VGH BW, Beschl. v. 4.10.2002, Az. 1 S 1963/02, juris Rn. 11 ff. (= NVwZ 2003, 115), der diese Frage offen gelassen hat.
265 Vgl. VGH BW, Urt. v. 6.11.2013, Az. 1 S 1640/12, juris Rn. 47 (= VBlBW 2014, 147).

Behörde einem Antrag entspricht und einen begünstigenden VA erteilt, ist eine Begründung entbehrlich, vgl. § 39 Abs. 1 und Abs. 2 Nr. 1 LVwVfG. Weicht sie vom Antrag ab, ist eine Begründung erforderlich – dies gilt insb. für den Erlass von Nebenbestimmungen. Die Begründung muss nach § 39 Abs. 1 S. 2 LVwVfG die **wesentlichen tatsächlichen und rechtlichen Gründe** enthalten, die die Behörde zu ihrer Entscheidung bewogen haben. Sie sollte sich deshalb in zwei Teile gliedern: in die wesentlichen tatsächlichen Gründe - **den Sachverhalt** - und die wesentlichen **rechtlichen Gründe**. Auf diese Weise erkennt auch der Sachbearbeiter im Wege der Selbstkontrolle, welchen Sachverhalt er als erwiesen zugrunde legt und welche rechtlichen Schlüsse er daraus zieht. Diese klare Trennung erleichtert zudem die Anwendung von Textbausteinen in wiederkehrenden Fällen. Die Begründung von Ermessensentscheidungen soll auch alle Gesichtspunkte erkennen lassen, von denen die Behörde bei Ausübung ihres Ermessens ausgegangen ist, § 39 Abs. 1 S. 3 LVwVfG.

415 b) **Selbstkontrolle der Verwaltung.** Die Begründungspflicht **zwingt die Behörden, ihr Handeln sorgfältig zu bedenken.** Sie bewahrt sie vor voreiligen und falschen Entscheidungen und schützt den Bürger vor Willkür und die Behörde vor dem Verdacht der Willkür und der Geheimniskrämerei. Sorgfältige Begründungen liegen daher auch im öffentlichen Interesse; sie tragen dazu bei, das Vertrauen in die Verwaltung und in den Rechtsstaat zu festigen. Die Begründungspflicht dient auch der **Eigenkontrolle** der Verwaltung und vermindert die Zahl der zu erwartenden Rechtsbehelfe. Außerdem macht sie den **Rechtsschutz** wirksamer, weil der Bürger eher überprüfen kann, ob seine Rechte gewahrt werden, und sie **erleichtert Widerspruchsbehörden und Gerichten** ebenfalls zu kontrollieren, ob die Verwaltungsentscheidung rechtmäßig ergangen ist. Ein VA kann im Ergebnis richtig, jedoch nicht oder nicht richtig begründet sein. Ein VA kann aber auch sorgfältig begründet, jedoch sachlich falsch sein, weil von unzutreffenden Tatsachen ausgegangen oder das Recht nicht richtig angewendet worden ist.

416 c) **Bürgernahe Sprache.** Von einer modernen demokratischen, rechtsstaatlichen, bürger- und kundenorientierten Verwaltung wird heute erwartet, dass sie ihre Entscheidungen auch für Verwaltungs- und Rechtslaien leicht verständlich und überzeugend kommuniziert. Um Bürger zu überzeugen, dass ein Bescheid richtig ist, ist eine von mehreren Voraussetzungen, dass der Bescheid vom Empfänger auch richtig verstanden wird. Schwer verständliche oder für Laien unverständliche Begriffe oder Passagen sollten man daher – so weit wie möglich – vermeiden. Auf die Nennung der einschlägigen Paragrafen sollte jedoch nicht verzichtet werden, auch wenn dadurch die Verständlichkeit und der Lesefluss etwas leidet. Sie bilden die Grundlage jeder rechtlichen Begründung.

> **Tipps für eine bürgernahe Sprache:**
> 1. Kurze Sätze bilden
> 2. Schachtelsätze mit vielen Nebensätzen vermeiden
> 3. Schachtelwörter (Lohnsteuerjahresausgleichsformular) zerlegen
> 4. Fachausdrücke nur verwenden, wenn sie zur rechtlichen Klarheit unverzichtbar sind, dann aber in Allgemeinsprache erläutern

5. Keine ungewöhnlichen Abkürzungen benutzen
6. Hauptwörter nicht häufen
7. Mehr Aktiv als Passiv benutzen
8. Adressaten persönlich ansprechen (Sie, Ich, Wir)
9. Namen richtig schreiben
10. Bürger höflich und respektvoll ansprechen und grüßen
11. Texte gut formal und inhaltlich gliedern
12. Auf Pläne, Fotos etc. verweisen
13. Die Bezeichnung („Namen") einer Rechtsvorschrift erstmalig ausschreiben und für die Folge die Abkürzung in Klammer nehmen
14. Bei Paragrafenangaben die Worte „Absatz" und „Satz" ausschreiben
15. Wichtige Paragrafen (wie die Rechtsgrundlage) sowie Paragrafen, deren Anwendung umstritten ist, in eigenen Worten wiedergeben
16. Freiwillige Hinweise/Hilfen, zB eine Rechtsbehelfsbelehrung auch zur Anordnung der sofortigen Vollziehung beifügen

Die Mühe, die es bereitet, möglichst einfach, verständlich und überzeugend zu formulieren, wird manchmal belohnt: Bürger verzichten auf Rückfragen oder Widersprüche.

d) Formale Fehlerfreiheit. Neben der inhaltlichen Richtigkeit muss auch die äußere Form einwandfrei sein. Grammatikalische Fehler, Mängel in der Zeichensetzung und Rechtschreibung stellen zwar keine rechtlichen Fehler dar, sie veranlassen aber Bürger zu dem nicht ganz unberechtigten Schluss, dass Bescheide möglicherweise auch juristisch nicht sachkundig und fehlerfrei zustande gekommen sind, wenn sie schon äußerlich Fehler aufweisen.

2. Der Sachverhalt

Nach § 39 Abs. 1 LVwVfG sind die **wesentlichen** tatsächlichen Gründe zu nennen, also die wesentlichen **Tatsachen, die für** die Anwendung des Rechts – **die Subsumtion – von Bedeutung sind.** Des Weiteren ist auf die **Einwände des Adressaten**, die er insb. während der Anhörung vorgebracht hat, einzugehen. Ggf. sind auch **Verfahrensabläufe** darzustellen (wie Eingang eines Antrags, Vorlage eines Berichts/Gutachtens etc.). Bei einer erfolgten **Anhörung** sollte im Sachverhalt kurz geschildert sein, wie der Adressat angehört wurde und ob und wie er sich geäußert hat.

Es ist sehr wichtig, den Sachverhalt **richtig und vollständig zu ermitteln** (Amtsermittlungspflicht, § 24 LVwVfG)[266] **und darzustellen.** Andernfalls kommt es zwangsläufig zu Fehlern bei der Subsumtion und somit zu inhaltlichen Fehlern, die eine Aufhebung der Entscheidung in möglichen Rechtsbehelfsverfahren nach sich ziehen können. Auch im Sachverhalt ist auf die **persönliche Anrede** zu achten („Als Sie am ..."). Der Sachverhalt soll **knapp und klar Tatsachen beschreiben**, ohne sie schon rechtlich zu würdigen. Es empfiehlt

---

[266] S. hierzu insb. *Peters*, Grundzüge der Sachverhaltsermittlung im Verwaltungsverfahren, Verwaltungsrundschau 2020, 145 ff.

sich, den Sachverhalt **chronologisch** zu schildern. Um ihn kurz zu halten, kann auf Auskünfte, Berichte, Stellungnahmen oder schon ergangene Bescheide verwiesen werden, wenn sie Bestandteil der Akte sind und der Betroffene sie kennt oder sie leicht erlangen kann. Ist **umstritten, von welchen Tatsachen** auszugehen ist, soll die Behörde die nach ihrer Ansicht falschen Tatsachenbehauptungen deutlich benennen und widerlegen, zB indem sie Beweismittel wie schriftliche und mündliche Angaben von Zeugen, die Ergebnisse eines Augenscheins, beschlagnahmte Gegenstände, Feststellungen anderer Behörden etc. aufführt.

3. Die rechtlichen Gründe

420 Der Tenor kann aus mehreren **Haupt-VA** (Hauptentscheidungen) sowie **Nebenentscheidungen** (Anordnung der sofortigen Vollziehung, Androhung von Zwangsmitteln, Gebührenentscheidung) bestehen. Jede Entscheidung ist grds. einzeln zu begründen. Um die rechtlichen Gründe der jeweiligen Entscheidung besser zuordnen zu können, empfiehlt es sich, **die Nummerierung des Tenors zu übernehmen**. Auf diese Weise gewinnt der Leser, aber auch der Bescheid-Verfasser einen besseren Überblick.

421 a) **Begründung des/der Haupt-VA.** Die rechtliche Begründung jeder einzelnen Entscheidung sollte in sich gegliedert und keine bloße Ansammlung von rechtlichen Argumenten sein. Einmal angeeignet, gibt eine Gliederung Sicherheit beim Erstellen von Bescheiden wie auch bei der Rechtsanwendung insgesamt, auch wenn Bescheide je nach Rechtsgebiet und Komplexität des Falles sehr variieren können. Die folgende Gliederung ist keine strikte Vorgabe. Sie entspricht den Grundsätzen der Rechtsanwendung und kann ggf. mit Änderungen auf komplexe und umfangreiche wie auch auf einfach gelagerte Sachverhalte angewendet werden:
- **Rechtsgrundlage** benennen.
- Deren einschlägige **Tatbestandsvoraussetzungen benennen** und ggf. die dort genannten Rechtsbegriffe **definieren**. Den konkreten Sachverhalt den einzelnen Tatbestandsvoraussetzungen zuordnen (sog. **Subsumtion**).
- Begründen, warum sich die Entscheidung an den **Adressaten** richtet (und nicht an eine andere in Betracht kommende Person).
- **Ermessenserwägungen** darlegen, insb. auf den **Verhältnismäßigkeitsgrundsatz** als Ermessensgrenze eingehen und ggf. die Zweckmäßigkeitserwägungen darlegen.

> **Beachte:**
> Aufbau und Inhalt der „rechtlichen Gründe" eines Bescheids **entsprechen im Wesentlichen der Gliederung des Rechtsgutachtens**, weshalb hier grds. das gleiche Prüfungsschema angewendet werden kann (Rechtsgrundlage, Tatbestandsvoraussetzungen, Rechtsfolge). **Allerdings** sind **zur Bestimmtheit keine Ausführungen** zu machen, da der Bescheid einfach hinreichend bestimmt zu formulieren ist! **Formelle Voraussetzungen** sind im Bescheid **nur dann anzusprechen**, wenn sie problematisch und/oder umstritten sind, dh wenn zwischen Behörde und Adressat unterschiedliche Auffassungen bestehen.

Beachte: 422
Für die Formulierung im Bescheid ist der sog. **Bescheidstil** zu verwenden. Während der **Gutachtenstil** folgenden Aufbau hat
(1) Einleitungssatz
(2) Definition
(3) Subsumtion
(4) Ergebnis
entfällt beim **Bescheidstil** der Einleitungssatz und das Ergebnis wird vorangestellt:
(1) Ergebnis
(2) Definition
(3) Subsumtion
In beiden Fällen liegt der Schwerpunkt auf der „Definition" und „Subsumtion" (s. o. Rn. 13 f.).

Zu Beginn der rechtlichen Begründung ist die **Rechtsgrundlage** zu nennen, auf 423 die sich die Entscheidung stützt. Aus Gründen der Bürgerfreundlichkeit sind die Gesetze zunächst vollständig auszuschreiben (zB „Polizeigesetz Baden-Württemberg") und erst anschließend in ihrer üblichen Abkürzung (im Bsp. „PolG") anzugeben. Die Rechtsgrundlage ist **genau** zu benennen, also **mit Absatz und Satz!** Auch insoweit sind Abkürzungen (zB „Abs." und „S.") möglichst zu vermeiden. Schließlich sollte der für den konkreten Fall entscheidende Inhalt der Rechtsgrundlage (in eigenen Worten) wiedergegeben werden.

Nach der Rechtsgrundlage sind ihre **Tatbestandsvoraussetzungen herauszuar-** 424 **beiten**, wobei es genügt und übersichtlicher ist, nur diejenigen zu erwähnen, die in dem konkreten Fall eine Rolle spielen und das Einschreiten rechtfertigen. Es sollte nicht einfach gedankenlos der ganze Paragraf oder Absatz abgeschrieben werden. (Unbestimmte) Rechtsbegriffe sind zu **definieren** bzw. zu erläutern.

Anschließend ist ausführlich zu begründen, warum der festgestellte Sachverhalt 425 die genannten Tatbestandsvoraussetzungen erfüllt (**Subsumtion**). Bei der Subsumtion ist **sorgfältig und genau** zu **argumentieren**. Zum einen gilt auch hier der Bestimmtheitsgrundsatz, zum anderen hat der Adressat des Bescheids oftmals eine andere Sicht der Dinge und es gilt hier besonders, ihn mit Argumenten zu überzeugen.

Die Behörde darf nicht gegenüber jedermann einschreiten, sondern nur gegen- 426 über demjenigen, der nach dem Gesetz als **Adressat** bzw. Pflichtiger in Betracht kommt. Fehlt in den Spezialgesetzen eine derartige Regelung, kann im Bereich der Gefahrenabwehr auf die Normen über die Störer nach §§ 6 ff. PolG (analog) zurückgegriffen werden. Kommen mehrere Adressaten in Betracht, hat die Behörde ein Auswahlermessen (s. Rn. 54).

Ist der Verwaltung **Ermessen eingeräumt** (ob und wie sie entscheidet), sollen 427 nach § 39 Abs. 1 S. 3 LVwVfG in der Begründung die Ermessenserwägungen

zum Ausdruck kommen. Nach § 40 LVwVfG ist Ermessen wie folgt auszuüben (s. ausführlich Rn. 55 ff.):
- Im Bescheid muss erkennbar sein, **dass die Behörde** den Ermessensspielraum erkannt und **Ermessen aktiv ausgeübt hat**. Andernfalls ist die Entscheidung wegen des Ermessensfehlers in Form des „**Ermessensnichtgebrauchs**" rechtswidrig. Die Behörde darf keinesfalls den Eindruck vermitteln, sie musste (in dieser Weise) handeln.
- Das Ermessen muss **entsprechend dem Zweck der Ermächtigung** ausgeübt werden. Andernfalls ist die Entscheidung wegen „**Ermessensfehlgebrauchs**" rechtswidrig.
- Die **gesetzlichen Grenzen des Ermessens** sind einzuhalten, andernfalls ist die Entscheidung wegen „**Ermessensüberschreitung**" rechtswidrig. Die wichtigsten Ermessensgrenzen sind die Grundrechte und Grundfreiheiten sowie der Verhältnismäßigkeitsgrundsatz. Zu Letzterem sollten in jedem Fall Ausführungen gemacht werden. Eine Maßnahme ist verhältnismäßig, wenn sie zur Erreichung des legitimen Zwecks geeignet, erforderlich und angemessen ist (s. ausführlich Rn. 62 ff.).
- Werden innerhalb der gesetzlichen Grenzen Zweckmäßigkeitserwägungen angestellt, so sind auch diese anzuführen.

428 b) **Begründung der Anordnung der sofortigen Vollziehung.** Nach § 80 Abs. 3 S. 1 VwGO ist das **besondere Interesse** an der sofortigen Vollziehung des VA **schriftlich zu begründen**. Gemeint ist damit das **besondere öffentliche Interesse an der sofortigen Vollziehung** (Vollzugsinteresse), welches das **private Interesse des Adressaten an der aufschiebenden Wirkung eines von ihm eingelegten Rechtsbehelfs** (Suspensivinteresse) **übersteigt**. In der Begründung ist diese Interessenabwägung nachvollziehbar zu schildern. Es ist (wie im Rechtsgutachten) ausführlich darzulegen, weshalb ein öffentliches Interesse an der sofortigen Vollziehung besteht *und* dieses schwerer wiegt als das Interesse des Adressaten an der aufschiebenden Wirkung eines möglicherweise von ihm eingelegten Rechtsbehelfs. Mit anderen Worten: Es ist zu begründen, **warum die Verfügung sofort/umgehend beachtet werden muss** und ein **Rechtsbehelfsverfahren nicht abgewartet werden kann** (s. zur Anordnung der sofortigen Vollziehung ausführlich Rn. 123 ff.). Die Begründung hat eine Warn- und Schutzfunktion. Es dürfen keine allgemeinen Formeln verwendet und erst recht nicht nur der Gesetzestext wiedergegeben werden. Falsch ist auch, einfach nur die Begründung der Hauptregelung zu wiederholen.[267]

429 Eine **fehlerhafte Begründung** führt **automatisch zur Unwirksamkeit** der Anordnung. Das Verwaltungsgericht kann – ohne weitere Prüfung – die aufschiebende Wirkung wiederherstellen.[268]

430 c) **Begründung der Androhung von Zwangsmitteln.** Die **Androhung von Zwangsmitteln setzt** entsprechend dem Aufbau im Rechtsgutachten **voraus:**

---

267 VGH BW, Beschl. v. 17.7.1990, Az. 10 S 1121/90, juris Rn. 3 ff.; VGH BW, Beschl. v. 25.8.1976, Az. X 1318/76, NJW 1977, 165 f.
268 VGH BW, Beschl. v. 17.7.1990, Az. 10 S 1121/90, juris Rn. 5; VGH BW, Beschl. v. 25.8.1976, Az. X 1318/76, NJW 1977, 165 f.

- einen wirksamen Haupt-VA, der zu einer Handlung (ausgenommen einer Geldleistung), einem Dulden oder Unterlassen verpflichtet, § 18 LVwVG,
- vollstreckbar ist, dh bestandskräftig oder sofort vollziehbar nach § 2 LVwVG, und
- ermessensfehlerfrei erlassen wurde, insb. verhältnismäßig ist, vgl. § 19 Abs. 2 und 3 LVwVG.

Insbesondere die letzten beiden **allgemeinen Voraussetzungen** sind im Bescheid kurz zu begründen. Bei der Androhung von Zwangsgeld empfiehlt es sich, in der Begründung den nach § 23 LVwVG zulässigen Rahmen von 10 bis 50.000 Euro aufzuzeigen, um das konkret angedrohte Zwangsgeld damit ins Verhältnis zu setzen (im Tenor hat dieser Rahmen aber nichts verloren (!), hier ist eine bestimmte Höhe anzudrohen, s. o. Rn. 398). Die Behörde erhöht den Druck auf den Pflichtigen weiter, indem sie ihm vor Augen führt, dass Zwangsmittel wiederholt und so lange angewendet werden können, bis der VA vollzogen oder anderweitig erledigt ist, vgl. § 19 Abs. 4 LVwVG. Ggf. sind noch **besondere Vollstreckungsvoraussetzungen** zu erwähnen, zB die „vertretbare Handlung" bei der Ersatzvornahme oder die Voraussetzungen nach § 26 LVwVG bzw. §§ 66 ff. PolG bei dem unmittelbaren Zwang (s. zur Androhung von Zwangsmitteln ausführlich Rn. 142 ff.).

d) Begründung der Gebührenentscheidung. Hier kann auf die grundlegenden Ausführungen im 1. Teil (s. o. Rn. 176 ff.) sowie auf die Tenorierung der Gebührenentscheidung (s. o. Rn. 409) verwiesen werden. **431**

V. Rechtsbehelfsbelehrung

Nach § 37 Abs. 6 LVwVfG und § 58 Abs. 1 VwGO hat die Behörde einem schriftlichen oder elektronischen VA eine **Rechtsbehelfsbelehrung** beizufügen. Ein Verstoß führt aufgrund der bundesgesetzlichen Regelung in § 58 Abs. 2 VwGO weiterhin dazu, dass der VA ein Jahr lang angegriffen werden kann. Zu den **Mindestangaben** (Art des Rechtsbehelfs, Behörde/Gericht, Sitz und Frist) sowie zum Umgang mit **zusätzlichen Angaben** s. Rn. 111 ff. **432**

> **Formulierungsvorschlag bei einem Widerspruch als zulässigem Rechtsbehelf:**
> „Gegen diesen Bescheid kann innerhalb eines Monats nach Bekanntgabe Widerspruch bei ... *Behörde mit Sitz (besser: Adresse)* ... eingelegt werden."

Bürgerfreundlich erscheint es auch, statt „Rechtsbehelfsbelehrung" einfach „Ihre Rechte" zu schreiben.

Die **Anordnung der sofortigen Vollziehung** ist kein VA, sondern eine unselbstständige Annexentscheidung (s. hierzu Rn. 126). Der richtige Rechtsbehelf ist hier ein Antrag beim Verwaltungsgericht auf Wiederherstellung der aufschieben- **433** den Wirkung eines Rechtsbehelfs nach § 80 Abs. 5 VwGO.[269] Auch wenn ein Fehlen dieser Rechtsbehelfsbelehrung keine rechtlichen Konsequenzen hat (s. hierzu bereits Rn. 139), sollte die Behörde den Adressaten auch über diesen Rechtsbehelf aufklären, da eine drohende Vollstreckung für ihn erhebliche Folgen haben kann!

Beachte:
Achten Sie auf die unterschiedlichen Begriffe in § 80 Abs. 5 VwGO! Der Antrag zielt auf **Wiederherstellung** der aufschiebenden Wirkung, wenn die aufschiebende Wirkung kraft Gesetzes anfangs bestand, die Behörde sie nach § 80 Abs. 2 S. 1 Nr. 4 VwGO durch Anordnung der sofortigen Vollziehung beseitigt hat und das Verwaltungsgericht sie nun wiederherstellen soll. In den Fällen des § 80 Abs. 2 S. 1 Nr. 1 bis 3a VwGO zielt der Antrag auf **Anordnung** der aufschiebenden Wirkung. Die aufschiebende Wirkung bestand – kraft Gesetzes – hier noch nie und das Gericht soll sie nun (erstmals) anordnen.

434 **Beachte:**
Aus Gründen der Bürgerfreundlichkeit sollte auch dann über den Rechtsbehelf nach § 80 Abs. 5 VwGO belehrt werden, wenn die aufschiebende Wirkung in den Fällen des § 80 Abs. 2 S. 1 Nr. 1–3a VwGO bereits kraft Gesetzes entfällt.

VI. Grußformel und Unterschrift

435 Die Bescheide enden mit einer **Grußformel** und der **Unterschrift** des Sachbearbeiters. Statt einer eigenhändigen Unterschrift ist nach § 37 Abs. 3 LVwVfG auch die **Namenswiedergabe** zulässig, wenn spezialgesetzlich nichts anderes vorgeschrieben ist. Es unterschreibt idR derjenige, der verantwortlich entscheidet. Zusätze wie„ i.A." oder „i. V." (im Auftrag, in Vertretung) sind grds. überflüssig, ebenso wie die Amtsbezeichnung. Sinn von Unterschrift/Namenswiedergabe ist es, den für den Erlass rechtlich Verantwortlichen nachzuweisen (sog. **Garantiefunktion**) und beim Empfänger sicherzustellen, dass nicht ein Entwurf vorliegt (**Beweisfunktion**). Nicht ausreichend ist es, den Namen des Sachbearbeiters nur in dem Briefkopf und nicht in der Unterschriftszeile aufzuführen. Fehlen die Unterschrift oder die Namenswiedergabe, ist der Bescheid rechtswidrig. Eine Heilung nach § 45 LVwVfG scheidet aus. Der Fehler ist jedoch idR unbeachtlich nach § 46 LVwVfG. Bei einem schriftlichen Verwaltungsakt, der mit Hilfe automatischer Einrichtungen erlassen wird, können nach § 37 Abs. 5 LVwVfG Unterschrift und Namenswiedergabe fehlen.

---

[269] Zu dem ebenfalls zulässigen Antrag bei der Ausgangs- oder Widerspruchsbehörde auf Aussetzung der Vollziehung nach § 80 Abs. 4 VwGO s. Rn. 139. Auch auf diesen kann in der Rechtsbehelfsbelehrung hingewiesen werden, praktisch bedeutsam ist er indes kaum.

VII. Interne Bearbeitungsvermerke

436 Auf die Abschrift für die eigenen Akten, manchmal auch auf Mehrfertigungen für zu benachrichtigende Bürger und andere Stellen in der eigenen Behörde oder in anderen Verwaltungen, werden oft (aber nicht zwingend) **interne** Verfügungen gesetzt. Dabei ist es üblich, die Abschrift des Bescheids mit „I." zu kennzeichnen und die sich anschließenden Bearbeitungsvermerke fortlaufend mit II., III. etc.

Beispiel:
II. Nachricht hiervon an ...
III. Zustellungsvermerk (zB „PZU ausfüllen und Bescheid hinzufügen")
IV. Wiedervorlagetermin (Wv.: ...)

2. Kapitel Widerspruchsbescheide

437 Der Widerspruchsbescheid ist nach § 73 Abs. 3 S. 1, S. 2 VwGO zu **begründen**, mit einer **Rechtsbehelfsbelehrung** zu versehen und **zuzustellen**. Wird der Widerspruchsbescheid nicht förmlich nach dem VwZG zugestellt, sondern lediglich formlos bekannt gegeben (zB durch einfachen Postbrief), fehlt es an dem rechtswirksamen Abschluss des Widerspruchsverfahrens und die Klagefrist beginnt nicht zu laufen.[270] Der Widerspruchsbescheid bestimmt nach § 73 Abs. 3 S. 3 VwGO auch, wer die Kosten trägt. Die Kostengrundentscheidung richtet sich nach § 80 LVwVfG.

A. Tenor

438 Der Tenor enthält eine Entscheidung
- über das **Ergebnis des Rechtsbehelfsverfahrens**, also den Erfolg des Widerspruchs,
- wer die **Kosten des Widerspruchsverfahrens** trägt und ob ggf. die Zuziehung eines Rechtsanwalts oder sonstigen Bevollmächtigten notwendig war,
- über die **Gebühr des Widerspruchsbescheids**.

439 Auch hier ist auf eine persönliche Ansprache zu achten („Ihr Widerspruch wird …", „Sie haben die Kosten …"). Bei juristischen Personen oder sonstigen beteiligungsfähigen Vereinigungen ist eine sachliche Formulierung zu wählen bzw. bei den Kosten die Funktion „Widersprechende/r" zu nennen („Der Widerspruch wird …", „Der/die Widersprechende hat die Kosten …"). Gleiches gilt, wenn der Widerspruchsbescheid einem Rechtsanwalt oder sonstigen Bevollmächtigten zugestellt wird, was nach Vorlage einer schriftlichen Vollmacht gem. § 7 Abs. 1 S. 2 VwZG zwingend ist. In der persönlichen Anrede wird hier der Rechtsanwalt/Bevollmächtigte angesprochen („Sehr geehrter Herr Rechtsanwalt Maier"), im Tenor dann der Mandant/Vertretene als „Widersprechende/r" genannt. („Der Widersprechende hat die Kosten …"). Voraussetzung ist hierbei natürlich stets, dass im Widerspruchsbescheid, am besten gleich zu Beginn nach dem Briefkopf in der „Betreffzeile", der/die Widersprechende konkret benannt ist.

I. Der Widerspruch hat keinen Erfolg

440 Bleibt der Widerspruch erfolglos, weil er unzulässig und/oder unbegründet ist, hat die Widerspruchsbehörde den **Widerspruch zurückzuweisen**.[271] Die Kosten des Widerspruchsverfahrens trägt nach § 80 Abs. 1 S. 3 LVwVfG der Widersprechende. Für den Widerspruchsbescheid ist im Regelfall eine Gebühr zu erheben (s. hierzu Rn. 378).

---

270 *Schoch/Schneider/Porsch*, VwGO § 73 Rn. 74; eine Heilung ist nach § 8 VwZG möglich.
271 Der Widerspruch ist nicht „abzuweisen", dieser Ausdruck wird bei Klagen gebraucht, und nicht „abzulehnen", dieser Ausdruck ist bei Anträgen üblich.

2. Kapitel Widerspruchsbescheide

Beispiel:
1. Ihr Widerspruch wird zurückgewiesen.
2. Sie haben die Kosten des Widerspruchsverfahrens zu tragen.
3. Für diesen Bescheid wird eine Gebühr von ... Euro festgesetzt.

oder:
1. Der Widerspruch wird zurückgewiesen.
2. Der Widersprechende hat die Kosten des Widerspruchsverfahrens zu tragen.
3. Für diesen Bescheid wird eine Gebühr von ... Euro festgesetzt.

Beachte:
Anträge werden abgelehnt, Klagen abgewiesen und **Widersprüche zurückgewiesen**.

Hat der Widerspruch nur deshalb keinen Erfolg, weil **Verfahrens- oder Formfehler** nach § 45 LVwVfG geheilt wurden, trägt – trotz der Erfolglosigkeit des Widerspruchs – der Rechtsträger der Ausgangsbehörde die Kosten des Widerspruchsverfahrens, § 80 Abs. 1 S. 2 LVwVfG. § 80 Abs. 1 S. 2 LVwVfG ist analog anzuwenden, wenn der Widerspruch **nur** deshalb keinen Erfolg hat, weil ein formeller Fehler nach § 46 LVwVfG unbeachtlich ist oder wenn die Widerspruchsbehörde aufgrund ihrer eigenen Entscheidungskompetenz einen sonstigen Fehler im Ausgangsbescheid korrigiert (s. hierzu Rn. 282, 335 und 373).

Beispiel:
Enthält ein belastender schriftlicher VA keine Begründung, liegt wegen eines Verstoßes gegen § 39 Abs. 1 LVwVfG ein Formfehler vor. Der VA ist formell rechtswidrig, ein Widerspruch hiergegen begründet. Nach § 45 Abs. 1 Nr. 2 LVwVfG kann dieser Fehler geheilt und die Begründung sogar noch in einem verwaltungsgerichtlichen Verfahren nachgeholt werden, § 45 Abs. 2 LVwVfG. Mit der Heilung ist der VA als rechtmäßig anzusehen. Der Widerspruch ist nun unbegründet und bleibt erfolglos. Es erscheint in diesen Fällen aber unbillig, dem Widersprechenden die Kosten aufzuerlegen, vgl. § 80 Abs. 1 S. 2 LVwVfG.

II. Der Widerspruch hat in vollem Umfang Erfolg

Ist der Widerspruch erfolgreich, muss der angegriffene **VA aufgehoben** (Anfechtungswiderspruch) bzw. der **abgelehnte VA erteilt** werden (Verpflichtungswiderspruch). In letzterem Fall kann die Widerspruchsbehörde die Ausgangsbehörde auch verpflichten, den abgelehnten VA zu erteilen.

Beachte:
Im Tenor muss diese Aufhebung bzw. Begründung eines Rechtsverhältnisses klar zum Ausdruck kommen. Es ist daher **falsch**, zu tenorieren: „Dem Widerspruch wird stattgegeben." Dadurch wird weder der angegriffene VA aufgehoben und aus der Welt geschafft noch der abgelehnte VA erteilt!

Die **Kosten des Widerspruchsverfahrens** trägt der Rechtsträger der Ausgangsbehörde, § 80 Abs. 1 S. 1 LVwVfG. Bei dem Bescheid einer Gemeinde/Stadt ist dies die Gemeinde/Stadt selbst, bei dem Bescheid eines Landratsamtes ist dies bei weisungsfreien Angelegenheiten der Landkreis und bei Aufgaben der unteren Verwaltungsbehörde (nach § 1 Abs. 3 LKrO sind dies „staatliche" Aufgaben) das Land Baden-Württemberg. Da nach § 52 Abs. 2 LKrO allerdings auch in diesen Fällen, in denen das Landratsamt als untere Verwaltungsbehörde handelt, der Landkreis die Kosten zu übernehmen hat, erscheint es sachgerecht, den Landkreis auch hier im Tenor als Kostenpflichtigen zu benennen.[272] Nach § 80 Abs. 3 S. 2 LVwVfG bestimmt die Kostenentscheidung auch, ob die **Zuziehung eines Rechtsanwalts** oder eines sonstigen Bevollmächtigten notwendig war. Deren Gebühren und Auslagen sind nur erstattungsfähig, wenn die **Zuziehung für notwendig erklärt wurde**, § 80 Abs. 2 LVwVfG. Die Zuziehung eines Rechtsanwalts ist notwendig, wenn es dem Widersprechenden nach seinen persönlichen Verhältnissen und wegen der Schwierigkeit der Sache nicht zuzumuten war, das Widerspruchsverfahren selbst zu führen (s. hierzu ausführlich Rn. 375 ff.). Der Widerspruchsbescheid ergeht schließlich idR gebührenfrei.

Beispiel – Anfechtungswiderspruch:
1. Der Bescheid der Stadt Offenburg vom 26.4.2022 wird aufgehoben.
2. Die Stadt Offenburg trägt die Kosten des Widerspruchsverfahrens. *Ggf.:* Die Zuziehung eines Rechtsanwalts für das Widerspruchsverfahren war notwendig.
3. Dieser Bescheid ergeht gebührenfrei.

Beispiel – Verpflichtungswiderspruch:
In der Regel wird zusätzlich zur Erteilung des beantragten VA auch der Ausgangsbescheid aufgehoben, mit der der beantragte VA abgelehnt wurde:
1. Der Ablehnungsbescheid der Stadt Offenburg vom 26.4.2022 wird aufgehoben. Die Stadt Offenburg wird verpflichtet, die beantragte ... *Genehmigung/Erlaubnis/Befreiung* ... zu erteilen.
alternativ:
1. Der Ablehnungsbescheid der Stadt Offenburg vom 26.4.2022 wird aufgehoben. Ihnen wird die beantragte ... *Genehmigung/Erlaubnis/Befreiung* ... erteilt.
2. Die Stadt Offenburg trägt die Kosten des Widerspruchsverfahrens. *Ggf.:* Die Zuziehung eines Rechtsanwalts für das Widerspruchsverfahren war notwendig.
3. Dieser Bescheid ergeht gebührenfrei.

III. Der Widerspruch hat teilweise Erfolg

442 In dieser Konstellation sind die beiden bisher genannten Varianten zu kombinieren: **Soweit** der Widerspruch **erfolgreich** war, muss der angegriffene VA aufgehoben (Anfechtungswiderspruch) bzw. der abgelehnte VA erteilt werden (Ver-

---

272 Nach anderer Auffassung ist das Land BW (da es Rechtsträger des Landratsamtes ist, sofern dieses Aufgaben der unteren Verwaltungsbehörde wahrnimmt, § 1 Abs. 3 LKrO) als Kostenpflichtiger zu nennen.

2. Kapitel Widerspruchsbescheide

pflichtungswiderspruch). **Soweit** er **erfolglos** geblieben ist, hat ihn die Widerspruchsbehörde zurückzuweisen. Die teilweise Aufhebung eines VA kann in der Weise erfolgen, dass die Widerspruchsbehörde den Tenor des Haupt-VA abändert und neu formuliert oder – sofern möglich – einzelne Ziffern aufhebt. Bei einem Verpflichtungswiderspruch ist zusätzlich die abgelehnte Erlaubnis zu erteilen bzw. die Ausgangsbehörde entsprechend zu verpflichten.

Beispiel – Anfechtungswiderspruch:
1. In Abänderung des Bescheids der Stadt Offenburg vom 26.4.2022 wird ... *Tenor neu formulieren ...*
2. Im Übrigen wird der Widerspruch zurückgewiesen.
3. ...

oder:
1. Der Bescheid der Stadt Offenburg vom 26.4.2022 wird insoweit aufgehoben, als darin mehr als 3.000,– Euro gefordert werden.
2. Im Übrigen wird der Widerspruch zurückgewiesen.
3. ...

oder:
1. Ziff. 1 des Bescheids der Stadt Offenburg vom 26.4.2022 wird aufgehoben.
2. Im Übrigen wird der Widerspruch zurückgewiesen.
3. ...

Beispiel – Verpflichtungswiderspruch:
Auch hier ist jeweils auf die (Teil-)Aufhebung des Ablehnungsbescheids zu achten:
(1) Die A-GmbH beantragte beim Landratsamt Ortenaukreis die Entnahme von Grundwasser iHv 400.000 m³ pro Jahr, was das Landratsamt ablehnte. Hiergegen legte die A-GmbH Verpflichtungswiderspruch ein. Die Widerspruchsbehörde kommt zu dem Ergebnis, dass der A-GmbH die Entnahme von 200.000 m³ pro Jahr zu erlauben ist:
1. Der A-GmbH wird die Erlaubnis zur Entnahme von 200.000 m³ Grundwasser pro Jahr ... *weitere Konkretisierungen ...* erteilt. Insoweit wird der Ablehnungsbescheid des Landratsamtes Ortenaukreis vom 26.4.2022 aufgehoben.
2. Im Übrigen wird der Widerspruch zurückgewiesen.
3. ...

alternativ:
1. Das Landratsamt Ortenaukreis wird verpflichtet, der A-GmbH die Erlaubnis zur Entnahme von 200.000 m³ Grundwasser pro Jahr ... *weitere Konkretisierunegn ...* zu erteilen. Insoweit wird der Ablehnungsbescheid des Landratsamtes Ortenaukreis vom 26.4.2022 aufgehoben.
2. Im Übrigen wird der Widerspruch zurückgewiesen.
3. ....

(2) Die A-GmbH beantragte bei der kleinen Gemeinde G die Bewilligung von 6.000 Euro, diese hat den Antrag abgelehnt. Die A-GmbH legt hiergegen Verpflichtungswiderspruch ein mit dem Ziel, die Gemeinde zur Bewilligung der 6.000 Euro zu verpflichten. Die Widerspruchsbehörde kommt zu dem Ergebnis, dass die Ablehnung ermessensfehlerhaft war. Da es sich hier um

eine Selbstverwaltungsangelegenheit handelt (Gewährung von Zuschüssen), kann die Widerspruchsbehörde selbst kein Ermessen ausüben (§ 17 Abs. 1 S. 2 AGVwGO) und über den Fall nicht abschließend entscheiden (es fehlt die sog. Spruchreife nach § 113 Abs. 5 S. 1 VwGO analog) – insoweit unterliegt die A-GmbH, sie wollte mit ihrem Widerspruch die Bewilligung der 6.000 Euro erreichen. Die Widerspruchsbehörde verpflichtet die Gemeinde aber zu einer Neubescheidung nach § 113 Abs. 5 S. 2 VwGO analog – insoweit hat die A-GmbH einen Erfolg erzielt und die Gemeinde G unterliegt:
1. Der Ablehnungsbescheid der Gemeinde G ... vom 26.4.2022 wird aufgehoben. Die Gemeinde G wird verpflichtet, über den Antrag der A-GmbH auf Bewilligung von 6.000 Euro unter Beachtung der Rechtsauffassung der Widerspruchsbehörde erneut zu entscheiden.
2. Im Übrigen wird der Widerspruch zurückgewiesen.
3. ...

Soweit der Widerspruch **erfolgreich** war, trägt der Rechtsträger der Ausgangsbehörde die Verfahrenskosten (vgl. den Wortlaut des § 80 Abs. 1 S. 1 LVwVfG). **Soweit** er **erfolglos** war, trägt der Widersprechende die Kosten (§ 80 Abs. 1 S. 3 LVwVfG). Die Kosten sind also entsprechend einer Quote zu teilen. Bei der **Kostenentscheidung** richtet sich die **Quote** nach den „Anteilen", mit denen der Widersprechende Erfolg hatte bzw. unterlegen ist (s. hierzu Rn. 371 ff.).
Bei der **Gebühr für den Widerspruchsbescheid** scheidet eine Quotelung aus, da die Behörde für ihren Widerspruchsbescheid nicht gebührenpflichtig ist, auch nicht anteilig. Die Gebühr ist hier einfach entsprechend der Quote zu kürzen.

Beispiel:
1. ...
2. Im Übrigen wird Ihr Widerspruch zurückgewiesen.
3. Von den Kosten des Widerspruchsverfahrens haben Sie zwei Drittel und die Stadt Offenburg ein Drittel zu tragen. *Ggf.:* Die Zuziehung eines Rechtsanwalts für das Widerspruchsverfahren war notwendig.
4. Soweit Sie unterlegen sind, wird für diesen Bescheid eine Gebühr von 140,- Euro festgesetzt. Im Übrigen ergeht dieser Bescheid gebührenfrei.

B. Begründung

443 Widerspruchsbescheide sind nach § 73 Abs. 3 S. 1 VwGO stets zu begründen. Die Begründung gliedert sich wie beim Ausgangsbescheid in den **Sachverhalt** (I.) und die **rechtlichen Gründe** (II.). Die Gliederungsziffern der rechtlichen Gründe (1., 2., 3. etc.) sollten auch hier – wenn möglich – denjenigen im Tenor entsprechen.

444 Im **Sachverhalt** sind neben dem zugrunde zu legenden Geschehen auch die für das Widerspruchsverfahren wichtigen Handlungen und Erklärungen zu schildern, wie zB der Eingang des Widerspruchs und die wesentlichen Argumente des Widersprechenden. Auf den Inhalt der Akten kann ergänzend verwiesen werden.

445 Die **rechtlichen Gründe** beginnen üblicherweise mit dem Ergebnis, zB: „Ihr Widerspruch ist sowohl unzulässig als auch unbegründet" oder „Ihr Wider-

spruch ist zulässig, aber unbegründet" oder „Ihr Widerspruch ist zulässig und begründet". Ist der **Widerspruch zulässig**, erübrigen sich weitere Ausführungen, es sei denn eine Zulässigkeitsvoraussetzung ist strittig. Ist er hingegen **unzulässig**, ist dies zu begründen.
Zur **Begründetheit** bzw. **Unbegründetheit** sind in jedem Fall Ausführungen zu machen. Der Verfasser kann sich dabei wie beim Ausgangsbescheid an dem Aufbau eines Rechtsgutachtens orientieren, hat aber natürlich auch hier auf den **Bescheidstil** zu achten (Feststellen statt Fragen aufwerfen, also: „Es besteht eine Gefahr für die öffentliche Sicherheit, da ..." statt „Es müsste eine Gefahr für die öffentliche Sicherheit bestehen ...").

Der Widerspruchsbescheid schließt mit einer **Rechtsbehelfsbelehrung**, die sich an die Vorgaben der § 58 Abs. 1, § 74 VwGO hält.

Beispiel:

Begründung:
I. Sachverhalt
...
II. Rechtliche Gründe

1.
Ihr Widerspruch ist zulässig, aber unbegründet.

... Ausführungen zur Unbegründetheit, die dem Aufbau eines Rechtsgutachtens folgen (bei der Formulierung ist auf den Bescheidstil zu achten), zB:

Der angegriffene Bescheid ist nach § 113 Abs. 1 S. 1 VwGO analog begründet, er ist recht- sowie zweckmäßig und verletzt Sie nicht in Ihren Rechten.

Rechtsgrundlage ist ... Hiernach kann die Behörde ...
Die Tatbestandsvoraussetzungen liegen vor. So ist ...
§ ... räumt Ermessen ein. Die Ausgangsbehörde hat ihr Ermessen ordnungsgemäß und insbesondere in verhältnismäßiger Weise ausgeübt. Die angeordnete Maßnahme ist geeignet ...
Wir haben als Widerspruchsbehörde eine eigene Ermessensentscheidung zu treffen, schließen uns aber den Ausführungen der Ausgangsbehörde an, da wir keine Rechtsfehler im Ausgangsbescheid feststellen konnten. ...

2.
... Ausführungen zur Kostenentscheidung, ggf. Begründung der Kostenquote ... und ggf. Ausführungen zur Zuziehung eines Rechtsanwalts ...

3.
... Ausführungen zur Gebühr ...

447

> **Rechtsbehelfsbelehrung**
> Gegen den Bescheid des/r ... *Ausgangsbehörde* ... in Gestalt dieses Widerspruchsbescheids kann innerhalb eines Monats nach Zustellung Klage beim Verwaltungsgericht ... *Adresse* ... erhoben werden.

6. Teil **Übungsfälle**

Fall 1 Volle Punktzahl!

Grundlagen der Rechtsanwendung – Anwendung des Prüfungsschemas – Methodik der Fallbearbeitung mit Vorüberlegungen und Lösungsskizze – Erlass belastender VA – Gutachten und Bescheid

Sachverhalt

A lebt in der Großen Kreisstadt Offenburg. Am 10.5.2012 wurde ihm vom Landratsamt Ortenaukreis der Fahrerlaubnis der Klasse B[273] erteilt. Wegen zahlreicher Verkehrsverstöße hat er mittlerweile acht Punkte im Fahreignungsregister des Kraftfahrt-Bundesamtes in Flensburg, u. a. zwei Punkte wegen Überschreitens der zulässigen Höchstgeschwindigkeit innerhalb geschlossener Ortschaften von 50 km/h um 46 km/h (nach Toleranzabzug) am 11.11.2016 – rechtskräftig seit 10.3.2017 –, zwei Punkte wegen Überschreitens der zulässigen Höchstgeschwindigkeit innerhalb geschlossener Ortschaften von 50 km/h um 37 km/h (nach Toleranzabzug) am 15.2.2017 – rechtskräftig seit 20.6.2017 –, usw.[274]
Nach dem Erreichen von fünf Punkten wurde A vom Landratsamt Ortenaukreis mit Schreiben vom 11.6.2018, zugestellt am 14.6.2018, schriftlich ermahnt und nach Erreichen von sieben Punkten mit Schreiben vom 20.5.2019, zugestellt am 22.5.2019, schriftlich verwarnt (jeweils im Sinne des Fahreignungs-Bewertungssystems des StVG).
Zu diesem Sachverhalt hat das Landratsamt den A mit Schreiben vom 16.7.2020 angehört. In einem Telefonat am 23.7.2020 äußerte er gegenüber dem Landratsamt, dass er die Verstöße bedauere und sich bessern werde. Er bitte, bei ihm eine Ausnahme zu machen und von einer Entziehung der Fahrerlaubnis abzusehen. Als Mitarbeiter der zuständigen Behörde fordert Sie Ihre Vorgesetzte auf, die Entziehung der Fahrerlaubnis zu prüfen. Es sei wichtig, dass A diese Maßnahme sofort befolgen müsse. Wenn möglich solle hierzu bereits der rechtlich zulässige Zwang ausgeübt werden.

Aufgabe

Fertigen Sie ein Rechtsgutachten und ggf. den erforderlichen Bescheid an.

Bearbeitungshinweise

- Für die Berechnung der Gebühr ist davon auszugehen, dass es für die Bearbeitung des Falls in der Praxis 1,5 h bedarf.

---

[273] Die Klasse B umfasst nach § 6 Abs. 1 FeV „Kraftfahrzeuge – ausgenommen Kraftfahrzeuge der Klassen AM, A1, A2 und A – mit einer zulässigen Gesamtmasse von nicht mehr als 3.500 kg, die zur Beförderung von nicht mehr als acht Personen außer dem Fahrzeugführer ausgelegt und gebaut sind (auch mit Anhänger mit einer zulässigen Gesamtmasse von nicht mehr als 750 kg oder mit Anhänger über 750 kg zulässiger Gesamtmasse, sofern 3.500 kg zulässige Gesamtmasse der Kombination nicht überschritten wird)."

[274] Dieser erste Fall soll an das Erstellen eines Rechtsgutachtens sowie eines Bescheids heranführen. Er beschränkt sich deshalb auf das Wesentliche, sodass im Sachverhalt auf eine vollständige Darstellung verzichtet und auch die Umwandlung von Punkten nach der „Punktereform 2014" nicht problematisiert wird.

- Eine Anordnung zur Rückgabe des Führerscheins ist nicht zu prüfen.[275]

Anlagen
- Auszug aus der Gebührenverordnung des Landratsamtes Ortenaukreis
- Auszug aus dem Gebührenverzeichnis als Anlage zur Gebührenverordnung des Landratsamtes Ortenaukreis

Auszug aus der Gebührenverordnung des Landratsamtes Ortenaukreis

Verordnung des Landratsamts Ortenaukreis über die Erhebung von Gebühren für die Wahrnehmung von Aufgaben als untere Verwaltungsbehörde und als untere Baurechtsbehörde (Gebührenverordnung)

in der Fassung vom 3.3.2020, gültig ab 16.3.2020
Aufgrund von § 4 Abs. 3 des Landesgebührengesetzes in der Fassung des Gesetzes zur Neuregelung des Gebührenrechts vom 14. Dezember 2004 wird verordnet:

§ 1

(1) Für die Wahrnehmung von Aufgaben des Landratsamts als untere Verwaltungsbehörde im Sinne des Landesverwaltungsgesetzes und als untere Baurechtsbehörde im Sinne der Landesbauordnung werden Gebühren nach der Anlage zu dieser Verordnung erhoben.

(2) Für die Wahrnehmung von Aufgaben nach Abs. 1, für die weder ein Gebührentatbestand noch Gebührenfreiheit vorgesehen ist, können Gebühren bis 10.000 Euro erhoben werden.

Auszug aus dem Gebührenverzeichnis als Anlage zur Gebührenverordnung des Landratsamtes Ortenaukreis

PG 12.21	Verkehrswesen	
12.21.09	Personen-Güterbeförderung	
12.21.09.01	Entscheidungen nach dem Rettungsdienstgesetz	54/Std.
12.21.09.02	Stellungnahmen, sonstige Anordnungen und Entscheidungen	54/Std.

Lösung Fall 1 – Vorüberlegungen

449 Um die Fall-Lösung und insbesondere den Sinn und die Bedeutung der einzelnen Prüfungspunkte besser zu verstehen, beginnt dieser erste Fall mit ausführlichen **Vorüberlegungen zur Aufgabenstellung** (machen Sie sich auch in einer Klausur stest bewusst, was die eigentliche Aufgabe ist!) **und Vorüberlegungen zur Anwendung des Prüfungsschemas.** Es wird bei den zuletzt genannten Vorüberlegungen zu jedem einzelnen Prüfungspunkt konkret beschrieben, wie bei der Fall-Lösung vorzugehen ist.[276]

---

275 Um den ersten Fall übersichtlich zu gestalten, wird auf diese Prüfung verzichtet. Die Rückgabe des Führerscheins ist ein eigenständiger VA, der seine Rechtsgrundlage in § 3 Abs. 2 S. 3 StVG iVm § 47 Abs. 1 FeV hat und in der Regel als zweiter VA grds. im gleichen Bescheid mit der Entziehung der Fahrerlaubnis angeordnet wird, s. a. Übungsfall 8.

276 Im Anschluss folgen die Lösungsskizze, das Gutachten sowie der Bescheid. Hier kann man sich jeweils (deutlich) kürzer fassen.

Fall 1 Volle Punktzahl!

> **Beachte:**
> In einem Klausurfall ist natürlich mit der Lösungsskizze zu beginnen! Diese ausführlichen Vorüberlegungen zur Anwendung des Prüfungsschemas sollen lediglich zu Beginn des Teils „Übungsfälle" die Anwendung des Prüfungsschemas verständlicher machen und so einen besseren Einstieg in die Falllösung ermöglichen.

Vorüberlegungen zur Aufgabenstellung

Zu Beginn ist zu fragen: **Was ist die konkrete Aufgabenstellung? Was ist zu tun?** Es ist zu prüfen, ob die Behörde dem A die Fahrerlaubnis entziehen kann. Ob eine solche „Hauptentscheidung" rechtmäßig ist, wird unter **„A. Hauptverwaltungsakt"** geprüft. Die Entziehung der Fahrerlaubnis ist aus Sicht des A ein belastender VA. Dem A wird ein ehemals gewährtes Recht wieder entzogen. Die Prüfung orientiert sich daher an dem Prüfungsschema zum Erlass eines belastenden VA (s. Rn. 1).
Die Vorgesetzte weist darauf hin, dass A diese Maßnahme sofort befolgen müsse. A könnte evtl. Maßnahmen ergreifen, um die Entziehung nicht sofort befolgen zu müssen. Er könnte Widerspruch und anschließend Klage erheben. Beide Rechtsbehelfe entfalten grds. aufschiebende Wirkung (§ 80 Abs. 1 VwGO). Die Wirkungen der Entziehung wären vorübergehend aufgeschoben: A müsste sie nicht sofort befolgen, wäre weiterhin im Besitz der Fahrerlaubnis und dürfte am Straßenverkehr teilnehmen. Von diesem Grundsatz gibt es Ausnahmen (§ 80 Abs. 2 S. 1 VwGO). Die aufschiebende Wirkung kann zum einen kraft Gesetzes entfallen (§ 80 Abs. 2 S. 1 Nr. 1 bis 3a VwGO), zum anderen kann die Behörde die aufschiebende Wirkung beseitigen, indem sie die sofortige Vollziehung der Entziehung anordnet (§ 80 Abs. 2 S. 1 Nr. 4 VwGO). A müsste in diesen Fällen die Entziehung der Fahrerlaubnis sofort mit Bekanntgabe des Bescheids befolgen, selbst wenn er Widerspruch oder Klage einlegt. Unter **„B. Entfallen der aufschiebenden Wirkung/Anordnung der sofortigen Vollziehung"** ist daher zu prüfen, ob die aufschiebende Wirkung bereits kraft Gesetzes entfällt oder ob andernfalls die Behörde die sofortige Vollziehung rechtmäßig anordnen kann.
Schließlich soll der rechtlich zulässige Zwang ausgeübt werden. Gemeint ist damit zunächst die Androhung von Zwangsmitteln nach dem Landesverwaltungsvollstreckungsgesetz (LVwVG). Ob dies hier überhaupt möglich ist, wird unter **„C. Androhung von Zwangsmitteln"** zu untersuchen sein.

Vorüberlegungen zum Prüfungsschema

A. Hauptverwaltungsakt

I. Rechtsgrundlage

Der Erlass eines belastenden VA bedarf einer Rechtsgrundlage (Grundsatz vom Vorbehalt des Gesetzes). Die Rechtsgrundlage findet sich in dem Gesetz, das den Fall am speziellsten regelt. Hier ist dieses Gesetz das StVG.

Eine Rechtsgrundlage besteht aus einem **Tatbestand** und einer **Rechtsfolge**, die die Behörde **ermächtigt**, gegenüber dem Bürger einen VA mit einem bestimmten Inhalt zu erlassen. Erst **wenn** die Tatbestandsvoraussetzungen erfüllt sind, **dann** ist die Behörde berechtigt, entsprechend der Rechtsfolge zu handeln.[277] In dem hier anzuwendenden StVG enthält u. a. § 3 Abs. 1 S. 1 StVG eine Rechtsgrundlage. Der erste Teil des Satzes bildet den Tatbestand (*kursiv*), der zweite Teil die Rechtsfolge (**fett**): „*Erweist sich jemand als ungeeignet oder nicht befähigt zum Führen von Kraftfahrzeugen,* **so hat ihm die Fahrerlaubnisbehörde die Fahrerlaubnis zu entziehen.**"[278]
Die Rechtsgrundlage in § 4 Abs. 5 S. 1 Nr. 3 StVG passt auf vorliegenden Fall noch besser (Tatbestand *kursiv*, Rechtsfolge **fett**): „*Ergeben sich acht oder mehr Punkte, gilt der Inhaber einer Fahrerlaubnis als ungeeignet zum Führen von Kraftfahrzeugen* und **die Fahrerlaubnis ist zu entziehen**".
Kommen mehrere Rechtsgrundlagen in Betracht, ist diejenige anzuwenden, die den konkreten Fall am speziellsten regelt (lex specialis vor lex generalis), hier also § 4 Abs. 5 S. 1 Nr. 3 StVG.[279] Der Gesetzgeber hat damit zum Ausdruck gebracht, dass bei Vorliegen von speziellen Voraussetzungen eine bestimmte Rechtsfolge greift, hier bei Erreichen von acht oder mehr Punkten die zwingende Entziehung der Fahrerlaubnis.[280]

II. Materielle Voraussetzungen

1. Tatbestandsvoraussetzungen

451 Tatbestand ist: „*Ergeben sich acht oder mehr Punkte, gilt der Inhaber einer Fahrerlaubnis als ungeeignet zum Führen von Kraftfahrzeugen Kraftfahrzeugen ...*". Jede Tatbestandsvoraussetzung ist gesondert zu prüfen. Hier müssen „sich acht oder mehr Punkte ergeben". Zur Klarstellung führt der Gesetzgeber an, dass der Inhaber einer Fahrerlaubnis dann als ungeeignet zum Führen von Kraftfahrzeugen gilt, was aber keine weitere Tatbestandsvoraussetzung ist. Mit den „Punkten" sind die Punkte im Fahreignungsregister gemeint, was offensichtlich und nicht weiter zu problematisieren ist.[281] Außerdem regelt § 4 Abs. 6 StVG, dass die zuständige Behörde eine Maßnahme nach Abs. 5 S. 1 Nr. 3 erst ergreifen darf, wenn die

---

277 Ausführlich Rn. 19 ff.
278 Es würde sich auch dann um eine Rechtsgrundlage handeln, wenn die Fahrerlaubnisbehörde in der Rechtsfolge nicht ausdrücklich genannt wäre, also zB bei der Formulierung: „... so ist ihm die Fahrerlaubnis zu entziehen." Grund: Die Ermächtigung richtet sich auch ohne ausdrückliche Erwähnung an die zuständige Behörde, da nur die Behörde eine Fahrerlaubnis entziehen kann (und nicht etwa Private). Welche Behörde genau zuständig ist, wird bei den formellen Voraussetzungen unter „Zuständigkeit" geprüft.
279 Auch in § 46 FeV finden sich Rechtsgrundlagen zur Entziehung der Fahrerlaubnis, die aber ebenfalls hinter dem spezielleren § 4 Abs. 5 S. 1 Nr. 3 StVG zurücktreten.
280 § 4 Abs. 5 StVG enthält einen abgestuften Maßnahmenkatalog (Fahreignungs-Bewertungssystem): bei vier oder fünf Punkten ist der Inhaber einer Fahrerlaubnis schriftlich zu ermahnen, bei sechs oder sieben Punkten schriftlich zu verwarnen und bei acht oder mehr Punkten gilt er als ungeeignet zum Führen von Kraftfahrzeugen und die Fahrerlaubnis ist zu entziehen.
281 In der Praxis kann die Berechnung des aktuellen Punktestandes im Einzelfall Probleme bereiten. Zur Tilgung und Löschung von Punkten s. *Freymann/Wellner/Stieber*, jurisPK-Straßenverkehrsrecht, § 4 StVG Rn. 61 ff.

Maßnahme der jeweils davor liegenden Stufe nach Abs. 5 bereits ergriffen worden ist. Auch dies ist hier unproblematisch, da die Behörde den A laut SV sowohl schriftlich ermahnt als auch schriftlich verwarnt hat. Der Tatbestand ist eindeutig erfüllt.[282]

2. Rechtsfolgenseite

a) **Adressat.** Nach § 4 Abs. 5 S. 1 Nr. 3 StVG gilt der „Inhaber einer Fahrerlaubnis" als ungeeignet zum Führen von Kraftfahrzeugen und die Fahrerlaubnis ist ihm zu entziehen. Die Entziehung richtet sich daher an A als den Inhaber der Fahrerlaubnis. 452

b) **Gebundene Entscheidung.** Rechtsfolge ist: „... die Fahrerlaubnis ist zu entziehen". Aus der Rechtsfolge der Rechtsgrundlage ergibt sich, ob die Behörde Ermessen hat oder nicht. Vorliegend „ist" die Fahrerlaubnis zu entziehen, wenn die Tatbestandsvoraussetzungen erfüllt sind. Es handelt sich um eine gebundene Entscheidung, bei welcher der Behörde kein Ermessen eingeräumt ist. Die Behörde muss so handeln, wie es in der Rechtsfolge vorgeschrieben ist. Ohne Ermessensspielraum ist es der Behörde auch nicht möglich, bei A eine Ausnahme zu machen, worum dieser gebeten hatte.[283] 453

c) **Keine Unmöglichkeit.** Es liegen keine Anhaltspunkte dafür vor, dass der Behörde die Entziehung der Fahrerlaubnis unmöglich ist. Dies zu prüfen erscheint daher völlig abwegig, sodass dieser Punkt im Gutachten nicht anzusprechen ist. 454

d) **Bestimmtheit.** Dieser Prüfungspunkt soll bewusst machen, dass nach § 37 Abs. 1 LVwVfG der VA bzw. Bescheid – insb. der Tenor – hinreichend bestimmt formuliert sein muss. Im Gutachten genügt idR ein allgemeiner Hinweis auf § 37 Abs. 1 LVwVfG. Wichtig ist, diese Voraussetzung, die aus dem Rechtsstaatsprinzip folgt, bei den materiellen Voraussetzungen und nicht bei den formellen Voraussetzungen zu prüfen. Ist der VA zu unbestimmt formuliert, ist er materiell rechtswidrig – dieser Fehler kann insb. nicht gem. § 46 LVwVfG unbeachtlich sein. Regeln die einschlägigen Normen besondere Anforderungen an die Bestimmtheit (zB Bestimmung einer bestimmten Frist), sind diese zusätzlich zu erwähnen, was hier aber nicht der Fall ist. 455

3. Zwischenergebnis

Die Entziehung der Fahrerlaubnis ist materiell rechtmäßig. 456

---

[282] Ist nicht so eindeutig, ob eine Tatbestandsvoraussetzung erfüllt ist, ist dies in einem Gutachten grundsätzlich in 4 Schritten zu prüfen: (1) Benennung des Tatbestandsmerkmals im Konjunktiv (Hypothese), (2) Definition, (3) Subsumtion und (4) Ergebnis (vgl. ausführlich Rn. 13 f.).

[283] Die Fahrerlaubnisbehörde kann atypischen Fällen allenfalls Rechnung tragen, indem sie die vorzeitige Tilgung von Eintragungen im Fahrerlaubnisregister (vgl. § 29 Abs. 3 Nr. 2 StVG) mit den entsprechenden Folgen für den Punktestand anordnet, *Freymann/Wellner/Stieber*, jurisPK-Straßenverkehrsrecht, § 4 StVG Rn. 57.

III. Formelle Voraussetzungen

1. Zuständigkeit

457 Zuständigkeiten sind meistens in Landesgesetzen (oft Rechtsverordnungen) geregelt. Die Ausübung staatlicher Befugnisse und die Erfüllung staatlicher Aufgaben ist grds. Sache der Länder (Art. 30 GG), die auch die Bundesgesetze als eigene Angelegenheit ausführen (Art. 83 GG).
Es ist zwischen der sachlichen und der örtlichen Zuständigkeit zu unterscheiden:
- Die **sachliche** Zuständigkeit bestimmt, welche Behörde abstrakt als Institution betrachtet zuständig ist, also zB ein Landratsamt, eine Große Kreisstadt, ein Regierungspräsidium etc. (Bestimmung der zuständigen Verwaltungseinheit).

- Die **örtliche** Zuständigkeit regelt, welche von den in Betracht kommenden Behörden konkret zuständig ist, also zB das Landratsamt Ortenaukreis, die Große Kreisstadt Offenburg, das Regierungspräsidium Karlsruhe etc. Sachliche und örtliche Zuständigkeit sind letztlich zwei Koordinaten, um die eine zuständige Behörde zu ermitteln.

458 a) **Sachliche Zuständigkeit.** Für Maßnahmen nach § 4 Abs. 5 StVG sind gemäß § 4 Nr. 1 FeFahrlZuVO[284] die unteren Verwaltungsbehörden sachlich zuständig[285]. Diese sind in § 15 Abs. 1 LVG geregelt. A lebt in Offenburg und damit in einem Landkreis (dem Ortenaukreis), sodass § 15 Abs. 1 Nr. 1 LVG anzuwenden ist. Nach § 15 Abs. 1 Nr. 1 LVG sind die Landratsämter, Großen Kreisstädte und Verwaltungsgemeinschaften iSv § 17 LVG sachlich zuständig. Bei Großen Kreisstädten und Verwaltungsgemeinschaften, die immer im Gebiet eines Landkreises liegen, ist zusätzlich § 19 LVG zu beachten! § 19 LVG ist ein Negativkatalog und schließt für einzelne Aufgabenbereiche die Zuständigkeit der Großen Kreisstädte und Verwaltungsgemeinschaften wieder aus. Handeld es sich um eine Angelegenheit nach § 19 LVG, ist allein das Landratsamt für diese zuständig. A lebt in der Großen Kreisstadt Offenburg. Ob diese nach § 15 Abs. 1 Nr. 1 LVG wirklich sachlich zuständig ist, regelt § 19 LVG. Nach § 19 Abs. 1 Nr. 1 e) LVG ist die Zulassung zum Straßenverkehr von der Zuständigkeit der Großen Kreisstädte ausgeschlossen. Sachlich zuständig ist damit nach § 15 Abs. 1 Nr. 1 LVG das Landratsamt.

459 b) **Örtliche Zuständigkeit.** Mangels spezialgesetzlicher Regelung ergibt sich die örtliche Zuständigkeit aus § 3 Abs. 1 Nr. 3 a) LVwVfG. Es ist die Behörde örtlich zuständig, in deren Zuständigkeitsbereich A – eine natürliche Person – lebt und seinen „gewöhnlichen Aufenthalt hat". A lebt in Offenburg und damit im Ortenaukreis. Zuständig ist folglich das Landratsamt Ortenaukreis.

2. Verfahren

460 a) **Beteiligte.** Es ist wichtig zu klären, wer Beteiligter ist, weil hiervon die Stellung im Verwaltungsverfahren und Verfahrensrechte abhängen. A ist nach § 13 Abs. 1 Nr. 2 LVwVfG Beteiligter, da der VA an ihn gerichtet werden soll.

---

[284] Verordnung der Landesregierung und des Verkehrsministeriums über fahrerlaubnis- und fahrlehrerrechtliche Zuständigkeiten.
[285] Zu demselben Ergebnis gelangt man über die Anwendung des § 73 Abs. 1 FeV.

Fall 1 Volle Punktzahl!

b) Keine ausgeschlossene Person/Befangenheit. Nach § 20 LVwVfG ist ein Behördenmitarbeiter vom Verfahren ausgeschlossen, wenn ein Näheverhältnis zu einem Beteiligten besteht, er zB mit einem Beteiligten verwandt ist. Nach § 21 LVwVfG besteht die Besorgnis der Befangenheit zB bei Freundschaft oder Feindschaft zwischen Behördenmitarbeiter und einem Beteiligten. Fehlen jegliche Anhaltspunkte hierfür – so wie im vorliegenden Fall – ist dieser Punkt nicht anzusprechen. **461**

c) Mitwirkung anderer Behörden. Auch hier gilt: Ist nach den gesetzlichen Vorgaben keine weitere Behörde/Stelle zu beteiligen, sollte dieser Punkt im Gutachten unerwähnt bleiben. So ist es auch hier. **462**

d) Rechte der Beteiligten. Als Beteiligtem stehen A im Verwaltungsverfahren gewisse Rechte zu. Das wichtigste ist das Anhörungsrecht nach § 28 LVwVfG, was aufgrund seiner Bedeutung im Klausurfall stets zumindest kurz geprüft werden sollte. Da die Entziehung der Fahrerlaubnis in die Rechte des A eingreift, ist er nach § 28 Abs. 1 LVwVfG vorher anzuhören, eine Ausnahme nach § 28 Abs. 2 LVwVfG liegt nicht vor. Neben einem persönlichen Gespräch (mit anschließendem Aktenvermerk) bietet sich aus Beweisgründen meistens ein Schreiben an, in welchem die Behörde dem Adressaten die von ihr zugrunde gelegten Tatsachen (Sachverhalt) sowie deren rechtliche Bewertung einschließlich der beabsichtigten Maßnahme mitteilt. Hier hat das Landratsamt dem A mit Schreiben vom 16.7.2020 Gelegenheit zur Äußerung gegeben und ihn dadurch angehört. **463**

3. Form

a) Formwahl oder Formzwang. Gem. § 37 Abs. 2 LVwVfG können VA formfrei ergehen, es sei denn eine spezielle Vorschrift schreibt für einen bestimmten VA eine besondere Form vor (zB für die Baugenehmigung in § 58 Abs. 1 S. 3 LBO). Nach § 4 Abs. 5 StVG und § 41 Abs. 1 FeV müssen lediglich die Maßnahmen nach § 4 Abs. 5 S. 1 Nr. 1 StVG (Ermahnung) und § 4 Abs. 5 S. 1 Nr. 2 StVG (Verwarnung) schriftlich ergehen. Aus Beweissicherungsgründen bietet sich aber auch bei der Entziehung der Fahrerlaubnis die Schriftform an. **464**

b) Begründung. Ein schriftlicher VA ist nach § 39 Abs. 1 LVwVfG mit einer Begründung zu versehen. Ein Ausnahmefall nach § 39 Abs. 2 LVwVfG liegt nicht vor. **465**

c) Rechtsbehelfsbelehrung. Dieser Prüfungspunkt ist im Grunde keine „echte" Rechtmäßigkeitsvoraussetzung (s. Rn. 111). Im Prüfungsschema ist sie daher kursiv hervorgehoben. Nach § 37 Abs. 6 LVwVfG ist ein schriftlicher VA zwar zwingend mit einer Rechtsbehelfsbelehrung zu versehen. Ein Verstoß hiergegen macht den VA jedoch nicht (formell) rechtswidrig, sondern bewirkt nach § 58 Abs. 2 VwGO „nur", dass sich die Rechtsbehelfsfrist von einem Monat auf ein Jahr verlängert. Im Gutachten genügt grds. der Hinweis, dass dem schriftlichen VA eine Rechtsbehelfsbelehrung mit dem Mindestinhalt nach § 37 Abs. 6 LVwVfG, § 58 Abs. 1 VwGO beizufügen ist. **466**

d) Bekanntgabe. Die Bekanntgabe ist keine Rechtmäßigkeits-, sondern eine Wirksamkeitsvoraussetzung (und im Schema daher ebenfalls kursiv). Ohne Be- **467**

kanntgabe ist ein VA nicht rechtswidrig, sondern bereits gar nicht wirksam (vgl. § 43 Abs. 1 LVwVfG) und rechtlich nicht existent. Ein Gutachten zum Erlass eines Bescheids sollte abschließend eine Empfehlung enthalten, wie der VA/Bescheid am besten zu erlassen ist, sodass dieser Punkt dennoch bei den formellen Rechtsmäßigkeitsvoraussetzungen zu erwähnen ist.

Grundsätzlich kann die Behörde die Form der Bekanntgabe frei wählen, außer eine Spezialregelung sieht eine bestimmte Bekanntgabe vor (zB § 10 Abs. 7 S. 1 BImSchG „zuzustellen"). Wird ein VA mit der Post als einfacher Brief übermittelt, gilt die Vermutungsregel des § 41 Abs. 2 LVwVfG. Im Zweifel muss die Behörde nachweisen, dass und wann der VA zugegangen ist. Aus Beweissicherungsgründen empfiehlt sich daher bei belastenden VA eine förmliche Bekanntgabe mittels Zustellung nach dem LVwZG. Im Regelfall bietet sich die Zustellung mit einer Postzustellungsurkunde nach § 3 LVwZG an.

IV. Ergebnis

468 Abschließend ist festzuhalten, dass die Behörde die Fahrerlaubnis entziehen muss.

B. Anordnung der sofortigen Vollziehung

469 Ein VA – auch ein rechtswidriger (!) – wird mit seiner Bekanntgabe gem. § 43 Abs. 1 LVwVfG wirksam und ist vom Adressaten zu befolgen. Möchte er ihn nicht befolgen und auf seine Rechtmäßigkeit überprüfen lassen, muss er Widerspruch einlegen. Anschließend (oder wenn ein Widerspruchsverfahren entbehrlich ist) kann er Anfechtungsklage erheben.

(Anfechtungs-)Widerspruch und Anfechtungsklage haben **grundsätzlich aufschiebende Wirkung**, § 80 Abs. 1 VwGO, dh die Wirkungen des VA sind „aufgeschoben" (= gehemmt): Der Adressat braucht den VA zunächst nicht zu befolgen und die Behörde kann ihn nicht vollstrecken (§ 2 LVwVG). Von diesem Grundsatz gibt es natürlich Ausnahmen. In vielen Fällen wäre es nicht angemessen oder sogar sehr gefährlich, wenn der Adressat den VA während eines unter Umständen monate- bis jahrelangen Widerspruchs- und Klageverfahrens nicht befolgen müsste.

§ 80 Abs. 2 VwGO regelt Fälle, in denen die **aufschiebende Wirkung** des Widerspruchs und der Anfechtungsklage **entfällt**. In den Fällen des § 80 Abs. 2 S. 1 Nr. 1 bis 3a VwGO entfällt die aufschiebende Wirkung bereits kraft Gesetzes. Der **Gesetzgeber** sieht es in diesen Fällen als wichtig an, dass ein VA sofort zu beachten ist, zB bei unaufschiebbaren Anordnungen von Polizeivollzugsbeamten nach § 80 Abs. 2 S. 1 Nr. 2 VwGO. Fehlt eine gesetzliche Regelung, kann die **Behörde** bei Vorliegen der Voraussetzungen nach § 80 Abs. 2 S. 1 Nr. 4 VwGO die sofortige Vollziehung anordnen und so die aufschiebende Wirkung beseitigen. In einer Klausur wird dieser Fall des § 80 Abs. 2 S. 1 Nr. 4 VwGO am häufigsten zu prüfen sein.

Im vorliegenden Fall findet sich allerdings – etwas versteckt – eine gesetzliche Regelung. Nach § 4 Abs. 9 StVG haben Widerspruch und Anfechtungsklage gegen die Entziehung der Fahrerlaubnis nach § 4 Abs. 5 S. 1 Nr. 3 StVG keine aufschiebende Wirkung; diese entfällt somit nach § 80 Abs. 2 S. 1 Nr. 3 VwGO kraft Gesetzes. Eine behördliche Anordnung nach § 80 Abs. 2 S. 1 Nr. 4 VwGO ist daher entbehrlich. Im Gutachten genügt diese kurze Feststellung.

C. Androhung von Zwangsmitteln

I. Rechtsgrundlage

VA, die nach dem LVwVG vollstreckt werden, sind vor ihrer Anwendung grds. anzudrohen. Die Androhung ist in § 20 Abs. 1 LVwVG geregelt. Daneben empfiehlt es sich, die Norm anzugeben, die das Zwangsmittel regelt, welches angedroht werden soll, hier § 23 LVwVG für das Zwangsgeld. Schließlich sollte die Grundnorm des § 2 LVwVG (allgemeine Vollstreckungsvoraussetzung), die hier auch das Ermessen eröffnet, gleich zu Beginn erwähnt werden. Als Rechtsgrundlage kommt danach § 20 Abs. 1, §§ 23, 2 LVwVG in Betracht.

II. Materielle Voraussetzungen

Tatbestandsvoraussetzungen
Es können nur solche VA vollstreckt werden, die einen vollstreckungsfähigen Inhalt haben, die also überhaupt etwas regeln, was sich vollstrecken lässt. Nach § 18 LVwVG können nur solche VA mit den Zwangsmitteln des § 19 LVwVG vollstreckt werden, die zu einer Handlung (ausgenommen einer Geldleistung), einer Duldung oder Unterlassung verpflichten. Dies ergibt sich aus der Natur der Sache: Nur wenn den Adressaten eine Pflicht trifft, etwas zu tun, zu dulden oder zu unterlassen, macht es Sinn, der Behörde Möglichkeiten an die Hand zu geben, diese Pflicht auch durchzusetzen und erzwingen zu können. Regelt der VA keine Pflicht, braucht die Behörde auch nichts durchzusetzen, eine Vollstreckung wäre sinnlos.
So liegt der Fall hier. Die Entziehung der Fahrerlaubnis ist ein rein rechtsgestaltender VA. Er regelt keine Pflicht, sondern hebt das mit der Fahrerlaubnis gewährte Recht, auf öffentlichen Straßen ein Kraftfahrzeug zu führen (§ 2 Abs. 1 StVG), wieder auf. Die Entziehung der Fahrerlaubnis verpflichtet A zu keiner Handlung, Duldung oder Unterlassung iSv § 18 LVwVG. Insbesondere enthält sie nicht die Pflicht, den Führerschein abzugeben. Die Abgabe ist eine Handlung, die – grds. in demselben Bescheid – durch einen weiteren selbstständigen VA angeordnet werden muss (aus Gründen der Übersichtlichkeit ist dieser VA laut Bearbeitungshinweis hier aber nicht zu prüfen[286]). Es fehlt somit an der allgemeinen Vollstreckungsvoraussetzung nach § 18 LVwVG und eine Anwendung und Androhung von Zwangsmitteln scheidet von vornherein aus.

D. Gebühr

Nach § 4 Abs. 3 S. 1 Landesgebührengesetz (LGebG) setzen die Landratsämter, sofern sie – wie vorliegend (s. o. bei der sachlichen Zuständigkeit) – Aufgaben

---

286 S. aber hierzu **Fall 8**.

der unteren Verwaltungsbehörde wahrnehmen, die gebührenpflichtigen Tatbestände und die Höhe der Gebühren selbst durch Rechtsverordnung fest. Nach § 1 der Gebührenverordnung des LRA Ortenaukreis vom 3.3.2020 gelten die in der Anlage festgesetzten Gebühren. Die Anlagen sind meist Gebührenverzeichnisse, die thematisch unterteilt sind. Hier ist der Gebührentatbestand im Abschnitt „PG 12.21 Verkehrswesen" unter der Ziffer 12.21.09.02 „Stellungnahmen, sonstige Anordnungen und Entscheidungen" zu finden. Die Gebühr beträgt demnach 54 Euro/Stunde. Ausgehend von einer Bearbeitungszeit von 1,5 Stunden ergibt sich eine Gebühr von 81 Euro.

E. Endergebnis

473 Die Entziehung der Fahrerlaubnis kann in rechtmäßiger Weise angeordnet werden. Eine Anordnung der sofortigen Vollziehung ist nicht nötig, da die aufschiebende Wirkung bereits kraft Gesetzes entfällt. Die Androhung von Zwangsmitteln scheidet aus. Als Gebühr sind 81 Euro festzusetzen.

Lösung Fall 1 – Lösungsskizze

474 Bevor mit der eigentlichen Aufgabe (Gutachten/Bescheid) begonnen wird, empfiehlt es sich, eine Lösungsskizze anzufertigen, die ein Gerüst für die Fall-Lösung bildet.

A. Haupt-VA

Vorüberlegung: Kann Fahrerlaubnis rechtmäßig entzogen werden?

I. **Rechtsgrundlage:** § 4 Abs. 5 S. 1 Nr. 3 StVG
II. **Materielle Voraussetzungen**
1. **Tatbestandsvoraussetzungen**
„acht oder mehr Punkte" => hier: acht Punkte (+)
Reihenfolge der Maßnahmen nach Abs. 5 S. 1 Nr. 1 bis 3 StVG eingehalten (§ 4 Abs. 6 StVG) => (+)
2. **Rechtsfolge**
   a) **Adressat**
      Inhaber der Fahrerlaubnis (§ 4 Abs. 5 S. 1 Nr. 3 StVG) => A
   b) **Gebundene Entscheidung**
      „ist" => gebundene Entscheidung => kein Ermessensspielraum => keine „Ausnahme" möglich
   c) **Bestimmtheit**
      § 37 Abs. 1 LVwVfG
3. **Zwischenergebnis: Materiell rechtmäßig**

III. **Formelle Voraussetzungen**
1. **Zuständigkeit**
– Sachlich: § 4 Nr. 1 FeFahrlZuVO iVm § 15 Abs. 1 Nr. 1, § 19 Abs. 1 Nr. 1 e) LVG => Landratsamt

Fall 1 Volle Punktzahl!

- Örtlich: § 3 Abs. 1 Nr. 3 a) LVwVfG => Ortenaukreis
2. **Verfahren**
   a) **Beteiligte**
      A nach § 13 Abs. 1 Nr. 2 LVwVfG
   b) **Rechte der Beteiligten – Anhörung**
      Nach § 28 Abs. 1 LVwVfG (+), da Rechtseingriff und keine Ausnahme nach Abs. 2
      => mit Schreiben vom 16.7.2020 durchgeführt
3. **Form**
   a) **Formwahl**
      Grds. formfrei nach § 37 Abs. 2 LVwVfG; § 4 Abs. 5 StVG und § 41 Abs. 1 FeV greifen nicht; aus Beweisgründen dennoch Schriftform
   b) **Begründung**
      Nach § 39 Abs. 1 LVwVfG (+), da schriftlicher VA und keine Ausnahme nach Abs. 2
   c) **Rechtsbehelfsbelehrung**
      Mindestangaben nach § 37 Abs. 6 LVwVfG, § 58 Abs. 1 VwGO
   d) **Bekanntgabe**
      Da belastender VA zweckmäßigerweise Zustellung per PZU nach § 3 LVwZG

IV. **Ergebnis: Formell und materiell rechtmäßig**
B. **Anordnung sofortige Vollziehung**
Entfällt gem. § 80 Abs. 2 S. 1 Nr. 3 VwGO iVm § 4 Abs. 9 StVG

C. **Androhung von Zwangsmitteln**
I. **Rechtsgrundlage:** § 20 Abs. 1, §§ 23, 2 LVwVG
II. **Materielle Voraussetzungen**
Tatbestandsvoraussetzungen
§§ 1, 18 LVwVG Handlung, Duldung oder Unterlassung => hier (-), da rechtsgestaltender VA, der zu keiner Handlung, Duldung, Unterlassung iSv § 18 LVwVG verpflichtet.

III. **Ergebnis: Androhung eines Zwangsmittels nicht möglich**
D. **Gebühr**
§ 4 Abs. 3 S. 1 LGebG iVm § 1 GebührenVO LRA Ortenaukreis iVm Ziffer 12.21.09.02 des Gebührenverzeichnisses 54 Euro/Stunde. Bei Bearbeitungszeit von 1,5 Stunden demnach 81 Euro.

E. **Endergebnis**
- Entziehung rechtmäßig möglich
- Aufschiebende Wirkung entfällt kraft Gesetzes, § 80 Abs. 2 S. 1 Nr. 4 VwGO – Anordnung nicht erforderlich
- Androhung Zwangsmittel nicht möglich
- Gebühr in Höhe von 81 Euro

Lösung Fall 1 – Gutachten

A. Hauptverwaltungsakt

I. Rechtsgrundlage

475 Als Rechtsgrundlage kommt § 4 Abs. 5 S. 1 Nr. 3 StVG in Betracht.

II. Materielle Voraussetzungen

476 **1. Tatbestandsvoraussetzungen**

477 Nach § 4 Abs. 5 S. 1 Nr. 3 StVG ist der Tatbestand erfüllt, wenn sich „acht oder mehr Punkte ergeben". Laut Sachverhalt hat A genau acht Punkte im Fahreignungsregister. Außerdem darf nach § 4 Abs. 6 StVG die zuständige Behörde eine Maßnahme nach Abs. 5 S. 1 Nr. 3 erst ergreifen, wenn die Maßnahme der jeweils davor liegenden Stufe nach Abs. 5 bereits ergriffen worden ist. Die Behörde hat A laut SV sowohl schriftlich ermahnt als auch schriftlich verwarnt. Der Tatbestand ist somit erfüllt.

2. Rechtsfolge

478 a) **Adressat.** Die Entziehung der Fahrerlaubnis richtet sich nach § 4 Abs. 5 S. 1 Nr. 3 StVG an A als deren Inhaber.

479 b) **Gebundene Entscheidung.** Bei Vorliegen der Tatbestandsvoraussetzungen „ist" die Fahrerlaubnis zu entziehen. Es handelt sich um eine gebundene Entscheidung, bei welcher der Behörde kein Ermessensspielraum eingeräumt ist. Die Behörde dürfte bei A daher gar keine Ausnahme machen, worum dieser gebeten hatte.

480 c) **Bestimmtheit.** Nach § 37 Abs. 1 LVwVfG muss der VA bzw. der Bescheid – insb. der Tenor – hinreichend bestimmt formuliert sein.

3. Zwischenergebnis

481 Der VA mit dem Inhalt, A die Fahrerlaubnis zu entziehen, ist materiell rechtmäßig.

III. Formelle Voraussetzungen

482 **1. Zuständigkeit**

483 Das Landratsamt ist nach § 4 Nr. 1 FeFahrlZuVO iVm § 15 Abs. 1 Nr. 1, § 19 Abs. 1 Nr. 1 e) LVG sachlich zuständig. Die örtliche Zuständigkeit des Landratsamtes Ortenaukreis ergibt sich aus § 3 Abs. 1 Nr. 3 a) LVwVfG.

2. Verfahren

484 a) **Beteiligte.** A ist nach § 13 Abs. 1 Nr. 2 LVwVfG Beteiligter, weil der VA an ihn gerichtet werden soll.

b) Rechte der Beteiligten – Anhörung. Da die Entziehung der Fahrerlaubnis 485
in die Rechte des A eingreift, ist er nach § 28 Abs. 1 LVwVfG vorher anzuhören.
Eine Ausnahme nach § 28 Abs. 2 LVwVfG liegt nicht vor. Die Anhörung ist mit
dem Schreiben des LRA vom 16.7.2020 durchgeführt worden.

3. Form

a) Formwahl oder Formzwang. Gem. § 37 Abs. 2 LVwVfG ist der Erlass eines 486
VA grds. formfrei möglich, es sei denn durch Spezialvorschrift ist eine besondere
Form vorgeschrieben. Nach § 4 Abs. 5 StVG und § 41 Abs. 1 FeV müssen lediglich die Maßnahmen nach § 4 Abs. 5 S. 1 Nr. 1 StVG (Ermahnung) sowie § 4
Abs. 5 S. 1 Nr. 2 StVG (Verwarnung) schriftlich erfolgen. Aus Beweissicherungsgründen bietet sich die Schriftform jedoch auch bei der Entziehung der Fahrerlaubnis an.

b) Begründung. Ein schriftlicher VA ist nach § 39 Abs. 1 LVwVfG zu begründen. 487
Ein Ausnahmefall des § 39 Abs. 2 LVwVfG liegt nicht vor.

c) Rechtsbehelfsbelehrung. Der schriftliche VA sollte mit einer Rechtsbehelfs- 488
belehrung versehen werden, welche die Mindestangaben des § 37 Abs. 6
LVwVfG, § 58 Abs. 1 VwGO enthält.

d) Bekanntgabe. Da es sich hier um einen belastenden VA mit weitreichenden 489
Wirkungen handelt, sollte er aus Beweissicherungsgründen mit Postzustellungsurkunde nach § 3 LVwZG zugestellt werden.

IV. Ergebnis

Die Entziehung der Fahrerlaubnis kann materiell und formell rechtmäßig ange- 490
ordnet werden.

B. Anordnung der sofortigen Vollziehung

Vorliegend entfällt die aufschiebende Wirkung bereits kraft Gesetzes nach § 80 491
Abs. 2 S. 1 Nr. 3 VwGO iVm § 4 Abs. 9 StVG. Widerspruch und Anfechtungsklage gegen die Entziehung der Fahrerlaubnis nach § 4 Abs. 5 S. 1 Nr. 3 StVG
haben keine aufschiebende Wirkung, § 4 Abs. 9 StVG. Eine behördliche Anordnung der sofortigen Vollziehung nach § 80 Abs. 2 S. 1 Nr. 4 VwGO ist somit
entbehrlich.

C. Androhung von Zwangsmitteln

Die Entziehung der Fahrerlaubnis ist ein rechtsgestaltender VA. Er verpflichtet 492
A zu keiner Handlung, Duldung oder Unterlassung iSv § 18 LVwVG und enthält
insb. nicht die Pflicht, den Führerschein abzugeben (die Abgabe ist eine Handlung, die durch einen weiteren selbstständigen VA angeordnet werden muss). Es
fehlt damit an der allgemeinen Vollstreckungsvoraussetzung nach § 18 LVwVG,
sodass eine Androhung von Zwangsmitteln von vornherein ausscheidet.

D. Gebühr

493 Nach § 4 Abs. 3 S. 1 LGebG iVm § 1 Gebührenverordnung des LRA Ortenaukreis vom 3.3.2020 iVm Ziffer 12.21.09.02 des Gebührenverzeichnisses beträgt die Gebühr 54 Euro/Stunde. Ausgehend von einer Bearbeitungszeit von 1,5 Stunden ergibt sich vorliegend eine Gebühr von 81 Euro.

E. Endergebnis

494 Die Entziehung der Fahrerlaubnis gegenüber A kann in rechtmäßiger Weise angeordnet werden. Die Anordnung der sofortigen Vollziehung ist nicht nötig. Die Androhung von Zwangsmitteln ist nicht möglich. Es ist eine Gebühr von 81 Euro festzusetzen.

Fall 1 Volle Punktzahl!

Lösung Fall 1 – Bescheid

Ein Bescheid – in Brieform mit persönlicher Ansprache verfasst – besteht idR aus:
- Briefkopf
- Tenor (= der verfügende und ggf. zu vollstreckende Teil des VA)
- Begründung (Sachverhalt und rechtliche Gründe)
- Rechtsbehelfsbelehrung
- Grußformel und Unterschrift

Briefkopf:

Landratsamt Ortenaukreis
Straßenverkehrsbehörde
– Führerscheinbehörde –

Badstraße 20, 77652 Offenburg
Zimmer ...
Sachbearbeiter/in ...

Mit Postzustellungsurkunde:

Herr A.
Musterstraße 99
77654 Offenburg

Telefax: ...
E-Mail: ...

Az.: 435 AG/20

Entziehung der Fahrerlaubnis

Offenburg, 17.08.2020

Sehr geehrter Herr A,

es ergeht folgender

Bescheid:

Tenor:

1. Die am 10.05.2012 vom Landratsamt Ortenaukreis erteilte Fahrerlaubnis wird Ihnen entzogen.

2. Für diese Entscheidung wird eine Gebühr von 81,- Euro festgesetzt.

Begründung (§ 39 Abs. 1 S. 2 LVwVfG): Sie enthält die wesentlichen tatsächlichen Gründe (= Sachverhalt) ...

Begründung:

I. Sachverhalt

Sie sind Inhaber eines Führerscheins der Klasse B, der Ihnen vom Landratsamt Ortenaukreis am 10.05.2012 erteilt wurde.

Aufgrund folgender Verkehrsverstöße haben Sie derzeit acht Punkte im Fahreignungsregister des Kraftfahrt-Bundesamtes:

Tattag	Rechtskräftig seit	Tatbezeichnung	Punkte
11.11.2016	10.03.2017	Sie überschritten die zulässige Höchstgeschwindigkeit innerhalb geschlossener Ortschaften um 46 km/h. Zulässige Geschwindigkeit: 50 km/h. Festgestellte Geschwindigkeit (nach Toleranzabzug): 96 km/h.	2
15.02.2017	20.06.2017	Sie überschritten die zulässige Höchstgeschwindigkeit innerhalb geschlossener Ortschaften um 37 km/h. Zulässige Geschwindigkeit: 50 km/h. Festgestellte Geschwindigkeit (nach Toleranzabzug): 87 km/h.	2

Im Sachverhalt sind die Tatsachen chronologisch zu schildern. Es ist auch (kurz) auf die Angaben des Adressaten einzugehen oder alternativ, dass er sich nicht geäußert hat.

237

495

6. Teil Übungsfälle

Nach dem Erreichen von fünf Punkten haben wir Sie mit Schreiben vom 11.06.2018, zugestellt am 14.06.2018, schriftlich ermahnt, nach Erreichen von sieben Punkten mit Schreiben vom 20.05.2019, zugestellt am 22.05.2019, schriftlich verwarnt.

Zu der Entziehung der Fahrerlaubnis wurden Sie mit Schreiben vom 16.07.2020 angehört. In einem Telefonat am 23.07.2020 äußerten Sie gegenüber dem Landratsamt, dass Sie die Verstöße bedauern und sich bessern werden. Ferner baten Sie, eine Ausnahme zu machen und von einer Entziehung der Fahrerlaubnis abzusehen.

II. Rechtliche Gründe *(Namen des Gesetzes zunächst ausschreiben)*

... und die wesentlichen rechtlichen Gründe.

1. Rechtsgrundlage unserer Entscheidung Ziffer 1 (Entziehung der Fahrerlaubnis) ist § 4 Absatz 5 Satz 1 Nr. 3 Straßenverkehrsgesetz (im Folgenden abgekürzt: StVG). Darin ist geregelt, dass wenn sich acht oder mehr Punkte im Fahreignungsregister ergeben, der Inhaber einer Fahrerlaubnis als ungeeignet zum Führen von Kraftfahrzeugen gilt und die Fahrerlaubnis zu entziehen ist.

(Rechtsgrdl. benennen, u. ihren Inhalt wiedergeben)

Hier empfiehlt es sich, beim Aufbau der Nummerierung des Tenors zu folgen.

Sie haben nach aktuellem Stand acht Punkte im Fahreignungsregister und gelten daher als ungeeignet zum Führen von Kraftfahrzeugen. Trotz schriftlicher Ermahnung und Verwarnung entsprechend § 4 Absatz 5 StVG, dem Fahreignungs-Bewertungssystem, das bei Erreichen einer gewissen Punktzahl gestaffelt Maßnahmen vorsieht, haben Sie weitere Verkehrsverstöße begangen, die zu dem Stand von acht Punkten geführt haben.

(SV der RGL zuordnen u. so erläutern, dass der Tatbestand erfüllt ist = Subsumtion.)

Aufgrund dieser acht Punkte im Fahreignungsregister gelten Sie als ungeeignet zum Führen von Kraftfahrzeugen und wir haben als zuständige Behörde Ihnen die Fahrerlaubnis zu entziehen. Diese Rechtsfolge ist rechtlich verbindlich, uns ist dabei kein Ermessensspielraum eingeräumt. Die Prüfung einer von Ihnen angeregten Ausnahme scheidet somit von vorneherein aus.

(Hier: kein Ermessen)

Im Bescheid erübrigen sich grds. Ausführungen zur Bestimmtheit und zu den formellen Voraussetzungen. Grund: Diese Voraussetzungen sind von der Behörde schlicht zu beachten, was nicht zusätzlich erläutert werden muss (dh: Tenor bestimmt formuliert, als zuständige Behörde und ohne Mitwirkung ausgeschlossener Personen handeln, VA schriftlich erlassen etc.). Ausnahme: Ist eine formelle Voraussetzung zwischen Behörde und Adressat streitig, sollte die Behörde ihre Ansicht in dem Bescheid (kurz) begründen.

2. Die Gebührenfestsetzung beruht auf § 4 Absatz 3 Satz 1 Landesgebührengesetz in Verbindung mit § 1 der Gebührenverordnung des Landratsamtes Ortenaukreis vom 03.03.2020 in Verbindung mit Ziffer 12.21.09.02 des Gebührenverzeichnisses als Anlage zu dieser Verordnung. Die Gebühr beträgt hiernach 54 Euro die Stunde. Aufgrund der Bearbeitungszeit von 1,5 Stunden sind 81 Euro festzusetzen.

(... es folgen Hinweise zur Bankverbindung, zur Fälligkeit etc. ...)

Rechtsbehelfsbelehrung:

Rechtsbehelfsbelehrung hier mit den Mindestangaben nach § 37 Abs. 6 LVwVfG.

Gegen diesen Bescheid können Sie innerhalb eines Monats nach Bekanntgabe beim Landratsamt Ortenaukreis in Offenburg Widerspruch einlegen.

Hinweis:

Ein von Ihnen gegen diesen Bescheid eingelegter Widerspruch entfaltet nach § 4 Absatz 9 StVG keine aufschiebende Wirkung. Das bedeutet, dass Ihre Fahrerlaubnis trotz eines möglicherweise eingelegten Widerspruchs mit Bekanntgabe dieses Bescheids erlischt und Sie die oben festgesetzte Gebühr zu bezahlen haben. Sie können allerdings beim Verwaltungsgericht Freiburg, Habsburgerstraße 103, 79104 Freiburg im Breisgau einen Antrag auf Anordnung der aufschiebenden Wirkung eines von Ihnen eingelegten Widerspruchs stellen.

Mit freundlichen Grüßen

(Fehlt dieser Hinweis oder ist sie fehlerhaft, hat dies keine rechtlichen Auswirkungen – aus Gründen der Bürgerfreundlichkeit ist sie aber zu empfehlen.)

... Unterschrift Sachbearbeiter ...

Fall 2 Giftige Kühlschränke

Methodik der Fallbearbeitung, insb. Subsumtionstechnik – Erlass belastender VA – Ermessens-/Verhältnismäßigkeitsprüfung – Anordnung der sofortigen Vollziehung – Androhung von Zwangsmitteln – Gutachten und Bescheid – Vorgehen der Behörde nach ergebnisloser Zwangsgeldandrohung

Sachverhalt

Polizeirevier Freiburg-Nord
An
Stadtkreis Freiburg-Umweltamt

Herr Michael Borgenhaimer (B) ist Pächter einer umzäunten Wiese am Ortsrand von Freiburg (FlSt. Nr. 336/1). Eigentümerin der Wiese ist die von der Insolvenz bedrohte Mänch-GmbH (M-GmbH). B hat uns mitgeteilt, dass jemand zwei alte Kühlschränke auf seiner Wiese zwecks Beseitigung abgeladen und liegen gelassen hat. Er verlangt, dass die Kühlschränke wieder von dem Grundstück entfernt werden – der Täter selbst solle sich aber unterstehen, noch einmal sein Grundstück zu betreten, das werde er verhindern. Er selbst könne die Kühlschränke auf keinen Fall wegbringen, er habe nicht einmal ein Fahrzeug.
Unsere Ermittlungen haben ergeben, dass Frau Nadine Woffmann (W) am 17.5.2021 um ca. 20.00 Uhr beobachtet hat, wie Herr Alex Länger (L), wohnhaft im Sperlingweg 100, 79110 Freiburg, die Kühlschränke durch eine Lücke im Zaun auf das Grundstück geschoben hat. W hat nicht nur das Nummernschild vom Transportfahrzeug notiert (FR-SC 1), sondern L auch erkannt. Eine Halterabfrage hat ergeben, dass L Halter dieses Fahrzeugs ist.

gez. Schädler, PHK

Stadtkreis Freiburg – Umweltamt
Fehrenbachallee 12
79106 Freiburg

Besprechungsnotiz:
Bei einer Besichtigung durch Mitarbeiter des Umweltamts wurde ergänzend folgender Sachverhalt festgestellt:
Die Kühlschränke beinhalten giftige Kühlflüssigkeit, die in Zukunft (erfahrungsgemäß in ca. sechs Wochen, abhängig von der Wetterlage) auslaufen und so in den Boden gelangen kann.

Es wurde folgende Vorgehensweise festgelegt:
L soll dazu verpflichtet werden, die Kühlschränke von dem Grundstück zu entfernen und zu entsorgen. Gemäß § 17 Abs. 1 S. 1 KrWG iVm § 6 Abs. 3

496

der Abfallwirtschaftssatzung der Stadt Freiburg habe L die Pflicht, die Kühlschränke der Stadt Freiburg als öffentlich-rechtlichem Entsorgungsträger (§ 6 Abs. 1 S. 1 LKreiWiG) zu überlassen. Gem. § 3 Abs. 3 und 4 der Abfallwirtschaftssatzung hat die Stadt Freiburg diese Aufgabe der Abfallwirtschaft und Stadtreinigung Freiburg GmbH übertragen. Da es sich bei Kühlschränken um Sperrmüll handelt, könne er diese Überlassungspflicht bspw. durch Sperrmüllabholung erfüllen (§ 4 Abs. 4, § 12 Abs. 3 lit. b der Abfallwirtschaftssatzung). Alternativ könne er die Kühlschränke auch selbst auf einen der städtischen Recyclinghöfe bringen (§ 22 Abs. 1 der Abfallwirtschaftssatzung). Dies ist für ihn als Einwohner Freiburgs jeweils kostenfrei möglich.

Ein möglicher Rechtsbehelf gegen die Anordnungen soll keine aufschiebende Wirkung haben und es ist bereits jetzt darauf zu achten, dass notfalls mit Zwang gearbeitet werden muss.

gez. Schnitzer, Inspektor

Aufgabe 1[287]
Prüfen Sie gutachtlich, was im Hinblick auf die beiden Kühlschränke zweckmäßigerweise anzuordnen ist, und entwerfen Sie ggf. einen entsprechenden Bescheid.

Aufgabe 2 (Fortführung des Falls)
Bis zu dem in der Zwangsmittelandrohung angegebenen Zeitpunkt hat L die Anordnung(en) nicht ausgeführt. Es besteht inzwischen eine sehr große Wahrscheinlichkeit, dass die im Kühlschrank befindliche giftige Kühlflüssigkeit in zwei Wochen ausläuft. Welche weiteren Schritte sind in verwaltungsrechtlicher Hinsicht vorzunehmen (Stichworte sind ausreichend)?

Bearbeitungshinweise
- Gehen Sie davon aus, dass die Stadt Freiburg dem in Betracht kommenden Adressaten mit Schreiben vom 19.5.2021 unter Fristsetzung bis zum 26.5.2021 die Gelegenheit gegeben hat, sich zu der beabsichtigten Maßnahme zu äußern, er hiervon aber keinen Gebrauch gemacht hat.
- Gehen Sie davon aus, dass die Angaben im Sachverhalt zutreffend sind und L die Kühlschränke privat in seiner Wohnung verwendet hat.
- § 21 LVwVG soll nicht zur Anwendung kommen.
- Eine möglicherweise zusätzlich erforderliche Duldungsverfügung muss nicht geprüft und verfügt werden.
- Gebührenfragen sind nicht zu prüfen.

---

287 In einer Klausur wird sich die Aufgabenstellung nicht auf ein Gutachten *und* einen Bescheid beziehen, sondern es wird entweder ein Gutachten *oder* ein Bescheidentwurf verlangt.

Fall 2 Giftige Kühlschränke 496

Auszug aus der Abfallwirtschaftssatzung der Stadt Freiburg

§ 3 Öffentliche Einrichtung, Entsorgungspflicht, Entsorgungsträger

...

(3) Die Stadt kann sich zur Erfüllung ihrer Entsorgungspflichten Dritter bedienen. Sie kann insbesondere Unternehmen in einer Rechtsform des privaten Rechts gründen, übernehmen, erweitern oder sich an solchen Unternehmen beteiligen.

(4) Die Stadt hat von den in Abs. 3 genannten Befugnissen durch die Gründung der Abfallwirtschaft und Stadtreinigung Freiburg GmbH Gebrauch gemacht ...

§ 4 Begriffsbestimmungen

...

(3) Abfälle aus privaten Haushaltungen sind Abfälle, die in privaten Haushalten im Rahmen der privaten Lebensführung anfallen, insbesondere in Wohnungen und zugehörigen Grundstücks- oder Gebäudeteilen sowie ...

(4) Sperrmüll ist fester Abfall, der wegen seiner Sperrigkeit, auch nach zumutbarer Zerkleinerung, nicht in die im Entsorgungsgebiet vorgeschriebenen Behälter passt (zB Teppiche, Matratzen, Schränke) und getrennt vom Restmüll zu entsorgen ist.

§ 5 Ausschluss von der städtischen Abfallentsorgung bzw. vom Einsammeln und Befördern

...

(6) Folgende Abfälle sind, soweit sie nicht bereits nach den Absätzen 1 bis 3 vollständig ausgeschlossen sind, vom Einsammeln und Befördern (Holsystem) ausgeschlossen:
a) Erdaushub, Straßenaufbruch, Bauschutt, Steine, staubförmige Stoffe und heiße Schlacken
b) Abfälle, die wegen ihrer Art oder Menge nicht in die nach dieser Satzung vorgeschriebenen genormten Abfallbehälter eingefüllt und auch nicht nach § 19 abgefahren werden können

...

§ 6 Anschluss- und Benutzungsrecht/-zwang

...

(3) Jede bzw. jeder Anschlussberechtigte und sonstige Abfallbesitzerin und Abfallbesitzer ist verpflichtet, im Rahmen des Anschlusszwangs die auf dem Grundstück oder die sonst bei ihr bzw. ihm angefallenen überlassungspflichtigen Abfälle der städtischen Einrichtung zur Abfallentsorgung satzungsgemäß zu überlassen (Benutzungszwang).

...

§ 12 Bereitstellung der Abfälle

...

(3) Folgende Abfälle sind zu trennen und können im Rahmen der Überlassungspflicht abgeholt oder zu den dafür vorgesehenen Sammelstellen gemäß dieser Satzung gebracht werden (Hol-/Bringsystem):
a) Schnittgut, Weihnachtsbäume (Sonderabfuhren gemäß § 19 oder Annahmestellen)
b) Sperrmüll (Sammlung gemäß § 19 oder Annahmestellen)

...

§ 21 Betrieb von Abfallannahmestellen

...

(3) Annahmestellen im Sinne dieser Satzung sind:
a) die Recyclinghöfe

...

§ 22 Benutzung der Annahmestellen

(1) Die in § 6 Genannten sind berechtigt, die Abfälle, die nach § 5 Abs. 6 vom Einsammeln und Befördern ausgeschlossen sind oder für die nach § 12 Abs. 1 bis 3 eine Bringmöglichkeit eingeräumt ist, an die für die jeweiligen Abfälle vorgesehenen Annahmestellen nach Maßgabe dieser Satzung und der Betriebsordnungen anzuliefern oder durch Beauftragte anliefern zu lassen.

...

Lösung Fall 2 – Aufgabe 1 – Vorüberlegungen zur Aufgabenstellung und Lösungsskizze

497 Vorüberlegungen zur Aufgabenstellung:
- Was soll der **konkrete Inhalt des Haupt-VA** sein?
  Was inhaltlich genau angeordnet wird, ist in Klausur (und Praxis) sorgfältig herauszuarbeiten. Es ist zu ermitteln, was schiefgelaufen ist, worin der Missstand liegt (hier zwei Kühlschränke auf der Wiese), und mit welcher Maßnahme dieser Missstand beseitigt werden kann (Orientierung an einer gesetzlichen Pflicht oder am Inhalt der Rechtsgrundlage). Hier besteht die gesetzliche Pflicht, die Kühlschränke dem öffentlich-rechtlichen Entsorgungsträger zu überlassen. Zur Überlassung müssen die Kühlschränke erst einmal von der Wiese entfernt werden. Inhalt der möglichen Anordnung ist daher, die beiden Kühlschränke zu entfernen und dem öffentlich-rechtlichen Entsorgungsträger zu überlassen.
- Ist es angezeigt, die **sofortige Vollziehung** anzuordnen?
  Nach der Vorgabe im Sachverhalt sollen Rechtsbehelfe keine aufschiebende Wirkung haben. Es ist daher zu untersuchen, ob die aufschiebende Wirkung entweder bereits kraft Gesetzes entfällt oder andernfalls die sofortige Vollziehung des Haupt-VA angeordnet werden kann. (Diese Frage sollte aber auch ohne Angaben im Sachverhalt stets gestellt werden – und darauf aufbauend:

Wie dringlich ist es, dass der Haupt-VA beachtet/ausgeführt wird? Welche Folgen hat es, wenn damit bis zum Abschluss eines möglichen Rechtsbehelfsverfahrens gewartet wird?).
- Soll durch die **Androhung eines Zwangsmittels** Druck aufgebaut werden? Laut Sachverhalt soll die Behörde notfalls mit Zwang arbeiten, sodass die Androhung eines Zwangsmittels zu prüfen ist (auch diese Frage gilt es immer mit zu bedenken: Soll gleich ein gewisser Druck auf den Betroffenen ausgeübt werden, um ihn zur Ausführung /Beachtung des Haupt-VA zu zwingen?).

Lösungsskizze
A. Haupt-VA: Entfernungs- und Überlassungsanordnung
I. RGL: § 62 KrwG[288]
II. Materielle Voraussetzungen
1. Tatbestandsvoraussetzungen
„zur Durchführung dieses Gesetzes"[289] → die Behörde kann dann Anordnungen „zur Durchführung dieses Gesetzes" treffen, wenn **gegen eine Pflicht aus dem KrWG verstoßen** wurde.
Es ist zu fragen: Wurde durch das Abladen und Liegenlassen der Kühlschränke auf der Wiese **gegen eine Pflicht aus dem KrWG verstoßen?** Hier kommt ein Verstoß gegen die Pflicht aus § 17 Abs. 1 S. 1 KrWG, konkretisiert durch § 6 Abs. 3 Abfallwirtschaftssatzung der Stadt Freiburg in Betracht:
   a) „**Abfall**" (nur dann ist das KrWG überhaupt anwendbar) → Definition: § 3 Abs. 1 S. 1 KrWG
      aa) „**Stoffe**" oder „**Gegenstände**" → Kühlschränke sind eindeutig Gegenstände (+)
      bb) derer sich der Besitzer „entledigt", „entledigen will", „entledigen muss"
         (1) **Entledigen** → Definition: § 3 Abs. 2 KrWG, Var. 3: Aufgabe der tatsächlichen Sachherrschaft (§§ 855, 856 BGB) ohne weitere Zweckbestimmung
         → Hier (= Subsumtion): Nach Abladen hat der Besitzer keine tatsächliche Gewalt über Kühlschränke mehr und Kühlschränke haben keine neue Zweckbestimmung (+)

---

288 Hier kommt die Verletzung der Überlassungspflicht nach § 17 Abs. 1 KrWG in Betracht. Anordnungen zur Durchsetzung der Abfallüberlassungspflichten nach § 17 Abs. 1 KrWG iVm der Abfallentsorgungssatzung des öffentlich-rechtlichen Entsorgungsträgers werden auf § 62 KrwG gestützt, OVG NRW, Urt. v. 15.8.2013, Az. 20 A 2798/11, juris Rn. 206; BVerwG, Beschl. v. 17.7.2008, Az. 9 B 15/08, NVwZ 2008, 1119. Die Pflicht aus § 17 Abs. 1 KrWG ist dabei die speziellere Vorschrift zu § 4 LKreiWiG, sodass die Rechtsgrundlage § 19 Abs. 2 LKreiWiG hier nicht zur Anwendung kommt. Ein Abstellen auf § 10 Abs. 2 S. 3 LKreiWiG (Anordnungen zur Durchsetzung satzungsrechtlicher Vorschriften) erscheint alternativ möglich, da § 6 Abs. 3 der Abfallwirtschaftssatzung aber (lediglich) eine Konkretisierung der eigentlichen Pflicht aus § 17 Abs. 1 KrWG darstellt, wird die Anordnung vorliegend auf § 62 KrwG gestützt.

289 Der Tatbestand ist ausweislich des Wortlauts von § 62 KrWG auch dann erfüllt, wenn gegen eine Rechtsverordnung verstoßen wurde, die aufgrund des KrWG erlassen wurde; da vorliegend eine solche nicht in Frage steht, wird sie hier auch nicht weiter erwähnt.

497

(2) **Entledigen wollen** → Definition: § 3 Abs. 3 Nr. 2 KrWG, ursprüngliche Zweckbestimmung entfällt, ohne dass neue unmittelbar an deren Stelle tritt
→ Hier: Kühlschränke haben nicht mehr ihre ursprüngliche Funktion und durch das Abladen erhalten sie unmittelbar auch keine neue Funktion bzw. werden funktionslos (+)

(3) **Entledigen müssen** → Definition: § 3 Abs. 4 KrWG → Hier: Kühlschränke werden nicht mehr entsprechend ihrer ursprünglichen Funktion verwendet; durch das Abladen und Liegenlassen auf der Wiese wird das Wohl der Allgemeinheit und Umwelt gefährdet, indem sich Tiere verletzen, Böden verunreinigt und Pflanzen beschädigt werden können. Gefährdungspotenzial kann nur durch eine ordnungsgemäße Abfallbeseitigung verhindert werden. (+)

b) **Abfall „aus privaten Haushaltungen"** → L hat die Kühlschränke privat in seiner Wohnung genutzt (s. a. § 4 Abs. 3 Abfallwirtschaftssatzung FR) (+)

c) **Verstoß gegen Überlassungspflicht** aus § 17 Abs. 1 S. 1 KrWG iVm § 6 Abs. 3 Abfallwirtschaftssatzung: Keine Überlassung an die nach Landesrecht zur Entsorgung verpflichteten öffentlich-rechtlichen Entsorgungsträger → Nach § 6 Abs. 1 S. 1 Landes-Kreislaufwirtschaftsgesetz (LKreiWiG) sind dies die Stadt- und Landkreise → Stadt Freiburg hat diese Aufgabe der Abfallwirtschaft und Stadtreinigung Freiburg GmbH übertragen (§ 3 Abs. 3, 4 der Abfallwirtschaftssatzung) → L hat dieser die Kühlschränke nicht gem. § 17 Abs. 1 S. 1 KrWG iVm § 6 Abs. 3 Abfallwirtschaftssatzung überlassen und damit gegen die Überlassungspflicht (bspw. durch Sperrmüllabholung § 4 Abs. 4, § 12 Abs. 3 lit. b Abfallwirtschaftssatzung) verstoßen. (+)

d) **Keine Verwertung auf privatem Grundstück**: keine Anhaltspunkte im Sachverhalt dafür, dass L das kann, und sein Verhalten zeigt zudem, dass er das auch nicht will. (+)

2. **Rechtsfolge**
  a) **Adressat**
    - **Mögliche Adressaten**: L, B und M-GmbH
      - L: Abfallerzeuger nach § 17 Abs. 1, § 3 Abs. 8 Nr. 1 KrWG[290] → L hat durch seine Tätigkeit, nämlich das Abladen und Liegenlassen auf der Wiese, Abfall verursacht und so gegen die Pflicht aus § 17 Abs. 1 KrWG verstoßen (+)
      - B: Abfallbesitzer nach § 17 Abs. 1, § 3 Abs. 9 KrWG[291] → Tatsächliche Sachherrschaft über die Kühlschränke zumindest aufgrund der Einzäunung des Grundstücks erlangt[292] (+).

---

[290] § 17 Abs. 1, § 3 Abs. 8 KrWG ist hier eine Spezialregelung zu § 6 PolG, der aber im KrWG zusätzlich anwendbar ist. Es ist daher vertretbar, die Verhaltensstörer-Eigenschaft auch nach § 6 PolG anzunehmen.
[291] Es ist vertretbar, die Zustandsstörer-Eigenschaft auch hier direkt § 7 Alt. 2 PolG (Inhaber der tatsächlichen Gewalt) zu entnehmen.
[292] BVerwG, Urt. v. 19.1.1989, Az. 7 C 82/87, juris Rn. 8 ff. (= NJW 1989, 1295).

- M-GmbH: Zustandsstörer gem. § 7 Alt. 1 PolG → als juristische Person beteiligtenfähig (§ 11 Nr. 1 LVwVfG) und damit grds. potenzieller Adressat → aber nur Eigentümer des Grundstücks, nicht auch der Kühlschränke (des Abfalls), die Pflichtverstoß auslösen (-)[293]
- **Adressatenauswahl:** Es ist grds. derjenige auszuwählen, der den VA am besten umsetzen bzw. die Gefahr am effektivsten beseitigen kann → dies richtet sich nach der Leistungsfähigkeit, Erreichbarkeit etc.
Hier: L ist Halter eines Fahrzeugs, mit dem man zwei Kühlschränke transportieren kann, B steht ein solches nicht zur Verfügung, er müsste es sich leihen/mieten → L hat die besseren materiellen Möglichkeiten zur Umsetzung des VA und kann ihn daher besser, insb. auch schneller, ausführen → L ist der richtige Adressat.[294]

b) **Ermessen**
Einräumung durch § 62 KrWG – Ausübung nach § 40 LVwVfG – aktiv entsprechend dem Zweck der Ermächtigung ausüben und insb. gesetzliche Grenzen beachten, hier Grundsatz der Verhältnismäßigkeit (§ 20 Abs. 3 GG)
aa) **Geeignet** → Tauglich, um den angestrebten Zweck zu erreichen oder zumindest zu fördern
Hier: Zweck des VA ist es, Pflicht aus § 17 Abs. 1 S. 1 KrWG und Ziele des § 1 KrWG (Sicherstellung der Kreislaufwirtschaft) durchzusetzen. Entfernung und Überlassung an den Entsorgungsträger fördert diese Ziele und ist damit tauglich (+)
bb) **Erforderlich** → Es sind keine milderen, aber ebenso gut geeigneten Mittel ggü. L ersichtlich (+)
cc) **Angemessen** → Nachteile für L dürfen nicht erkennbar[295] außer Verhältnis zu den Vorteilen für die Allgemeinheit stehen.
Hier:
- Nachteile: Kühlschränke abholen und dem Entsorgungsträger überlassen
- Vorteile: Keine Belastung der Umwelt mehr, Sicherstellung Kreislaufwirtschaft
- Gewichtung Nachteile
    → rechtlich: Art. 2 Abs. 1 GG

---

293 Auch § 7 Alt. 1 PolG (Eigentümer) kann neben den Spezialregelungen angewendet werden. Da mit einem Entledigen aber zivilrechtlich idR eine Eigentumsaufgabe verbunden ist (§ 959 BGB), greift dieser Fall hier eher selten.
294 Es ist auch gut vertretbar, B als Adressaten heranzuziehen. In einem solchen Fall muss keine gesonderte Duldungsverfügung ergehen (s. sogleich bei der Unmöglichkeit) und es ist heute unproblematisch möglich, sich ein Auto zu leihen/mieten.
295 Ob auf die „Erkennbarkeit" abzustellen ist, wird nicht ganz einheitlich beantwortet, s. aber zB BVerwG, Urt. v. 23.8.1996, Az. 4 A 29/95, juris Leitsatz, Rn. 28; BVerwG, Beschl. v. 11.11.2008, Az. 9 A 52/07, juris Rn. 6; VG Leipzig, Urt. v. 13.10.2021, Az. 1 K 1108/20, juris Rn. 53, 61.

497

→ tatsächlich: Nur geringfügiger Eingriff in die allgemeine Handlungsfreiheit, lediglich Aufladen in das Auto, mit dem die Kühlschränke schon zur Wiese gebracht wurden, und Überlassen an Entsorgungsträger, zB durch schlichte Anmeldung und Bereitstellung zur Sperrmüllabholung; keine Überlassungsgebühr
- Gewichtung Vorteile
  → rechtlich: Art. 20a GG
  → tatsächlich: Umweltschäden, Verunreinigung der Umwelt, schwerwiegend (Schutzgut Flora und Fauna sowie Boden)
- Abwägung: Nachteile von L stehen nicht außer Verhältnis zu den Vorteilen der Allgemeinheit – im Gegenteil, Letztere überwiegen sogar → damit angemessen (+)

c) **Keine Unmöglichkeit**
B gibt an, dem L den Zutritt zu dem von ihm gepachteten Grundstück zu verweigern → als Pächter darf er L den Zutritt verweigern (§§ 858, 862 BGB) → dadurch steht privates Recht der Befolgung des VA im Wege → zivilrechtliche Unmöglichkeit (+)
Aber: Eine solche führt nicht zur Rechtswidrigkeit der Anordnung, sondern ist nur ein Vollstreckungshindernis, das durch Erlass einer Duldungsverfügung an B ausgeräumt werden kann.

d) **Bestimmtheit:** § 37 Abs. 1 LVwVfG

3. **Zwischenergebnis: Materiell rechtmäßig**

III. **Formelle Voraussetzungen**
1. **Zuständigkeit**
   - Sachlich: § 23 Abs. 3, Abs. 2 Nr. 3 LKreiWiG, § 15 Abs. 1 Nr. 2 LVG
   - Örtlich: § 3 Abs. 1 Nr. 4 LVwVfG
   → Stadt(kreis) Freiburg
2. **Verfahren**
   a) **Beteiligte:** L nach § 13 Abs. 1 Nr. 2 LVwVfG; B sollte nach § 13 Abs. 1 Nr. 4, Abs. 2 LVwVfG hinzugezogen werden, da seine Rechte berührt sind.
   b) **Anhörung:** nach § 28 Abs. 1 LVwVfG (+), da Rechtseingriff und keine Ausnahme nach Abs. 2
   → Hier durch Schreiben vom 19.5.2021 geschehen.
3. **Form**
   a) **Formwahl:** grds. formfrei nach § 37 Abs. 2 LVwVfG, aus Beweisgründen dennoch Schriftform
   b) **Begründung:** nach § 39 Abs. 1 LVwVfG (+), da schriftlicher VA und keine Ausnahme nach Abs. 2
   c) **Rechtsbehelfsbelehrung:** beifügen mit Mindestangaben nach § 37 Abs. 6 LVwVfG, § 58 Abs. 1 VwGO
   d) **Bekanntgabe:** da belastender VA zweckmäßigerweise Zustellung per PZU nach § 3 LVwZG
4. **Zwischenergebnis: Formell rechtmäßig**

IV. **Ergebnis: Formell und materiell rechtmäßig**
B. **Anordnung der sofortigen Vollziehung**
I. **RGL: § 80 Abs. 2 S. 1 Nr. 4 VwGO**
II. **Materielle Voraussetzungen**
Definition: Besonderes öffentliches Interesse an der sofortigen Vollziehung, dh an der umgehenden/baldigen Befolgung des VA, welches das Interesse des Adressaten an der aufschiebenden Wirkung seines möglichen Rechtsbehelfs übersteigt.
Hier: Bei Abwarten mit Ausführung der Entfernungsanordnung würde bis zum Abschluss eines möglichen Rechtsbehelfsverfahrens weiter gegen das KrWG verstoßen und die Umwelt (Flora und Fauna) fortlaufend geschädigt, bereits nach ca. sechs Wochen kann der Boden geschädigt werden also vor Abschluss eines Rechtsbehelfsverfahrens; hohe Rechtsgüter bedroht (Art. 20a GG); dahinter muss das Suspensivinteresse des L zurücktreten, auch wenn Vollzugsfolgen nicht reversibel. (+)

III. **Formelle Voraussetzungen**
1. **Zuständigkeit:** § 80 Abs. 2 S. 1 Nr. 4 VwGO
2. **Verfahren:** § 28 Abs. 1 LVwVfG (-), da kein VA iSd § 35 LVwVfG mangels inhaltlicher Regelung
3. **Form:** schriftlich anordnen und begründen, § 80 Abs. 3 VwGO; Rechtsbehelfsbelehrung über § 80 Abs. 5 VwGO-Antrag; Bekanntgabe mit Haupt-VA

IV. **Ergebnis: Sofortige Vollziehung kann angeordnet werden.**
C. **Androhung von Zwangsmitteln**
Vorüberlegung
Um ggü. L den nötigen Druck aufzubauen, ist die Androhung von Zwangsmitteln zu prüfen.
Nach § 20 Abs. 2 LVwVG kann Androhung bereits mit dem Haupt-VA verbunden werden.
In Betracht kommt Androhung eines Zwangsgelds in Höhe von 1.500 Euro.

I. **RGL: § 20 Abs. 1, §§ 23, 2 LVwVG**
II. **Materielle Voraussetzungen**
1. **Tatbestandsvoraussetzungen**
   a) **wirksamer Haupt-VA mit vollstreckungsfähigem Inhalt**
      wirksam mit Bekanntgabe (§ 43 Abs. 1 LVwVfG)
      Entfernung und Überlassung ist vollstreckungsfähiges Handeln iSd § 18 LVwVG
   b) **Vollstreckbarkeit**
      nach § 2 Nr. 2 LVwVG durch Anordnung der sofortigen Vollziehung (s. o.)
   c) **kein Vollstreckungshindernis**
      besteht zwar durch privatrechtliche Unmöglichkeit, kann aber durch Duldungs-VA an B ausgeräumt werden (s. o.)

2. **Rechtsfolgenseite**
  a) **Adressat**
     wie beim Haupt-VA → L
  b) **Ermessen**
     Einräumung durch § 2 LVwVG – Ausübung: § 40 LVwVfG – gesetzliche Grenze nach § 19 LVwVG Verhältnismäßigkeit:
     – geeignet: Zwangsgeld von 1.500 Euro und Frist von zwei Wochen sind geeignet, um L zur Befolgung des VA zu bringen und die Umwelt zu schützen
     – erforderlich, weil milder als Ersatzvornahme, da freie Entscheidungsfreiheit beim Pflichtigen erhalten bleibt, aber gleich gut geeignet,
     – angemessen, da finanzielle Belastung von 1.500 Euro und Frist zur Ausführung von zwei Wochen nicht außer Verhältnis zum Zweck der Vollstreckung stehen
  c) **Bestimmtheit**
     allgemein § 37 Abs. 1 LVwVfG und hier insb. § 20 Abs. 1 LVwVG: Frist; § 20 Abs. 3 LVwVG: Zwangsgeld; § 20 Abs. 4 LVwVG: bestimmte Höhe

III. **Formelle Voraussetzungen**
1. **Zuständigkeit**
   ebenfalls Stadt(kreis) Freiburg nach § 4 LVwVG
2. **Verfahren – Anhörung**
   Androhung ist zwar VA i. S. d. § 35 LVwVfG, sodass § 28 Abs. 1 LVwVfG greift,
   Hier aber § 28 Abs. 2 Nr. 5 LVwVfG → sie kann unterbleiben
3. **Form**
   a) **Formzwang**: § 20 Abs. 1 LVwVG: schriftlich
   b) **Begründung**: § 39 Abs. 1 LVwVfG: schriftlich
   c) **Rechtsbehelfsbelehrung**: wie Haupt-VA (s. o.)
   d) **Bekanntgabe**: mit Haupt-VA (s. o.)

IV. **Ergebnis**
Androhung eines Zwangsmittels iHv 1.500 Euro mit zwei Wochen-Frist ist rechtmäßig.

D. **Gebühr: erlassen**

E. **Endergebnis**
→ Behörde kann Entfernungs- und Überlassungsanordnung rechtmäßig erlassen und
→ sofortige Vollziehung rechtmäßig anordnen,
→ Androhung eines Zwangsgeldes iHv 1.500 Euro mit einer Frist von zwei Wochen ist zulässig

Fall 2 Giftige Kühlschränke

Lösung Fall 2 – Aufgabe 1 – Gutachten
A. Entfernungs- und Überlassungsanordnung
I. Rechtsgrundlage
Als Rechtsgrundlage kommt § 62 KrWG in Betracht.

II. Materielle Voraussetzungen
1. Tatbestandvoraussetzungen

> **Tipp:** Prüfen Sie sorgfältig, ob der konkrete Sachverhalt bzw. die konkret zugeordneten Sachverhaltsausschnitte zu der jeweiligen Tatbestandsvoraussetzung „passen", dh subsumiert werden können. Vor der Subsumtion müssen einzelne Tatbestandsvoraussetzungen oft erst noch definiert werden. Teilweise muss eine Definition wieder in einzelne Teilelemente zerlegt werden, die ggf. ihrerseits zu definieren sind (und zwar so lange, bis beurteilt werden kann, ob der Sachverhalt zu den (Teil-)Definitionen passt oder nicht, ausführlich zur Subsumtionstechnik Rn. 13 f.).

Die Behörde kann eine Anordnung „zur Durchführung dieses Gesetzes" und damit zur Einhaltung des KrWG treffen, wenn gegen eine Pflicht des KrWG verstoßen wurde. Fraglich ist daher, ob durch das Abladen und Liegenlassen der Kühlschränke auf der Wiese gegen eine Pflicht aus dem KrWG verstoßen wurde. Hier kommt ein **Verstoß gegen die Pflicht aus § 17 Abs. 1 S. 1 KrWG** in Betracht, wonach Erzeuger oder Besitzer von *Abfällen aus privaten Haushaltungen* verpflichtet sind, diese Abfälle *den öffentlich-rechtlichen Entsorgungsträgern zu überlassen*, soweit sie sie *nicht auf ihrem privaten Grundstück verwerten können oder wollen*. In Konkretisierung dieser Vorschrift sind nach **§ 6 Abs. 3 Abfallwirtschaftssatzung der Stadt Freiburg** die angefallenen überlassungspflichtigen Abfälle der *städtischen Einrichtung zur Abfallentsorgung zu überlassen*. Zu prüfen ist also, ob L **gegen die Pflicht aus § 17 Abs. 1 S. 1 KrWG iVm § 6 Abs. 3 Abfallwirtschaftssatzung verstoßen hat**. Dies setzt wiederum voraus (bereits oben im Text *kursiv hervorgehoben*),
- dass es sich um Abfall handelt,
- aus privaten Haushaltungen,
- der nicht den öffentlich-rechtlichen Entsorgungsträgern, hier der städtischen Einrichtung zur Abfallentsorgung, überlassen wurde,
- und keine Verwertung auf privatem Grundstück stattfindet.

a) Abfall[296] Es müsste sich bei den Kühlschränken um Abfall handeln. Nach § 3 Abs. 1 S. 1 KrWG sind Abfälle alle Stoffe oder Gegenstände, derer sich ihr Besitzer entledigt, entledigen will oder entledigen muss.

---

296 **Beachte:** „Abfall" hätte hier auch als eigenes Tatbestandsmerkmal „Anwendungsbereich/Geltungsbereich des Gesetzes" vorab geprüft werden können (wie „Gewerbe" bei Anwendung der GewO oder „Ausländer" bei Anwendung des AufenthG). Der Anwendungsbereich ergibt sich grds. aus den ersten Paragrafen eines Gesetzes; er ist oft positiv und negativ bestimmt. Im KrWG

501 **aa) Stoffe/Gegenstände.** Da Kühlschränke körperliche Sachen sind, liegen Gegenstände iSd § 3 Abs. 1 S. 1 KrWG vor.

> **Tipp:** Diese Subsumtion bereitet keine Schwierigkeiten – Sie können sich daher kurz fassen und so richtige Schwerpunkte setzen.

bb) Entledigen, entledigen wollen, entledigen müssen

502 > **Tipp:** Bei diesen Tatbestandsmerkmalen ist die Subsumtion nicht so eindeutig. Hier empfiehlt sich eine ausführlichere gutachtliche Prüfung anhand der vier Schritte (1) Einleitungssatz, (2) Definition, (3) Subsumtion und (4) Ergebnis (s. Rn. 13). Diese vier Begriffe sind im Folgenden lediglich zur Veranschaulichung *kursiv* erwähnt. Im Gutachten sind sie nicht ausdrücklich anzuführen!

503 **(1) Entledigen.** *(Einleitungssatz)* Bei dem Abladen und Liegenlassen der Kühlschränke könnte es sich um ein „entledigen" handeln.
(Definition) Nach § 3 Abs. 2 Var. 3 KrWG liegt ein Entledigen dann vor, wenn der Besitzer die tatsächliche Sachherrschaft über den Gegenstand unter Wegfall jeglicher weiterer Zweckbestimmung aufgibt.
(Subsumtion) Nach dem Abladen und Liegenlassen der Kühlschränke auf der Wiese hat L als ehemaliger Besitzer keine tatsächliche Gewalt über die Kühlschränke mehr; diese haben auch keine weitere Zweckbestimmung bzw. Funktion erhalten.
(Ergebnis) L hat sich der Kühlschränke entledigt iSd § 3 Abs. 2 Var. 3 KrWG.

504 **(2) Entledigen wollen.** *(Einleitungssatz)* Es könnte sich beim Abladen und Liegenlassen der Kühlschränke zudem um ein „entledigen wollen" iSd § 3 Abs. 3 Nr. 2 KrWG handeln.
(Definition) Nach § 3 Abs. 3 Nr. 2 KrWG ist der Wille zur Entledigung u. a. dann anzunehmen, wenn die ursprüngliche Zweckbestimmung eines Gegenstandes entfällt oder aufgegeben wird, ohne dass ein neuer Verwendungszweck unmittelbar an deren Stelle tritt.
(Subsumtion) Da die Kühlschränke nicht mehr in ihrer ursprünglichen Funktion verwendet werden und sie durch das Abladen nicht unmittelbar eine neue Funktion erhalten sollen, sondern vielmehr funktionslos werden, liegt ein Wille zur Entledigung vor.
(Ergebnis) L wollte sich der Kühlschränke auch entledigen iSd § 3 Abs. 3 Nr. 2 KrWG.

505 **(3) Entledigen müssen.** *(Einleitungssatz)* Schließlich kommt ein „entledigen müssen" nach § 3 Abs. 4 KrWG in Betracht.

---

bestimmt § 2 KrWG den Anwendungsbereich nach dessen Absatz 1 positiv und nach Absatz 2 negativ. Für eine Anwendung des Absatzes 2 ergeben sich aus dem Sachverhalt keine Anhaltspunkte. Aus Absatz 1 ist herauszulesen, dass es sich positiv um „Abfall" handeln muss.

(Definition) Nach § 3 Abs. 4 KrWG muss sich der Besitzer eines Gegenstandes entledigen, wenn er nicht mehr entsprechend seiner ursprünglichen Zweckbestimmung verwendet wird, aufgrund seines konkreten Zustandes geeignet ist, das Wohl der Allgemeinheit – insb. die Umwelt – zu gefährden und das Gefährdungspotenzial nur durch eine Entfernung ausgeschlossen werden kann.
(Subsumtion) Die Kühlschränke werden nicht mehr entsprechend ihrer ursprünglichen Zweckbestimmung verwendet. Durch das Abladen auf der Wiese wird das Wohl der Allgemeinheit und insb. die Umwelt gefährdet, indem sich Tiere verletzen, Böden verunreinigt und Pflanzen beschädigt werden können. Dieses Gefährdungspotenzial kann nur durch eine ordnungsgemäße Abfallbeseitigung nach dem KrWG (§ 17 KrWG iVm Abfallwirtschaftssatzung Stadt Freiburg: Überlassung an den öffentlich-rechtliche Entsorgungsträger) verhindert werden.
(Ergebnis) L muss sich somit der Kühlschränke auch entledigen iSd § 3 Abs. 4 KrWG.

> **Tipp:** Sind mehrere Varianten einer Tatbestandsvoraussetzung einschlägig, sind im Zweifel alle in Betracht kommenden zu prüfen. Dies gilt vor allem für ein Gutachten, welches den Fall unter allen möglichen Gesichtspunkten betrachten soll. Aber auch bei einem Bescheid erscheint dies sinnvoll, um den rechtlichen Standpunkt zu untermauern und ihn rechtlich abzusichern (bei einer gerichtlichen Überprüfung könnte evtl. eine Variante als nicht gegeben angesehen werden). Kommt hingegen eindeutig nur eine Variante in Betracht, sollte man sich hierauf beschränken (wie zB soeben auf „Gegenstand" – „Stoff" ist nicht anzusprechen).

b) Abfall aus privaten Haushaltungen. Die Kühlschränke stammen aus der Privatwohnung des L. Es handelt sich daher um Abfälle aus privaten Haushaltungen iSd § 4 Abs. 3 Abfallwirtschaftssatzung.

c) Keine Überlassung an den öffentlich-rechtlichen Entsorgungsträger – hier an die städtische Einrichtung zur Abfallentsorgung. Nach § 17 Abs. 1 S. 1 KrWG iVm § 6 Abs. 3 Abfallwirtschaftssatzung der Stadt Freiburg hat L die Kühlschränke, also den Abfall aus einem privaten Haushalt, dem zur Entsorgung verpflichteten öffentlich-rechtlichen Entsorgungsträger zu überlassen. Nach § 6 Abs. 1 S. 1 LKreiWiG ist dies der Stadtkreis Freiburg. Freiburg hat diese Aufgabe nach § 3 Abs. 3 und 4 Abfallwirtschaftssatzung der Abfallwirtschaft und Stadtreinigung Freiburg GmbH übertragen, welcher L die Kühlschränke bspw. durch Sperrmüllabholung (§ 4 Abs. 4, § 12 Abs. 3 b) Abfallwirtschaftssatzung) hätte überlassen können. Ein Abladen auf einer Wiese stellt jedenfalls keine ordentliche Überlassung dar. Damit hat L gegen die Überlassungspflicht aus § 17 Abs. 1 S. 1 KrWG iVm § 6 Abs. 3 Abfallwirtschaftssatzung der Stadt Freiburg verstoßen.

d) Keine Verwertung auf privatem Grundstück. Schließlich scheidet eine Verwertung auf dem privaten Grundstück des L aus. Es bestehen keine Anhaltspunkte dafür, dass er das kann, und sein Verhalten zeigt zudem, dass er das auch nicht will.

> Tipp: „Im Einzelfall" ist keine „echte" Tatbestandsvoraussetzung, sondern ein bloßer Hinweis auf die Regelungsmöglichkeit durch VA.

2. Rechtsfolge

509 a) **Adressat.** Als Adressaten der Entfernungs- und Überlassungsanordnung kommen L, B und die M-GmbH in Betracht.
Indem L die Kühlschränke durch das Loch im Zaun geschoben und auf der Wiese liegengelassen hat, hat er Abfall verursacht und den Pflichtverstoß begangen. Er ist daher Abfallerzeuger iSd § 17 Abs. 1, § 3 Abs. 8 Nr. 1 KrWG. B hat aufgrund der Einzäunung des von ihm gepachteten Grundstücks die tatsächliche Sachherrschaft über die Kühlschränke erlangt[297], sodass er nach § 17 Abs. 1, § 3 Abs. 9 KrWG als Abfallbesitzer zur Ausführung der Anordnung herangezogen werden kann. Die M-GmbH ist zwar als juristische Person beteiligtenfähig (§ 11 Nr. 1 LVwVfG) und damit grds. potenzielle Adressatin, sie ist aber nur Eigentümerin des Grundstücks und nicht auch des Abfalls, also der Kühlschränke, die den Pflichtverstoß auslösen. Die M-GmbH kann somit nicht als Zustandsstörerin nach § 7 Alt. 1 PolG herangezogen werden.[298]
(*„Einleitungssatz"*) Zu prüfen ist nun, ob L oder B als Adressat heranzuziehen ist. (*„Definition"*) Es ist grds. derjenige auszuwählen, der den VA am effektivsten umsetzen kann. Entscheidendes Kriterium ist hierbei die Leistungsfähigkeit. (*„Subsumtion"*) L hat die Kühlschränke selbst auf der Wiese abgeladen und verfügt über ein Fahrzeug, mit dem man die zwei Kühlschränke transportieren kann. B verfügt hingegen über kein Fahrzeug, sondern müsste sich ein solches leihen bzw. mieten. L hat daher die besseren materiellen Möglichkeiten zur Ausführung des VA und kann diesen besser, insb. auch schneller, ausführen. (*„Ergebnis"*) L ist als Adressat der Entfernungs- und Überlassungsanordnung heranzuziehen.

> Tipp: Werden im Sachverhalt mehrere Personen genannt, so kann dies v. a. bei folgenden Prüfungspunkten relevant werden:
> - Adressat
> - privatrechtliche Unmöglichkeit
> - Verfahren – Beteiligte (Hinzuziehung von Personen, die nicht als Adressat ausgewählt wurden?)

510 b) **Ermessen.** § 62 KrWG räumt der Behörde Ermessen ein. Die Ausübung des Ermessens richtet sich nach § 40 LVwVfG, wonach das Ermessen aktiv und entsprechend dem Zweck der Ermächtigung auszuüben ist. Außerdem sind die gesetzlichen Grenzen des Ermessens und hierbei insb. der aus Art. 20 Abs. 3 GG abgeleitete Grundsatz der Verhältnismäßigkeit zu beachten.

---

297 BVerwG, Urt. v. 19.1.1989, Az. 7 C 82/87, juris Rn. 8 ff. (= NJW 1989, 1295).
298 Neben den speziellen Vorschriften zum Adressaten sind zumindest im KrWG auch die allgemeinen Regelungen aus dem PolG anwendbar, sodass L auch Verhaltensstörer nach § 6 Abs. 1 PolG und B Zustandsstörer nach § 7 Alt. 2 PolG ist. Zumindest theoretisch (da grds. Dereliktion nach § 959 BGB gegeben ist) kommt so auch eine Zustandsstörer-Eigenschaft als Eigentümer nach § 7 Alt. 2 PolG in Betracht.

Fall 2 Giftige Kühlschränke **511–515**

(Einleitungssatz) Die Entfernungs- und Überlassungsanordnung muss danach zur Erreichung des von ihr angestrebten Zwecks geeignet, erforderlich und angemessen sein.

aa) Geeignet. *(Definition)* Die Anordnung ist geeignet, wenn sie tauglich ist, den **511**
angestrebten Zweck zu erreichen oder zumindest zu fördern.
(Subsumtion) Zweck der Anordnung ist zum einen, die Umwelt zu schützen, indem die Überlassungspflicht aus § 17 Abs. 1 S. 1 KrWG eingehalten wird; zum anderen dient sie den Zielen des § 1 KrWG (Sicherstellung der Kreislaufwirtschaft). Beides wird durch eine Entfernung der Kühlschränke von der Wiese und einer Überlassung an den öffentlich-rechtlichen Entsorgungsträger erreicht. Die Anordnung ist somit tauglich, den angestrebten Zweck zu fördern bzw. sogar zu erfüllen.
(Ergebnis) Sie ist daher geeignet.

bb) Erforderlich. *(Definition)* Erforderlich ist die Anordnung, wenn sie von **512**
mehreren gleich gut geeigneten Mitteln das mildeste ist.
(Subsumtion) Im vorliegenden Fall sind keine gleich gut geeigneten, aber L weniger beeinträchtigende Mittel ersichtlich.
(Ergebnis) Die Anordnung ist auch erforderlich.

cc) Angemessen. *(Einleitungssatz)* Schließlich muss die Entfernungs- und Über- **513**
lassungsanordnung angemessen sein.
(Definition) Dies ist sie, wenn sie für L keine Nachteile herbeiführt, die erkennbar außer Verhältnis zu den bezweckten Vorteilen für die Allgemeinheit stehen.
(Subsumtion) Nachteil für L ist, dass er die Kühlschränke abholen und dem öffentlich-rechtlichen Entsorgungsträger überlassen muss. Der Vorteil für die Allgemeinheit besteht darin, die Umwelt (Fauna, Flora) nicht weiter zu belasten und eine ordnungsgemäße Kreislaufwirtschaft sicherzustellen.
Die Nachteile erhalten ihr Gewicht aus Art. 2 Abs. 1 GG, die Vorteile aus Art. 20a GG. Der Transport der Kühlschränke stellt nur einen geringfügigen Eingriff in die allgemeine Handlungsfreiheit dar. Eine Überlassungsgebühr ist nicht zu entrichten und die Überlassung kann auf einfache Weise bspw. durch Anmeldung und Bereitstellung zur Sperrmüllabfuhr erfolgen. Dagegen sind die Umweltschäden im Hinblick auf absterbende Pflanzen und mögliche Verletzungen von Tieren sowie der möglichen Verunreinigung des Bodens schwerwiegend. Schließlich stellt eine ordnungsgemäße Kreislaufwirtschaft ein hohes Schutzgut dar.
Die Nachteile des L stehen damit keinesfalls erkennbar außer Verhältnis zu den Vorteilen der Allgemeinheit, im Gegenteil: Letztere überwiegen hier die privaten Nachteile des L.
(Ergebnis) Die Anordnung ist auch angemessen.

dd) Ergebnis. Die Entfernungs- und Überlassungsanordnung ist verhältnismä- **514**
ßig, die Anforderungen des § 40 LVwVfG werden eingehalten.

c) Keine Unmöglichkeit. Durch die Weigerung von B, den L das Grundstück **515**
betreten zu lassen, könnte ein Fall der zivilrechtlichen Unmöglichkeit vorliegen. Eine solche liegt vor, wenn der Ausführung des VA ein privates Recht entgegen-

steht und der Berechtigte sich auf dieses Recht beruft (und somit nicht einwilligt). Als Pächter kann B dem L den Zutritt auf sein Grundstück verweigern (§§ 858, 862 BGB). Sofern er dies tut, was er angekündigt hat, liegt eine zivilrechtliche Unmöglichkeit vor. Eine solche stellt lediglich ein Vollstreckungshindernis dar und führt nicht zur Rechtswidrigkeit der Entfernungs- und Überlassungsanordnung. Zudem ist das Vollstreckungshindernis durch den Erlass einer Duldungsverfügung an B ausräumbar.

516 d) **Bestimmtheit.** Die Anordnung muss gem. § 37 Abs. 1 LVwVfG inhaltlich bestimmt genug formuliert werden, es ist insb. die Flurstücknummer des Grundstücks anzugeben, auf der die Kühlschränke lagern. Hinsichtlich der Überlassung ist es ausreichend, dass diese gegenüber dem öffentlich-rechtlichen Entsorgungsträger, hier gegenüber der Abfallwirtschaft und Stadtreinigung Freiburg GmbH, zu erfolgen hat. Auf welche Weise dies geschieht (Sperrmüll, Recyclinghof), kann dem Adressaten überlassen werden. Es ist allerdings bürgerfreundlich, den L durch freiwillige und unverbindliche Hinweise im Bescheid auf die bestehenden Möglichkeiten aufmerksam zu machen.

3. Zwischenergebnis

517 Die materiellen Voraussetzungen liegen vor.

III. Formelle Voraussetzungen

1. Zuständigkeit

518 Die Zuständigkeit des Stadtkreises Freiburg ergibt sich sachlich aus § 23 Abs. 3, Abs. 2 Nr. 3 LKreiWiG, § 15 Abs. 1 Nr. 2 LVG und örtlich aus § 3 Abs. 1 Nr. 4 LVwVfG.

2. Verfahren

519 a) **Beteiligte.** L ist als Adressat dieses belastenden VA nach § 13 Abs. 1 Nr. 2 LVwVfG kraft Gesetzes Beteiligter. Da rechtliche Interessen des B betroffen sind, sollte er nach § 13 Abs. 1 Nr. 4, Abs. 2 S. 1 LVwVfG als Beteiligter zum Verfahren hinzugezogen werden.

520 b) **Anhörung.** Da die Anordnung in die Rechte des L eingreift, muss er nach § 28 Abs. 1 LVwVfG von der Stadt Freiburg angehört werden, was mit Schreiben vom 19.5.2021 geschehen ist. Da B durch die Hinzuziehung Beteiligter geworden ist, ist auch B Anhörungsberechtigter.

3. Form

521 a) **Formwahl.** Nach § 37 Abs. 2 LVwVfG kann die Anordnung formfrei ergehen; aus Beweisgründen sollte dies aber schriftlich geschehen.

522 b) **Begründung.** Die schriftliche Anordnung ist nach § 39 Abs. 1 LVwVfG auch schriftlich zu begründen.

523 c) **Rechtsbehelfsbelehrung.** Der Anordnung ist eine Rechtsbehelfsbelehrung mit dem Mindestinhalt nach § 37 Abs. 6 LVwVfG, § 58 Abs. 1 VwGO beizufügen.

d) **Bekanntgabe.** Da es sich bei der Anordnung um einen belastenden VA handelt, sollte er zweckmäßigerweise per Postzustellungsurkunde (§ 3 LVwZG) zugestellt werden.

4. Zwischenergebnis
Die formellen Voraussetzungen sind ebenfalls gegeben.

IV. Ergebnis
Die Entfernungs- und Überlassungsanordnung kann in rechtmäßiger Weise erlassen werden.

B. Anordnung der sofortigen Vollziehung
Da vorliegend kein Fall des § 80 Abs. 2 S. 1 Nr. 1 bis 3a VwGO vorliegt, ist zu prüfen, ob die Behörde nach § 80 Abs. 2 S. 1 Nr. 4 VwGO die sofortige Vollziehung anordnen kann.

I. Rechtsgrundlage
Rechtsgrundlage für die Anordnung der sofortigen Vollziehung ist § 80 Abs. 2 S. 1 Nr. 4 VwGO.

II. Materielle Voraussetzungen
(Definition) Nach § 80 Abs. 2 S. 1 Nr. 4 VwGO kann die sofortige Vollziehung eines VA angeordnet werden, wenn ein besonderes öffentliches Interesse an der sofortigen Vollziehung eines VA, dh an der umgehenden/baldigen Befolgung des VA besteht, welches das Interesse des Adressaten an der aufschiebenden Wirkung seines möglichen Rechtsbehelfs übersteigt.

(Subsumtion) Das besondere öffentliche Interesse besteht darin, dass die Entfernungs- und Überlassungsanordnung umgehend zu beachten ist. Die Umwelt soll umgehend geschützt und die Kreislaufwirtschaft sichergestellt werden. Bei einem Abwarten mit der Ausführung bis zum Abschluss eines möglichen Rechtsbehelfsverfahrens und damit bis zur Vollstreckbarkeit der Anordnung nach § 2 Nr. 1 LVwVG würde über Monate oder evtl. sogar Jahre hinweg die Umwelt (Flora und Fauna) weiter gefährdet und der Verstoß gegen die Kreislaufwirtschaft, das Ablagern von Müll auf einer Wiese, fortlaufend hingenommen werden. Zudem kann bereits nach ca. sechs Wochen und damit vor Abschluss eines Rechtsbehelfsverfahrens austretende Kühlflüssigkeit den Boden schädigen. Hierdurch sind hohe Rechtsgüter (Art. 20a GG) betroffen. Die Belastungen auf Seiten des L, die durch die sofortige Durchführung der Entfernung und Überlassung entstehen, sind demgegenüber eher gering – auch wenn die Vollzugsfolgen nicht reversibel sind. Daher muss sein Interesse, die Anordnung erst zu befolgen, wenn in einem Rechtsbehelfsverfahren über seinen Widerspruch und evtl. auch über eine Klage sowie Berufung entschieden wurde, hinter das besondere öffent-

liche Vollzugsinteresse zurücktreten. Es ist L zuzumuten, die Entfernung- und Überlassungsanordnung umgehend zu befolgen und eine rechtliche Prüfung nachträglich vornehmen zu lassen.
(Ergebnis) Die materiellen Voraussetzungen für die Anordnung der sofortigen Vollziehung sind gegeben.

III. Formelle Voraussetzungen

1. Zuständigkeit

530 Nach § 80 Abs. 2 S. 1 Nr. 4 VwGO ist die Stadt Freiburg auch für die Anordnung der sofortigen Vollziehung sachlich und örtlich zuständig.

2. Verfahren

531 Da es sich bei der Anordnung der sofortigen Vollziehung mangels inhaltlicher Regelung nicht um einen VA iSd. § 35 LVwVfG handelt, ist eine Anhörung nach § 28 Abs. 1 LVwVfG nicht erforderlich.

3. Form

532 Nach § 80 Abs. 3 VwGO ist die Anordnung schriftlich zu begründen, sodass sich insgesamt ihr schriftlicher Erlass empfiehlt. Es sollte eine Belehrung über die Möglichkeit eines Antrags beim Verwaltungsgericht nach § 80 Abs. 5 VwGO auf Wiederherstellung der aufschiebenden Wirkung beigefügt werden. Die Bekanntgabe erfolgt zusammen mit dem Haupt-VA, also zusammen mit der Entfernungs- und Überlassungsanordnung.

IV. Ergebnis

533 Die sofortige Vollziehung kann rechtmäßig angeordnet werden.

C. Androhung von Zwangsmitteln

534 Um gegenüber L den nötigen Druck aufzubauen, ist die Androhung von Zwangsmitteln zu prüfen. Nach § 20 Abs. 2 LVwVG kann die Androhung bereits mit dem Haupt-VA, der Entfernungs- und Überlassungsanordnung, verbunden werden. In Betracht kommt hier die Androhung eines Zwangsgeldes in Höhe von 1.500 Euro mit einer Fristsetzung von zwei Wochen.

I. Rechtsgrundlage

535 Die Rechtsgrundlage für die Androhung eines Zwangsgeldes ergibt sich aus § 20 Abs. 1, §§ 23, 2 LVwVG.

II. Materielle Voraussetzungen

1. Tatbestandsvoraussetzungen

a) Wirksamer Hauptverwaltungsakt mit vollstreckungsfähigem Inhalt. Die 536
Anordnung verpflichtet mit der Entfernung und Überlassung der Kühlschränke zu Handlungen und hat damit einen vollstreckungsfähigen Inhalt nach § 18 LVwVG. Sie wird nach § 43 Abs. 1 LVwVfG mit ihrer Bekanntgabe wirksam, hier der Zustellung per PZU nach § 3 LVwZG.

b) Vollstreckbarkeit. Ein VA ist vollstreckbar, wenn er unanfechtbar geworden 537
ist (§ 2 Nr. 1 LVwVG) oder wenn die aufschiebende Wirkung eines Rechtsbehelfs entfällt (§ 2 Nr. 2 LVwVG). Letzteres ist hier gegeben, wenn die Stadt Freiburg in dem Bescheid auch die sofortige Vollziehung anordnet (s. o. B.).

c) Keine Vollstreckungshindernisse. Das Vollstreckungshindernis der zivil- 538
rechtlichen Unmöglichkeit kann die Stadt Freiburg durch Erlass einer Duldungsverfügung an B ausräumen (s. o.).

2. Rechtsfolgenseite

a) Adressat. Adressat der Vollstreckung ist der Adressat des zu vollstreckenden 539
VA, hier der L.

b) Ermessen. § 2 LVwVG räumt der Behörde Ermessen ein, ob sie Zwangsmittel 540
anwendet und damit auch, ob sie Zwangsmittel androht. Das Ermessen ist nach § 40 LVwVfG aktiv entsprechend dem Zweck der Ermächtigung und innerhalb der gesetzlichen Grenzen auszuüben. Als gesetzliche Grenze ist hier insb. der Grundsatz der Verhältnismäßigkeit zu beachten, dessen Elemente „Erforderlichkeit" und „Angemessenheit" auch in § 19 Abs. 2 und Abs. 3 LVwVG einfachgesetzlich geregelt sind.
Die Androhung des Zwangsmittels „Zwangsgeld" ist geeignet, L zur Befolgung der Entfernungs- und Beseitigungsanordnung zu bewegen und damit dessen Ziele, nämlich Umweltschutz und Sicherstellung der Kreislaufwirtschaft, zu erreichen. Auch die Höhe von 1.500 Euro erscheint tauglich, den Willen des L zu beugen. Die zweiwöchige Frist ist ebenfalls geeignet; sie erlaubt es der Behörde, im Falle der Nichtbefolgung rechtzeitig weitere Maßnahmen zu ergreifen, bevor ein weiterer Schaden eingetreten ist.
Die Androhung eines Zwangsgeldes iHv 1.500 Euro müsste ferner erforderlich, dh das mildeste aller gleich geeigneten Mittel sein (vgl. § 19 Abs. 2 LVwVG). Ebenfalls geeignet wäre die Androhung der Ersatzmaßnahme. Dies wäre für L aber nicht milder, da er im Falle einer Ersatzvornahme die Handlungs- und Entscheidungsfreiheit (Art. 2 Abs. 1 GG) über die genaue Durchführung der Anordnung verlieren würde. Eine geringere Zwangsgeld-Höhe wäre zwar denkbar, aber weniger gut zur Willensbeugung geeignet. Eine kürzere Frist wäre ebenfalls nicht gleich geeignet, weitere Maßnahmen würden im Hinblick auf mögliche weitere Schäden verzögert.
Die Androhung eines Zwangsgeldes iHv 1.500 Euro ist schließlich auch angemessen, da die Nachteile für L nicht erkennbar außer Verhältnis zu dem Zweck der Vollstreckung stehen (§ 19 Abs. 3 LVwVG). Zum einen entstehen durch die Androhung noch keine unmittelbaren Nachteile für L, zum anderen steht selbst

im Falle der Zwangsgeldfestsetzung die finanzielle Belastung in Höhe von 1.500 Euro nicht erkennbar außer Verhältnis zu dem Zweck der Vollstreckung, den Schutz der Umwelt und die Sicherstellung der Kreislaufwirtschaft. Die Ausführung innerhalb von zwei Wochen gewährt L ausreichend Zeit, um die Entfernungs- und Beseitigungsanordnung zu befolgen und umzusetzen.

541 c) **Bestimmtheit.** Nach § 20 Abs. 1 S. 2 LVwVG ist eine genaue Frist (hier zwei Wochen ab Zustellung) zu bestimmen. Gem. § 20 Abs. 3 LVwVG muss ein bestimmtes Zwangsmittel angedroht werden (hier Zwangsgeld). Zwangsgeld ist nach § 20 Abs. 4 LVwVG in einer bestimmten Höhe (hier 1.500 Euro) anzudrohen. Schließlich muss nach § 37 Abs. 1 LVwVfG die Androhung allgemein hinreichend bestimmt sein; insb. muss deutlich sein, auf welchen VA sich die Androhung bezieht.

III. Formelle Voraussetzungen

1. Zuständigkeit

542 Sachlich und örtlich zuständig für die Vollstreckung ist nach § 4 LVwVG die Behörde, die den zu vollstreckenden VA erlassen hat, hier die Stadt Freiburg.

2. Verfahren

543 Die Androhung ist ein belastender VA iSd § 35 LVwVfG. Die unmittelbare Regelungswirkung liegt in der Festlegung auf ein bestimmtes Zwangsmittel, das angedroht wird. Nach § 28 Abs. 1 LVwVfG wäre L daher vorher anzuhören. Die Anhörung kann jedoch gem. § 28 Abs. 2 Nr. 5 LVwVfG unterbleiben, da die Zwangsgeldandrohung eine Maßnahme in der Verwaltungsvollstreckung ist.

3. Form

544 a) **Formzwang.** Gemäß § 20 Abs. 1 LVwVG muss die Androhung schriftlich erfolgen.

545 b) **Begründung.** § 39 Abs. 1 LVwVfG schreibt für einen schriftlichen VA eine schriftliche Begründung vor.

546 c) **Rechtsbehelfsbelehrung.** Die Belehrung ist die des Haupt-VA (§ 37 Abs. 6 LVwVfG, § 58 Abs. 1 VwGO), denn gegen beide VA (Haupt-VA und Zwangsgeldandrohung) sind dieselben Rechtsbehelfe statthaft.

547 d) **Bekanntgabe.** Die Bekanntgabe erfolgt mit dem Haupt-VA, also mittels PZU.

IV. Ergebnis

548 Die Androhung eines Zwangsgeldes in Höhe von 1.500 Euro mit einer Fristsetzung von zwei Wochen ist rechtmäßig.

Fall 2 Giftige Kühlschränke

Lösung Fall 2 – Aufgabe 1 – Bescheid

Stadt Freiburg
Umweltamt
– Abfallbehörde –

Fehrenbachallee 12,
79106 Freiburg,
Zimmer ...

Mit Postzustellungsurkunde: Sachbearbeiter/in ...

Herr Alex Länger
Sperlingweg 100
79110 Freiburg

Telefon: ...
Telefax: ...
E-Mail: ...

Az.: ...

Freiburg, 29.05.2021

Entfernung- und Überlassungsanordnung

Sehr geehrter Herr Länger,

> **Tipp:**
> Es muss klar = hinreichend bestimmt sein,
> – wer
> – was
> – von wo
> – wohin
> zu bringen hat.
> Das Wie (Sperrmüll, Recyclinghof ...) kann L überlassen werden.

es ergeht folgender

Bescheid:

1. Sie haben die beiden von Ihnen auf dem Grundstück mit der Flurstücknummer 336/1 in Freiburg abgelagerten Kühlschränke zu entfernen und der Abfallwirtschaft und Stadtreinigung Freiburg GmbH zu überlassen.
2. Die sofortige Vollziehung der in Ziffer 1 bezeichneten Maßnahme wird angeordnet.
3. Für den Fall, dass Sie die Maßnahme in Ziffer 1 nicht innerhalb von zwei Wochen ab Zustellung dieses Bescheids durchgeführt haben, drohen wir Ihnen ein Zwangsgeld in Höhe von 1.500 Euro an.
4. Für diesen Bescheid wird eine Gebühr von ... festgesetzt. *(erlassen)*

Begründung:

I. Sachverhalt

Sie haben am 17.05.2021 um ca. 20.00 Uhr am Ortsrand von Freiburg zwei alte Kühlschränke durch eine Lücke im Zaun auf das Wiesengrundstück mit der Flurstücknummer Nr. 336/1 geschoben und dort liegen gelassen. Zum Transport haben Sie das auf Sie zugelassene Fahrzeug mit dem Kennzeichen FR-SC 1 benutzt. Die Kühlschränke haben Sie zuvor privat in ihrer Wohnung verwendet. Sie beinhalten giftige Kühlflüssigkeit, die in Zukunft (erfahrungsgemäß in ca. sechs Wochen, abhängig von der Wetterlage) auslaufen und so in den Boden gelangen kann.

Eigentümer des Grundstücks ist die Mänch-GmbH, Pächter Herr Michael Borgenhaimer. Herr Borgenhaimer hat bereits angekündigt, dass er demjenigen, der die Kühlschränke auf seinem Grundstück abgeladen hat, den Zutritt auf das Grundstück untersagen wird. Er selbst kann die Kühlschränke auf keinen Fall wegbringen, da er kein Fahrzeug besitzt.

> **Tipp:**
> Auch wenn sich der Adressat nicht äußert, sollte im Bescheid zum Ausdruck kommen, dass die Behörde ihm Gelegenheit zur Anhörung gegeben hat.

Mit Schreiben vom 19.05.2021 haben wir Ihnen mit Fristsetzung bis zum 26.05.2021 Gelegenheit gegeben, sich zu der Entfernungs- und Überlassungsanordnung zu äußern. Hiervon haben Sie keinen Gebrauch gemacht.

6. Teil Übungsfälle

II. Rechtliche Gründe

Rechtsgrdl. benennen u. ihren Inhalt wiedergeben.

Zu Ziffer 1:
Rechtsgrundlage der Entfernungs- und Überlassungsanordnung in Ziffer 1 dieses Bescheids ist § 62 Kreislaufwirtschaftsgesetz (KrWG). Danach können wir zur Durchführung dieses Gesetzes und der auf Grund dieses Gesetzes erlassenen Rechtsverordnungen die erforderlichen Anordnungen treffen.

Tatbestandsvoraussetzungen herausarbeiten

Wir können eine Anordnung „zur Durchführung dieses Gesetzes" und damit zur Einhaltung des KrWG treffen, wenn gegen eine Pflicht des KrWG verstoßen wurde. Durch das Abladen und Liegenlassen der Kühlschränke auf dem Wiesengrundstück haben Sie gegen die Pflicht aus § 17 Absatz 1 Satz 1 KrWG in Verbindung mit § 6 Absatz 3 der Abfallwirtschaftsatzung der Stadt Freiburg verstoßen. Nach § 17 Absatz 1 Satz 1 KrWG sind Erzeuger oder Besitzer von Abfällen aus privaten Haushaltungen verpflichtet, diese Abfälle den nach Landesrecht zur Entsorgung verpflichteten juristischen Personen (öffentlich-rechtliche Entsorgungsträger) zu überlassen, soweit sie zu einer Verwertung auf den von ihnen im Rahmen ihrer privaten Lebensführung genutzten Grundstücken nicht in der Lage sind, oder diese nicht beabsichtigen. § 6 Absatz 3 Abfallwirtschaftsatzung der Stadt Freiburg konkretisiert diese Pflicht und schreibt vor, die angefallenen überlassungspflichtigen Abfälle der städtischen Einrichtung zur Abfallentsorgung (Abfallwirtschaft und Stadtreinigung Freiburg GmbH) zu überlassen.

Es handelt sich bei den beiden Kühlschränken um Abfall im Sinne des § 17 Absatz 1 Satz 1 KrWG. Nach § 3 Absatz 1 Satz 1 KrWG sind Abfälle alle Stoffe oder Gegenstände, derer sich ihr Besitzer entledigt, entledigen will oder entledigen muss.

Die Kühlschränke sind körperliche Sachen und damit Gegenstände im Sinne des § 3 Absatz 1 Satz 1 KrWG.

Tipp:
Achten Sie auf den Bescheid-Stil:
(1) Ergebnis
(2) Definition
(3) Subsumtion

Durch das Abladen und Liegenlassen der Kühlschränke haben Sie sich ihrer auch entledigt. Nach § 3 Absatz 2 Alternative 3 KrWG liegt ein Entledigen dann vor, wenn der Besitzer die tatsächliche Sachherrschaft über den Gegenstand unter Wegfall jeglicher weiterer Zweckbestimmung aufgibt. Nach dem Abladen und Liegenlassen der Kühlschränke hatten Sie als ehemaliger Besitzer keine tatsächliche Gewalt mehr über die Kühlschränke und diese haben auch keine weitere Zweckbestimmung bzw. Funktion erhalten.

Außerdem wollen Sie sich der Kühlschränke entledigen. Nach § 3 Absatz 3 Nr. 2 KrWG ist der Wille zur Entledigung u.a. dann anzunehmen, wenn die ursprüngliche Zweckbestimmung eines Gegenstandes entfällt oder aufgegeben wird, ohne dass ein neuer Verwendungszweck unmittelbar an dessen Stelle tritt. Die ursprüngliche Zweckbestimmung der Kühlschränke ist mit deren Abladen und Liegenlassen entfallen und wurde aufgegeben. Es ist auch kein neuer Verwendungszweck an deren Stelle getreten.

Schließlich müssen Sie sich der Kühlschränke auch entledigen. Nach § 3 Absatz 4 KrWG muss sich der Besitzer eines Gegenstandes entledigen, wenn er nicht mehr entsprechend seiner ursprünglichen Zweckbestimmung verwendet wird, auf Grund seines konkreten Zustandes geeignet ist, das Wohl der Allgemeinheit, insbesondere die Umwelt, zu gefährden und das Gefährdungspotenzial nur durch eine ordnungsgemäße Verwertung oder Beseitigung ausgeschlossen werden kann. Die Kühlschränke werden nicht mehr entsprechend ihrer ursprünglichen Zweckbestimmung verwendet und durch das Abladen auf der Wiese wird das Wohl der Allgemeinheit und insbesondere die Umwelt gefährdet, indem sich Tiere verletzen, Böden verunreinigt und Pflanzen beschädigt werden können. Dieses Gefährdungspotenzial kann nur durch eine ordnungsgemäße Abfallbeseitigung nach dem KrWG (Überlassung an den öffentlich-rechtliche Entsorgungsträger) verhindert werden.

Die Kühlschränke stammen auch aus Ihrer Privatwohnung und somit aus einer privaten Haushaltung.

Sie haben die Kühlschränke durch das Abladen und Liegenlassen auf der Wiese nicht dem öffentlich-rechtlichen Entsorgungsträger überlassen und so gegen die Pflicht aus § 17 Absatz 1 Satz 1 KrWG in Verbindung mit § 6 Absatz 3 Abfallwirtschaftsatzung der Stadt Freiburg verstoßen. Nach § 6 Absatz 1 Satz 1 Landes-Kreislaufwirtschaftsgesetz für Baden-Württemberg (LKreiWiG) ist die Stadt Freiburg der für Sie zuständige öffentlich-rechtliche Entsorgungsträger.

Fall 2 Giftige Kühlschränke 549

Die Stadt Freiburg hat diese Aufgabe nach § 3 Absatz 3 und Absatz 4 Abfallwirtschaftssatzung der Stadt Freiburg an die Abfallwirtschaft und Stadtreinigung Freiburg GmbH übertragen.

Eine Verwertung auf Ihrem Grundstück kommt nicht in Betracht.

> **Tipp:**
> Da die M-GmbH gar nicht als Adressat in Betracht kommt, wäre es abwegig, sie im Bescheid zu erwähnen.

Wir haben Sie als Adressaten der Entfernungs- und Überlassungsanordnung herangezogen, da Sie der Abfall-Erzeuger sind. Nach § 3 Absatz 8 Nr. 1 KrWG ist derjenige Erzeuger von Abfällen, durch dessen Tätigkeit Abfälle anfallen. Indem Sie sich der Kühlschränke entledigt haben und dieses auch wollten und mussten, sind die Kühlschränke zu Abfall „geworden" und so Abfall angefallen. Herr Borgenhaimer ist zwar Abfall-Besitzer nach § 3 Absatz 9 KrWG, da er als Pächter des eingezäunten Grundstücks nun die tatsächliche Sachherrschaft über die Kühlschränke und damit über die Abfälle hat. Sie können die Entfernungs- und Überlassungsanordnung aber effektiver umsetzen, da Sie über ein Fahrzeug verfügen, mit dem Sie die zwei Kühlschränke bereits dorthin transportiert haben. Der Pächter verfügt hingegen über kein Fahrzeug. Sie haben damit die besseren materiellen Möglichkeiten zur Ausführung der Anordnung und können diese besser und schneller ausführen.

Das uns nach § 62 KrWG eingeräumte Ermessen – einen Entscheidungsspielraum dahingehend, ob und mit welchem Inhalt wir eine Anordnung erlassen – haben wir nach § 40 Verwaltungsverfahrensgesetz für Baden-Württemberg (LVwVfG) aktiv und entsprechend dem Zweck der Ermächtigung ausgeübt. Hierbei haben wir die gesetzlichen Grenzen des Ermessens und insbesondere den aus Artikel 20 Absatz 3 Grundgesetz (GG) abgeleiteten Grundsatz der Verhältnismäßigkeit beachtet.

Die Entfernungs- und Überlassungsanordnung ist geeignet, da sie den angestrebten Zweck, nämlich die Einhaltung der Überlassungspflicht aus § 17 Absatz 1 Satz 1 KrWG sowie die Ziele des § 1 KrWG (Sicherstellung der Kreislaufwirtschaft), zumindest fördert.

Sie ist erforderlich, da vorliegend kein gleich gut geeignetes Mittel ersichtlich ist, das für Sie milder und damit weniger belastend wäre.

Die Entfernungs- und Überlassungsanordnung ist schließlich auch angemessen. Angemessen ist eine Maßnahme, wenn die mit ihr verbundenen Nachteile für die Betroffenen nicht erkennbar außer Verhältnis zu den bezweckten Vorteilen für die Allgemeinheit stehen.

Ihre Nachteile bestehen darin, die Kühlschränke abzuholen und dem öffentlich-rechtlichen Entsorgungsträger zu überlassen. Der Vorteil für die Allgemeinheit ist hingegen, die Umwelt (Fauna, Flora) nicht weiter zu belasten und eine ordnungsgemäße Kreislaufwirtschaft sicherzustellen. Ihre Nachteilsposition erhält ihr Gewicht aus der allgemeinen Handlungsfreiheit nach Artikel 2 Absatz 1 GG; die Umwelt steht unter verfassungsrechtlichem Schutz des Artikel 20a GG. Der Transport der Kühlschränke stellt allerdings nur einen geringfügigen Eingriff dar und ist überdies gerechtfertigt durch die nach § 17 Absatz 1 KrWG bestehende gesetzliche Überlassungspflicht. Außerdem ist eine Überlassungsgebühr nicht zu entrichten. Die Überlassung kann auf einfache Weise beispielsweise durch Anmeldung und Bereitstellung zur Sperrmüllabfuhr erfolgen (s. hierzu auch den Hinweis am Ende dieses Bescheides). Demgegenüber sind die Umweltschäden im Hinblick auf absterbende Pflanzen, mögliche Verletzungen von Tieren sowie der Verunreinigung des Bodens zu beachten. Schließlich stellt eine ordnungsgemäße Kreislaufwirtschaft ein hohes Schutzgut dar. Ihre Nachteile stehen damit keinesfalls erkennbar außer Verhältnis zu den Vorteilen der Allgemeinheit, letztere überwiegen hier sogar Ihre privaten Nachteile.

> **Beachte:**
> Im Bescheid grds. keine Ausführungen zur Bestimmtheit und den formellen Voraussetzungen.

Sollte der Pächter des Grundstücks Ihnen verbieten, sein Grundstück zu betreten, macht dies unsere Verfügung nicht rechtswidrig. Es besteht dadurch lediglich eine sog. zivilrechtliche Unmöglichkeit, die wir durch den Erlass einer Duldungsverfügung an den Pächter beseitigen können. Aufgrund dieser Duldungsverfügung muss der Pächter Herr Borgenhaimer es dann dulden, dass Sie sein Grundstück – ausschließlich zum Zwecke der Beseitigung der Kühlschränke – betreten dürfen.

Zu Ziffer 2:
Rechtsgrundlage für die Anordnung der sofortigen Vollziehung ist § 80 Absatz 2 Satz 1 Nr. 4 Verwaltungsgerichtsordnung (VwGO). Danach können wir die sofortige Vollziehung der Entfernungs- und Überlassungsanordnung anordnen, wenn ein besonderes öffentliches Interesse an ihrer sofortigen Vollziehung, dh an ihrer umgehenden/baldigen Befolgung besteht, welches Ihr Interesse an der aufschiebenden Wirkung eines von Ihnen möglicherweise eingelegten Rechtsbehelfs übersteigt.

Es besteht ein besonderes öffentliches Interesse, dass Sie die Entfernungs- und Überlassungsanordnung umgehend zu beachten haben. Es kann nicht hingenommen werden, dass Sie während eines laufenden Rechtsbehelfsverfahrens, welches mehrere Monate oder sogar Jahre dauern kann, die Anordnung nicht befolgen müssen und die Kühlschränke weiterhin auf der Wiese lagern. Über Monate oder evtl. sogar Jahre hinweg würde die Umwelt (Flora und Fauna) weiter gefährdet und durch das Ablagern von Müll auf einer Wiese gegen die Grundsätze der Kreislaufwirtschaft fortlaufend verstoßen werden. Zudem kann bereits nach ca. sechs Wochen und damit vor Abschluss eines Rechtsbehelfsverfahrens austretende Kühlflüssigkeit den Boden schädigen. Hierdurch sind hohe Rechtsgüter (Artikel 20a GG) betroffen. Ihr Interesse, die Anordnung erst nach Abschluss eines oder mehrerer Rechtsbehelfsverfahren zu befolgen, ist als geringer einzustufen und tritt hinter das besondere öffentliche Vollzugsinteresse zurück. Es ist Ihnen zuzumuten, die Entfernung- und Überlassungsanordnung umgehend zu befolgen und eine rechtliche Prüfung nachträglich vornehmen zu lassen.

Zu Ziffer 3:
Die Rechtsgrundlage für die Androhung des Zwangsgelds in Ziffer 3 dieses Bescheids ergibt sich aus § 20 Absatz 1, §§ 23, 2 Verwaltungsvollstreckungsgesetz für Baden-Württemberg (LVwVG). Danach können wir zur Durchsetzung eines vollstreckbaren Verwaltungsaktes ein Zwangsgeld in Höhe von mindestens 10 bis höchstens 50.000 Euro androhen.

Die Entfernungs- und Überlassungsanordnung in Ziffer 1 des Bescheids ist ein Verwaltungsakt, der zu Handlungen verpflichtet und somit einen vollstreckungsfähigen Inhalt nach § 18 LVwVG hat. Er wird nach § 43 Absatz 1 LVwVfG mit Bekanntgabe dieses Bescheids wirksam. Da wir hierfür in Ziffer 2 die sofortige Vollziehung angeordnet haben, entfällt die aufschiebende Wirkung eines von Ihnen möglicherweise eingelegten Rechtsbehelfs. Das bedeutet, Sie haben trotz eines von Ihnen eingelegten Rechtsbehelfs die Entfernungs- und Überlassungsanordnung zu beachten und diese ist nach § 2 Nr. 2 LVwVG vollstreckbar. Das Vollstreckungshindernis der zivilrechtlichen Unmöglichkeit kann durch den Erlass einer Duldungsverfügung an Herrn Borgenhaimer ausgeräumt werden.

§ 2 LVwVG räumt uns Ermessen ein, welches wir nach § 40 LVwVfG aktiv entsprechend dem Zweck der Ermächtigung und innerhalb der gesetzlichen Grenzen ausgeübt haben. Die Zwangsgeldandrohung in Höhe von 1.500 Euro mit einer Frist von zwei Wochen ist verhältnismäßig. Sie ist geeignet, Sie zur Befolgung der Entfernungs- und Beseitigungsanordnung zu bewegen und damit dessen Ziele, nämlich Umweltschutz und Sicherstellung der Kreislaufwirtschaft, zu erreichen. Dies gilt insbesondere auch für die Höhe von 1.500 Euro. Die zweiwöchige Frist ist ebenfalls geeignet; sie erlaubt es uns im Falle der Nichtbefolgung, rechtzeitig weitere Maßnahmen zu ergreifen, bevor ein weiterer Schaden eingetreten ist. Die Androhung eines Zwangsgeldes in Höhe von 1.500 Euro ist auch erforderlich, da sie das mildeste aller gleich geeigneten Mittel ist (vgl. § 19 Absatz 2 LVwVG). Die Androhung der Ersatzmaßnahme wäre zwar ebenfalls geeignet, für Sie aber nicht milder, da Sie im Falle einer Ersatzvornahme der Handlungs- und Entscheidungsfreiheit (Artikel 2 Absatz 1 GG) über die genaue Durchführung der Anordnung verlieren würden. Sie könnten dann nicht mehr selbst entscheiden, ob Sie die Anordnung selbst ausführen oder ob Sie diese (und von wem) ausführen lassen. Die Zwangsgeld-Höhe ist ebenfalls erforderlich, um Sie zu der Befolgung der Anordnung zu bewegen, ebenso die Frist. Bei einer längeren Frist würden sich weitere Maßnahmen zur Verhinderung möglicher Schäden verzögern. Die Androhung eines Zwangsgeldes in Höhe von 1.500 Euro ist auch angemessen. Ihre damit verbundenen Nachteile stehen nicht erkennbar außer Verhältnis zu dem Zweck der Vollstreckung (§ 19 Absatz 3 LVwVG). Durch die Androhung entstehen Ihnen noch keine unmittelbaren Nachteile. Selbst im Falle der Zwangsgeldfestsetzung steht die finanzielle Belastung in Höhe von 1.500 Euro nicht erkennbar außer Verhältnis zu dem Zweck der Vollstreckung, dem Schutz der Umwelt und die Sicherstellung der Kreislaufwirtschaft. Die Ausführung innerhalb von zwei Wochen gewährt Ihnen ausreichend Zeit, um die Entfernungs- und Beseitigungsanordnung zu befolgen und umzusetzen.

Zu Ziffer 4:
... Gebühr erlassen ...

Hinweis:
Der Pflicht zur Überlassung an die Abfallwirtschaft und Stadtreinigung Freiburg GmbH können Sie beispielsweise durch Sperrmüllabholung oder durch Ablieferung bei einem der städtischen Recyclinghöfe nachkommen. Beides ist für Sie als Einwohner der Stadt Freiburg kostenfrei möglich.

Aus Gründen der Bürgerfreundlichkeit empfehlen sich diese Hinweise.

Rechtsbehelfsbelehrung:

Gegen diesen Bescheid können Sie innerhalb eines Monats nach Bekanntgabe Widerspruch bei der Stadt Freiburg, Umweltamt, Abfallbehörde, Fehrenbachallee 12, 79106 Freiburg im Breisgau einlegen.

Gegen die Anordnung der sofortigen Vollziehung (Ziffer 2 dieses Bescheids) können Sie einen Antrag auf Wiederherstellung der aufschiebenden Wirkung eines von Ihnen eingelegten Widerspruchs beim Verwaltungsgericht Freiburg, Habsburgerstraße 103, 79104 Freiburg im Breisgau stellen.

Mit freundlichen Grüßen

... Unterschrift Sachbearbeiter ...

Lösung Fall 2 – Aufgabe 2

550 Da L die Entfernungs- und Überlassungsanordnung nicht bis zu dem in der Zwangsmittelandrohung angegebenen Zeitpunkt durchgeführt hat, kann die Stadt Freiburg das Zwangsgeld in Höhe von 1.500 Euro durch Zwangsgeldbescheid gegenüber L festsetzen. Rechtsgrundlage hierfür ist § 23 iVm § 2 LVwVG. Die Tatbestandsvoraussetzungen entsprechen im Wesentlichen denen der Zwangsgeldandrohung, es kommt lediglich hinzu, dass vorher eine ordnungsgemäße Androhung stattgefunden haben muss, was hier der Fall war. Auch die Festsetzung des Zwangsgeldes ist nach § 2 LVwVG eine Ermessensentscheidung (hier kann ebenfalls grds. auf die Prüfung der Androhung verwiesen werden; Gleiches gilt für die formellen Voraussetzungen). Befolgt L auch den Zwangsgeldbescheid nicht, bezahlt er also das Zwangsgeld nicht, so kann die Stadt Freiburg, da es jetzt um eine Geldforderung geht, dessen Vollstreckung mittels Beitreibung einleiten (§ 13 ff. LVwVG).

Zusätzlich (zweckmäßigerweise zeitgleich) sollte ein neues Zwangsmittel angedroht werden, um L dazu zu bewegen, die Entfernungs- und Überlassungsanordnung zu befolgen (dieses mit dem Haupt-VA verbundene Ziel ist ja noch nicht erreicht). Da die Zeit jetzt drängt und die giftige Flüssigkeit in den nächsten zwei Wochen auszulaufen droht, erscheint die Androhung eines weiteren (höheren) Zwangsgeldes nicht mehr geeignet, weshalb nun gleich die Ersatzvornahme angedroht werden sollte. Als Frist können bspw. fünf Tage festgesetzt werden. Falls L die Maßnahme wieder nicht durchführt, bleibt so ausreichend Zeit, um sie mit der Ersatzvornahme selbst durchzuführen oder einen Dritten damit zu beauftragen. Nach Durchführung der Ersatzvornahme sind gegenüber L die entstandenen Kosten geltend zu machen (Kostenbescheid, Rechtsgrundlage § 31 Abs. 1 LVwVG).

Fall 3 Der uneinsichtige FC-Hooligan[299]

Mehrere belastende Haupt-VA – gemeinsame und getrennte Prüfung bei Nebenentscheidungen – Zwangsmittelandrohung durch Polizeibehörde – Gutachten und Bescheid

Sachverhalt 551

Die Polizei der Stadt Freistadt stellte in den letzten Jahren einen Anstieg von Gewaltdelikten bei Fußballspielen des 1. FC Freistadt fest. Die Auseinandersetzungen wurden oft von Mitgliedern der Hooligangruppe „Inferno Freistadt" angefangen und unterstützt. Horst Hooly (H) ist aktives Mitglied dieser Hooligangruppe und auch selbst schon mehrfach polizeilich aufgefallen: Am 25.11.2018 schlug er den Fan einer gegnerischen Mannschaft mehrfach mit der Faust ins Gesicht. Das daraufhin gegen H eingeleitete Strafverfahren wurde gegen Zahlung einer Geldauflage eingestellt (damit aber bestätigt, dass H eine Straftat begangen hat). Am 16.2.2019 kam es zu einer Massenschlägerei zwischen Mitgliedern von „Inferno Freistadt" und der Gruppierung „Geballte Wut". Auf Videoaufnahmen ist zu sehen, wie H auf andere einschlug. Ein Strafverfahren wurde nicht eingeleitet. Am 20.7.2019 beschimpfte er am Rande eines Spiels einen Polizeibeamten mit den Worten „Schnauze, du kleiner Pisser". Daraufhin lud die Stadt Freistadt H am 25.7.2019 vor und fordert ihn auf, sich zukünftig gesetzeskonform zu verhalten. Am 10.8.2019 stieß er in der Innenstadt von Freistadt den Fan einer gegnerischen Mannschaft zu Boden und trat mehrfach auf ihn ein. Wegen der Vorfälle vom 20.7.2019 und 10.8.2019 wurde ein Strafverfahren eingeleitet, welches momentan noch läuft.

L ist der zuständige Leiter der Abteilung „Sicherheit und Ordnung" der Stadt Freistadt. Er befürchtet, dass H als einer der Rädelsführer auch bei zukünftigen Spielen für Unruhen sorgen wird. L möchte deshalb H von zukünftigen Heimspielen des 1. FC Freistadt im örtlichen „FC-Stadion" ausschließen. Sollte H hiergegen verstoßen, müsse jede Diskussion vermieden sowie schnell und konsequent durchgegriffen werden, indem H umgehend von Einsatzkräften aus dem Stadion entfernt wird. Dies hält L für nötig, um Ausschreitungen vorzubeugen und H daran zu hindern, Kameraden zu mobilisieren.

Außerdem soll verhindert werden, dass H bei Auswärtsspielen des 1. FC Freistadt die dortigen Stadien besucht. Dies soll dadurch erreicht werden, dass sich H bei Auswärtsspielen auf einem Polizeirevier melden müsse.

Aus dem Spielplan ergeben sich folgende Spieltage des 1. FC Freistadt:

Heimspiele	Auswärtsspiele
21.12.2019	
18.01.2020	26.01.2020 in Kiel
02.02.2020	08.02.2020 in Sandhausen
14.02.2020	22.02.2020 in Regensburg
01.03.2020	07.03.2020 in Hannover
22.03.2020	14.03.2020 in Karlsruhe

---

299 Nach VGH BW, Urt. v. 18.5.2017, Az. 1 S 1193/16, juris.

Die Spiele finden zwischen 13.00 Uhr und 16.00 Uhr statt, die Stadien sind zwischen 11.00 und 17.00 Uhr geöffnet. Nach dem 22.3.2020 stehen noch keine konkreten Spieltage fest.
L übergibt Ihnen den Fall mit der Bitte, die angesprochenen Maßnahmen zu prüfen und zu erlassen. In jedem Fall soll eine entsprechende Verfügung bereits für den 21.12.2019 gelten.

Aufgabe [300]
Prüfen Sie gutachtlich, ob die Stadt Freistadt die angesprochenen Maßnahmen gegenüber H erlassen darf, und fertigen Sie den entsprechenden Bescheid.

Bearbeitungshinweise
Gehen Sie davon aus, dass ...
- die Angaben im Sachverhalt zutreffend sind,
- ein Bescheid H rechtssicher vor dem 21.12.2019 zugestellt werden kann,
- H mit Schreiben vom 4.11.2019 Gelegenheit zur Anhörung gegeben wurde, er davon aber keinen Gebrauch gemacht hat.

Wenden Sie bei Ihrer Lösung das Polizeigesetz Baden-Württemberg vom 06. Oktober 2020 an.

Lösung Fall 3 – Gutachten

Vorüberlegungen

Laut Sachverhalt soll verhindert werden, dass H die Heimspiele des 1. FC Freistadt besucht. Die Stadt Freistadt könnte dies durch ein polizeirechtliches Betretungs- und Aufenthaltsverbot (im Folgenden nur Aufenthaltsverbot) erreichen, mit dem sie H den Besuch des Stadionbereichs an den besagten Terminen (Datum und Zeitraum) untersagt.
Außerdem möchte die Stadt Freistadt durch eine entsprechende Anordnung verhindern, dass H die Auswärtsspiele des 1. FC Freistadt besucht. Hier bietet sich eine sog. „Meldeauflage" an, die H zwingt, sich zu diesen Terminen auf einem Polizeirevier zu melden, was ihm erschwert oder sogar unmöglich macht, bei den Auswärtsspielen dabei zu sein.
Beide Anordnungen sollen umgehend Rechtswirkungen entfalten und ggf. zwangsweise durchgesetzt werden, sodass *jeweils* die Anordnung der sofortigen Vollziehung sowie die Androhung eines Zwangsmittels zu prüfen ist.

> **Tipp:** Achten Sie bei mehreren Haupt-VA darauf, die Nebenentscheidungen „Anordnung der sofortigen Vollziehung" sowie „Androhung eines Zwangsmittels" für jeden Haupt-VA gesondert zu prüfen. Es muss für jeden Haupt-VA entschieden werden, ob die sofortige Vollziehung angeordnet werden kann und die aufschiebende Wirkung entfällt. Auch ein angedrohtes Zwangsmittel darf sich immer nur auf einen bestimmten Haupt-VA beziehen. In einem Bescheid können Sie zwar mehrere Nebenentscheidungen in einer Zif-

---

[300] In einer Klausur wird sich die Aufgabenstellung nicht auf ein Gutachten *und* einen Bescheid beziehen, sondern es wird entweder ein Gutachten *oder* ein Bescheidentwurf verlangt.

fer des Tenors formulieren und gemeinsam begründen. Es muss aber stets klar sein, welche Nebenentscheidung sich auf welchen Haupt-VA bezieht!

A. Erster Haupt-VA: Aufenthaltsverbot

I. Rechtsgrundlage

Als Rechtsgrundlage kommt § 30 Abs. 2 S. 1 PolG in Betracht.

II. Materielle Voraussetzungen

1. Tatbestandvoraussetzungen

Nach § 30 Abs. 2 S. 1 PolG müssen Tatsachen die Annahme rechtfertigen, dass H an einem bestimmten Ort oder in einem bestimmten Gebiet innerhalb der Gemeinde Straftaten begehen oder zu ihrer Begehung beitragen wird.[301]

H ist aktives Mitglied der Hooligangruppe „Inferno Freistadt", von der in der Vergangenheit zahlreiche Gewaltdelikte ausgingen. H hat sich dabei mehrfach strafbar gemacht. Am 25.11.2018 schlug er den Fan einer gegnerischen Mannschaft mehrfach mit der Faust ins Gesicht. Ein daraufhin eingeleitetes Strafverfahren wurde gegen Zahlung einer Geldauflage eingestellt. Außerdem hat er am 16.2.2019 an einer Massenschlägerei zwischen Vertretern der Gruppierung „Inferno Freistadt" und der Gruppierung „Geballte Wut" teilgenommen und dabei auf andere eingeschlagen. Am 20.7.2019 beschimpfte er am Rande eines Spiels einen Polizeibeamten mit den Worten „Schnauze, du kleiner Pisser". Am 10.8.2019 stieß er in der Innenstadt von Freistadt den Fan einer gegnerischen Mannschaft zu Boden und trat mehrfach auf ihn ein. Wegen der letzten beiden Vorfälle wurde ein Strafverfahren eingeleitet, das noch anhängig ist. Weder die bisherigen Strafverfahren noch die Vorladung am 25.7.2019 haben ihn davon abgehalten, sich gewalttätig zu zeigen.

Diese Tatsachen rechtfertigen die Annahme, dass H bei künftigen Spielen des 1. FC Freistadt im Bereich des Stadions erneut ein Gewaltdelikt und damit eine Straftat begehen oder als Mitglied der Gruppe „Inferno Freistadt" zu ihrer Begehung beitragen wird.

Tipp: Seien Sie bei der Subsumtion nicht zu „sparsam". Verwenden Sie ruhig alle *einschlägigen* Angaben aus dem Sachverhalt, die das Tatbestandsmerkmal erfüllen – hier die durch Tatsachen begründete Annahme (Prognose), dass H eine Straftat begehen oder zu ihrer Begehung beitragen wird.

---

[301] Der Begriff „Tatsachen" macht deutlich, dass keine bloßen Vermutungen ausreichen. Es muss eine verlässliche Grundlage bestehen, auf die sich eine Prognoseentscheidung („die Annahme rechtfertigen") stützen lässt. Eine solche Entscheidungsgrundlage können insb. Tatsachen liefern, die auf der allgemeinen Lebenserfahrung oder auf speziellen polizeilichen wissenschaftlichen oder technischen Kenntnissen beruhen, *Ruder/Pöltl*, Polizeirecht BW, § 4 Rn. 26. In der Praxis müsste hier eine ausführlichere Auseinandersetzung mit den (Indiz-)Tatsachen stattfinden, vgl. VGH BW, Urt. v. 18.5.2017, Az. 1 S 1193/16, juris Rn. 45 ff.

2. Rechtsfolge

555 **a) Adressat.** H ist durch seine Verhalten Verursacher nach § 6 Abs. 1 PolG und damit Adressat des Aufenthaltsverbots.

556 **b) Ermessen.** § 30 Abs. 2 S. 1 PolG räumt der Behörde Ermessen ein, welches sie nach § 40 LVwVfG aktiv entsprechend dem Zweck der Ermächtigung auszuüben und dabei die gesetzlichen Grenzen des Ermessens zu beachten hat. Eine gesetzliche Grenze ist § 30 Abs. 2 S. 2 und S. 3 PolG, wonach das Aufenthaltsverbot zeitlich und örtlich auf den zur Verhütung der Straftat erforderlichen Umfang zu beschränken ist. Es darf insb. den Zugang zur Wohnung der betroffenen Person nicht umfassen und die Dauer von drei Monaten nicht überschreiten.

> **Tipp:** Stürzen Sie sich bei der Ermessensprüfung nicht gleich auf den Verhältnismäßigkeitsgrundsatz. Es bestehen, insb. im Polizeirecht, zahlreiche einfachgesetzliche Grenzen wie zB Fristen (vgl. nur § 38 Abs. 4 PolG und § 33 Abs. 3 PolG) oder eine Betragsdeckelung (wie in § 23 LVwVG). Nur Maßnahmen, die sich in diesem gesetzlichen Rahmen bewegen, dürfen im Anschluss auf ihre Verhältnismäßigkeit überprüft werden. Es bietet sich daher an, gleich zu Beginn der Verhältnismäßigkeitsprüfung die konkret angedachte Maßnahme zu benennen – hier das örtlich auf den Stadionbereich und zeitlich auf die Spieltage zu den Öffnungszeiten beschränkte Aufenthaltsverbot von 3 Monaten.

Hier kommt ein örtlich auf den Stadionbereich und zeitlich auf die Spieltage zu den Öffnungszeiten von 11.00 bis 17.00 Uhr beschränktes Aufenthaltsverbot in Betracht, welches die Drei-Monatsfrist ausschöpft. Die Frist beginnt am ersten Heimspieltag, an dem das Verbot gelten soll, also am 21.12.2019, und endet nach § 187 Abs. 2, § 188 Abs. 2 BGB analog mit Ablauf des 20.3.2020.[302] Das Heimspiel am 22.3.2020 liegt nicht mehr innerhalb der Drei-Monatsfrist und muss unberücksichtigt bleiben. Ein weiteres, sich anschließendes Aufenthaltsverbot ist nach § 30 Abs. 2 S. 4 PolG nur aufgrund einer neuen Gefahrenprognose zulässig.

Ein derart zeitlich und örtlich begrenztes Aufenthaltsverbot müsste verhältnismäßig, das heißt zur Erreichung des von ihm verfolgten Zwecks geeignet, erforderlich und angemessen sein. Der aus Art. 20 Abs. 3 GG abgeleitete Verhältnismäßigkeitsgrundsatz ist im Polizeirecht teilweise auch einfachgesetzlich in § 5 PolG geregelt.

Das zeitlich und örtlich beschränkte Aufenthaltsverbot ist geeignet, wenn es tauglich ist, den angestrebten Zweck zumindest zu fördern. Das Aufenthaltsverbot fördert den Zweck, die Begehung von bzw. die Beteiligung an Straftaten zu verhindern. Es ist folglich geeignet.

Erforderlich ist es, wenn es kein milderes Mittel gibt, welches gleich gut geeignet ist (vgl. auch § 5 Abs. 1 PolG). Milder als ein Aufenthaltsverbot wäre eine „Verwarnung" oder eine weitere „Gefährderansprache". H hat durch sein Verhalten gezeigt, dass behördliche oder strafrechtliche Maßnahmen ihn nicht von der

---

302 Zur Fristberechnung ausführlich VGH BW, Urt. v. 18.5.2017, Az. 1 S 1193/16, juris Rn. 57 ff.

Fall 3 Der uneinsichtige FC-Hooligan

Begehung weiterer Gewaltdelikte abgehalten haben. Auch die am 25.7.2019 durgeführte Gefährderansprache scheint ihn nicht beeindruckt zu haben. Eine weitere Verwarnung ist daher nicht gleich geeignet. Milder wäre des Weiteren ein Aufenthaltsverbot, welches die Drei-Monatsfrist nicht ausschöpft, sondern sich bspw. nur auf zwei oder drei Heimspiele bezieht. Angesichts des bisherigen strafrechtlich relevanten Verhaltens von H erscheint ein kürzeres Aufenthaltsverbot ebenfalls nicht gleich geeignet. Um H effektiv von den Heimspielen fernzuhalten, ist es außerdem erforderlich, das Aufenthaltsverbot zeitlich auf die gesamte Öffnungszeit an den Heimspieltagen und örtlich zumindest auf den (genau zu beschreibenden) Stadionbereich zu erstrecken. Es ist damit keine mildere, aber ebenso wirkungsvolle (gleich gut geeignete) Maßnahme ersichtlich. Das angestrebte Aufenthaltsverbot ist erforderlich.

Tipp: Im Rahmen der Erforderlichkeit ist oft nicht nur zu prüfen, ob eine *andere Art von Maßnahme* milder und gleich geeignet ist, sondern auch, ob nicht eine weniger beeinträchtigende Anwendung *derselben Maßnahme* milder und gleich geeignet ist – hier ein kürzeres oder örtlich begrenzteres Aufenthaltsverbot.

Schließlich muss das beabsichtigte Aufenthaltsverbot angemessen sein. Es ist angemessen, wenn dadurch für H keine Nachteile herbeigeführt werden, die erkennbar außer Verhältnis zu dem bezweckten Erfolg stehen (vgl. auch § 5 Abs. 2 PolG). Für H ist es von Nachteil, dass er sich zu gewissen Zeiten nicht im Stadionbereich aufhalten darf. Der bezweckte Erfolg (Vorteil für die Allgemeinheit) ist der Schutz der Rechtsordnung sowie der Schutz von anderen Personen vor gewalttätigen Übergriffen. Die Nachteilsposition des H ist durch das Recht auf Freizügigkeit nach Art. 11 Abs. 1 GG[303], die Vorteilsposition durch Art. 2 Abs. 2 GG geschützt. Der Ausschluss von den Spielen beeinträchtigt H erheblich; das Aufenthaltsverbot ist jedoch zeitlich und örtlich auf das erforderliche Maß beschränkt. Die drohenden Gefahren für die Gesundheit anderer Menschen sowie die zu befürchtenden Straftaten wiegen demgegenüber schwerer und können gravierende tatsächliche und rechtliche Folgen nach sich ziehen. Angesichts der Bedeutung der hier zu schützenden Güter stehen die Nachteile, die H hinzunehmen hat, keinesfalls erkennbar außer Verhältnis zu den Vorteilen der Allgemeinheit. Das Gegenteil ist vielmehr der Fall: Die Vorteile überwiegen hier die privaten Nachteile des H. Das Aufenthaltsverbot ist auch angemessen.

c) Bestimmtheit. Die Anordnung ist nach § 37 Abs. 1 LVwVfG inhaltlich bestimmt genug zu formulieren. Insbesondere muss die zeitliche und örtliche Beschränkung klar erkennbar sein. Die örtliche Begrenzung wird hinreichend deutlich, wenn der Bescheid auf einen beigefügten Plan verweist, in dem der Stadionbereich markiert ist, den H an den besagten Zeiten nicht betreten darf. Auf den Plan ist im Tenor zu verweisen. Außerdem sollten die Heimspieltage einschließlich der Öffnungszeiten, für die das Aufenthaltsverbot gilt, benannt werden.

---

303 LT-Drs. 14/3165, S 67.

III. Formelle Voraussetzungen

1. Zuständigkeit

558 Die Stadt Freistadt ist nach § 105 Abs. 1[304], § 111 Abs. 2, § 107 Abs. 4 PolG als Ortspolizeibehörde sachlich und nach § 113 Abs. 1 PolG örtlich zuständig.

2. Verfahren

559 H ist als Adressat des belastenden VA nach § 13 Abs. 1 Nr. 2 LVwVfG Beteiligter und als solcher, da das Aufenthaltsverbot in seine Rechte eingreift, nach § 28 Abs. 1 LVwVfG anzuhören. Mit Schreiben vom 4.11.2019 wurde ihm Gelegenheit zur Äußerung gegeben.

3. Form

560 Nach § 37 Abs. 2 LVwVfG kann das Aufenthaltsverbot formfrei ergehen; aus Beweisgründen sollte es schriftlich erlassen werden. Nach § 39 Abs. 1 LVwVfG ist es folglich auch schriftlich zu begründen. Ihm ist eine Rechtsbehelfsbelehrung mit dem Mindestinhalt nach § 37 Abs. 6 LVwVfG, § 58 Abs. 1 VwGO beizufügen. Da es sich hierbei um einen belastenden VA handelt, empfiehlt sich eine Bekanntgabe mittels Postzustellungsurkunde (PZU) nach § 3 LVwZG.

IV. Ergebnis

561 Die Stadt Freistadt kann das zeitlich und örtlich beschränkte Aufenthaltsverbot rechtmäßig erlassen.

B. Zweiter Haupt-VA: Meldeauflage

I. Rechtsgrundlage

562 Als Rechtsgrundlage kommt §§ 3, 1 PolG in Betracht.

II. Materielle Voraussetzungen

1. Tatbestandvoraussetzungen

563 Nach § 3 PolG kann die Polizei zur Wahrnehmung ihrer Aufgaben Maßnahmen treffen. Nach § 1 Abs. 1 PolG ist es u.a. Aufgabe der Polizei, Gefahren für die öffentliche Sicherheit oder Ordnung abzuwehren, soweit es im öffentlichen Interesse geboten ist.

564 **a) Gefahr für die öffentliche Sicherheit.** Von H müsste eine Gefahr für die öffentliche Sicherheit ausgehen. Eine Gefahr besteht, wenn bei ungehindertem Geschehensablauf mit hinreichender Wahrscheinlichkeit ein Schaden an dem geschützten Rechtsgut eintreten wird. Geschütztes Rechtsgut ist hier die öffentliche Sicherheit, welche die Individualrechtsgüter, den Staat und seine Einrichtungen sowie die gesamte Rechtsordnung umfasst. Das gewaltbereite Verhalten von

---

[304] Es liegt hier insb. kein Fall der Parallelzuständigkeit nach § 105 Abs. 3 PolG vor.

Fall 3 Der uneinsichtige FC-Hooligan

H, das bereits in der Vergangenheit zu Straftaten geführt hat, lässt es hinreichend wahrscheinlich erscheinen, dass er sich auch in Zukunft bei den Auswärtsspielen entsprechend verhält (siehe bereits die Ausführungen zum Aufenthaltsverbot unter A.). Durch die Verletzung anderer Personen ist mit der körperlichen Unversehrtheit ein Individualrechtsgut betroffen und durch die Begehung von oder die Beteiligung an Straftaten wird gegen die Gesamtrechtsordnung verstoßen. Es besteht somit eine Gefahr für die öffentliche Sicherheit.

Tipp: Die „öffentliche Ordnung" umfasst die ungeschriebenen Regeln der Sitte und Moral. Die öffentliche Ordnung hat angesichts der Tatsache, dass immer mehr Bereiche gesetzlich geregelt sind und der Schutz der „öffentlichen Sicherheit" dadurch immer weiter reicht, kaum mehr Bedeutung. Sobald die öffentliche Sicherheit betroffen ist, ist eine Prüfung der öffentlichen Ordnung entbehrlich.

b) im öffentlichen Interesse geboten. Das Tatbestandsmerkmal „im öffentlichen Interesse geboten" möchte Rechtsgüter und Rechte des Einzelnen, die mehr dem privaten als dem öffentlichen Lebensbereich zugeordnet sind, aus dem Aufgabenbereich der Polizei ausschließen. Insbesondere ist ein polizeiliches Einschreiten zum Schutz rein privater Rechte (zB zur Sicherung eines Anspruchs auf Kaufpreiszahlung) oder zum Schutz vor Selbstgefährdung (zB vor Verletzungen während einer gefährliche Sportart) nicht mehr im öffentlichen Interesse geboten.[305] Es obliegt jedem Einzelnen im Rahmen seiner privaten Lebensgestaltung, Maßnahmen zum Schutz seiner privaten Rechte zu ergreifen (zB den Anspruch auf Kaufpreiszahlung einzuklagen oder die gefährliche Sportart zu unterlassen). Da vorliegend aber auch andere Personen verletzt werden könnten, ist das öffentliche Interesse hier gegeben.

2. Rechtsfolge

a) Adressat. H ist aufgrund seiner Verhaltensweisen Verursacher nach § 6 Abs. 1 PolG und damit Adressat der Meldeauflage.

b) Ermessen. § 3 PolG räumt der Behörde Ermessen ein, welches nach § 40 LVwVfG aktiv und entsprechend dem Zweck der Ermächtigung auszuüben ist. Dabei sind die gesetzlichen Grenzen des Ermessens zu beachten. Eine wichtige Grenze ist der Verhältnismäßigkeitsgrundsatz (vgl. auch § 5 PolG). Hier kommt eine Meldeauflage in Betracht, die H zwingt, sich auf einem Polizeirevier in Deutschland außerhalb des jeweiligen Austragungsortes zu melden. Eine solche Meldeauflage müsste zur Erreichung des von ihr verfolgten Zwecks geeignet, erforderlich und angemessen sein.
Die Meldeauflage ist geeignet, da sie den mit ihr angestrebten Zweck, H von den Austragungsorten fernzuhalten und so Straftaten des H bei Auswärtsspielen zu verhindern, jedenfalls fördert.
Sie müsste ferner erforderlich, das heißt das mildeste aller gleich geeigneten Mittel sein (vgl. § 5 Abs. 1 PolG). Es ist kein milderes gleich geeignetes Mittel als eine Mel-

---

[305] BeckOK PolR BW/*Trurnit* § 1 Rn. 51-52.1; VGH BW, Urt. v. 11.10.2012, Az. 1 S 36/12, BeckRS 2012, 59307.

567

deauflage ersichtlich, um H von den Austragungsorten fern- und so vor der Begehung von Straftaten dort abzuhalten. Milder als eine Meldeauflage mit dem Inhalt, sich auf einem Polizeirevier in Freistadt zu melden, ist allerdings eine Meldeauflage, die ihn „lediglich" zwingt, sich auf irgendeinem Polizeirevier in Deutschland außerhalb des jeweiligen Austragungsortes zu melden. H wird so nicht gezwungen, sich an diesen Spieltagen in Freistadt aufzuhalten und kann sich innerhalb Deutschlands frei bewegen. Lediglich zum Austragungsort darf er zu den Spielzeiten nicht gelangen. Der angestrebte Zweck, H von den Auswärtsspielen fernzuhalten, wird durch eine Meldeauflage, die ihn nicht an seinen Wohnort bindet, ebenso gut erreicht.[306] Um H effektiv von den Spielen fernzuhalten, erscheint es angezeigt, den Meldezeitraum auf 14 bis 15 Uhr festzulegen. Dieser Zeitraum liegt in der Mitte der jeweiligen Spielzeit und macht H eine Teilnahme nahezu unmöglich.[307] Um schließlich die Erfüllung der Meldeauflage in einem solchen Fall nachprüfen zu können, ist es ferner erforderlich, dass H die Stadt Freistadt darüber informiert – eine entsprechende Pflicht sollte in den Tenor aufgenommen werden. Schließlich ist es aus den gleichen Gründen wie bei dem Aufenthaltsverbot erforderlich, die Meldeauflage zeitlich auf alle Auswärtsspiele zu erstrecken, die hier ebenfalls in einen Zeitraum von knapp drei Monaten fallen.

Tipp: Wiederum gilt: Ziehen Sie nicht nur andere Mittel, sondern auch eine mildere, das heißt weniger belastende Anwendung desselben Mittels in Betracht.

Die beabsichtigte Meldeauflage müsste auch angemessen sein. Sie ist angemessen, wenn dadurch für H keine Nachteile herbeigeführt werden, die erkennbar außer Verhältnis zu dem bezweckten Erfolg stehen (vgl. § 5 Abs. 2 PolG). Für H ist nachteilig, dass es ihm aufgrund der Meldeauflage erschwert bzw. unmöglich gemacht wird, sich zu den Spielzeiten am jeweiligen Austragungsort der Auswärtsspiele aufzuhalten. Der bezweckte Erfolg (Vorteil für die Allgemeinheit) ist der Schutz der Rechtsordnung sowie der Schutz anderer Personen vor gewalttätigen Übergriffen. Die Nachteilsposition des H ist wiederum durch das Recht auf Freizügigkeit nach Art. 11 GG[308], die Vorteilsposition durch Art. 2 Abs. 2 GG

---

306 Es ist natürlich auch denkbar, dass die Stadt Freistadt hinsichtlich der Auswärtsspiele gar keine Regelung trifft und dies den jeweiligen Behörden des Austragungsortes überlässt. Es ist ebenfalls vertretbar, in Aufenthaltsverboten der jeweiligen Behörde des Austragungsortes eine mildere gleich geeignete Maßnahme zu sehen. Fraglich erscheint dann aber, ob ein solches Vorgehen ein gleich wirksames Mittel ist, den von H ausgehenden Gefahren zu begegnen. In einem solchen Fall müssten mehrere Behörden, die H nicht so gut kennen bzw. nicht über die gleichen Kenntnisse verfügen, ihr Vorgehen koordinieren.

307 Dadurch lässt sich natürlich nicht verhindern, dass H nach den Spielen an den jeweiligen Austragungsort reist und abends zB in der Innenstadt an Ausschreitungen teilnimmt. Zweck der Meldeauflage ist hier aber, H von Auswärtsspielen fernzuhalten.

308 Nach BVerwG, Urt. v. 25.7.2007, Az. 1 C 39/06, BVerwGE 129, 142–155 lassen sich Meldeauflagen trotz des qualifizierten Gesetzesvorbehalts des Art. 11 Abs. 2 GG auf polizeiliche Generalklauseln stützen. Kritisch hierzu sowie insgesamt zu Meldeauflagen *Kirchhoff*, Polizeiliche Meldeauflagen zur Gefahrenabwehr, NVwZ 2020, 1617. Art. 2 Abs. 2 S. 2 GG ist bei einer Meldeauflage grds. nicht betroffen, vgl. BayVGH, Beschl. v. 9.6.2006, Az. 24 CS 06.1521; BayVBl. 2006, 671.

geschützt. Wie bereits bei dem Aufenthaltsverbot (s. o. unter A.) überwiegen die drohenden Gefahren für die Gesundheit anderer Menschen sowie die zu befürchtenden Straftaten. Die Nachteile des H, die zeitlich und örtlich beschränkt sind, treten dahinter zurück. Die Meldeauflage ist somit auch angemessen.

Tipp: Da hier die gleichen Gründe wie bei dem Aufenthaltsverbot zur Angemessenheit führen, kann auf die dortigen Ausführungen verwiesen werden.

c) **Bestimmtheit.** Die Meldeauflage muss nach § 37 Abs. 1 LVwVfG inhaltlich hinreichend bestimmt formuliert sein. Es muss insb. deutlich werden, dass sich H an den jeweiligen Spieltagen innerhalb eines gewissen Zeitraums (hier zwischen 14 und 15 Uhr) auf einem Polizeirevier im Bundesgebiet, aber außerhalb des jeweiligen Austragungsortes zu melden hat. **568**

III. Formelle Voraussetzungen

1. Zuständigkeit

Die Stadt Freistadt ist nach § 105 Abs. 1, § 111 Abs. 2, § 107 Abs. 4 als Ortspolizeibehörde sachlich und nach § 113 Abs. 1 PolG örtlich zuständig. Auch wenn die Gewalttaten nicht in Freistadt drohen, geht die Gefahr von H aus, einem Bürger von Freistadt. Die Gefahrenquelle befindet sich in Freistadt, was deren örtliche Zuständigkeit begründet.[309] **569**

2. Verfahren

H ist als Adressat des belastenden VA nach § 13 Abs. 1 Nr. 2 LVwVfG Beteiligter und, da die Meldeauflage in seine Rechte eingreift, nach § 28 Abs. 1 LVwVfG anzuhören. Mit Schreiben vom 4.11.2019 wurde ihm Gelegenheit zur Anhörung gegeben. **570**

3. Form

Nach § 37 Abs. 2 LVwVfG kann die Meldeauflage formfrei ergehen; aus Beweisgründen sollte sie schriftlich erlassen werden. Nach § 39 Abs. 1 LVwVfG ist sie schriftlich zu begründen und mit einer Rechtsbehelfsbelehrung mit dem Mindestinhalt nach § 37 Abs. 6 LVwVfG, § 58 Abs. 1 VwGO zu versehen. Es empfiehlt sich eine gemeinsame Bekanntgabe zusammen mit dem Aufenthaltsverbot in einem Bescheid mittels PZU nach § 3 LVwZG. **571**

IV. Ergebnis

Die Meldeauflage ist rechtmäßig. **572**

---

309 VGH BW, Urt. v. 18.5.2017, Az. 1 S 1193/16, juris Rn. 81; nach a. A. spielt der Wohnsitz des Störers oder die Ursache der Gefahrenquelle keine Rolle, *Würtenberger/Heckmann/Tanneberger*, Polizeirecht BW, § 5 Rn. 12 sowie weitere Nachweise bei VGH BW, Urt. v. 18.5.2017, Az. 1 S 1193/16, juris Rn. 81.

C. Anordnung der sofortigen Vollziehung

Vorüberlegungen

573 Da kein Fall des § 80 Abs. 2 S. 1 Nr. 1 bis 3a VwGO vorliegt, ist zu prüfen, ob die Behörde nach § 80 Abs. 2 S. 1 Nr. 4 VwGO die sofortige Vollziehung anordnen kann. Da das Aufenthaltsverbot und die Meldeauflage im Wesentlichen auf den gleichen Gründen beruhen und gleichermaßen eine Eilbedürftigkeit besteht, empfiehlt sich eine gemeinsame Prüfung.

> **Tipp:** Achten Sie bei derartigen gemeinsamen Prüfungen immer, dass sich die Gründe und Argumente auf alle zu prüfenden Verfügungen beziehen. Hier ist also zu prüfen, ob das überwiegende Interesse an der sofortigen Vollziehung *sowohl* hinsichtlich des Aufenthaltsverbots *als auch* hinsichtlich der Meldeauflage besteht.
> Aus dem Tenor des Bescheids muss deutlich hervorgehen, auf welche Haupt-VA sich die Anordnung der sofortigen Vollziehung bezieht.

I. Rechtsgrundlage

574 Rechtsgrundlage für die Anordnung der sofortigen Vollziehung ist § 80 Abs. 2 S. 1 Nr. 4 VwGO.

II. Materielle Voraussetzungen

575 Nach § 80 Abs. 2 S. 1 Nr. 4 VwGO kann die sofortige Vollziehung eines VA angeordnet werden, wenn ein besonderes öffentliches Interesse an der sofortigen Vollziehung, das heißt an der umgehenden/baldigen Befolgung eines VA besteht, welches das Interesse des Pflichtigen an der aufschiebenden Wirkung eines von ihm möglicherweise eingelegten Rechtsbehelfs übersteigt.

Es besteht vorliegend ein besonderes öffentliches Interesse, dass sowohl das Aufenthaltsverbot als auch die Meldeauflage umgehend zu beachten sind. Es kann nicht hingenommen werden, dass H während eines laufenden Rechtsbehelfsverfahrens, welches mehrere Monate oder sogar Jahre dauern kann, beide Haupt-VA nicht zu beachten braucht und in dieser Zeit weitere Gewaltdelikte begeht oder dazu beiträgt. Beide Haupt-VA – sowohl das Aufenthaltsverbot für das heimische Stadion als auch die Meldeauflage bei den Auswärtsspielen – entfalten nur in den nächsten 3 Monaten Rechtswirkungen und liefen andernfalls ins Leere. Die Nachteile des H, dass er sich an den besagten Terminen nicht im Stadionbereich in Freistadt bzw. an den Austragungsorten der Auswärtsspiele aufhalten darf, treten angesichts der hohen gefährdeten Rechtsgüter wie dem Schutz der Gesundheit und der Verhinderung von Straftaten zurück. Es ist H zuzumuten, das Aufenthaltsverbot sowie die Meldeauflage umgehend zu befolgen und eine rechtliche Prüfung nachträglich vornehmen zu lassen.

III. Formelle Voraussetzungen

1. Zuständigkeit
Nach § 80 Abs. 2 S. 1 Nr. 4 VwGO ist die Stadt Freistadt, die auch beide Haupt-VA erlässt, für die Anordnung der sofortigen Vollziehung sachlich und örtlich zuständig.

2. Verfahren
Eine Anhörung nach § 28 Abs. 1 LVwVfG ist nicht erforderlich, da es sich bei der Anordnung der sofortigen Vollziehung um einen rein prozessualen Akt und mangels einer inhaltlichen Regelung nicht um einen VA iSd. § 35 LVwVfG handelt.

3. Form
Die Anordnung der sofortigen Vollziehung ist schriftlich zu begründen (§ 80 Abs. 3 VwGO) und sollte auch schriftlich erlassen werden. H sollte darüber belehrt werden, dass er nach § 80 Abs. 5 VwGO beim Verwaltungsgericht einen Antrag auf Wiederherstellung der aufschiebenden Wirkung seines Rechtsbehelfs stellen kann. Die Bekanntgabe erfolgt zusammen mit den beiden Haupt-VA in einem Bescheid.

IV. Ergebnis
Die Stadt Freistadt kann die sofortige Vollziehung sowohl für das Aufenthaltsverbot als auch für die Meldeauflage rechtmäßig anordnen.

D. Androhung von unmittelbarem Zwang bei Verstoß gegen das Aufenthaltsverbot

Vorüberlegungen
Um gegenüber H den nötigen Druck zu erzeugen, ist die Androhung von Zwangsmitteln zu prüfen. Nach § 20 Abs. 2 LVwVG lässt sich die Androhung mit dem Haupt-VA verbinden.
Im Falle eines Verstoßes gegen das Aufenthaltsverbot sowie gegen die Meldeauflage kommen unterschiedliche Zwangsmittel in Betracht, sodass deren Androhung auch getrennt geprüft werden sollte.
Für den Fall eines Verstoßes gegen das Aufenthaltsverbot ist an die Androhung des unmittelbaren Zwangs zu denken.

> **Tipp:** Die Androhung unterschiedlicher Zwangsmittel sollten Sie stets getrennt prüfen. Es gelten unterschiedliche Rechtsgrundlagen und Tatbestandsvoraussetzungen und es sind auch andere Ermessenserwägungen anzustellen.

I. Rechtsgrundlage
Die Rechtsgrundlage für die Androhung des unmittelbaren Zwangs ist § 66 Abs. 2 PolG.

> **Tipp:** Sofern die Polizei – also die Polizeibehörden oder der Polizeivollzugsdienst – Zwangsmittel anwendet bzw. androht, gilt nach § 63 Abs. 1 PolG für die Zwangsmittel „Zwangsgeld", „Zwangshaft" und „Ersatzvornahme" das LVwVG und nach § 63 Abs. 2 PolG für das Zwangsmittel „unmittelbarer Zwang" das PolG, folglich die §§ 64 ff. PolG.

II. Materielle Voraussetzungen

1. Tatbestandsvoraussetzungen

582 a) **Wirksamer Hauptverwaltungsakt der Polizei mit vollstreckungsfähigem Inhalt.** Das Aufenthaltsverbot ist ein VA der Ortspolizeibehörde (s. o. unter A. III. 1.), also der Polizei iSv § 66 Abs. 4 PolG. Er wird nach § 43 Abs. 1 LVwVfG mit seiner Bekanntgabe wirksam, hier der Zustellung mittels PZU. Er verpflichtet H zu einem Unterlassen und hat damit einen vollstreckungsfähigen Inhalt nach § 18 LVwVG analog[310].

583 b) **Vollstreckbarkeit des VA.** Über § 66 Abs. 4 PolG findet u. a. § 2 LVwVG Anwendung. Aufgrund der Anordnung der sofortigen Vollziehung (s. o. unter C.) entfällt die aufschiebende Wirkung eines Anfechtungswiderspruchs bzw. einer Anfechtungsklage und das Aufenthaltsverbot ist (sofort) vollstreckbar nach § 2 Nr. 2 LVwVG.

> **Tipp:** Da Vollstreckungshindernisse hier nicht ersichtlich sind, entfällt dieser Prüfungspunkt.

584 c) **Androhung ist nach den Umständen möglich.** Eine Androhung ist hier nach den Umständen möglich (§ 66 Abs. 2 PolG), da ein entsprechender Zeitdruck nicht besteht.

2. Rechtsfolgenseite

585 a) **Adressat.** H ist als Adressat des zu vollstreckenden VA auch Adressat der Vollstreckung.

586 b) **Ermessen.** § 66 Abs. 4 PolG iVm § 2 LVwVG räumt der Behörde Ermessen ein, ob sie unmittelbaren Zwang anwendet und damit auch, ob sie ihn im Vorfeld androht. Das Ermessen ist nach § 40 LVwVfG aktiv entsprechend dem Zweck der Ermächtigung und innerhalb der gesetzlichen Grenzen auszuüben. Als Ermessensgrenze ist insb. der Grundsatz der Verhältnismäßigkeit zu beachten, der hier in § 66 Abs. 1 und Abs. 3 PolG eine besondere Ausprägung erfahren hat.

> **Tipp:** § 66 Abs. 1 und Abs. 3 PolG enthalten spezielle Vorgaben zur Anwendung des Grundsatzes der Verhältnismäßigkeit (oder, wenn man so will, wei-

---

[310] § 66 Abs. 4 PolG verweist nicht auf § 18 LVwVG. Die Vollstreckung mit dem Zwangsmittel unmittelbarer Zwang setzt jedoch stets einen VA mit vollstreckungsfähigem Inhalt voraus, sodass § 18 LVwVG jedenfalls analog anzuwenden ist.

Fall 3 Der uneinsichtige FC-Hooligan

tere gesetzliche Ermessensgrenzen). § 66 Abs. 4 PolG verweist gerade nicht auf § 19 Abs. 2 und Abs. 3 LVwVG. Es empfiehlt sich dennoch, die Einteilung in die Prüfungspunkte „geeignet", „erforderlich" und „angemessen" beizubehalten und die Vorgaben des § 66 PolG dort jeweils zu prüfen. Auf diese Weise behält man einen besseren Überblick und übersieht keinen Aspekt.

Die Androhung des unmittelbaren Zwangs ist geeignet, den polizeilichen Zweck zu erfüllen, nämlich H zur Befolgung des Aufenthaltsverbots zu bewegen. Der polizeiliche Zwang kann durch den unmittelbaren Zwang erreicht werden, § 66 Abs. 3 PolG.
Die Androhung des unmittelbaren Zwangs müsste erforderlich, das heißt das mildeste aller gleich geeigneten Mittel sein. Hier ist zu beachten, dass nach § 66 Abs. 1 S. 1 PolG unmittelbarer Zwang nur angewandt und damit angedroht werden darf, wenn der polizeiliche Zweck auf andere Weise nicht erreichbar erscheint, es also das einzige in Betracht kommende Zwangsmittel ist. Die Androhung einer Ersatzvornahme setzt nach § 63 Abs. 1 PolG iVm § 25 LVwVG eine „vertretbare Handlung" voraus. Die Pflicht, das Stadiongebiet nicht zu betreten und sich dort nicht aufzuhalten, zielt auf ein Unterlassen, das H nur persönlich befolgen kann (er kann sich dabei nicht vertreten lassen). Eine Ersatzvornahme scheidet daher von vorneherein aus. Die Androhung eines Zwangsgeldes ist hingegen möglich und auch milder, da H keine körperliche Gewalt, sondern nur die Zahlung eines Geldbetrags angedroht wird. Der polizeiliche Zweck erscheint auf diese Weise aber nicht (gleich gut) erreichbar iSv § 66 Abs. 1 PolG. Im Falle eines Verstoßes gegen das Aufenthaltsverbot muss schnell gehandelt werden, um den Zweck des Verbotes – Schutz vor gewalttätigen Ausschreitungen – umzusetzen. Der polizeiliche Zweck besteht darin, H notfalls mit körperlicher Gewalt aus dem Stadion zu entfernen und das Aufenthaltsverbot durchzusetzen. Ein Zwangsgeld, welches erst noch schriftlich festgesetzt werden müsste (s. § 63 Abs. 1 PolG iVm § 23 LVwVG), scheint diesen polizeilichen Zweck nicht (gleich gut) zu erreichen, um andere vor gewalttätigen Übergriffen zu schützen. Schließlich hat auch das bisherige Verhalten von H gezeigt, dass ihn ein polizeiliches und strafrechtliches Einschreiten nicht beeindruckt und vor erneuten gewalttätigen Auseinandersetzungen abgehalten hat. Das Zwangsmittel „Zwangshaft" setzt voraus, dass das Zwangsgeld uneinbringlich ist (s. § 63 Ab. 1 PolG iVm § 24 LVwVG), und scheidet ebenfalls von vorneherein aus. Mit dem unmittelbaren Zwang wird daher das einzige in Betracht kommende Zwangsmittel angedroht, mit dem der polizeiliche Zweck nach § 66 Abs. 1 S. 1 PolG erreichbar scheint. Es ist auch zulässig und erforderlich, die Androhung „für jeden Fall der Zuwiderhandlung" auszusprechen. Es handelt sich hier nicht um eine unzulässige „Androhung auf Vorrat". Es muss der Polizei möglich sein, bei mehrfachen Verstößen jedes Mal mit unmittelbarem Zwang zu reagieren, was in der Androhung durch die Formulierung „für jeden Fall der Zuwiderhandlung" zum Ausdruck kommt. Außerdem handelt es sich hier um einzelne, für gewisse Zeiträume konkret feststehende Unterlassungspflichten. H ist an den Heimspielen jeweils verpflichtet, den Bereich des FC-Stadions zu meiden, sodass in der Androhung für jeden Verstoß gegen diese Unterlassungspflicht der unmittelbare Zwang angedroht werden kann. Die konkrete Anwendung des unmittelbaren Zwangs

(durch körperliche Gewalt, durch Hilfsmittel der körperlichen Gewalt, durch Waffengebrauch, durch körperliche Gewalt gegen Sachen etc.) ist im Vorfeld nicht absehbar und erfordert idR eine situationsbezogene Ermessensentscheidung vor Ort. Es ist daher ausreichend „unmittelbaren Zwang" anzudrohen.
Die Androhung des unmittelbaren Zwangs müsste auch angemessen sein. Die damit verbundenen Nachteile für H stehen nicht erkennbar außer Verhältnis zu den Vorteilen für die Allgemeinheit. Durch die Androhung entstehen H noch keine unmittelbaren Nachteile. Außerdem ist er verpflichtet, sich an das rechtmäßige und für sofort vollziehbar erklärte Aufenthaltsverbot (s. o. unter A.) zu halten. Auf Seiten der Allgemeinheit steht insb. mit der drohenden Beeinträchtigung der körperlichen Unversehrtheit ein hohes Rechtsgut. Die Androhung ist damit auch angemessen.

587 c) **Bestimmtheit.** Die Androhung muss nach § 37 Abs. 1 LVwVfG hinreichend bestimmt sein. Es muss insb. klar und deutlich sein, auf welchen VA sie sich bezieht.

III. Formelle Voraussetzungen

1. Zuständigkeit

588 Für die Vollstreckung ist nach § 66 Abs. 4 PolG iVm § 4 LVwVG die Behörde sachlich und örtlich zuständig, die den zu vollstreckenden VA erlassen hat, hier also die Stadt Freistadt.

2. Verfahren

589 Eine Anhörung kann nach § 28 Abs. 2 Nr. 5 LVwVfG unterbleiben, da die Androhung eine Maßnahme in der Verwaltungsvollstreckung ist.

3. Form

590 Die Androhung kann nach § 37 Abs. 2 LVwVfG formfrei ergehen; aus Beweisgründen empfiehlt sich die Schriftform. Nach § 39 Abs. 1 LVwVfG ist dieser schriftliche VA auch schriftlich zu begründen. Die Rechtsbehelfsbelehrung, die dem Haupt-VA beizufügen ist (§ 37 Abs. 6 LVwVfG), greift auch hier, da gegen Haupt-VA und Zwangsmittelandrohung dieselben Rechtsbehelfe statthaft sind. Die Bekanntgabe erfolgt zusammen mit den Haupt-VA in einem Bescheid, hier also mit PZU.

IV. Ergebnis

591 Es ist rechtmäßig, unmittelbaren Zwang anzudrohen.

E. Androhung von Zwangsgeld bei Verstoß gegen die Meldeauflage

Vorüberlegungen

592 Für den Fall eines Verstoßes gegen die Meldeauflage kommt die Androhung eines Zwangsgelds in Höhe von jeweils 1.000 Euro in Betracht.

Fall 3 Der uneinsichtige FC-Hooligan 593–597

Tipp: Das Wort „jeweils" ist hier sehr entscheidend. Für jeden Verstoß gegen die Meldeauflage droht eine Zwangsgeldfestsetzung in Höhe von 1.000 Euro (also 1.000 Euro, wenn er gegen die Meldeauflage bei dem Auswärtsspiel am 26.1.2020 verstößt, weitere 1.000 Euro, wenn er gegen die Meldeauflage beim Auswärtsspiel am 8.2.2020 verstößt usw.). Es handelt sich dabei nicht um eine unzulässige Androhung „auf Vorrat". H ist zu mehreren einzelnen Handlungen verpflichtet, die zum Zeitpunkt des Erlasses des VA konkret feststehen (s. Rn. 168 ff.). Es kann ihm zugemutet werden und ist für ihn auch klar erkennbar, dass jeder einzelne Verstoß eine neue Zwangsgeldfestsetzung auslösen kann.

I. Rechtsgrundlage

Rechtsgrundlage für Androhung eines Zwangsgeldes ist § 63 Abs. 1 PolG iVm § 20 Abs. 1, §§ 23, 2 LVwVG.   593

II. Materielle Voraussetzungen

1. Tatbestandsvoraussetzungen

a) Wirksamer Hauptverwaltungsakt mit vollstreckungsfähigem Inhalt. Die Meldeauflage ist ein VA, der zu mehreren Handlungen verpflichtet und somit einen vollstreckbaren Inhalt hat, § 18 LVwVG. Sie wird nach § 43 Abs. 1 LVwVfG mit ihrer Bekanntgabe wirksam, hier per Zustellung mit PZU.   594

b) Vollstreckbarkeit. Auch für die Meldeauflage wurde die sofortige Vollziehung angeordnet (s. o. unter C.), sodass die aufschiebende Wirkung eines Anfechtungswiderspruchs bzw. einer Anfechtungsklage entfällt. Die Meldeauflage ist nach § 2 Nr. 2 LVwVG (sofort) vollstreckbar.   595

2. Rechtsfolgenseite

a) Adressat. H ist als Adressat des zu vollstreckenden VA auch Adressat der Vollstreckung.   596

b) Ermessen. § 2 LVwVG räumt der Behörde Ermessen ein, welches nach § 40 LVwVfG aktiv entsprechend dem Zweck der Ermächtigung und innerhalb der gesetzlichen Grenzen auszuüben ist. Nach § 23 LVwVG kann ein Zwangsgeld in Höhe von 10 bis 50.000 Euro angedroht werden. Als Ermessensgrenze ist insb. der Grundsatz der Verhältnismäßigkeit zu beachten (s. auch § 19 Abs. 2 und Abs. 3 LVwVG).   597
Die Androhung eines Zwangsgeldes von 1.000 Euro pro Verstoß ist geeignet, H zur Befolgung der Meldeauflage zu bewegen. Sie müsste ferner erforderlich, das heißt das mildeste aller gleich geeigneten Mittel sein, vgl. § 19 Abs. 2 LVwVG. Die Meldeauflage ist eine höchstpersönliche Handlung, bei der sich H – das ist gerade ihr Sinn – nicht vertreten lassen kann. Eine Ersatzmaßnahme, die eine „vertretbare Handlung" voraussetzt (vgl. § 25 LVwVG), scheidet aus. Unmittelbarer Zwang wäre keinesfalls milder. Schließlich erscheint auch ein geringerer Geldbetrag nicht gleich geeignet, den Willen des H zu beugen und ihn zur Befolgung der Meldeauf-

279

lage zu bewegen. Die Androhung eines Zwangsgeldes von 1.000 Euro pro Verstoß ist daher erforderlich. Sie ist auch angemessen, da die Nachteile für H nicht außer Verhältnis zu dem Zweck der Vollstreckung stehen, vgl. § 19 Abs. 3 LVwVG. Zum einen hat H durch die Androhung noch keine unmittelbaren Nachteile, zum anderen steht selbst eine spätere Zwangsgeldfestsetzung von 1.000 Euro nicht außer Verhältnis zu den erstrebten Vorteilen, dem Schutz vor gewalttätigen Ausschreitungen und damit insb. dem Schutz der körperlichen Unversehrtheit. Schließlich ist es auch angemessen, 1.000 Euro pro Verstoß anzudrohen. H wird zu mehreren einzelnen Handlungen verpflichtet, die für ihn klar erkennbar zum Zeitpunkt des Erlasses der Meldeauflage feststehen. Er hat jede einzelne Pflicht zu befolgen. Es steht daher nicht außer Verhältnis, dass jeder einzelne Verstoß eine neue Zwangsgeldfestsetzung auslösen kann.

Da das nächste Auswärtsspiel erst am 26.1.2020 stattfindet, war eine Fristsetzung entbehrlich. H hat ausreichend Zeit, sich auf die Meldeauflagen jeweils einzustellen.

> **Tipp:** Beachten Sie auch § 20 Abs. 1 S. 2 LVwVG, wonach – wenn eine Duldung oder Unterlassung erzwungen werden soll – eine Frist entbehrlich ist. Es ist jedem zumutbar, etwas ab sofort zu unterlassen oder zu dulden.

598 c) **Bestimmtheit.** Die Androhung muss nach § 37 Abs. 1 LVwVfG hinreichend bestimmt sein und sich insb. konkret auf die Meldeauflage beziehen. Nach § 20 Abs. 3 LVwVG muss die Behörde ein bestimmtes Zwangsmittel – hier Zwangsgeld – androhen und dabei nach § 20 Abs. 4 LVwVG die genaue Zwangsgeld-Höhe – hier *jeweils* 1.000 Euro – angeben.

III. Formelle Voraussetzungen

1. Zuständigkeit

599 Für die Vollstreckung ist nach § 4 LVwVG die Behörde sachlich und örtlich zuständig, die den zu vollstreckenden VA erlassen hat, hier also die Stadt Freistadt.

2. Verfahren

600 Eine Anhörung kann nach § 28 Abs. 2 Nr. 5 LVwVfG unterbleiben, die Androhung ist eine Maßnahme in der Verwaltungsvollstreckung.

3. Form

601 Die Androhung bedarf nach § 20 Abs. 1 S. 1 LVwVG der Schriftform und ist nach § 39 Abs. 1 LVwVfG schriftlich zu begründen. Die Rechtsbehelfsbelehrung (§ 37 Abs. 6 LVwVfG) ist dieselbe wie bei den Haupt-VA und der Androhung des unmittelbaren Zwangs und wird zusammen mit diesen in einem Bescheid per PZU bekannt gegeben.

IV. Ergebnis

602 Die Stadt Freistadt kann ein Zwangsgeld von 1.000 Euro pro Verstoß gegen die Meldeauflage rechtmäßig androhen.

Fall 3 Der uneinsichtige FC-Hooligan

Lösung Fall 3 – Bescheid

Mit Postzustellungsurkunde:

Herr Horst Hooly
...
12345 Freistadt

Stadt Freistadt
– Ortspolizeibehörde –

Fasanenplatz 1
12345 Freistadt
Zimmer ...
Sachbearbeiter/in ...

Telefon: ...
Telefax: ...
E-Mail: ...

Az.: 631 AV/19

Freistadt, 14.12.2019

Betretungs- und Aufenthaltsverbot für das FC-Stadion an den Heimspieltagen des 1. FC Freistadt im Zeitraum vom 21.12.2019 bis 01.03.2020

Meldeauflage für die Auswärtsspiele des 1. FC Freistadt im Zeitraum vom 26.01.2020 bis 14.03.2020

Sehr geehrter Herr Hooly,

es ergeht folgender

Bescheid:

1. Ihnen wird untersagt, das im beiliegenden Plan eingezeichnete Gebiet rund um das FC-Stadion am 21.12.2019, 18.01.2020, 02.02.2020, 14.02.2020 und 01.03.2020 jeweils in der Zeit von 11.00 Uhr bis 17.00 Uhr zu betreten und sich während dieser Zeiten dort aufzuhalten.

2. Sie haben sich am 26.01.2020, 08.02.2020, 22.02.2020, 07.03.2020 und 14.03.2020 in der Zeit von 14.00 Uhr bis 15.00 Uhr auf einem Polizeirevier im Bundesgebiet zu melden. Dieses Polizeirevier muss am 26.01.2020 außerhalb des Stadtgebiets von Kiel, am 08.02.2020 außerhalb des Gemeindegebiets von Sandhausen, am 22.02.2020 außerhalb des Stadtgebiets von Regensburg, am 07.03.2020 außerhalb des Stadtgebiets von Hannover und am 14.03.2020 außerhalb des Stadtgebiets von Karlsruhe liegen. Über die Erfüllung ihrer Meldepflicht haben Sie uns jeweils zu informieren.

3. Die sofortige Vollziehung der Verfügungen in Ziffer 1 und Ziffer 2 wird angeordnet.

4. Für jeden Fall der Zuwiderhandlung gegen Ziffer 1 drohen wir Ihnen die Anwendung unmittelbaren Zwangs an.

5. Für den Fall, dass Sie den in Ziffer 2 bezeichneten Maßnahmen nicht nachkommen, drohen wir Ihnen ein Zwangsgeld in Höhe von jeweils 1.000 Euro an.

6. Für diesen Bescheid wird eine Gebühr von ... festgesetzt. *(erlassen)*

Begründung:

I. Sachverhalt

In den letzten Jahren verzeichneten wir in der Stadt Freistadt einen Anstieg von Gewaltdelikten bei Fußballspielen des 1. FC Freistadt. Auslöser waren dabei oft Mitglieder der Hooligangruppe „Inferno Freistadt".

Sie sind aktives Mitglied dieser Hooligangruppe und auch selbst schon mehrfach polizeilich aufgefallen: Am 25.11.2018 schlugen Sie den Fan einer gegnerischen Mannschaft mehrfach mit der Faust ins Gesicht. Das daraufhin eingeleitete Strafverfahren wurde gegen Zahlung einer Geldauflage eingestellt (der Strafvorwurf damit aber bestätigt). Am 16.02.2019 kam es zu einer Massenschlägerei zwischen Mitgliedern von „Inferno Freistadt" und der Gruppierung „Geballte Wut". Auf Videoaufnahmen ist zu sehen, wie Sie auf andere einschlugen. Ein Strafverfahren wurde nicht eingeleitet. Am 20.07.2019 beschimpften Sie am Rande eines Spiels einen Polizeibeamten mit den Worten „Schnauze, du kleiner Pisser". Daraufhin luden wir Sie am 25.07.2019 vor und forderten Sie auf, sich zukünftig gesetzeskonform zu verhalten. Am 10.08.2019 stießen Sie in der Innenstadt von Freistadt den Fan einer gegnerischen Mannschaft zu Boden und traten mehrfach auf ihn ein. Bezüglich der Vorfälle vom 20.07.2019 und 10.08.2019 wurde ein Strafverfahren eingeleitet, welches noch nicht abgeschlossen ist.

Aus dem Spielplan ergeben sich folgende Spieltage des 1. FC Freistadt:

Heimspiele	Auswärtsspiele
21.12.2019	
18.01.2020	26.01.2020 in Kiel
02.02.2020	08.02.2020 in Sandhausen
14.02.2020	22.02.2020 in Regensburg
01.03.2020	07.03.2020 in Hannover
22.03.2020	14.03.2020 in Karlsruhe

Die Spiele finden zwischen 13.00 Uhr und 16.00 Uhr statt, die Stadien sind zwischen 11.00 und 17.00 Uhr geöffnet. Nach dem 22.03.2020 stehen noch keine konkreten Spieltage fest.

Mit Schreiben vom 04.11.2019 haben wir Ihnen Gelegenheit gegeben, sich zu den Maßnahmen zu äußern. Hiervon haben Sie keinen Gebrauch gemacht.

II. Rechtliche Gründe

Zu Ziffer 1:

Rechtsgrundlage des Betretungs- und Aufenthaltsverbotes in Ziffer 1 dieses Bescheids (im Folgenden nur Aufenthaltsverbot) ist § 30 Absatz 2 Satz 1 Polizeigesetz für Baden-Württemberg (PolG). Danach kann die Polizei einer Person verbieten, einen bestimmten Ort, ein bestimmtes Gebiet innerhalb einer Gemeinde oder ein Gemeindegebiet zu betreten oder sich dort aufzuhalten, wenn Tatsachen die Annahme rechtfertigen, dass diese Person dort eine Straftat begehen oder zu ihrer Begehung beitragen wird.

Diese Voraussetzungen sind hier erfüllt. Es rechtfertigen Tatsachen die Annahme, dass Sie an den in Ziffer 1 benannten Heimspieltagen des 1. FC Freistadt im Stadionbereich Straftaten begehen oder zu ihrer Begehung beitragen werden. Sie sind aktives Mitglied der Hooligangruppe „Inferno Freistadt", von der in der Vergangenheit zahlreiche Gewaltdelikte ausgingen. Dabei sind Sie selbst mehrfach strafrechtlich in Erscheinung getreten. Die eingeleitete Strafverfahren und unsere Vorladung am 25.07.2019, bei der wir Sie aufgefordert haben, sich zukünftig gesetzeskonform zu verhalten, haben Sie offensichtlich nicht davon abgehalten, erneut gewalttätig zu werden und den Fan einer gegnerischen Mannschaft anzugreifen, zu Boden zu werfen und mehrfach auf ihn einzutreten, wie der jüngste Vorfall vom 10.08.2019 zeigt. Ihr bisheriges Verhalten rechtfertigt im Rahmen der vorzunehmenden Gefahrenprognose die Annahme, dass Sie bei künftigen Spielen des 1. FC Freistadt im Bereich des FC-Stadions erneut ein Gewaltdelikt und damit eine Straftat begehen oder als Mitglied der Gruppe „Inferno Freistadt" zu ihrer Begehung beitragen werden.

Fall 3 Der uneinsichtige FC-Hooligan

Wir erlassen das Aufenthaltsverbot an Sie als Verursacher nach § 6 Absatz 1 PolG.

§ 30 Absatz 2 Satz 1 PolG räumt uns Ermessen ein, welches wir nach § 40 Verwaltungsverfahrensgesetz Baden-Württemberg (LVwVfG) aktiv und entsprechend dem Zweck der Ermächtigung ausgeübt und dabei die gesetzlichen Grenzen des Ermessens beachtet haben. Eine gesetzliche Grenze ist § 30 Absatz 2 Satz 2 und Satz 3 PolG, wonach das Aufenthaltsverbot zeitlich und örtlich auf den zur Verhütung der Straftat erforderlichen Umfang zu beschränken ist. Es darf insbesondere den Zugang zur Wohnung der betroffenen Person nicht umfassen und die Dauer von drei Monaten nicht überschreiten.

Das Aufenthaltsverbot ist örtlich auf den Stadionbereich und zeitlich auf die Spieltage zu den Öffnungszeiten von 11.00 bis 17.00 Uhr beschränkt. Es wahrt die Drei-Monatsfrist, indem es nur für die Heimspieltage gilt, die in der Zeit vom 21.12.2019 bis 20.03.2020 liegen (§§ 187 Absatz 2, 188 Absatz 2 BGB analog).

Ein derart zeitlich und örtlich begrenztes Aufenthaltsverbot ist verhältnismäßig (siehe auch § 5 PolG). Es ist geeignet, die Begehung von Straftaten sowie die Beteiligung daran zu verhindern. Es ist auch erforderlich, da kein milderes, Sie weniger beeinträchtigendes Mittel ersichtlich ist, welches ebenso wirkungsvoll ist (§ 5 Absatz 1 PolG). Eine „Verwarnung" oder eine weitere Gefährderansprache wäre zwar milder, aber nicht gleich geeignet. Die bisherigen behördlichen und strafrechtlichen Maßnahmen haben Sie nicht von der Begehung weiterer Gewaltdelikte abgehalten. Auch eine Beschränkung auf weniger Heimspieltage erscheint angesichts Ihres strafrechtlichen Verhaltens ebenfalls nicht gleich wirkungsvoll. Es ist erforderlich, das Aufenthaltsverbot an den Heimspieltagen auf die gesamte Öffnungszeit von 11.00 bis 17.00 Uhr und auf den im Plan gekennzeichneten Stadionbereich zu erstrecken, um Sie effektiv von den Heimspielen fernzuhalten. Das angeordnete Aufenthaltsverbot ist schließlich auch angemessen. Sie erleiden dadurch keine Nachteile, die erkennbar außer Verhältnis zum bezweckten Erfolg stehen (§ 5 Absatz 2 PolG). Ihr Nachteil besteht darin, dass Sie sich zu gewissen Zeiten nicht im Stadionbereich aufhalten dürfen. Der bezweckte Erfolg und damit der Vorteil für die Allgemeinheit ist der Schutz der Rechtsordnung sowie der Schutz von anderen Personen vor gewalttätigen Übergriffen. Ihre Nachteilsposition ist durch das Grundrecht auf Freizügigkeit nach Artikel 11 Absatz 1 Grundgesetz (GG) geschützt, welches einen hohen Stellenwert hat. Die Vorteilsposition, der Schutz der körperlichen Unversehrtheit erfährt seinen Schutz durch Artikel 2 Absatz 2 GG und ist ebenfalls ein hochrangiges Rechtsgut. Wir haben nicht verkannt, dass Sie der Ausschluss von den Spielen erheblich beeinträchtigt. Das Aufenthaltsverbot ist jedoch zeitlich und örtlich auf das erforderliche Maß beschränkt. Die drohenden Gefahren für die Gesundheit anderer Menschen sowie die zu befürchtenden Straftaten wiegen demgegenüber schwer und können gravierende tatsächliche und rechtliche Folgen nach sich ziehen. Angesichts der Bedeutung der hier zu schützenden Güter stehen Ihre Nachteile nicht erkennbar außer Verhältnis zu den Vorteilen der Allgemeinheit, im Gegenteil, letztere überwiegen hier sogar Ihre Nachteile.

Zu Ziffer 2:
Rechtsgrundlage der Meldeauflage in Ziffer 2 dieses Bescheids ist §§ 3, 1 PolG. Nach § 3 PolG kann die Polizei zur Wahrnehmung ihrer Aufgaben Maßnahmen treffen. Nach § 1 Absatz 1 PolG ist es unter anderem Aufgabe der Polizei, Gefahren für die öffentliche Sicherheit abzuwehren, soweit es im öffentlichen Interesse geboten ist.

Von Ihnen geht eine Gefahr für die öffentliche Sicherheit aus. Eine Gefahr besteht, wenn bei ungehindertem Geschehensablauf mit hinreichender Wahrscheinlichkeit ein Schaden an dem geschützten Rechtsgut eintreten wird. Geschütztes Rechtsgut ist hier die öffentliche Sicherheit, welche die Individualrechtsgüter, den Staat und seine Einrichtungen sowie die gesamte Rechtsordnung umfasst. Ihr gewaltbereites Verhalten, das bereits in der Vergangenheit zu Straftaten geführt hat, lässt es hinreichend wahrscheinlich erscheinen, dass sie auch bei Auswärtsspielen andere verletzen und Straftaten begehen oder sich daran beteiligen werden. Unser Einschreiten ist auch im öffentlichen Interesse geboten und betrifft keinen Bereich, der allein Ihrem privaten Lebensbereich zuzuordnen ist.

Als Verursacher nach § 6 Absatz 1 PolG sind Sie Adressat der Meldeauflage.

§ 3 PolG räumt uns Ermessen ein, welches wir pflichtgemäß nach § 40 LVwVfG ausgeübt haben. Die Meldeauflage ist verhältnismäßig. Sie verfolgt den Zweck, Sie von den Auswärtsspielen fernzuhalten, damit Sie dort keine Straftaten begehen oder sich daran beteiligen können. Die Meldeauflage ist geeignet, diesen Zweck zu erreichen. Sie ist auch erforderlich, da keine milderen, das heißt Sie weniger beeinträchtigenden Mittel bestehen, die gleich gut geeignet sind, diesen Zweck zu erreichen (siehe § 5 Absatz 1 PolG). Wir haben die Meldeauflage bewusst nicht ausschließlich auf ein Polizeirevier in Freistadt beschränkt. Es ist ausreichend, dass Sie sich auf irgendeinem Polizeirevier im Bundesgebiet außerhalb des jeweiligen Austragungsortes zu melden haben. Der Zweck, Sie von den Austragungsorten fern und so vor der Begehung von Straftaten abzuhalten, wird auf diese Weise ebenso gut erreicht. Sie sind daher nicht gezwungen, an den Tagen der Auswärtsspiele in Freistadt zu bleiben und können sich innerhalb Deutschlands frei bewegen. Um die Erfüllung der Meldeauflage nachprüfen zu können, ist es allerdings erforderlich, dass Sie uns darüber in Kenntnis setzen. Schließlich ist es aus den gleichen Gründen wie bei dem Aufenthaltsverbot erforderlich, die Meldeauflage zeitlich auf alle bereits feststehenden Auswärtsspiele zu erstrecken, die ebenfalls in einen Zeitraum von knapp drei Monaten fallen. Die beabsichtigte Meldeauflage ist schließlich auch angemessen. Es werden dadurch für Sie keine Nachteile herbeigeführt, die erkennbar außer Verhältnis zu dem bezweckten Erfolg stehen (siehe § 5 Absatz 2 PolG). Für Sie ist nachteilig, dass es Ihnen aufgrund der Meldauflage nahezu unmöglich gemacht wird, sich zu den Spielzeiten am jeweiligen Austragungsort der Auswärtsspiele des 1. FC Freistadt aufzuhalten. Der bezweckte Erfolg (Vorteil für die Allgemeinheit) ist der Schutz der Rechtsordnung sowie der Schutz anderer Personen vor gewalttätigen Übergriffen. Ihre Nachteile in der Beeinträchtigung Ihres Rechts auf Freizügigkeit aus Art. 11 Absatz 1 GG stehen nicht außer Verhältnis zu den Vorteilen für die Allgemeinheit, die körperliche Unversehrtheit zu schützen, was ein hohes Schutzgut nach Artikel 2 Absatz 2 GG ist. Wie bereits bei dem Aufenthaltsverbot in Ziffer 1 überwiegen die drohenden Gefahren für die Gesundheit anderer Menschen sowie die zu befürchtenden Straftaten Ihre Nachteile, die zeitlich und örtlich beschränkt sind.

Zu Ziffer 3:
Rechtsgrundlage für die Anordnung der sofortigen Vollziehung ist § 80 Absatz 2 Satz 1 Nr. 4 Verwaltungsgerichtsordnung (VwGO). Danach können wir die sofortige Vollziehung des Aufenthaltsverbotes in Ziffer 1 sowie der Meldeauflage in Ziffer 2 anordnen, wenn ein besonderes öffentliches oder privates Interesse an der sofortigen Vollziehung, das heißt an ihrer umgehenden/baldigen Befolgung besteht, welches Ihr Interesse an der aufschiebenden Wirkung eines von Ihnen möglicherweise eingelegten Rechtsbehelfs übersteigt.

Es besteht vorliegend ein besonderes öffentliches Interesse, dass Sie sowohl das Aufenthaltsverbot als auch die Meldeauflage umgehend zu beachten haben. Es kann nicht hingenommen werden, dass Sie während eines laufenden Rechtsbehelfsverfahrens, welches mehrere Monate oder sogar Jahre dauern kann, beide Verfügungen – Aufenthaltsverbot und Meldeauflage – nicht zu beachten brauchen und in dieser Zeit weitere Gewaltdelikte begehen oder dazu beitragen. Sowohl das Aufenthaltsverbot für das heimische Stadion als auch die Meldeauflage bei den Auswärtsspielen entfalten nur in den nächsten drei Monaten Rechtswirkungen und liefen andernfalls ins Leere. Ihre Nachteile, sich nicht an den besagten Terminen im Stadionbereich in Freistadt bzw. an den Austragungsorten der Auswärtsspiele aufhalten zu dürfen, treten angesichts der hohen gefährdeten Rechtsgüter wie dem Schutz der Gesundheit und der Verhinderung von Straftaten zurück. Es ist Ihnen zuzumuten, das Aufenthaltsverbot sowie die Meldeauflage umgehend zu befolgen und eine rechtliche Prüfung nachträglich vornehmen zu lassen.

Zu Ziffer 4:
Die Rechtsgrundlage für die Androhung des unmittelbaren Zwangs ist § 66 Absatz 2 PolG. Unmittelbarer Zwang ist danach, soweit es die Umstände zulassen, vor seiner Anwendung anzudrohen.

Das Aufenthaltsverbot ist ein Verwaltungsakt, den wir als Ortspolizeibehörde erlassen. Er wird mit seiner Bekanntgabe wirksam und hat auch einen vollstreckungsfähigen Inhalt. Da wir für das Aufenthaltsverbot in Ziffer 3 die sofortige Vollziehung angeordnet haben, entfällt die aufschiebende Wirkung eines von Ihnen möglicherweise eingelegten Anfechtungswiderspruchs bzw. einer Anfechtungsklage. Das Aufenthaltsverbot ist daher nach § 66 Absatz 4 PolG in Verbindung mit § 2 Nr. 2 LVwVG Verwaltungsvollstreckungsgesetz für Baden-Württemberg (LVwVG) vollstreckbar. Eine Androhung ist nach den Umständen auch möglich gemäß § 66 Absatz 2 PolG, da ein entsprechender Zeitdruck nicht besteht.

§ 66 Absatz 4 in Verbindung mit § 2 LVwVG räumt uns Ermessen ein, welches wir pflichtgemäß nach § 40 LVwVfG ausgeübt haben. Die Androhung des unmittelbaren Zwangs ist verhältnismäßig und hält sich an die Vorgaben nach § 66 Absatz 1 und Absatz 3 PolG. Sie ist geeignet, den polizeilichen Zweck zu erfüllen und Sie zur Befolgung des Aufenthaltsverbots zu bewegen. Die

Fall 3 Der uneinsichtige FC-Hooligan

Androhung des unmittelbaren Zwangs ist auch erforderlich, das heißt das mildeste aller gleich geeigneten Mittel. Wir haben nicht verkannt, dass nach § 66 Absatz 1 Satz 1 PolG unmittelbarer Zwang nur angewandt und damit angedroht werden darf, wenn der polizeiliche Zweck auf andere Weise nicht erreichbar erscheint, es also das einzige in Betracht kommende Zwangsmittel ist. Die Androhung einer Ersatzvornahme scheidet von vorneherein aus. Die Ersatzvornahme setzt eine vertretbare Handlung voraus, die der Pflichtige nicht höchstpersönlich ausführen muss, sondern sich hierbei vertreten lassen kann. Das Aufenthaltsverbot können Sie nur persönlich befolgen. Es fordert von Ihnen, dass Sie das Stadiongebiet nicht betreten und sich dort nicht aufhalten dürfen. Die Androhung eines Zwangsgeldes ist zwar möglich und auch milder, der polizeiliche Zweck erscheint dadurch aber nicht gleich gut erreichbar nach § 66 Absatz 1 PolG. Sollten Sie gegen das Aufenthaltsverbot verstoßen, muss schnell und konsequent gehandelt werden, um den Zweck des Verbotes – Schutz vor gewalttätigen Ausschreitungen – umzusetzen. Der polizeiliche Zweck besteht darin, Sie notfalls mit körperlicher Gewalt aus dem Stadion zu entfernen und das Aufenthaltsverbot durchzusetzen. Ein Zwangsgeld, welches erst noch schriftlich festgesetzt werden müsste, erreicht diesen polizeilichen Zweck nicht gleich wirkungsvoll und ist nicht gleich geeignet, andere vor gewalttätigen Übergriffen zu schützen. Schließlich hat auch Ihr bisheriges Verhalten gezeigt, dass Sie ein polizeiliches und strafrechtliches Einschreiten nicht beeindruckt und vor erneuten gewalttätigen Auseinandersetzungen abgehalten hat. Mit dem unmittelbaren Zwang wird daher das einzige in Betracht kommende Zwangsmittel angedroht, mit dem der polizeilichen Zweck nach § 66 Absatz 1 Satz 1 PolG erreichbar scheint. Die Androhung des unmittelbaren Zwangs ist auch angemessen. Damit verbundene Nachteile stehen nicht erkennbar außer Verhältnis zu den Vorteilen für die Allgemeinheit, dem Schutz vor gewalttätigen Ausschreitungen und vor der Begehung weiterer Straftaten bzw. der Beteiligung daran. Sie sind verpflichtet, sich an das rechtmäßige und für sofort vollziehbar erklärte Aufenthaltsverbot zu halten.

Zu Ziffer 5:
Rechtsgrundlage für Androhung eines Zwangsgeldes ist § 63 Absatz 1 PolG in Verbindung mit § 20 Absatz 1, §§ 23, 2 LVwVG. Danach können wir zur Durchsetzung eines vollstreckbaren Verwaltungsaktes ein Zwangsgeld in Höhe von mindestens 10 bis höchsten 50.000 Euro androhen.

Die Meldeauflage ist ein Verwaltungsakt, der zu mehreren Handlungen verpflichtet und somit einen vollstreckbaren Inhalt nach § 18 LVwVG § 43 Absatz 1 LVwVfG mit ihrer Bekanntgabe wirksam. Da wir auch für die Meldeauflage in Ziffer 3 die sofortige Vollziehung angeordnet haben, entfällt die aufschiebende Wirkung eines von Ihnen möglicherweise eingelegten Rechtsbehelfs, sodass die Meldeauflage nach § 2 Nr. 2 LVwVG vollstreckbar ist.

§ 2 LVwVG räumt uns Ermessen ein, welches wir nach § 40 LVwVfG pflichtgemäß ausgeübt haben. Die Androhung eines Zwangsgeldes in Höhe von 1.000 Euro pro Verstoß gegen die Meldeauflage ist verhältnismäßig. Sie ist geeignet, die Befolgung der Meldeauflage zu bewegen, und auch erforderlich, das heißt das mildeste aller gleich geeigneten Mittel, siehe § 19 Absatz 2 LVwVG. Eine Ersatzmaßnahme, die eine vertretbare Handlung voraussetzt (siehe § 25 LVwVG), scheidet auch hier aus. Die Meldeauflage ist eine höchstpersönliche Handlung, bei der Sie sich nicht vertreten lassen können. Es ist gerade Sinn und Zweck der Meldeauflage, dass Sie persönlich auf einem Polizeirevier erscheinen. Unmittelbarer Zwang wäre keinesfalls milder. Auch ein geringerer Geldbetrag scheint nicht gleich geeignet, Sie zur Befolgung der Meldeauflage zu bewegen. Die Androhung ist auch angemessen. Es werden dadurch keine Nachteile herbeigeführt, die außer Verhältnis zu dem Zweck der Vollstreckung stehen, siehe § 19 Absatz 3 LVwVG. Zum einen entstehen Ihnen zum einen noch keine unmittelbaren Nachteile. Zum anderen steht selbst eine spätere Zwangsgeldfestsetzung in Höhe von 1.000 Euro nicht außer Verhältnis zu den erstrebten Vorteilen, nämlich dem Schutz vor gewalttätigen Ausschreitungen und vor der Begehung weiterer Straftaten bzw. der Beteiligung daran. Es ist es auch angemessen, 1.000 Euro pro Verstoß anzudrohen. Mit der Meldeauflage verpflichten wir Sie zu mehreren selbstständigen Handlungen, die für Sie klar erkennbar feststehen. Sie haben sich bei jedem der fünf in Ziffer 2 benannten Auswärtsspiele auf einem Polizeirevier innerhalb des Bundesgebietes zu melden, welches außerhalb des jeweiligen Austragungsortes liegen muss. Es steht daher nicht außer Verhältnis, dass jeder einzelne Verstoß eine neue Zwangsgeldfestsetzung auslösen kann. Da das nächste Auswärtsspiel erst am 26.01.2020 stattfindet, haben Sie auch ausreichend Zeit, sich auf die Meldeauflage einzustellen.

Zu Ziffer 6:
... *Gebühr erlassen* ...

603

Ihre Rechte:

Gegen diesen Bescheid können Sie innerhalb eines Monats nach Bekanntgabe Widerspruch bei der Stadt Freistadt, Fasanenplatz 1, 12345 Freistadt einlegen.

Gegen die Anordnung der sofortigen Vollziehung (Ziffer 3 dieses Bescheids) können Sie einen Antrag auf Wiederherstellung der aufschiebenden Wirkung eines von Ihnen eingelegten Widerspruchs beim Verwaltungsgericht ... *Adresse* ... stellen.

Mit freundlichen Grüßen

... *Unterschrift Sachbearbeiter* ...

Fall 4 Die gefährliche und laute Höhle

Erlass eines begünstigenden VA – Ausräumen von Versagungsgründen durch Nebenbestimmungen – Gutachten und Bescheid

Sachverhalt

Heidelberg, den 9.1.2019

Björn S
Krämergasse 22
69117 Heidelberg

Stadt Heidelberg
Marktplatz 10
69117 Heidelberg

Antrag auf Genehmigung für den Kellerclub „Die Höhle"

Sehr geehrte Damen und Herren,

hiermit stelle ich bei Ihnen den

Antrag auf Genehmigung für den Kellerclub „Die Höhle".

Im Kellergeschoss des Gebäudes Krämergasse 22 in Heidelberg (im Bebauungsplan als Mischgebiet ausgewiesen) möchte ich einen Club eröffnen. Die Räume haben eine Größe von 90 qm, bieten eine kleine Fläche zum Tanzen und können eine maximale Besucherzahl von 150 Personen aufnehmen. Essen möchte ich keines anbieten, lediglich alkoholische und nicht alkoholische Getränke ausschenken. Geöffnet werden soll der Club nicht vor 22.00 Uhr. Alle weiteren Angaben und die für den Antrag erforderlichen Unterlagen (ausgefülltes Antragsformular, Bau- und Lagepläne, Kopie des Personalausweises, Führungszeugnis, Auszug aus dem Gewerbezentralregister, Unterrichtungsnachweis der IHK über die Teilnahme an der Unterrichtung über lebensmittel- und hygienerechtliche Bestimmungen etc.) entnehmen Sie bitte den Anlagen.

Mit freundlichen Grüßen
Björn S

Protokoll der internen Besprechung in den Räumen der Stadt Heidelberg

Der zuständige Sachbearbeiter Thorsten Z (Z) berichtet Amtsleiter Thomas M (M) von seinen Recherchen im Hinblick auf den Antrag von Björn S (S).

Aus den Lage- und Bauplänen habe er unter Hilfestellung eines Mitarbeiters des Amts für Brand- und Katastrophenschutz entnehmen können, dass die als notwendiger zweiter Rettungsweg vorgesehene Spindeltreppe vom Kellergeschoss in das Erdgeschoss nur eine Breite von 60 cm hat. Nach Ansicht des Mitarbeiters des Amts für Brand- und Katastrophenschutz wäre hier bei der vorgesehenen Besucherzahl von maximal 150 Personen eine Breite von mindestens 100 cm erforderlich; bei 60 cm müsste die Besucherzahl auf 50 Personen beschränkt werden. Diese Einschätzung entspricht auch allgemeiner Auffassung.

Zudem würde ihm ein Strafbefehl des Amtsgerichts Heidelberg vorliegen, aus dem sich ergebe, dass Herr S einmal wegen einfacher Körperverletzung (§ 223 StGB) – im Rahmen einer Schlägerei in seiner ehemaligen Gaststätte – eine Geldstrafe in Höhe von 15 Tagessätzen zu zahlen hatte.

Schließlich sei nach den auf hinreichende Tatsachengrundlagen gestützten Lärmprognosen des Umweltamts ersichtlich, dass beim Betrieb des Clubs das nächtliche Ruhebedürfnis der Nachbarn beeinträchtigt werde. Nach der Lärmprognose komme es zu einer Überschreitung der nächtlichen Immissionsrichtwerte für Mischgebiete nach der TA Lärm (gem. Nr. 6.1. TA Lärm sind nachts von 22.00 bis 06.00 Uhr in der lautesten Stunde der Nacht 45 dB(A) und für einzelne kurzzeitige Geräuschspitzen 65 dB(A) bei den Nachbargebäuden 0,5 m außerhalb vor der Mitte des geöffneten Fensters des vom Geräusch am stärksten betroffenen schutzbedürftigen Raumes[311] – Wohnraum, Wohndiele, Schlafraum – einzuhalten). Nach Meinung des zuständigen Mitarbeiters des Umweltamts könne eine Einhaltung der Immissionsrichtwerte bei den Nachbarn ausschließlich dadurch gesichert werden, dass bei der Musikanlage des Clubs ein Lautstärkenbegrenzer eingebaut werde. Dieser solle zunächst einmal so eingestellt werden, dass die Musik nicht lauter als 80 dB(A) abgespielt werden könne. Dass diese Begrenzung im tatsächlichen Betrieb wirklich ausreicht, um einen Immissionsrichtwert von 45 dB(A) bzw. bei den Geräuschspitzen von 65 dB(A) bei den Nachbarn einzuhalten, sei zwar wahrscheinlich, aber aufgrund der Prognosen nicht ganz exakt festzustellen. Daher empfiehlt der Mitarbeiter des Umweltamts, sich weitergehende Einschränkungen zusätzlich vorzubehalten (zB den Lautstärkenbegrenzer auf einen Wert unterhalb 80 dB(A) einzustellen), falls es beim tatsächlichen Betrieb des Clubs trotz der Reduzierung auf 80 dB(A) zu Immissionsrichtwertüberschreitungen bei den Nachbarn kommt.

Abschließend fragt Z seinen Amtsleiter, ob es ein Problem darstellen würde, dass er ein Cousin (der Sohn von der Schwester der Mutter) von S sei. Großen Kontakt habe er mit ihm allerdings nicht, sie würden sich lediglich alle Jahre auf Familienfesten sehen.

---

311   Dies ergibt sich aus A.1.3. des Anhangs zur TA Lärm.

Amtsleiter M meint dazu, ein Betrieb des Clubs ohne einen ausreichenden zweiten Rettungsweg sei nach den einschlägigen Regelungen nicht zulässig, dies müsse vor Eröffnung geklärt werden; eine Verbreiterung der Spindeltreppe auf 100 cm sei ja technisch möglich. In Bezug auf die Lärmproblematik solle die Einhaltung der einschlägigen Immissionsrichtwerte durch die vorgeschlagene Maßnahme angeordnet werden, dies würde auf jeden Fall helfen. Allerdings solle bereits im Bescheid sichergestellt werden, dass man im Falle einer Überschreitung der zulässigen Immissionsrichtwerte im tatsächlichen Betrieb möglichst problemlos reagieren könne. Hinsichtlich des Strafbefehls wegen einfacher Körperverletzung müsse man bedenken, dass dieser nun schon neun Jahre zurückliege und S nur zu einer Geldstrafe verurteilt worden sei. Auch im Führungszeugnis tauche der Strafbefehl nicht auf, dort seien insgesamt keine Eintragungen enthalten. Dass es sich beim Antragsteller um den entfernten Verwandten von Z handele, sehe er nicht als Problem an, auch der Oberbürgermeister würde dies so einschätzen.

Protokoll des Gesprächs vom 25.1.2019 zwischen Björn S, Thorsten Z sowie Thomas M

Z und M tragen S ihre Vorschläge vor. S sieht die Probleme dem Grunde nach ein und will sie entsprechend beheben. Er trägt jedoch vor, dass er den Bescheid von der Behörde möglichst bald benötige, da seine Hausbank dies zur Voraussetzung für die Kreditvergabe mache. Auf die einfache Körperverletzung angesprochen, berichtet er, dass er die Tat bereue und seit dieser Zeit nie wieder strafrechtlich in Erscheinung getreten sei. Im Hinblick auf den Rettungsweg äußert er, dass ihm technisch eine Verbreiterung der Treppe auf 100 cm gerade noch so möglich, eine Verbreiterung auf 90 cm allerdings deutlich günstiger durchzuführen sei. Bei einer maximalen Besucherzahl von unter 150 Personen würde sich der Club für ihn allerdings finanziell nicht mehr rentieren.

Aufgabe[312]
Prüfen Sie gutachtlich, ob die Voraussetzungen für die Erteilung der beantragten Zulassung vorliegen und fertigen Sie einen Bescheidentwurf an.

Bearbeitungshinweise
Gehen Sie davon aus, dass die Ausführungen von den Mitarbeitern der Stadt Heidelberg sowie von S der Wahrheit entsprechen und sich in den von S eingereichten Unterlagen alle weiteren nötigen Angaben befinden, sodass außer den oben angesprochenen Problemen keine weiteren bestehen.
Gebührenfragen, Fragen zur Barrierefreiheit und baurechtliche Fragen sind nicht zu prüfen.

---

312 In einer Klausur wird sich die Aufgabenstellung idR nicht auf ein Gutachten *und* einen Bescheid beziehen, sondern es wird entweder ein Gutachten *oder* ein Bescheidentwurf verlangt.

Lösung Fall 4 – Gutachten

Vorüberlegung

605 Es ist zu prüfen, ob S die beantragte Gaststättenerlaubnis für den Kellerclub zum jetzigen Zeitpunkt erteilt werden kann. Dies ist der Fall, wenn es für die Erteilung eine Rechtsgrundlage gibt und die materiellen sowie formellen Voraussetzungen vorliegen.

Dass S eine „Genehmigung" beantragt hat, ist nicht relevant. Er begehrt ersichtlich einen begünstigenden VA für den Betrieb seines Kellerclubs, sodass sein Antrag nach dem objektiven Empfängerhorizont (§ 133 BGB) als Antrag auf Erteilung einer Gaststättenerlaubnis auszulegen ist.

Tipp: Bei unklaren, mehrdeutigen oder auch unkorrekten Formulierungen gilt bei Verfahrenshandlungen des Bürgers die Auslegungsregel des § 133 BGB entsprechend. Nach dem objektiven Empfängerhorizont ist der wirkliche Wille zu erforschen und nicht am buchstäblichen Sinn des Ausdruckes zu haften.[313] An Verfahrenshandlungen von einem Rechtsanwalt werden indes höhere Anforderungen gestellt.[314]

I. Rechtsgrundlage

606 Als Rechtsgrundlage für die Gaststättenerlaubnis kommt § 1 LGastG[315] iVm § 4 Abs. 1 S. 1 iVm § 2 GastG in Betracht.

Tipp: S beantragt die Erteilung einer Erlaubnis. Auf der Suche nach der richtigen Rechtsgrundlage (RGL) muss man nach einer Norm Ausschau halten, die auf der Rechtsfolgenseite die Behörde entsprechend ermächtigt, also zB die Formulierung enthält „kann die Erlaubnis erteilt werden" oder „ist die Erlaubnis zu erteilen" (vgl. nur § 58 Abs. 1 LBO bei der Baugenehmigung). § 4 Abs. 1 GastG enthält diese Ermächtigung, formuliert sie nur negativ: „Die Erlaubnis ist zu versagen, wenn ...".

Dass auch § 2 GastG in der Rechtsgrundlage genannt wird, ist in der Praxis üblich, aber dogmatisch nicht zwingend. Eine Erlaubnis ist jedenfalls nur dann zu erteilen oder zu versagen, wenn sie überhaupt erforderlich ist, was eben § 2 GastG regelt.

---

313 S. zB VG Augsburg, Gerichtsbescheid v. 6.6.2018, Az. Au 2 K 17.34883, juris Rn. 27.
314 S. zB OLG Dresden, Beschl. v. 27.4.2018, Az. 4 U 373/18, juris Rn. 6.
315 Mit der Föderalismusreform 2006 (BGBl. I S. 2034) wurde aus der konkurrierenden Gesetzgebung des Art. 74 Nr. 11 GG (Recht der Wirtschaft) das Gaststättenrecht ausgeklammert und über Art. 70 GG in die ausschließliche Gesetzgebungskompetenz der Länder verlagert. Baden-Württemberg hat daraufhin das Landesgaststättengesetz erlassen, was in § 1 LGastG aber grds. die Regelungen des GastG übernimmt. Zumindest zu Beginn ist § 1 LGastG daher zu erwähnen.

II. Materielle Voraussetzungen

1. Tatbestandsvoraussetzungen

a) Anwendbarkeit des GastG: Gaststättengewerbe. Zunächst müsste es sich bei dem Kellerclub um ein Gaststättengewerbe handeln. Wann dies der Fall ist, bestimmt sich nach § 1 Abs. 1 GastG.

> **Tipp:** Das Wort „Gaststätte" oder „Gaststättengewerbe" (da Gaststätten eine besondere Form des Gewerbes sind) taucht zwar in § 4 GastG nicht ausdrücklich auf, systematisch muss aber für jede Rechtsgrundlage der Anwendungsbereich/Geltungsbereich des jeweiligen Gesetzes eröffnet sein, sodass man den „Anwendungsbereich des Gesetzes" im Zweifel immer als erste Tatbestandsvoraussetzung prüfen kann. Im vorliegenden Fall könnte man dies auch beim nächsten Prüfungspunkt „Erlaubnispflicht" ansprechen. Der Begriff „Gaststättengewerbe" taucht hier ausdrücklich auf.

aa) Gewerbe. Da der Kellerclub von S eine erlaubte, selbstständige und auf Dauer angelegte Tätigkeit zum Zwecke der Gewinnerzielung ist, handelt es sich um ein Gewerbe.

bb) Stehendes Gewerbe. S verkauft die Getränke in seinem Club, dh in einer Niederlassung, auf vorherige Bestellung, sodass kein Reisegewerbe nach § 55 Abs. 1 GewO, sondern ein stehendes Gewerbe vorliegt.

cc) Schank- und/oder Speisewirtschaft. S möchte lediglich alkoholische und nicht alkoholische Getränke in seinem Kellerclub anbieten. Es handelt sich daher um eine reine Schankwirtschaft nach § 1 Abs. 1 Nr. 1 GastG.

dd) Öffentlich zugänglich. Der Zutritt zum Club ist jedermann gestattet und damit öffentlich zugänglich. Es handelt sich bei dem Kellerclub daher um ein Gaststättengewerbe.

b) Erlaubnispflicht. Da S auch alkoholische Getränke anbieten möchte, liegt keine Ausnahme nach § 2 Abs. 2 GastG vor, sodass der Kellerclub nach § 2 Abs. 1 S. 1 GastG erlaubnispflichtig ist.

> **Tipp:** Noch einmal: Bei der Prüfung, ob die Behörde einen begünstigenden VA erlassen muss bzw. kann, ist vorab immer zu fragen, ob ein solcher beg. VA überhaupt benötigt wird. Würde S hier bspw. nur nicht alkoholische Getränke anbieten, wäre der Club zwar weiterhin ein Gaststättengewerbe nach § 1 Abs. 1 GastG, eine Erlaubnis zum Betrieb wäre nach § 2 Abs. 2 GastG aber nicht erforderlich.

c) Erlaubnisfähigkeit. – aa) Kein Versagungsgrund gem. § 4 Abs. 1 S. 1 Nr. 1 GastG wegen Unzuverlässigkeit. Zu untersuchen ist, ob S die für den Kellerclub erforderliche Zuverlässigkeit besitzt. Unzuverlässig ist, wer nach dem Gesamteindruck seines (vergangenen) Verhaltens nicht die Gewähr dafür bietet, in Zukunft die für das Gaststättengewerbe geltenden Regelungen einzuhalten. Im vorliegenden Fall ist keines der in § 4 Abs. 1 S. 1 Nr. 1 GastG aufgezählten Regelbeispiele für Unzuverlässigkeit erfüllt. Allerdings hat S einen Strafbefehl wegen einfacher Körperverletzung im Rahmen einer Schlägerei in seiner ehemaligen Gaststätte erhalten und somit gezeigt, dass er die für einen ordnungsgemäßen Gaststättenbetrieb relevanten Regeln nicht immer eingehalten hat. Auch Geschehnisse aus der Vergangenheit können die auf die Zukunft gerichtete Unzuverlässigkeit begründen. Allerdings liegt die Tat schon neun Jahre zurück, es handelte sich „nur" um eine einfache Körperverletzung, die mit einer Geldstrafe von lediglich 15 Tagessätzen belegt wurde, und S ist seitdem nicht mehr strafrechtlich in Erscheinung getreten. Im Führungszeugnis findet sich keine Eintragung. Daher kann aus diesem einmaligen Verhalten – auch wenn es einen direkten Bezug zum Gaststättenbetrieb hat – nicht darauf geschlossen werden, dass er seinen Kellerclub in Zukunft nicht entsprechend der einschlägigen Regelungen betreiben wird.

S besitzt somit die erforderliche Zuverlässigkeit, der Versagungsgrund ist nicht einschlägig.

614 bb) **Kein Versagungsgrund gem. § 4 Abs. 1 S. 1 Nr. 2 GastG wegen des unzureichenden zweiten Rettungswegs.** Zu den Anforderungen an die Beschaffenheit der zum Betrieb bestimmten Räume gehört auch, dass ausreichend ausgestaltete Rettungswege vorhanden sind, um die Gesundheit und das Leben der Gäste und Beschäftigten zu schützen. Aufgrund der lediglich 60 cm breiten Spindeltreppe als zweiter Rettungsweg ist dies hier im Hinblick auf den 150 Personen fassenden Kellerclub nach Prüfung des Amts für Brand- und Katastrophenschutz nicht der Fall, sodass der Versagungsgrund vorliegt.

> **Tipp:** Liegt bei einem begünstigenden VA eine Tatbestandsvoraussetzung nicht vor bzw. besteht ein Versagungsgrund – so wie vorliegend –, führt dies nicht zwingend zur Ablehnung des Antrags. Es ist immer zu prüfen, ob die Behörde die fehlende Tatbestandsvoraussetzung nicht durch den Erlass einer Nebenbestimmung kompensieren kann. Die Nebenbestimmung hat sicherzustellen, dass die Tatbestandsvoraussetzung in Zukunft erfüllt wird bzw. der Versagungsgrund in Zukunft nicht mehr vorliegt. Ist dies der Fall, ist der Erlass des VA milder als dessen Ablehnung (und über die sicherstellende Nebenbestimmung auch geeignet).

615 Zu prüfen ist, ob dieser Versagungsgrund durch eine aufschiebende Bedingung mit dem Inhalt, dass vor Eröffnung des Kellerclubs die Spindeltreppe auf 100 cm zu verbreitern ist, ausgeräumt werden kann. Ob S die Treppe tatsächlich auf 100 cm verbreitert, ist ungewiss, daher bietet sich die aufschiebende Bedingung nach der Legaldefinition des § 36 Abs. 2 Nr. 2 LVwVfG an.

616 (1) **Rechtsgrundlage der aufschiebenden Bedingung.** Als Rechtsgrundlage kommt § 36 Abs. 1 Alt. 2 LVwVfG in Betracht.

> **Tipp:** Fehlt eine spezielle gesetzliche Rechtsgrundlage zum Erlass von Nebenbestimmungen, ist bei einem VA, „auf den ein Anspruch besteht" (der als

Rechtsfolge also eine gebundene Entscheidung vorsieht), § 36 Abs. 1 Alt. 2 LVwVfG die Rechtsgrundlage für den Erlass der Nebenbestimmung.[316] Neben dem Vorliegen eines gebundenen (Haupt-)VA besteht die weitere Voraussetzung, dass die Nebenbestimmung „sicherstellen soll, dass die gesetzlichen Voraussetzungen des Verwaltungsakts erfüllt werden" (s. sogleich). Bei Ermessens-VA ist § 36 Abs. 2 LVwVfG die Rechtsgrundlage für den Erlass der Nebenbestimmung.

(2) Tatbestandsvoraussetzungen der aufschiebenden Bedingung. Es müsste sich nach § 36 Abs. 1 Alt. 2 LVwVfG bei dem Haupt-VA um einen gebundenen VA handeln, auf den ein Anspruch besteht. Die Rechtsgrundlage des § 4 GastG enthält eine negative Formulierung, wonach die Erlaubnis zu versagen ist, wenn einer der genannten Versagungsgründe greift. Dem Wortlaut lässt sich nicht direkt entnehmen, ob die Behörde die Erlaubnis erteilen „kann", „soll" oder „muss", wenn kein Versagungsgrund vorliegt. Dies ist durch Auslegung zu ermitteln. Hier hilft die systematische Auslegung in Gestalt der verfassungskonformen Auslegung weiter: Vor dem Hintergrund der Berufsfreiheit (Art. 12 GG) in Form der Gewerbefreiheit (§ 1 GewO) hat der Antragsteller einen gebundenen Anspruch auf Erteilung der Erlaubnis, dh die Erlaubnis ist zu erteilen, wenn kein Versagungsgrund vorliegt.

Des Weiteren müsste nach § 36 Abs. 1 Alt. 2 LVwVfG die aufschiebende Bedingung sicherstellen, dass die gesetzlichen Voraussetzungen des Haupt-VA erfüllt werden. Wie oben ausgeführt, liegt ein Versagungsgrund vor. Die aufschiebende Bedingung soll sicherstellen, dass der Versagungsgrund beseitigt und die gesetzliche Voraussetzung des zweiten Rettungswegs zumindest in Zukunft erfüllt wird.

(3) Rechtsfolge der aufschiebenden Bedingung: Ermessen. § 36 Abs. 1 LVwVfG räumt der Behörde Ermessen ein („darf"). Die Ausübung des Ermessens richtet sich nach § 40 LVwVfG (analog).[317] Die Behörde hat insb. die gesetzlichen Grenzen des Ermessens und vor allem den aus Art. 20 Abs. 3 GG abgeleiteten Grundsatz der Verhältnismäßigkeit zu beachten. Danach muss die aufschiebende Bedingung zur Erreichung des mit ihr verfolgten Zwecks geeignet, erforderlich und angemessen sein.

Geeignet ist sie, wenn sie tauglich ist, den angestrebten Zweck zu erreichen oder zumindest zu fördern. Mit der aufschiebenden Bedingung wird erreicht, dass S die Verbreiterung der Spindeltreppe auf 100 cm vor Eröffnung der Gaststätte ausführen muss und somit der Schutz der Gäste und der Beschäftigten von Anfang an gewährleistet ist.

Erforderlich ist die aufschiebende Bedingung, wenn sie von allen gleich geeigneten Mitteln das mildeste darstellt. In Betracht käme auch der Erlass einer Auflage. Diese wäre milder, da mit einer Auflage die Erlaubnis sofort innerlich wirksam wäre und S die Gaststätte sofort eröffnen dürfte. Ausreichend ausgestal-

---

316 Zu dem Fall von § 36 Abs. 1 Alt. 1 LVwVfG, wonach eine spezielle gesetzliche Rechtsgrundlage zum Erlass von Nebenbestimmungen besteht, s. sogleich unten Gliederungspunkt cc).
317 Auch wenn die aufschiebende Bedingung selbst kein VA ist, müssen die gleichen Ermessensregeln Anwendung finden.

tete Rettungswege sind aber im Hinblick auf den Schutz der Gäste und der Beschäftigten von so grundlegender Bedeutung, dass auf sie während des Betriebs des Kellerclubs nicht verzichtet werden kann. Die Spindeltreppe muss daher vor der erstmaligen Inbetriebnahme des Clubs verbreitert werden. Mit einer Auflage lässt sich dies nicht erreichen, weshalb eine Auflage nicht gleich geeignet ist. Milder, da günstiger, wäre auch eine Verbreiterung auf lediglich 90 cm. Da 100 cm aber mindestens notwendig sind, um ausreichend Rettungsmöglichkeiten für 150 Personen zu bieten, und bei einer geringeren Maximalbesucherzahl sich der Club für S finanziell nicht mehr rentiert, ist eine solche Verbreiterung nicht gleich geeignet. Die aufschiebende Bedingung, die Spindeltreppe auf 100 cm zu verbreitern, ist somit erforderlich.

> **Tipp:** Insbesondere bei dem Punkt „Erforderlichkeit" ist zu begründen, weshalb sich die Behörde für eine konkrete Nebenbestimmung entschieden und andere geeignete Nebenbestimmungen nicht ausgewählt hat. Wichtigster Hauptanwendungsfall ist die Abgrenzung von Auflage und aufschiebender Bedingung (s. hierzu ausführlich Rn. 209 und zu der ähnlichen Abgrenzung zwischen Auflagenvorbehalt und Widerrufsvorbehalt Rn. 206 und sogleich Rn. 627).

Die aufschiebende Bedingung, die Spindeltreppe auf 100 cm zu verbreitern, ist auch angemessen, wenn die für S damit verbundenen Nachteile nicht erkennbar außer Verhältnis zu den Vorteilen für die Allgemeinheit stehen. Der Schutz der Gäste und der Beschäftigten vor den erheblichen Gefahren bei Unglücksfällen für Leib und Leben (Art. 2 Abs. 2 GG) ist höher zu gewichten als der Eingriff in die Berufsausübung (Art. 12 GG) und die finanzielle Belastung des S.

> **Tipp:** Die Frage der Angemessenheit einer Nebenbestimmung kann in der Regel kurz gehalten werden, da der Erlass des Haupt-VA ohne den Erlass der Nebenbestimmung abgelehnt werden müsste bzw. erst später erteilt werden könnte. Dies ist für den Antragsteller grds. nachteiliger, sodass die Nebenbestimmung hier im Grunde stets angemessen ist.

619 (4) **Ergebnis.** Der Versagungsgrund kann durch die angedachte aufschiebende Bedingung ausgeräumt werden.[318]

---

[318] Nach der Rechtsprechung des BVerwG – s. zB BVerwGE 112, 221, 224 – besteht die Möglichkeit, alle Nebenbestimmungen, auch die Bedingung, isoliert mit Widerspruch und Anfechtungsklage anzugreifen. Widerspruch und Anfechtungsklage entfalten ggü. der Nebenbestimmung aufschiebende Wirkung nach § 80 Abs. 1 VwGO und müssen deshalb vom Antragsteller zunächst nicht beachtet werden, wohingegen er von der Erlaubnis/Genehmigung Gebrauch machen kann. Der Behörde muss es daher auch hier möglich sein, zusätzlich die Anordnung der sofortigen Vollziehung nach § 80 Abs. 2 S. 1 Nr. 4 VwGO (analog) zu prüfen und gegebenenfalls anzuordnen, obwohl die Bedingung keinen eigenständigen VA darstellt. Eine solche Maßnahme trifft die Behörde aber oft gesondert *nach* Erlass des Bescheids und nur im Einzelfall, zB wenn der Adressat gegen eine Nebenbestimmung tatsächlich Widerspruch erhebt. Für die Anordnung der sofortigen Vollziehung von Nebenbestimmungen gelten die gleichen Anforderungen wie bei der Anordnung der sofortigen Vollziehung von Haupt-VA, s. hierzu auch Rn. 238.

cc) Kein Versagungsgrund gem. § 4 Abs. 1 S. 1 Nr. 3 GastG wegen der Immissionsrichtwertüberschreitungen. Aufgrund der Immissionsrichtwertüberschreitungen bei den Nachbarn des Clubs könnte der Versagungsgrund nach § 4 Abs. 1 S. 1 Nr. 3 GastG vorliegen. Danach widerspricht der Gewerbebetrieb im Hinblick auf seine örtliche Lage oder auf die Verwendung der Räume idR dem öffentlichen Interesse, wenn schädliche Umwelteinwirkungen iSd BImSchG zu befürchten sind. Nach § 3 Abs. 1 BImSchG sind schädliche Umwelteinwirkungen Immissionen, die nach Art, Ausmaß oder Dauer geeignet sind, Gefahren, erhebliche Nachteile oder erhebliche Belästigungen für die Allgemeinheit oder die Nachbarschaft herbeizuführen. Bei Lärm handelt es sich um Geräusche, die auf die Nachbarn einwirken, und damit um Immissionen[319] gem. § 3 Abs. 2 BImSchG. Aufgrund des Lärms und der damit verbundenen Störung der Nachtruhe kommt es zu Beeinträchtigungen des körperlichen Wohlbefindens und somit zu Belästigungen. Wann solche Belästigungen unzumutbar und daher erheblich sind, wird unter Zuhilfenahme der Immissionsrichtwerte aus der TA Lärm bestimmt. Vorliegend werden nach der Lärmprognose des Umweltamts die einschlägigen Immissionsrichtwerte aus Nr. 6.1. TA Lärm überschritten – in der Nacht von 22.00 bis 06.00 Uhr in der lautesten Stunde 45 dB(A) und für einzelne kurzzeitige Geräuschspitzen 65 dB(A). Es liegen schädliche Umwelteinwirkungen vor. Der Versagungsgrund nach § 4 Abs. 1 S. 1 Nr. 3 GastG ist gegeben.

620

Zu untersuchen ist nun, ob dieser Versagungsgrund durch den Erlass einer Auflage ausgeräumt werden kann, welche den S zum Einbau eines automatischen Lautstärkebegrenzers bei der Musikanlage des Clubs verpflichtet und so sicherstellt, dass die Musik nicht lauter als 80 dB(A) abgespielt wird.

621

(1) Rechtsgrundlage der Auflage. Als Rechtsgrundlage für die Auflage kommt (§ 36 Abs. 1 Alt. 1 LVwVfG iVm) § 5 Abs. 1 Nr. 3 GastG in Betracht. Beim Einbau des Lautstärkebegrenzers handelt es sich um ein zusätzliches Tun iSd § 36 Abs. 2 Nr. 4 LVwVfG, sodass eine Auflage grds. möglich ist.

622

(2) Tatbestandsvoraussetzungen der Auflage. S ist wie ausgeführt Gewerbetreibender, der eine Erlaubnis benötigt, und die Auflage ergeht zum Schutze der Nachbarn gegen schädliche Umwelteinwirkungen. Die Voraussetzungen des § 5 Abs. 1 Nr. 3 GastG liegen vor.

623

(3) Rechtsfolge der Auflage: Ermessen. § 5 Abs. 1 GastG räumt der Behörde Ermessen ein. Die Ausübung des Ermessens richtet sich nach § 40 LVwVfG, wonach insb. die gesetzlichen Grenzen und der Grundsatz der Verhältnismäßigkeit zu beachten sind. Danach muss die Auflage, einen Lautstärkebegrenzer zur Senkung der Emissionen (dh der von der Anlage ausgehenden Geräusche) auf max. 80 dB(A) einzubauen, zur Erreichung des mit ihr verfolgten Zwecks (Absenkung der Geräusche bei den Nachbarn) geeignet, erforderlich und angemessen sein.

624

---

319 Emissionen können nach § 3 Abs. 3 BImSchG ebenfalls Geräusche sein; im Gegensatz zu den Immissionen entstehen sie aber direkt an der Quelle (§ 3 Abs. 3 BImSchG: „ausgehenden") und nicht beim Empfänger (§ 3 Abs. 2 BImSchG: „einwirkende").

Da die Auflage die Lärmbelästigung bei den Nachbarn auf jeden Fall verringert, ist sie zumindest förderlich, um die Immissionsrichtwerte einzuhalten, und damit geeignet. Der automatische Lautstärkenbegrenzer muss nicht zwingend bereits bei der Eröffnung des Clubs eingebaut sein, da vorübergehend die Lautstärke manuell geregelt werden kann.
Die Auflage müsste ferner erforderlich, dh die mildeste aller gleich geeigneten Nebenbestimmungen sein. Andere Möglichkeiten als der Einbau eines Lautstärkenbegrenzers, um die Immissionsrichtwerte einzuhalten, sind nach der Aussage von Vertretern des Umweltamts nicht ersichtlich. Eine Reduzierung auf Maximalwerte von mehr als 80 dB(A) oder eine dauerhafte manuelle Regelung der Lautstärke ist nicht gleich geeignet. Anstelle einer Auflage käme eine aufschiebende Bedingung auf Grundlage von § 36 Abs. 1 Alt. 2 LVwVfG in Betracht. Diese wäre zwar gleich geeignet, um die schädlichen Umwelteinwirkungen auszuräumen, aber nicht milder. Die Gaststättenerlaubnis würde dann erst mit Einbau des Lärmstärkenbegrenzers innerlich wirksam werden und S dürfte seinen Club erst nach dem Einbau eröffnen. Die Auflage ist daher sowohl von ihrem Inhalt als auch von ihrer Art erforderlich.
Schließlich ist die Auflage im Hinblick auf das nächtliche Ruhebedürfnis der Nachbarn auch angemessen.
Für die Erfüllung der Auflage sollte[320] eine Frist gesetzt werden. Vorliegend erscheint eine Frist von einem Monat verhältnismäßig. Sie lässt S insb. genügend Zeit, einen Lautstärkenbegrenzer anzuschaffen und einzubauen.

625 (4) **Ergebnis.** Der Versagungsgrund kann durch den Erlass einer Auflage (Einbau eines automatischen Lautstärkenbegrenzers an der Musikanlage) insoweit ausgeräumt werden.[321]

626 dd) **Kein Versagungsgrund gem. § 4 Abs. 1 S. 1 Nr. 3 GastG wegen der ungewissen zukünftigen Immissionswertüberschreitungen.** Ferner könnte aufgrund der zu befürchtenden Lärmbelästigung in der Umgebung trotz einer Reduzierung der Leistung der Musikanlage mittels Lautstärkenbegrenzer auf 80 dB(A) – die mindestens erforderlich ist, um den Versagungsgrund auszuräumen – weiterhin ein Versagungsgrund nach § 4 Abs. 1 S. 1 Nr. 3 GastG vorliegen. Nach Aussage des Umweltamts kann nämlich aufgrund der Lärmprognosen zumindest nicht ausgeschlossen werden, dass die Richtwerte bei den Nachbarn selbst bei der geplanten Reduzierung überschritten werden. Es sind daher schäd-

---

[320] Eine Frist ist nicht zwingend, da die Auflage als selbstständiger VA mit Bekanntgabe wirksam wird und befolgt werden muss. Sie empfiehlt sich aber, um bei dem Begünstigten einen Druck aufzubauen, die Auflage umzusetzen (Alternative: s. nächste Fußnote).

[321] Auch hier ist es zusätzlich möglich (und anders als bei der Bedingung vom Grundsatz her unproblematisch, da die Auflage ein eigenständiger VA ist), bei Vorliegen der Voraussetzungen die sofortige Vollziehung nach § 80 Abs. 2 S. 1 Nr. 4 VwGO anzuordnen und darüber hinaus ein Zwangsmittel mit Fristsetzung für den Fall der Nichtbeachtung der Auflage anzudrohen, s. Rn. 238 ff.

Fall 4 Die gefährliche und laute Höhle   627–630

liche Umwelteinwirkungen zu befürchten, sodass aus diesem Grund der Versagungsgrund nach § 4 Abs. 1 S. 1 Nr. 3 GastG zusätzlich vorliegen kann.[322]

Zu untersuchen ist, ob dieser Versagungsgrund durch den Erlass eines Auflagenvorbehalts nach § 36 Abs. 2 Nr. 5 LVwVfG ausgeräumt werden kann, mit welchem sich die Behörde die nachträgliche Aufnahme, Änderung oder Ergänzung einer Auflage für den Fall vorbehält. Aufgrund der Befürchtung, dass es trotz der Begrenzung auf 80 dB(A) zu Immissionswertüberschreitungen im tatsächlichen Betrieb kommt, möchte die Behörde sich vorbehalten, in Zukunft Auflagen zur weiteren Reduzierung des Lärms zu erlassen (bspw. durch eine weitergehende Lautstärkenbegrenzung auf einen Wert unterhalb 80 dB(A)), sodass ein Auflagenvorbehalt nach § 36 Abs. 2 Nr. 5 LVwVfG grds. in Betracht kommt.   627

Tipp: Ist bei Erteilung der Gaststättenerlaubnis keine Überschreitung der einschlägigen Lärmwerte zu „befürchten" und werden dann im tatsächlichen Betrieb die Lärmwerte doch überschritten, besteht im Gaststättenrecht die Möglichkeit, eine Auflage nach § 5 Abs. 1 Nr. 3 GastG nachträglich zu erlassen. Diese „Auflage" stellt dann keine Nebenbestimmung iSd § 36 Abs. 2 Nr. 4 LVwVfG dar, da sie nicht vom Bestand eines Haupt-VA abhängig ist; sie ist vielmehr ein eigenständiger VA, der ebenfalls als Auflage bezeichnet wird. Im vorliegenden Fall bestehen aber bereits entsprechende Befürchtungen, die den Tatbestand des § 4 Abs. 1 S. 1 Nr. 3 GastG erfüllen, sodass der Versagungsgrund vorliegt.

(1) Rechtsgrundlage des Auflagenvorbehalts. Als Rechtsgrundlage für den Auflagenvorbehalt kommt § 36 Abs. 1 Alt. 2 LVwVfG[323] in Betracht.   628

(2) Tatbestandsvoraussetzungen des Auflagenvorbehalts. Bei der Gaststättenerlaubnis handelt es sich um einen gebundenen VA und der Vorbehalt soll sicherstellen, dass der Versagungsgrund nach § 4 Abs. 1 S. 1 Nr. 3 GastG ausgeräumt wird.   629

(3) Rechtsfolge des Auflagenvorbehalts: Ermessen. § 36 Abs. 1 LVwVfG räumt der Behörde Ermessen ein, welches nach § 40 LVwVfG auszuüben und als gesetzliche Grenze der Grundsatz der Verhältnismäßigkeit zu beachten ist. Der Auflagenvorbehalt zur weiteren Reduzierung der Lautstärke der Musikanlage mittels Lautstärkenbegrenzer ist zumindest förderlich, um zukünftig erhebliche Lärmbelästigungen zu verhindern. Da mildere Maßnahmen nach Ansicht des Umweltamtes nicht ersichtlich sind, kommen inhaltlich keine Handlungsalternativen in Betracht. Ein Widerrufsvorbehalt für den Fall zukünftiger Immissionswertüber-   630

---

322 Da es sich um den gleichen Versagungsgrund wie soeben unter cc) handelt, könnte man auch beide Nebenbestimmungen zusammen prüfen – hier geht es allerdings nur um das „Befürchten" von weiterem unzumutbarem Lärm, während bei cc) das Überschreiten der Immissionsrichtwerte nach der Prognose feststand, wenn mehr als 80 dB(A) emittiert wird. Eine getrennte Prüfung erscheint daher übersichtlicher.

323 In § 5 Abs. 1 GastG ist ausdrücklich nur die Auflage erwähnt. Über einen „Erst-recht-Schluss" könnte man auch für den Auflagenvorbehalt, der ein Minus zur Auflage darstellt, auf § 5 Abs. 1 Nr. 3 GastG als Rechtsgrundlage zurückgreifen.

schreitungen hätte schwerwiegendere Folgen, da er die Wirksamkeit der Gaststättenerlaubnis betreffen würde (im Falle des Widerrufs würde die Erlaubnis ihre Wirksamkeit vollständig verlieren, s. § 43 Abs. 2 LVwVfG) und wäre somit nicht milder. Der Auflagenvorbehalt ist daher erforderlich und im Hinblick auf das rechtlich geschützte nächtliche Ruhebedürfnis der Nachbarn auch angemessen.

631 (4) **Ergebnis.** Der Versagungsgrund kann durch den Erlass eines Auflagenvorbehaltes zur weiteren Reduzierung der Lautstärke der Musikanlage ausgeräumt werden.[324]

632 ee) **Kein Versagungsgrund gem. § 4 Abs. 1 S. 1 Nr. 4 GastG.** Der Unterrichtsnachweis der IHK liegt laut Sachverhalt vor, dieser Versagungsgrund ist daher nicht gegeben.

633 ff) **Ergebnis.** Die Tatbestandsvoraussetzungen für die Erteilung der Gaststättenerlaubnis liegen vor bzw. der Erlass von Nebenbestimmungen kann sicherstellen, dass die Tatbestandsvoraussetzungen erfüllt werden.

2. Rechtsfolge

634 a) **Adressat.** Als Antragsteller ist S Adressat der Gaststättenerlaubnis.

635 b) **Gebundene Entscheidung/Ermessen.** Nach dem Wortlaut des § 4 Abs. 1 GastG ist die Erlaubnis nur bei Vorliegen bestimmter Versagungsgründe zu versagen. Liegen keine Versagungsgründe vor, besteht vor dem Hintergrund der Berufsfreiheit nach Art. 12 GG und der Gewerbefreiheit nach § 1 GewO prinzipiell ein Anspruch auf die Erlaubnis (s. bereits oben). Die Erteilung einer gaststättenrechtlichen Erlaubnis ist damit für sich genommen keine Ermessensentscheidung.

Hier stellen jedoch erst Nebenbestimmungen sicher, dass die gesetzlichen Tatbestandsvoraussetzungen erfüllt werden. Wenn nun aber schon der Erlass der einzelnen Nebenbestimmungen im Ermessen der Behörde steht, liegt es *erst recht* im Ermessen der Behörde, ob sie im Rahmen einer Gesamtschau die Erlaubnis mit allen Nebenbestimmungen sofort erlässt, ob sie abwartet bis alle/einige Voraussetzungen erfüllt sind oder ob sie die Erlaubnis ablehnt. Diese Entscheidung hat sie unter Beachtung des § 40 LVwVfG in verhältnismäßiger Weise zu treffen, was insb. von Art, Inhalt und Anzahl der Nebenbestimmungen (Gesamtschau zu allen Nebenbestimmungen) sowie vom Interesse des Antragstellers an einer frühzeitigen Erteilung der Erlaubnis abhängt.

Da hier nur wenige Versagungsgründe bestehen und somit in der Gesamtschau zu allen Nebenbestimmungen kein substanzloser Antrag vorliegt, ist die sofortige Erteilung der Erlaubnis mit allen Nebenbestimmungen geeignet. Alternativen wären ein Zuwarten mit der Erteilung, bis die Voraussetzungen erfüllt sind, oder die Ablehnung der beantragten Erlaubnis. Beide Möglichkeiten sind jedoch

---

[324] Eine Festlegung auf eine bestimmte Maßnahme, bspw. eine Lautstärkenbegrenzung auf einen Wert unterhalb von 80 dB(A), ist nicht notwendig. Zur Bestimmtheit des Auflagenvorbehalts empfiehlt es sich, genaue Angaben zu den Immissionsrichtwerten und dem maßgeblichen Immissionsort nach der TA Lärm zu machen; diese können der Aufgabenstellung entnommen werden.

nicht milder als die sofortige Erteilung mit Nebenbestimmungen. Da S die Konzession möglichst bald als Sicherheit für die Hausbank benötigt, ist die sofortige Erteilung auch angemessen.

c) Bestimmtheit. Bestimmtheitserfordernisse iSd § 37 Abs. 1 LVwVfG stellen sich hier in mehrfacher Hinsicht. Zum einen ist für die *Gaststättenerlaubnis* selbst § 3 GastG zu beachten, wonach die Erlaubnis für eine bestimmte Betriebsart und für bestimmte Räume zu erteilen ist. Zum anderen müssen die *Nebenbestimmungen* genau präzisieren, was von S verlangt wird und welche Art von Nebenbestimmung gemeint ist.

3. Ergebnis
Die materiellen Voraussetzungen für den sofortigen Erlass der Gaststättenerlaubnis mit den genannten Nebenbestimmungen liegen vor.

III. Formelle Voraussetzungen

1. Zuständigkeit
Der Stadtkreis Heidelberg ist nach § 1 Abs. 1 GastVO iVm § 15 Abs. 1 Nr. 2 LVG sachlich und nach § 3 Abs. 1 Nr. 1[325] LVwVfG örtlich zuständig.

2. Verfahren
a) Ordnungsgemäßer Antrag. Ein schriftlicher Antrag mit den Mindestangaben nach § 3 Abs. 1, 2 GastVO ist am 9.1.2019 gestellt worden. Dass S nicht von „Erlaubnis", sondern von „Genehmigung" gesprochen hat, ist unschädlich (s. Einleitungssatz).

b) Beteiligte. Nach § 13 Abs. 1 Nr. 1 LVwVfG ist S als Antragsteller Beteiligter.

c) Keine ausgeschlossene Person/Befangenheit. Als Cousin des Antragstellers ist Z nicht gem. § 20 LVwVfG kraft Gesetzes ausgeschlossen. Er ist insb. kein Angehöriger nach § 20 Abs. 1 Nr. 2, Abs. 5 LVwVfG. Auch besteht kein Mitwirkungsverbot nach § 21 LVwVfG, da nach Unterrichtung durch den betroffenen Sachbearbeiter der Amtsleiter bzw. der Oberbürgermeister dies nicht iSv § 21 LVwVfG angeordnet hatt.

> **Tipp:** Liegt ein Fall des § 20 LVwVfG (ausgeschlossene Person) vor, darf der jeweilige Sachbearbeiter kraft Gesetzes den Fall nicht bearbeiten. Besteht „lediglich" die Besorgnis der Befangenheit nach § 21 LVwVfG, darf er den Fall erst dann nicht (weiter) bearbeiten, wenn der Behördenleiter oder ein von ihm Beauftragter den Ausschluss vom konkreten Fall angeordnet hat.

d) Rechte der Beteiligten, insb. Anhörung. Nach der Rechtsprechung muss selbst vor der Ablehnung eines begünstigenden VA nicht angehört werden, da

---

325 Vertretbar erscheint unter Hervorhebung des Personenbezugs der Erlaubnis auch ein Abstellen auf die Nr. 2 des § 3 Abs. 1 LVwVfG.

diese nicht „in Rechte eines Beteiligten eingreift".[326] Dies gilt erst recht für die mildere Maßnahme, den begünstigenden VA mit (wenn auch belastenden) Nebenbestimmungen zu erlassen. S wird durch die Gaststättenerlaubnis insgesamt begünstigt, sodass mangels Rechtseingriff iSd § 28 Abs. 1 LVwVfG eine Anhörung auch im Hinblick auf die Nebenbestimmungen nicht zwingend notwendig war. Sie hat aber dennoch stattgefunden (s. Gesprächsprotokoll).

3. Form

643 **a) Formzwang.** Gemäß spezieller Anordnung in § 3 Abs. 1 S. 2 GastG („Erlaubnisurkunde") und § 3 Abs. 4 GastVO ist die Gaststättenerlaubnis schriftlich zu erteilen.

644 **b) Begründung.** Nach § 39 Abs. 1, 2 Nr. 1 LVwVfG sind zumindest die Nebenbestimmungen zu begründen.

645 **c) Rechtsbehelfsbelehrung.** Es sollte eine Rechtsbehelfsbelehrung mit dem Mindestinhalt des § 37 Abs. 6 LVwVfG, § 58 Abs. 1 VwGO beigefügt werden, da sich S gegen die Nebenbestimmungen mit Rechtsbehelfen wehren kann.

646 **d) Bekanntgabe.** Da es sich um einen begünstigenden VA handelt, ist die Bekanntgabe per einfachem Brief (§ 41 Abs. 2 LVwVfG) ausreichend.

4. Ergebnis

647 Die formellen Voraussetzungen liegen vor.

IV. Gesamtergebnis

648 Die Gaststättenerlaubnis kann mit den besagten Nebenbestimmungen erteilt werden.

---

326 S. zB BVerwG, Urt. v. 14.2.1982, Az. 3 C 46/81, BVerwGE 66, 184, 186; BVerwG, Urt. v. 15.12.1983, Az. 3 C 27/82, BVerwGE 68, 267, 270; anders bzw. einschränkend die h. L., zB *Stelkens/Bonk/Sachs/Kallerhoff/Mayen*, VwVfG § 28 Rn. 31–32b.

Fall 4 Die gefährliche und laute Höhle

Lösung Fall 4 – Bescheid

Stadt Heidelberg
– Gewerberechtsabteilung –

Marktplatz 10
69117 Heidelberg

Zimmer ...
Sachbearbeiterin ...

Telefon: ...
Telefax: ...
E-Mail: ...

Herr Björn S.
Krämergasse 22
69117 Heidelberg

Az.: 435 AG/18
Heidelberg, 04.02.2019

**Gaststättenrechtliche Erlaubnis für den Kellerclub „Die Höhle",
Krämergasse 22, 69117 Heidelberg**

Sehr geehrter Herr S,

es ergeht folgender

Bescheid:

1. Auf Ihren Antrag vom 9. Januar 2019 wird Ihnen die Erlaubnis zum Betrieb des Kellerclubs „Die Höhle" (Schankwirtschaft mit Tanzfläche) in den Kellerräumen (90 qm) der Krämergasse 22 in Heidelberg erteilt.

2. Diese Erlaubnis ergeht unter folgenden Nebenbestimmungen:

   a. Sie dürfen den in Nr. 1 genannten Club erst eröffnen, wenn Sie die Spindeltreppe aus dem Kellergeschoss Ihres Clubs auf 100 cm verbreitert haben (aufschiebende Bedingung).

   b. Sie haben innerhalb eines Monats nach Bekanntgabe dieses Bescheids an der Musikanlage Ihres Clubs einen automatischen Lautstärkenbegrenzer einzubauen, der sicherstellt, dass die Musik nicht lauter als 80 dB(A) abgespielt werden kann (Auflage).

   c. Für den Fall, dass trotz dieser Lautstärkenbegrenzung bei den nachbarlichen Gebäuden nachts zwischen 22.00 und 06.00 Uhr in der lautesten Stunde ein Lärmpegel von 45 dB(A) oder für einzelne kurzzeitige Geräuschspitzen ein Lärmpegel von 65 dB(A) überschritten wird – jeweils gemessen 0,5 m außerhalb vor der Mitte des geöffneten Fensters des vom Geräusch am stärksten betroffenen schutzbedürftigen Raumes –, behalten wir uns die nachträgliche Aufnahme, Änderung oder Ergänzung einer Auflage zum Zwecke der Lärmreduzierung vor (Auflagenvorbehalt).

3. Für diese Entscheidung wird eine Gebühr von ... festgesetzt. *(erlassen)*

6. Teil Übungsfälle

> Nach § 39 Abs. 2 Nr. 1 LVwVfG bedarf es keiner Begründung, soweit die Behörde einem Antrag entspricht!

Begründung:

I. Sachverhalt

Mit Schreiben vom 09.01.2019 stellten Sie einen Antrag auf „Genehmigung" des Tanzclubs „Die Höhle" im Kellergeschoss des Gebäudes Krämergasse 22 in Heidelberg. Das Grundstück ist im Bebauungsplan als Mischgebiet ausgewiesen. Die Räume des Clubs haben eine Größe von 90 qm, bieten eine kleine Fläche zum Tanzen und können eine maximale Besucherzahl von 150 Personen aufnehmen. Sie möchten kein Essen anbieten, sondern lediglich alkoholische und nicht alkoholische Getränke ausschenken. Geöffnet werden soll der Club nicht vor 22.00 Uhr. Mit Ihrem Antrag legten Sie u.a. Bau- und Lagepläne, eine Kopie des Personalausweises, ein Führungszeugnis, einen Auszug aus dem Gewerbezentralregister sowie einen Unterrichtungsnachweis der IHK über die Teilnahme an der Unterrichtung über lebensmittel- und hygienerechtliche Bestimmungen vor.

> Keine Ausführungen zum Strafbefehl und zum Cousin, siehe oben!

Den vorgelegten Bau- und Lageplänen ist zu entnehmen, dass die als notwendiger zweiter Rettungsweg vorgesehene Spindeltreppe vom Kellergeschoss in das Erdgeschoss nur eine Breite von 60 cm hat. Nach Auffassung des Amts für Brand- und Katastrophenschutz, die wir teilen, ist bei der vorgesehenen Besucherzahl von maximal 150 Personen eine Breite von mindestens 100 cm erforderlich; bei 60 cm müsste die Besucherzahl auf 50 Personen beschränkt werden. Eine Verbreiterung der Spindeltreppe auf 100 cm ist technisch möglich.

Nach einer Lärmprognose des Umweltamts wird beim Betrieb des Clubs das nächtliche Ruhebedürfnis der Nachbarn beeinträchtigt und es ist mit einer Überschreitung der nächtlichen Immissionsrichtwerte für Mischgebiete nach der TA Lärm zu rechnen. Die Einhaltung der Immissionsrichtwerte kann dadurch bewirkt werden, dass bei der Musikanlage des Clubs ein Lautstärkenbegrenzer eingebaut wird, der verhindert, dass die Musik lauter als 80 dB(A) abgespielt werden kann. Durch diese Maßnahme erscheint die Einhaltung der Immissionsrichtwerte als wahrscheinlich, dies kann derzeit jedoch nicht abschließend festgestellt werden. Gegebenenfalls kann nur eine weitergehende Lautstärkenbegrenzung auf einen Wert unterhalb 80 dB(A) die Einhaltung der Richtwerte sicherstellen.

> Angaben des Antragstellers aus seiner Anhörung nicht vergessen!

In einem Gespräch am 25.01.2019 haben wir die soeben erwähnten Punkte gemeinsam besprochen. Sie gaben insbesondere an, dass Sie die Probleme beheben wollen und die Erlaubnis möglichst bald benötigen, da Ihre Hausbank dies zur Voraussetzung für die Kreditvergabe mache. Eine Verbreiterung der Treppe auf 100 cm sei Ihnen gerade noch möglich, eine Verbreiterung auf 90 cm sei allerdings deutlich günstiger auszuführen. Bei einer maximalen Besucherzahl von unter 150 Personen würde sich der Club für Sie finanziell nicht mehr rentieren.

II. Rechtliche Gründe

> Auch hier empfiehlt es sich, dem Aufbau des Tenors zu folgen:
> 1. Erlaubnis
> 2. Nebenbestimmungen (NB)

Zu Ziffer 1:

Rechtsgrundlage der gaststättenrechtlichen Erlaubnis ist § 1 Gaststättengesetz für Baden-Württemberg (LGastG) in Verbindung mit § 4 Absatz 1 Satz 1 und § 2 Gaststättengesetz (GastG). Danach ist für ein erlaubnispflichtiges Gaststättengewerbe die Erlaubnis zu erteilen, wenn keine Versagungsgründe vorliegen.

Bei dem Betrieb des oben genannten Kellerclubs handelt es sich um ein Gaststättengewerbe nach § 1 Absatz 1 Nr. 1 GastG. Der Betrieb ist ein Gewerbe, da er eine erlaubte, selbstständige und auf Dauer angelegte Tätigkeit zum Zwecke der Gewinnerzielung ist, und zwar ein „stehendes Gewerbe", das im Gegensatz zum Reisegewerbe an einem festen Standort betrieben wird. Da Sie lediglich Getränke anbieten wollen, handelt es sich um eine Schankwirtschaft im Sinne von § 1 Absatz 1 Nr. 1 GastG. Der Zutritt zum Club ist jedermann gestattet und damit auch öffentlich.

Da Sie auch alkoholische Getränke anbieten möchten, liegt keine Ausnahme nach § 2 Absatz 2 GastG vor, so dass Ihr Gaststättengewerbe nach § 2 Absatz 1 Satz 1 GastG erlaubnispflichtig ist.[1]

---

[1] Der Prüfungspunkt „erlaubnispflichtiges Gaststättengewerbe" wird in der Praxis oft weggelassen. Die Erlaubnispflicht ist kein Abweichen vom Antrag iSv § 39 Abs. 2 Nr. 1 LVwVfG, was grundsätzlich eine Begründungspflicht auslöst. Die Erlaubnispflicht ist aber Grundvoraussetzung für das Verwaltungsverfahren, sodass sie – insbesondere in einer Klausur – auch im Bescheid zu erwähnen ist.

Fall 4 Die gefährliche und laute Höhle

Wiederum gilt: Keine Ausführungen zur Unzuverlässigkeit, siehe oben!

Zu Ziffer 2:
Gegen die Erteilung sprechen zunächst mehrere Versagungsgründe, die durch den Erlass der in Ziffer 2 genannten Nebenbestimmungen jeweils ausgeräumt werden können:

Versagungsgrund bejahen und begründen

a. Es liegt ein Versagungsgrund nach § 4 Absatz 1 Satz 1 Nr. 2 GastG vor. Es sind nicht ausreichend ausgestaltete Rettungswege vorhanden. Die zum Betrieb bestimmten Räume sind somit wegen ihrer Beschaffenheit nicht geeignet, Gäste und Beschäftigte vor Gefahren für die Gesundheit und das Leben zu schützen. Eine lediglich 60 cm breite Spindeltreppe genügt im Hinblick auf den 150 Personen fassenden Kellerclub den Anforderungen an einen zweiten Rettungsweg nicht.

NB erläutern und begründen:
- **RGL NB**
- **Vor. NB**
...

Dieser Versagungsgrund kann durch eine Nebenbestimmung in Form einer aufschiebenden Bedingung ausgeräumt werden. Bei einer „aufschiebenden Bedingung" hängt der Eintritt einer Vergünstigung – hier der Erlaubnis – von dem ungewissen Eintritt eines zukünftigen Ereignisses ab (vgl. die Definition in § 36 Absatz 2 Nr. 2 Verwaltungsverfahrensgesetz für Baden-Württemberg, abgekürzt: LVwVfG). Sie dürfen von der Erlaubnis also erst Gebrauch machen, nachdem die Spindeltreppe auf 100 cm verbreitert wurde. Dieser Umstand ist letztlich ungewiss und hängt von Ihnen ab.

Die Rechtsgrundlage einer solchen aufschiebenden Bedingung ist § 36 Absatz 1 Alternative 2 LVwVfG. § 36 Absatz 1 LVwVfG findet Anwendung, wenn auf eine Erlaubnis (Verwaltungsakt) – so wie vorliegend – ein Anspruch besteht. Nach § 36 Absatz 1 Alternative 2 LVwVfG ist eine Nebenbestimmung zulässig, wenn sie sicherstellen soll, dass die gesetzlichen Voraussetzungen erfüllt werden. Die Spindeltreppe erfüllt die gesetzlichen Anforderungen an einen zweiten Rettungsweg momentan nicht. Die aufschiebende Bedingung soll gerade sicherstellen, dass die gesetzlichen Vorgaben zukünftig eingehalten werden.

- Ermessen NB

§ 36 Absatz 1 LVwVfG räumt uns Ermessen ein, welches wir nach § 40 LVwVfG pflichtgemäß insbesondere unter Beachtung der gesetzlichen Grenzen ausgeübt haben. Die aufschiebende Bedingung ist verhältnismäßig. Sie ist geeignet, die gesetzlichen Voraussetzungen sicherzustellen, indem Sie den Kellerclub erst nach Verbreiterung der Spindeltreppe eröffnen und betreiben dürfen. Sie ist auch erforderlich, da es kein milderes Mittel gibt, welches gleich geeignet ist. Eine Auflage scheidet aus. Diese entfaltet für Sie zwar mildere Rechtswirkungen. Sie dürften in diesem Fall den Club gleich eröffnen und müssten die Spindeltreppe erst im laufenden Betrieb erweitern. Eine Auflage ist jedoch nicht gleich geeignet, die gesetzlichen Voraussetzungen sicherzustellen. Ausreichende Rettungswege sind zum Schutz der Gäste und der Beschäftigten so bedeutend, dass auf sie während des Betriebs des Kellerclubs nicht verzichtet werden kann. Die Spindeltreppe muss daher vor der erstmaligen Inbetriebnahme verbreitert werden, was mit dem Erlass einer Auflage nicht erreicht werden kann. Milder – da kostengünstiger – wäre auch eine Verbreiterung auf lediglich 90 cm. Da aber mindestens 100 cm notwendig sind, um ausreichend Rettungsmöglichkeiten für 150 Personen zu bieten und Sie bei einer geringeren Maximalbesucherzahl den Club nicht mehr rentabel betreiben können, erscheint eine solche Verbreiterung ebenfalls nicht gleich geeignet. Die aufschiebende Bedingung ist schließlich auch angemessen. Ihnen entstehen durch die Verbreiterung der Spindeltreppe keine Nachteile, die erkennbar außer Verhältnis zu den Vorteilen für die Allgemeinheit stehen. Der Schutz der Gäste und der Beschäftigten vor den erheblichen Gefahren bei Unglücksfällen für Leib und Leben (Artikel 2 Absatz 2 Grundgesetz) ist höher zu gewichten als der Eingriff in Ihre Berufsausübung (Artikel 12 Grundgesetz) und finanzielle Belastung.

Versagungsgrund bejahen und begründen

b. Des Weiteren liegt ein Versagungsgrund nach § 4 Absatz 1 Satz 1 Nr. 3 GastG vor. Aufgrund der zu erwartenden Überschreitungen der Immissionsrichtwerte in der Nachbarschaft des Clubs sind schädliche Umwelteinwirkungen zu befürchten. Der Betrieb des Clubs widerspricht somit aufgrund seiner örtlichen Lage dem öffentlichen Interesse. Schädliche Umwelteinwirkungen sind nach § 3 Absatz 1 Bundesimmissionsschutzgesetz (BImSchG) Immissionen, die nach Art, Ausmaß oder Dauer geeignet sind, Gefahren, erhebliche Nachteile oder erhebliche Belästigungen für die Allgemeinheit oder die Nachbarschaft herbeiführen. Zu den genannten Immissionen gehören auch ausweislich des zitierten Lärm, § 3 Absatz 2 BImSchG ab wann Geräusche bzw. Lärm erhebliche Belästigungen für die Nachbarschaft herbeiführen, wird unter Zuhilfenahme der Immissionsrichtwerte aus der Technischen Anleitung zum Schutz gegen Lärm (TA Lärm) bestimmt. Nach Nr. 6.1. TA Lärm sind in Mischgebieten nachts von 22.00 bis 06.00 Uhr in der lautesten Stunde 45 dB(A) und für einzelne kurzzeitige Geräuschspitzen 65 dB(A) bei den Nachbargebäuden 0,5 m außerhalb vor der

649

6. Teil Übungsfälle

> Mitte des geöffneten Fensters des vom Geräusch am stärksten betroffenen schutzbedürftigen Raumes (Wohnraum, Wohndiele, Schlafraum) einzuhalten. Nach der Lärmprognose kommt es zu einer Überschreitung dieser nächtlichen Immissionsrichtwerte nach der TA Lärm.
>
> *[NB erläutern und begründen: - RGL NB - Vor. NB ...]*
>
> Dieser Versagungsgrund kann durch eine Nebenbestimmung in Form einer Auflage ausgeräumt werden. Eine Auflage ist eine Bestimmung, durch die – so wie vorliegend – dem Begünstigten ein bestimmtes Tun vorgeschrieben wird (vgl. die Definition in § 36 Absatz 2 Nr. 4 LVwVfG).
>
> Rechtsgrundlage der Auflage ist § 5 Absatz 1 Nr. 3 GastG. Danach können wir Auflagen zum Schutze gegen schädliche Umwelteinwirkungen im Sinne des BImSchG erteilen.
>
> *[- Ermessen NB]*
>
> § 5 Absatz 1 GastG räumt uns Ermessen ein, welches wir nach § 40 LVwVfG pflichtgemäß ausgeübt und dabei den Verhältnismäßigkeitsgrundsatz beachtet haben. Die Auflage ist geeignet, die schädlichen Umwelteinwirkungen zu reduzieren, um die Richtwerte einzuhalten. Sie ist auch erforderlich, da es kein milderes Mittel gibt, welches gleich geeignet ist. Eine Reduzierung auf Maximalwerte von mehr als 80 dB(A) oder eine dauerhafte manuelle Regelung der Lautstärke sind nicht gleich geeignet, um die schädlichen Umwelteinwirkungen zu verhindern. Eine aufschiebende Bedingung wäre zwar gleich geeignet, sie ist aber für Sie nicht milder. Bei einer aufschiebenden Bedingung dürften Sie von der gaststättenrechtlichen Erlaubnis erst Gebrauch machen und Ihren Club erst eröffnen, nachdem die automatische Lärmstärkenbegrenzer eingebaut wurde. Es ist hier jedoch vertretbar, den Lautstärkenbegrenzer erst nach Eröffnung einzubauen. Vorher lässt sich die Lautstärke zumindest vorübergehend manuell regeln. Die Auflage ist auch angemessen. Es entstehen Ihnen hierdurch keine Nachteile, die erkennbar außer Verhältnis zu den Vorteilen für die Allgemeinheit stehen.
>
> Zur Erfüllung der Auflage erachten wir eine Frist von einem Monat nach Bekanntgabe dieses Bescheids als angemessen.
>
> *[Versagungsgrund bejahen und begründen]*
>
> c. Es besteht ein weiterer Versagungsgrund nach § 4 Absatz 1 Satz 1 Nr. 3 GastG, weil trotz einer Reduzierung der Leistung der Musikanlage mittels Lautstärkenbegrenzer auf 80 dB schädliche Umwelteinwirkungen zu befürchten sind. Aufgrund der Lärmprognose kann nicht ausgeschlossen werden, dass die Immissionsrichtwerte bei den Nachbarn trotz einer solchen Reduzierung überschritten werden.
>
> *[NB erläutern und begründen: - RGL NB - Vor. NB ...]*
>
> Dieser Versagungsgrund kann durch eine Nebenbestimmung in Form eines Auflagenvorbehalts ausgeräumt werden. Mit einem Auflagenvorbehalt können wir uns die nachträgliche Aufnahme, Änderung oder Ergänzung einer Auflage vorbehalten (vgl. die Definition in § 36 Absatz 2 Nr. 5 LVwVfG).
>
> Rechtsgrundlage des Auflagenvorbehalts ist § 36 Absatz 1 Alternative 2 LVwVfG. Hiernach ist eine Nebenbestimmung zulässig, um sicherzustellen, dass die gesetzlichen Voraussetzungen erfüllt werden. Da ein Überschreiten der zulässigen Immissionsrichtwerte und somit schädliche Umwelteinwirkungen zu befürchten sind, besteht ein Versagungsgrund. Mithilfe des Auflagenvorbehalts lässt sich sicherstellen, dass die gesetzlichen Voraussetzungen zukünftig erfüllt werden.
>
> *[- Ermessen NB]*
>
> § 36 Absatz 1 LVwVfG räumt uns Ermessen ein, welches wir nach § 40 LVwVfG pflichtgemäß ausgeübt haben. Der Auflagenvorbehalt ist geeignet, einer möglichen zukünftigen Richtwertüberschreitung entgegenzuwirken und hilft so, erhebliche Lärmbelästigungen zu vermeiden. Er ist ferner erforderlich, da mildere gleich geeignete Maßnahmen nicht ersichtlich sind. Insbesondere kommen inhaltlich keine Handlungsalternativen in Betracht. Ein Widerrufsvorbehalt für den Fall zukünftiger Richtwertüberschreitungen hätte schwerwiegendere Folgen, da er die Wirksamkeit der Gaststättenerlaubnis betreffen würde. Um mögliche erhebliche Lärmbelästigungen zu verhindern, ist der Auflagenvorbehalt im Hinblick auf das nächtliche Ruhebedürfnis der Nachbarn auch angemessen.
>
> *[Ermessensausübung, ob Erlaubnis mit **allen** NB erlassen werden kann oder ob Antrag abgelehnt wird.]*
>
> Der Erlass einer gaststättenrechtlichen Erlaubnis steht nach § 4 GastG nicht im Ermessen der Behörde. Liegen keine Versagungsgründe vor, ist die Erlaubnis zu erteilen. Liegen allerdings, so wie vorliegend, Versagungsgründe vor, steht es in unserem Ermessen, ob wir den jeweiligen Versagungsgrund mit einer Nebenbestimmung ausräumen. Es steht damit auch in unserem Er-

Fall 4 Die gefährliche und laute Höhle

messen, ob wir die Gaststättenerlaubnis mit allen Nebenbestimmungen erlassen, ob wir warten, bis einzelne oder mehrere Voraussetzungen erfüllt sind, oder ob wir die beantragte Erlaubnis ablehnen. Dieses Ermessen haben wir ebenfalls insbesondere unter Beachtung des Verhältnismäßigkeitsgrundsatzes (gesetzliche Grenze nach § 40 LVwVfG) ausgeübt. Die Erteilung der Gaststättenerlaubnis mit den drei Nebenbestimmungen ist eine geeignete Maßnahme, um die gesetzlichen Vorgaben sicherzustellen. Sie ist auch erforderlich, da sie gegenüber der Ablehnung der Erlaubnis das mildere gleich geeignete Mittel ist. Insbesondere mit Blick auf Ihre anstehenden Kreditverhandlungen ist der sofortige Erlass der Erlaubnis mit allen Nebenbestimmungen auch angemessen.

Zu Ziffer 3:
Die Gebührenfestsetzung beruht auf ... *erlassen*.

> Rechtsbehelfsbelehrung, da von den Nachbarn gegen die Erteilung der Erlaubnis oder von S (isoliert) gegen die belastenden Nebenbestimmungen Widerspruch eingelegt werden kann.

Rechtsbehelfsbelehrung:

Gegen diesen Bescheid kann innerhalb eines Monats nach Bekanntgabe bei der Stadt Heidelberg, Marktplatz 10, 69117 Heidelberg Widerspruch eingelegt werden.

Mit freundlichen Grüßen

... Unterschrift Sachbearbeiter ...

Fall 5   Das „Große T"

Gutachten zum Erlass eines begünstigenden Ermessens-VA mit Nebenbestimmung – Gutachten und Bescheid zur nachträglichen Anordnung der sofortigen Vollziehung sowie Zwangsgeldandrohung bezüglich einer Auflage

Sachverhalt

650 Die ehemaligen Studenten Mark A, Jens B, Michael B, Boris F, Michael G, Jan T und Tobias W haben sich zur FKF GbR zusammengeschlossen und möchten in der Hohenstaufenstraße 3 in Freiburg (einer Gemeindestraße) die kleine Kneipe „Großes T" eröffnen. Eine gaststättenrechtliche Erlaubnis nach § 4 Abs. 1 GastG für den Betrieb in den Räumlichkeiten haben sie erhalten. Um ihren Gästen einen angenehmen Aufenthalt zu ermöglichen, möchten sie auf dem Gehweg vor ihrer Kneipe Tische und Stühle aufstellen. Nach Konsultation eines Freundes, der an einer Hochschule für öffentliche Verwaltung arbeitet, erfahren sie, dass die bisherige Gaststättenerlaubnis diese Nutzung nicht umfasst und sie für das Aufstellen der Tische und Stühle auch eine Sondernutzungserlaubnis benötigen. Sie reichen einen entsprechenden Antrag bei der Stadt Freiburg ein. Dabei bringen sie zum Ausdruck, dass sie möglichst viele Tische und Stühle aufstellen möchten.

Der zuständige Sachbearbeiter David S hat diesbezüglich einige „Bauchschmerzen". Bei einem unkontrollierten Aufstellen der Tische und Stühle müssen unter Umständen Personen, die einen Kinderwagen schieben, eine Gehilfe (Rollator) oder einen Rollstuhl benutzen, oder auch sich entgegenkommende Fußgänger auf den Radweg (Radfahrstreifen) ausweichen, der zwischen der Hohenstaufenstraße (Autostraße) und dem Gehweg verläuft. Hierdurch könnten sich wiederum Radfahrer genötigt fühlen, die Hauptfahrbahn zu benutzen. Auch für Kinder, die den Gehweg mit dem Fahrrad nutzen, kann es zu gefährlichen Situationen kommen. Solche Situationen lassen sich nach Auffassung von David S (der zuzustimmen ist) nur dann verhindern, wenn die Tische in einer Reihe direkt an der Hauswand aufgestellt werden und pro Tisch lediglich zwei Stühle (rechts und links der Tische) ebenfalls direkt an der Hauswand platziert werden. Insgesamt lassen sich auf diese Weise aber nur fünf Tische und zehn Stühle nutzen.

Aufgabe 1

Kann die Stadt Freiburg eine Sondernutzungserlaubnis zum Aufstellen von Tischen und Stühlen rechtmäßig erteilen? Prüfen Sie gutachtlich (eine Änderung/Erweiterung der gaststättenrechtlichen Erlaubnis sowie Gebührenentscheidung sind nicht zu prüfen).

Aufgabe 2

Gehen Sie davon aus, dass die Stadt Freiburg die Sondernutzungserlaubnis mit Bescheid vom 5.7.2021 erteilt und mit einer Auflage verbunden hat, welche die Bedenken von David S ausräumt. Die FKF GbR legt gegen die Auflage mit Schreiben vom 19.7.2021 Widerspruch ein, der keine Begründung enthielt. Wie

Fall 5 Das „Große T"   651–656

kann die Stadt Freiburg sicherstellen, dass die Auflage dennoch sofort befolgt wird? Kann sie hierzu auch Zwangsmaßnahmen androhen? Prüfen Sie gutachtlich und fertigen Sie einen Bescheidentwurf an (ohne Gebührenentscheidung).

Lösung Fall 5 – Aufgabe 1 – Gutachen

I. Rechtsgrundlage

Rechtsgrundlage für die Erteilung einer Sondernutzungserlaubnis ist § 16 Abs. 2 S. 1 StrG.   **651**

II. Materielle Voraussetzungen

1. Tatbestandsvoraussetzung: Erlaubnispflicht[327]

Für die Straßennutzung müsste eine Erlaubnis nach § 16 Abs. 1 StrG (eine Sondernutzungserlaubnis) notwendig sein.   **652**

a) Öffentliche Straße. Dies setzt zunächst voraus, dass es sich bei dem Gehweg um eine Straße iSv § 16 Abs. 1 StrG handelt. Wie sich aus dem Geltungsbereich nach § 1 StrG ergibt, muss es sich um eine öffentliche Straße handeln, die in § 2 StrG legaldefiniert ist. Die Hohenstaufenstraße ist als Autostraße dem öffentlichen Verkehr gewidmet (§ 2 Abs. 1, § 5 StrG). Zu einer Straße gehören nach § 2 Abs. 2 Nr. 1b StrG auch die Randbereiche wie Rad- und Gehwege. Der Gehweg vor der Kneipe gehört somit zu einer öffentlichen Straße.   **653**

b) Benutzung. Auf dem Gehweg sollen Tische und Stühle aufgestellt werden, sodass eine Benutzung vorliegt.   **654**

c) Über den Gemeingebrauch hinaus. Weiter müsste der Gehweg durch das Aufstellen von Tischen und Stühlen über den Gemeingebrauch hinaus benutzt werden. Nach § 13 Abs. 1 S. 1 StrG ist der Gebrauch der öffentlichen Straßen jedermann insb. im Rahmen der Widmung (dem Benutzungszweck) gestattet. Bei einer Widmung als Gehweg liegt der Gemeingebrauch darin, den Gehweg für den Fußgängerverkehr und damit für die Fortbewegung zu Fuß zu nutzen, was auch den kommunikativen Verkehr (stehen bleiben, unterhalten, verweilen etc.) umfasst. Kein Gemeingebrauch liegt demnach vor, wenn der Gehweg nicht vorwiegend für den Fußgängerverkehr bzw. kommunikativen Verkehr genutzt wird. Sog. „Verfestigungen" wie das dauerhafte Aufstellen von Tischen und Stühlen – zumal für gewerbliche Zwecke – zählen keinesfalls zum Gemeingebrauch, sodass diese Nutzung über den Gemeingebrauch hinausgeht.   **655**

d) Ergebnis. Für das Aufstellen der Tische und Stühle auf dem Gehweg ist eine Sondernutzungserlaubnis nach § 16 Abs. 1 StrG erforderlich. Weitere Voraussetzungen sind auf Tatbestandsseite nicht zu prüfen.   **656**

---

327 Im Tatbestand ist hier keine Erlaubnisfähigkeit zu prüfen, da die Rechtsgrundlage keine inhaltlichen Voraussetzungen vorschreibt. Ob die Sondernutzungserlaubnis erteilt werden kann, entscheidet die Behörde im Rahmen ihres Ermessens.

2. Rechtsfolge

657 **a) Adressat.** Richtiger Adressat ist die FKF GbR (im Folgenden GbR). Sie ist einer juristischen Person gleichzustellen und daher nach § 11 Nr. 1 LVwVfG selbst beteiligungsfähig.[328]

658 **b) Ermessen.** § 16 Abs. 2 StrG räumt der Behörde Ermessen ein. Die Ausübung des Ermessens richtet sich nach § 40 LVwVfG. Die Behörde muss sich danach am Zweck der Ermächtigung orientieren und die gesetzlichen Grenzen beachten. Hauptzweck des Straßengesetzes ist es, die Sicherheit und Leichtigkeit des Straßenverkehrs zu gewährleisten.[329] Eine Erlaubnis zum Aufstellen von Tischen und Stühlen könnte diesem Zweck zuwiderlaufen. Fußgänger müssten unter Umständen auf den Radweg und Radfahrer daraufhin auf die Fahrbahn ausweichen. Insbesondere für Personen, die auf Gehhilfen (Rollatoren) angewiesen sind, einen Rollstuhl benutzen oder einen Kinderwagen schieben, kann dies nicht nur beschwerlich, sondern auch gefährlich sein. Zu gefährlichen Situationen kann es auch für Kinder kommen, weshalb § 2 Abs. 5 S. 1 StVO gerade vorschreibt, dass Kinder bis zum achten Lebensjahr mit Fahrrädern Gehwege benutzen müssen (und Kinder bis zum zehnten Lebensjahr dies dürfen). Gründe der Verkehrssicherheit sprechen zunächst dafür, die Sondernutzungserlaubnis abzulehnen. Eine solche Ermessensentscheidung muss sich jedoch nach § 40 LVwVfG auch an den gesetzlichen Grenzen orientieren und somit insb. verhältnismäßig sein. Neben dem Grundsatz der Verhältnismäßigkeit ist § 16 Abs. 1 S. 2 StrG als gesetzliche Grenze zu beachten.

659 **aa) Grundsatz der Verhältnismäßigkeit als gesetzliche Grenze.** Die Ablehnung der Sondernutzungserlaubnis muss geeignet, erforderlich und angemessen sein.
Sie ist geeignetheit, wenn der Zweck mit der Maßnahme erreicht oder zumindest gefördert werden kann. Die Ablehnung der Sondernutzungserlaubnis ist geeignet, die Beeinträchtigung des Straßenverkehrs gar nicht erst entstehen zu lassen.
Erforderlichkeit ist gegeben, wenn keine milderen gleich geeigneten Maßnahmen in Betracht kommen. Hier wäre es milder und gleich geeignet, die Sondernutzungserlaubnis mit einer Nebenbestimmung zu erlassen, welche die Sicherheit und Leichtigkeit des Straßenverkehrs gewährleistet und die entsprechenden Bedenken ausräumt. Die Behörde könnte das Aufstellen von Tischen und Stühlen zahlenmäßig beschränken und ordnen, indem sie es nur in einem bestimmten Bereich gestattet. Sie würde die GbR so im Wesentlichen zu einem Unterlas-

---

328 In der zivilrechtlichen Rechtsprechung ist die Parteifähigkeit der BGB-Gesellschaft inzwischen uneingeschränkt anerkannt, BGH, Beschl. v. 18.2.2002, Az. II ZR 331/00, juris Rn. 5 ff. (= NJW 2002, 1207). Da die Beteiligungsfähigkeit nach § 11 LVwVfG an materiell-rechtliche Rechtspositionen anknüpft, ist damit auch für das Verwaltungsverfahren eine Beteiligungsfähigkeit der BGB-Gesellschaft nach Nr. 1 anzuerkennen (*Kopp/Ramsauer*, VwVfG § 11 Rn. 7; BeckOK VwVfG/*Gerstner-Heck*, VwVfG § 11 Rn. 11). Die verwaltungsgerichtliche Rechtsprechung nimmt dagegen noch eine Beteiligungsfähigkeit nach § 61 Nr. 2 VwGO an, der § 11 Nr. 2 LVwVfG entspricht (zB BVerwG, Urt. v. 17.8.2004, Az. 9 A 1/03, juris Rn. 18).
329 S. zB VGH BW, Beschl. v. 14.10.1996, VBlBW 1997, 107.

sen³³⁰ verpflichten, indem sie eine maximale Anzahl und einen festen Standort des Außen-Mobiliars verlangt. Ein solches Unterlassen kann durch eine Auflage (§ 36 Abs. 2 Nr. 4 LVwVfG) vorgeschrieben werden.

(1) Rechtsgrundlage der Auflage. Mangels einer straßenrechtlichen Spezialregelung ist § 36 LVwVfG anzuwenden. Da auf den Erlass der Sondernutzungserlaubnis „kein Anspruch" iSd § 36 Abs. 1 LVwVfG besteht, sondern die Behörde hierüber nach pflichtgemäßem Ermessen entscheidet (§ 16 Abs. 2 S. 1 StrG), ist § 36 Abs. 2 LVwVfG die Rechtsgrundlage für den Erlass einer Auflage.

660

(2) Tatbestandsvoraussetzung der Auflage. Außer der in Abgrenzung zu § 36 Abs. 1 LVwVfG hineinzulesenden Voraussetzung, dass es sich beim Haupt-VA – hier der Sondernutzungserlaubnis – um einen Ermessens-VA handeln muss (s. o.), enthält § 36 Abs. 2 LVwVfG keine weiteren Tatbestandsvoraussetzungen.

661

(3) Rechtsfolge der Auflage: Ermessen. § 36 Abs. 2 Nr. 4 LVwVfG räumt der Behörde Ermessen ein („darf"), das nach § 40 LVwVfG auszuüben ist. Als gesetzliche Grenze ist hier der Grundsatz der Verhältnismäßigkeit zu beachten, sodass die Auflage geeignet, erforderlich und angemessen sein muss. Eine Auflage mit dem Inhalt direkt an der Hauswand maximal fünf Tische mit jeweils zwei Stühlen rechts und links der Tische in einer Reihe aufzustellen³³¹, erfüllt den Zweck, die Sicherheit und Leichtigkeit des Straßenverkehrs zu gewährleisten. Für die Antragstellerin wäre es vorteilhafter und damit milder, eine größere Anzahl von Tischen und Stühlen aufzustellen oder diese zumindest frei und ohne Bindung an einen festen Standort zu platzieren. Mehr Außen-Mobiliar und eine ungeordnete Platzierung erscheinen aus Sicht der Behörde jedoch nicht gleich geeignet, die straßenrechtlichen Vorgaben in gleicher Weise sicherzustellen. Andere mildere Nebenbestimmungen kommen ebenfalls nicht in Betracht. Die Auflage ist trotz des damit einhergehenden Eingriffs in die Freiheit der Berufsausübung (Art. 12 GG) angemessen. Die Sicherheit und Leichtigkeit des Verkehrs und insb. der Schutz von Fußgängern und Radfahrern vor Gesundheitsgefahren (Art. 2 Abs. 2 GG), die ein Ausweichen auf die jeweils andere Fahrbahn mit sich bringt, sind höher zu gewichten.

662

(4) Ergebnis. Die Sondernutzungserlaubnis kann rechtmäßig mit einer Auflage verbunden werden, die vorschreibt, direkt an der Hauswand maximal fünf Tische mit jeweils maximal zwei Stühlen rechts und links der Tische in einer Reihe aufzustellen.

663

bb) Gesetzliche Grenze nach § 16 Abs. 1 S. 2 StrG³³². Nach § 16 Abs. 1 S. 2 StrG darf die Sondernutzungserlaubnis nur auf Zeit (Befristung iSd § 36 Abs. 2

664

---

330   Die GbR wird nicht verpflichtet, die Tische und Stühle aufzustellen.
331   In der Praxis sind die genauen Standorte in einem Plan festzuhalten, der Bestandteil der Erlaubnis ist.
332   Grds. sind die gesetzlichen Grenzen aus dem einfachen Recht vor den gesetzlichen Grenzen aus dem Verfassungs- oder EU-Recht zu prüfen. Die Entscheidung, ob die Erlaubnis auf Zeit oder auf Widerruf erteilt wird und wie lange eine Frist sein sollte, hängt auch davon ab, ob noch weitere Nebenbestimmungen wie hier die Auflage erlassen werden und wie diese konkret ausgestaltet sind. Aus diesem Grund empfiehlt es sich, die gesetzliche Grenze des § 16 Abs. 1 S. 2 StrG so wie vorliegend erst im Anschluss zu prüfen.

Nr. 1 LVwVfG) oder auf Widerruf (Widerrufsvorbehalt iSd § 36 Abs. 2 Nr. 3 LVwVfG) erteilt werden. Hierbei handelt es sich um eine gesetzliche Grenze des Ermessens, die im einfachen Gesetz – hier im Paragraf der Rechtsgrundlage selbst – angelegt ist. Die Sondernutzungserlaubnis ist zwingend mit einer der beiden genannten Nebenbestimmungen zu versehen.[333] Hinsichtlich des „Ob" liegt eine gebundene Entscheidung vor. Die Auswahl zwischen Befristung und Widerrufsvorbehalt sowie die Länge der Frist stehen im Ermessen der Behörde und müssen verhältnismäßig sein (gesetzliche Grenze nach § 40 LVwVfG).

Mit einer Befristung kann die Behörde nach einem bestimmten Zeitraum überprüfen, ob die Sicherheit und Leichtigkeit des Straßenverkehrs trotz des Außen-Mobiliars immer noch gewährleistet ist, und zugleich verhindern, dass der Gemeingebrauch dauerhaft durch eine straßenfremde Nutzung beeinträchtigt wird. Ein Widerrufsvorbehalt ermöglicht der Behörde, die Sondernutzungserlaubnis zu widerrufen, wenn straßenrechtliche Gründe dies erfordern.[334] Da der Eintritt eines solchen Widerrufsgrundes letztlich ungewiss ist, bietet die Befristung im Gegensatz zum Widerrufsvorbehalt eine größere Planungssicherheit für den Begünstigten, weshalb sie milder ist. Bei der Befristung kann er sich auf den klar vorgegebenen Zeitrahmen verlassen – zumindest grundsätzlich, da auch hier die gesetzliche Widerrufsmöglichkeit gem. § 49 Abs. 2 S. 1 Nr. 3 und 4 LVwVfG (Änderung der Sach- oder Rechtslage) besteht. Es sprechen vorliegend keine Anhaltspunkte dafür, dass ein Widerruf der Sondernutzungserlaubnis in absehbarer Zeit nötig sein wird, sodass die Befristung gleich geeignet und damit erforderlich ist. Mit Blick auf den Zweck der Befristung sowie die Planungssicherheit für die Antragstellerin ist eine Befristung auf drei Jahre angemessen.

665 c) **Bestimmtheit.** Sondernutzungserlaubnis, Auflage und Frist sind inhaltlich hinreichend bestimmt zu formulieren (§ 37 Abs. 1 LVwVfG). Der Bescheid sollte einen Lageplan enthalten, in dem die genauen Standorte der Tische und Stühle markiert sind.

III. Formelle Voraussetzungen

1. Zuständigkeit

666 Die Stadt Freiburg ist nach § 16 Abs. 2 S. 1, § 50 Abs. 3 Nr. 3 StrG sachlich und nach § 3 Abs. 1 Nr. 1 LVwVfG örtlich zuständig.

2. Verfahren

667 Die GbR ist einer juristischen Person gleichzustellen und nach § 11 Nr. 1 LVwVfG selbst beteiligungsfähig (s. bereits oben beim Adressaten).

---

333 Ohne Befristung oder Widerrufsvorbehalt verstößt eine Sondernutzungserlaubnis gegen die gesetzliche Ermessensgrenze des § 16 Abs. 1 S. 2 StrG und ist rechtswidrig.

334 Es ist grds. zulässig, die Sondernutzungserlaubnis „jederzeit widerruflich" zu erteilen und an keinen bestimmten Widerrufgrund zu knüpfen. Die Ausübung des Widerrufs bleibt aber eine Ermessensentscheidung, die die Vorgaben des § 40 LVwVfG zu beachten hat. Der Widerruf muss insb. am Zweck des Straßengesetzes orientieren und verhältnismäßig sein. Auch ein Widerrufsvorbehalt, der einen „jederzeitigen Widerruf" vorsieht, begründet damit keine freie Widerruflichkeit, sondern ermöglicht nur eine pflichtgemäße Ermessensentscheidung über den Widerruf, vgl. VG Stuttgart, Urt. v. 10.3.2017, Az. 8 K 3106/15, juris Rn. 21 ff.

Die GbR hat einen Antrag auf Sondernutzungserlaubnis gestellt. Da sie durch die Erteilung der Sondernutzungserlaubnis insgesamt begünstigt wird, liegt darin kein Rechtseingriff iSd § 28 Abs. 1 LVwVfG, sodass sie vor Erlass der Sondernutzungserlaubnis auch im Hinblick auf die Nebenbestimmung nicht zwingend anzuhören ist.

3. Form

Die Sondernutzungserlaubnis ist an keine Form gebunden, sollte aus Beweisgründen aber schriftlich ergehen. Nach § 39 Abs. 1, Abs. 2 Nr. 1 LVwVfG ist sie zumindest im Hinblick auf die Auflage zu begründen, da insoweit die Behörde dem Antrag der GbR nicht entspricht. Es sollte eine Rechtsbehelfsbelehrung mit dem Mindestinhalt nach § 37 Abs. 6 LVwVfG, § 58 Abs. 1 VwGO angefügt werden. Da keine förmliche Bekanntgabe vorgeschrieben ist und es sich insgesamt um einen begünstigenden VA handelt, kann die Sondernutzungserlaubnis per einfachem Postbrief bekannt gegeben werden.

IV. Ergebnis

Das Recht zur Sondernutzung am Gehweg der Hohenstaufenstraße 3 in Freiburg kann auf drei Jahre befristet erteilt und mit der Auflage verbunden werden, direkt an der Hauswand maximal fünf Tische mit jeweils maximal zwei Stühlen in einer Reihe aufzustellen.

Lösung Fall 5 – Aufgabe 2 – Gutachten

Vorüberlegung

Die GbR begehrt die Aufhebung einer Auflage und damit einer für die FKF GbR belastenden Nebenbestimmung, die isoliert mit dem Anfechtungswiderspruch nach § 68 Abs. 1 S. 1 VwGO angefochten werden kann.[335] Der Anfechtungswiderspruch hat nach § 80 Abs. 1 S. 1 VwGO aufschiebende Wirkung. Die GbR muss danach die Auflage bis zum Abschluss eines möglichen Rechtbehelfsverfahrens nicht befolgen und die Behörde kann sie während dieser Zeit nicht zwangsweise durchsetzen. Die GbR könnte aber von der Sondernutzungserlaubnis weiterhin Gebrauch machen und so die Sicherheit und Leichtigkeit des Verkehrs beeinträchtigen.
Die aufschiebende Wirkung entfällt in den Fällen des § 80 Abs. 2 VwGO. Ein gesetzlicher Wegfall nach den Nummern 1 bis 3a ist nicht einschlägig, sodass zu prüfen ist, ob die sofortige Vollziehung nach Nummer 4 angeordnet werden

---

335 Nach Auffassung des überwiegenden Teils der Rechtsprechung (s. zB BVerwG, Urt. v. 17.10.2012, Az. 4 C 5/11, juris Rn. 5; OVG Bremen, Beschl. v. 29.3.2011, Az. 1 B 57/11, 1 B 67/11, juris Rn. 7; VGH BW, Beschl. v. 11.12.2013, Az. 11 S 2077/13, BeckRS 2014, 46012), dem sich weite Teile des Schrifttums angeschlossen haben (zB *Maurer/Waldhoff*, Allg. Verwaltungsrecht, § 12 Rn. 25 ff.; *Fehling/Kastner/Störmer*, Verwaltungsrecht, § 42 VwGO Rn. 33; GK-AufenthG/*Funke-Kaiser*, § 60a AufenthG Rn. 259 ff.), ist grds. jede Nebenbestimmung isoliert mit Anfechtungswiderspruch/Anfechtungsklage anfechtbar. S. zum Streitstand insgesamt zB *Stelkens/Bonk/Sachs/Stelkens*, VwVfG § 36 Rn. 54 ff.

kann. Außerdem ist die Androhung von Zwangsmitteln zu untersuchen.[336] Hier bietet sich die Androhung eines Zwangsgelds an.

A. Anordnung der sofortigen Vollziehung

I. Rechtsgrundlage

671 Rechtsgrundlage für die Anordnung der sofortigen Vollziehung der Auflage ist § 80 Abs. 2 S. 1 Nr. 4 VwGO.

II. Materielle Voraussetzungen

672 Es müsste ein besonderes öffentliches Interesse an der sofortigen Befolgung der Auflage bestehen, welches das Interesse des Betroffenen, hier der GbR, an der aufschiebenden Wirkung ihres Rechtsbehelfs übersteigt.
Dürfte die GbR die Auflage bis zum Abschluss evtl. mehrerer Rechtsbehelfsverfahren (Widerspruch, Klage) ignorieren, was Monate bis Jahre dauern kann, könnte sie während dieser Zeit auf dem Gehweg zahlenmäßig unbegrenzt Tische und Stühle aufstellen und wäre hierbei an keinen bestimmten Ort gebunden. Die Sicherheit und Leichtigkeit des Straßenverkehrs wäre dadurch fortlaufend erheblich beeinträchtigt und Fußgänger sowie Radfahrer würden gefährdet. Es besteht somit ein besonderes Vollzugsinteresse, dass die Auflage bereits während der Rechtsbehelfsverfahren beachtet wird. Das Interesse der GbR besteht darin, die Auflage während eines Rechtsbehelfsverfahrens nicht befolgen zu müssen und in dieser Zeit das Mobiliar für die Außenbewirtung uneingeschränkt nutzen zu können. Das Schutzgut der Sicherheit und Leichtigkeit des Straßenverkehrs dient dem Schutz der Allgemeinheit und hat einen hohen Stellenwert. Es hat zum Ziel, dass kein Verkehrsteilnehmer gefährdet (Sicherheit) oder mehr als nach den Umständen unvermeidlich behindert oder belästigt wird (Leichtigkeit).[337] Neben einem ungehinderten Verkehrsfluss ist die Abwendung von Gefahren für den Verkehr von zentraler Bedeutung. Der Schutz vor Gesundheitsgefahren erfährt darüber hinaus durch das Recht auf körperliche Unversehrtheit nach Art. 2 Abs. 2 GG ein besonderes Gewicht. Dahinter hat das Interesse der GbR, den öffentlichen Straßenraum für ihre Außenbewirtung uneingeschränkt nutzen zu können, zurückzutreten. Es ist der GbR zuzumuten, die mit der Auflage verbundenen Einschränkungen, die überdies nicht besonders gravierend sind, bereits während eines Rechtsbehelfsverfahrens zu befolgen. Es besteht damit ein besonderes öffentliches Interesse an der sofortigen Befolgung der Auflage, welches das Interesse der GbR an der aufschiebenden Wirkung ihres Rechtsbehelfs übersteigt.

---

336 Sowohl die Anordnung der sofortigen Vollziehung als auch die Androhung von Zwangsmitteln muss nicht zwingend zusammen mit dem Haupt-VA in einem Bescheid erlassen werden. Die Behörde kann diese Maßnahmen auch jeweils gesondert anordnen. Für die Androhung von Zwangsmitteln ergibt sich dies schon ausdrücklich aus § 20 Abs. 2 LVwG („kann", dh sie müssen nicht mit dem zu vollstreckenden VA verbunden werden).
337 Vgl. nur VG Würzburg, Urt. v. 4.9.2012, Az. W 4 K 12.364, juris Rn. 33.

III. Formelle Voraussetzungen

1. Zuständigkeit
Nach § 80 Abs. 2 S. 1 Nr. 4 VwGO ist die Stadt Freiburg als Ausgangsbehörde des Haupt-VA auch für die Anordnung der sofortigen Vollziehung sachlich und örtlich zuständig.

2. Verfahren
Bei der Anordnung der sofortigen Vollziehung handelt es sich mangels inhaltlicher Regelung nicht um einen VA iSd § 35 LVwVfG, sodass eine Anhörung nach § 28 Abs. 1 LVwVfG nicht erforderlich ist.

3. Form
Nach § 80 Abs. 3 VwGO ist die Anordnung der sofortigen Vollziehung schriftlich zu erlassen und zu begründen. Es sollte jedenfalls auf Gründen der Bürgerfreundlichkeit über den Rechtsbehelf nach § 80 Abs. 5 VwGO belehrt werden. Aufgrund der belastenden Wirkung für die GbR empfiehlt sich eine Zustellung mittels PZU (§ 3 LVwZG).

IV. Ergebnis
Die sofortige Vollziehung der Auflage kann nach § 80 Abs. 2 S. 1 Nr. 4 VwGO angeordnet werden.

B. Androhung von Zwangsgeld

I. Rechtsgrundlage
Als Rechtsgrundlage kommt § 20 Abs. 1, §§ 23, 2 LVwVG in Betracht.

II. Materielle Voraussetzungen

1. Tatbestandsvoraussetzungen
a) Wirksamer Haupt-VA mit vollstreckungsfähigem Inhalt. Es müsste nach § 18 LVwVfG zunächst ein wirksamer Haupt-VA vorliegen, der zu einem Handeln, Dulden oder Unterlassen verpflichtet. Die Auflage ist ein VA iSd § 35 LVwVfG. Sie verpflichtet die GbR im Wesentlichen zu einem Unterlassen[338], indem sie die maximale Anzahl und den Standort der Tische und Stühle auf dem Gehweg vorgibt. Die GbR hat es zu unterlassen, mehr als fünf Tische mit jeweils zwei Stühlen aufzustellen, und darf dabei nicht von der vorgegebenen Fläche abweichen. Die Auflage hat somit einen vollstreckungsfähigen Inhalt. Mit Bekanntgabe ist die Auflage schließlich wirksam geworden (§ 43 Abs. 1 LVwVfG).

---

338 Die GbR wird nicht verpflichtet, die Tische und Stühle aufzustellen.

679 b) **Vollstreckbarkeit.** Die Auflage müsste nach § 2 LVwVG vollstreckbar sein. Mit Anordnung der sofortigen Vollziehung nach § 80 Abs. 2 S. 1 Nr. 4 VwGO (s. o. unter A.) entfällt die aufschiebende Wirkung eines Rechtsbehelfs nach § 2 Nr. 2 LVwVG und die Auflage ist vollstreckbar.

2. Rechtsfolge

680 a) **Adressat.** Wie der Haupt-VA richtet sich auch die Androhung des Zwangsgelds an die GbR.

681 b) **Ermessen.** § 2 LVwVG räumt der Behörde Ermessen ein, ob und mit welchen Zwangsmitteln sie vollstreckt. Die Behörde hat das Ermessen nach § 40 LVwVfG aktiv entsprechend des Zwecks der Ermächtigung auszuüben und dabei die gesetzlichen Grenzen einzuhalten. Nach § 23 LVwVG kann ein Zwangsgeld von 10 bis 50.000 Euro angedroht werden.
Als Ermessensgrenze ist insb. der Verhältnismäßigkeitsgrundsatz zu beachten, welcher in § 19 Abs. 2 und Abs. 3 LVwVG auch einfachgesetzlich geregelt ist. Die Androhung eines Zwangsgelds in Höhe von 800 Euro ist geeignet, die GbR zur Einhaltung der Auflage zu bewegen. Die Androhung von unmittelbarem Zwang ist gegenüber der Androhung von Zwangsgeld nicht milder (s. a. § 26 Abs. 2 LVwVG) und die Androhung der Ersatzvornahme bei einem Unterlassen nicht möglich, da § 25 LVwVG eine vertretbare Handlung voraussetzt. Die Androhung eines Zwangsgelds ist somit das mildeste aller gleich geeigneten Zwangsmittel (§ 19 Abs. 2 LVwVG). Auch der Betrag von 800 Euro ist erforderlich, um bei der GbR den nötigen Druck zu erzeugen, die Auflage zu befolgen. Die Androhung dieses Betrages darf sich jedoch (zunächst) nur auf einen Verstoß beziehen. Unzulässig wäre eine Androhung „für jeden Fall der Zuwiderhandlung gegen die Auflage". Dies hätte nämlich zur Folge, dass eine Androhung ausreicht, um unbegrenzt viele Zwangsgelder festzusetzen. Eine derartige Androhung „auf Vorrat" lässt sich § 20 Abs. 1 LVwVG nicht entnehmen und ist unzulässig.[339] Die Androhung eines Zwangsgelds in Höhe von 800 Euro ist vor dem Hintergrund des hohen Schutzguts der Sicherheit und Leichtigkeit des Straßenverkehrs und der drohenden Gesundheitsgefährdungen bei Verstoß gegen die Auflage auch angemessen (§ 19 Abs. 3 LVwVG). Auf eine Frist kann nach § 20 Abs. 1 S. 2 LVwVG verzichtet werden, was im Hinblick auf das hohe Schutzgut ebenfalls angemessen ist. Die GbR hat die Auflage sofort zu befolgen.

682 c) **Bestimmtheit.** Die Androhung ist nach § 37 Abs. 1 LVwVfG hinreichend bestimmt zu formulieren. Da die Androhung hier nicht zusammen mit der Auflage (= dem zu vollstrecken Haupt-VA/Grund-VA) in einem Bescheid erlassen wird, ist bereits im Tenor besonders darauf zu achten, dass auf die Auflage deutlich Bezug genommen wird. Die Androhung muss sich ferner nach § 20 Abs. 3 LVwVG auf ein bestimmtes Zwangsmittel, hier Zwangsgeld, beziehen. Nach § 20 Abs. 4 LVwVG ist Zwangsgeld in einer bestimmten Höhe anzudrohen, hier 800 Euro.

---

339 S. auch Rn. 168 ff.

III. Formelle Voraussetzungen

1. Zuständigkeit
Nach § 4 Abs. 1 LVwVG ist als Vollstreckungsbehörde die Behörde zuständig, die auch den Haupt-VA erlassen hat, hier also die Stadt Freiburg. **683**

2. Verfahren
Eine Anhörung kann nach § 28 Abs. 2 Nr. 5 LVwVfG unterbleiben. **684**

3. Form
Nach § 20 Abs. 1 LVwVG ist die Androhung schriftlich zu erlassen und nach **685** § 39 Abs. 1 LVwVfG schriftlich zu begründen. Es empfiehlt sich eine Rechtsbehelfsbelehrung mit dem Mindestinhalt nach § 37 Abs. 6 LVwVfG, § 58 Abs. 1 VwGO. Die Bekanntgabe erfolgt zusammen mit der Anordnung der sofortigen Vollziehung per PZU.

IV. Ergebnis

Für den Fall, dass die GbR gegen die Auflage verstößt, kann ein Zwangsgeld in **686** Höhe von 800 Euro angedroht werden.

Lösung Fall 5 – Aufgabe 2 – Bescheid

687

	Stadt Freiburg Amt für öffentliche Ordnung – Polizei- und Gewerbebehörde –
	Fehrenbachallee 12, 79106 Freiburg, Zimmer …
Mit Postzustellungsurkunde:	Sachbearbeiter/in …
FKF GbR Hohenstaufenstraße 3 79110 Freiburg	Telefon: … Telefax: … E-Mail: …
	Az.: 435 AG/20
	Freiburg, …

Auflage zur Sondernutzungserlaubnis vom 05.07.2021
Hier: Anordnung der sofortigen Vollziehung und Androhung eines Zwangsgeldes

Sehr geehrte Damen und Herren,

gegenüber der FKF GbR ergeht folgender

Bescheid:

1. Wir ordnen die sofortige Vollziehung der mit Sondernutzungserlaubnis der Stadt Freiburg vom 05.07.2021 erteilten Auflage an.

2. Für den Fall, dass gegen die mit Bescheid vom 05.07.2021 erteilte Auflage verstoßen wird, drohen wir ein Zwangsgeld in Höhe von 800,- Euro an.

3. Für diesen Bescheid wird eine Gebühr von … festgesetzt. *(erlassen)*

Begründung:

I. Sachverhalt

Die FKF GbR, an der die Gesellschafter Mark A, Jens B, Michael B, Boris F, Michael G, Jan T und Tobias W beteiligt sind, betreibt in der Hohenstaufenstraße 3 in Freiburg die Kneipe „Großes T", für die sie sowohl eine gaststättenrechtliche Erlaubnis als auch eine Sondernutzungserlaubnis für das Aufstellen von Tischen und Stühlen auf dem Gehweg vor der Kneipe erhalten hat. Die Sondernutzungserlaubnis wurde mit Bescheid vom 05.07.2021 erteilt und erging mit der Auflage, dass maximal fünf Tische mit jeweils zwei Stühlen rechts und links der Tische zulässig sind, die direkt an der Hauswand in einer Reihe aufgestellt werden müssen. Hinsichtlich der Gründe für die Auflage wird auf den Bescheid vom 05.07.2021 verwiesen.

Gegen die Auflage legte die FKF GbR mit Schreiben vom 19.07.2021 Widerspruch ein, der keine Begründung enthielt.

II. Rechtliche Gründe

Zu Ziffer 1:
Die Rechtsgrundlage für die Anordnung der sofortigen Vollziehung ist § 80 Absatz 2 Satz 1 Nr. 4 Verwaltungsgerichtsordnung (VwGO). Danach können wir die sofortige Vollziehung einer Auflage anordnen, wenn ein besonderes öffentliches Interesse an ihrer sofortigen Vollziehung, das heißt an ihrer umgehenden Befolgung besteht, welches das Interesse des Betroffenen an der aufschiebenden Wirkung eines von ihm eingelegten Rechtsbehelfs übersteigt.

Es besteht vorliegend ein besonderes öffentliches Interesse, dass die Auflage umgehend zu beachten ist. Es kann nicht hingenommen werden, dass während eines laufenden Rechtsbehelfsverfahrens, welches mehrere Monate oder sogar Jahre dauern kann, auf dem Gehweg vor der Kneipe ungeordnet und zahlenmäßig unbegrenzt Tische und Stühle aufgestellt werden. Die Sicherheit und Leichtigkeit des Straßenverkehrs wäre dadurch fortlaufend erheblich beeinträchtigt und Fußgänger sowie Radfahrer würden gefährdet. Das Schutzgut der „Sicherheit und Leichtigkeit des Straßenverkehrs" will die Allgemeinheit schützen und hat einen hohen Stellenwert. Es hat zum Ziel, dass kein Verkehrsteilnehmer gefährdet (Sicherheit) oder mehr als nach den Umständen unvermeidlich behindert oder belästigt wird (Leichtigkeit). Neben einem ungehinderten Verkehrsfluss ist die Abwendung von Gefahren für den Verkehr von zentraler Bedeutung. Der Schutz vor Gesundheitsgefahren erfährt darüber hinaus durch das Recht auf körperliche Unversehrtheit ein besonderes Gewicht (Artikel 2 Absatz 2 Grundgesetz). Dahinter tritt das Interesse der FKF GbR, den öffentlichen Straßenraum für die Außenbewirtung uneingeschränkt nutzen zu können, zurückzutreten. Es ist der FKF GbR bzw. ihren Gesellschaftern zuzumuten, die mit der Auflage verbundenen Einschränkungen bereits während eines Rechtsbehelfsverfahrens zu befolgen, zumal diese nicht besonders gravierend sind. Für die Außenbewirtung lässt die Auflage eine Möblierung über die gesamte Breite des Gebäudes zu und erlaubt, direkt an der Hauswand maximal fünf Tische mit jeweils zwei Stühlen und links neben den Tischen in einer Reihe aufzustellen. Das Interesse, darüber hinaus noch mehr Mobiliar im öffentlichen Straßenraum aufstellen zu dürfen, tritt angesichts der damit einhergehenden Gefährdungen für den Verkehr und die Allgemeinheit dahinter zurück. Es besteht somit ein besonderes öffentliches Interesse an der sofortigen Befolgung der Auflage, welches das Interesse der FKF GbR an der aufschiebenden Wirkung ihres Rechtsbehelfs übersteigt

Zu Ziffer 2:
Die Rechtsgrundlage für die Androhung des Zwangsgelds ergibt sich aus § 20 Absatz 1, § 23 und § 2 Verwaltungsvollstreckungsgesetz für Baden-Württemberg (LVwVG). Danach können wir vor der Durchsetzung eines vollstreckbaren Verwaltungsaktes ein Zwangsgeld in Höhe von mindestens 10 bis höchstens 50.000 Euro androhen.

Die der Sondernutzungserlaubnis vom 05.07.2021 beigefügte Auflage ist ein eigenständiger Verwaltungsakt, der einen vollstreckungsfähigen Inhalt nach § 18 LVwVG hat. Die Auflage verpflichtet die FKF GbR als Betreiberin der Kneipe „Großes T" es zu unterlassen, vor der Kneipe auf dem Gehweg mehr als fünf Tische mit jeweils zwei Stühlen aufzustellen. Außerdem darf die Betreiberin von der vorgegebenen Nutzungsfläche nicht abweichen. Aufgrund der in Ziffer 1 angeordneten sofortigen Vollziehung entfällt die aufschiebende Wirkung des gegen die Auflage eingelegten Widerspruchs, sodass die Auflage nach § 2 Nr. 1 LVwVG auch vollstreckbar ist.

§ 2 LVwVG räumt uns Ermessen ein, welches wir nach § 40 LVwVfG pflichtgemäß ausgeübt haben. Die Zwangsgeldandrohung in Höhe von 800,- Euro ist verhältnismäßig. Sie ist geeignet, die FKF GbR als Betreiberin der Kneipe zur Einhaltung der Auflage zu bewegen, und auch erforderlich, da sie das mildeste aller gleich geeigneten Mittel ist (§ 19 Absatz 2 LVwVG). Die Androhung von unmittelbarem Zwang wäre gegenüber der Betreiberin milder, sondern eine härtere Maßnahme. Die Androhung der Ersatzvornahme scheidet von vornherein aus, da sie nach § 25 LVwVG eine vertretbare Handlung voraussetzt, die FKF GbR hier jedoch im Wesentlichen zu einem Unterlassen verpflichtet ist. Der Betrag von 800,- Euro ist schließlich erforderlich, um den nötigen Druck zu erzeugen, die Auflage zu befolgen. Vor dem Hintergrund des hohen Schutzguts der Sicherheit und Leichtigkeit des Straßenverkehrs sowie der Gesundheitsgefährdungen, die bei einem Verstoß gegen die Auflage drohen, ist der Androhung eines Zwangsgelds in Höhe von 800,- Euro auch angemessen (§ 19 Absatz 3 LVwVG). Dies gilt ebenso in Bezug auf eine unterbliebene Fristsetzung. Geht es wie hier um ein Unterlassen, kann von der Bestimmung einer Frist nach § 20 Absatz 1 Satz 2 Halbsatz 2 LVwVG abgesehen werden. Es ist Ihnen vor dem Hintergrund des hohen Schutzguts zuzumuten, das Unterlassen ab sofort zu befolgen.

687

6. Teil Übungsfälle

Zu Ziffer 3:
... Gebühr erlassen ...

Rechtsbehelfsbelehrung:

Gegen die Zwangsgeldandrohung in Ziffer 2 und die Gebührenentscheidung in Ziffer 3 kann innerhalb eines Monats nach Bekanntgabe Widerspruch bei der Stadt Freiburg, Amt für öffentliche Ordnung, Fehrenbachallee 12, 79106 Freiburg im Breisgau eingelegt werden.

Gegen die Anordnung der sofortigen Vollziehung in Ziffer 1 kann ein Antrag auf Wiederherstellung der aufschiebenden Wirkung des eingelegten Widerspruchs beim Verwaltungsgericht Freiburg, Habsburgerstraße 103, 79104 Freiburg im Breisgau gestellt werden.

Mit freundlichen Grüßen

... Unterschrift Sachbearbeiter ...

Fall 6 Der glückliche Tennisclub?

(Teil-)Rücknahme von VA auf Geldleistung – Rückforderung bereits erbrachter Leistungen – Gutachten und Bescheid

Sachverhalt

Große Kreisstadt Kahl	Die Oberbürgermeisterin

Vermerk:

Habe heute dem Tennisclub Kahl e.V. bei einer Vereinsversammlung mündlich einen Zuschuss von 6.000,- Euro für die Jugendarbeit 2020 gewährt. Anwesend war die Vorsitzende Claudia Gmeiner als Vertreter.

gez. Oberbürgermeisterin Reißfelder am 5.1.2020

Große Kreisstadt Kahl	Kämmerei

Vermerk:

Die von der OB gewährten 6.000,- Euro wurden an den Tennisclub überwiesen.

gez. Vierneisel, Inspektor am 7.1.2020

Große Kreisstadt Kahl	Kämmerei

Vermerk:

Ich habe festgestellt, dass der Zuschuss an den Tennisclub gegen unsere Hauptsatzung verstößt, da bei diesem Betrag nicht die Oberbürgermeisterin, sondern der Hauptausschuss zuständig gewesen wäre. Daraufhin habe ich am 15.3.2020 mit der Vorsitzenden des Tennisclubs, Frau Gmeiner, gesprochen und sie über die mögliche Rücknahme und Rückforderung informiert. Frau Gmeiner entgegnete daraufhin, sie sei überrascht gewesen, dass dieses Mal 6.000,- Euro gewährt wurden, die letzten Jahre waren es immer Beträge bis maximal 5.000,- Euro. Der frühere Oberbürgermeister Herr Eitenbenz habe sie mehrfach darauf hingewiesen, dass für Zuschüsse über 5.000,- Euro der Hauptausschuss zuständig sei. Sie kenne die Hauptsatzungsregelung und habe sich gewundert, dass von einer Beteiligung des Hauptausschusses nie die Rede war. Auf Nachfrage erklärt Frau Gmeiner ferner, dass der Club die gewährten 6.000,- Euro noch nicht ausgegeben habe und im Hinblick darauf auch noch keine vertraglichen Verpflichtungen eingegangen sei. Insgesamt freue sie sich aber sehr über den umfangreichen Zuschuss und sehe nicht

ein, warum der Tennisclub davon etwas zurückzahlen solle. Wörtlich erklärt sie: „Geschenkt ist geschenkt!"
Ich werde das Rechtsamt bitten, den Sachverhalt rechtlich zu untersuchen.

gez. Vierneisel, Inspektor am 16.3.2020

Große Kreisstadt Kahl   **Rechtsamt**

Vermerk:

Gespräch mit Frau OB Reißfelder in dieser Angelegenheit. Sie meint, ihr sei, da noch neu im Amt, gar nicht bewusst gewesen, dass sie nur bis max. 5.000,- Euro Zuschüsse gewähren dürfe. Es sei ihr aber wichtig, dass alles rechtmäßig verlaufe. Sie bittet daher zu prüfen, ob die Stadt eine Möglichkeit habe, zumindest teilweise wieder an das Geld zu gelangen. Der zuständige Hauptausschuss soll nicht einbezogen werden, um den Zuschuss in der Höhe nachträglich zu genehmigen. Es soll hier kein „Sonderweg" gegangen werden, sondern die Zuschussgewährung im Ergebnis so wie die letzten Jahre erfolgen.

gez. Schneider, Amtsrätin am 23.3.2020

Aufgaben

Frau Schneider übergibt Ihnen als neuem/r Mitarbeiter/in des Rechtsamts den Fall mit folgendem Arbeitsauftrag:
1. Prüfen Sie gutachtlich, ob die Stadt zumindest teilweise das Geld vom Tennisclub zurückfordern kann. Frau Schneider bittet Sie dabei auch zu klären, ob sie selbst in der Sache tätig werden und einen Bescheid erlassen kann, da sie mit dem Sohn von Frau Gmeiner verheiratet war, die Ehe aber mittlerweile geschieden wurde.
2. Entwerfen Sie den entsprechenden Bescheid.

Bearbeitungshinweise

- Gehen Sie davon aus, dass die Hauptsatzung der Großen Kreisstadt Kahl rechtmäßig ist.
- Gebührenfragen sind nicht zu prüfen.
- Gehen Sie bei Frage 2 (Entwurf eines Bescheids) davon aus, dass die nötigen Anhörungen durchgeführt wurden.

Anhang

Hauptsatzung der Großen Kreisstadt Kahl (Auszug)

§ 10 Hauptausschuss

...

(2) Zur selbständigen Erledigung werden dem Hauptausschuss folgende Aufgaben übertragen:
...
Nr. 12 Gewährung von Zuschüssen an Verbände und Vereine von mehr als 5.000,- bis 25.000,- Euro pro Jahr.

Fall 6 Der glückliche Tennisclub?

§ 11 Befugnisse des/r Oberbürgermeisters/in

(1) Dem/r Oberbürgermeister/in werden folgende Aufgaben zur dauerhaften Erledigung übertragen, soweit es sich nicht um Geschäfte der laufenden Verwaltung handelt:
...
Nr. 16 Gewährung von Zuschüssen an Verbände und Vereine bis zu 5.000,- Euro pro Jahr.

Lösung Fall 6 – Gutachten

Vorüberlegung
Mangels einer spezialgesetzlichen Regelung greifen die allgemeinen Vorschriften der §§ 48 ff. LVwVfG. Vor der Rückforderung des Geldbetrags nach § 49a LVwVfG ist zu prüfen, ob die Zuschussgewährung in rechtmäßiger Weise mit Wirkung für die Vergangenheit zurückgenommen oder widerrufen werden kann. Da die OB ihre Befugnisse überschritten und so voraussichtlich rechtswidrig gehandelt hat, kommt hier die Rücknahme in Betracht.
Es sind daher zwei VA auf ihre Rechtmäßigkeit zu überprüfen:
– die Rücknahme der Zuschussgewährung und
– die Rückforderung bereits ausgezahlter Beträge.

A. Rücknahme der Zuschussgewährung

I. Rechtsgrundlage

Rechtsgrundlage für den VA auf Rücknahme der Zuschussgewährung ist § 48 Abs. 1, 2 LVwVfG.[340]

II. Materielle Voraussetzungen

1. Tatbestandsvoraussetzungen

a) VA. Die Bewilligung des Zuschusses am 5.1.2020 ist ein VA iSd § 35 S. 1 LVwVfG. Durch die Verpflichtung gegenüber dem Verein zur Zahlung von 6.000,- Euro wurde eine Rechtsfolge mit Außenwirkung gesetzt.

b) Rechtswidriger VA. Es ist zu prüfen, ob der Zuschuss seinerzeit rechtswidrig gewährt wurde, dh ob hierfür eine Rechtsgrundlage bestand und deren materielle sowie formelle Voraussetzungen vorlagen.[341]

---

340 Da § 49 LVwVfG im Vergleich zu § 48 LVwVfG höhere Anforderungen an die Aufhebung eines VA stellt, kommt § 49 Abs. 3 LVwVfG vom Grundsatz her bei rechtswidrigen VA „erst recht" als Rechtsgrundlage in Betracht – im vorliegenden Fall liegen jedoch keine Anhaltspunkte für einen Widerrufsgrund nach § 49 Abs. 3 Nr. 1 oder Nr. 2 LVwVfG vor, sodass ein auf § 49 Abs. 3 LVwVfG gestützter Widerruf ersichtlich nicht in rechtmäßiger Weise ergehen kann.

341 An dieser Stelle ist inzident die Rechtswidrigkeit des aufzuhebenden VA zu prüfen, und zwar grds. anhand des kompletten Prüfungsschemas.

> **Tipp:** Insbesondere bei einer inzidenten Prüfung („Prüfung in der Prüfung") ist es wichtig, den Überblick zu behalten. Achten Sie hier daher besonders auf eine klare Nummerierung.

693 aa) **Rechtsgrundlage.** Rechtsgrundlage für den Zuschuss war § 11 Abs. 1 Nr. 16 der Hauptsatzung der Großen Kreisstadt Kahl.[342]

694 bb) **Materielle Voraussetzungen. – (1) Tatbestandsvoraussetzung.** Der Tennisclub ist als Verein nach § 11 Abs. 1 Nr. 16 der Hauptsatzung prinzipiell ein Zuschussempfänger, sodass die Tatbestandsvoraussetzung für eine Zuschussbewilligung gegeben war.

695 (2) **Rechtsfolgenseite. – (a) Adressat.** Der Tennisverein Kahl e.V. war als juristische Person (§ 21 BGB) Zuschussempfänger.

696 (b) **Ermessen.** § 11 Abs. 1 Nr. 16 der Hauptsatzung der Großen Kreisstadt Kahl gestattet dem/der jeweiligen OB Zuschüsse zu gewähren. Die OB hatte daher Ermessen, ob und in welcher Höhe sie Zuschüsse gewährt. Das Ermessen hat sie nach § 40 LVwVfG aktiv entsprechend dem Zweck der Ermächtigung auszuüben und dabei die gesetzlichen Grenzen zu beachten. Eine solche Grenze zieht bereits die Hauptsatzung selbst, wonach die OB Zuschüsse nur bis max. 5.000,- Euro gewähren darf. Der bewilligte Zuschuss über 6.000,- überschreitet diesen Kompetenzrahmen um 1.000,- Euro und ist insoweit rechtswidrig.[343] Hinsichtlich der 5.000,- Euro, die im Zuständigkeitsbereich der OB lagen, waren ebenfalls gesetzliche Grenzen, insb. die Grundrechte und der Grundsatz der Verhältnismäßigkeit zu beachten. Mangels Angaben im Sachverhalt ist nicht davon auszugehen, dass der Verein durch die Zuschussgewährung ungleich behandelt und gegen den Gleichheitsgrundsatz nach Art. 3 Abs. 1 GG verstoßen wurde. Es sprechen auch keine Anhaltspunkte dafür, dass die Zuschussgewährung unverhältnismäßig war.[344]

697 cc) **Formelle Voraussetzungen.** Eine Verletzung formeller Voraussetzungen ist dem Sachverhalt nicht zu entnehmen. Die OB durfte den Zuschuss insb. nach § 37 Abs. 2 LVwVfG mündlich bewilligen.

698 dd) **Zwischenergebnis.** Die Zuschussgewährung war in Höhe von 1.000,- Euro rechtswidrig.

> **Tipp:** Hier endet die inzidente Prüfung.

---

342 S. zum Gesetzesvorbehalt bei Zuschüssen bzw. Subventionen *Stelkens/Bonk/Sachs/Sachs*, VwVfG § 44 Rn. 70 ff.

343 Die laut Bearbeitungshinweis rechtmäßige Hauptsatzung macht mit den Wertgrenzen deutlich, dass jedenfalls Zuschüsse über 5.000,- Euro, die in die Zuständigkeit des Hauptausschusses fallen, keine untergeordnete Bedeutung haben und somit kein Geschäft der laufenden Verwaltung sind, für das die OB kraft Gesetzes nach § 44 Abs. 2 S. 1 GemO zuständig wäre.

344 Hinsichtlich der 5.000,- Euro war der Zuschuss somit rechtmäßig, sodass diesbezüglich nur ein Widerruf nach § 49 Abs. 2 LVwVfG in Betracht käme – dieser würde jedoch wegen eines fehlenden Widerrufsgrundes nach Nr. 1 bis 5 scheitern.

c) Begünstigender VA auf Geldleistung. Die Bewilligung des Zuschusses begründet ein Recht auf sofortige Auszahlung des Zuschussbetrags und ist somit ein begünstigender VA, der eine einmalige Geldleistung gewährt.

d) Kein schutzwürdiges Vertrauen. Eine Rücknahme ist nach § 48 Abs. 2 S. 1 LVwVfG nicht zulässig, wenn der Begünstigte des aufzuhebenden VA – hier der Tennisverein – auf den Bestand des VA vertraut hat *und* sein Vertrauen schutzwürdig war.

aa) Vertrauen. Auf Vertrauen dürfte sich der Tennisverein nicht berufen, wenn er als Begünstigter die Rechtswidrigkeit gem. § 48 Abs. 2 S. 3 Nr. 3 LVwVfG kannte oder infolge grober Fahrlässigkeit nicht kannte. Bei juristischen Personen wie bei dem eingetragenen Verein (§ 21 BGB) kommt es auf die (Un-)Kenntnis des vertretungsberechtigten Organs an[345], hier also auf die (Un-)Kenntnis der Vorsitzenden Frau Claudia Gmeiner an, sie ist die vertretungsberechtigte Vorstand iSd § 26 BGB. Nach dem Wortlaut ist maßgeblich, dass der begünstigte Verein bzw. hier Frau Gmeiner als dessen gesetzlicher Vertreter die Rechtswidrigkeit *des VA* kannte oder infolge grober Fahrlässigkeit nicht kannte. Keinesfalls genügt, dass der Begünstigte nur die Umstände (Tatsachen) kannte, die die Rechtswidrigkeit begründen. Für die Kenntnis ist das nach einer Parallelwertung in der Laiensphäre entwickelte Bewusstsein ausreichend, dass der VA so nicht richtig sein kann.[346] Grobe Fahrlässigkeit liegt in Anlehnung an § 45 Abs. 2 S. 3 Nr. 3 Hs. 2 SGB X vor, wenn der Begünstigte die erforderliche Sorgfalt in besonders schwerem Maße verletzt hat. Dies ist insb. der Fall, wenn einfachste und naheliegende Überlegungen nicht angestellt werden, also wenn sich die Fehlerhaftigkeit des VA auch für einen rechtlichen Laien geradezu aufdrängt.[347] Frau Gmeiner war gerade aufgrund früherer Zuschüsse bekannt, dass nach der Hauptsatzung die OB Zuschüsse nur bis maximal 5.000,- Euro gewähren darf und darüber hinaus der Hauptausschuss zuständig ist. Dementsprechend hat sie sich auch gewundert, dass von einer Beteiligung des Hauptausschusses nie die Rede war. Es spricht viel dafür, dass sie nicht nur die Umstände kannte, die zur Rechtswidrigkeit eines Zuschusses in Höhe von 6.000,- Euro geführt haben, sondern auch das Bewusstsein hatte, dass ein Zuschuss in dieser Höhe ohne Beteiligung des Hauptausschusses so nicht richtig sein kann. Dies führt zu der Annahme, dass sie bereits die Rechtswidrigkeit des VA kannte. Dies kann jedoch dahinstehen, da sich ihr – angesichts dieses Wissens – zumindest die Fehlerhaftigkeit des VA hätte aufdrängen müssen, sodass jedenfalls von einer grob fahrlässigen Unkenntnis auszugehen ist. Der Verein muss sich diese grob fahrlässige Unkenntnis seiner Vorsitzenden zurechnen lassen und kann sich demnach nicht auf Vertrauen iSd § 48 Abs. 2 LVwVfG berufen.

bb) Schutzwürdigkeit. Fehlt es bereits am Vertrauen, kommt es auf seine Schutzwürdigkeit und die Abwägung nach § 48 Abs. 2 S. 1 LVwVfG gar nicht mehr an. Lediglich ergänzend sei erwähnt, dass das Vertrauen hier nicht nach § 48 Abs. 2 S. 2 LVwVfG schutzwürdig wäre, da der Verein noch keine Vermö-

---

345 *Stelkens/Bonk/Sachs/Sachs*, VwVfG § 48 Rn. 164.
346 *Schoch/Schneider/Schoch*, VwVfG § 48 Rn. 180.
347 *Schoch/Schneider/Schoch*, VwVfG § 48 Rn. 182.

gensdisposition getroffen hat und keine vertraglichen Verpflichtungen eingegangen ist.

703 e) **Kein Ausschluss wegen Ablaufs der Jahresfrist.** Die Jahresfrist aus § 48 Abs. 4 LVwVfG ist eine Entscheidungsfrist. Sie beginnt erst zu laufen, wenn dem zuständigen Sachbearbeiter alle entscheidungserheblichen Tatsachen bekannt sind. Dies ist hier völlig unproblematisch, da selbst die Gewährung und Auszahlung des Zuschusses weniger als drei Monate zurückliegen.

704 f) **Zwischenergebnis.** Die Tatbestandsvoraussetzungen für eine Rücknahme der Zuschussgewährung in Höhe von 1.000,- Euro sind erfüllt.

2. Rechtsfolge

705 a) **Adressat.** Adressat des Rücknahme-VA ist der Begünstigte des aufzuhebenden VA, hier der Tennisclub als eingetragener Verein und juristische Person gem. § 21 BGB.

706 b) **Ermessen.** § 48 Abs. 1 S. 1 LVwVfG räumt der Behörde Ermessen ein.

> **Tipp:** Beachten Sie hier, dass nicht § 48 Abs. 2, sondern § 48 Abs. 1 S. 1 LVwVfG das Ermessen eröffnet.

Nach § 40 LVwVfG hat die Behörde das Ermessen aktiv entsprechend dem Zweck der Ermächtigung auszuüben und dabei die gesetzlichen Grenzen des Ermessens zu beachten, insb. den Grundsatz der Verhältnismäßigkeit (abgeleitet aus Art. 20 Abs. 3 GG). Die Rücknahme der Zuschussgewährung in Höhe von 1.000,- Euro muss daher geeignet, erforderlich und angemessen sein.

707 aa) **Geeignetheit.** Die Rücknahme ist geeignet, wenn sie tauglich ist, den angestrebten Zweck zu erreichen oder zumindest zu fördern. Zweck der Rücknahme ist die (teilweise) Unwirksamkeit des aufzuhebenden VA nach § 43 Abs. 2 LVwVfG und die Beseitigung des rechtswidrigen Zustandes. Außerdem soll sie die Voraussetzungen für die Rückforderung des rechtswidrig geleisteten Betrages in Höhe von 1.000,- Euro nach § 49a LVwVfG schaffen und dient damit zugleich der sparsamen und wirtschaftlichen Verwendung von Steuermitteln. Eine Rücknahme auch für die Vergangenheit erreicht bzw. fördert zumindest diese Ziele und ist damit geeignet.

708 bb) **Erforderlichkeit.** Die Rücknahme der Zuschussgewährung müsste des Weiteren erforderlich sein. Sie ist erforderlich, wenn sie von allen gleich geeigneten Mitteln das mildeste darstellt. Die Rücknahme nur für die Zukunft wäre milder als die Rücknahme auch für die Vergangenheit. Eine Rücknahme nur für die Zukunft würde jedoch nicht die Voraussetzungen für eine Rückforderung nach § 49a LVwVfG schaffen und wäre daher weniger geeignet. Die Erforderlichkeit einer Rücknahme für die Vergangenheit ergibt sich hier auch daraus, dass § 48 Abs. 2 S. 4 LVwVfG den Ermessensspielraum dahingehend konkretisiert, dass in den Fällen des § 48 Abs. 2 S. 3 LVwVfG – so wie vorliegend – der VA idR mit Wirkung für die Vergangenheit zurückgenommen wird. Für einen Ausnahmefall spricht hier nichts. In Betracht käme ferner eine Rücknahme von weniger als

1.000,– Euro. Eine solche wäre zwar milder, aber nicht gleich geeignet, den rechtswidrigen Zustand zu beseitigen und den Zweck einer sparsamen und wirtschaftlichen Verwendung öffentlicher Mittel zu erreichen.

cc) Angemessenheit. Fraglich ist, ob die Rücknahme auch angemessen ist. Dies ist der Fall, wenn die Nachteile für den Betroffenen nicht erkennbar außer Verhältnis zu den Vorteilen für die Allgemeinheit stehen. Der Tennisverein erfährt den Nachteil, dass die Zuschussgewährung in Höhe von 1.000,– Euro unwirksam wird und in einem nächsten Schritt die Rückforderung dieses Betrags zur Folge hat. Der Vorteil für die Allgemeinheit besteht darin, dass ein rechtswidriger Zustand beseitigt und öffentliche Mittel hierfür nicht verbraucht werden. Entscheidendes Kriterium für die starke Gewichtung der Vorteilsposition ist der haushaltswirtschaftliche Grundsatz der Sparsamkeit und Wirtschaftlichkeit, wonach öffentliche Mittel nur sparsam und wirtschaftlich verwendet werden dürfen (s. zB § 77 Abs. 2 GemO). Zudem spricht für die Aufhebung eines rechtswidrigen VA auch der Grundsatz der Gesetzmäßigkeit der Verwaltung (Rechtsstaatsprinzip, Art. 20 Abs. 3 GG), da auf diese Weise rechtmäßige Zustände wiederhergestellt werden. Die Vorteile für die Allgemeinheit überwiegen daher die Nachteile für den Verein. Die Rücknahme ist auch angemessen.

c) Bestimmtheit. Der Rücknahme-VA ist inhaltlich hinreichend bestimmt zu formulieren (§ 37 Abs. 1 LVwVfG).

III. Formelle Voraussetzungen

1. Zuständigkeit

Für die Rücknahmeentscheidung ist die Behörde sachlich und örtlich zuständig, die auch für die Zuschussgewährung zuständig war, hier also die Große Kreisstadt Kahl als Selbstverwaltungsbehörde.

2. Verfahren

a) Beteiligter. Beteiligter am Verwaltungsverfahren ist der eingetragene Verein als juristische Person (§ 21 BGB) nach § 11 Nr. 1, § 13 Abs. 1 Nr. 2 LVwVfG, der durch den Vorstand vertreten wird (§ 26 Abs. 1 S. 2 BGB, § 12 Abs. 1 Nr. 3 LVwVfG).

b) Ausschluss von Personen. Frau Schneider könnte nach § 20 Abs. 1 Nr. 4 LVwVfG vom Verwaltungsverfahren ausgeschlossen sein, wenn sie Angehörige einer Person ist, die einen Beteiligten in diesem Verfahren vertritt. Frau Gmeiner vertritt als Vorstand den am Verfahren beteiligten Tennisverein. Frau Schneider ist auch Angehörige von Frau Gmeiner. Ihre Eigenschaft als Angehörige ergibt sich aus § 20 Abs. 5 S. 1 Nr. 3 und S. 2 Nr. 1 LVwVfG. Sie war als Schwiegertochter mit Frau Gmeiner in gerader Linie verschwägert und bleibt auch nach der Scheidung weiterhin Angehörige im Sinne dieser Norm. Frau Schneider ist vom Verfahren daher kraft Gesetzes ausgeschlossen und darf in der Sache nicht tätig werden. Die Rücknahmeentscheidung ist von einer anderen Mitarbeiterin bzw. einem anderen Mitarbeiter zu treffen.

714 c) **Anhörung.** Eine Anhörung nach § 28 Abs. 1 LVwVfG hat durch das Gespräch mit Frau Gmeiner am 15.3.2020 mündlich stattgefunden. Eine besondere Form ist für die Anhörung nach § 28 Abs. 1 LVwVfG nicht vorgesehen.[348]

3. Form

715 Der Rücknahme-VA ist nach § 37 Abs. 1 LVwVfG an keine Form gebunden, aus Beweisgründen sollte er schriftlich ergehen. Nach § 39 Abs. 1 LVwVfG ist er zu begründen. Ihm sollte eine Rechtsbehelfsbelehrung mit dem Inhalt des § 37 Abs. 6 LVwVfG, § 58 Abs. 1 VwGO angehängt werden. Die Rücknahme ist hier ein belastender VA, sodass sich eine Zustellung, bspw. per Postzustellungsurkunde nach § 3 LVwZG, empfiehlt.

IV. Ergebnis

716 Die Rücknahme der Zuschussgewährung an den Tennisclub Kahl e.V. in Höhe von 1.000,- Euro kann in rechtmäßiger Weise ergehen.[349]

B. Rückforderung des Zuschusses iHv 1.000,- Euro

I. Rechtsgrundlage

717 Die Rechtsgrundlage für die Rückforderung ist § 49a Abs. 1 S. 1 LVwVfG.

II. Materielle Voraussetzungen

1. Tatbestandsvoraussetzung

718 Die (teilweise) Rücknahme der Zuschussgewährung in Höhe von 1.000,- Euro auch mit Wirkung für die Vergangenheit gem. § 48 Abs. 1 und 2 LVwVfG schafft die Voraussetzung für eine Rückforderung in dieser Höhe. Der Betrag wurde bereits ausbezahlt.

2. Rechtsfolge

719 a) **Adressat.** Die Rückforderung richtet sich an den Verein, der auch Adressat des Rücknahme-VA ist.

720 b) **Gebundene Entscheidung.** § 49a Abs. 1 S. 1 LVwVfG sieht eine gebundene Entscheidung vor. Die erbrachten Leistungen „sind" zu erstatten, „soweit" ein VA zurückgenommen wird. Der Rücknahme-VA erstreckt sich auf die rechtswidrig bewilligten 1.000,- Euro, sodass diese 1.000,- Euro zurückzufordern sind. Da der Tennisverein die Umstände, die zur Rücknahme geführt haben, nicht zu

---

[348] Bei mündlichen Anhörungen empfiehlt sich aus Beweisgründen – wie vorliegend geschehen – ein entsprechender Aktenvermerk.

[349] Im Anschluss könnte noch die Anordnung der sofortigen Vollziehung nach § 80 Abs. 2 S. 1 Nr. 4 VwGO geprüft werden, da ein möglicher Widerspruch gem. § 80 Abs. 1 VwGO aufschiebende Wirkung hätte und somit die Voraussetzungen nach § 49a Abs. 1 S. 1 LVwVfG für die Rückforderung der 1.000,- Euro nicht gegeben wären.

vertreten hat, erscheint es angemessen, von der Geltendmachung von Zinsansprüchen abzusehen, wenn er den Betrag innerhalb der festzusetzenden Frist leistet (§ 49a Abs. 3 S. 2 LVwVfG).

c) **Bestimmtheit.** Der VA auf Rückforderung ist inhaltlich bestimmt genug zu formulieren, § 37 Abs. 1 LVwVfG.

III. Formelle Voraussetzungen

1. Zuständigkeit
Die Zuständigkeit entspricht derjenigen des Rücknahme-VA.

2. Verfahren
Auch hinsichtlich der Rückforderung ist der eingetragene Verein nach § 13 Abs. 1 Nr. 2 LVwVfG Beteiligter und als solcher nach § 28 Abs. 1 LVwVfG anzuhören. Eine Anhörung fand durch das Gespräch mit der Vorsitzenden am 15.3.2020 statt.

3. Form
§ 49a Abs. 1 S. 2 LVwVfG gibt die Schriftform vor. Der Rückforderungs-VA ist daher nach § 39 Abs. 1 LVwVfG zu begründen. Zweckmäßigerweise erlässt die Große Kreisstadt Kahl den Rückforderungs-VA in einem Bescheid zusammen mit der Rücknahme, sodass die Rechtsbehelfsbelehrung und die Zustellung gemeinsam erfolgen.

IV. Ergebnis
Die Große Kreisstadt Kahl kann von dem Tennisclub Kahl e.V. den bereits ausgezahlten Zuschussbetrag in Höhe von 1.000,– Euro rechtmäßig zurückfordern.

Lösung Fall 6 – Bescheid

Große Kreisstadt Kahl

Rechtsamt
Rathausplatz 1, 78910 Kahl
Zimmer ...
Sachbearbeiter/in ...

Mit Postzustellungsurkunde:

Tennisclub Kahl e.V.
vertr. durch die Vorsitzende
Frau Claudia Gmeiner
Sportstraße 33
78910 Kahl

Telefon: ...
Telefax: ...
E-Mail: ...

Az.: 379 RA/20

Kahl, 27.03.2020

Rücknahme- und Rückforderungsbescheid über 1.000,- Euro

Sehr geehrte Frau Gmeiner,

an den Tennisclub Kahl e.V. ergeht folgender

Bescheid:

1. Die Zuschussgewährung an den Tennisclub Kahl e.V. vom 05.01.2020 für die Jugendarbeit im Jahre 2020 wird in Höhe von 1.000,- Euro zurückgenommen.

2. Der Tennisclub Kahl e.V. hat den Betrag in Höhe von 1.000,- Euro an die Große Kreisstadt Kahl zurückzuzahlen.

Begründung:

I. Sachverhalt

Am 05.01.2020 gewährte die Oberbürgermeisterin dem Tennisclub Kahl e.V. mündlich einen Zuschuss in Höhe von 6.000,- Euro für die Jugendarbeit im Jahr 2020. Bei der Vereinsversammlung war auch die Vereinsvorsitzende Frau Claudia Gmeiner anwesend. Der Zuschuss wurde in voller Höhe am 07.01.2020 zur Auszahlung angewiesen.

Am 15.03.2020 sprach ein Vertreter der Kämmerei mit Frau Gmeiner über diese Angelegenheit und informierte sie über eine mögliche Rücknahme und Rückforderung. Frau Gmeiner gab an, dass sie die Zuschusshöhe von 6.000,- Euro überrascht habe, da in den letzten Jahren stets Beträge bis maximal 5.000,- Euro gewährt wurden. Der frühere Oberbürgermeister habe sie in der Vergangenheit mehrfach darauf hingewiesen, dass für Zuschüsse über 5.000,- Euro der Hauptausschuss zuständig sei. Frau Gmeiner bestätigte, dass sie diese Hauptsatzungsregelung kenne und sich gewundert habe, dass von einer Beteiligung des Hauptausschusses nie die Rede war. Frau Gmeiner erklärte schließlich, dass der Tennisclub die gewährten 6.000,- Euro noch nicht ausgegeben habe und im Hinblick darauf auch noch keine vertraglichen Verpflichtungen eingegangen sei.

328

Fall 6 Der glückliche Tennisclub?

II. Rechtliche Gründe

1. Rechtsgrundlage unserer Rücknahme in Ziffer 1 dieses Bescheids ist § 48 Absatz 1 und 2 Verwaltungsverfahrensgesetz für Baden-Württemberg (LVwVfG). Danach können wir einen rechtswidrigen Verwaltungsakt ganz oder teilweise mit Wirkung für die Zukunft oder mit Wirkung für die Vergangenheit zurücknehmen, wenn sich der Begünstigte auf kein schutzwürdiges Vertrauen berufen kann.

Bei der Zuschussgewährung handelt es sich um einen Verwaltungsakt im Sinne von § 35 LVwVfG. Sie ist in Höhe von 1.000,- Euro rechtswidrig, weil nach § 11 Absatz 1 Nr. 16 der Hauptsatzung der Großen Kreisstadt Kahl die Oberbürgermeisterin nur Zuschüsse bis maximal 5.000,- Euro pro Jahr vergeben kann. Für Zuschüsse von 5.000,- bis 25.000,- Euro ist nach § 10 Absatz 2 Nr. 12 der Hauptsatzung der Hauptausschuss zuständig.

Die Bewilligung des Zuschusses ist ein begünstigender VA, der eine einmalige Geldleistung gewährt, sodass die Vorgaben des § 48 Absatz 2 LVwVfG zu beachten sind. Danach ist eine Rücknahme ausgeschlossen, wenn der Begünstigte auf den Bestand des Verwaltungsaktes vertraut hat und sein Vertrauen schutzwürdig ist. Der Tennisclub kann sich vorliegend allerdings nicht auf Vertrauen berufen. Nach § 48 Absatz 2 Satz 3 Nr. 3 LVwVfG kann sich nicht auf Vertrauen berufen, wer die Rechtswidrigkeit des Verwaltungsaktes kannte oder infolge grober Fahrlässigkeit nicht kannte. Bei juristischen Personen wie einem eingetragenen Verein kommt es auf die Kenntnis des vertretungsberechtigten Organs, hier also auf die Kenntnis der Vereinsvorsitzenden (als vertretungsberechtigtem Vorstand nach § 26 BGB) an. Es ist davon auszugehen, dass Frau Gmeiner als Vereinsvorsitzende die Rechtswidrigkeit des Zuschusses über 6.000,- Euro zumindest infolge grober Fahrlässigkeit nicht kannte. Maßgeblich ist die Kenntnis der Rechtswidrigkeit des Verwaltungsaktes. Es genügt nicht, nur die Umstände zu kennen, die die Rechtswidrigkeit begründen. Für die Kenntnis ist das von einem rechtlichen Laien entwickelte Bewusstsein ausreichend, dass der Verwaltungsakt so nicht richtig sein kann. Grobe Fahrlässigkeit liegt vor, wenn der Begünstigte die erforderliche Sorgfalt in besonders schwerem Maße verletzt hat. Dies ist insbesondere dann der Fall, wenn einfachste und naheliegende Überlegungen nicht angestellt werden, also wenn sich die Fehlerhaftigkeit des Verwaltungsaktes auch für einen rechtlichen Laien geradezu aufdrängt. Der Vereinsvorsitzenden Frau Gmeiner war aufgrund früherer Zuschussgewährungen bekannt, dass die Oberbürgermeisterin nach der Hauptsatzung nur Zuschüsse bis maximal 5.000,- Euro bewilligen kann und darüber hinaus der Hauptausschuss zuständig ist. Aufgrund dessen ist sie auch davon ausgegangen, dass sich der Hauptausschuss mit der Angelegenheit befassen müsse. Es spricht bereits viel dafür, dass Frau Gmeiner nicht nur die Umstände kannte, die zur Rechtswidrigkeit eines Zuschusses in Höhe von 6.000,- Euro geführt haben, sondern auch das Bewusstsein hatte, dass ein Zuschuss in dieser Höhe ohne Beteiligung des Hauptausschusses nicht richtig sein kann. Ob sie wirklich dieses Bewusstsein hatte, kann jedoch dahinstehen, da sich ihr – angesichts dieses Wissens – in jedem Fall hätte aufdrängen müssen, dass ein Zuschuss in dieser Höhe nicht rechtmäßig sein kann. Es ist daher zumindest von einer grob fahrlässigen Unkenntnis auszugehen. Der Verein muss sich diese grob fahrlässige Unkenntnis zurechnen lassen und kann sich nicht auf Vertrauen nach § 48 Absatz 2 Satz 3 LVwVfG berufen. Auf die Schutzwürdigkeit des Vertrauens kommt es danach nicht mehr an. Auch diese wäre aber nicht gegeben, da der gewährte Zuschuss noch nicht verbraucht wurde (§ 48 Absatz 2 Satz 2 LVwVfG).

§ 48 Absatz 1 Satz 1 LVwVfG räumt uns Ermessen ein, welches wir nach § 40 LVwVfG aktiv entsprechend dem Zweck der Ermächtigung ausgeübt und dabei die gesetzlichen Grenzen des Ermessens beachtet haben.

Die Rücknahme der Zuschussgewährung in Höhe von 1.000,- Euro mit Wirkung für die Vergangenheit ist verhältnismäßig. Sie ist geeignet, den rechtswidrigen Zustand zu beseitigen und dient zugleich der sparsamen und wirtschaftlichen Verwendung von Steuermitteln, indem sie die Voraussetzungen für eine Rückforderung des rechtswidrig geleisteten Betrages in Höhe von 1.000,- Euro schafft. Die Rücknahme ist ferner erforderlich, da sie das mildeste aller gleich geeigneten Mittel ist. Darüber hinaus ist die Rücknahme auch mit Wirkung für die Vergangenheit erforderlich. Zum einen liegt ein Fall des § 48 Absatz 2 Satz 3 und 4 LVwVfG vor, der im Regelfall – so wie vorliegend – eine Rücknahme für die Vergangenheit vorschreibt. Zum anderen ermöglicht eine Rücknahme nur für die Zukunft keine Rückforderung des rechtswidrig geleisteten Betrages nach § 49a LVwVfG, sodass eine solche nicht gleich geeignet ist. Auch eine Rücknahme von weniger als 1.000,- Euro ist zur

Beseitigung des rechtswidrigen Zustandes sowie im Hinblick auf die gebotene sparsame und wirtschaftliche Verwendung öffentlicher Mittel nicht gleich geeignet. Schließlich ist die Rücknahme in Höhe des rechtswidrig gewährten Betrages auch angemessen. Die damit verbundenen Nachteile für den Tennisverein stehen nicht erkennbar außer Verhältnis zu den Vorteilen für die Allgemeinheit. Der Verein erfährt den Nachteil, dass die Zuschussgewährung teilweise ihre Wirksamkeit verliert und insoweit eine Rückforderung und -zahlung auslöst. Demgegenüber steht der Vorteil für die Allgemeinheit, dass keine öffentlichen Mittel in rechtswidriger Weise verwendet werden. Entscheidendes Kriterium ist hier der haushaltswirtschaftliche Grundsatz der Sparsamkeit und Wirtschaftlichkeit, wonach öffentliche Mittel nur sparsam und wirtschaftlich verwendet werden dürfen (siehe nur § 77 Absatz 2 Gemeindeordnung Baden-Württemberg). Zudem spricht für die Aufhebung eines rechtswidrigen Verwaltungsaktes auch der Grundsatz der Gesetzmäßigkeit der Verwaltung (Rechtsstaatsprinzip, Artikel 20 Absatz 3 Grundgesetz), da auf diese Weise die rechtmäßigen Zustände wiederhergestellt werden. Die Vorteile für die Allgemeinheit überwiegen daher die Nachteile für den Verein.

2. Die Rückforderung in Ziffer 2 dieses Bescheids beruht auf § 49a Absatz 1 Satz 1 LVwVfG. Soweit ein Verwaltungsakt mit Wirkung für die Vergangenheit zurückgenommen worden ist, sind die bereits erbrachten Leistungen zu erstatten.

Aufgrund der Rücknahme nach Ziffer 1 dieses Bescheids über 1.000,- Euro mit Wirkung für die Vergangenheit liegen die Voraussetzungen für eine Rückforderung in dieser Höhe vor.

§ 49a Absatz 1 Satz 1 LVwVfG räumt uns kein Ermessen ein. Die Stadt Kahl ist zur Rückforderung verpflichtet.

Bitte zahlen Sie den Betrag in Höhe von 1.000,- Euro

bis zum 01. Mai 2020

auf das Konto der Großen Kreisstadt Kahl bei der XY-Bank
IBAN ...
BIC ... .

Geben Sie hierbei bitte das Kassenzeichen VZ ... an.

Da der Tennisverein die Umstände, die zur Rücknahme geführt haben, nicht zu vertreten hat, kann nach § 49a Absatz 3 Satz 2 LVwVfG von der Geltendmachung von Zinsansprüchen abgesehen werden, wenn der Betrag in Höhe von 1.000,- Euro bis zum festgesetzten 01. Mai 2020 erstattet wird.

Rechtsbehelfsbelehrung:

Gegen diesen Bescheid kann innerhalb eines Monats nach Bekanntgabe bei der Großen Kreisstadt Kahl, Rathausplatz 1, 78910 Kahl Widerspruch eingelegt werden.

Mit freundlichen Grüßen

... Unterschrift Sachbearbeiter ...

Fall 7 Die sitzende Blockade[350]

Gutachten zum Erlass eines Kostenbescheids – Kostenbescheid

Sachverhalt
Norbert N (N) ist unzufrieden mit der Städtebaupolitik der Stadt Karlsruhe. Am 23.10.2020 nahm er an einer angemeldeten Versammlung auf dem Friedensplatz teil, um gegen den geplanten Abbruch eines Gebäudes und die damit verbundene Neugestaltung des Friedensplatzes zu demonstrieren. Der Friedensplatz ist Teil des öffentlichen Straßenraumes. Er sollte am 23.10.2020 um 19.00 Uhr im Zuge der Abbrucharbeiten von mehreren Baufahrzeugen einschließlich eines schweren Baukrans überquert werden. Die Versammlung war daher nur bis 18.00 Uhr angemeldet. Die Versammlungsleiterin erklärte sie dementsprechend um 18.15 Uhr mittels Lautsprecherdurchsage für beendet.
Bis ca. 19.00 Uhr hatten sich die meisten Versammlungsteilnehmer von dem Platz entfernt. Eine Gruppe von ca. 50 Personen, darunter auch N, bildeten aber weiterhin eine Sitzblockade. Die vor Ort anwesenden Polizeibeamten und Vertreter der Stadt Karlsruhe führten mit der Gruppe mehrere Gespräche. Dabei wiesen sie darauf hin, dass auf den benachbarten Straßen die Versammlung fortgesetzt werden könne, dieser Platz aber für die Durchfahrt des Baufahrzeugkonvois benötigt werde. Nachdem die Gruppe hierauf nicht einging und keine Anstalten machte, den Platz zu verlassen, lösten die Vertreter der Stadt Karlsruhe mittels Lausprecherdurchsage um 22.15 Uhr die Versammlung auf. Die Beamten des Polizeivollzugsdienstes vom Polizeipräsidium Karlsruhe sprachen anschließend ebenfalls mittels Lausprecherdurchsage einen Platzverweis aus. Daraufhin verließen ca. 40 weitere Personen den Platz. 10 Personen, darunter auch N, blieben hingegen auf dem Friedensplatz sitzen.
Um 22.30 Uhr machten die Polizeibeamten an die Teilnehmer der Sitzblockade folgende Lautsprecherdurchsage: „Wir fordern Sie letztmalig auf, den Friedensplatz zu verlassen. Die Polizei wird ansonsten zwangsweise gegen Sie vorgehen und den Platz räumen." Da N und die weiteren 9 Personen die Sitzblockade nicht auflösten, begann die Polizei um 22.35 Uhr mit der Räumung des Platzes. Hierbei setze sie 30 Polizeibeamte ein, die in der Zeit von 22.35 bis 22.50 Uhr die einzelnen Teilnehmer der Sitzblockade wegtrugen. Einige wurden von zwei Polizeibeamten, andere von drei oder vier Polizeibeamten weggetragen. Jeder Polizist kam hierbei nur einmal zum Einsatz und trug eine Person weg. N wurde von vier Polizeibeamten weggetragen, die ihn hochhoben und ca. 30 m auf die andere Seite des Platzes trugen. Er leistete keinen Widerstand und verletzte sich hierbei auch nicht. N ist 30 Jahre alt, ca. 90 kg schwer und ca. 1,90 m groß.
Das Polizeipräsidium Karlsruhe möchte für den Polizeieinsatz am 23.10.2020 zwischen 22.35 bis 22.50 Uhr gegenüber den Personen, die den Friedensplatz nicht freiwillig räumten, jeweils einen Kostenbescheid erlassen, folglich auch gegenüber N.

---
350   Nach VG Stuttgart, Urt. v. 21.7.2015, Az. 1 K 5066/14, juris.

Zu dem beabsichtigten Kostenbescheid wurde N mit Schreiben vom 9.11.2020 angehört. Mit Schreiben vom 16.11.2020 trug er vor, der Einsatz der Polizei sei übertrieben gewesen, insb. hätten auch nur zwei Polizeibeamte ausgereicht, um ihn wegzutragen.

Aufgabe[351]
Prüfen Sie gutachtlich, ob ein Kostenbescheid rechtmäßig erlassen werden kann, und entwerfen Sie den erforderlichen Kostenbescheid gegenüber N, aber ohne Gebührenentscheidung.

Bearbeitungshinweise
Gehen Sie davon aus, dass ...
- die Angaben im Sachverhalt zutreffend sind,
- sowohl die Auflösung der Versammlung als auch der Platzverweis rechtmäßig sind,
- die jeweiligen Lautsprecherdurchsagen für alle gut hörbar waren,
- N am 23.10.2020 einen offensichtlich gesunden Eindruck machte.

Lösung Fall 7 – Gutachten

A. Kostenbescheid

I. Rechtsgrundlage

728 Als Rechtsgrundlage kommen § 63 Abs. 2, § 66 Abs. 4 PolG iVm § 31 Abs. 1 LVwVG in Betracht.

II. Materielle Voraussetzungen

1. Tatbestandvoraussetzungen

729 Nach § 63 Abs. 2 PolG wendet die Polizei das Zwangsmittel unmittelbarer Zwang nach den Vorschriften des PolG an. Die §§ 64 ff. PolG enthalten keine Regelungen über einen Kostenbescheid, sodass über § 66 Abs. 4 PolG der § 31 Abs. 1 LVwVG Anwendung findet. Nach § 31 Abs. 1 LVwVG werden für Amtshandlungen Kosten erhoben. Als ungeschriebenes Tatbestandsmerkmal muss es sich dabei um *rechtmäßige* Amtshandlungen handeln, für die Kosten erhoben werden.[352] Die Behörde darf Unrecht nicht verstärken, indem sie für ein rechtswidriges Handeln auch noch Kosten verlangt. Als Tatbestandsvoraussetzungen sind daher zu prüfen „rechtmäßige Amtshandlung" und „Kosten".

730 a) **Rechtmäßige Amtshandlung.** Aufgrund des Verweises in § 66 Abs. 4 PolG ist § 31 Abs. 1 LVwVG so zu lesen, dass für Amtshandlungen nach dem PolG – konkret nach den § 63 Abs. 2, §§ 64 ff. PolG – Kosten erhoben werden. Die

---

351 In einer Klausur wird sich die Aufgabenstellung nicht auf ein Gutachten *und* einen Bescheid beziehen, sondern es wird entweder ein Gutachten *oder* ein Bescheidentwurf verlangt.
352 Vgl. VGH BW, Urt. v. 3.5.2021, Az. 1 S 512/19, juris Rn. 31 m.w.N.

Fall 7 Die sitzende Blockade

Amtshandlung ist damit die Anwendung des unmittelbaren Zwangs. Der unmittelbare Zwang müsste rechtmäßig angewendet worden sein.

Tipp: Es ist nun inzident zu prüfen, ob die Polizei den unmittelbaren Zwang rechtmäßig angewendet hat. Es beginnt also eine „Prüfung in der Prüfung" mit den Prüfungpunkten
aa) Rechtsgrundlage des unmittelbaren Zwangs,
bb) Materielle Voraussetzungen des unmittelbaren Zwangs sowie
cc) Formelle Voraussetzungen des unmittelbaren Zwangs.

aa) Rechtsgrundlage des unmittelbaren Zwangs. Als Rechtsgrundlage für die Anwendung des unmittelbaren Zwangs kommt § 63 Abs. 2 iVm. § 66 PolG in Betracht.

731

bb) Materielle Voraussetzungen des unmittelbaren Zwangs. – (1) Tatbestandsvoraussetzungen. – (a) **Wirksamer Haupt-VA der Polizei mit vollstreckungsfähigem Inhalt.** Der vollstreckte Haupt-VA (die Grundverfügung) ist der Platzverweis nach § 30 Abs. 1 PolG. Er ist ein Verwaltungsakt der Polizei, hier des Polizeivollzugsdienstes nach § 105 Abs. 3 PolG, der mit seiner mündlichen Bekanntgabe nach § 43 Abs. 1 LVwVfG wirksam wurde. Er verpflichtete zu einer Handlung und hatte so auch einen vollstreckungsfähigen Inhalt nach § 18 LVwVG analog[353].
Für die Rechtmäßigkeit einer Vollstreckungsmaßnahme (hier des unmittelbaren Zwangs) ist es ohne Belang, ob der Haupt-VA (hier der Platzverweis) rechtmäßig oder rechtswidrig ist.

732

Tipp: Der Erlass eines Kostenbescheids hängt „nur" von der *Rechtmäßigkeit der Vollstreckungsmaßnahme* (hier des unmittelbaren Zwangs) ab und nicht auch von der Rechtmäßigkeit des vollstreckten Haupt-VA (hier des Platzverweises). Die Rechtmäßigkeit des Haupt-VA ist keine Tatbestandsvoraussetzung des § 31 Abs. 1 LVwVG.[354]

(b) Vollstreckbarkeit. Der Platzverweis müsste vollstreckbar iSd § 66 Abs. 4 PolG iVm § 2 LVwVG sein. Da es sich hier um eine unaufschiebbare Anordnung des Polizeivollzugsdienstes handelt, entfällt die aufschiebende Wirkung nach

733

---

353 § 66 Abs. 4 PolG verweist nicht auf § 18 LVwVG. Die Vollstreckung mit dem Zwangsmittel unmittelbarer Zwang setzt jedoch stets einen VA mit vollstreckungsfähigem Inhalt voraus, sodass § 18 LVwVG jedenfalls analog anzuwenden ist.
354 Nach dem VGH BW wäre eine solche Ergänzung des § 31 Abs. 1 LVwVG um ein ungeschriebenes Tatbestandsmerkmal „Rechtmäßigkeit des vollstreckten VA" bereits methodisch unzulässig und überdies auch nicht veranlasst, ausführlich VGH BW, Urt. v. 3.5.2021, Az. 1 S 512/19, juris Rn. 43 ff. m. w. N.; zum Kostenersatz nach einer Ersatzvornahme *Schenke*, Polizei- und Ordnungsrecht, Rn. 698 ff.; a. A. *Enders*, Der Verwaltungsakt als Titel für die Anforderung der Kosten seiner Vollstreckung, NVwZ 2009, 958 ff.; auch noch *Würtenberger/Heckmann*, Polizeirecht BW, 6. Aufl., Rn. 911 ff., mittlerweile aber aufgegeben in *Würtenberger/Heckmann/Tanneberger*, Polizeirecht BW, 7. Aufl., § 10 Rn. 53.

§ 80 Abs. 2 S. 1 Nr. 2 VwGO. Der Platzverweis war nach § 66 Abs. 4 PolG iVm § 2 Nr. 2 LVwVG vollstreckbar.

734 (c) **Vorherige Androhung.** Die Anwendung des unmittelbaren Zwangs wurde mittels Lautsprecherdurchsage vorher angedroht nach § 66 Abs. 2 PolG. Hierbei ist es unschädlich, dass die Polizeibeamten nicht die Worte „unmittelbarer Zwang" oder „körperliche Gewalt" gebraucht haben. Die Lautsprecherdurchsage „Die Polizei wird ansonsten zwangsweise gegen Sie vorgehen und den Platz räumen" hat hinreichend verdeutlicht, dass ein Durchsetzen mittels unmittelbaren Zwangs wie Wegtragen etc. erfolgen wird.

735 (d) **Keine Vollstreckungshindernisse.** Vollstreckungshindernisse bestanden nicht. N befolgte den Platzverweis nicht freiwillig, sodass der polizeiliche Zweck noch zu erreichen war (s. § 66 Abs. 3 PolG).

736 (2) **Rechtsfolge.** – (a) **Adressat.** Da N dem Platzverweis, der auch an ihn gerichtet war, nicht Folge leistete, war er der richtige Adressat der Vollstreckung.

737 (b) **Ermessen.** § 66 Abs. 4 PolG iVm § 2 LVwVG räumt der Behörde Ermessen ein, ob und wie sie unmittelbaren Zwang anwendet. Das Ermessen ist nach § 40 LVwVfG analog[355] aktiv entsprechend dem Zweck der Ermächtigung und innerhalb der gesetzlichen Grenzen auszuüben. Als Ermessensgrenze ist insb. der Grundsatz der Verhältnismäßigkeit zu beachten, der hier in § 66 Abs. 1 und Abs. 3 PolG eine besondere Ausprägung erfahren hat.
Die Anwendung des unmittelbaren Zwangs war in der konkret ausgeübten Form geeignet, den Platzverweis durchzusetzen und so weitere Gefahren abzuwehren. Die Anwendung des unmittelbaren Zwangs müsste ferner erforderlich, dh das mildeste aller gleich geeigneten Mittel sein. Nach § 66 Abs. 1 S. 1 PolG darf unmittelbarer Zwang nur angewandt werden, wenn der polizeiliche Zweck auf andere Weise nicht erreichbar erscheint. Eine Ersatzvornahme kam von vorneherein nicht in Betracht, da das Verlassen des Platzes eine höchstpersönliche und keine vertretbare Handlung ist – sie kann nicht ersatzweise befolgt werden. Ein Zwangsgeld ist zwar milder, aber nicht gleich geeignet. Aufgrund der Verkehrsbehinderung musste zeitnah gehandelt und der Platzverweis entsprechend durchgesetzt werden. Auch konnte der polizeiliche Zweck nicht durch unmittelbaren Zwang gegen Sachen erreicht werden, § 66 Abs. 1 S. 2 PolG. Die Anwendung des unmittelbaren Zwangs gegenüber N war daher erforderlich. Darüber hinaus müsste auch die konkrete Art der Anwendung erforderlich gewesen sein. Das Wegtragen war hier das mildeste aller gleich geeigneten Mittel. Das Wegtragen einer Person kann nur durch einfache körperliche Gewalt in Form von Festhalten und Anheben des Körpers des erfolgen. Auch der Einsatz von vier Polizeikräften war unter Berücksichtigung der Körpergröße von 1,90 m sowie des Körpergewichts von 90 kg erforderlich, da mit einer möglichen Gegenwehr zu rechnen war und der Einsatz von weniger Polizeikräften nicht gleich geeignet erschien.

---

355 Die Ausübung unmittelbaren Zwangs ist kein VA, sodass § 40 LVwVfG unmittelbar keine Anwendung finden kann. Aufgrund der bestehenden planwidrigen Regelungslücke und vergleichbaren Interessenlage ist er analog anwendbar.

Die konkrete Anwendung des unmittelbaren Zwangs müsste schließlich angemessen sein. Nach § 5 Abs. 2 PolG darf durch eine polizeiliche Maßnahme kein Nachteil herbeigeführt werden, der erkennbar außer Verhältnis zu dem beabsichtigten Erfolg steht. Nach § 66 Abs. 1 S. 3 PolG muss das angewandte Mittel nach Art und Maß dem Verhalten, dem Alter und dem Zustand der betroffenen Person angemessen sein. Der Nachteil des N besteht darin, dass er nicht weiterhin auf dem Platz bleiben darf (allgemeine Handlungsfreiheit nach Art. 2 Abs. 1 GG) und betrifft auch sein Recht auf Versammlungsfreiheit nach Art. 8 Abs. 1 GG. Der bezweckte Erfolg und damit der Vorteil für die Allgemeinheit liegen darin, die Verkehrsbehinderungen auf dem Platz nach Auflösung der Versammlung zu beenden (Art. 2 Abs. 1 GG) und für die Einhaltung der straßen- und straßenverkehrsrechtlichen Vorschriften zu sorgen. Der Nachteil des N steht hier insb. nach rechtmäßiger Auflösung der Versammlung keinesfalls außer Verhältnis zu dem bezweckten Erfolg der Vollstreckung. Nach mehrmaligen Aufforderungen war es angemessen, unmittelbaren Zwang anzuwenden und die Verkehrsbehinderungen zu beenden. Die Polizeibeamten mussten damit rechnen, dass N sich zur Wehr setzt. Ein Einsatz von vier statt lediglich drei oder gar nur zwei Polizeibeamten war unter Berücksichtigung der Körpergröße des N von 1,90 m und seines Körpergewichts von 90 kg angemessen, um den durch eine mögliche Gegenwehr entstehenden Verletzungsgefahren zu begegnen. Dies gilt auch mit Blick auf N, da ein Einsatz von im Zweifel eher mehr als zu wenig Polizeibeamten auch für ihn schonender und mit einem geringeren Verletzungsrisiko verbunden war. Der unmittelbare Zwang war somit auch nach Art und Maß dem Verhalten, dem Alter und dem Zustand des N angemessen iSv § 66 Abs. 1 S. 3 PolG.[356]
Die Anwendung des unmittelbaren Zwangs war verhältnismäßig.

cc) Formelle Voraussetzungen des unmittelbaren Zwangs. – (1) Zuständigkeit. Nach § 65 PolG obliegt die Anwendung unmittelbaren Zwangs den Beamten des Polizeivollzugsdienstes. Nach § 66 Abs. 4 PolG iVm § 4 LVwVG ist die Behörde sachlich und örtlich zuständig, die den zu vollstreckenden VA erlassen hat. Für den Platzverweis war das Polizeipräsidium Karlsruhe nach § 105 Abs. 3, § 115 Abs. 1 Nr. 1 PolG, § 23 Abs. 1 DVO PolG sachlich und nach §§ 120, 121 Abs. 1 Nr. 4 PolG örtlich zuständig.

(2) Verfahren. Der unmittelbare Zwang ist kein VA, sondern ein tatsächliches Handeln, ein Realakt, für den das LVwVfG nicht gilt. Selbst im Falle einer analogen Anwendung wäre eine Anhörung nach § 28 Abs. 2 Nr. 5 LVwVfG analog entbehrlich.

(3) Form. Da das LVwVfG mangels VA-Qualität nicht greift, sind auch die Formvorschriften des LVwVfG bzw. des LVwVG nicht zu beachten. Nach § 66 Abs. 4 PolG iVm § 10 LVwVG ist über jede Vollstreckungshandlung eine Niederschrift anzufertigen, was jedoch keine Rechtmäßigkeitsvoraussetzung darstellt.[357]

---

356 S. hier auch VG Stuttgart, Urt. v. 21.7.2015, Az. 5 K 5066/14, juris Rn. 69.
357 *Gassner*, Kompendium Verwaltungsrecht, Rn. 474.

741 dd) **Zwischenergebnis.** Die Anwendung des unmittelbaren Zwangs war rechtmäßig.

> **Tipp:** Insbesondere bei solchen „Schachtelprüfungen" ist es wichtig, den Überblick zu behalten! Hier endet nun die inzidente Prüfung des Tatbestandsmerkmals „rechtmäßige Amtshandlung" und es folgt die Prüfung des weiteren Tatbestandsmerkmals von § 31 Abs. 1 LVwVG „Kosten".

742 b) **Kosten.** Die gebührenpflichtigen Tatbestände und der Umfang der Kosten sind aufgrund der Ermächtigung in § 66 Abs. 4 PolG iVm § 31 Abs. 4 LVwVG in der LVwVGKO geregelt. Nach § 7 Abs. 1 LVwVGKO wird für die Anwendung des unmittelbaren Zwangs in den Fällen des § 52 Abs. 4 PolG a.F. – dem der aktuelle § 66 Abs. 4 PolG entspricht – eine Gebühr erhoben. Die Gebühr beträgt nach § 7 Abs. 2 LVwVGKO 45,00 Euro für jeden bei der Anwendung des unmittelbaren Zwangs eingesetzten Bediensteten je angefangene Stunde. Es handelt sich um einen festen Gebührensatz iSv § 31 Abs. 4 S. 2 LVwVG. Vorliegend kamen vier Polizeibeamte zum Einsatz, deren Einsatzzeit jeweils eine angefangene Stunde betrug, was rechnerisch einen Betrag von (4 x 45,00 Euro =) 180,00 Euro ergibt. Dieser Betrag könnte nach § 9 Abs. 1 Nr. 2 LVwVGKO zu reduzieren sein, indem die insgesamt angefallenen Gebühren auf alle Pflichtigen angemessen verteilt werden. Vorliegend setzte die Polizei aufgrund der unterschiedlichen Anforderungen (Größe, Gewicht der Versammlungsteilnehmer etc.) unterschiedlich viele Polizeikräfte je weggetragener Person ein. Außerdem wurde jeder Polizist nur einmal eingesetzt, um eine Person wegzutragen. Es erscheint daher angemessen, von dem jeweiligen Pflichtigen die konkret angefallene Gebühr zu verlangen und die Gebühren nicht auf alle Pflichtigen zu verteilen. Es wäre unangemessen von einem Pflichtigen, der lediglich von zwei Polizeikräften weggetragen wurde, eine höhere Gebühr zu verlangen.[358] Die Gebühren sind somit unabhängig von den insgesamt beim Polizeieinsatz eingesetzten 30 Beamten zu berechnen. Die von N zu fordernden Kosten betragen folglich 180,00 Euro.

2. Rechtsfolge

743 a) **Adressat.** Als Adressat des Platzverweises und der Vollstreckungshandlung ist N Pflichtiger und damit Kostenschuldner nach § 66 Abs. 4 PolG iVm § 31 Abs. 2 LVwVG.

744 b) **Gebundene Entscheidung/Ermessen.** Der Wortlaut der Rechtsgrundlage eröffnet kein Ermessen. Nach § 66 Abs. 4 PolG iVm § 31 Abs. 1 LVwVG „werden" Kosten, nach § 7 Abs. 1 LVwVGKO „wird" eine Gebühr erhoben. Die Behörde hat damit kein Entschließungsermessen, „ob" sie die Kosten erhebt und einen

---

358 Ausführich hierzu VG Stuttgart, Urt. v. 21.7.2015, Az. 5 K 5066/14, juris Rn. 71.

Kostenbescheid erlässt.³⁵⁹ Ein Fall der Niederschlagung oder des Erlasses nach § 66 Abs. 4 PolG iVm § 31 Abs. 6 LVwVG iVm § 22 LGebG ist nicht ersichtlich.³⁶⁰ Auch hinsichtlich der Höhe besteht kein Ermessen. Für jeden eingesetzten Polizeibeamten beträgt die Gebühr 45,00 Euro je angefangene Stunde.

c) Bestimmtheit. Der Kostenbescheid ist nach § 37 Abs. 1 LVwVfG inhaltlich bestimmt genug zu formulieren. Es muss klar sein, welchen Betrag N zu zahlen hat. **745**

III. Formelle Voraussetzungen

1. Zuständigkeit

Die Zuständigkeit ergibt sich aus § 66 Abs. 4 PolG iVm § 31 Abs. 6 LVwVG iVm § 4 Abs. 1 LGebG. Die Behörde, die die öffentliche Leistung – hier den unmittelbaren Zwang – erbringt, ist für den Erlass des Kostenbescheids zuständig. Die Anwendung des unmittelbaren Zwangs erfolgte durch Polizeibeamte des Polizeipräsidiums Karlsruhe (s. o.), sodass es auch für den Erlass des Kostenbescheids zuständig ist. **746**

2. Verfahren

N war nach § 28 Abs. 1 LVwVfG anzuhören, da der Kostenbescheid in seine Rechte eingreift. Die Ausnahme des § 28 Abs. 2 Nr. 5 LVwVfG greift hier nicht, da die Geltendmachung der Kosten keine Maßnahme *in* der Verwaltungsvollstreckung ist, sondern im Anschluss an die Vollstreckung folgt. Laut Sachverhalt hat eine Anhörung stattgefunden. **747**

3. Form

Nach § 37 Abs. 2 LVwVfG kann der Kostenbescheid formfrei ergehen; aus Beweisgründen empfiehlt sich die Schriftform. Nach § 39 Abs. 1 LVwVfG ist er schriftlich zu begründen und mit einer Rechtsbehelfsbelehrung mit dem Mindestinhalt des § 37 Abs. 6 LVwVfG, § 58 Abs. 1 VwGO zu versehen. Da es sich um einen belastenden VA handelt, empfiehlt sich eine Bekanntgabe mittels PZU nach § 3 LVwZG. **748**

IV. Ergebnis

Das Polizeipräsidium Karlsruhe kann den Kostenbescheid rechtmäßig erlassen. **749**

---

359 *Sadler/Tillmans*, VwVG § 19 Rn. 31 zum nahezu wortgleichen § 19 Abs. 1 VwVG des Bundes; *Schenke*, Polizei- und Ordnungsrecht, Rn. 698 zu Ersatzansprüchen bei Ersatzvornahme nach § 30 MEPolG; offen gelassen in VGH BW, Urt. v. 3.5.2021, Az. 1 S 512/19, juris Rn. 82 ff.; ein Entschließungsermessen bejahend VGH BW, Urt. v. 13.2.2007, Az. 1 S 822/05, juris Rn. 20 ff. Sind – ausnahmsweise – mehrere Personen durch den Haupt-VA zur Ausführung einer vertretbaren Handlung verpflichtet worden, sind auch mehrere Kostenpflichtige vorhanden. Die Behörde hat hier *Auswahlermessen*, welchen Kostenpflichtigen sie mit Kostenbescheid heranzieht, VGH BW, Urt. v. 24.1.2012, Az. 10 S 1476/11, juris Rn. 18.

360 *Würtenberger/Heckmann/Tanneberger*, Polizeirecht für Baden-Württemberg, § 10 Rn. 23.

Lösung Fall 7 – Bescheid

750

Polizeipräsidium Karlsruhe

Durlacher Allee 31–33,
76131 Karlsruhe

Zimmer ...
Sachbearbeiter/in ...

Mit Postzustellungsurkunde:

Herr Norbert N.
....
12345 ...

Telefon: ...
Telefax: ...
E-Mail: ...

Az.: 4527 AZ/56

Karlsruhe, 14.12.2020

Kostenbescheid für den Polizeieinsatz auf dem Friedensplatz in Karlsruhe am 23.10.2020 zwischen 22.35 und 22.50 Uhr

Sehr geehrter Herr N,

es ergeht folgender

Bescheid:

1. Sie haben für den Polizeieinsatz am 23.10.2020 zwischen 22.35 und 22.50 Uhr 180,- Euro zu bezahlen.

2. Für diesen Bescheid wird eine Gebühr von ... festgesetzt. *(erlassen)*

Begründung:

I. Sachverhalt

Am 23.10.2020 nahmen Sie an einer angemeldeten Versammlung auf dem Friedensplatz teil, auf der gegen den geplanten Abbruch eines Gebäudes und die damit verbundene Neugestaltung des Friedensplatzes demonstriert wurde. Der Friedensplatz ist Teil des öffentlichen Straßenraumes. Er sollte am 23.10.2020 um 19.00 Uhr im Zuge der Abbrucharbeiten von mehreren Baufahrzeugen einschließlich eines schweren Baukrans überquert werden. Die Versammlung war daher nur bis 18.00 Uhr angemeldet. Die Versammlungsleiterin erklärte sie dementsprechend um 18.15 Uhr mittels Lautsprecherdurchsage für beendet.

Bis ca. 19.00 Uhr hatten sich die meisten Versammlungsteilnehmer von dem Platz entfernt. Eine Gruppe von ca. 50 Personen, darunter auch Sie, bildeten weiterhin eine Sitzblockade. Die vor Ort anwesenden Polizeibeamten und Vertreter der Stadt Karlsruhe führten mit der Gruppe mehrere Gespräche. Dabei wiesen sie darauf hin, dass auf den benachbarten Straßen die Versammlung fortgesetzt werden könne, dieser Platz aber für die Durchfahrt des Baufahrzeugkonvois benötigt werde. Nachdem die Gruppe hierauf nicht einging und keine Anstalten machte, den Platz zu verlassen, lösten die Vertreter der Stadt Karlsruhe mittels Lausprecherdurchsage um 22.15 Uhr die Versammlung auf. Die Beamten des Polizeivollzugsdienstes vom Polizeipräsidium Karlsruhe sprachen anschließend mittels Lausprecherdurchsage einen Platzverweis aus. Daraufhin verließen ca. 40 weitere Personen den Platz. 10 Personen, darunter auch Sie, blieben hingegen auf dem Friedensplatz sitzen.

Um 22.30 Uhr machten die Polizeibeamten an die Teilnehmer der Sitzblockade folgende Lautsprecherdurchsage: „Wir fordern Sie letztmalig auf, den Friedensplatz zu verlassen. Die Polizei wird ansonsten zwangsweise gegen Sie vorgehen und den Platz räumen." Da die Sitzblockade nicht aufgelöst wurde, begann die Polizei um 22.35 Uhr mit der Räumung des Platzes. Hierbei setze sie 30 Polizeibeamte ein, die in der Zeit von 22.35 bis 22.50 Uhr die einzelnen Teilnehmer

Fall 7 Die sitzende Blockade

der Sitzblockade wegtrugen. Einige wurden von zwei Polizeibeamten, andere von drei oder vier Polizeibeamten weggetragen. Jeder Polizist kam hierbei nur einmal zum Einsatz und trug eine Person weg. Sie wurden von vier Polizeibeamten weggetragen, die Sie hochhoben und ca. 30 m auf die andere Seite des Platzes trugen. Hierbei leisteten Sie keinen Widerstand und verletzten sich auch nicht. Sie sind 30 Jahre alt, ca. 90 kg schwer und ca. 1,90 m groß.

Zu dem beabsichtigten Kostenbescheid haben wir Sie mit Schreiben vom 09.11.2020 angehört. Mit Schreiben vom 16.11.2020 trugen Sie vor, der Einsatz der Polizei sei übertrieben gewesen, insbesondere hätten auch nur zwei Polizeibeamte ausgereicht, um Sie wegzutragen.

II. Rechtliche Gründe

Zu Ziffer 1:
Die Rechtsgrundlage dieses Kostenbescheids ist § 63 Absatz 2, § 66 Absatz 4 Polizeigesetz für Baden-Württemberg (im Folgenden PolG) in Verbindung mit § 31 Absatz 1 Verwaltungsvollstreckungsgesetz für Baden-Württemberg (im Folgenden LVwVG).

Danach haben wir für rechtmäßige Amtshandlungen (siehe 1.) Kosten (siehe 2.) zu erheben. Ein Ermessensspielraum besteht nicht (siehe 3.).

> Insbesondere bei einem komplizierten Aufbau wie bei dieser „Schachtelprüfung" (inzidenten Prüfung) empfiehlt sich auch im Bescheid eine weitere Nummerierung wie sie auch in Urteilen üblich ist – nicht zuletzt, um als Bescheid-Ersteller selbst den Überblick zu behalten!

1.

Amtshandlung in diesem Sinne ist der Ihnen gegenüber am 23.10.2020 zwischen 22.35 und 22.50 Uhr angewandte unmittelbare Zwang im Sinne von § 63 Absatz 2, § 64 Absatz 1 PolG.

Die Anwendung des unmittelbaren Zwangs war rechtmäßig. Die Rechtsgrundlage hierfür ist § 63 Absatz 2 in Verbindung mit § 66 PolG. Danach wendet die Polizei das Zwangsmittel unmittelbarer Zwang nach den Vorschriften des PolG an. Ergänzend finden Regelungen des LVwVG Anwendung, siehe § 66 Absatz 4 PolG. Die Anwendung des unmittelbaren Zwangs war danach materiell (siehe a.) und formell (siehe b.) rechtmäßig.

a. Der unmittelbare Zwang war materiell rechtmäßig. Er beruht auf einer vollstreckbaren Grundverfügung der Polizei (siehe aa.), wurde Ihnen vorher angedroht (siehe bb.) und ermessensfehlerfrei ausgeübt (siehe cc.).

aa. Die zu vollstreckende Grundverfügung war der auch Ihnen gegenüber ausgesprochene Platzverweis nach § 30 Absatz 1 PolG. Der Platzverweis ist ein Verwaltungsakt der Polizei, der mit seiner mündlichen Bekanntgabe wirksam wurde. Er verpflichtete Sie zu einer Handlung und hatte so einen vollstreckungsfähigen Inhalt nach § 18 LVwVG. Der Platzverweis erging rechtmäßig, wenngleich es hierauf im Rahmen der Vollstreckung gar nicht ankommt. Er war vollstreckbar gemäß 66 Absatz 4 PolG in Verbindung mit § 2 Nr. 2 LVwVG, weil es sich dabei um eine unaufschiebbare Anordnung des Polizeivollzugsdienstes (hier des Polizeipräsidiums Karlsruhe) handelte. Bei unaufschiebbaren Anordnungen des Polizeivollzugsdienstes entfällt die aufschiebende Wirkung nach § 80 Absatz 2 Satz 1 Nr. 2 Verwaltungsgerichtsordnung (im Folgenden VwGO), das heißt der Platzverweis musste umgehend befolgt werden, auch ein hiergegen eingelegter Rechtsbehelf hätte daran nichts geändert.

bb. Die Anwendung des unmittelbaren Zwangs wurde Ihnen mittels Lautsprecherdurchsage angedroht, § 66 Absatz 2 PolG. Es ist unschädlich, dass die Polizeibeamten nicht die Worte „unmittelbarer Zwang" oder „körperliche Gewalt" gebraucht haben. Mit der Lautsprecherdurchsage „Die Polizei wird ansonsten zwangsweise gegen Sie vorgehen und den Platz räumen" wurde hinreichend deutlich, dass die Polizeibeamten den Platzverweis notfalls gewaltsam gegen den Willen der Betroffenen durch Wegtragen etc. durchsetzen und so unmittelbaren Zwang ausüben werden.

cc. Das nach § 66 Absatz 4 PolG in Verbindung mit § 2 LVwVG eingeräumte Ermessen wurde fehlerfrei ausgeübt und der Grundsatz der Verhältnismäßigkeit sowie die Vorgaben des § 66 Absatz 1 und 3 PolG beachtet.

Die Anwendung des unmittelbaren Zwangs war in der konkret ausgeübten Form geeignet, den Platzverweis durchzusetzen und so weitere Gefahren abzuwehren. Er war auch das mildeste aller gleich geeigneten Mittel und somit erforderlich. Nach § 66 Absatz 1 Satz 1 PolG darf unmittelbarer Zwang nur angewandt werden, wenn der polizeiliche Zweck auf andere Weise nicht erreichbar erscheint. Eine Ersatzvornahme kam von vorneherein nicht in Betracht, da das Verlassen des Platzes eine höchstpersönliche und keine vertretbare Handlung ist. Ein Zwangsgeld ist zwar milder, aber nicht gleich geeignet. Aufgrund der Verkehrsbehinderung musste zeitnah gehandelt und der Platzverweis entsprechend durchgesetzt werden. Auch konnte der polizeiliche Zweck nicht durch unmittelbaren Zwang gegen Sachen erreicht werden, § 66 Absatz 1 Satz 2 PolG. Des Weiteren war auch die konkrete Art, wie der unmittelbare Zwang Ihnen gegenüber angewendet wurde, erforderlich. Das Wegtragen war hier das mildeste aller gleich geeigneten Mittel. Es kann nur durch einfache körperliche Gewalt in Form von Festhalten und Anheben des Körpers erfolgen. Der Einsatz von vier Polizeikräften war unter Berücksichtigung der Körpergröße von ca. 1,90 m sowie des Körpergewichts von ca. 90 kg erforderlich, da mit einer möglichen Gegenwehr zu rechnen war und der Einsatz von weniger Polizeikräften nicht gleich geeignet erschien. Die Anwendung des unmittelbaren Zwangs war schließlich auch angemessen. Nach § 5 Absatz 2 PolG darf durch eine polizeiliche Maßnahme kein Nachteil herbeigeführt werden, der erkennbar außer Verhältnis zu dem beabsichtigten Erfolg steht. Nach § 66 Absatz 1 Satz 3 PolG muss das angewandte Mittel nach Art und Maß dem Verhalten, dem Alter und dem Zustand der betroffenen Person angemessen sein. Ihr Nachteile bestanden darin, dass Sie nicht weiter auf dem Platz bleiben durften und gewaltsam von diesem Platz weggetragen wurden, was Ihr Recht auf allgemeine Handlungsfreiheit nach Artikel 2 Absatz 1 Grundgesetz (GG) berührt. Des Weiteren durften Sie und andere sich an dieser Stelle nicht weiter versammeln, was Ihr Recht auf Versammlungsfreiheit nach Artikel 8 Absatz 1 GG berührt. Der bezweckte Erfolg und damit die Vorteile für die Allgemeinheit liegen darin, die Verkehrsbehinderungen auf dem Platz nach Auflösung der Versammlung zu beenden (Art. 2 Absatz 1 GG) und für Einhaltung der straßen- und straßenverkehrsrechtlichen Vorschriften zu sorgen. Ihre Nachteile stehen insbesondere nach rechtmäßiger Auflösung der Versammlung aber keinesfalls außer Verhältnis zu dem bezweckten Erfolg der Vollstreckung. Nach mehrmaligen Aufforderungen war es angemessen, unmittelbaren Zwang anzuwenden und die Verkehrsbehinderungen zu beenden. Die Polizeibeamten mussten damit rechnen, dass Sie sich zur Wehr setzen. Ein Einsatz von vier statt lediglich drei oder gar nur zwei Polizeibeamten war unter Berücksichtigung Ihrer Körpergröße sowie Ihres Körpergewichts angemessen, um den durch eine mögliche Gegenwehr entstehenden Verletzungsgefahren zu begegnen. Auch für Sie war der Einsatz von im Zweifel eher mehr als zu wenig Polizeibeamten schonender und mit einem geringeren Verletzungsrisiko verbunden.

b. Die Anwendung des unmittelbaren Zwangs war auch formell rechtmäßig. Das Polizeipräsidium Karlsruhe war für die Anwendung des unmittelbaren Zwangs zuständig. Nach § 65 PolG obliegt die Anwendung unmittelbaren Zwangs den Beamten des Polizeivollzugsdienstes. Nach § 66 Absatz 4 PolG, § 4 LVwVG ist die Behörde sachlich und örtlich zuständig, die den zu vollstreckenden Verwaltungsakt erlassen hat, hier also das Polizeipräsidium Karlsruhe (nach § 105 Absatz 3, § 115 Absatz 1 Nr. 1, §§ 120, 121 Absatz 1 Nr. 4 PolG und § 23 Absatz 1 der Verordnung des Innenministeriums zur Durchführung des Polizeigesetzes). Eine vorherige Anhörung war nicht erforderlich, da der unmittelbare Zwang kein Verwaltungsakt ist und es sich überdies um eine Vollstreckungsmaßnahme handelt.

2.

Die gebührenpflichtigen Tatbestände und der Umfang der Kosten sind aufgrund der Ermächtigung in § 66 Absatz 4 PolG und § 31 Absatz 4 LVwVG in der Verordnung des Innenministeriums über die Erhebung von Kosten der Vollstreckung nach dem Landesverwaltungsvollstreckungsgesetz (LVwVGKO) geregelt. Nach § 7 Absatz 1 LVwVGKO wird für die Anwendung des unmittelbaren Zwangs in den Fällen des mittlerweile außer Kraft getretenen § 52 Absatz 4 PolG, dem aktuelle § 66 Absatz 4 PolG entspricht, eine Gebühr erhoben. Die Gebühr beträgt nach § 7 Absatz 2 LVwVGKO 45,00 Euro für jeden eingesetzten Bediensteten je angefangene Stunde. Es handelt sich um einen festen Gebührensatz. Vorliegend kamen vier Polizeibeamte zum Einsatz. Deren Einsatzzeit jeweils eine angefangene Stunde war, so rechnerisch einen Betrag von vier mal 45,00 Euro, folglich 180,00 Euro ergibt. Die Berechnung der Gebühren ist unabhängig von den insgesamt beim Polizeieinsatz eingesetzten 30 Beamten. Es werden nur die konkret für Sie benötigten Aufwendungen gefordert.

3.

Die Rechtsgrundlage räumt uns keinen Ermessensspielraum ein. Wir sind verpflichtet, die Gebühr zu erheben. Nach § 66 Absatz 4 PolG und § 31 Absatz 1 LVwVG „werden" Kosten und nach § 7 Absatz 1 LVwVGKO „wird" eine Gebühr" erhoben.

Zu Ziffer 2:
... Gebühr erlassen ...

Ihre Rechte:

Gegen diesen Bescheid können Sie innerhalb eines Monats nach Bekanntgabe Widerspruch bei dem Polizeipräsidium Karlsruhe, Durlacher Allee 31–33, 76131 Karlsruhe einlegen.[1]

Mit freundlichen Grüßen

... Unterschrift Sachbearbeiter ...

---

[1] **Beachte:** Ein Widerspruch gegen den Kostenbescheid entfaltet aufschiebende Wirkung. Ein vollstreckungsrechtlicher Kostenbescheid zählt nicht zu den „öffentlichen Abgaben und Kosten" iSv § 80 Abs. 2 S. 1 Nr. 1 VwGO. Hiervon „werden nur solche Einnahmen erfasst, auf die die öffentliche Hand zur Aufgabenerfüllung allgemein angewiesen ist und die für die Einstellung in deren Haushaltsplanung geeignet sind. Öffentlich-rechtliche Geldforderungen, die vornehmlich anderen Zwecken dienen als der Deckung des allgemeinen öffentlichen Finanzbedarfs, gehören hierzu nicht." VGH BW, Beschl. v. 18.07.2019, Az. 1 S 871/19, juris Rn. 14.

Fall 8 Bitte keine volle Punktzahl!

Anfechtungswiderspruch: Grundsätzliches zu Zulässigkeit und Begründetheit – Gutachten und Widerspruchsbescheid

751 **Fortsetzung und Abwandlung von Fall 1 „Volle Punktzahl"**
Gegenüber A ergeht folgender Bescheid, der noch am 17.8.2020 als einfacher Brief zur Post gebracht wird.[361]

---

[361] In Fall 1 war die Abgabe des Führerscheins nicht zu prüfen, sodass die Anordnungen Ziff. 2 und 3 dort fehlen.

Fall 8 Bitte keine volle Punktzahl!

Landratsamt Ortenaukreis
Straßenverkehrsbehörde
– Führerscheinbehörde –

Badstraße 20, 77652 Offenburg
Zimmer ...
Sachbearbeiter/in ...

Mit Postzustellungsurkunde:

Herr A.
Musterstraße 99
77654 Offenburg

Telefon: ...
Telefax: ...
E-Mail: ...

Az.: 435 AG/20
Offenburg, 17.08.2020

Entziehung der Fahrerlaubnis

Sehr geehrter Herr A,

es ergeht folgender

Bescheid:

1. Die am 10.05.2012 vom Landratsamt Ortenaukreis erteilte Fahrerlaubnis wird Ihnen entzogen.

2. Sie haben den Führerschein bei dem Landratsamt Ortenaukreis, Führerscheinbehörde, Badstraße 20, 77652 Offenburg abzugeben.

3. Für den Fall, dass Sie den Führerschein nicht innerhalb von drei Wochen nach Bekanntgabe dieses Bescheids bei der in Ziffer 2 genannten Behörde abgegeben haben, drohen wir Ihnen den unmittelbaren Zwang in Form der Wegnahme des Führerscheins durch einen Vollstreckungsbeamten an.

4. Für diese Entscheidung wird eine Gebühr von 108,- Euro festgesetzt.

Begründung:

I. Sachverhalt

Sie sind Inhaber eines Führerscheins der Klasse B, der Ihnen vom Landratsamt Ortenaukreis am 10.05.2012 erteilt wurde. ... *(es folgen weitere Ausführungen entsprechend Fall 1)* ...

II. Rechtliche Gründe

Zu Ziffer 1:
Rechtsgrundlage der Entziehung der Fahrerlaubnis (Ziffer 1 dieses Bescheids) ist § 3 Absatz 1 Satz 1 Straßenverkehrsgesetz (im Folgenden StVG). Erweist sich danach jemand als ungeeignet oder nicht befähigt zum Führen von Kraftfahrzeugen, so hat ihm die Fahrerlaubnisbehörde die Fahrerlaubnis zu entziehen. Sie haben nach aktuellem Stand acht Punkte im Fahreignungsregister und gelten daher als ungeeignet zum Führen von Kraftfahrzeugen. Trotz schriftlicher Ermahnung und Verwarnung entsprechend dem Fahreignungs-Bewertungssystem, das nach § 4 Absatz 5 StVG bei Erreichen einer gewissen Punktzahl gestaffelt Maßnahmen vorsieht, haben Sie weitere Verkehrsverstöße begangen, die zu dem Stand von acht Punkten geführt haben.

Aufgrund dieser acht Punkte im Fahreignungsregister gelten Sie als ungeeignet zum Führen von Kraftfahrzeugen mit der Folge, dass wir als zuständige Behörde Ihnen die Fahrerlaubnis entziehen müssen. Der Entzug der Fahrerlaubnis ist in diesem Fall rechtlich verbindlich, uns ist dabei kein Ermessensspielraum eingeräumt.

Zu Ziffer 2:
Rechtsgrundlage für die Abgabe des Führerscheins ist § 3 Absatz 2 Satz 3 StVG. Darin ist geregelt, dass nach der Entziehung der Führerschein der Fahrerlaubnisbehörde abzuliefern oder zur Eintragung der Entscheidung vorzulegen ist.

Mit der Entziehung nach Ziffer 1 dieses Bescheids erlischt die Fahrerlaubnis (§ 3 Absatz 2 Satz 1 StVG). Ihnen steht danach kein Recht mehr zu, den Führerschein zu behalten und sich damit gegebenenfalls fälschlicherweise auszuweisen. Sie haben den Führerschein zwingend bei der Fahrerlaubnisbehörde abzugeben. Die Alternative, den Führerschein zur Eintragung der Entziehung vorzulegen, ist insbesondere bei ausländischen Führerscheinen relevant, da diese trotz der Entziehung im Ausland noch Rechtswirkungen entfalten können.

Zu Ziffer 3:
Die Androhung des unmittelbaren Zwangs beruht auf §§ 20, 28, 2 Verwaltungsvollstreckungsgesetz für Baden-Württemberg (im Folgenden LVwVG). Danach haben wir die Anwendung unmittelbaren Zwangs vorher anzudrohen. Die Anwendung unmittelbaren Zwangs berechtigt nach § 28 LVwVG ausdrücklich auch zur Wegnahme einer Sache, die herauszugeben ist.

Unsere Aufforderung in Ziffer 2 dieses Bescheids ist ein Verwaltungsakt, der einen vollstreckungsfähigen Inhalt hat (§ 18 LVwVG). Er fordert Sie zur Abgabe des Führerscheins und damit zu einer Handlung auf und ist somit vollstreckbar.

Das uns eingeräumte Ermessen haben wir verhältnismäßig ausgeübt.

Zu Ziffer 4:
Die Gebührenfestsetzung beruht auf § 4 Absatz 3 Satz 1 Landesgebührengesetz in Verbindung mit § 1 der Gebührenverordnung des Landratsamtes Ortenaukreis vom 03.03.2020 in Verbindung mit Ziffer 12.21.09.02 des Gebührenverzeichnisses als Anlage zu dieser Verordnung. Die Gebühr beträgt hiernach 54,- Euro die Stunde. Aufgrund der Bearbeitungszeit von zwei Stunden sind 108,- Euro festzusetzen.

Rechtsbehelfsbelehrung:

Gegen diesen Bescheid können Sie innerhalb eines Monats nach Bekanntgabe beim Landratsamt Ortenaukreis, Badstraße 20, 77652 Offenburg Widerspruch einlegen.

Mit freundlichen Grüßen

... Unterschrift Sachbearbeiter ...

Fall 8 Bitte keine volle Punktzahl!

Anders als im Fall 1 wurde A vor Erlass des Bescheids vom Landratsamt nicht angehört.
Am Montag 21.9.2020 geht beim Landratsamt Ortenaukreis folgendes Schreiben ein:

Offenburg, den 14.09.2020

A....
Musterstraße 99
77654 Offenburg

Landratsamt Ortenaukreis
Badstraße 20
77652 Offenburg

Ihr Bescheid vom 17.08.2020
Az. 435 AG/20

Sehr geehrte Damen und Herren,

gegen Ihren Bescheid vom 17.08.2020 lege ich Einspruch ein. Ich wurde von Ihrem Bescheid völlig überrascht. Leider haben Sie mir gar keine Gelegenheit gegeben, mich zu der Sache zu äußern. Ich kann Ihnen nämlich versichern, dass ich in Zukunft nicht gegen Straßenverkehrsvorschriften verstoßen werde. Ich bin auf mein Auto angewiesen und bitte Sie daher, Ihre Entscheidung nochmals zu überdenken.

... Unterschrift ...

Aufgabe 1[362]
Prüfen Sie gutachtlich, ob der Widerspruch des A Aussicht auf Erfolg hat. Gehen Sie dabei auch auf die zuständige Widerspruchsbehörde ein. Entwerfen Sie den entsprechenden Widerspruchsbescheid.

Bearbeitungshinweis
Gebührenfragen sind nicht zu prüfen: Es ist weder die Gebührenentscheidung der Ausgangsbehörde zu überprüfen noch ist eine Gebührenentscheidung für den Widerspruchsbescheid zu treffen.

Lösung Fall 8 – Gutachten

Vorüberlegung
Zunächst ist zu prüfen, welche Behörde über den Widerspruch zu entscheiden hat (A.). Ein Widerspruch hat Aussicht auf Erfolg, wenn er zulässig (B.) und begründet (C.) ist. Die Widerspruchsbehörde entscheidet auch, wer die Kosten des Verfahrens zu tragen hat (D.).

---

362 In einer Klausur wird sich die Aufgabenstellung idR nicht auf ein Gutachten *und* einen Bescheid beziehen, sondern es wird entweder ein Gutachten *oder* ein Bescheidentwurf verlangt.

A. Zuständige Widerspruchsbehörde

753 Die Ausgangsbehörde, das Landratsamt Ortenaukreis, handelte hier als untere Verwaltungsbehörde nach § 4 Nr. 1 FeFahrlZuVO iVm § 15 Abs. 1 Nr. 1, § 19 Abs. 1 Nr. 1 e) LVG. Die Aufgaben der unteren Verwaltungsbehörde sind Weisungsaufgaben (und keine Selbstverwaltungsangelegenheiten). Die zuständige Widerspruchsbehörde richtet sich daher nach § 73 Abs. 1 S. 2 Nr. 1 VwGO. Bei Weisungsaufgaben ist nach § 73 Abs. 1 S. 2 Nr. 1 VwGO die nächsthöhere Behörde die Widerspruchsbehörde. Da eine spezialgesetzliche Regelung fehlt, ist nächsthöhere Behörde grds. diejenige, die die Fachaufsicht führt. Über die Landratsämter führt nach § 20 Abs. 2 S. 1 LVG grds. das Regierungspräsidium die Fachaufsicht. Der Ortenaukreis liegt im Regierungsbezirk Freiburg (§ 12 Abs. 3 LVG), sodass das Regierungspräsidium Freiburg die zuständige Widerspruchsbehörde ist.

B. Zulässigkeit des Widerspruchs

I. Eröffnung des Verwaltungsrechtswegs

754 Eine aufdrängende Sonderzuweisung besteht vorliegend nicht mit der Folge, dass die Generalklausel des § 40 Abs. 1 VwGO analog Anwendung findet. Der Verwaltungsrechtsweg ist nach § 40 Abs. 1 VwGO analog eröffnet, wenn es sich um eine öffentlich-rechtliche Streitigkeit handelt, die nichtverfassungsrechtlicher Art ist. Eine Streitigkeit ist öffentlich-rechtlich, wenn die streitentscheidenden Normen zum öffentlichen Recht gehören, dh sich zwingend an einen Träger hoheitlicher Gewalt richten und ihn zum Verwaltungshandeln berechtigen oder verpflichten. Das StVG ermächtigt die Behörde zu einem hoheitlichen Handeln und gehört daher zum öffentlichen Recht. Die Streitigkeit ist auch nichtverfassungsrechtlicher Art; es streiten keine Verfassungsorgane über Verfassungsrecht. Eine abdrängende Sonderzuweisung besteht ebenfalls nicht. Der Verwaltungsrechtsweg ist eröffnet, § 40 Abs. 1 VwGO analog.

II. Statthaftigkeit

755 Nach § 68 Abs. 1 S. 1 VwGO ist der Anfechtungswiderspruch der richtige und damit statthafte Rechtsbehelf, wenn Ziel des Widerspruchs die Aufhebung eines oder mehrerer VA ist. Ziel des Widerspruchs müsste daher die Aufhebung eines oder mehrerer VA sein.

> **Tipp:** Diese Voraussetzung lässt sich § 68 Abs. 1 S. 1 VwGO nur mittelbar entnehmen. Nach § 68 Abs. 1 S. 1 VwGO ist der VA *vor Erhebung der Anfechtungsklage* in einem Vorverfahren nachzuprüfen (wobei mit Vorverfahren das Widerspruchsverfahren gemeint ist). Aus den Worten „vor Erhebung der Anfechtungsklage" wird deutlich, dass insoweit die gleichen Voraussetzungen gelten müssen wie bei Erhebung einer Anfechtungsklage. Eine Anfechtungsklage ist nur zulässig, wenn ihr Ziel die Aufhebung eines/mehrerer VA ist,

vgl. § 42 Abs. 1 VwGO. Gleiches muss daher auch für den Anfechtungswiderspruch gelten.

Es ist zunächst zu prüfen, wie viele VA der Bescheid des LRA Ortenaukreis vom 17.8.2020 enthält.
Die Entziehung der Fahrerlaubnis (Ziff. 1), die Aufforderung zur Abgabe des Führerscheins (Ziff. 2) sowie die Gebührenentscheidung (Ziff. 4) sind unproblematisch VA iSv § 35 LVwVfG. Bei der Androhung der Wegnahme (Ziff. 3) erscheint fraglich, worin die „Regelung" nach § 35 LVwVfG besteht, da die Wegnahme zunächst nur angedroht wird. Bereits mit der Androhung trifft die Behörde jedoch eine Auswahlentscheidung und legt sich auf ein bestimmtes Zwangsmittel fest, wodurch sie unmittelbar eine Rechtsfolge setzt. Zwar muss die Behörde das angedrohte Zwangsmittel nicht anwenden und kann sich auch für ein anderes entscheiden. Sie muss dann allerdings dieses „neue" Zwangsmittel androhen und so eine neue „Regelung" treffen. Bei der Androhung der Wegnahme handelt es sich folglich ebenfalls um einen VA. Der Bescheid des LRA Ortenaukreis vom 17.8.2020 enthält daher vier VA.

Tipp: In der Praxis wie auch in vorliegendem Fall wird oft pauschal Widerspruch „gegen den Bescheid" oder „gegen das Schreiben der Behörde vom ..." eingelegt. Es ist dann genau zu prüfen, gegen wie viele VA sich der Widerspruch richtet. Sofern der Widersprechende seinen Widerspruch nicht auf einzelne Maßnahmen (= VA) beschränkt oder im Klausurfall der Bearbeitungsvermerk nicht einzelne Maßnahmen (= VA) von der Prüfung ausnimmt (so wie hier die Gebührenentscheidung), sind alle VA auf ihre Rechtmäßigkeit hin zu überprüfen!

Auf die Gebührenentscheidung ist laut Bearbeitungshinweis nicht einzugehen, ein Widerspruch hiergegen also nicht zu prüfen. Die weiteren drei VA wirken sich für A belastend aus. Sie entziehen ihm ein Recht (die Fahrerlaubnis), fordern ihn zu einer Handlung auf (Abgabe des Führerscheins) und drohen ihm eine Zwangsmaßnahme an (die Wegnahme des Führerscheins). A möchte ersichtlich gegen diese Belastungen vorgehen und erreichen, dass sie wieder aufgehoben werden.

Dass A „Einspruch" einlegt, ist unschädlich. A will ersichtlich gegen den Bescheid des Landratsamts vorgehen. Nach dem objektiven Empfängerhorizont (§ 133 BGB) ist sein Rechtsbehelf als Widerspruch auszulegen.

Tipp: Bei unklaren, mehrdeutigen oder auch unkorrekten Formulierungen gilt bei Verfahrenshandlungen des Bürgers die Auslegungsregel des § 133 BGB entsprechend, wonach nach dem objektiven Empfängerhorizont der wirkliche Wille zu erforschen und nicht am buchstäblichen Sinn des Ausdruckes zu haften ist.[363] An Verfahrenshandlungen von einem Rechtsanwalt werden indes höhere Anforderungen gestellt.[364]

Der Anfechtungswiderspruch ist somit gegen alle drei VA, nämlich
- Entziehung der Fahrerlaubnis (Ziff. 1 des Bescheides),
- Aufforderung zur Abgabe des Führerscheins (Ziff. 2 des Bescheides) sowie
- Androhung der Wegnahme (Ziff. 3 des Bescheides)

der statthafte Rechtsbehelf nach § 68 Abs. 1 VwGO.

III. Widerspruchsbefugnis

757 Nach § 42 Abs. 2 VwGO analog ist widerspruchsbefugt, wer durch einen VA möglicherweise in seinen Rechten verletzt sein kann.

> **Tipp:** § 42 Abs. 2 VwGO regelt die Befugnis, eine Anfechtungs- oder Verpflichtungsklage zu erheben. Aufgrund der bestehenden planwidrigen Regelungslücke und der vergleichbaren Interessenlage wird diese Norm auf den Widerspruch analog (= entsprechend) angewendet.

Für den Adressat eines belastenden VA besteht immer die Möglichkeit, durch einen rechtswidrigen belastenden VA zumindest in seiner allgemeinen Handlungsfreiheit nach Art. 2 Abs. 1 GG verletzt zu sein (sog. Adressatentheorie). A ist Adressat von drei belastenden VA und damit in allen drei Fällen widerspruchsbefugt.

> **Tipp:** Nach § 42 Abs. 2 VwGO analog reicht es aus, wenn die Möglichkeit einer Rechtsverletzung besteht (sog. Möglichkeitstheorie). Eine Rechtsverletzung darf zumindest nicht von vornherein offensichtlich ausgeschlossen sein.

IV. Frist

758 Der Widerspruch müsste fristgerecht eingelegt worden sein.

> **Tipp:** Es empfiehlt sich, die Einhaltung der Frist in folgenden Schritten zu prüfen:
> - Länge der Frist
> - Tag der Bekanntgabe des VA
> - Berechnung des Fristendes

---

363 S. zB VG Augsburg, Gerichtsbescheid v. 6.6.2018, Az. Au 2 K 17.34883, juris Rn. 27.
364 S. zB OLG Dresden, Beschl. v. 27.4.2018, Az. 4 U 373/18, juris Rn. 6.

1. Länge der Frist

Da der Bescheid eine ordnungsgemäße Rechtsbehelfsbelehrung iSv § 37 Abs. 6 LVwVfG, § 58 Abs. 1 VwGO enthält, beträgt die Frist nach § 70 Abs. 1 VwGO einen Monat.

2. Tag der Bekanntgabe des VA

Der Bescheid wurde am 17.8.2020 mit einfachem Brief zur Post gebracht. Nach § 41 Abs. 2 LVwVfG gilt er damit am 20.8.2020 als bekannt gegeben.

3. Berechnung des Fristendes

Nach §§ 79, 31 Abs. 1 LVwVfG iVm § 187 Abs. 1 BGB[365] beginnt die Frist am 21.8.2020 zu laufen und müsste nach §§ 79, 31 Abs. 1 LVwVfG iVm § 188 Abs. 2 Fall 1 BGB am 20.9.2020 enden. Da der 20.9.2020 ein Sonntag ist, endet die Frist nach §§ 79, 31 Abs. 3 LVwVfG[366] aber am darauffolgenden Montag, 21.9.2020 um 24.00 Uhr.

Am 21.9.2020 ging der Widerspruch beim LRA Ortenaukreis ein und damit bei der Behörde, die den VA erlassen hat, vgl. § 70 Abs. 1 S. 1 VwGO. Die Frist wurde somit gewahrt.

> **Tipp:** § 187 Abs. 1 BGB (Fristbeginn) ist anzuwenden, da für den Anfang der Frist „ein Ereignis maßgebend ist", nämlich die Bekanntgabe des Bescheides. § 188 Abs. 2 BGB (Fristende) ist anzuwenden, da die Frist „nach Monaten bestimmt ist" bzw. genau einen Monat beträgt. § 188 Abs. 2 BGB regelt nun, dass in Fällen, in denen die Frist nach § 187 Abs. 1 BGB beginnt, sie mit Ablauf des Tages des Monats endet, der von seiner Zahl dem Tag des Ereignisses – der Bekanntgabe des VA – entspricht. Einfacher ausgedrückt: Der VA gilt am **20**.08.2020 als bekannt gegeben. Nach § 188 Abs. 2 BGB würde die Frist mit Ablauf des **20**.09.2020 enden. Da dieser Tag ein Sonntag ist, greift die Sonderregelung des § 31 Abs. 3 LVwVfG und die Frist verlängert sich bis zum darauffolgenden Werktag.

> **Tipp:** Mit dem Widerspruchsschreiben bringt A zum Ausdruck, dass er den Bescheid erhalten hat. Da die Frist eingehalten wurde, ist es unerheblich, ob der Bescheid nach dem 20.8.2020 zugegangen ist. Wäre dies unklar oder würde A behaupten, er hätte den Bescheid nie bekommen, müsste die Behörde den Zugang und damit die Bekanntgabe des Bescheids nachweisen (s. § 41 Abs. 2 S. 3 LVwVfG am Ende). Ein solcher Nachweis wird ihr kaum gelingen, zumal sich ein Postbote nicht erinnern können wird, ob er dieses Schreiben des LRA auch wirklich eingeworfen hat. In einem solchen Fall bzw. insgesamt beim Erlass belastender VA empfiehlt sich daher eine Zustellung (insb. mit Postzustellungsurkunde), mit welcher die Behörde die Bekanntgabe nachweisen kann.

---

[365] Nach a. A. finden die §§ 187 ff. BGB über die Verweisung nach § 57 Abs. 2 VwGO, § 222 Abs. 1 ZPO Anwendung.

[366] Bei der Verweisungskette über § 57 Abs. 2 VwGO, § 222 ZPO ist § 222 Abs. 2 ZPO anzuwenden, der eine ähnliche Regelung wie § 31 Abs. 3 LVwVfG enthält.

V. Form

762 A hat seinen Widerspruch schriftlich und damit unter Wahrung der Schriftform nach § 70 Abs. 1 VwGO eingelegt.

VI. Ergebnis

763 Der Widerspruch ist zulässig.

C. Begründetheit des Widerspruchs

764 Der Anfechtungswiderspruch ist begründet, soweit die angefochtenen VA rechtswidrig sind und A dadurch in seinen Rechten verletzt ist, § 113 Abs. 1 S. 1 VwGO analog.
Die Widerspruchsbehörde überprüft nach § 68 Abs. 1 VwGO auch die Zweckmäßigkeit der VA, dh sie trifft eine eigene Ermessensentscheidung.[367]

> **Tipp:** Es fehlt eine Norm, die regelt, unter welchen Voraussetzungen ein Widerspruch begründet ist, dh der Widersprechende in der Sache Recht bekommt. Wie bei der Widerspruchsbefugnis sind hier die Vorschriften über die Klage analog anzuwenden. Die Begründetheit einer Anfechtungsklage ist in § 113 Abs. 1 S. 1 VwGO geregelt, der für die Begründetheit eines Anfechtungswiderspruchs entsprechend anzuwenden ist. Hinsichtlich der Überprüfungskompetenz besteht allerdings ein entscheidender Unterschied: Ein Gericht überprüft „nur" die Rechtmäßigkeit des VA (s. § 114 S. 1 VwGO). Bei einer Ermessensentscheidung prüft das Gericht „nur", ob Ermessensfehler vorliegen. Aufgrund der Gewaltenteilung kann ein Gericht keinesfalls selbst Ermessen ausüben. Die Widerspruchsbehörde ist Teil der Verwaltung und hat nach § 68 Abs. 1 VwGO „Rechtmäßigkeit und Zweckmäßigkeit des VA" nachzuprüfen. Die Überprüfung der Zweckmäßigkeit bedeutet, dass die Widerspruchsbehörde eine eigene Ermessensentscheidung treffen kann. Selbst wenn die Ausgangsbehörde keinen Ermessensfehler begangen hat, kann die Widerspruchsbehörde in Ausübung pflichtgemäßen Ermessens anders entscheiden.

> **Tipp:** Achten Sie auf das „soweit" in § 113 Abs. 1 S. 1 VwGO analog. Ein VA kann nur teilweise rechtswidrig sein. In diesem Fall ist ein Widerspruch hiergegen auch nur teilweise begründet, eben „soweit" der VA rechtswidrig ist.

---

367 In Selbstverwaltungsangelegenheiten einer Gemeinde ist dem LRA als Widerspruchsbehörde diese Überprüfung verwehrt. Aufgrund des Selbstverwaltungsrechts überprüft hier die Selbstverwaltungsbehörde (insb. Gemeinde) als Ausgangsbehörde selbst nochmals die Zweckmäßigkeit und kann eine andere Ermessensentscheidung treffen, § 17 Abs. 1 S. 2 AGVwGO.

Fall 8 Bitte keine volle Punktzahl!

I. Rechtswidrigkeit der Entziehung der Fahrerlaubnis

> **Tipp:** Es ist das bekannte Prüfungsschema zum Erlass eines VA anzuwenden, nur dass hier ein bereits erlassener VA auf seine Rechtmäßigkeit zu überprüfen ist.

1. Rechtsgrundlage

Die Ausgangsbehörde hat mit § 3 Abs. 1 S. 1 StVG die falsche Rechtsgrundlage angewendet. Einschlägig ist hier die speziellere Rechtsgrundlage des § 4 Abs. 5 S. 1 Nr. 3 StVG, die § 3 Abs. 1 S. 1 StVG verdrängt. Eine fehlerhafte Rechtsgrundlage macht den VA rechtswidrig, die Widerspruchsbehörde kann den Fehler aber korrigieren, wenn die Maßnahme – hier die Entziehung der Fahrerlaubnis – auf die richtige Rechtsgrundlage gestützt werden kann. Die Widerspruchsbehörde kann aufgrund ihrer umfassenden Entscheidungskompetenz die Rechtsgrundlage austauschen.[368] Es ist daher im Folgenden zu prüfen, ob die Entziehung der Fahrerlaubnis auf die richtige Rechtsgrundlage des § 4 Abs. 5 S. 1 Nr. 3 StVG gestützt werden kann.

2. Materielle Voraussetzungen

a) Tatbestandsvoraussetzungen. Der Tatbestand von § 4 Abs. 5 S. 1 Nr. 3 StVG ist erfüllt, indem A acht Punkte im Fahreignungsregister hat. Außerdem hat die Behörde nach § 4 Abs. 6 StVG die Reihenfolge der Maßnahmen nach § 4 Abs. 5 S. 1 Nr. 1 bis 3 StVG beachtet und den A nach Erreichen des jeweiligen Punktestandes schriftlich ermahnt und schriftlich verwarnt.

b) Rechtsfolgenseite. – aa) Adressat. Als Inhaber der Fahrerlaubnis ist A auch der richtige Adressat für deren Entziehung.

bb) Gebundene Entscheidung. Die Fahrerlaubnis ist bei Vorliegen der Tatbestandsvoraussetzungen zu entziehen. Der Behörde ist wie im Fall des fälschlicherweise angewendeten § 3 Abs. 1 S. 1 StVG kein Ermessensspielraum eingeräumt. Die von A erbetene „Überdenkung" der Entscheidung in Form einer Ausnahme oÄ scheidet daher von vornherein aus. Ebenso kann die Zusage, in Zukunft nicht mehr gegen Straßenverkehrsvorschriften zu verstoßen, keine Rolle spielen.

cc) Bestimmtheit. Die Entziehung war nach § 37 Abs. 1 LVwVfG auch hinreichend bestimmt formuliert.

3. Formelle Voraussetzungen

a) Zuständigkeit. Das Landratsamt Ortenaukreis war nach § 4 Nr. 1 FeFahrlZuVO iVm § 15 Abs. 1 Nr. 1, § 19 Abs. 1 Nr. 1 e) LVG sachlich und nach § 3 Abs. 1 Nr. 3 a) LVwVfG örtlich zuständig.

b) Verfahren. Obwohl A nach § 13 Abs. 1 Nr. 2 LVwVfG Beteiligter war und die Entziehung der Fahrerlaubnis in seine Rechte eingreift, wurde er entgegen § 28

---

[368] Vgl. zum Austausch der Rechtsgrundlage auch VGH BW, Urt. v. 4.7.2013, Az. 3 S 2182/11, juris Rn. 24.

Abs. 1 LVwVfG nicht angehört. Ein Ausnahmefall von § 28 Abs. 2 LVwVfG lag nicht vor. Der VA ist formell fehlerhaft.
Dieser Verfahrensfehler, der nicht zu einer Nichtigkeit nach § 44 Abs. 2 oder Abs. 1 LVwVfG führt, kann nach § 45 Abs. 1 Nr. 3 LVwVfG geheilt und die Anhörung nachgeholt werden, und zwar auch im Widerspruchsverfahren und sogar noch in einem verwaltungsgerichtlichen Verfahren, § 45 Abs. 2 LVwVfG. Eine Heilung tritt aber nur dann ein, wenn die Anhörung nachträglich ordnungsgemäß durchgeführt und ihre Funktion für den Entscheidungsprozess der Behörde uneingeschränkt erreicht wird.[369] In einem Widerspruchsverfahren[370] wird die Anhörung idR nachgeholt, indem die Ausgangsbehörde im Abhilfeverfahren und im Anschluss die Widerspruchsbehörde nach Prüfung und unter Würdigung des Widerspruchsvorbringens entscheidet. Der Widersprechende hatte im Widerspruchsverfahren Gelegenheit, sich zu den entscheidungserheblichen Tatsachen zu äußern. Aufgrund des Ausgangs-VA mit Rechtsbehelfsbelehrung war ihm bewusst, dass er innerhalb eines Monats Widerspruch erheben und alles vorbringen kann, was sich gegen den VA anführen lässt.[371] A hat hiervon auch Gebrauch gemacht und seinen Widerspruch zumindest kurz begründet. Mit Erlass des Widerspruchsbescheids, in welchem das Vorbringen des Widersprechenen zur Kenntnis genommen und gewürdigt wird,[372] ist der Verfahrensfehler somit geheilt.

773 c) **Form.** Formfehler sind nicht ersichtlich, insb. war der VA ausreichend nach § 39 Abs. 1 LVwVfG begründet.

---

369 BVerwG, Urt. v. 17.12.2015, Az. 7 C 5/14, juris Rn. 17 (= BVerwGE 153, 367); BVerwG, Urt. v. 22.3.2012, Az. 3 C 16.11, juris Rn. 18 (= BVerwGE 142, 205).

370 Es reicht nicht aus, dass der Betroffene seine Einwendungen vorbringen kann und die Behörde dies zur Kenntnis nimmt. Eine funktionsgerecht nachgeholte Anhörung setzt vielmehr voraus, dass sich die Behörde nicht darauf beschränkt, die einmal getroffene Sachentscheidung zu verteidigen, sondern das Vorbringen des Betroffenen erkennbar zum Anlass nimmt, die Entscheidung kritisch zu überdenken, BVerwG, Urt. v. 17.12.2015, Az. 7 C 5/14, juris Rn. 17 (= BVerwGE 153, 367), was in einem Widerspruchsverfahren typischerweise der Fall ist, s. a. BVerwG, Urt. v. 17.8.1982, Az. 1 C 22/81, juris Rn. 18 (wenn die Behörde „ein etwaiges Vorbringen des Betroffenen zur Kenntnis nimmt und bei ihrer Entscheidung in Erwägung zieht"); *Kopp/Ramsauer*, VwVfG § 45 Rn. 41; *Schoch*, Jura 2007, 28, 30. Zur Nachholung der Anhörung **während eines Gerichtsverfahrens** *Schoch/Schneider*, VwVfG § 45 Rn. 93.

371 BVerwG, Urt. v. 17.8.1982, juris Rn. 17 (= NVwZ 1983, 284) – etwas anderes gilt lediglich dann, wenn die Ausgangsbehörde und der Widersprechende eine nach Auffassung der Widerspruchsbehörde bei Ermessens-VA die von der Ausgangsbehörde versäumte Anhörung nicht wirksam nachholen kann, weil sie ausnahmsweise nur auf die Prüfung der Rechtmäßigkeit beschränkt ist, also im Gegensatz zur Ausgangsbehörde die Zweckmäßigkeit nicht beurteilen darf.

372 Das Würdigen bzw. Einbeziehen der mit der Einlegung des Widerspruchs vorgebrachten Argumente ist im Widerspruchsbescheid zu dokumentieren; s. insgesamt zur Heilung einer fehlenden Anhörung über die Durchführung eines Widerspruchsverfarens auch VG Stuttgart, Urt. v. 17.12.2005, 9 K 895/15, juris Rn. 32; *Kopp/Ramsauer*, VwVfG § 45 Rn. 41; *Schoch*, Jura 2007, 28, 30.

4. Zwischenergebnis

Die Entziehung der Fahrerlaubnis ist materiell rechtmäßig, da sie auf § 4 Abs. 5 S. 1 Nr. 3 StVG gestützt werden kann. Nach der Heilung des Verfahrensfehlers ist sie auch formell rechtmäßig.

II. Rechtswidrigkeit des Herausgabe-VA

1. Rechtsgrundlage

Rechtsgrundlage für die Aufforderung zur Abgabe des Führerscheins ist § 3 Abs. 2 S. 3 StVG. § 3 Abs. 2 S. 4 StVG stellt klar, dass dies auch dann gilt, wenn die Fahrerlaubnisbehörde die Fahrerlaubnis aufgrund anderer Vorschriften (als § 3 Abs. 1 S. 1 StVG) entzieht.

2. Materielle Voraussetzungen

a) **Tatbestandsvoraussetzungen.** Die Tatbestandsvoraussetzung „nach der Entziehung" ist erfüllt. Nach der wirksamen Bekanntgabe der Entziehung hat A den Führerschein der Fahrerlaubnisbehörde abzuliefern. Das gilt auch, wenn gegen die Entziehung Widerspruch eingelegt wurde, da dieser nach § 4 Abs. 9 StVG, § 80 Abs. 2 S. 1 Nr. 3 VwGO keine aufschiebende Wirkung entfaltet; die Entziehung ist von A trotz Einlegung des Widerspruchs zu beachten.

b) **Rechtsfolgenseite. – aa) Adressat.** A ist als Inhaber des Führerscheins zu dessen Abgabe verpflichtet.

bb) **Gebundene Entscheidung.** Auch bei der Abgabe handelt es sich um eine gebundene Entscheidung, die der Behörde kein Ermessensspielraum einräumt.

cc) **Bestimmtheit.** Die Abgabe war nach § 37 Abs. 1 LVwVfG auch hinreichend bestimmt formuliert.

3. Formelle Voraussetzungen

a) **Zuständigkeit.** Das Landratsamt Ortenaukreis ist nach den gleichen Vorschriften wie bei der Entziehung auch für den Herausgabe-VA zuständig (s. o.). Zu demselben Ergebnis gelangt man über die Anwendung von § 73 Abs. 1 und Abs. 2 FeV.

b) **Verfahren.** Der Herausgabe-VA greift ebenfalls in die Rechte von A ein. Die Ausgangsbehörde hätte ihn nach § 28 Abs. 1 LVwVfG anhören müssen. Dieser Verfahrensfehler kann – wie bei der Entziehung ausgeführt – geheilt und die Anhörung durch das Widerspruchsverfahren nachgeholt werden.

c) **Form.** Formfehler sind nicht ersichtlich.

4. Zwischenergebnis

Der Herausgabe-VA ist ebenfalls rechtmäßig.

III. Rechtswidrigkeit der Wegnahme-Androhung

1. Rechtsgrundlage

784 Die Rechtsgrundlage für die Androhung der Wegnahme ergibt sich aus § 20 Abs. 1 iVm § 28[373] iVm § 2 LVwVG.

2. Materielle Voraussetzungen

785 a) Tatbestandsvoraussetzungen. – aa) **Wirksamer Hauptverwaltungsakt mit vollstreckungsfähigem Inhalt.** Die Herausgabeanordnung ist ein VA iSd § 35 LVwVfG. Er verpflichtet mit der Abgabe des Führerscheins zu einer Handlung und hat so einen vollstreckungsfähigen Inhalt, § 18 LVwVG. Mit Bekanntgabe des Bescheids wurde der VA wirksam, § 43 Abs. 1 LVwVfG.

786 bb) **Vollstreckbarkeit.** Ein VA ist vollstreckbar, wenn er unanfechtbar geworden ist (§ 2 Nr. 1 LVwVG) oder wenn die aufschiebende Wirkung eines Rechtsbehelfs entfällt (§ 2 Nr. 2 LVwVG).
Der Herausgabe-VA ist noch nicht unanfechtbar nach § 2 Nr. 1 LVwVG, da ihn A wirksam mit einem Widerspruch angefochten hat. Er wäre nach § 2 Nr. 2 LVwVG vollstreckbar, wenn die aufschiebende Wirkung eines Rechtsbehelfs entfällt, indem ein Fall von § 80 Abs. 2 VwGO vorliegt. Es handelt sich hier weder um einen Abgaben-/ Kosten-VA nach Nr. 1 noch um eine unaufschiebbare Maßnahme von Polizeivollzugsbeamten nach Nr. 2 und die Behörde hat die sofortige Vollziehung auch nicht nach Nr. 4 angeordnet. Da auch ein Fall von Nr. 3a offensichtlich ausscheidet, kann einzig ein spezialgesetzlich geregelter Fall nach Nr. 3 die aufschiebende Wirkung entfallen lassen. Zu denken wäre an § 4 Abs. 9 StVG. Dieser regelt aber ausschließlich, dass Widerspruch und Anfechtungsklage *gegen die Entziehung der Fahrerlaubnis* nach § 4 Abs. 5 S. 1 Nr. 3 StVG keine aufschiebende Wirkung haben. § 4 Abs. 9 StVG regelt nicht, dass Widerspruch und Anfechtungsklage *gegen einen VA auf Herausgabe des Führerscheins* keine aufschiebende Wirkung entfalten. Auch § 47 Abs. 1 S. 2 FeV ist nicht einschlägig. Nach § 47 Abs. 1 S. 2 FeV besteht die Pflicht zur Ablieferung des Führerscheins auch, wenn die Entscheidung angefochten worden ist, die zuständige Behörde jedoch die sofortige Vollziehung ihrer Verfügung angeordnet hat. Dies hat die Behörde hier gerade nicht getan. § 47 Abs. 1 S. 2 FeV enthält auch keine Regelung *über die aufschiebende Wirkung* (wie zB § 4 Abs. 9 StVG, vgl. nur den unterschiedlichen Wortlaut von § 4 Abs. 9 StVG und § 47 Abs. 1 S. 2 FeV). § 47 Abs. 1 S. 2 FeV ist daher keine Vorschrift iSv § 80 Abs. 2 S. 1 Nr. 3 VwGO.[374] Der Herausgabe-VA war damit nicht vollstreckbar. Eine Vollstreckung hätte nicht angedroht werden dürfen. Die Zwangsmittelandrohung ist aus diesem Grund materiell rechtswidrig.[375]

---

373 Die Wegnahme ist ein besonderer Fall des unmittelbaren Zwangs (s. die Überschrift vor §§ 27, 28 LVwVG).
374 VG Sigmaringen, Beschl. v. 2.1.2018, Az. 2 K 9201/17, juris Rn. 55.
375 Nach § 80 Abs. 2 S. 1 Nr. 4 VwGO kann auch die „Behörde, die [...] über den Widerspruch zu entscheiden hat", die sofortige Vollziehung anordnen. Da die Wegnahme-Androhung aber noch aus anderen Gründen rechtswidrig ist (s. sogleich), erscheint dies hier nicht angezeigt.

Es ist (hilfs)gutachtlich[376] weiter zu prüfen, ob noch andere Fehler eine Rechtswidrigkeit begründen.

cc) Voraussetzungen der Wegnahme. Der Haupt-VA verpflichtet A zur Herausgabe einer beweglichen Sache, sodass die Voraussetzungen des § 28 LVwVG erfüllt sind.   **787**

b) Rechtsfolgenseite. – aa) Adressat. A ist Adressat des zu vollstreckenden VA und somit auch Adressat der Vollstreckung.   **788**

bb) Ermessen. § 2 LVwVG räumt der Behörde Ermessen ein, ob sie Zwangsmittel anwendet und damit auch, ob sie Zwangsmittel androht. Das Ermessen ist nach § 40 LVwVfG auszuüben und dabei vor allem der Grundsatz der Verhältnismäßigkeit zu beachten (s. auch § 19 LVwVG). Die Androhung des unmittelbaren Zwangs ist geeignet, A zur Befolgung der Herausgabeanordnung zu bewegen. Sie müsste ferner erforderlich, dh das mildeste aller gleich geeigneten Mittel sein (vgl. § 19 Abs. 2 LVwVG). Die Androhung der Ersatzmaßnahme scheidet aus, da die Herausgabe eine höchstpersönliche Pflicht ist. Ein Dritter kann die Herausgabe nicht ersatzweise vornehmen, sondern den Führerschein nur an sich nehmen, was dann aber die Anwendung unmittelbaren Zwangs ist. Milder wäre hingegen die Androhung eines Zwangsgeldes. Da die Wegnahme ein besonderer Fall des unmittelbaren Zwangs ist (s. die Überschrift vor §§ 27, 28 LVwVG), gilt auch hier die Abstufungsregel des § 26 Abs. 2 LVwVG. Danach darf unmittelbarer Zwang nur angewendet werden, wenn Zwangsgeld und Ersatzvornahme nicht zum Erfolg geführt haben oder deren Anwendung untunlich ist. „Untunlich" bedeutet, dass die Anwendung von Zwangsgeld und Ersatzvornahme im konkreten Einzelfall nicht gleich geeignet, also nicht gleich wirksam ist, die Verpflichtung durchzusetzen.[377] Es ist vorliegend nicht ersichtlich, weshalb die Androhung eines nicht unerheblichen Zwangsgeldes von bspw. 1.000,- Euro nicht gleich wirksam sein soll. Die gewährte Frist von 3 Wochen macht deutlich, dass auch genügend Zeit für eine ggf. nötige zweite Zwangsmittelandrohung bleibt. Eine solche gestaffelte Androhung hätte die Behörde bereits in den Ausgangsbescheid aufnehmen können (zB Androhung eines Zwangsgeld iHv 1.000,- Euro für den Fall, dass A den Führerschein nicht innerhalb von 2 Wochen nach Bekanntgabe des VA abgibt, und zusätzlich die Androhung des unmittelbaren Zwangs in Form der Wegnahme für den Fall, dass A den Führerschein nicht innerhalb von 3 Wochen nach Be-   **789**

---

376 Da die Tatbestandsvoraussetzungen nicht vorliegen, ist die Prüfung eigentlich beendet – die Wegnahme-Androhung ist rechtswidrig und durfte nicht erlassen werden. Da bereits die Tatbestandsvoraussetzungen nicht vorliegen, ist bspw. das Ermessen gar nicht eröffnet. In einem Gutachten, das einen Fall unter allen Gesichtspunkten zu beleuchten hat, ist dennoch hilfsgutachtlich weiter zu prüfen (s. als weiteren Grund die Ausführungen in der vorherigen Fußnote).

377 VG Karlsruhe, Beschl. v. 28.4.2021, Az. 3 K 3559/20, juris Rn. 62; *Engelhardt/App/Schlatmann/ Mosbacher*, VwVG/VwZG § 12 Rn. 9 zur vergleichbaren Regelung des Bundes-VwVG.

kanntgabe des VA abgibt).[378] Die Androhung in Ziffer 3 des Bescheids verstößt somit gegen § 26 Abs. 2 LVwVG und ist unverhältnismäßig.[379]

790 cc) **Bestimmtheit.** Die Androhung war bestimmt genug formuliert. Es wurde ein bestimmtes Zwangsmittel angedroht (§ 20 Abs. 3 LVwVG), das sich auch deutlich auf den Herausgabe-VA bezog. Schließlich war auch die Frist hinreichend bestimmt (§ 20 Abs. 1 Satz 2 LVwVG).

3. Formelle Voraussetzungen

791 a) **Zuständigkeit.** Für die Androhung der Vollstreckung ist nach § 4 LVwVG die Behörde sachlich und örtlich zuständig, die den zu vollstreckenden VA erlassen hat, hier das LRA Ortenaukreis.

792 b) **Verfahren.** Die Androhung ist ein belastender VA, deren Regelungswirkung in der Auswahl eines bestimmten Zwangsmittels besteht, sodass § 28 Abs. 1 LVwVfG vom Grundsatz her einschlägig ist. Die Anhörung konnte jedoch nach § 28 Abs. 2 Nr. 5 LVwVfG unterbleiben, da die Zwangsgeldandrohung eine Maßnahme in der Verwaltungsvollstreckung ist.

793 c) **Form.** – aa) **Schriftform.** Die Androhung erfolgte schriftlich nach § 20 Abs. 1 LVwVG.

794 bb) **Begründung.** Nach § 39 Abs. 1 S. 1 LVwVfG ist ein schriftlicher VA zu begründen. Nach dessen S. 3 soll die Behörde bei Ermessensentscheidungen auch die Gesichtspunkte erkennen lassen, von denen sie bei der Ausübung ihres Ermessen ausgegangen ist. Die Behörde muss also nicht nur erkennen lassen, dass sie Ermessen ausgeübt hat, sondern auch wie sie es ausgeübt hat. Hierzu hat sie insb. darzustellen, mit welchen Rechtspositionen und widerstreitenden Interessen sie sich auseinandergesetzt hat und welche Erwägungen dazu geführt haben, bestimmten Gesichtspunkten den Vorrang zu geben.[380] Die bloße Angabe, das Ermessen sei verhältnismäßig ausgeübt worden, genügt diesen Vorgaben nicht. Es liegt damit ein Begründungsmangel vor, der zur formellen Rechtswidrigkeit führt.

Dieser Verfahrensfehler kann nach § 45 Abs. 1 Nr. 2 LVwVfG geheilt und die Begründung durch die Widerspruchsbehörde nachgeholt werden, vgl. § 45 Abs. 2 LVwVfG.[381] Da die Wegnahme-Androhung jedoch bereits aus anderen Gründen rechtswidrig ist, erübrigt sich eine solche Nachholung hier.

795 d) **Zwischenergebnis.** Die Androhung des unmittelbaren Zwangs in Form der Wegnahme ist rechtswidrig.

---

378 S. zur gestaffelten Zwangsmittelandrohung Rn. 166.
379 Eine andere Auffassung ist hier vertretbar. Im Rahmen der eigenen Prüfungskompetenz könnte die Widerspruchsbehörde eine neue – jetzt rechtmäßige – Zwangsmittelandrohung erlassen. Weil hier aber mehrere Fehler vorliegen, erscheint dies nicht angebracht. Es bleibt so der Ausgangsbehörde überlassen, nach Aufhebung der rechtswidrigen Zwangsmittelandrohung eine neue rechtmäßige Androhung zu erlassen.
380 S. nur *Schoch/Schneider*, VwVfG § 39 Rn. 69.
381 So wie auch die Anhörung bei den obigen belastenden Haupt-VA (Entziehung der Fahrerlaubnis und Anordnung zur Herausgabe des Führerscheins) im Widerspruchsverfahren nachgeholt werden kann, s. o.

IV. Verletzung subjektiver Rechte des A

Die Entziehung der Fahrerlaubnis und die Anordnung zur Herausgabe des Führerscheins sind rechtmäßig und verletzen A daher nicht in seinen Rechten. Die Androhung der Wegnahme ist rechtswidrig und verletzt A zumindest in seinem Recht auf allgemeine Handlungsfreiheit nach Art. 2 Abs. 1 GG.

V. Ergebnis

Der zulässige Widerspruch ist unbegründet, soweit er sich gegen die Entziehung der Fahrerlaubnis und gegen die Herausgabeanordnung richtet. Er ist begründet und hat Erfolg, soweit er sich gegen die Androhung des unmittelbaren Zwangs in Form der Wegnahme richtet.

D. Kostengrundentscheidung

Nach § 73 Abs. 3 S. 3 VwGO entscheidet die Widerspruchsbehörde auch über die Kosten des Widerspruchsverfahrens. *Soweit* der Widerspruch *erfolgreich* ist, hat der Rechtsträger der Ausgangsbehörde die Kosten des Verfahrens zu tragen und muss A die zur Rechtsverteidigung entstandenen Aufwendungen erstatten, § 80 Abs. 1 S. 1 LVwVfG.[382] Wenn das LRA als untere Verwaltungsbehörde und damit als staatliche Behörde handelt, ist sein Rechtsträger das Land BW, vgl. § 1 Abs. 3 S. 1 LKrO. Nach der spezialgesetzlichen Regelung in § 52 Abs. 2 LKrO trägt jedoch der Landkreis die Kosten des LRA als untere Verwaltungsbehörde.[383] *Soweit* der Widerspruch *erfolglos* geblieben ist, trägt nach § 80 Abs. 1 S. 3 LVwVfG der Widersprechende die Kosten des Verfahrens.
Der Widerspruch des A war teilweise erfolgreich und teilweise erfolglos. Die Kosten sind demnach aufzuteilen. Eine solche Aufteilung orientiert sich an den Anteilen des Obsiegens und Unterliegens. Es ist zu fragen, in welchem Umfang A obsiegt hat und in welchem Umfang er unterlegen ist. Hierbei zu ermitteln, welchen „Wert" bzw. „welche "Bedeutung" der jeweiligen Entscheidung zukommt. Die Entziehung der Fahrerlaubnis ist die zentrale Hauptentscheidung des Bescheids. Sie war Auslöser des Bescheids und ist rechtmäßig. Aufgrund ihrer Bedeutung macht sie mindestens die Hälfte des Bescheids aus, also 50 %. Der Herausgabe-VA und die Wegnahme-Androhung machen zusammen die weiteren 50 % aus; hier kann jeder VA als gleichwertig angesehen werden, sodass sein Anteil jeweils 25 % am Bescheid beträgt. Danach würde A zu 75 % unterliegen (hinsichtlich der Entziehung der Fahrerlaubnis und des Herausgabe-VAs), während er zu 25 % obsiegt (hinsichtlich der Wegnahme-Androhung). Danach müsste A ¾ und der Landkreis ¼ der Kosten tragen.

---

382 Typische Aufwendungen sind die Anwaltskosten, wovon im Sachverhalt hier jedoch keine Rede war. Die Gebühren und Auslagen eines Rechtsanwalts sind nach § 80 Abs. 3 LVwVfG aber nur erstattungsfähig, wenn seine (Hin-)Zuziehung notwendig war. Ob sie notwendig war, entscheidet die Behörde im Rahmen der Kostenentscheidung, § 80 Abs. 3 S. 2 LVwVfG (s. hierzu auch Fall 9).

383 Es ist hier auch vertretbar, das Land BW als Kostenträger zu wählen.

Aber: Der Widerspruch des A gegen die Entziehung der Fahrerlaubnis und gegen den Herausgabe-VA hat nur deshalb keinen Erfolg, weil der Verfahrensfehler der unterbliebenen Anhörung nach § 45 LVwVfG jeweils geheilt wurde. Nach § 80 Abs. 1 S. 2 LVwVfG trägt in so einem Fall nicht der Widersprechende, sondern der Rechtsträger der Ausgangsbehörde bzw. aufgrund des § 52 Abs. 2 LKrO hier der Landkreis auch insoweit die Kosten des Verfahrens. Der Verfahrensfehler der Behörde wirkt sich so zwar nicht auf die Rechtmäßigkeit der VA, aber auf die Kostenentscheidung aus. Zudem ist die Entziehung der Fahrerlaubnis nur rechtmäßig, weil die Widerspruchsbehörde die Rechtsgrundlage ausgetauscht hat. § 80 Abs. 1 S. 2 LVwVfG ist auf diese Fälle vom Wortlaut her nicht direkt anwendbar, da es sich hierbei um keine Heilung nach § 45 LVwVfG handelt, die Interessenslage ist aber die gleiche. § 80 Abs. 1 S. 2 LVwVfG kann daher in den Fällen der Korrektur von Fehlern durch die Widerspruchsbehörde analog angewendet werden.
Allein der Landkreis hat somit nach § 80 Abs. 1 S. 1 LVwVfG und § 80 Abs. 1 S. 2 LVwVfG (analog) die Kosten des Widerspruchsverfahrens zu tragen und muss A die in diesem Zusammenhang getätigten Aufwendungen erstatten.

E. Gebührenentscheidung[384]

799 Laut Aufgabenstellung erlassen.

---

384 Es geht bei der Gebührenentscheidung nicht um die Kosten des Widerspruchsverfahrens (hierfür gibt es die Kostengrundentscheidung, s. o.), sondern um die Gebühren für den Erlass des Widerspruchsbescheids (da hier nach der Kostengrundentscheidung der Landkreis die Kosten des Widerspruchsverfahrens zu tragen hat, wird der Widerspruchsbescheid im Ergebnis aber gebührenfrei ergehen).

Fall 8 Bitte keine volle Punktzahl!

Lösung Fall 8 – Widerspruchsbescheid

Regierungspräsidium Freiburg

Abteilung ...
... straße ..., ... Freiburg
Zimmer ...
Sachbearbeiter/in ...

Mit Postzustellungsurkunde:

Herr A.
Musterstraße 99
77654 Offenburg

Telefon: ...
Telefax: ...
E-Mail: ...

AZ.: 765 WS/20
Freiburg, 30.10.2020

Widerspruchsverfahren wegen Entziehung der Fahrerlaubnis mit Bescheid des LRA Ortenaukreis vom 17.08.2020

Sehr geehrter Herr A,

es ergeht folgender

(Randbemerkung: Da der Widerspruch teilweise keinen Erfolg hat, ist er „im Übrigen" zurückzuweisen.)

Widerspruchsbescheid:

1. Ziffer 3 des Bescheids des Landratsamtes vom 17.08.2020 wird aufgehoben. Im Übrigen wird Ihr Widerspruch zurückgewiesen.

2. Der Ortenaukreis trägt die Kosten des Widerspruchsverfahrens.

(Randbemerkung: Beachte: Nur aufgrund der Ausnahme des § 80 Abs. 1 S. 2 LVwVfG!)

3. Diese Entscheidung ergeht gebührenfrei.

Begründung:

I. Sachverhalt

Sie sind Inhaber eines Führerscheins der Klasse B, der Ihnen vom Landratsamt Ortenaukreis am 10.05.2012 erteilt wurde.

Aufgrund folgender Verkehrsverstöße haben Sie derzeit acht Punkte im Fahreignungsregister des Kraftfahrt-Bundesamtes:

(Randbemerkung: Tatsachen, die zum Ausgangsbescheid geführt haben.)

Tattag	Rechtskräftig seit	Tatbezeichnung	Punkte
11.11.2016	10.03.2017	Sie überschritten die zulässige Höchstgeschwindigkeit innerhalb geschlossener Ortschaften um 46 km/h. Zulässige Geschwindigkeit: 50 km/h. Festgestellte Geschwindigkeit (nach Toleranzabzug): 96 km/h.	2
15.02.2017	20.06.2017	Sie überschritten die zulässige Höchstgeschwindigkeit innerhalb geschlossener Ortschaften um 37 km/h. Zulässige Geschwindigkeit: 50 km/h. Festgestellte Geschwindigkeit (nach Toleranzabzug): 87 km/h.	2

(... weitere Verstöße ...)

Nach dem Erreichen von fünf Punkten hat das Landratsamt Ortenaukreis Sie mit Schreiben vom 11.06.2018, zugestellt am 14.06.2018, schriftlich ermahnt, nach Erreichen von sieben Punkten mit Schreiben vom 20.05.2019, zugestellt am 22.05.2019, schriftlich verwarnt.

800

6. Teil Übungsfälle

> *Regelung des Ausgangsbescheids mit Art + Tag der Bekanntgabe. Hier: Verfahrensfehler erwähnen.*

Das Landratsamt Ortenaukreis hat mit Bescheid vom 17.08.2020 die Ihnen am 10.05.2012 erteilte Fahrerlaubnis entzogen (Ziffer 1 des Bescheids), die Herausgabe des Führerscheins angeordnet (Ziffer 2 des Bescheids) und für den Fall, dass Sie den Führerschein nicht innerhalb von drei Wochen nach Bekanntgabe des Bescheids bei dem Landratsamt abgegeben, den unmittelbaren Zwang in Form der Wegnahme des Führerscheins durch einen Vollstreckungsbeamten angedroht (Ziffer 3 des Bescheids). Der Bescheid wurde Ihnen als einfacher Postbrief übersandt und am 17.08.2020 zur Post gebracht. Vor Erlass des Bescheids wurden Sie zu den beabsichtigten Maßnahmen nicht angehört.

> *Widerspruch mit Eingangsdatum und den wesentlichen Argumenten des Widersprechenden*

Gegen den Bescheid des Landratsamtes Ortenaukreis vom 17.08.2020 haben Sie mit Schreiben vom 14.09.2020, beim Landratsamt Ortenaukreis zugegangen am 21.09.2020, „Einspruch" eingelegt. Zur Begründung führen Sie an, Sie seien von dem Bescheid völlig überrascht worden und haben keine Gelegenheit erhalten, sich zu der beabsichtigten Entziehung der Fahrerlaubnis zu äußern. Sie versicherten, dass Sie in Zukunft nicht gegen Straßenverkehrsvorschriften verstoßen würden. Außerdem seien Sie auf Ihr Auto angewiesen und baten daher, die Entscheidung nochmals zu überdenken.

II. Rechtliche Gründe

> *Ausführungen zur Zulässigkeit des Widerspruchs grds. nur dann, wenn einzelne Zulässigkeitsvoraussetzungen problematisch sind oder der Widerspruch als unzulässig zurückgewiesen wird. Hier liegt beides nicht vor.*

> *Gesamtergebnis voranstellen*

Ihr Widerspruch ist zulässig und teilweise begründet. Insbesondere ist Ihr „Einspruch" als Widerspruch auszulegen, da Sie sich erkennbar gegen den Bescheid vom 17.08.2020 wenden.

> *Obersatz aus § 113 Abs. 1 S. 1 VwGO*

Der angegriffene Bescheid des Landratsamtes Ortenaukreis vom 17.08.2020 ist rechtmäßig, soweit er in Ziffer 1 die Entziehung der Fahrerlaubnis (siehe hierzu im Folgenden 1.) und in Ziffer 2 die Herausgabe des Führerscheins anordnet (siehe 2.). Der Bescheid ist rechtswidrig, soweit er in Ziffer 3 den unmittelbaren Zwang in Form der Wegnahme des Führerscheins androht (siehe 3.). Soweit er rechtswidrig ist, verletzt er Sie in Ihren Rechten nach § 113 Absatz 1 Satz 1 Verwaltungsgerichtsordnung (im Folgenden VwGO) analog und führt zur Begründetheit Ihres Widerspruchs (siehe 4.).

> *Ausführungen zur Begründetheit des Widerspruchs können wie im Rechtsgutachten aufgebaut werden. Achten Sie aber auf den Bescheid-Stil!*

1.

Die Entziehung der Fahrerlaubnis in Ziffer 1 des Bescheids des Landratsamtes Ortenaukreis vom 17.08.2020 ist rechtmäßig.

Rechtsgrundlage der Entziehung ist § 4 Absatz 5 Satz 1 Nr. 3 Straßenverkehrsgesetz (im Folgenden StVG). Hiernach gilt: Ergeben sich acht oder mehr Punkte im Fahreignungsregister, gilt der Inhaber einer Fahrerlaubnis als ungeeignet zum Führen von Kraftfahrzeugen und die Fahrerlaubnis ist zu entziehen. Dass das Landratsamt mit § 3 Absatz 1 Satz 1 StVG eine andere Rechtsgrundlage gewählt hat, macht die Entziehung nicht rechtswidrig, da diese Maßnahmen gleichermaßen auf die richtige Rechtsgrundlage des § 4 Absatz 5 Satz 1 Nr. 3 StVG gestützt werden kann.

Sie haben nach aktuellem Stand acht Punkte im Fahreignungsregister. Trotz schriftlicher Ermahnung und Verwarnung nach § 4 Absatz 5 StVG haben Sie weitere Verkehrsverstöße begangen, die zu dem Stand von acht Punkten geführt haben. Die in § 4 Absatz 5 StVG aufgeführten Stufen des Maßnahmenkataloges wurden beachtet. Aufgrund der acht Punkte im Fahreignungsregister gelten Sie als ungeeignet zum Führen von Kraftfahrzeugen. Nach § 4 Absatz 5 Satz 1 Nr. 3 StVG ist in so einem Fall die Fahrerlaubnis zwingend zu entziehen. Den zuständigen Behörden ist bei dieser Entscheidung kein Ermessensspielraum eingeräumt. Die Prüfung einer von Ihnen erbetenen Ausnahme scheidet somit von vornherein aus. Auch Ihre Zusage, in Zukunft nicht mehr gegen Straßenverkehrsvorschriften zu verstoßen, kann hieran nichts ändern.

> *Anders als im Gutachten ist es im Widerspruchsbescheid ausreichend, nur die festgestellten formellen Fehler zu erwähnen.*

Die Entziehung der Fahrerlaubnis greift in Ihre Rechte ein. Das Landratsamt Ortenaukreis hätte Sie daher vor Erlass der Entziehung nach § 28 Absatz 1 Verwaltungsverfahrensgesetz für Baden-Württemberg (im Folgenden LVwVfG) anhören müssen. Eine solche Anhörung unterblieb. Dieser Verfahrensfehler kann jedoch nach § 45 Absatz 1 Nr. 3 LVwVfG geheilt und die Anhörung nachgeholt werden, und zwar im Widerspruchsverfahren und sogar noch in einem verwaltungsgerichtlichen Verfahren, § 45 Absatz 2 LVwVfG.

Sie hatten in diesem Widerspruchsverfahren Gelegenheit, sich zu den für die Entscheidung wesentlichen Tatsachen zu äußern, und haben hiervon in Ihrer Widerspruchsbegründung auch

Gebrauch gemacht. Ihre Äußerungen wurden zur Kenntnis genommen und gewürdigt. Der Verfahrensfehler wurde somit geheilt (vgl. BVerwG, Urteil vom 17.08.1982, NVwZ 1983, 284).

Weitere formelle Fehler sind nicht ersichtlich.

2.

Die Anordnung zur Herausgabe des Führerscheins in Ziffer 2 des Bescheids des Landratsamtes Ortenaukreis vom 17.08.2020 ist ebenfalls rechtmäßig.

Rechtsgrundlage für die Abgabe des Führerscheins ist § 3 Absatz 2 Satz 3 StVG. Darin ist geregelt, dass nach der Entziehung der Führerschein der Fahrerlaubnisbehörde abzuliefern oder zur Eintragung der Entscheidung vorzulegen ist.

Nach der wirksamen Bekanntgabe der Entziehung waren Sie daher verpflichtet, Ihren Führerschein dem Landratsamt Ortenaukreis als Fahrerlaubnisbehörde abzuliefern.

Diese Rechtsfolge ist vom Gesetz zwingend angeordnet, der Behörde steht kein Ermessensspielraum zu.

Die unterbliebene Anhörung stellt auch hier einen Verfahrensfehler dar. Die Herausgabeanordnung greift in Ihre Rechte ein, sodass Sie nach § 28 Absatz 1 LVwVfG vor Erlass anzuhören waren. Dieser Verfahrensfehler kann – wie bei der Entziehung soeben ausgeführt – geheilt werden, was mit der Durchführung des Widerspruchsverfahrens geschehen ist.

Weitere Verfahrens- oder Formfehler sind nicht ersichtlich.

3.

Die Androhung des unmittelbaren Zwangs in Form der Wegnahme des Führerscheins durch einen Vollstreckungsbeamten in Ziffer 3 des Bescheids des Landratsamtes Ortenaukreis vom 17.08.2020 ist hingegen rechtswidrig.

Die Androhung der Wegnahme beruht auf § 20 Abs. 1, §§ 28, 2 Verwaltungsvollstreckungsgesetz für Baden-Württemberg (im Folgenden LVwVG). Danach ist die Wegnahme einer beweglichen Sache durch einen Vollstreckungsbeamten im Vorfeld anzudrohen, wenn die Vollstreckungsvoraussetzungen hierfür vorliegen.

Die Vollstreckungsvoraussetzungen liegen hier jedoch nicht vor. Zwar handelt es sich bei der Herausgabeanordnung um einen Verwaltungsakt, der mit der Abgabe des Führerscheins zu einer Handlung verpflichtet und so einen vollstreckungsfähigen Inhalt hat (siehe § 18 LVwVG). Allerdings war dieser Verwaltungsakt nicht vollstreckbar. Ein Verwaltungsakt ist vollstreckbar, wenn er unanfechtbar geworden ist (§ 2 Nr. 1 LVwVG) oder wenn die aufschiebende Wirkung eines Rechtsbehelfs entfällt (§ 2 Nr. 2 LVwVG). Eine Unanfechtbarkeit scheidet aus, da der Verwaltungsakt mit einem Widerspruch angefochten wurde. Aber auch die aufschiebende Wirkung eines Rechtsbehelfs entfällt vorliegend nicht. Wann die aufschiebende Wirkung eines Rechtsbehelfs entfällt, regelt § 80 Absatz 2 Verwaltungsgerichtsordnung (im Folgenden VwGO). Ein Fall nach § 80 Absatz 2 VwGO liegt hier nicht vor. Insbesondere entfällt die aufschiebende Wirkung nicht nach § 4 Absatz 9 StVG. Diese Regelung gilt nur für die Entziehung der Fahrerlaubnis nach § 4 Absatz 5 Nr. 3 StVG und nicht auch für die Herausgabe des Führerscheins. Es bleibt damit bei der grundsätzlichen Regelung, dass Ihr Widerspruch gegen die Herausgabeanordnung aufschiebende Wirkung entfaltet, § 80 Absatz 1 VwGO. Solange die aufschiebende Wirkung besteht, kann die Herausgabe nicht vollstreckt und Ihnen eine Vollstreckung auch nicht angedroht werden. Die Androhung der Wegnahme ist bereits aus diesem Grund rechtswidrig.

Darüber hinaus hat die Behörde das ihr nach § 2 LVwVG eingeräumte Ermessen, ob und wie sie Zwangsmittel anwendet und androht, entsprechend § 40 VwVfG auszuüben und dabei vor allem den Grundsatz der Verhältnismäßigkeit zu beachten (siehe auch § 19 LVwVG).
Hiernach muss die Androhung eines Zwangsmittels zur Erreichung des von ihr angestrebten Zwecks geeignet, erforderlich und angemessen sein.

Die Androhung des unmittelbaren Zwangs in Form der Wegnahme durch einen Vollstreckungsbeamten war unverhältnismäßig. Die Androhung war zwar geeignet, Sie zur Befolgung der Herausgabeanordnung zu bewegen. Sie war allerdings nicht erforderlich, das heißt nicht das mildeste aller gleich geeigneten Mittel (vgl. § 19 Absatz 2 LVwVG). Die Androhung der

Ersatzmaßnahme scheidet aus, da die Herausgabe eine höchstpersönliche Pflicht ist und von der Behörde nicht ersatzweise vorgenommen werden kann. Milder wäre aber die Androhung eines Zwangsgeldes gewesen. Die Wegnahme ist ein besonderer Fall des unmittelbaren Zwangs, was sich bereits aus der gesetzlichen Überschrift vor den §§ 27, 28 LVwLG ergibt. Es gilt damit auch hier die allgemeine Vorgabe des § 26 Absatz 2 LVwVG, wonach unmittelbarer Zwang nur angewendet werden darf, wenn Zwangsgeld und Ersatzvornahme nicht zum Erfolg geführt haben oder deren Anwendung untunlich ist. „Untunlich" bedeutet, dass die Anwendung von Zwangsgeld und Ersatzvornahme im konkreten Einzelfall nicht gleich geeignet, also nicht gleich wirksam sind, die Verpflichtung durchzusetzen. Vorliegend wäre die Androhung eines nicht unerheblichen Zwangsgeldes jedoch gleich geeignet gewesen. Es ist nicht ersichtlich, weshalb eine solche Androhung, gegebenenfalls verbunden mit einer kürzeren Frist, nicht gleich wirkungsvoll gewesen wäre, zumal ein umgehendes Einschreiten nicht erforderlich erschien, was die gewährte Frist von drei Wochen verdeutlicht. Die Androhung verstößt somit gegen § 26 Absatz 2 LVwVG und ist damit unverhältnismäßig.

Darüberhinaus ist die Wegnahme-Androhung nicht ausreichend nach § 39 Absatz 1 LVwVfG begründet. Nach § 39 Absatz 1 Satz 3 LVwVfG soll die Begründung von Ermessensentscheidungen auch die Gesichtspunkte erkennen lassen, von denen die Behörde bei der Ausübung ihres Ermessens ausgegangen ist. Die Behörde muss nicht nur erkennen lassen, dass sie Ermessen ausgeübt hat, sondern auch wie sie es ausgeübt hat. Hierzu hat sie insbesondere darzustellen, mit welchen Rechtspositionen und widerstreitenden Interessen sie sich auseinandergesetzt hat und welche Erwägungen dazu geführt haben, bestimmten Gesichtspunkten den Vorrang zu geben. Die bloße Angabe, das Ermessen sei verhältnismäßig ausgeübt worden, genügt diesen Vorgaben nicht. Es liegt damit ein Begründungsmangel vor, der auch zur formellen Rechtswidrigkeit führt.

Weitere Zuständigkeits-, Verfahrens- oder Formfehler sind nicht ersichtlich.

4.

Soweit der Bescheid des Landratsamtes Ortenaukreis vom 17.08.2020 rechtmäßig ist, verletzt er Sie nicht in Ihren Rechten. Soweit sich Ihr Widerspruch gegen die Entziehung der Fahrerlaubnis und gegen die Herausgabe des Führerscheins richtet, ist er somit unbegründet.

Soweit der Bescheid des Landratsamtes Ortenaukreis vom 17.08.2020 rechtswidrig ist, verletzt er Sie in Ihren Rechten. Soweit sich Ihr Widerspruch gegen die Androhung des unmittelbaren Zwangs in Form der Wegnahme des Führerscheins richtet, ist er daher begründet.

III. Kostenentscheidung

Nach § 73 Absatz 3 Satz 3 VwGO haben wir über die Kosten des Widerspruchsverfahrens zu entscheiden.

> Für die Kosten- wie auch für die Gebühren- entscheidung empfiehlt sich aus Gründen der Übersichtlichkeit jeweils eine eigene Ziffer.

Soweit Ihr Widerspruch erfolgreich ist, trägt nach § 80 Absatz 1 Satz 1 LVwVfG der Rechtsträger des Landratsamtes beziehungsweise nach § 52 Absatz 2 Landkreisordnung der Ortenaukreis die Kosten des Widerspruchsverfahrens.

Soweit Ihr Widerspruch erfolglos geblieben ist, hat nach § 80 Absatz 1 Satz 3 LVwVfG grundsätzlich der Widersprechende die Kosten des Verfahrens zu tragen. Ihr Widerspruch ist hier allerdings nur deshalb erfolglos geblieben, weil die unterbliebene Anhörung nach § 45 LVwVfG geheilt und die Entziehung der Fahrerlaubnis im Widerspruchsverfahren auf die richtige Rechtsgrundlage gestützt werden konnte. Es findet daher § 80 Absatz 1 Satz 2 in Verbindung mit Satz 1 LVwVfG (entsprechend) Anwendung, wonach auch insoweit der Ortenaukreis die Kosten zu tragen hat.

> Unterscheiden Sie die Kosten- von der Gebühren- entscheidung! Die Gebühr fällt für Erlass des Widerspruchs- bescheids an. Mit Kosten sind die Kosten des Widerspruchs- verfahrens (Anwaltskosten etc.) gemeint.

Der Ortenaukreis trägt danach insgesamt die Kosten des Widerspruchsverfahrens.

IV. Gebühr für den Widerspruchsbescheid

Die Gebührenentscheidung beruht auf...

Rechtsbehelfsbelehrung:

Gegen den Bescheid des Landratsamtes Ortenaukreis vom 17.08.2020 in Gestalt dieses Widerspruchsbescheids kann innerhalb eines Monats nach Zustellung beim Verwaltungsgericht Freiburg, Habsburgerstraße 103, 79104 Freiburg im Breisgau Klage erhoben werden.

Mit freundlichen Grüßen

... *Unterschrift Sachbearbeiter* ...

Fall 9 Keine Höhle

Verpflichtungswiderspruch – Gutachten und Widerspruchsbescheid

Sachverhalt

Abwandlung von Fall Nr. 4 „Die gefährliche und laute Höhle"

801 Die Stadt Heidelberg lehnt den Antrag von S auf Erteilung der Gaststättenerlaubnis für den Kellerclub „Die Höhle" mit Schreiben vom 30.1.2019 ab. Dieses Schreiben wird S per PZU am 31.1.2019 um 10.00 Uhr zugestellt, und zwar durch Einlegung in den Briefkasten, da niemand zuhause war. Die Stadt Heidelberg begründet die Ablehnung damit, dass S vor ca. neun Jahren einen Strafbefehl des Amtsgerichts Heidelberg mit einer Geldstrafe von 15 Tagessätzen wegen einfacher Körperverletzung (§ 223 StGB) aufgrund einer Schlägerei in seiner alten Gaststätte erhalten habe und deshalb unzuverlässig iSv § 4 Abs. 1 S. 1 Nr. 1 GastG sei.

S ist außer sich. Nach dem Gespräch mit Z und M vom 25.1.2019 hat er sich im Hinblick auf die Lärmproblematik bereits einen Lautstärkenbegrenzer angeschafft und nun erhält er eine Ablehnung. Da er von Verwaltungsrecht keine Ahnung hat, schaltet er den hierauf spezialisierten Rechtsanwalt Gerold H (H) ein. Dieser fertigt am 28.2.2019 ein Widerspruchsschreiben an, welches er noch am selben Tag um 21.00 Uhr in den Briefkasten am Rathaus der Stadt Heidelberg einwirft. Zur Begründung führt H im Wesentlichen an, dass S diese schon neun Jahre zurückliegende Tat heute nicht mehr vorgehalten werden könne. Ansonsten sei S strafrechtlich nicht in Erscheinung getreten (was zutreffend ist).

Aufgabe[385]

Prüfen Sie gutachtlich, ob der Rechtsbehelf Aussicht auf Erfolg hat. Gehen Sie dabei auch auf die zuständige Widerspruchsbehörde ein.
Entwerfen Sie einen Widerspruchsbescheid.

Bearbeitungshinweise

- Dem Fall sind alle Tatsachen und Geschehnisse aus Fall 4 zugrunde zu legen – da sich S aber einen Lautstärkenbegrenzer angeschafft hat, kann die Lärmproblematik außer Betracht bleiben (nicht aber die Problematik hinsichtlich der Breite der Spindeltreppe).
- Rechtsanwalt H hat dem Widerspruch die schriftliche Bevollmächtigung zur Vertretung des S beigefügt.
- Gebührenfragen sind nicht zu prüfen.
- Die Rechtsbehelfsbelehrung unter der Ablehnung hatte folgenden Wortlaut: „Gegen diesen Bescheid können Sie innerhalb eines Monats ab Bekanntgabe Widerspruch bei der Stadt Heidelberg einlegen."

---

385 In einer Klausur wird sich die Aufgabenstellung idR nicht auf ein Gutachten *und* einen Bescheid beziehen, sondern es wird entweder ein Gutachten *oder* ein Bescheidentwurf verlangt.

Fall 9 Keine Höhle

Lösung Fall 9 – Gutachten

Vorüberlegung
Zunächst ist die zuständige Widerspruchsbehörde zu prüfen (A.). Der Widerspruch des S hat Aussicht auf Erfolg, wenn er zulässig (B.) und begründet (C.) ist. Die Widerspruchsbehörde hat auch über die Kosten zu entscheiden (D.).

A. Zuständige Widerspruchsbehörde, § 73 Abs. 1 S. 2 VwGO

Die Stadt Heidelberg handelte nach § 1 Abs. 1 GastVO iVm § 15 Abs. 1 Nr. 2 LVG als untere Verwaltungsbehörde. Aufgaben der unteren Verwaltungsbehörde sind gem. § 15 Abs. 2 LVG Weisungsaufgaben (und somit keine Selbstverwaltungsangelegenheiten). Die zuständige Widerspruchsbehörde richtet sich daher nach § 73 Abs. 1 S. 2 Nr. 1 VwGO.
Bei Weisungsaufgaben ist nach § 73 Abs. 1 S. 2 Nr. 1 VwGO die nächsthöhere Behörde Widerspruchsbehörde. Nächsthöhere Behörde ist nach § 1 Abs. 8 GastVO als Fachaufsichtsbehörde das Regierungspräsidium. Zuständig ist das Regierungspräsidium Karlsruhe, da Heidelberg im Regierungsbezirk Karlsruhe liegt (§ 12 Abs. 2 LVG).

B. Zulässigkeit des Widerspruchs

I. Eröffnung des Verwaltungsrechtswegs

Mangels einer aufdrängenden Sonderzuweisung ist § 40 Abs. 1 S. 1 VwGO analog anzuwenden. Hiernach ist der Verwaltungsrechtsweg eröffnet, wenn es sich um eine öffentlich-rechtliche Streitigkeit handelt, die nichtverfassungsrechtlicher Art ist. Eine Streitigkeit ist öffentlich-rechtlich, wenn die streitentscheidenden Normen zum öffentlichen Recht gehören, dh sich zwingend an einen Träger hoheitlicher Gewalt richten und ihn zum Verwaltungshandeln berechtigen oder verpflichten. Die Ablehnung beruht auf dem Gaststättengesetz, welches dem öffentlichen Recht zuzurechnen ist. Eine öffentlich-rechtliche Streitigkeit liegt vor. Da keine Verfassungsorgane beteiligt sind, handelt es sich auch um eine nichtverfassungsrechtliche Streitigkeit. Eine abdrängende Sonderzuweisung ist nicht gegeben. Der Verwaltungsrechtsweg ist nach § 40 Abs. 1 S. 1 VwGO analog eröffnet.

> **Tipp:** Das GastG gehört eindeutig zum öffentlichen Recht, was in einem kurzen Satz festgestellt werden kann. § 4 GastG berechtigt/verpflichtet die nach Landesrecht zuständige Behörde, eine Erlaubnis zu erteilen. § 4 GastG richtet sich so eindeutig an einen Träger der öffentlichen Gewalt und berechtigt/verpflichtet ihn zu einem hoheitlichen Handeln.

II. Statthaftigkeit

Nach § 68 Abs. 2 iVm Abs. 1 VwGO ist der Verpflichtungswiderspruch der richtige und damit statthafte Rechtsbehelf, wenn S den Erlass eines zuvor abgelehn-

ten VA erreichen will. S möchte – über seinen Rechtsanwalt – mit seinem Widerspruch erreichen, dass ihm die gaststättenrechtliche Erlaubnis erteilt wird, die die Stadt Heidelberg als Ausgangsbehörde abgelehnt hat. Der Erlass der Erlaubnis ist ein VA iSd. § 35 Abs. 1 LVwVfG. S möchte mit seinem Widerspruch den Erlass dieses ihn begünstigenden VA erreichen. Nach § 68 Abs. 2 VwGO ist damit der Verpflichtungswiderspruch der richtige Rechtsbehelf.
Eine Ausnahme nach § 68 Abs. 2 iVm Abs. 1 S. 2 VwGO ist nicht gegeben.

III. Widerspruchsbefugnis

806 S ist nach § 42 Abs. 2 VwGO analog widerspruchsbefugt, wenn er durch die Ablehnung der Gaststättenerlaubnis in eigenen Rechten verletzt sein kann. Dies ist dann der Fall, wenn er möglicherweise einen Anspruch auf den abgelehnten VA oder zumindest einen Anspruch auf ermessensfehlerfreie Entscheidung hat. Ein solcher Anspruch darf zumindest nicht von vornherein offensichtlich ausgeschlossen sein.
Liegt kein Versagungsgrund nach § 4 Abs. 1 S. 1 GastG vor, hat S als Antragsteller aus dieser Vorschrift einen Anspruch auf Erteilung der Gaststättenerlaubnis. Eine rechtswidrige Ablehnung würde ihn in diesem Recht verletzen. Können die Versagungsgründe erst durch den Erlass von Nebenbestimmungen ausgeräumt werden, hat S zumindest einen Anspruch auf ermessensfehlerfreie Neubescheidung über den Erlass der Gaststättenerlaubnis mit Nebenbestimmungen. Es ist nicht von vornherein offensichtlich ausgeschlossen, dass S trotz des Strafbefehls (aufgrund der großen Zeitspanne und geringen Schwere der Tat) und trotz des Problems mit der Spindeltreppe einen solchen Anspruch auf Erteilung einer Gaststättenerlaubnis bzw. auf ermessensfehlerfreie Neubescheidung haben kann.
S ist somit nach § 42 Abs. 2 VwGO analog widerspruchsbefugt.

IV. Frist

807 Der Widerspruch vom 28.2.2019 müsste fristgerecht eingelegt worden sein.

1. Länge der Frist

808 Der Ablehnung der Gaststättenerlaubnis war eine ordnungsgemäße Rechtsbehelfsbelehrung nach § 37 Abs. 6 LVwVfG, § 58 Abs. 1 VwGO beigefügt. Die Frist beträgt nach § 70 Abs. 1 VwGO einen Monat.

> **Tipp:** Die Rechtsbehelfsbelehrung (s. Bearbeitungsvermerk) enthielt alle notwendigen Angaben nach § 37 Abs. 6 LVwVfG bzw. § 58 Abs. 1 VwGO: Rechtsbehelf = Widerspruch, Frist = einen Monat ab Bekanntgabe, Behörde und Sitz = Stadt Heidelberg. Die genaue Adresse und Hinweise zur Form des Widerspruchs sind keine zwingenden Bestandteile.

2. Tag der Bekanntgabe

809 Die Frist beginnt mit der Bekanntgabe der Ablehnung (= VA). Diese erfolgte hier durch Zustellung mittels PZU nach § 41 Abs. 5 LVwVfG, § 3 LVwZG. Nach

§ 3 Abs. 2 LVwZG gelten für die Ausführung der Zustellung die §§ 177 ff. ZPO. Da in der Wohnung des Adressaten niemand anwesend war, erfolgte die Zustellung ersatzweise durch Einlegung in den Briefkasten gem. § 180 S. 1 ZPO. Gem. § 180 S. 2 ZPO gilt die Ablehnung mit der Einlegung als zugestellt. Tag der Bekanntgabe war demnach der 31.1.2019.

3. Berechnung des Fristendes

Nach §§ 79, 31 Abs. 1 LVwVfG iVm § 187 Abs. 1, § 188 Abs. 2 Fall 1 BGB[386] endet die Frist grds. mit Ablauf des Tages, der mit seiner Tageszahl dem Tag der Bekanntgabe entspricht. Nach § 188 Abs. 3 BGB ist dies vorliegend – da der 31.02. nicht existiert – der 28.2.2019 (ein Donnerstag). Die Frist kann bis zum Ablauf des letzten Tages (24.00 Uhr) ausgeschöpft werden (weshalb es unerheblich ist, dass Bekanntgabe um 10.00 Uhr und Widerspruchseinlegung um 21.00 Uhr war).

4. Ergebnis

Da H den Widerspruch am 28.2.2019 in den Briefkasten der Ausgangsbehörde (s. § 70 Abs. 1 S. 1 VwGO, hier die Stadt Heidelberg) eingeworfen hat, wurde die Widerspruchsfrist eingehalten.

V. Form

S hat den Widerspruch über seinen Anwalt schriftlich und damit formgerecht nach § 70 Abs. 1 S. 1 VwGO eingelegt.

VI. Ergebnis

Der Widerspruch ist zulässig.

C. Begründetheit des Widerspruchs

Nach § 113 Abs. 5 S. 1 VwGO analog ist der Widerspruch begründet, soweit die Ablehnung des Verwaltungsakts (Gaststättenerlaubnis) rechtswidrig war und der Widersprechende dadurch in seinen Rechten verletzt ist.

I. Rechtswidrigkeit

Die Ablehnung ist rechtswidrig, wenn S einen Anspruch auf die gaststättenrechtliche Erlaubnis hat.

1. Rechtsgrundlage

Rechtsgrundlage (Anspruchsgrundlage) für die Erteilung der Gaststättenerlaubnis ist § 1 LGastG iVm § 4 Abs. 1 S. 1 iVm § 2 GastG.

---

386 Nach a. A. § 57 Abs. 2 VwGO, § 222 Abs. 1 ZPO, § 187 Abs. 1, § 188 Abs. 2 Fall 1 BGB.

2. Materielle Voraussetzungen

817 a) Tatbestandsvoraussetzungen. – aa) Anwendbarkeit des GastG und Erlaubnispflicht. Bei dem Kellerclub „Die Höhle" handelt es sich aufgrund des Ausschanks alkoholhaltiger Getränke im Club um ein erlaubnispflichtiges Gaststättengewerbe (Schankwirtschaft) nach § 1 Abs. 1 Nr. 1, § 2 GastG.

> **Tipp:** Da hier – wie dem Ausgangsfall zu entnehmen ist – keine Bedenken bestehen und auch von keinem Beteiligten Bedenken geäußert wurden, können die Ausführungen im Rahmen einer Widerspruchsprüfung kurz und knapp ausfallen.

818 bb) Kein Versagungsgrund nach § 4 Abs. 1 S. 1 Nr. 1 GastG. Zu untersuchen ist, ob S die für den Kellerclub erforderliche Zuverlässigkeit besitzt. Dies wurde von der Stadt Heidelberg verneint.
Unzuverlässig ist, wer nach dem Gesamteindruck seines bisherigen Verhaltens nicht die Gewähr dafür bietet, in Zukunft die für das Gaststättengewerbe geltenden Regelungen einzuhalten. Im vorliegenden Fall ist keine der in § 4 Abs. 1 S. 1 Nr. 1 GastG aufgezählten Regelbeispiele für Unzuverlässigkeit erfüllt. Allerdings hat S einen Strafbefehl wegen einfacher Körperverletzung im Rahmen einer Schlägerei in seiner ehemaligen Gaststätte erhalten und somit gezeigt, dass er die für einen ordnungsgemäßen Gaststättenbetrieb relevanten Regeln nicht immer einhält. Auch Geschehnisse aus der Vergangenheit können die auf die Zukunft gerichtete Unzuverlässigkeit begründen. Allerdings liegt die Tat schon neun Jahre zurück, es handelt sich „nur" um eine einfache Körperverletzung, die mit einer Geldstrafe von lediglich 15 Tagessätzen belegt wurde und S ist ansonsten strafrechtlich nicht in Erscheinung getreten. Daher kann aus diesem einmaligen und nun schon lange zurückliegenden Verhalten – auch wenn es einen direkten Bezug zum Gaststättenbetrieb hat – nicht darauf geschlossen werden, dass er seinen Kellerclub in Zukunft nicht entsprechend der einschlägigen Regelungen betreibt.
S besitzt somit die erforderliche Zuverlässigkeit, der Versagungsgrund ist nicht einschlägig und die Ablehnung der Stadt Heidelberg aus diesem Grund rechtswidrig.

> **Tipp:** Ob S sein Ziel, die Erteilung der beantragten Gaststättenerlaubnis erreicht, hängt aber davon ab, ob auch die weiteren Voraussetzungen vorliegen – nur dann hat er einen entsprechenden Anspruch. Diesen Anspruch prüft die Widerspruchsbehörde unabhängig von etwaigen Ausführungen der Ausgangsbehörde. Die Widerspruchsbehörde hat grds. eine eigene umfassende Prüfungskompetenz. Vorliegend ist daher weiter zu prüfen, ob alle Voraussetzungen für den Erlass der Gaststättenerlaubnis – inklusive der Zweckmäßigkeit einer Ermessensentscheidung – gegeben sind. Wie die Ausgangsbehörde untersucht die Widerspruchsbehörde dabei auch, ob eine fehlende Tatbestandsvoraussetzung bzw. das Vorliegen eines Versagungsgrundes durch den Erlass einer Nebenbestimmung ausgeräumt werden kann.

Fall 9 Keine Höhle   819–822

cc) **Kein Versagungsgrund nach § 4 Abs. 1 S. 1 Nr. 2 GastG wegen des unzureichenden zweiten Rettungswegs.** Zu den Anforderungen an die Beschaffenheit der zum Betrieb bestimmten Räume gehören auch, dass ausreichend ausgestattete Rettungswege vorhanden sind, um die körperliche Unversehrtheit und das Leben der Gäste und Beschäftigten zu schützen. Aufgrund der lediglich 60 cm breiten Spindeltreppe als zweiter Rettungsweg ist dies hier im Hinblick auf den 150 Personen fassenden Kellerclub „Die Höhle" nicht der Fall, sodass der Versagungsgrund vorliegt.   819

Zu prüfen ist, ob dieser Versagungsgrund durch eine aufschiebende Bedingung mit dem Inhalt, dass vor Eröffnung des Kellerclubs die Spindeltreppe auf 100 cm zu verbreitern ist, ausgeräumt werden kann. Ob S die Treppe tatsächlich auf 100 cm verbreitert, ist ungewiss, sodass die aufschiebende Bedingung nach § 36 Abs. 2 Nr. 2 LVwVfG grds. möglich ist.

(1) **Rechtsgrundlage der aufschiebenden Bedingung.** Als Rechtsgrundlage kommt § 36 Abs. 1 Alt. 2 LVwVfG in Betracht.   820

(2) **Tatbestandsvoraussetzungen aufschiebende Bedingung.** Bei der Gaststättenerlaubnis handelt es sich um einen gebundenen VA (Hintergrund: § 1 GewO, Art. 12 GG) und damit um einen „Verwaltungsakt, auf den ein Anspruch besteht" iSd § 36 Abs. 1 LVwVfG.   821

Wie oben ausgeführt, liegt ein Versagungsgrund vor. Die aufschiebende Bedingung soll sicherstellen, dass die gesetzlichen Voraussetzungen an den zweiten Rettungsweg zumindest in Zukunft erfüllt werden (§ 36 Abs. 1 Alt. 2 LVwVfG).

(3) **Rechtsfolge aufschiebende Bedingung.** § 36 Abs. 1 LVwVfG räumt der Behörde Ermessen ein („darf"). Die Ausübung des Ermessens richtet sich nach § 40 LVwVfG. Die Behörde hat hierbei insb. die gesetzlichen Grenzen des Ermessens und dabei vor allem den aus Art. 20 Abs. 3 GG abgeleiteten Grundsatz der Verhältnismäßigkeit zu beachten. Danach muss die aufschiebende Bedingung geeignet, erforderlich und angemessen sein.   822

(a) Geeignet ist sie, wenn sie tauglich ist, den angestrebten Zweck zu erreichen oder zumindest zu fördern. Mit der aufschiebenden Bedingung wird erreicht, dass S die Verbreiterung der Spindeltreppe auf 100 cm vor Eröffnung der Gaststätte ausführen muss und somit der Schutz der Gäste und der Beschäftigten von Anfang an gewährleistet ist.

(b) Erforderlich ist die aufschiebende Bedingung, wenn sie von allen gleich geeigneten Mitteln das mildeste darstellt. In Betracht käme auch der Erlass einer Auflage. Diese wäre milder, da mit einer Auflage die Erlaubnis sofort innerlich wirksam wäre und S die Gaststätte somit sofort eröffnen könnte. Das Vorhandensein ausreichender Rettungswege ist jedoch im Hinblick auf den Schutz der Gäste und der Beschäftigten von so grundlegender Bedeutung, dass darauf während des Betriebs des Kellerclubs nicht verzichtet werden kann. Die Spindeltreppe muss daher vor der erstmaligen Inbetriebnahme des Clubs verbreitert werden. Dies kann mit dem Erlass einer Auflage nicht erreicht werden, weshalb diese nicht gleich geeignet ist.

Milder, da günstiger, wäre auch eine Verbreiterung auf lediglich 90 cm. Da 100 cm aber mindestens notwendig sind, um ausreichend Rettungsmöglichkeiten für 150 Personen zu bieten und bei geringerer Maximalbesucherzahl sich der Club für S finanziell nicht mehr rentiert, ist eine solche Verbreiterung nicht gleich geeignet.

Die aufschiebende Bedingung, die Spindeltreppe auf 100 cm zu verbreitern, ist somit erforderlich.

(c) Die aufschiebende Bedingung, die Spindeltreppe auf 100 cm zu verbreitern, ist auch angemessen, wenn die für S damit verbundenen Nachteile nicht erkennbar außer Verhältnis zu den Vorteilen für die Allgemeinheit stehen. Der Schutz der Gäste und der Beschäftigten vor den erheblichen Gefahren bei Unglücksfällen für Leib und Leben (Art. 2 Abs. 2 GG) ist höher zu gewichten als der Eingriff in die freie Berufsausübung (Art. 12 GG) und die finanzielle Belastung des S.

823 (4) **Ergebnis.** Der Versagungsgrund kann durch eine aufschiebende Bedingung ausgeräumt werden.

824 dd) **Keine weiteren Versagungsgründe nach § 4 Abs. 1 S. 1 GastG.** Nach dem Bearbeitungshinweis spielt insb. die Lärmproblematik keine Rolle mehr und der Unterrichtsnachweis der IHK liegt laut Sachverhalt vor. Weitere Versagungsgründe sind daher nicht ersichtlich.

825 b) **Rechtsfolge. – aa) Adressat.** S ist als Antragsteller der richtige Adressat der Erlaubnis.

826 bb) **Ermessen.** Nach dem Wortlaut des § 4 Abs. 1 GastG ist die Erlaubnis nur bei Vorliegen mindestens einer der in § 4 Abs. 1 S. 1 GastG genannten Gründe zu versagen. Liegen keine Versagungsgründe vor, besteht vor dem Hintergrund der Berufsfreiheit nach Art. 12 GG und der Gewerbefreiheit nach § 1 GewO prinzipiell ein Anspruch auf Erlaubnis.

Hier stellt aber erst eine Nebenbestimmung sicher, dass die Tatbestandsvoraussetzungen erfüllt werden. Wenn nun aber schon der Erlass der einzelnen Nebenbestimmungen im Ermessen der Behörde steht, liegt es erst recht in ihrem Ermessen, ob sie im Rahmen einer Gesamtschau die Erlaubnis mit Nebenbestimmung sofort erlässt, abwartet bis alle/einige Voraussetzungen erfüllt sind oder die Erlaubnis ablehnt. Welche dieser drei Möglichkeiten die Behörde wählt, hat sie im Rahmen ihrer Ermessensentscheidung zu treffen. Diese Kompetenz steht grds. auch der Widerspruchsbehörde zu. Sie hat ihre Ermessensentscheidung unter Beachtung des § 40 LVwVfG und des Grundsatzes der Verhältnismäßigkeit als gesetzliche Grenze zu treffen, was insb. von Art, Inhalt und Anzahl der Nebenbestimmungen sowie vom Interesse des Antragstellers an einer frühzeitigen Erteilung abhängt.

Vorliegend sind wesentliche Tatbestandsvoraussetzungen erfüllt, sodass offensichtlich kein substanzloser Antrag vorliegt. Da außerdem lediglich eine Nebenbestimmung angefügt wird und S die Erlaubnis als Sicherheit für die Bank schon jetzt benötigt, erscheint die sofortige Erteilung mit Nebenbestimmung als die mildeste aller Möglichkeiten und ist der aufgrund der Verhältnismäßigkeit gebotene Weg.

827 c) **Ergebnis.** Die materiellen Voraussetzungen für den sofortigen Erlass der Gaststättenerlaubnis liegen vor.

3. Formelle Voraussetzungen

Auf Seiten der Widerspruchsbehörde bestehen keine Bedenken im Hinblick auf ausgeschlossene Personen oder Besorgnis der Befangenheit. Die Gaststättenerlaubnis ist nach § 3 Abs. 4 GastVO schriftlich zu erteilen.

> **Tipp:** Da rein formelle Fehler im Ablehnungs-VA nicht zu einem Anspruch des Widersprechenden auf Erlass des beantragten VA und daher auch nicht zur Begründetheit des Widerspruchs führen können, ist der Ablehnungs-VA nicht auf formelle Fehler hin zu überprüfen. Es müssen aber alle formellen Voraussetzungen für den Erlass des begehrten VA vorliegen, ansonsten hat der Bürger keinen Anspruch auf den begehrten VA. Es ist ausreichend, wenn an dieser Stelle nur einzelne Besonderheiten des jeweiligen Falls angesprochen werden.

II. Verletzung subjektiver Rechte des S

Durch die rechtswidrige Ablehnung der beantragten Gaststättenerlaubnis ist S in seinem Anspruch auf ermessensfehlerfreie Neubescheidung verletzt.

III. Ergebnis

Der Widerspruch ist auch begründet.

D. Kostengrundentscheidung

Nach § 73 Abs. 3 S. 3 VwGO entscheidet die Widerspruchsbehörde auch über die Kosten des Widerspruchsverfahrens. Da hier der Widerspruch des S erfolgreich ist, hat die Stadt Heidelberg die Kosten des Verfahrens zu tragen und muss S die zur Rechtsverteidigung entstandenen Aufwendungen erstatten, § 80 Abs. 1 S. 1 LVwVfG.

Fraglich ist, ob hierunter auch die Kosten des Rechtsanwalts H fallen. Die Kosten für einen Rechtsanwalt sind erstattungsfähig, wenn seine (Hin)Zuziehung notwendig war, § 80 Abs. 2 LVwVfG. Nach § 80 Abs. 3 S. 2 LVwVfG bestimmt die Kostenentscheidung auch, ob die Zuziehung eines Rechtsanwalts notwendig war. Maßgebend ist hierbei, ob sich ein vernünftiger Bürger mit gleichem Bildungs- und Erfahrungsstand bei der gegebenen Sachlage eines Rechtsanwalts bedient hätte. Ein wesentlicher Anhaltspunkt ist, ob der Schwerpunkt des Streits eher im rechtlichen oder im tatsächlichen Bereich liegt. Vorliegend geht es um die rechtliche Frage, ob der unbestimmte Rechtsbegriff der „Unzuverlässigkeit" gegeben ist oder nicht. Der vernünftige Bürger, der so wie S keine rechtliche Vorbildung hat, kann diese Frage nicht selbst beantworten und hätte sich daher eines Rechtsanwalts bedient. Die Hinzuziehung des Rechtsanwalts war daher notwendig und dessen Kosten sind erstattungsfähig.

Tipp: Da nach § 73 Abs. 3 S. 3 VwGO die Widerspruchsbehörde im Widerspruchsbescheid zwingend über die Kostentragung zu entscheiden hat, ist hierauf auch in einer Klausur immer einzugehen, unabhängig davon, ob dies in der Fallfrage ausdrücklich angesprochen wurde. Wenn ein Rechtsanwalt eingeschaltet war, umfasst die Kostenentscheidung gem. § 80 Abs. 3 S. 2 LVwVfG zudem immer auch die Feststellung, ob die Hinzuziehung des Rechtsanwalts notwendig war oder nicht.

Fall 9 Keine Höhle

Lösung Fall 9 – Widerspruchsbescheid

Regierungspräsidium Karlsruhe

Abteilung ...
... Straße ..., ... Karlsruhe
Zimmer ...
Sachbearbeiter/in ...

Zwingende Zustellung an Rechtsanwalt nach § 7 Abs. 1 S. 2 LVwZG.	**Mit Postzustellungsurkunde:** Herr Rechtsanwalt Gerold H. 69177 Heidelberg

Telefon: ...
Telefax: ...
E-Mail: ...

Az.: 568 WS/19
Freiburg, 22.04.2019

Widerspruchsverfahren wegen Ablehnung der gaststättenrechtlichen Erlaubnis mit Bescheid der Stadt Heidelberg vom 30.01.2019
Widersprechender: Herr Björn S., Krämergasse 22, 69117 Heidelberg

Sehr geehrter Herr Rechtsanwalt H,

es ergeht folgender

Widerspruchsbescheid:

1. Der Ablehnungsbescheid der Stadt Heidelberg vom 30.01.2019 wird aufgehoben. Dem Widersprechenden wird auf seinen Antrag vom 09.01.2019 die Erlaubnis zum Betrieb des Kellerclubs „Die Höhle" (Schankwirtschaft mit Tanzfläche) in den Kellerräumen (90 qm) der Krämergasse 22 in Heidelberg erteilt.

    Alternativ könnte die Widerspruchsbehörde die Stadt Heidelberg auch verpflichten, die beantragte Erlaubnis mit aufschiebender Bedingung zu erteilen.

2. Diese Erlaubnis ergeht unter der Nebenbestimmung, dass der in Ziffer 1 genannte Club erst eröffnet und in Betrieb genommen werden darf, wenn die Spindeltreppe aus dem Kellergeschoss auf 100 cm verbreitert wurde (aufschiebende Bedingung).

3. Die Stadt Heidelberg trägt die Kosten des Widerspruchsverfahrens. Die Zuziehung eines Rechtsanwalts war notwendig.

4. Diese Entscheidung ergeht gebührenfrei.

Begründung:

I. Sachverhalt

Mit Schreiben vom 09.01.2019 stellte der Widersprechende einen Antrag auf „Genehmigung" des Tanzclubs „Die Höhle" im Kellergeschoss des Gebäudes Krämergasse 22 in Heidelberg. Die Räume haben eine Größe von 90 qm, bieten eine kleine Fläche zum Tanzen und können eine maximale Besucherzahl von 150 Personen aufnehmen. Der Widersprechende möchte kein Essen anbieten, sondern lediglich alkoholische und nicht alkoholische Getränke ausschenken. Geöffnet werden soll der Club nicht vor 22.00 Uhr. Mit dem Antrag wurden u.a. Bau- und Lagepläne, eine Kopie des Personalausweises, ein Führungszeugnis, ein Auszug aus dem Gewerbezentralregister sowie ein Unterrichtungsnachweis der IHK über die Teilnahme an der Unterrichtung über lebensmittel- und hygienerechtliche Bestimmungen vorgelegt.

Tatsachen, die für den Erlass der Erlaubnis wesentlich sind und ...

Den vorgelegten Bau- und Lageplänen ist zu entnehmen, dass die als notwendiger zweiter Rettungsweg vorgesehene Spindeltreppe vom Kellergeschoss in das Erdgeschoss nur eine Breite von 60 cm hat. Nach Auffassung des Amts für Brand- und Katastrophenschutz ist bei der vorgesehenen Besucherzahl von maximal 150 Personen eine Breite von mindestens 100 cm erforderlich;

bei 60 cm müsste die Besucherzahl auf 50 Personen beschränkt werden. Eine Verbreiterung der Spindeltreppe auf 100 cm ist technisch möglich.
In einem Gespräch am 25.01.2019 gab der Widersprechende gegenüber Vertretern der Stadt Heidelberg an, dass er die Probleme beheben wolle und die Erlaubnis möglichst bald benötige, da seine Hausbank dies zur Voraussetzung für die Kreditvergabe mache. Eine Verbreiterung der Treppe auf 100 cm sei ihm gerade noch möglich, eine Verbreiterung auf 90 cm sei allerdings deutlich günstiger auszuführen. Bei einer maximalen Besucherzahl von unter 150 Personen würde sich der Club für ihn finanziell nicht mehr rentieren.

> ... Tatsachen, die zur Ablehnung geführt haben.

Der Widersprechende hat vor ca. neun Jahren einen Strafbefehl des Amtsgerichts Heidelberg mit einer Geldstrafe von 15 Tagessätzen wegen einfacher Körperverletzung (§ 223 StGB) erhalten, weil er sich an einer Schlägerei in der damals von ihm betriebenen Gaststätte beteiligt hatte. Ansonsten ist der Widersprechende strafrechtlich nicht in Erscheinung getreten.

> Ablehnungs-VA mit dessen wesentlichen rechtlichen Gründen

Die Stadt Heidelberg lehnte den Antrag des Widersprechenden mit Schreiben vom 30.01.2019, ihm zugestellt am 31.01.2019, mit der Begründung ab, er sei aufgrund des Strafbefehls mit einer Geldstrafe von 15 Tagessätzen wegen einfacher Körperverletzung vor neun Jahren unzuverlässig und die gaststättenrechtliche Erlaubnis daher zu versagen.

> Widerspruch mit Eingangsdatum und den wesentlichen Argumenten.

Gegen diesen Ablehnungsbescheid legte der Widersprechende über seinen Rechtsanwalt mit Schreiben vom 28.02.2019, der Stadt Heidelberg noch am selben Tag zugegangen, Widerspruch ein. Zur Begründung führt er im Wesentlichen an, diese schon neun Jahre zurückliegende Tat könne ihm heute nicht mehr vorgehalten werden. Auch sei er ansonsten nicht strafrechtlich in Erscheinung getreten.

II. Rechtliche Gründe

> Gesamtergebnis voranstellen

Der Widerspruch ist zulässig und begründet.

> Obersatz aus § 113 Abs. 5 S. 1 VwGO

Die Ablehnung der beantragten gaststättenrechtlichen Erlaubnis ist rechtswidrig (im Folgenden 1.) und verletzt den Widersprechenden in seinen Rechten (im Folgenden 2.), siehe § 113 Absatz 5 Satz 1 Verwaltungsgerichtsordnung (VwGO) analog.

1.

Die Ablehnungsentscheidung der Stadt Heidelberg mit Bescheid vom 30.01.2019 ist rechtswidrig. Der Widersprechende hat einen Anspruch auf ermessensfehlerfreie Neubescheidung.

Rechtsgrundlage der gaststättenrechtlichen Erlaubnis ist § 1 Gaststättengesetz für Baden-Württemberg (LGastG) in Verbindung mit § 4 Absatz 1 Satz 1 und § 2 Gaststättengesetz (GastG). Danach ist für ein erlaubnispflichtiges Gaststättengewerbe eine Erlaubnis zu erteilen, wenn keine Versagungsgründe vorliegen.

a. Bei dem Betrieb des oben genannten Kellerclubs handelt es sich um ein Gaststättengewerbe nach § 1 Absatz 1 Nr. 1 GastG (Schankwirtschaft). Das Gaststättenbewerbe ist nach § 2 Absatz 1 Satz 1 GastG erlaubnispflichtig, es liegt keine Ausnahme nach § 2 Absatz 2 GastG vor.

b. Die Erlaubnis ist nicht nach § 4 Absatz 1 Satz 1 Nr. 1 GastG wegen Unzuverlässigkeit des Widersprechenden zu versagen. Die Ablehnung ist bereits aus diesem Grund rechtswidrig. Die Stadt Heidelberg hat zu Unrecht diesen Versagungsgrund angenommen. Unzuverlässig ist, wer nach dem Gesamteindruck seines bisherigen Verhaltens nicht die Gewähr dafür bietet, in Zukunft die für das Gaststättengewerbe geltenden Regelungen einzuhalten. Der Widersprechende erhielt zwar einen Strafbefehl wegen einfacher Körperverletzung aufgrund einer Schlägerei in seiner ehemaligen Gaststätte und hat somit gezeigt, dass er die für einen ordnungsgemäßen Gaststättenbetrieb relevanten Regeln nicht immer einhält. Die Tat liegt allerdings schon neun Jahre zurück und der Widersprechende ist ansonsten strafrechtlich nicht in Erscheinung getreten. Außerdem handelte es sich „nur" um eine einfache Körperverletzung, die mit einer Geldstrafe von 15 Tagessätzen belegt wurde. Aus diesem einmaligen nun bereits schon recht lange zurückliegenden Verhalten kann daher – auch wenn es einen direkten Bezug zum Gaststättenbetrieb hat – nicht darauf geschlossen werden, dass der Widersprechende sein Gaststättengewerbe in Zu-

Fall 9 Keine Höhle

kunft nicht entsprechend der einschlägigen Regelungen betreiben wird. Auch weitere in § 4 Absatz 1 Satz 1 Nr. 1 GastG für eine Unzuverlässigkeit aufgezählte Regelbeispiele liegen nicht vor.

c. Es liegt allerdings ein Versagungsgrund nach § 4 Absatz 1 Satz 1 Nr. 2 GastG vor, indem nicht ausreichend ausgestaltete Rettungswege vorhanden sind. Die zum Betrieb bestimmten Räume sind somit wegen ihrer Beschaffenheit nicht geeignet, Gäste und Beschäftigte vor Gefahren für die Gesundheit und das Leben zu schützen. Eine lediglich 60 cm breite Spindeltreppe genügt im Hinblick auf den 150 Personen fassenden Kellerclub den Anforderungen an einen zweiten Rettungsweg nicht.

Dieser Versagungsgrund kann jedoch durch eine Nebenbestimmung in Form einer aufschiebenden Bedingung ausgeräumt werden. Bei der Nebenbestimmung „aufschiebende Bedingung" hängt der Eintritt einer Vergünstigung – hier der Erlaubnis – von dem ungewissen Eintritt eines zukünftigen Ereignisses ab (vgl. die Definition in § 36 Absatz 2 Nr. 2 Verwaltungsverfahrensgesetz für Baden-Württemberg, abgekürzt: LVwVfG). Der Widersprechende darf von der Erlaubnis also erst Gebrauch machen, nachdem die Spindeltreppe auf 100 cm verbreitert wurde. Dieser Umstand ist letztlich ungewiss und hängt auch von seinem Verhalten ab.

Rechtsgrundlage für die aufschiebende Bedingung ist § 36 Absatz 1 Alternative 2 LVwVfG. § 36 Absatz 1 LVwVfG findet Anwendung, wenn auf eine Erlaubnis (ein Verwaltungsakt) – so wie vorliegend – ein Anspruch besteht. Nach § 36 Absatz 1 Alternative 2 LVwVfG ist eine Nebenbestimmung zulässig, um sicherzustellen, dass die gesetzlichen Voraussetzungen erfüllt werden. Wie soeben ausgeführt, erfüllt die Spindeltreppe die gesetzlichen Anforderungen an einen zweiten Rettungsweg nicht.

> Prüfungskompetenz der Widerspruchsbehörde erwähnen, insbesondere da sie hier die Erlaubnis selbst erteilt.

§ 36 Absatz 1 LVwVfG räumt der Behörde Ermessen ein, welches wir nach § 40 LVwVfG pflichtgemäß ausgeübt haben. Als Widerspruchsbehörde treffen wir eine eigene Ermessensentscheidung. Die aufschiebende Bedingung ist verhältnismäßig. Sie ist geeignet, die gesetzlichen Voraussetzungen sicherzustellen, indem der Kellerclub erst nach Verbreiterung der Spindeltreppe eröffnen und betrieben werden darf. Sie ist auch erforderlich, da es kein milderes Mittel gibt, welches gleich geeignet ist. Eine Auflage scheidet aus. Diese entfaltet für den Widersprechenden zwar mildere Rechtswirkungen, da er den Club gleich eröffnen und die Spindeltreppe erst im laufenden Betrieb erweitern müsste. Eine Auflage ist jedoch nicht gleich geeignet, die gesetzlichen Voraussetzungen sicherzustellen. Ausreichende Rettungswege sind zum Schutz der Gäste und der Beschäftigten so bedeutend, dass auf sie während des Betriebs des Kellerclubs nicht verzichtet werden kann. Die Spindeltreppe muss daher vor der erstmaligen Inbetriebnahme verbreitert werden, was mit dem Erlass einer Auflage nicht zu erreichen ist. Milder – da kostengünstiger – wäre auch eine Verbreiterung auf lediglich 90 cm. Da aber mindestens 100 cm notwendig sind, um ausreichend Rettungsmöglichkeiten für 150 Personen zu bieten und der Widersprechende bei einer geringeren Maximalbesucherzahl den Club nicht mehr rentabel betreiben kann, erscheint eine solche Verbreiterung ebenfalls nicht gleich geeignet. Die aufschiebende Bedingung ist schließlich auch angemessen. Dem Widersprechenden entstehen durch die Verbreiterung der Treppe keine Nachteile, die erkennbar außer Verhältnis zu den Vorteilen für die Allgemeinheit stehen. Der Schutz der Gäste und der Beschäftigten von den erheblichen Gefahren bei Unglücksfällen für Leib und Leben (Artikel 2 Absatz 2 Grundgesetz) ist höher zu gewichten als der Eingriff in die Berufsausübungsfreiheit (Artikel 12 Grundgesetz) und die damit verbundene finanzielle Belastung.

> Da hier lediglich eine Nebenbestimmung beigefügt wird und deren Verhältnismäßigkeit soeben begründet wurde, kann man sich bei den abschließenden „Gesamt-Ermessenserwägungen" kurz fassen.

d. Der Erlass einer gaststättenrechtlichen Erlaubnis steht nach § 4 GastG nicht im Ermessen der Behörde. Liegen keine Versagungsgründe vor, ist die Erlaubnis zu erteilen. Bestehen allerdings Versagungsgründe, hat die Behörde Ermessen, ob sie diese mit Nebenbestimmungen ausräumt und die Gaststättenerlaubnis sofort erteilt oder ob sie wartet, bis einzelne oder mehrere Voraussetzungen erfüllt sind, oder sie die beantragte Erlaubnis ablehnt. Da hier lediglich ein Versagungsgrund vorliegt, der durch eine aufschiebende Bedingung ausgeräumt werden kann, und der Widersprechende mit Blick auf die anstehenden Kreditverhandlungen sofort eine Gaststättenerlaubnis benötigt, ist der sofortige Erlass mit aufschiebender Bedingung verhältnismäßig. Er ist insbesondere erforderlich, da er gegenüber einer Ablehnung das mildere gleich geeignete Mittel darstellt.

2.

Die rechtswidrige Ablehnungsentscheidung der Stadt Heidelberg vom 30.01.2019 verletzt den Widersprechenden in seinem Recht auf ermessensfehlerfreie Neubescheidung.

III. Kostenentscheidung

Nach § 73 Absatz 3 Satz 3 VwGO haben wir über die Kosten des Widerspruchsverfahrens zu entscheiden.

Da der Widerspruch erfolgreich ist, hat die Stadt Heidelberg die Kosten des Verfahrens zu tragen und muss dem Widersprechenden die zur Rechtsverteidigung entstandenen Aufwendungen erstatten, § 80 Absatz 1 Satz 1 LVwVfG.

Zu den erstattungsfähigen Aufwendungen zählen auch die Kosten, die durch die Beauftragung eines Rechtsanwalts entstanden sind, da dessen Zuziehung für das Widerspruchsverfahren notwendig war, § 80 Absatz 2 und Absatz 3 Satz 2 LVwVfG. Ob die Zuziehung eines Rechtsanwalts notwendig ist, richtet sich danach, ob ein vernünftiger Bürger mit gleichem Bildungs- und Erfahrungsstand bei der gegebenen Sachlage einen Rechtsanwalt beauftragt hätte. Ein wesentlicher Anhaltspunkt ist hierbei, ob der Schwerpunkt des Streits eher im rechtlichen oder im tatsächlichen Bereich liegt. Vorliegend geht es um die rechtliche Frage, ob der unbestimmte Rechtsbegriff der „Unzuverlässigkeit" gegeben ist oder nicht. Der vernünftige Bürger kann diese rechtliche Frage in der Regel nicht selbst beantworten und hätte sich eines Rechtsanwalts bedient. Die Zuziehung des Rechtsanwalts war daher notwendig.

> Für die Kosten- wie auch für die Gebührenentscheidung empfiehlt sich aus Gründen der Übersichtlichkeit ein eigenständiger Gliederungspunkt.

IV. Gebühr für den Widerspruchsbescheid

Die Gebührenentscheidung beruht auf ...

Rechtsbehelfsbelehrung:

Gegen diesen Widerspruchsbescheid kann innerhalb eines Monats nach Zustellung Klage beim Verwaltungsgericht Karlsruhe, Nördliche Hildapromenade 1, 76133 Karlsruhe erhoben werden.

Mit freundlichen Grüßen

... Unterschrift Sachbearbeiter ...

Stichwortverzeichnis

Die Zahlen beziehen sich auf die fortlaufenden Randnummern.

A
Abfallbegriff – Fall 2 500
Abfallrechtl. Entfernungs- und Überlassungsanordnung – Fall 2 498 f., 509
Abhilfe *siehe Widerspruchsverfahren – Abhilfeverfahren*
Abhilfebescheid
- erstmalige Beschwer 305 ff., 350
Adressat 41 ff.
- Adressatenauswahl 47 f.
- Adressatenauswahl – Fall 2 (abfallrechtl. Entfernungs- und Überlassungss-VA) 509
- Antragsteller 226
- Nichtstörer 45
- Verhaltensstörer 43
- Zustandsstörer 44
Adressatentheorie 313
Akteneinsicht 103
Allgemeinverfügung
- personenbezogene 83
- Verkehrszeichen 38
Ampel 38
Analogie 38
- Ampel 38
- Verkehrszeichen 38
Androhung von Zwangsmitteln 142 ff.
- Abgrenzung vom Ordnungswidrigkeits-/Bußgeldverfahren 143
- Adressat 161
- allgemeine Vollstreckungsvoraussetzungen 150, 153 ff.
- Androhung der Ersatzvornahme 401
- Androhung von unmittelbarem Zwang 402
- Androhung von unmittelbarem Zwang – Fall 3 580 ff.
- Androhung von Zwangsgeld 398 f.
- Androhung von Zwangsgeld – Fall 2 534
- Androhung von Zwangsgeld – Fall 3 592
- Anhörung entbehrlich 173
- Anwendung von unmittelbarem Zwang – Fall 7 730
- Arten der Vollstreckung 142
- Arten von Zwangsmitteln 144

- auf Vorrat 168, 400
- Begründung 174, 430
- Bekanntgabe 174
- besondere Vollstreckungsvoraussetzungen 150, 159
- Bestimmtheit 164
- eigenständiger belastender VA 150
- Ermessen 162
- Ersatzvornahme 147
- Form 174
- formelle Voraussetzungen 172 ff.
- für jeden Fall der Zuwiderhandlung 168, 399 f.
- Gegenstand der Vollstreckung 142
- gestaffelte Androhung 166
- materielle Voraussetzungen 153 ff.
- nach dem Polizeigesetz 145
- nach dem Polizeigesetz – Fall 3 581 ff.
- nach dem Polizeigesetz – Fall 7 730
- nachträgliche – Fall 5 677
- nicht möglich bei rechtsgestaltenden VA – Fall 1 470, 492
- Rechtmäßigkeit des Haupt-VA 153
- Rechtsbehelfsbelehrung 174
- Rechtsgrundlage 151
- schriftlich 174
- spezialgesetzliche Vorschriften 145
- Tenor 394 ff.
- unmittelbarer Zwang 148
- Verfahren 173
- Vollstreckbarkeit 155
- Vollstreckungshindernisse 158
- vollstreckungsrechtliches Trennungsprinzip 153
- Vorgehen der Behörde nach ergebnisloser Androhung 550
- wirksamer Haupt-VA mit vollstreckungsfähigem Inhalt 153
- zusammen mit Haupt-VA 149
- Zuständigkeit 172
- Zwangsgeld 146
- Zwangshaft 146
- Zweck der Vollstreckung 143
Anfechtungsklage
- aufschiebende Wirkung 123 ff.
Anfechtungswiderspruch *siehe Widerspruch – Anfechtungswiderspruch*

377

Stichwortverzeichnis

Angehöriger 97
Anhörung
- anderer Behörden/Stellen 100
- bei Ablehnung eines begünstigenden VA 234
- Beteiligter 105, 234
- entbehrlich 105, 234
- vor Erlass von Nebenbestimmungen 234
- vor Erlass von Nebenbestimmungen – Fall 4 642
- vor Erlass von Nebenbestimmungen – Fall 5 667
Anordnung der sofortigen Vollziehung 123 ff.
- Antrag nach § 80 Abs. 4 VwGO auf Aussetzen der Vollziehung 139
- Antrag nach § 80 Abs. 5 VwGO auf Anordnung der aufschiebenden Wirkung 139, 433 f.
- Antrag nach § 80 Abs. 5 VwGO auf Wiederherstellung der aufschiebenden Wirkung 139, 433
- Begründung 138, 428
- bei abfallrechtl. Entfernungs- und Überlassungs-VA – Fall 2 527
- bei Aufenthaltsverbot und Meldeauflage – Fall 3 573
- bei Rücknahme eines VA 265
- bei Widerruf eines VA 265
- Bekanntgabe 140
- fehlerhafte Begründung 429
- Form 138 ff.
- Formelle Voraussetzungen 136 ff.
- Materielle Voraussetzungen 129 ff.
- nachträgliche – Fall 5 671
- nicht erforderlich bei Anordnung kraft Gesetzes – Fall 1 469, 491
- Rechtsbehelfsbelehrung 139, 433
- Tenor 393
- Verfahren 137
- Zuständigkeit 136
Anspruchsgrundlage siehe Rechtsgrundlage
Antragsteller 226
Aufenthaltsverbot – Fall 3 553 ff.
Auflage siehe Nebenbestimmungen – Auflage
Auflagenvorbehalt siehe Nebenbestimmungen – Auflagenvorbehalt
Aufschiebende Bedingung siehe Nebenbestimmungen – Bedingung, aufschiebende
Aufschiebende Wirkung siehe Widerspruch – aufschiebende Wirkung
- Widerspruch 5

Ausgeschlossene Personen 97
- Fall 4 641
- Fall 6 713
Auskunftsrecht 104
Auslegung 33 ff.
- Auslegungsmethoden 35 f.

B
Bedingung siehe Nebenbestimmungen – Bedingung
Befangenheit 98
Befristung siehe Nebenbestimmungen – Befristung
Begründung
- Androhung von Zwangsmitteln 430
- Anordnung der sofortigen Vollziehung 428
- Aufbau 414, 420 ff.
- Begründungspflicht 414
- begünstigender VA 235
- entbehrlich 109, 235
- Ermessensentscheidungen 427
- Ermessenserwägungen 109
- Gebührenentscheidung 431
- Haupt-VA 421 ff.
- nicht ausreichende – Fall 8 794
- Recht auf Begründung 414
- rechtliche Gründe 420 ff.
- Sachverhalt 418 f.
- Sprache 416
- wesentliche tatsächliche und rechtliche Gründe 109
Beispielsfall häusliche Gewalt siehe Häusliche Gewalt-Fall
Bekanntgabe 115 ff.
- Beweislast 117
- durch einfachen Brief 117
- Einschreiben durch Übergabe 117
- Einschreiben mit Rückschein 117
- Postzustellungsurkunde 117
- Wirksamkeitsvoraussetzung 115
- Zustellung 116 ff.
Berufung 5
Bescheid
- Androhung von Zwangsmitteln 430
- Anordnung der sofortigen Vollziehung 428
- Aufbau 384 ff.
- Ausgangsbescheid 383
- Begriff 381 f.
- Begründung 414 ff.
- Begründung, nicht ausreichende – Fall 8 794
- Begründungspflicht 414

378

Stichwortverzeichnis

- Bescheidstil 14, 422
- Bestimmtheitsgrundsatz 389, 410 ff.
- bürgernahe Sprache 416
- Einleitung 385 f.
- Ermessenserwägungen 421, 427
- Fall 1 (Entzug der Fahrerlaubnis) 495
- Fall 2 (abfallrechtl. Entfernungs- und Überlassungs-VA) 549
- Fall 3 (Aufenthaltsverbot und Meldeauflage) 603
- Fall 4 (Gaststättenerlaubnis mit Nebenbestimmungen) 649
- Fall 5 (nachträgliche Anordnung der sofortigen Vollziehung und Androhung von Zwangsgeld) 687
- Fall 6 (Rücknahme einer Zuschussgewährung und Rückforderung erbrachter Leistungen) 726
- Fall 7 (Kostenbescheid) 750
- Fall 8 (Anfechtungswiderspruch) 800
- Fall 9 (Verpflichtungswiderspruch) 833
- Fehlerfreiheit 417
- Gliederung 384
- Grußformel 435
- Haupt-VA 421 ff.
- interne Bearbeitungsvermerke 436
- persönliche Ansprache 385, 391, 419
- rechtliche Begründung 420 ff.
- Rechtsbehelfsbelehrung 432 f.
- Rechtsgrundlage 421, 423
- Sachverhalt 418 f.
- Subsumtion 425
- Tatbestandsvoraussetzungen 421, 424
- Tenor 388 ff., 393
- Unterschrift/Nameswiedergabe 435
- Verhältnismäßigkeitsgrundsatz 421, 427
- Widerspruchsbescheid 437 ff.
- Zustellung an Rechtsanwalt/Bevollmächtigten 387

Bescheid-Qualitäts-Management
- Selbstkontrolle der Verwaltung 415

Bescheidstil 31, 422

Bescheidtechnik
- bürgernahe Sprache 416

Besitzer *siehe Zustandsstörer*

Bestimmtheit
- einer Gaststättenerlaubnis – Fall 4 636
- einer Meldeauflage – Fall 3 568
- einer Sondernutzungserlaubnis – Fall 5 665
- eines abfallrechtl. Entfernungs- und Überlassungs-VA – Fall 2 516
- eines Aufenthaltsverbots – Fall 3 557

Bestimmtheitsgrundsatz 78 ff., 229

Beteiligte 92
Beteiligtenfähigkeit 93
- GbR 657, 667
- im Widerspruchsverfahren 327

Betreuer 43

BGB-Gesellschaft *siehe GbR*

D

Drei-Personen-Verhältnis
- Begründetheit – Verletzung subjektiver Rechte 341 ff., 367 ff.
- erstmalige Beschwer im Abhilfebescheid 305 ff., 350
- erstmalige Beschwer im Widerspruchsbescheid 305 ff., 350
- Statthaftigkeit des Widerspruchs 301
- Widerspruchsbefugnis 312 ff., 355 ff.

Drittschützende Norm *siehe Widerspruch – drittschützende/nachbarschützende Norm*

Drittwiderspruch *siehe Widerspruch – Drei-Personen-Verhältnis*

Duldungsverfügung 76

E

Effektivität der Gefahrenabwehr 48
Eigentümer *siehe Zustandsstörer*
Eilvollstreckung 182
- Abgrenzung von der unmittelbaren Ausführung 188

Einschreiben
- durch Übergabe 117
- mit Rückschein 117

Einvernehmen
- anderer Behörden/Stellen 100

Eltern *siehe Personensorgeberechtigte*
Erhebliche Gefahr 39
Erlaubnisfähigkeit *siehe Genehmigungsfähigkeit*
Erlaubnispflicht *siehe Genehmigungspflicht*
Erledigung *siehe Verwaltungsakt – Erledigung*
- eines VA 153, 299

Ermächtigungsgrundlage *siehe Rechtsgrundlage*

Ermessen 51 ff.
- Auswahlermessen 54
- Begründung von Ermessensentscheidungen 427
- Entschließungsermessen 54
- Ermessensfehlgebrauch 57, 334
- Ermessensnichtgebrauch 56, 334
- Ermessensreduzierung auf Null 68
- Ermessensüberschreitung 58, 334

379

Stichwortverzeichnis

- Ermessensunterschreitung *siehe Ermessensnichtgebrauch*
- Fall 2 (abfallrechtl. Entfernungs- und Überlassungs-VA) 510
- Fall 3 (Aufenthaltsverbot) 556
- Fall 3 (Meldeauflage) 567
- Fall 4 (beg. VA – Gesamtschau bei mehreren Nebenbestimmungen) 635
- Fall 5 (Sondernutzungserlaubnis) 658
- Fall 6 (Rücknahme einer Zuschussgewährung) 706
- gesetzliche Grenzen 58 ff.
- Heranziehungsdefizit 57
- Nebenbestimmungen 227
- pflichtgemäßes – § 40 LVwVfG 55 ff., 227
- sachfremde Erwägungen 57
- Tatsachenfehler 57

Ermessensgrenze
- EU-Recht 61
- Grundrechte 60
- im angewendeten Gesetz 59
- Verhältnismäßigkeitsgrundsatz 62 ff.

Ermessensreduzierung auf Null 68
Ersatzvornahme 147, *siehe auch Androhung von Zwangsmitteln*

F
Fahrrad 13
Fall „Häusliche Gewalt" *siehe Häusliche Gewalt-Fall*
Fall „KfZ-Stellplatz" *siehe KfZ-Stellplatz-Fall*
Form
- Begründung 109 f., 235
- Bekanntgabe 115
- Formzwang/Formwahl 107 f., 232
Formelle Voraussetzungen 85 ff., 232 ff.
- Anhörung 105, 234
- ausgeschlossene Personen 96 f.
- Befangenheit 98
- Begründung 109
- begünstigender VA 232 ff.
- Bekanntgabe 115 ff.
- Beteiligte 92
- Beteiligtenfähigkeit 93
- Form 107 ff.
- Handlungsfähigkeit 94
- Mitwirkung anderer Behörden/Stellen 100
- nicht-förmliches Verfahren 91
- Rechte der Beteiligten 102 ff.
- Rechtsbehelfsbelehrung 111 ff.
- Verfahren 91 ff.

- Zuständigkeit, örtliche 89
- Zuständigkeit, sachliche 87 f.

G
Gaststättenerlaubnis – Fall 4 606 ff.
GbR – Beteiligtenfähigkeit 657, 667
Gebühr
- Fall 1 472, 493
- Gebührenbescheid 382
- Gebührenentscheidung 176 ff., 409
- Gebührensatzung 178
- Gebührenverordnung 178
- Gebührenverzeichnis 178
- Widerspruchsbescheid 378
Gebundene Entscheidung 51 ff.
- Fall 1 (Entzug der Fahrerlaubnis) 453, 479
- Fall 6 (Rückforderung erbrachter Leistungen nach Rücknahme) 720
Gefahr 39
Gefahrenabwehr, Effektivität 48
Gefahrenschwelle, polizeiliche 43
Gefährliche Hunde 9, 65 ff., 334
Gehweg 653
Genehmigungsfähigkeit 214, 218
Genehmigungspflicht 214, 218
Generalklausel 24 f.
Gerichtsbarkeiten 290
Gewerbe – Begriff 608
Gutachtenstil 13, 30, 422

H
Handlungsfähigkeit 94
- im Widerspruchsverfahren 327
Häusliche Gewalt-Fall 15, 26, 37, 39, 50, 69, 77, 79, 90, 95, 99, 101, 106, 108, 110, 114, 120 ff., 128, 135 ff., 140 f., 152, 160 f., 163, 171, 174 f., 179
Höchstpersönliche Handlung *siehe unvertretbare Handlung*

I
Inhaltsbestimmungen *siehe Nebenbestimmungen – Abgrenzung zu Inhaltsbestimmungen*

K
Kampfhunde 9
KfZ-Stellplatz-Fall 211, 213, 218, 222, 231, 235
Kostenbescheid 382
- Beispiel – Fall 7 750
- im Vollstreckungsverfahren 183 ff.

Stichwortverzeichnis

- im Vollstreckungsverfahren – Fall 7 728 ff.
- nach unmittelbarer Ausführung 190

L
Legaldefinition 33
Lösungsskizze 11 ff.
- Beispiel – Fall 1 474
- Beispiel – Fall 2 497

M
Materielle Voraussetzungen 27 ff., 214, 218 f.
- Rechtsfolge 40 ff.
- Tatbestandsvoraussetzungen 28 ff., 214, 218 f.
Meldeauflage – Fall 3 562 f., 566
Mitwirkung anderer Behörden/Stellen 100

N
Nachbarschützende Norm *siehe drittschützende/nachbarschützende Norm*
Nachbarwiderspruch *siehe Widerspruch – Drei-Personen-Verhältnis*
Nebenbestimmungen 193 ff.
- Abgrenzung Auflage – aufschiebende Bedingung 209
- Abgrenzung zu Inhaltsbestimmungen 208
- Abgrenzung zu rechtlichen Hinweisen 208
- Arten 198 ff.
- Auflage 203 ff., 209, 407
- Auflage – Fall 4 620 f.
- Auflage – Fall 5 659
- Auflagenvorbehalt 203, 206, 408
- Auflagenvorbehalt – Fall 4 626 f.
- Bedeutung 193 f.
- Bedingung 200 f., 405
- Bedingung, auflösende 201
- Bedingung, aufschiebende 201, 209
- Bedingung, aufschiebende – Fall 4 614 f.
- Befristung 199, 404
- Prüfung 219 ff.
- Rechtsgrundlagen 195 f.
- Tenor 403 ff.
- Widerrufsvorbehalt 202, 406
Nicht-förmliches Verfahren 91
Nichtigkeit *siehe Verwaltungsakt – Nichtigkeit*
Nichtstörer 45

P
Personensorgeberechtigte 43
Pflichtiger *siehe Störer*
Polizeiliche Gefahrenschwelle 43
Postzustellungurkunde 117, 119 f.
Präklusion, materielle 310
Prüfungsschema
- begünstigender VA 191
- belastender VA 1

R
Rechtsanwalt
- Erstattungsfähigkeit von Rechtsanwaltskosten 375 ff.
Rechtsbehelfsbelehrung 111 ff., 432 f.
- bei begünstigenden VA 235
- falsche, fehlende 111
- Formulierungsbeispiel 113
- Mindestangaben 112
- Rechtmäßigkeitsvoraussetzung 111
- Vollständigkeit 113
Rechtsfolge 21, 40 ff.
- Adressat 41 ff., 226
- Bestimmtheit 78 ff., 229
- Ermessen 51, 54 ff., 227
- Gebundene Entscheidung 51 ff.
- Soll-Entscheidung 51, 53
- Unmöglichkeit 70 ff., 228
Rechtsgrundlage 16 ff., 212
- Abgrenzung von anderen Normen 23
- Aufbau 19 ff.
- Ermessen 21
- Generalklausel 24 f.
- Rechtsfolge 21
- Rechtsfolge – Ermessen 21
- Rechtsfolge – sachlicher Inhalt 21, 24 f.
- speziellere (lex specialis) 25
- Tatbestandsvoraussetzung 20
- Vorbehalt des Gesetzes 16, 212
Reformatio in peius *siehe Widerspruch – reformatio in peius*
Regelentscheidung *siehe Soll-Entscheidung*
Revision 5
Rückforderung erbrachter Leistungen nach Rücknahme/Widerruf 267 ff.
- Fall 6 717 ff.
Rücknahme
- Anordnung der sofortigen Vollziehung 265
- im Rechtsbehelfsverfahren 257, 259
- keine Vollstreckung 266
- rechtswidriger begünstigender VA auf Geldleistung/teilbare Sachleistung 256

381

Stichwortverzeichnis

- rechtswidriger begünstigender VA in sonstigen Fällen 258
- rechtswidriger belastender VA 255
- Rückforderung erbrachter Leistungen 267 ff.
- Wiederaufgreifen des Verfahrens 270 ff.
Rücknahme eines VA
- Fall 6 690 ff.
- Rechtsgrundlagen 249 ff.

S
Sachverhalt 418 f.
Schutznormtheorie 314, 357
Selbstverwaltungsangelegenheiten 286
Sofortige Vollziehung *siehe Anordnung der sofortigen Vollziehung*
Soll-Entscheidung 51, 53
Sondernutzungserlaubnis – Fall 5 651 f., 657
Stellungnahme
- anderer Behörden/Stellen 100
Störer 42 ff.
- Verhaltensstörer 43
- Zustandsstörer 44
Subsumtion 13 f., 29 ff., 422
- Bescheidstil 14, 31, 422
- Fall 2 (abfallrechtl. Entfernungs- und Überlassungs-VA) 499, 509 f.
- Gutachtenstil 13, 30
- Kurzsubsumtion 32
Subvention 256

T
Tatbestandsvoraussetzungen 20, 28 ff., 214, 218 f.
- alternativ 28
- Auslegung 33 ff.
- kumulativ 28
Tenor 388 ff., 393
- Androhung von Zwangsmitteln 394 ff.
- Anordnung der sofortigen Vollziehung 393
- Gebührenentscheidung 409
- Haupt-VA 390 ff.
- Nebenbestimmungen 403 ff.

U
Unbeteiligte Person *siehe Nichtstörer*
Unmittelbare Ausführung 188 ff.
Unmittelbarer Zwang 148, *siehe auch Androhung von Zwangsmitteln*
Unmöglichkeit 70 ff., 228
- rechtliche, straf-/bußgeldrechtliche 75
- rechtliche, zivilrechtliche 76

- tatsächliche, objektiv 72
- tatsächliche, subjektiv 73
Untere Verwaltungsbehörde 88
Unvertretbare Handlung 146 ff., 159, 163, 401 f.
Unzuverlässigkeit – Begriff 613, 818

V
Verfahren 91 ff.
- Akteneinsichtsrecht 103
- Anhörung 105, 234
- Antrag auf Erlass eines begünstigenden VA 234
- ausgeschlossene Personen 96 f.
- Befangenheit 98
- Beteiligte 92, 234
- Beteiligtenfähigkeit 93
- Handlungsfähigkeit 94
- Mitwirkung anderer Behörden/Stellen 100
- Rechte der Beteiligten 102 ff.
- Verfahrensarten bei Erlass eines begünstigenden VA 234
Verhaltensstörer 43
Verhältnismäßigkeit 62 ff., 427
- Angemessenheit 67
- Erforderlichkeit 66
- Fall 2 (abfallrechtl. Entfernungs- und Überlassungs-VA) 510
- Fall 3 (Aufenthaltsverbot) 556
- Fall 3 (Meldeauflage) 567
- Fall 4 (beg. VA – Gesamtschau bei mehreren Nebenbestimmungen) 635
- Fall 5 (Sondernutzungserlaubnis) 658
- Fall 6 (Rücknahme einer Zuschussgewährung) 706
- Geeignetheit 65
Verkehrszeichen 38
Verpflichtungswiderspruch *siehe Widerspruch – Verpflichtungswiderspruch*
Verrichtungsgehilfe 43
Vertretbare Handlung 73, 146 f., 159, 162, 401, 430, 586, 681, 737
Verursacher *siehe Verhaltensstörer*
Verwaltungsakt
- Aufhebung 245 ff.
- begünstigender 191 ff.
- Bekanntgabe 3 f.
- belastender 1 ff.
- Bestandskraft 6
- Erledigung 245 ff.
- Nebenbestimmungen *siehe Nebenbestimmungen*
- Nichtigkeit 4, 245, 337

Stichwortverzeichnis

- Prüfungsschema – begünstigender 191
- Prüfungsschema – belastender 1
- Rücknahme 245 ff.
- Unanfechtbarkeit 6
- Widerruf 245 ff.
- Widerspruch 5
- Wirksamkeit 4, 245 ff.
Verwaltungsverfahren
- Ablauf 3 ff.
- Begriff 3
Vollstreckbarkeit eines VA *siehe Androhung von Zwangsmitteln* – *Vollstreckbarkeit*
Vollstreckung *siehe Androhung von Zwangsmitteln*
- Durchführung 180 f.
- Eilvollstreckung 182
Vollstreckungsrechtliches Trennungsprinzip 153, 185
Vorbehalt des Gesetzes 16, 212
Vorüberlegungen
- Fall 1 (Entzug der Fahrerlaubnis) 449 f.
Vorüberlegungen bei der Fallbearbeitung 9 f.
- Verhältnismäßigkeitsgrundsatz 9
Vorverfahren *siehe Widerspruchsverfahren*

W
Wegnahme 148
- als Form des unmittelbaren Zwangs 789
Weisungsaufgaben 286 ff.
Widerruf
- Anordnung der sofortigen Vollziehung 265
- begünstigender VA auf Geldleistung/teilbare Sachleistung auch mit Wirkung für die Vergangenheit 263
- begünstigender VA mit Wirkung für die Zukunft 261
- im Rechtsbehelfsverfahren 262, 264
- keine Vollstreckung 266
- rechtmäßiger belastender VA 260
- Rückforderung erbrachter Leistungen 267 ff.
- Wiederaufgreifen des Verfahrens 270 ff.
Widerruf eines VA
- Rechtsgrundlagen 249 ff.
Widerrufsvorbehalt *siehe Nebenbestimmungen* – *Widerrufsvorbehalt*
Widerspruch
- Adressatentheorie 313, 757
- Anfechtungswiderspruch 277, 284 ff.
- aufschiebende Wirkung 5, 123 ff.

- Begründetheit Anfechtungswiderspruch 328 ff.
- Begründetheit Anfechtungswiderspruch – Fall 8 764 ff.
- Begründetheit Verpflichtungswiderspruch 361 ff., 365
- Begründetheit Verpflichtungswiderspruch – Fall 9 814 ff.
- Beteiligtenfähigkeit 327
- Drei-Personen-Verhältnis 301, 305 ff., 312 ff., 341 ff., 350, 355 ff., 367 ff.
- drittschützende/nachbarschützende Norm 314, 341 ff., 357, 367 ff.
- Eröffnung des Verwaltungsrechtswegs 290 ff., 346
- Eröffnung des Verwaltungsrechtswegs – Fall 8 754
- Eröffnung des Verwaltungsrechtswegs – Fall 9 804
- falsche Rechtsgrundlage im Ausgangsbescheid 332
- falsche Rechtsgrundlage im Ausgangsbescheid – Fall 8 766
- Fehler bei den formellen Voraussetzungen 336 ff., 772, 794
- Fehler bei den materiellen Voraussetzungen im Ausgangsbescheid 333
- Form 323 ff., 359
- Frist 315 ff., 358
- Frist – Fall 8 758
- Frist – Fall 9 807
- Gebührenentscheidung 378
- Handlungsfähigkeit 327
- Heilung einer unterbliebenen Anhörung – Fall 8 772
- Heilung von Verfahrens- und Formfehlern 336 ff.
- Hinzuziehung eines Rechtsanwalts – Fall 9 832
- Hinzuziehung eines Rechtsanwalts/Bevollmächtigten 375 ff.
- Kosten 340
- Kostengrundentscheidung 371 ff.
- Kostengrundentscheidung – Fall 8 798
- Kostengrundentscheidung – Fall 9 831
- Möglichkeitstheorie 310, 353, 757
- Nachbarwiderspruch *siehe Widerspruch* – *Drei-Personen-Verhältnis*
- Nebenentscheidungen 371 ff.
- nicht erforderlich 302 ff., 350
- Prüfungsschema 273
- reformatio in peius 308, 334
- Schutznormtheorie 314, 357
- Selbstverwaltungsangelegenheiten 286

Stichwortverzeichnis

- sonstige Zulässigkeitsvoraussetzungen 327, 360
- Statthaftigkeit Anfechtungswiderspruch 297 ff.
- Statthaftigkeit Anfechtungswiderspruch – Fall 8 755
- Statthaftigkeit Verpflichtungswiderspruch 347 ff.
- Statthaftigkeit Verpflichtungswiderspruch – Fall 9 805
- Unbeachtlichkeit formeller Fehler 338
- Verletzung subjektiver Rechte des Widersprechenden 341 ff., 366 ff.
- Verpflichtungswiderspruch 277, 345 ff.
- Weisungsaufgaben 288
- Widerspruchsbefugnis Anfechtungswiderspruch 309 ff.
- Widerspruchsbefugnis Anfechtungswiderspruch – Fall 8 757
- Widerspruchsbefugnis Verpflichtungswiderspruch 352 ff.
- Widerspruchsbefugnis Verpflichtungswiderspruch – Fall 9 806
- Widerspruchsbehörde 284 ff., 345, 753, 803
- Widerspruchsbescheid – Form 380
- Zulässigkeit 290 ff., 346 ff.
- Zulässigkeit – Fall 8 754 f., 757
- Zulässigkeit – Fall 9 804 ff.

Widerspruchsbehörde 284, 345, 753, 803
- Prüfungskompetenz 282 f., 308, 334 f.

Widerspruchsbescheid 437 ff.
- Begründung 443 ff., 447
- Beispiel – Fall 8 800
- Beispiel – Fall 9 833
- erstmalige Beschwer 305 ff., 350
- Form 380
- Gebühr 378
- Kostengrundentscheidung 371 ff.
- Kostengrundentscheidung – Fall 8 798
- Kostengrundentscheidung – Fall 9 831
- rechtliche Gründe 443, 445
- Sachverhalt 443 f.
- Tenor 438 ff.
- Tenor – Widerspruch erfolglos 440
- Tenor – Widerspruch erfolgreich 441
- Tenor – Widerspruch teilweise erfolgreich 442

Widerspruchsverfahren
- Abhilfebescheid 279
- Abhilfeverfahren 278 f.
- Ablauf 278 ff.
- Anhörung 379
- Bedeutung 274 ff.
- entfällt 302 ff., 350
- Gebührenentscheidung 378
- Heilung von Verfahrens- und Formfehlern 336 ff.
- Hinzuziehung eines Rechtsanwalts – Fall 9 832
- Hinzuziehung eines Rechtsanwalts/Bevollmächtigten 375 ff.
- Kosten 340
- Kostengrundentscheidung 371 ff.
- Kostengrundentscheidung – Fall 8 798
- Kostengrundentscheidung – Fall 9 831
- Nebenentscheidungen 371 ff.
- Prüfungskompetenz der Widerspruchsbehörde 282 f., 308, 334 f.
- reformatio in peius 308, 334
- Unbeachtlichkeit formeller Fehler 338
- Vorverfahren 275
- Widerspruchsbehörde 284, 345, 753, 803
- Widerspruchsbescheid 280
- Widerspruchsbescheid – Form 380

Widmung 655
Wiederaufgreifen des Verfahrens 270 ff.

Z

Zuständigkeit
- örtliche 86, 89
- Ortspolizeibehörde 87
- sachliche 86 f.
- untere Verwaltungsbehörde 88

Zustandsstörer 44
Zustellung 116 ff.
- durch die Behörde gegen Empfangsbekenntnis 117
- Einschreiben durch Übergabe 117
- Einschreiben mit Rückschein 117
- gegenüber Rechtsanwälten 119
- Postzustellungsurkunde 117, 119 f.

Zustimmung
- anderer Behörden/Stellen 100

Zwangsgeld 146, *siehe auch Androhung von Zwangsmitteln*
Zwangsgeldbescheid 143, 146, 180
Zwangshaft 146, *siehe auch Androhung von Zwangsmitteln – Zwangshaft*
Zwangsmittel *siehe Androhung von Zwangsmitteln – Zwangsgeld*
Zwangsräumung 148
Zweckveranlasser 43